청나라 귀신요괴전 1

중국 괴력난신의 보고, 『자불어子不語』 완역

일러두기

- 이 책은 원매의 『자불어子不語』 정집正集 572편을 완역한 것이다.
- 저본으로 삼은 것은 왕잉즈王英志 주편, '원매전집袁枚全集' 4권 『자불어子不語』, 장쑤고적출판사江蘇古籍出版社, 1993이다.
- 본문 하단의 주석은 모두 옮긴이가 단 것이다.

청나라 귀신요괴전 1

중국 괴력난신의 보고, 『자불어子不語』 완역

원매袁枚 지음 | 조성환 옮김

글항아리

옮긴이의 말

우리 독자들에게 원매袁枚(1716~1797)라는 작가의 이름은 생소하게 들릴 수 있다. 21세기에 접어들면서 『원매의 시와 시론』(2003), 『청대 원매 시론의 전개양상』(2003), 『원매』(시선집, 2004), 『원매 산문집』(2009), 『원매의 강남 산수 유람시』(2013), 『자불어』(50편 번역, 2015), 『수원식단』(2015) 등이 꾸준히 나왔지만, 중문학도나 중국 문학과 음식, 원림에 관심을 가진 독자가 아니라면 여전히 낯선 작가다.

이번에 선보이는 작품은 딱딱한 시론서도 아니고, 우아한 시집도 아니다. 온갖 귀신과 요괴, 괴담이 이승과 저승을 넘나들며 등장하는 일종의 필기소설집이다. 책 제목은 『자불어子不語』(572편 수록)다. 이 제목은 『논어』 「술이述而」 편의 "자불어괴력난신子不語怪力亂神"에서 따왔다. 책을 완성하고 보니 원대 사람이 간행한 책 가운데 같은 이름이 있어서 『신제해新齊諧』로 바꾸었다. '제해'는 『장자』 「소요유逍遙遊」 편의 "제해는 기이한 것을 기록했다齊諧者, 志怪者也"에서 따온 말이다. 원제목 '자불어'의 뜻은 잘 알려진 바와 같이 목적어가 생략된 채 "공자께서는 말씀하지 않으셨다"라는 뜻이다. 생략된 목적어가 바로 '괴력난신怪力亂神'이다. 그러니까 『자불어』에 실린 내용이 바로 '괴력난신'이다. 괴상하고 폭력적이며 난잡한 사건과 귀신들의 이야기 모음집으로 볼 수 있겠다. 이번에 이러한 이야기가 담긴 572편을 모두 번역하여 내놓는다.

귀신 이야기는 인간이 처음으로 생겨나 죽으면서부터 생산되었을 것이다. 이것이 책으로 결집된 역사는 유구하다. 그 계보는 『산해경山海經』 『이원異苑』 『술이기述異記』 『수신기搜神記』 『수신후기搜神後記』 『현괴록玄怪錄』 『속현괴록續玄怪錄』 『광이기廣異記』 『전기傳記』 『금고기관今古奇觀』으로 내려오다가 명나라 포송령蒲松齡(1640~1715)의 『요재지이聊齋志異』, 청나라 기효람紀曉嵐(1724~1805)의 『열미초당필기閱微草堂筆記』 등으로 이어진다. 이러한 작품들은 후세 작가들에게 무한한 상상력을 불러일으켰는데, 원매에게도 많은 영향을 끼쳤을 것이다. 특히 『열미초당필기』와 『자불어』는 '괴기소설'의 쌍벽으로 불린다.

원매는 기인이자 재자才子다. 원매의 자가 '자재子才'인데, 이를 거꾸로 놓으면 '재자'다. 의도하고 지은 것인지도 모른다.

유복한 집안 출신은 아니었지만 원매는 할머니, 고모의 극진한 보살핌과 가르침을 받으며 자라났다. 다섯 살 때부터 고모를 통해 문학과 사학 방면의 지식을 쌓아갈 수 있었고, 이러한 가정 교육은 이후 원매가 창작하는 데 있어 강한 호기심과 상상력을 불어넣었을 것이다. 그는 일곱 살 때부터 공부하기 시작해 열두 살 때 수재가 되었으며, 19세 때에는 항주의 부문서원敷文書院 양문숙楊文叔 문하에서 고문 쓰는 법을 배웠다. 하지만 과거의 필수 과목이었던 팔고문八股文의 장벽을 넘지 못해 네 차례에 걸친 향시鄕試에서 모두 고배를 마셨다.

21세가 되어서야 김홍金鉷의 추천으로 박학홍사과博學鴻詞科에 응시했으나 또 낙방하고 말았다. 역시 팔고문의 난관을 넘지 못했기 때문이다. 낙방한 뒤에도 북경에서 남의 집 가정교사를 하면서 과거시험을 준비해 결국 23세(1738) 때 순천향시順天鄕試에 합격함으로써 관직에 나갈 수 있는 길이 열렸다. 이어서 한림원 서길사庶吉士로 들어갔고 고향인 항주로 돌아와 왕씨王氏와 결혼도 하고 청운의 꿈을 안은 채 다시 북경으로 올라갔다. 하지만 만주족 정부에서 승진하려면 만주어 시험을 통과해야 했다. 한림원 재직 당시 형부상서였던 사이직史貽直(1682~1763)에게 약 2년 동안 만주어를 배웠음에도 1742년의 만주어 시험에서 꼴찌를 차지했다. 그 결과 지방으로 좌천되었다. 처음 맡은 것은 강소성江蘇省 율수현溧水縣 지현知縣이었다. 율수는 우리에게도 낯익은 지명이다. 12세에 중국으로 유학한 신라 출신의 문인 최치원崔致遠(857~?)이 과거에 합격한 뒤 첫 지방직인 현위로 부임한 곳이 바로 율수다. 여기서 바로 쌍녀분雙女墳 설화가 탄생하지 않았던가? 원매는 불과 1년 남짓 재직했을 뿐이지만, 재임 중 옛 자료를 뒤지다가 최치원에 대해 인식했을지도 모른다.

이듬해인 1743년에는 28세의 나이로 강포현江浦縣, 술양현沭陽縣으로 전임되었고 1745년에는 강녕현江寧縣으로 부임해 1748년까지 재임했는데, 그 기간에 많은 업적을 남겨 당시 사람들이 그의 업적을 노래로 편곡하여 불렀다니 그만하면 성공적인 벼슬살이였다. 하지만 그 이상의 관직은 막혀버렸다. 이에 1748년 가을에 남경 소창산小倉山의 수원隨園을 한 달 월급에 해당되는 은 300냥을 주고 매입했다. 수원은 원래 강녕직조江寧織造 수혁덕隋赫德의 화원이었다. 황폐했던 수원을 사들여 온갖 정성을 다해 멋있게 꾸미고 이곳에서 은거 아닌 은거생활에 돌입하게 된다. 수원에 대해서는 원매의 「수원기隨園記」와 손자 원기袁起가 그린 「수원도隨園圖」 등을 통해 그 건축 규모와 조경 양상을 살펴볼 수 있다. 수원의 옛터는 지금의 난징시 광저우로廣州路 북쪽과 칭다오로靑島路 서쪽 일대에 걸쳐 있었다.

관직에 대한 꿈을 접고 수원에 틀어박힌 원매는 문장에 전념하기로 했으나 미련이 남았던지 당시 양강총독兩江總督 윤계선尹繼善(1696~1771)의 발탁으로 섬서陝西에서 1년 남짓 벼슬살이를 했다. 하지만 상관과 사이가 벌어졌고 마침 부친상을 당해 사직서를 내고 수원으로 돌아왔다.

이후 원매는 방치된 수원 꾸미기에 전념하는데 당시로서는 구입하기 어려웠던 유리창까지 구입하여 설치했다고 하며 1755년부터는 온 가족이 수원에서 함께 살게 되었다. 이때부터 죽을 때(1798)까지 수원에서 학문 연구와 창작에 종사했다. 간간이 명승지 유람에 나섰는데, 그동안 둘러보았던 명승지로는 절강성浙江省의 천태산天台山과 안탕산雁宕山, 황룡산黃龍山, 안휘성安徽省의 황산黃山, 광동성廣東省의 명승지 나부산羅浮山, 신회新會, 광주廣州, 강서성江西省의 여산廬山, 소고산小姑山, 계림桂林의 독수봉獨秀峰, 이강漓江, 호남성湖南省의 형산衡山, 복건성福建省의 무이산武夷山 등이 있다. 이러한 유람을 통해 지방의 다양한 요리와 차에도 관심을 기울여 나중에 『수원식단』을 창작하게 된 것이다.

『자불어』는 1794년, 그러니까 사망하기 3년 전에 완성되었다. 그동안 보고 듣고 상상해왔던 '괴력난신' 이야기의 집대성이다.

원매는 당시로서는 장수한 축에 들어 그의 저술은 풍부한 편으로 『자불어』 말고도 시문집으로 『소창산방문집小倉山房文集』 『소창산방시집小倉山房詩集』 『소창산방외집小倉山房外集』 『수원시화隨園詩話』가 있으며, 그 밖에도 『수원수필隨園隨筆』 『원태사고袁太史稿』 『소창산방척독小倉山房尺牘』 『독외여언牘外餘言』 『수원식단隨園食單』 등이 있다.

한 가지 특이한 사실은 그가 수많은 여성 제자를 두었다는 점이다. 『수원여제자시선隨園女弟子詩選』을 보면 석패란席佩蘭(1760~?)의 「자수刺繡」에서부터 오경선吳瓊仙(1768~1803)의 「대월對月」에 이르기까지 모두 19명이 작품을 수록했는데, 이 시선집을 통해서 원매의 후원자 역할을 알 수 있다.

『자불어』에 등장하는 이야기의 소재는 대부분 원매 자신이 직접 보고 들은 이야기, 친척이나 친구에게 들은 이야기, 중국 각지를 유람하며 채집한 이야기, 당시 관방의 저보邸報나 공문에서 봤던 이야기, 다른 사람의 저작이나 문헌 자료에서 취한 이야기 등이다. 예를 들어 권1에 나오는 「억울함을 호소하는 상격常格訴冤」에서는 "건륭 16년 8월 3일 저보에서 읽었다乾隆十六年八月初三日, 閱邸抄"고 했고, 권13의 「견랑보見娘堡」 결미에서는 "이 일은 강서명 문집에 기록되어 있으며, 한담 상서가 그의 묘지명을 썼다事載姜西溟文集中, 韓尙書菼爲之墓"고 말했다. 「관신이 내려와 점을 치다關神下乩」(권13)와 「가난한 환경을 싫어하는 귀신鬼怕冷淡」(권14)은 기효람의 『열미초당필기』 권1 「난양소하록灤陽消夏錄」에서 인용했다. 「객웅喀雄」과 「괴상한 바람怪風」(이상 권6), 「동기각佟騎角」 「백련교白蓮教」 「이오伊五」(이상 권15), 「야성자夜星子」 「종기를 치료하다瘍醫」(이상 권23) 등도 기효람의 책에서 부분적으로 따왔다.

원매는 『자불어』 서문에서 자신의 창작 의도를 분명히 밝혔다. "문학과 역사 외에는 스스로 즐길 것이 없어 이에 마음을 즐겁게 하고 귀를 놀라게 하는 일, 아무렇게나 말하고 아무렇게나 들은 것을 널리 수집하고 아울러 기록하여 세상에 남겨두는 것이지, 여기에 미혹되지는 않았다文史外無以自娛, 乃廣採游心駭耳之事, 妄言妄聽, 記而存之, 非有所惑也." 이 책은 원매가 장난삼아 엮은 것이며 자신이 즐기거나 남에게 즐거움을 주는 등 소일거리로 지은 것이거나 혹은 성정을 도야하고 정신을 분발하기 위해 창작한 것이다. 일부 작품은 원매가 봉건 미신을 반대하는 경향을 분명히 보였다. 원매는 비록 귀신의 고사를 빌려 서술했으나, 결코 봉건 미신을 선양하지는 않았으며, 귀신·술사·불교·도교에 대해 조롱하고 야유하는 말투로 자신의 회의를 표현하기도 했다.

예를 들어 「내 피를 돌려다오還我血」(권18)에서 "인혈만두가 폐병에 좋다"는 미신을 비판했는데, 이는 후세의 루쉰魯迅(1881~1936)에게 창작 영감을 주어 단편소설 「약藥」의 소재가 되기도 했다. 「3년 동안 관음보살을 사칭한 호선狐仙冒充觀音三年」(권7)은 세상 사람들이 신을 모시는 우매함을 풍자했고, 「귀신이 세 가지 계략을 가졌으나 다 쓰고 나니 궁색해지다鬼有三技, 過此, 鬼道乃窮」(권4)는 '활달 선생豁達先生'이 귀신의 세 가지 계략 가운데 "하나는 사람을 미혹시키는 것이고, 둘째는 사람을 막는 것이며, 셋째는 사람을 놀라게 하는 것이다一迷二遮三吓"라고 말했으나, 결과적으로 귀신은 사람에게 용서를 빌 수밖에 없다고 말한다. 원매 자신은 불교를 믿지 않았다. 「관음보살이 작별하다」(권19)에는 "나는 가족들이 불상을 모시는 것을 허락하지 않았다不許家人奉佛"고 기록되어 있다.

『자불어』는 정주이학程朱理學과 봉건 미신에 대한 불만을 표출했다. 원매는 사람의 참다운 성정 표현을 제창했기 때문에 한나라와 송나라의 유학을 배척했으며 동시에 송대 유학자들이 제기한 예교에 반대했다. 「귀신을 위해 중매를 서다替鬼作媒」(권4)에서 원매는 과부의 재가에 대해 찬성했고, 「전족을 처음 만든 이야기裹足作俑之報」(권9)에서는 여성의 전족에 반대했다. 「전고全姑」(권16)에서는 젊은 연인이 이학理學을 신봉하는 관리에 의해 사지로 내몰린 처지를 묘사했다. 이것은 금욕주의자 형상에 대한 풍자이자 공격이다. 「술을 탐낸 귀신鬼差貪酒」(권7)에서는 연인이 서로 사랑함에도 사위가 가난하다는 핑계로 이들의 혼인을 거부한 장인의 혼인 관념에 반대 의사를 표했다.

과거제도의 폐단에 대한 폭로도 이 책의 많은 부분을 차지한다. 그가 과거제도를 대하는 관점은 오경재吳敬梓(1701~1754)나 조설근曹雪芹(1715~1763)과 비슷하다. 그는 팔고문으로는 작가의 개성을 표현할 수 없을 뿐만 아니라 성령설과도 거리가 멀며 작자의 생명력을 말살한다고 보았다. 「지장왕이 손님을 맞이하다地藏王接客」(권9), 「수민책秀民册」(권11)은 모두 팔고문에 대한 규탄이다. 「이탁李倬」(권7)은 독학督學이 은 3000냥을 뇌물로 받는 바람에 낙선한 수재가 억울하게 사망한 일을 묘사했다. 「진주고원陳州考院」(권4)은 한 하녀를 강간하여 죽인 적이 있는, 매우 잔인한 과거 합격자를 편달했다. 이렇듯 원매는 팔고문과 과거제도 자체에 대해 모두 부정적인 생각을 품고 있었다.

이 밖에도 당시 사회의 어두운 상황을 반영하고 있다. 「염왕이 전당에 오르기 전에 탄알을 삼키다閻王升殿先呑鐵丸」(권16)는 백성의 고혈을 빨아먹는 것도 "인육을 먹는食人肉" 것이라며 무자비한 탐관오리를 심문한다. 「석과 한 알을 저승에서는 삼등분하여 사용한다錫錁一錠陰間準三分用」(권18)에서는 당시 시위侍衛들이 중간에서 말을 전달해주고 돈을 챙기는 악습을 폭로했다. 「보전에서의 억울한 옥살이莆田寃獄」(권9)와 「진짜 용도가 가짜 용도로 변장하다眞龍圖變假龍圖」(권9) 등은 예리한 필치로 당시 사회 각계각층의 어두운 관리사회를 둘러보고 있다. 이들은 현실적인 의의가 짙은 작품이다.

『자불어』에는 온갖 잡귀신이 등장한다. 귀신과 요괴, 강시들이 직접 등장하기도 하고 산 사람을 대역으로 써서 억울함을 하소연하거나 복수하기도 한다. 귀신들은 또 산 사람뿐만 아니라, 죽은 사람, 동물, 식물, 사물에 붙어 정의를 실현하고자 몸부림친다. 어떤 작품은 저승을 여행하고 심지어는 저승에서 관직생활을 하기도 하는 등 저승의 천태만상을 반영했다. 저승과 이승은 동전의 양면과 같다. 여기에 등장하는 내용을 '귀신 씻나락 까먹는 소리'로 치부할 수도 있겠으나, 작품마다 나름의 교훈이 들어 있다. '권선징악' '사필귀정'이나 '사불압정邪不壓正' 정도로 요약할 수 있겠다.

막혀 있는 현세와 내세를 오가며 억울한 백성의 민원을 해결해주기도 하며, 어떤 작품은 경주慶州의 최부자 집을 연상케 한다. 「서 선생徐先生」(권6)에서 숙송현宿松縣의 석찬신石贊臣 일가는 돈이 많아서 매일 밥 한 그릇을 준비하여 대청 바깥에 놓아두는데, 누구든 배고

픈 사람이 와서 먹을 수 있게 했다고 한다. 참으로 따뜻한 이야기가 아닐 수 없다.

귀신이나 미신 이야기는 대륙을 넘어서서 이역으로 뻗어나간다. 타이완, 타이, 오키나와, 일본, 인도, 스리랑카, 인도네시아, 베트남, 미얀마, 네덜란드, 조선 등지의 이야기도 수집했다. 예를 들어 「여우 퇴치 방법이 있다는 동의보감東醫寶鑑有法治狐」(권19)에서는 여우 퇴치 방법을 소개하면서 북경 유리창琉璃廠에 가서 허준許浚(1539~1615)의 『동의보감』을 구하고 조선 사람을 물색하여 통역하게 했다는 고사가 나온다.

원매의 명성은 중국 국경을 넘어섰다. 중국 내에서는 공경대부에서 시정의 상인들조차 그의 이름을 알고 있었고, 해외 유구국琉球國에서도 원매의 책을 구입하러 왔다고 할 정도다. 조선의 문인들도 간혹 원매를 소개했다. 정약용丁若鏞(1762~1836)은 기괴하고 음란하다고 비평했으며, 이규경李圭景(1788~1856)은 『자불어』에 실린 '온역귀瘟疫鬼' 퇴치 방법을 소개하기도 했다. 신위申緯(1769~1845)의 『각기집脚氣集』에 실린 40수는 원매의 지괴소설 『자불어』를 읽고 지은 시다. 일종의 독후감을 시로 표현한 것이다. 자신이 지은 시 하단에는 그 시에 해당되는 『자불어』 원문을 부기했는데 그대로 따온 것이 아니라 약간 첨삭했다. 상당히 흥미롭고 융합적이며 콜라보적인 시가 창작 방식이다.

더 상세한 분석이나 평가는 오롯이 독자들의 몫이다. 잘못 독해한 부분도 있을 것이다. 독자 제현의 질정을 바라며 이 책을 소개해준 노승현 선생과 글항아리 강성민 대표 및 난삽한 원고를 말끔하게 다

듣어준 편집진, 마지막으로 『자불어』 원문을 빌려준 신재환 동학에게 감사드린다.

2021년 겨울

천안 안서산방에서

조성환

차례

청나라 귀신요괴전 2권

서

괴怪, 역力, 난亂, 신神에 대해 공자는 말한 적이 없다. 그러나 용혈龍血,[1] 귀거鬼車[2] 등에 대해선 『주역周易』「계사繫辭」에서 언급한 바 있다. 현조玄鳥[3]가 상商의 조상을 낳고 소와 양이 직稷을 먹인 이야기는 『시경詩經』의 「소아小雅·상송商頌」에서 언급했다. 좌구명左丘明[4]은 직접 성인(공자)에게 수업을 받았는데, 『춘추좌전春秋左傳』[5]에서 이 네 가지를 언급한 것이 가장 상세하다. 이는 무슨 까닭인가? 대체로 성인이 사람을 교화시키는 덕목은 문文, 행行, 충忠, 신信으로 삼았을 뿐이다. 그

---

1 용의 몸에서 흘러나온 피. 용은 신화, 전설 및 문학작품에서만 존재하는 신기한 동물이므로 용의 피도 현실 세계에서 존재하지 않는다. 따라서 용의 피는 특수하고 강대한 능력을 가진 것으로 여겨져 모종의 마법과 연관되어 묘사되곤 한다.

2 호랑나빗과에 속한 나비의 한 가지. 날개는 옅은 녹황색 또는 어두운 황색으로 검은 줄무늬와 얼룩얼룩한 무늬가 있다. 봄형과 여름형이 있는데, 여름형이 봄형보다 더 크고 황색이 짙다. 애벌레는 귤나무, 산초나무, 좀피나무의 잎을 갉아먹는 해충이다. 주로 한국, 중국, 일본 등지에 분포한다. 학명은 *Papilio xuthus*.

3 참새목 제빗과에 속한 새.

4 춘추 시대 노나라의 태사.

5 중국 최초의 편년체 역사서인 『춘추』에 기록된 사건을 상세히 기록한 주해서.

밖에 "삶도 모르는데 어찌 죽음을 알겠는가未知生, 焉知死?"[6] "귀신을 경원시한다敬鬼神而遠之"[7]라고 하여 인도人道를 최고 가치의 기준으로 세워놓았다. 『주역』의 사상事象 서술은 정밀하고 미묘하다. 시인은 스스로 상서로움을 기록했다. 좌구명은 기이한 것을 넓히고 들은 것이 많아 이를 문장으로 표현하면서 천지의 변화를 깊이 파고들었다. 그 이치는 모두 병행하여 어그러지지 않는다.

나는 평생토록 취미가 적어서 무릇 술 마시고 곡에 맞추어 노래하고 저포樗蒲[8] 놀이를 하는 등 무리 지어 사는 즐거움을 이을 수 있었으나, 어느 하나에도 능숙하지 못했다. 문학과 역사 외에는 스스로 즐길 것이 없어 이에 마음을 즐겁게 하고 귀를 놀라게 하는 일, 아무렇게나 말하고 아무렇게나 들은 것을 널리 수집하고 아울러 기록하여 세상에 남겨두는 것이지, 여기에 미혹되지는 않았다. 예를 들어 미식가는 진수성찬에 물리지만 개미 알로 만든 젓, 아욱 절임을 널리 맛보지 않으면 음식 맛에 정통하다고 할 수 없다. 음악을 좋아하는 사람은 「함咸」 「소韶」[9]를 갖추기만 하고 옆으로 「주리侏離」 「금매僸佅」[10]에 미치지 못하면 귀가 좁아진다. 망령된 언동으로 용속한 풍속을 몰아내고 사람을 놀라게 하는 것으로 게으른 성정을 분기시키니,

---

6 『논어論語』 「선진先進」.

7 『논어』 「옹야雍也」.

8 나무로 만든 주사위를 던져서 승부를 겨루는 놀이 가운데 하나로 저와 포의 열매로 주사위를 만든 데서 이름이 유래했다. 인도의 놀이 '차우차'와 발음은 물론 놀이 방법까지 비슷하다.

9 함은 황제의 음악, 소는 순임금의 음악을 말한다.

10 모두 고대 소수민족의 음악이다.

박혁博奕을 하는 것보다는 오히려 현명하지 아니한가? 이것 또한 비심裨諶[11]이 들에 나갔던 즐거움 중 하나다.

옛날 안진경顔眞卿, 이필李泌의 공로는 사직에 있었지만 신선과 요괴를 즐겨 얘기하곤 했다. 한유韓愈는 도인으로 자임했으나 혼잡하고 황당무계한 이야기를 좋아했다. 서현徐鉉은 불교와 노자 사상을 배척했으나 이문異聞을 즐겨 채록했으며 그의 문하생들이 결국 이를 위조하여 아첨했다. 사현四賢의 장점을 나는 따라잡을 능력이 없으며 사현의 단점만은 내가 몰래 가져왔다.

책을 완성하고 처음에 『자불어』라 했으나 나중에 보니 원대 사람도 같은 이름을 쓰고 있어서, 이를 고쳐 『신제해新齊諧』라고 칭한다.

11 춘추 시대 정나라의 대부로 외교문서 초안 작성에 뛰어났다. "외교문서를 작성할 때 비심이 초고를 작성하고 세숙이 이를 토론했으며, 외교관 자우가 자구를 수정하고 동리 출신의 자산이 윤색했다爲命, 裨諶草創之, 世叔討論之, 行人子羽修飾之, 東里子產潤色之."(『논어』「헌문」) 그는 묘안을 내는 데는 유능했지만 반드시 들판에 나가야 좋은 꾀가 나왔으므로 국가에 중대사가 있을 때마다 초야에 나갔다고 한다. 『좌전』 양공襄公 31년 조와 『회남자』「설림훈說林訓」 참조.

권 1

이 통판

李通判

광서廣西 이 통판李通判[1]은 대부호다. 집엔 첩을 일곱 명이나 들였고 진귀한 보배가 산더미처럼 쌓였다. 그런데 통판은 나이 스물일곱에 병사했다. 그의 노복은 평소 충직하고 성실하여 일찍 죽은 주인을 슬퍼하며 첩들과 함께 제단을 설치하고 재를 올렸다. 갑자기 한 도사가 장부를 지니고 보시를 요구하자, 노복이 그를 꾸짖으며 말했다.

"저의 집주인이 돌아가셔서 당신에게 보시할 겨를이 없어요."

그러자 도사가 웃으며 말했다.

"주인이 다시 살아나길 바라나요? 제가 법술을 부려 그의 영혼을 되돌아오게 할 수 있지요."

노복이 놀라서 첩들에게 달려가 보고하자 모두들 의아해하면서도 인사하려고 나갔더니, 그 도사는 떠난 뒤였다. 노복과 첩들은 신선을 얕보고 그냥 내보낸 것을 두고 후회하며 각자 원망을 퍼붓기 시작했다.

---

1 각 부府와 주州에서 양식 운송, 토지, 수리, 소송 등의 일을 관장하던 관직 이름.

며칠 되지 않아 노복이 시장을 지나다가 도중에 도사를 우연히 만났다. 노복은 놀랍고도 기쁜 나머지 그를 꼭 붙잡고 잘못을 인정하며 애걸했다. 그러자 도사가 말했다.

"제가 당신 주인을 환생시킬 수 있는 것이 아니라, 저승의 규정에 따라야 합니다. 죽은 사람이 되살아나려면 반드시 대체할 사람이 필요하죠. 당신 집엔 대신 죽을 사람이 없는 듯하여 제가 그렇게 떠난 겁니다."

그러자 노복이 말했다.

"집에 가셔서 이 문제를 상의하시지요."

노복은 도사를 데리고 집에 도착하여 도사가 한 말을 첩들에게 알렸다. 첩들은 도사가 왔단 말을 듣고는 처음에 무척 기뻐했으나, 이어서 대신 죽어야 한다는 말을 듣고는 모두 화를 냈다. 그러고는 각자가 서로 쳐다보기만 하고 입 다물며 아무 말도 하지 않았다. 노복이 과감하게 말을 꺼냈다.

"여러 낭자님은 아직 젊어서 대신 죽기에 아깝지만, 저는 살날이 얼마 남지 않았으니 무엇이 아깝겠습니까?"

말을 마치고 밖에 나와 도사에게 말했다.

"저 같은 사람이 대신 죽어도 됩니까?"

"당신이 후회하거나 무서워하지 않는다면 가능해요."

"할 수 있어요."

"당신의 진심이 느껴지는군요. 지금 밖에 나가셔서 친구와 작별 인사를 나누세요. 제가 법술을 부리면, 3일 만에 완성할 수 있고 7일 만에 효력이 나타날 겁니다."

이에 노복은 집에서 도사를 봉양하고 아침저녁으로 문안 인사를 올렸다. 자신은 집집마다 돌아다니며 친구들에게 이 일을 알리고 눈물을 흘리며 헤어졌다. 그 친구들 가운데는 비웃는 사람, 존경하는 사람, 불쌍하게 여기는 사람, 야유를 보내며 믿지 않는 사람도 있었다.

노복은 관우 사당을 지나다가(평소에 받들던 곳이다) 들어가 절하며 기도했다.

"제가 주인 대신 죽고자 하오니 성제聖帝[2]께서는 도사를 도와 주인의 혼백을 돌려주시길 바랍니다."

말이 다 끝나지 않았는데 맨발의 스님이 향안 앞에 서 있다가 그를 꾸짖으며 말했다.

"네 얼굴에 요상한 기운이 가득한 걸 보니 큰 화가 닥칠 게야. 내가 널 구해줄 터이니 신중을 기하여 비밀을 누설하지 말게."

그리고 노복에게 종이 봉지를 주며 다시 말했다.

"긴요할 때 펼쳐보아라."

말을 마치자 그 스님은 사라졌다. 노복이 집으로 돌아와 몰래 펼쳤더니 손톱 다섯 개, 그리고 줄이 들어 있었다. 이어 잘 싸서 품속에 집어넣었다.

순식간에 3일의 기한이 벌써 다가왔다. 도사는 사람을 시켜 노복의 침상을 옮겨 주인의 영구와 마주보게 하고, 빗장을 걸고 구멍을 뚫어 음식을 넣어줄 수 있게 만들었다. 그 도사는 첩들의 거실 근처

---

2 관우關羽(?~220)를 말한다.

에 제단을 쌓고 주문을 외웠다. 처음 며칠 동안은 별다른 동정이 없었다. 노복이 의구심이 들어 몸을 일으키려고 하자, 갑자기 침상 아래에서 '싸싸싸' 하는 소리가 들렸다. 그리고 검은 귀신 두 명이 땅으로 뛰어올랐는데, 눈은 푸르고 움푹 들어갔으며 전신은 온통 짧은 털로 덮였고 키는 두 자가량이었다. 머리는 수레바퀴만큼 크고 눈을 흘기며 노복을 쳐다봤다. 쳐다보면서 걸어가 관 주위를 빙빙 돌더니 어금니로 관의 이음새를 물어뜯었다. 이음새가 열리자 노복은 기침소리를 들었는데 마치 주인의 목소리 같았다. 두 귀신은 관의 앞부분을 열고 주인을 부축하여 꺼냈다. 그 모습은 숨이 곧 끊어질 듯하여 병마의 고통을 차마 견딜 수 없는 것 같았다. 두 귀신이 손으로 주인의 복부를 문지르자, 주인은 서서히 입을 열어 말했다. 노복이 그를 바라보니 형체는 주인이었으나 목소리는 도사였다. 노복은 화가 나서 말했다.

"성제였다면 정말로 영험했을 텐데."

노복이 품속에 숨겼던 종이 봉지를 급히 열자, 손톱 다섯 개가 공중으로 날아가 금룡金龍으로 변했다. 몇 길 크기의 금룡이 노복을 방 안에서 들어올려 줄로 대들보에 묶어두었다. 노복은 혼미한 정신으로 아래를 내려다보았다. 두 귀신이 주인을 부축하여 관 속에서 빼내 노복이 자던 침상으로 올려놓으려고 할 때, 침상엔 사람이 없었다. 그러자 주인이 큰 소리를 질렀다.

"내 법술이 실패했어!"

두 귀신은 흉악한 얼굴을 지으며 온 방 안을 뒤졌으나 끝내 찾지 못했다. 이때 주인은 대로하여 노복 침상의 휘장, 이불을 갈기갈기

 031

찢었다. 한 귀신이 고개를 들어 들보에 묶인 노복을 발견하고는 크게 기뻐하며 주인과 함께 몸을 날려 올라가 노복을 잡으려 했다. 용마루에 닿기도 전에 뇌성이 일더니 노복은 땅에 떨어졌으며 관은 원래대로 닫히고 두 귀신도 다시 사라졌다.

첩들은 뇌성을 듣고 문을 열고 들어가 무슨 일인지 살펴보았다. 노복은 그가 보았던 모든 상황을 말해주었다. 모두 급히 도사에게 가보니, 도사는 이미 뇌성에 놀라 제단에서 죽었다. 도사의 시체에는 유황으로 글씨를 큼직하게 써놓았다.

"요술 부리는 도사의 비법은 형체를 바꿔 재물과 여색을 탐내니, 하늘이 정한 규율에 따라 처단하노라妖道煉法易形, 圖財貪色, 天條决斬, 如律令."

蔡書生

채 서생

항주杭州 북관문北關門[3] 밖 한 집에선 가끔 귀신이 나와 감히 살려고 하는 사람이 없었으며, 그 집 문은 항상 굳게 잠겨 있었다. 채蔡씨 성을 가진 서생이 그 집을 사고자 했다. 이웃 사람들은 위험하다고 말했으나 그는 듣지 않았다. 집의 매매계약서를 다 작성했지만 채 서생의 가족들은 들어오려고 하지 않았다. 채 서생은 친히 집의 문을 열고 들어가 촛불을 켜고 혼자 앉아 있었다. 한밤중이 되자 한 여성이 천천히 들어왔는데, 목에 붉은 비단을 두르고 채 서생 앞에 와서 절을 올렸다. 그리고 들보에 줄을 매고는 목을 빼고 나아갔지만 채 서생은 조금도 두려워하는 기색이 없었다. 그 여자가 다시 들보에 줄을 걸고 채 서생을 부르자, 채 서생은 도리어 한쪽 다리를 줄에 걸었다. 그러자 그 여자가 말했다.

"당신 잘못 걸었어요."

---

3 항주의 10대 옛 성문으로 여항문余杭門을 말한다. 명대에 무림문武林門으로 개명했으며 관문 밖에 '북관야시北關夜市'가 있어 '북관문'이라 부르기도 했다.

채 서생은 웃으며 그녀에게 말했다.

"당신이 틀렸기에 비로소 오늘이 있는 겁니다. 저는 전혀 틀리지 않았어요."

그 여자 귀신은 큰 소리로 울면서 땅에 엎드려 재배하곤 떠나버렸다. 그 뒤부터 이 집에 귀신이 나타나지 않았다. 나중에 채 서생은 진사에 급제했다. 어떤 사람은 채 서생이 포정사布政使 채병후蔡炳侯라고 한다.

南昌士人

남창의 선비

강서江西 남창현南昌縣의 두 서생이 함께 북란사北蘭寺[4]에서 공부하고 있었다. 한 명은 나이 많고 한 명은 젊었지만 서로 우애롭고 친하게 지냈다.

하루는 연장자인 서생이 집에 돌아온 뒤 갑자기 사망했다. 젊은 서생은 어떻게 해야 할지 몰라 평상시처럼 절에서 공부했다. 저녁이 되어 잠들 무렵 연장자 서생이 문을 밀치고 들어와 침상에 올라 젊은 서생의 등을 쓰다듬으며 말했다.

"내가 너와 헤어진 지 열흘도 되지 않아 갑자기 병사하여 지금 나는 귀신이 되었어. 친구 간의 우정 때문에 스스로 떠날 수가 없어 특별히 네게 작별을 알리러 왔단다."

---

4 난창 북쪽의 룽사강龍沙江 근처에 고찰이 있는데 원래 당대 남악회양南岳懷讓(677~744) 선사의 도량이었다. 남당南唐 연간에는 선사의 도량을 사찰로 개조했으며 청대 강희 16년에 중건하고 저장의 명승 담설澹雪이 주지를 맡았다. 북란사의 옛 이름은 '북란北闌'이었다. '난호강闌護江의 북안北岸'이란 뜻을 따온 것인데 난闌자를 난초 난蘭자로 바꾸었다.

젊은 서생은 무서워서 입도 떼지 못했다. 사자가 그를 위로하며 말했다.

"내가 널 해치고 싶다면 어찌 사실대로 네게 알려주지 않겠니? 절대 두려워할 필요가 없단다. 내가 이곳에 온 까닭은 몇 가지 일을 부탁하기 위해서야."

젊은 서생은 이제야 마음이 놓여 무슨 일을 부탁할 건지 묻자, 연장자 서생이 말했다.

"우리 집에 노모가 계신데 칠십 세가 넘으셨고 아내는 아직 서른도 되지 않았어. 일 년에 수십여 말의 쌀만 있으면 양육할 수 있으니 자네가 조달해주길 바라네. 이것이 첫 번째 일이야. 내게 아직 출판하지 않은 원고가 있는데 내 대신 출판하여 변변치 않은 내 이름이 사라지지 않도록 해주기 바라네. 이것이 두 번째 일이야. 마지막으로 붓 값을 치르지 못한 빚이 있는데 미처 갚지 못했단다. 나 대신 갚아주길 바라네. 이것이 세 번째 일이야."

젊은 서생이 모두 승낙하자, 사자가 일어서서 말했다.

"동생이 세 가지 일을 맡아준다고 승낙했으니 난 가겠네."

말을 마치고는 떠나려 했다. 그 젊은 서생은 그의 말이 인정에 가깝고 외모도 지난날과 다름이 없어 점점 무섭지 않아졌다. 이에 울면서 그를 만류했다.

"이번에 형님과 영영 이별하게 되니 좀 더 있다 가시면 안 될까요?"

사자도 울다가 다시 침상 곁에 앉아서 생전의 옛일을 얘기하다가 다시 일어서며 말했다.

"가야겠네."

하지만 일어서서 가지는 않고 두 눈을 동그랗게 뜨고 그를 쳐다보았는데, 외모가 갈수록 험악하게 변했다. 젊은 서생은 무서워 그를 재촉하며 말했다.

"형님 말씀이 끝나셨으면 지금 가셔도 됩니다."

그 시체는 결국 가지 않았다. 젊은 서생이 침상을 치며 크게 외쳐도 역시 떠나지 않고 여전히 우두커니 서 있었다. 젊은 서생은 더 무서워져서 일어나 밖으로 뛰어나갔다. 그 시체도 뒤에서 따라왔다. 젊은 서생이 더 빨리 뛰자 그 시체도 더 바짝 따라왔다. 이처럼 몇 리 길을 쫓아와 젊은 서생이 담을 넘어 땅에 떨어지자, 그 시체는 담을 넘을 수 없어 머리를 담장 밖에 두고 입에서 흘러내린 침이 젊은 서생의 얼굴에 떨어져 적셨다.

날이 밝자 길을 지나가는 사람이 생강즙을 입에 넣어주고서야 젊은 서생이 깨어났다. 사자의 가족이 때마침 시체를 찾다가 이 소식을 듣고 달려와 시체를 메고 집으로 돌아가 안장했다.

식견이 많은 사람이 말했다.

"사람의 혼은 선량하지만 백魄은 사악하다. 사람의 혼은 총명하지만 백은 우둔하다. 사자가 처음 왔을 때 그의 영혼이 완전히 사라지지 않아 백이 혼의 지시를 받아 행동했다. 사자가 갈 때는 그의 심사가 다하여 혼은 사라졌으나 백만 남게 되었다. 혼이 남아 있을 때는 사람이나, 혼이 떠났을 때는 사람이 아니다. 세상의 산송장은 모두 백이 지시하며, 도를 가진 사람만이 백을 통제할 수가 있다."

증허주

曾虛舟

강희康熙 연간에 증허주曾虛舟는 스스로 사천 영창현榮昌縣 사람이라 말했다. 오吳와 초楚[5] 지방을 방랑하면서 미친 척, 어리석은 척하며 괴담을 즐겨 말했으나 그의 말은 적중했다. 그가 가는 곳마다 남녀노소가 그를 둘러싸고 따라다녔다. 증허주는 기뻐 웃거나 화내며 욕을 하는 등 무의식중에도 다른 사람의 비밀을 맞혀버렸다. 때로 그가 다른 사람에게 좋은 말을 해주었지만 듣는 사람은 크게 울면서 가버렸다. 때로 그가 다른 사람에게 볼기를 치거나 욕을 할 때 당사자는 의외의 기쁜 일을 만난 것처럼 무척 즐거워했다. 이는 당사자는 물론 그 까닭을 알고 주변 사람들은 모르기 때문이다.

항주 왕자견王子堅 선생은 호남 여계 현령瀘溪縣令을 지내다가 파면된 뒤 가족묘의 풍수가 나빠서 그런 것이라는 말을 들었다. 왕자견은 조상의 묘를 이장하고 싶었지만 성사시키지 못하고 있었다. 증허

5 춘추 시대 오나라와 초나라 지역을 말하며 지금의 창장강 중류와 하류 지역 일대에 해당된다.

주가 왔단 말을 듣고는 그를 찾아가 물어보았다. 이때 증허주는 몽둥이를 들고는 높은 언덕에 올라섰고 여러 사람이 그를 둥글게 둘러싸서 왕자견은 앞으로 다가갈 수 없었다. 이때 증허주가 왕자견을 쳐다보고는 멀리서 몽둥이를 휘두르며 욕설을 퍼부었다.

"오지 마, 다가오지 마. 시체를 파서 뼈를 훔치려고 오는 거지. 이 일만은 할 수 없어. 안 돼."

이에 왕자견은 놀라서 집으로 돌아갔다. 나중에 왕자견의 아들 왕문선王文璿의 관직은 어사御史에 이르렀다.

종 효렴

鍾孝廉

나의 과거 급제생 동기 소우방邵又房은 어려서부터 종 효렴鍾孝廉[6]을 따라 공부했으며 상숙常熟 사람이다. 종 선생은 성품이 방정하고 함부로 말하거나 웃지 않았으며 소우방과 같은 방을 썼다.

어느 날 갑자기 한밤중에 종 효렴이 깨어나 울면서 말했다.

"나는 죽게 될 거야!"

소우방이 무슨 일인지 묻자 종 효렴이 말했다.

"내가 꿈을 꾸었는데 두 하인이 지하에서 올라와 침상 앞으로 다가오더니 나를 끌고 가더군. 그 길은 끝없이 넓고 누런 모래와 하얀 풀뿐이고 사람은 보이지 않았지. 몇 리 길을 걸어서 아문에 끌려갔는데, 한 귀신이 오사모를 쓰고 남쪽으로 앉아 있었지. 두 하인이 각자 나의 한 팔을 끼고 대청 아래에 꿇어앉게 하더군. 그리고 그 귀신이 말했어. '너의 죄를 아는가?' 나는 '모른다'고 했지. 귀신이 '다시 생각해보라'고 해 한참 생각하다가 '저의 죄를 알겠습니다. 저는 불

6 효렴은 명청 시대에 거인擧人의 호칭으로 쓰였다.

효자입니다. 저의 부모가 죽은 지 20년이 되었는데 안장할 돈이 없어 부모의 영구가 방치되었으니 저의 죄는 죽어 마땅합니다'라고 말했지. 귀신은 '그것은 작은 죄'라고 말하더군. 그래서 '저는 젊어서 한 하녀를 간음했으며 두 기녀를 농락한 적이 있어요'라고 말하니 귀신이 '이것도 작은 죄'라고 말하더군. 또 '저는 말로 남에게 상처 주는 결점이 있어요. 특히 다른 사람을 조소하고 질책하는 문장을 좋아합니다'라고 말하니, 귀신은 '이 죄는 더욱 보잘것없네'라고 말했지. 그래서 내가 '이 밖에 다른 죄를 짓지 않았는데요'라고 하니, 그 귀신은 좌우를 돌아보며 말했지.

'그를 깨우라!'

하인이 물을 한 대야 가져와 내 얼굴에 붓자 그제야 깨달았어. 나의 전생은 양창楊敞인데, 일찍이 한 친구와 호남에 가서 장사했었어. 나는 그의 재물을 탐내 그 친구를 강 속으로 밀어 빠져 죽게 만들었지. 그래서 나도 모르게 온몸이 벌벌 떨려 귀신 앞에 엎드려 말했어.

'제 죄를 알겠습니다.'

귀신이 날카로운 소리로 말하더군.

'너는 아직도 변하지 않았구나.'

손을 들어 탁자를 내려치자 뇌성 같은 소리가 나더니 천지가 갈라지고 성곽, 아문, 귀신, 형틀 따위가 전부 보이지 않더군. 큰 바다의 물만 끝없이 보이고 자기 혼자 채소 잎 위에 떠 있는 걸 발견했지. 채소 잎은 가볍고, 몸은 무거운데 어떻게 물속으로 가라앉지 않을 수 있지? 하고 생각하면서 머리를 돌려 자신의 몸을 바라보니 이미 구더기로 변해 귀, 눈, 입, 코는 모두 갓만큼 작더군. 그러던 중 나도 모르게 크게 울다가 꿈에서 깨어났어. 내가 이런 꿈을 꾸다니 오래 살 수 있을까?"

소우방이 그를 위로하며 말했다.

"선생님, 고뇌할 필요 없어요. 꿈이라서 믿을 게 못 됩니다."

그러나 종 선생은 사람을 불러 관과 장례용품을 준비하게 했다. 3일이 지나자 종 효렴은 돌연 피를 토하고 사망했다.

南山頑石

남산 완석

해창海昌의 진陳 수재[7]가 숙민묘肅愍廟[8]에 해몽하러 갔다. 꿈에서 숙민 우겸于謙이 정문을 열어 그를 맞이했다. 진 수재가 머뭇거리자 우겸이 말했다.

"너는 미래의 내 제자이니 예절에 따라 정문으로 들어와야 한다."

미처 좌정하기도 전에 하인이 들어와 보고했다.

"탕계현湯溪縣의 성황[9] 나리가 뵙자 합니다."

조금 뒤 높은 모자를 쓴 신이 들어오자, 우겸은 진 수재를 불러 성황 나리에게 대등한 예를 올리게 하면서 말했다.

"그는 나의 하급 관리이고 너는 내 제자이니 네가 상석에 앉아야

---

7 과거시험의 제1단계였던 동시童試 합격자를 정식으로 생원이라 말하지만 '수재'라고도 불렀다.

8 숙민은 명대의 청관으로 유명한 정치가 우겸(1398~1457)의 시호다. 영종英宗 때 대역죄로 처형되었지만 효종孝宗 때 사면되어 '숙민'이란 시호를 내렸다. 그를 사모하던 사람들이 중국 각지에 사당을 건립하여 그를 추모했다.

9 도시의 수호신으로 염라대왕이나 동악대제東嶽大帝의 하급 기관 성격을 갖는다.

하느니라."

진 수재는 불안하게 자리에 앉아 성황신과 우겸이 소곤소곤 나누는 대화를 들었는데, 확실히 들리지는 않고 다만 16글자만 들렸을 따름이다. "광서에서 죽고, 탕계에서 합격하며, 남산 완석은 만 년 동안 산다死在廣西, 中在湯溪, 南山玩石, 一活萬年."

성황이 작별을 고하고 물러날 때 우겸은 진 수재를 불러 그를 전송하게 했다. 대문에 이르러 성황이 말했다.

"방금 내가 우공과 나눈 대화를 들었느냐?"

"열여섯 글자만 들었을 뿐입니다."

"그것을 기억해두라. 장차 반드시 검증될 것이야."

들어와 우공을 뵈니 우공도 성황과 똑같은 말을 했다. 진 수재가 놀라 깨어난 뒤 꿈속의 일을 다른 사람에게 말해주었지만, 아무도 그 말뜻을 이해하지 못했다.

진 수재의 가정은 빈곤했다. 이 씨 성을 가진 사촌 동생이 광서 모처 부府의 통판으로 선발되었는데, 진 수재와 동행하고 싶어했다. 진 수재는 불가하다며 말했다.

"꿈에서 성황신이 '광서에서 죽는다'고 말했어. 너와 동행하면 아마 불길할 거야."

이 통판은 그에게 해몽해주며 말했다.

"성황신이 말한 '광서에서 시작하다始在廣西'는 시종始終의 '시始'자이지, 결코 생사의 '사死'[10]자가 아니올시다. '광서에서 죽는다'면 어떻게 그다음에 '중재탕계中在湯溪'가 나오겠어요?"

진 수재는 그 말에 일리가 있다고 여겨 함께 광서로 갔다.

이 통판 사무실의 서쪽 사랑채는 굳게 잠겨 있었고 아무도 열려는 사람이 없었다. 진 수재가 문을 열고 들어가 보니 안에 정원과 정자, 꽃과 수석이 갖춰져 있어 마침내 이쪽으로 이주하여 살았다. 한 달이 넘게 지나도 아무런 변고가 없었다.

8월 중추절 밤에 진 수재가 정원에서 술에 취해 시를 읊기 시작했다.

물처럼 맑은 달 누대를 비춘다 月明如水照樓臺

갑자기 공중에서 어떤 사람이 박수를 치며 웃는 소리가 들렸다.

"'물처럼 맑은 달 누대로 들어온다月明如水浸樓臺'라야 근사한 시구지. '침浸'을 '조照'자로 바꾸면 좋지 않느니라."

진 수재가 깜짝 놀라 고개 들어 보니, 한 노인이 등나무로 만든 하얀 모자를 쓰고 몸에는 갈옷을 걸치고 오동나무 가지에 앉아 있었다. 진 수재가 놀라서 급히 방 안으로 들어갔다. 그 노인은 땅 위로 뛰어내려 손으로 그를 잡으며 말했다.

"놀라지 마세요. 세상에 나처럼 풍아한 귀신이 있겠어요?"

진 수재가 물었다.

"노인장은 어느 신선이신지요?"

"그 얘기는 하지 않겠소. 그대와 잠시 시에 대해 논하고 싶어요."

---

10 죽을 '사死'의 발음은 [sǐ], 처음 '시始'의 발음은 [shǐ]인데, 남방 사람은 혼동하여 잘못 들을 수 있다.

진 수재가 예스럽고 소박한 노인의 얼굴을 보니 일반 사람과 다르지 않아 점차 긴장을 풀었다. 두 사람은 방 안으로 들어와 서로 시를 지어 창화했다. 노인이 쓴 글자는 올챙이 모양인지라 진 수재는 전부 알아볼 수 없었다. 그가 노인에게 이에 대해 묻자, 노인이 대답했다.

"저는 젊었을 때 세속에서 이러한 글씨를 숭상했지요. 지금은 해서체의 필법으로 고치고 싶은데 습관이 되어 일시에 고칠 수가 없군요."

노인이 말한 "젊었을 때"는 여와씨女媧氏[11] 이전의 상고 시대다. 이로부터 노인은 밤마다 툭하면 진 수재의 거처로 와서 매우 친하게 지냈다.

이 통판의 가동은 술잔을 들고 공중에서 술을 대작하는 진 수재의 모습을 늘 눈여겨보다가 급히 이 통판에게 알렸다. 이 통판도 진 수재의 안색이 황홀하고 정상이 아닌 것으로 생각하고 그를 질책하며 말했다.

"형님은 이미 사악한 기운에 물들었으니 '광서에서 죽는다'는 말이 실현되겠군요."

진 수재는 크게 깨닫고 이 통판과 집에 돌아가 이 난관을 피할 방법을 모색했다.

진 수재가 급히 배에 오르니 노인은 이미 배 안에 있었지만, 옆 사람들은 모두 볼 수 없었다. 배가 강서를 지나갈 때 노인이 진 수재에게 말했다.

---

11 신화에 나오는 인류의 시조로, 오빠인 복희伏羲와 부부가 되어 인류를 창조했다고 한다.

"내일 절강성浙江省 경내로 들어가면 나와 그대의 연분이 다할 것이니 한마디 하지 않을 수가 없소. 제가 도를 닦은 지 벌써 만 년이 되었으나 아직 성과를 내지 못했어요. 그 원인은 3000근의 단향목에 새긴 구천현녀상九天玄女像[12]이 부족하기 때문이오. 지금 저를 위해 이 일을 완수해주길 바라오. 그러지 않으면 장차 그대의 심장을 벨 것이오."

진 수재가 깜짝 놀라 물었다.

"노인장은 무슨 도를 닦습니까?"

"근거대도斤車大道입니다."

진 수재는 이 말뜻을 알아차렸다. '근거斤車'의 두 글자를 합성하면 벨 '참斬'자가 된다. 그는 더 무서워져서 말했다.

"제가 집으로 돌아간 뒤 이 일을 상의하지요."

진 수재는 그 노인과 함께 해창으로 돌아왔다. 진 수재가 이 일을 친구들에게 알리자, 그들이 모두 말했다.

"우공이 말한 '남산 완석南山玩石'이 바로 그 늙은 요괴일 거야."

이튿날 노인이 다시 진 수재 집에 왔다. 진 수재가 말했다.

"노인장 집은 남산에 있지요?"

노인은 이 말을 듣고는 안색이 변해 욕하며 말했다.

"이 말은 네가 할 수 없는 말인데, 틀림없이 나쁜 사람이 너를 사주했을 것이다."

---

12 구천현녀는 상고 시대의 신녀이며 구천낭랑九天娘娘이라 부르기도 한다. 황제의 스승 금모원군金母元君의 제자다.

진 수재가 다시 노인의 말을 친구에게 들려주었더니 친구들이 말했다.

"그 늙은 요괴를 숙민묘에 끌고 가도 무방할 거야."

진 수재는 친구의 말대로 하여 노인을 데리고 사당 근처에 오자 노인은 대경실색하여 몸을 돌려 도망갔다. 진 수재는 두 손으로 노인을 붙잡고 사당 안으로 억지로 끌고 갔다. 노인은 큰 소리로 외치면서 하늘로 도망갔다. 그 뒤로 그 요괴는 끝내 나타나지 않았다.

이후에 진 수재는 본적을 탕계로 바꾸고 결국 진사가 되었다. 회시 때 그를 뽑은 답안 채점자가 바로 우진于振[13]이라는 장원이었다.

---

13 우진(1690~1750)의 자는 학천鶴泉, 호는 추전秋田, 연의連漪이며 강소 금단金壇 사람이다. 옹정 원년(1723) 과거에 장원으로 합격했고 한림원 수찬修撰을 지냈다. 주요 저작으로는『청련문초淸漣文鈔』『청련시초淸漣詩鈔』등이 있다.

酆都知縣

풍도 지현

민간 전설에 따르면 사천四川 풍도현酆都縣[14]은 사람과 귀신의 경계 지점이라 한다. 현에 우물이 있는데 해마다 지전을 태우고 비단이나 돈 꾸러미를 우물 안으로 던져 이 때문에 매년 은 3000냥을 소비했다. 이를 '납음사전량納陰司錢糧'이라 한다. 사람들이 간혹 인색하게 굴면 반드시 전염병이 발생했다.

청대 초기에 유강劉綱이 풍도 지현으로 부임하면서 이 일을 듣자마자 금지령을 내려 중론이 비등했다. 유강이 금지령을 고집하자 민중이 말했다.

---

14 풍도는 지금의 충칭시에 소속되어 있는 현급 지명으로 지금은 풍도豐都로 표기한다. 한편 지옥이나 저승을 의미하는 다른 이름으로는 풍도, 명부冥府, 염라부閻羅府, 나풍羅酆, 유도幽都, 황천黃泉, 명사冥司, 음사陰司, 음부陰府, 지부地府, 내세來世, 타계他界, 유계幽界, 구천九泉, 구유옥九幽獄, 지궐地闕 등이 있는데, 고대 중국인이 명부를 '풍도'라고 부르게 된 까닭은 풍도현의 큰 바위 밑에 명부가 있다고 믿었기 때문이다.『요재지이聊齋志異』의 「풍도어사酆都御使」라는 설화에 따르면, 풍도에는 깊은 동굴이 있어 세상에서는 이곳을 염라대왕의 관청으로 여긴다고 한다. 지금 이곳은 '귀성鬼城' 관광지로 개발되어 수많은 관광객이 찾고 있다.

"나리께서 귀신들에게 그 까닭을 분명히 설명해주시면 좋겠습니다."

"귀신이 어디에 있단 말인가?"

"이 우물 밑이 귀신이 사는 곳입니다만 감히 내려갈 사람이 없어요."

유강이 의연히 말했다.

"백성이 부탁하는 일이라면 죽더라도 아쉬울 것이 없지요. 제가 반드시 내려가보겠소."

유강은 시종을 불러 긴 줄을 가져오게 하여 자신의 허리에 묶고 우물에 내려갈 준비를 했다. 백성이 만류해도 그는 듣지 않았다. 그에게 이선李詵이라 불리는 막객幕客이 있는데 호걸지사였다. 그가 유강에게 말했다.

"저도 귀신 모습을 보고 싶으니 저와 함께 내려가시죠."

유강이 그를 저지했으나 이선은 내려가고자 하여 함께 줄을 묶고 내려갔다.

대략 다섯 길쯤 내려가자 검은 굴 안이 밝아지기 시작했고 하늘의 빛이 비추는 듯 찬란하고 눈앞에 보이는 성곽, 궁실은 모두 이 세상의 것과 같았다. 단지 사람만 왜소하게 생겼고 햇빛이 그들의 몸에 비쳐도 그림자가 생기지 않았다. 두 다리는 허공을 밟고 다녔으며 이곳 사람들은 천지의 구분이 없다고 말했다. 현령을 보자 둘러서서 절하며 말했다.

"나리는 현세의 관리이신데, 무슨 일로 이곳에 오셨는지요?"

"저는 이승에 사는 백성의 납세를 면제해주기 위해 부탁하러 온 겁니다."

여러 귀신이 듣더니 현령이 현명하다고 칭찬하며 손을 이마에 대고 경의를 표하면서 말했다.

"이 일은 반드시 포 염라包閻羅[15]와 상의해야 합니다."

"포공은 어디에 계신지요?"

"염라대전에 계십니다."

이에 그들은 성대하고 화려한 궁전에 갔는데, 높은 곳에 면류관을 쓴 사람이 앉아 있었다. 나이는 70여 세로 용모는 단정하고 엄숙했다. 이때 여러 귀신이 알리며 외쳤다.

"풍도 현령께서 납시었습니다!"

포공은 계단에서 내려와 유강을 맞이하여 인사하고 상석에 앉도록 권하며 말했다.

"현세와 내세로 통하는 길이 막혀 있는데, 유공은 무슨 일로 오셨소?"

현령이 일어서서 두 손을 공손히 모으고 말했다.

"풍도현은 몇 년 동안 수재, 한재가 연이어 닥쳐 민간의 재력이 바닥났습니다. 조정에서 매년 내려주는 과세를 납부하기도 곤란한데, 어떻게 '음사전량'을 납부하고 다시 조세를 부담할 수 있겠소? 제가 죽음을 무릅쓰고 온 목적은 백성을 대신해 부탁하기 위해서입니다."

---

15 북송 때의 명재판관 포증包拯(999~1062)을 말한다. 그는 성품이 강직하여 권력에 굴종하지 않고 준엄했으며, 추상같이 법을 집행하고 또 푸른 하늘처럼 깨끗하다 하여 '포 염라' 혹은 '포 청천包青天'이라는 수식어가 따라다닌다. 또한 사후에도 명부에서 재판관으로 활약한다고 전해진다.

포공이 웃으며 말했다.

"세상에 요상한 스님과 간악한 도사들이 귀신 이름을 빌려 백성의 재제齋祭, 보시를 속여 가로챕니다. 따라서 가산을 탕진하는 집이 부지기수이지요. 귀신이 거주하는 저승과 이승의 길이 막혀 있어 사람마다 속임수를 폭로하는 것을 알지 못하게 하지요. 현명한 공께서 백성의 폐단을 없애기 위해 이곳에 오시지 않으셨다면, 누가 감히 거역하겠습니까? 오늘 당신께서 특별히 왕림해주셔서 어진 마음과 용기를 보여주시는군요."

말이 미처 끝나기도 전에 한 줄기 붉은빛이 하늘에서 내려오자, 포공이 일어서며 말했다.

"복마대제伏魔大帝[16]가 오셨으니 공께서는 잠시 자리를 피해주시기 바랍니다."

유강은 뒤채로 물러나 기다렸다. 잠시 뒤 관제가 녹색 도포를 걸치고 긴 수염을 날리며 천천히 대전에서 내려와 포공과 빈주賓主의 예를 주고받았다. 그들의 담화는 대부분 알아들을 수 없었다. 관제가 말했다.

"공의 이곳엔 산 사람 냄새가 나는데, 어찌 된 일이오?"

포공은 일의 경과를 상세히 알려주었다. 관제가 말했다.

"이렇게 말씀하시니 현명한 현령을 저도 한번 뵙고 싶군요."

---

16 관우를 말한다. 『삼국지』의 영웅 관우는 중국인에게 인기를 얻어 중국 곳곳에서 관우사당을 볼 수 있다. 관우는 무신뿐 아니라 상업신으로도 추앙받고 있으며 심지어 농민들도 관우상 앞에서 기우제를 지내기도 한다. 이처럼 신격화되더니 명대 만력萬曆 22년(1594)에는 관우에게 제위帝位를 하사하여 그의 사당을 '관제묘'라 부르게 되었다.

포공은 유강과 막객 이선을 불러 함께 나아가 절했다. 관공이 유강과 이선을 앉게 했는데, 얼굴빛이 온화했다. 세상의 사정만 상세히 묻고는 저승의 일은 언급하지 않았다. 사람됨이 평소 강직한 이선이 느닷없이 질문했다.

"현덕공玄德公 유비劉備[17]는 지금 어디 계십니까?"

관제는 대답하지 않았다. 안색을 보니 불쾌한 표정을 지으며 화가 치밀어 오르더니 즉각 가버렸다. 포공이 크게 놀라 이선에게 말했다.

"그대는 틀림없이 벼락 맞아 죽을 거요. 저도 그대를 구해줄 수가 없게 되었소. 어떻게 그런 말투로 이 일을 물을 수 있소? 하물며 어떻게 신하 앞에서 직접 그의 군주의 자를 부를 수 있단 말이오?"

이강이 이선을 대신하여 사정하며 용서를 빌었다. 그러자 포공이 말했다.

"기왕 이렇게 된 바에야 이선을 빨리 죽게 해야 합니다. 그러지 않으면 시체조차 불태워버릴 수 있어요."

이어서 서랍에서 옥도장을 꺼냈는데 대략 한 자 크기였다. 그리고 이선의 도포를 벗기더니 그의 등에 도장을 찍었다. 유강과 이선은 포공에게 인사를 드린 뒤 매단 줄을 타고 우물에서 나왔다. 풍도성 남문에 왔을 때 이선은 결국 중풍에 걸려 사망했다. 며칠 지나지 않아 벼락이 이선의 관에 떨어져 시체의 의복도 전부 불타버렸다. 다만 도장 찍힌 등 부분의 옷 조각만 불타지 않았다.

---

17 후한 말기의 정치가. 촉한 왕조의 건립자.

복수하는 해골

骷髏報仇

상숙 사람 손군수孫君壽는 성품이 잔인하고 흉악하며 특히 귀신 희롱을 좋아했다.

한번은 그가 다른 사람과 산에 놀러 갔을 때였다. 도중에 그는 배가 아파 화장실에 가려고 했다. 손군수는 짓궂은 장난을 쳐 황야의 산속 무덤에서 해골을 꺼내와 위에 걸터앉아 대변을 보고 해골에게 똥을 먹이며 물었다.

"먹어보니 맛이 좋지?"

해골이 입을 벌려 말했다.

"맛이 좋군."

손군수가 깜짝 놀라 급히 도망치자 해골이 그의 뒤를 따라오는데 땅에서 수레바퀴처럼 굴러다녔다. 손군수가 다리에 올랐을 때 그 해골은 따라갈 수가 없었다. 손군수가 높은 곳에 올라 보았더니, 해골은 여전히 굴러서 원래의 곳으로 되돌아갔다.

손군수는 집에 돌아왔지만 얼굴이 사색이 되어 마침내 병들었다. 매일 대변을 볼 때마다 손으로 쥐어 삼키며 자신에게 물었다.

"먹어보니 맛이 좋지?"

다 먹고는 설사하고, 설사하면 다시 먹다가 3일이 지나 사망했다.

입김을 부는 해골

骷髏吹氣

항주 사람 민무가閔茂嘉는 바둑을 좋아했다. 손孫 씨 성을 가진 그의 사부는 늘 그와 대국을 벌였다.

옹정雍正 5년(1727) 6월은 날씨가 무척이나 무더웠다. 민무가는 친구 다섯 명을 불러 순서대로 바둑을 두었다. 손 선생이 한 판을 둔 뒤 말했다.

"내가 피곤해서 동쪽 사랑채에서 잠시 잠 좀 자고 다시 돌아와 승부를 내세."

잠시 뒤 동쪽 사랑채 안에서 포효하는 소리가 들렸다. 민무가와 네 사람이 달려가 보니 손 선생은 땅에 엎드려 온 얼굴에 침을 가득 흘렸다. 생강즙을 그에게 먹이고 나서야 겨우 깨어났다. 사람들이 까닭을 묻자 그가 대답했다.

"내가 침상에 올라 미처 잠이 들지 않았는데, 등이 차가워지더군. 처음에 차가운 면적이 호두만 한 크기였는데, 서서히 쟁반만 한 크기로 넓어지고 얼마 안 있어 반쪽이 전부 춥더니 뼛속까지 차가워지더군. 영문을 몰랐지. 그리고 침상 아래에서도 '푸푸' 소리가 들려 내려다보았더니, 해골 한 구가 자리 건너편에서 내 몸에 입김을 불어넣어 깜짝 놀라 무서워서 땅에 쓰러졌지. 그 해골이 머리로 나를 때릴 찰나, 사람이 다가오는 기척이 나자 겨우 달아났네."

민무가의 네 친구는 모두 해골을 파내라고 건의했다. 하지만 민 씨 가족들은 재앙이 닥쳐올까봐 두려워 감히 파내지는 못하고 마침내 동쪽 사랑채를 잠가버렸다.

조 대장군의 낯짝 두꺼운 요괴

刺皮臉怪

대장군 조양동趙良棟[18]이 삼번三藩의 난[19]을 평정하고 돌아오는 길에 사천 성도成都를 지나갔다. 사천 순무가 그를 맞이하여 일행을 한 민가에 배정했다. 조 장군은 방이 너무 작은 것 같아 성 서쪽의 도찰원都察院[20] 관아의 사택에서 묵고 싶었다. 그러자 순무가 그에게 말했다.

"듣자니 그 사택은 문을 닫은 지 백 년이 넘었다 하옵니다. 항상 요괴들이 나온다 하여 감히 공을 위해 준비해둘 수가 없었습니다."

장군이 웃으며 말했다.

"내가 비적을 평정하면서 죽인 사람이 무수히 많소. 그 요괴들이 영성靈性이 있다면 반드시 나를 두려워할 것이오."

---

18 삼번의 난을 평정했던 명말 청초의 한족 출신 장수(1621~1697).

19 청초에 한인 무장 운남雲南의 오삼계吳三桂(1612~1678), 광동廣東의 상가희尙可喜(1604~1676), 복건福建의 경정충耿精忠(1644~1682) 등 세 번왕이 일으킨 반란. 이를 진압함으로써 청조가 사실상 확립되었다.

20 명·청 시대 감찰 기관으로 감찰, 탄핵, 건의를 담당한 관청이다.

이에 즉각 가복과 하인을 파견하여 그 사택을 깨끗이 청소하고 가족은 내실로 배정하고 자신은 혼자 본채에 묵었다. 그리고 전투할 때 쓰는 긴 창을 베개 삼아 잠이 들었다.

이경쯤 되었을 때 휘장 고리가 움직이는 소리가 나더니 몸이 길고 흰옷을 입은 사람이 큰 배를 내밀고 침상 바닥을 가려서 촛불이 깜깜해졌다. 조 장군이 일어나 큰 소리로 그 귀신을 꾸짖었다. 귀신이 뒤로 세 걸음 물러서자 촛불이 밝아져 귀신의 얼굴을 비추었다. 민화에 그려진 방상신方相神[21]의 험상궂은 얼굴 같았다. 조 장군이 창을 뽑아 찌르려고 하자, 귀신은 몸을 번쩍이며 대들보에 숨었다. 다시 찌르자 또 피해 점점 좁은 길로 도망가더니 자취를 감춰 사라졌다. 조 장군이 방으로 돌아올 때 뒤에 누가 따라오는 것을 느껴 뒤돌아보았더니, 원래 그 귀신이 웃으며 살금살금 조 장군 뒤를 따라오고 있었다.

조 장군이 대로하며 욕을 퍼부었다.

"이 세상 어디에 너같이 낯짝 두꺼운 요괴가 있단 말이냐!"

이때 가복들도 일어나 각기 손에 병기를 들고 나왔다. 그 요괴는 뒤로 물러나 원래의 좁은 길을 지나 빈방으로 들어갔다. 그리고 흙먼지가 날리면서 '추추추' 하는 소리가 났는데, 마치 요괴 동료들이 함께 격투하려는 것 같았다.

그 백의의 요괴는 방의 중앙에 이르러 앞장서서 부우완항負隅頑

---

21 고대의 전설에서 역귀나 산천의 요괴를 몰아낸다는 신령을 말한다.

抗[22]의 자세를 취했다. 가복들은 서로 쳐다보며 어느 누구도 앞에 나가려고 하지 않았다. 조 장군은 더욱 화가 치밀어 창으로 맹렬히 찔렀는데 그 요괴의 복부에 맞자 '피융' 하는 소리가 나면서 요괴가 사라졌다. 단지 금빛 찬란한 두 눈만 벽 위에 머물렀는데, 구리쟁반 만한 크기로 눈빛이 번쩍번쩍했다. 여러 가복이 각기 칼로 그것을 찌르자, 그 눈은 온 방 안에 불똥으로 튀어 처음엔 커졌다가 점차 작아지고 나중엔 꺼졌다. 이때 날이 밝아지기 시작했다. 이튿날 조 장군이 길을 떠나기 전 어젯밤에 발생했던 모든 일을 전 성의 문무 관리들에게 알려주자 모두 혀를 내두르며 놀랐지만, 결국 무슨 요괴인지는 아무도 알지 못했다.

---

22 '벼랑을 등지고 완고하게 저항한다'는 말로 어원은 『맹자』「진심 하盡心下」에 나온다.

狐生員勸人修仙

신선 수련을 권유한 호 생원

대장군 조양동 아들[23]의 시호는 양민襄敏이며 관직은 보정총독保定總督에 이르렀다.

어느 날 밤에 그가 서루에서 책을 읽으면서 안팎의 창문을 모두 닫아놓았다. 그런데 넓적한 형체가 창틈에서 몸을 기울여 누각 안으로 들어오더니 손으로 머리에서 발끝까지 비비자 온몸이 점차 동그래졌다. 방건方巾을 쓰고 붉은 신발을 신은 선비가 그를 향해 예를 올리고 손을 모아 말했다.

"저는 호선狐仙 생원으로 이 누각 안에서 산 지 백 년이 넘었습니다. 여러 대인의 은혜를 입어 제가 이곳에서 사는 것을 모두 허락했어요. 지금 공께서 갑자기 이 누각에 오셔서 공부하시는데 저는 천자가 파견하신 대신에게 복종하지 않을 수 없어 지시를 받으러 왔습

23 조양동의 둘째 아들 조홍섭趙弘燮(1656~1722)의 자는 양공亮工, 호는 이암理庵이며 지금의 닝샤寧夏 인촨銀川 사람이다. 관직은 산동 안찰사, 포정사, 하남 순무, 보정 총독을 역임했다.

니다. 만일 공께서 반드시 이 누각에서 책을 읽으셔야 한다면, 저는 옮겨가야 하므로 제게 3일의 기한을 주시기 바랍니다. 공께서 저를 아끼신다면, 제가 이곳에 머무는 것을 허락해주세요. 그러면 평상시처럼 누각 문을 잠그겠습니다."

조공이 크게 놀라 웃으며 말했다.

"네가 여우이거늘 어떻게 생원이 될 수 있단 말이냐?"

"모든 여우는 태산 낭랑太山娘娘[24]이 주관하는 시험을 매년 한 차례 치르는데, 그 가운데 문리에 정통한 자를 생원으로 뽑고, 성적이 낮으면 들여우로 분류합니다. 생원에 뽑히면 신선이 되는 도를 닦을 수 있으나 들여우들은 그럴 수 없지요."

이어서 그 생원은 조공에게 다음과 같이 권유했다.

"공 같은 귀인께서 신선을 배우지 않으니 참으로 애석하네요. 우리가 신선을 배우기란 매우 어렵지요. 먼저 배워서 인간의 모양을 갖춰야 하고 사람이 하는 말을 배워야 합니다. 사람의 말을 배우기 전에 먼저 새소리를 배워야 합니다. 새소리를 배울 때 전 세계 각국의 다양한 새의 말을 배워야 하지요. 일일이 다 배운 다음 사람의 말을 배워야 사람 꼴을 갖출 수 있어요. 이 과정만으로도 500년이 걸리죠. 사람이 신선을 배운다면 다른 종족보다 500년의 고충을 줄일 수 있지요. 만약 귀인과 문인들이 신선을 배운다면 일반 사람보다 300년의 단련 기간을 줄일 수 있어요. 대체로 수련하여 신선이 되자면 천 년 정도의 시간이 걸려야 합니다. 이는 불변의 진리죠."

---

24 태산 낭랑은 태산부군 혹은 동악대제의 부인을 말한다.

조공은 그 말을 기쁘게 듣고는 이튿날 서루를 꼭 잠그고 그에게 양보했다.

이 두 고사는 조 장군의 손자 진원태수鎭遠太守 조지단趙之壇에게서 들었다. 조지단은 일찍이 이렇게 말했다.

"제 부친은 그 생원에게 태산 낭랑이 무슨 문제를 출제하여 여우에게 시험을 치르게 했는지 묻지 않은 걸 후회했어요."

족쇄를 찬 살신

煞神受枷

강소江蘇 회안淮安의 이 씨는 부인과 사랑하며 행복하게 살았다. 하지만 이 씨는 서른 살이 넘어 갑작스런 병으로 사망했다. 이미 염을 끝냈지만 부인은 차마 관에 못을 박지 못하고 아침저녁으로 곡을 하며 관을 열어 남편의 시체를 살폈다.

민간에 전해 내려오는 풍습이 있는데, 사후 7일 되는 날엔 살신煞神[25]을 맞이하는 의식을 거행한다. 그 시간이 되면 가장 가까운 친척, 가족들도 모두 피해야만 한다. 그러나 이 씨의 아내만 자리를 뜨려고 하지 않았다. 그녀는 자녀를 다른 방에 숨겨두고, 자신은 사자의 장막에 앉아서 기다렸다. 이경이 되자 음산한 바람이 '솨솨' 불어와 주위의 등불이 전부 파래졌다. 붉은 머리에 둥근 눈을 하고 신장이 한 길이 넘는 귀신이 한 손에 철차鐵叉를 쥐고 한 손엔 줄로 남편을 끌며 창을 넘어 들어왔다. 귀신은 관 앞에 놓인 술과 요리를 보고는 철차를 놓고 줄을 풀더니 앉아서 포식했다. 귀신이 음식을 삼킬 때마

25 불길한 흉신.

다 배에서는 '쩝쩝' 하는 소리가 났다. 그런데 그 남편은 생전에 사용하던 책상을 쓰다듬으며 슬프게 장탄식했다. 남편이 침상 앞으로 걸어가 휘장을 걷으려고 할 때 아내가 울면서 그를 껴안았다. 그녀는 남편의 몸이 차가움을 느끼고 이불로 그의 몸을 감쌌다.

이때 붉은 머리의 귀신이 앞 다투어 시신을 빼앗았다. 이 씨 부인이 큰 소리로 외쳐 자녀들이 모두 나오자, 붉은 머리의 귀신이 살금살금 도망갔다. 이 씨 부인과 자녀들이 싼 혼을 관 속에 넣자 시신에게서 서서히 생기가 나왔다. 이에 시신을 관에서 꺼내 침상에 올려놓고 미음을 그의 입에 흘려 넣었다. 날이 밝을 즈음 이 씨는 깨어났다. 그 붉은 머리의 귀신이 남겨놓은 철차는 제사 때 태우는 지차紙叉였다. 이렇게 해서 그들은 또 20년 넘게 부부생활을 했다.

이 씨 부인이 육순이 되었을 때였다. 한번은 우연히 성황묘에 가서 기도하는데, 허리가 굽은 두 귀신이 족쇄를 찬 범인을 끌어오는 모습이 흐릿하게 보였다. 자세히 보니 족쇄를 찬 범인은 바로 붉은 머리의 그 귀신이었다. 붉은 머리의 귀신이 이 씨 부인을 욕하며 말했다.

"내가 먹을 걸 탐내 네 꼬임에 걸려들다니. 나는 20년 동안 족쇄를 차고 지냈다. 오늘 너를 만났으니 이번엔 널 그냥 두진 않겠다."

이 씨 부인은 집에 오자마자 사망했다.

장사귀

張士貴

직예直隸 안주부安州府 참장參將[26] 장사귀張士貴는 거주하는 관사가 너무 작아서 안주성 동쪽에 집 한 채를 샀다. 사람들 말에 따르면 그 집에 귀신이 나온다고 했다. 장 참장은 평소에 성격이 굳세어 반드시 이주하여 거주하려고 했다.

이사 간 뒤 밤마다 중간의 대청에서 북 치는 소리가 들려와 가족들은 무서워 벌벌 떨었다. 장 참장은 화살을 재어놓은 채 촛불을 켜고 앉아 기다렸다. 밤이 깊어 조용할 때 갑자기 들보에서 머리가 나오더니 그를 흘겨보며 비웃었다. 장 참장이 활시위를 당기자 귀신이 땅에 떨어졌다. 왜소하고 검으며 뚱뚱하고 배가 커서 물 다섯 섬을 담을 수 있는 커다란 항아리 같았다. 그 화살은 귀신의 배꼽에 명중했는데 한 자 정도 깊이 박혔다. 귀신은 손으로 복부를 문지르며 웃는 얼굴로 말했다.

"활을 잘 쏘시는군!"

---

26 명대부터 두었던 무관 이름으로 총병總兵의 부관이다.

장 참장은 다시 한 발을 쏘았다. 귀신은 또 복부를 문지르고 전처럼 웃으며 얘기했다. 참장이 큰 소리를 질러 가족들이 전부 대청에 들어오자, 귀신은 들보에 올라 도망가며 욕을 했다.

"나는 반드시 네 가족을 없애버릴 테다."

이튿날 새벽에 장 참장의 부인이 갑자기 죽었고 저녁때 그의 아들도 죽었다. 장 참장은 아내와 자식의 장례를 치르고 슬퍼하면서 후회했다.

한 달이 지나서 갑자기 복벽複壁[27]에서 신음 소리가 들렸다. 담을 헐어보니 이미 염을 했던 부인과 자식이었다. 생강즙을 먹이자 두 사람은 평상시처럼 의기양양했다. 어찌 된 일인지 물으니 모두 대답했다.

"저는 죽지 않았어요. 정신이 혼미해져서 꿈인 듯 크고 검은 두 손이 저를 이곳에 던져버렸어요."

참장이 관 뚜껑을 열어보니 그곳엔 텅 비어 아무것도 없었다. 그는 이제야 비로소 사람의 죽음은 운명임을 알았다. 비록 악귀에게 죄를 지었더라도 악귀가 마술을 부려 사람을 조롱할 수는 있으나, 죽일 수는 없음을 알게 되었다.

27 속을 비게 하여 두 겹으로 쌓아 그 속에 물건 따위를 넣을 수 있게 만든 벽.

두 공부

杜工部

사천의 두杜 씨는 건륭乾隆 정사년丁巳年(1737)에 진사에 급제하고 공부원외랑工部員外郎을 지냈다. 50여 세 때 아내가 죽자 호북湖北 양양襄陽 출신의 여자를 들였다.

결혼식 날 저녁에 과거시험 동기들이 모두 와서 축하해주었다. 결혼식이 끝나고 두 공부가 신방에 들어갔다. 그가 보니 화촉을 밝힌 방 안에 서너 치 크기의 소인이 촛불 쟁반에 꿇어앉아 입김을 불어 촛불을 끄려고 했다. 두 공부가 큰 소리를 지르자 그 소인은 소리에 놀라 도망갔으며 두 개의 홍촉도 동시에 꺼졌다. 하객들은 이 정경을 보고서 놀랐으며, 두 공부는 안색이 변하고 땀이 비 오듯 흘렀다. 한 시첩이 그를 부축하여 침상에 눕히자, 그는 방 안의 위아래, 좌우를 가리키며 말했다.

"곳곳에 사람 머리가 있어."

그는 갈수록 땀을 많이 흘렸으며 말도 점차 못 하더니 그날 저녁에 죽었다.

두 공부의 양양 부인이 결혼식 날 가마에서 내렸을 때 봉두난발한 여자가 그녀를 맞이하며 물었다고 한다.

"부인은 도장을 파고 싶어요?"

그녀는 이 여자의 말이 조리가 없어 상대하지 않았다. 두 공부가 죽었을 때 부인을 조롱한 사람이 바로 그 귀신이었음을 알게 되었다.

두 공부가 죽은 뒤 그의 영혼은 양양 부인의 몸에 붙어 밥을 먹을 때마다 그녀의 인후를 막고 슬프게 울며 말했다.

"당신을 떠날 수가 없어요!"

두 공부와 같이 급제한 한림 주황周煌[28]이 얼굴을 정색하고 귀신을 나무라며 말했다.

"두 군, 어째 그리 어리석나? 자네 죽음이 부인과 무슨 상관이 있다고 어째서 그녀의 목숨을 빌어먹는가?"

그 귀신은 실성한 듯 통곡하더니 사라졌으며 양양 부인의 병도 차차 나았다.

---

28 주황(1714~1785)은 사천성 부주涪州 사람으로 건륭 연간에 진사에 합격했으며 19년 동안 한림원 편수를 지냈다. 1756년에는 중왕부사中王副使의 신분으로 유구琉球에 사신으로 나갔다가 3년 뒤에 귀국하여 『유구국지략琉球國志略』을 남긴 바 있다.

귀신의 공이 된 호구

胡求爲鬼球

내각학사 방포方苞[29]에게 하인 호구胡求가 있는데, 삼십대에 방포를 따라 항상 궁내에서 당직을 섰다. 방포가 무영전武英殿[30]에서 책을 편찬할 때 호구는 욕덕당浴德堂[31]에서 잤다.

어느 날 밤 삼경이 되었을 때 두 사람이 호구를 대청 계단 아래에 올려놓았다. 이날 밤 달빛이 대낮처럼 밝아서 호구는 온몸이 청흑색이고 짧은 적삼과 좁은 마고자를 입은 두 사람의 모습을 봤다. 호구는 두려워서 급히 달아났다. 달아나면서 머리를 들어 보니 동쪽에 한 귀신이 앉았는데, 붉은 도포를 입고 오사모를 썼으며 키는 한 길 정도였다. 그 귀신이 발로 호구를 차자, 호구는 서쪽으로 나가떨어졌다. 서쪽엔 똑같은 용모와 차림새의 귀신이 있어 역시 발로 그를 차

---

29 방포(1668~1749)는 안휘성 동성桐城 사람으로 저명한 산문가, 동성파 창시자의 한 사람이다. 건륭 연간에는 내각학사 겸 예부시랑을 지냈다. 주요 저작으로 『방망계선생전집方望溪先生全集』이 있다.

30 베이징 자금성 안 서남쪽 끝에 있는 궁전 이름.

31 무영전의 서북쪽에 있는 전당 이름.

자, 호구는 다시 동쪽으로 나가떨어졌다. 이 두 귀신이 호구를 공으로 여겨 장난을 친 것이다. 호구는 견딜 수 없을 정도로 아팠다.

오경이 되어 닭이 울 때가 되자 두 귀신은 호구를 놓아주고 떠나갔다. 호구는 지쳐서 땅에 쓰러졌다. 이튿날 아침에 보니 호구의 전신은 퍼렇게 멍들어 거의 완전한 피부를 찾아볼 수 없었다. 몇 개월이 지나서야 겨우 회복되었다.

강신의 삼태자

江中三太子

소주蘇州 진사 고삼전顧三典은 자라를 즐겨 먹었다. 어부가 이 사실을 안 뒤 자라를 잡을 때마다 반드시 고삼전 집에 팔았다.

고삼전의 장모 이 씨는 꿈속에서 황금색 갑옷을 입은 사람이 그녀에게 슬피 애원하는 사연을 들었다.

“저는 강신江神의 삼태자三太子인데, 지금 당신 사위에게 붙잡혔어요. 다행히 제 목숨을 구해주실 수 있다면 반드시 당신에게 잊지 않고 보답하겠소.”

이튿날 새벽에 이 씨는 가복을 고 씨 집에 급히 파견하여 그 자라의 목숨을 구하려 했지만 이미 주방장에 의해 목숨이 끊어진 뒤였다.

바로 그해에 고삼전의 집에 아무런 까닭도 없이 불이 나서 책들이 거의 모두 타버렸다. 불나기 전날 밤에 고 씨 집에서 기르던 개 한 마리가 갑자기 사람처럼 서서 다니며 두 앞발로 대야의 물을 받들어 주인에게 바쳤다. 또 벽장에서 고 씨 역대 조상의 초상을 발견했는데 마치 한 폭 한 폭 그린 것 같았다. 식견이 많은 사람이 다음과 같이 예언했다.

"이는 양부장음陽不藏陰[32]의 징조다. 고 씨 집에서 화재가 일어날 것이다."

오래지 않아 과연 예언대로 되었다.

---

32 양은 음을 감추지 않는다.

전 열부

田烈婦

강소 순무 서사림徐士林[33]은 평소에 정직했다. 그가 안경태수安慶太守를 지내던 어느 날 저녁에 대청에 오르니 달빛이 교교했다. 보니 한 여자가 머리에 검은 천을 쓰고 있어서 그녀의 두 어깨 윗부분을 정확히 볼 수가 없었다. 그녀는 정문의 작은 문 밖에 무릎을 꿇고 억울한 일을 호소하려는 듯했다.

서사림은 귀신이 온 줄 알고 즉각 아전에게 명령을 내려 패를 들고 큰 소리로 외치게 했다.

"억울한 일이 있거든 귀신보고 대청에 오르라 해라!"

그 여자가 천천히 들어와 계단 밑에 무릎을 꿇었는데 말하는 목소리가 어린아이 같았다. 아전들은 여자의 모습을 볼 수 없었고 그녀의 소리만 들렸다.

33 서사림(1684~1741)의 자는 식유式儒, 산동 문등文登 사람이다. 농민 가정에서 태어나 사숙에서 공부한 뒤 27세에 거인, 29세에 진사가 되었다. 일찍이 황자와 황손을 가르쳤는데 건륭 황제도 그에게 교육을 받았다. 건륭 5년(1740) 강소 순무로 부임했다.

여자 귀신의 자술에 따르면 그녀의 성은 전田 씨이고 과부여서 집에서 수절하고 있었다. 그녀의 시아주버니 방덕方德은 가산을 빼앗기 위해 그녀에게 개가하라고 핍박했다. (전 씨가 응하지 않자) 방덕은 그녀에게 목매달아 자진하도록 핍박했다. 서사림은 방덕을 붙잡아 여자 귀신과 대질심문했다. 처음 심문할 때 방덕은 불복했다. 그러다가 머리를 돌려 전 씨를 보고는 놀란 나머지 실토했다. 이후 방덕을 법대로 처리했다.

(이 사건이 전해지자) 안경의 전 군민은 서사림을 신으로 여기며 칭송했다. 서사림은 친히 「전 열부 비기田烈婦碑記」를 써서 전 씨를 표창했다. 당시 안휘 순무는 태안泰安 사람 상국 조국린趙國麟[34]이었다. 그가 서사림을 꾸짖으며 말했다.

"이 일은 찾아가 들으면 족하거늘, 어찌하여 귀신에 의지해 자신의 몸값을 올렸느냐?"

서사림은 무척 부끄럽게 생각했으나 이 일은 실제로 있었던 일이니, 비밀리에 전해지지 않을 수 없었다.

당초 서사림이 아직 벼슬길에 들어서지 않았을 때의 일이다. 수도로 가는 길에 함께 가던 사람이 갑자기 등이 아프다고 소리치며 땅에 무릎을 꿇고 머리를 조아리며 말했다.

"저는 본래 마적입니다. 공의 재산을 탐내 검으로 공을 찔러 죽이려고 하는데, 갑자기 몸에 황금빛 갑옷을 걸친 귀신이 제 등을 때려

---

34 조국린(1673~1751)은 산동 태안 사람으로 청조의 대신이자 장서가다. 관직으로 복건 순무, 형부상서, 예부상서, 문연각 대학사 등을 역임했다.

마침내 땅에 엎어졌지요. 공께서는 이후에 보통 사람이 아닐 것입니다."

말을 마치고 그 사람은 죽었다.

鬼着衣受網

종이옷을 입고 그물에 잡힌 귀신

여주부廬州府 서성현舒城縣에 진陳 씨 성을 가진 촌민이 있었다. 그의 아내가 갑자기 여자 귀신에게 붙들렸다. 그 귀신은 때로 손으로 그녀의 목구멍을 눌렀고 때로는 줄로 그녀의 목을 묶기도 했다. 그녀의 주변 사람들은 귀신을 볼 수 없었다. 그의 부인은 너무나 고통스러워 때때로 손으로 옷깃을 잡고 삼으로 엮은 수많은 줄을 빼냈다. 진 씨가 아내에게 복숭아나무 가지[35] 한 다발을 주며 말했다.

"여자 귀신이 오거든 이것으로 때리시오."

여자 귀신은 대로하여 이전보다 더 흉악해졌다. 남편은 어찌할 도리가 없어 성으로 들어가 섭葉 도사를 찾아 은 20냥을 주고 그를 집안으로 불러왔다. 진 씨는 집에 제단을 마련하고 섭 도사는 법술을

---

35 복숭아나무는 자고로 길상, 장수의 상징으로 여겨져 그 열매는 신선이 먹는 과일이라는 의미로 선도仙桃, 수과壽果라 일컬어졌다. 한편 옛사람들은 이 나무가 사악한 것을 몰아내는 벽사辟邪의 힘을 가졌다 하여 이것으로 도부桃符, 도인桃人, 도검桃劍을 만들어 액막이용으로 사용하기도 했다.

부려 동서남북 사방을 향해 팔괘진八卦陣[36]을 펼쳤다. 제단 중앙엔 작은 병을 놓았으며, 병 옆에는 홍색, 황색, 남색, 백색, 흑색 등 다섯 종의 오색 종이를 오려 만든 여성 의복 십여 벌을 놓아두었다. 그 도사가 산발한 채 주문을 외웠다.

밤 삼경이 되자 진 씨의 아내가 말했다.

"귀신이 왔는데 손에 돼지고기를 들고 있어요."

진 씨가 복숭아나무 가지를 들어 때리니 과연 공중에서 고깃덩어리가 떨어졌다. 이때 도사가 진 씨 아내에게 알렸다.

"여자 귀신이 내가 만든 종이옷을 입으면 쉽게 잡을 수 있소."

잠시 뒤 여자 귀신이 과연 오색 종이옷을 찾아 입자, 진 씨 아내가 일부러 소리 질렀다.

"옷을 훔쳐가지 마!"

여자 귀신이 웃으며 말했다.

"이렇게 화려한 옷은 마땅히 내가 입어야지!"

여자 귀신이 이 종이옷을 전부 몸에 걸치는 순간 옷은 그물로 변하여 여자 귀신을 겹겹이 둘러쌌다. 처음엔 헐렁했으나 점점 꽉 끼어 마침내 여자 귀신은 그 팔괘진에서 빠져나올 수 없었다.

섭 도사는 부적을 그리고 주문을 외며 법수法水 한 잔을 여자 귀신의 머리에 던졌다. 법수는 머리에 뿌려졌으나 잔은 깨지지 않았다.

---

36 전국시대 손빈孫臏이 처음 창안하고 삼국시대 제갈량諸葛亮(181~234)이 발전시킨 진법으로 팔괘진법, 팔진도, 팔진법이라고도 부른다. 팔괘진은 휴休, 생生, 상傷, 두杜, 경景, 사死, 경驚, 개開의 8개 진문陣門으로 구성되고 생, 경, 개로 들어가면 좋고 상, 경, 휴로 들어가면 다치며 두, 사로 들어가면 죽는다고 한다.

여자 귀신이 동쪽으로 도망가면 잔도 동쪽을 공격했다. 여자 귀신이 서쪽으로 피하면 잔도 서쪽을 공격했다. 잔이 깨지자 그 여자 귀신의 머리도 깨졌다. 섭 도사는 즉각 여자 귀신을 붙잡아 작은 병 속에 넣고 오색 종이로 봉하며 법인法印을 찍고 병을 복숭아나무 밑에 묻어놓았다. 도사는 다시 도법부道法符를 태운 재와 강향絳香 가루를 섞어 경단 두 개를 만들어 진 씨 아내에게 주면서 말했다.

"이 여자 귀신도 남편이 있으니 보름 안에 반드시 복수하러 올 것이오. 그때 이 두 개의 경단을 그에게 던지면 아무 일 없을 것이오."

며칠 지나자 과연 흉악한 얼굴을 한 남자 귀신이 찾아왔다. 진 씨 아내는 도사가 일러준 방법대로 했더니 남자 귀신은 도망갔다.

아룡 阿龍

소주 목독木瀆에 사는 서세구徐世球는 어려서 성에 들어가 한기무韓其武의 집에서 공부했다. 한 씨 집의 하인 아룡은 20세로 한 씨 서재에서 심부름했는데 매우 바지런했다.

어느 날 저녁에 서세구가 누각에서 공부하다가 아룡을 불러 차를 가져오게 했다. 잠시 뒤 아룡은 안색이 변해 말했다.

"제가 흰옷 입은 사람을 보았어요. 누각 아래에서 미친 듯 도망가기에 불러도 대답하지 않았는데, 귀신이 아닐까요?"

서세구는 웃으며 믿으려 하지 않았다.

이튿날 밤에 아룡은 감히 누각에 올라갈 수 없었기에 서세구는 류柳 씨를 불러 그 일을 대신하게 했다. 이경쯤에 류 씨가 누각에서 내려와 차를 가지러 가다가 갑자기 다리로 무언가 밟은 느낌이 들더니 마침내 땅에 엎어졌다. 둘러보니 아룡은 계단 밑에 죽어 있었다. 류 씨가 큰 소리로 고함치자 서세구와 한 씨 집 가족 및 다른 손님들이 모두 달려 나왔다. 아룡의 목엔 졸린 자국이 나 있었으며 얼굴은 청흑색으로 버들잎만 하고 귀, 눈, 입, 코는 전부 진흙으로 채워져 있었다. 시신은 가로누워 있긴 하나 숨은 아직 끊어지지 않았다. 급히 생강즙을 부어넣어 소생하자 아룡이 말했다.

"제가 대청 계단으로 내려갈 때 어제 본 흰옷의 귀신과 정면에서 맞닥뜨렸어요. 나이는 대략 마흔 살이고 수염은 짧고 검은 얼굴로 나를 향해 입을 벌려 한 자 정도의 혀가 바깥에 나왔지요. 내가 소리 치려고 하자 그가 나를 때리고 손으로 저의 목을 눌렀어요. 주변에 있던 노인이 하얀 수염에 높은 모자를 쓰고 흰옷의 귀신을 타이르더군요.

'그는 아직 젊으니 모멸하지 말게나.'

이때 거의 숨이 끊어지려던 찰나에 마침 류 씨가 내 발에 걸리는 바람에 흰옷 귀신이 집 밖으로 도망간 것입니다."

서세구는 여러 사람을 불러 아룡을 부축하여 침상 위로 눕히게 했다. 침상 주위엔 수십 개의 귀등鬼燈이 빛났는데 그 빛은 커다란 반딧불이와 같았으며 밤새 꺼지지 않았다.

이튿날 아룡은 혼미하게 침상에 누워 아무것도 먹지 못했다. 한 씨는 여자 무당을 불러 살피게 했다. 무당이 말했다.

"현령이 심문할 때 사용하던 주필朱筆을 가져와 아룡의 가슴에 바를 '정正'자, 목엔 칼 '도刀'자, 두 손에 불 '화火'자를 쓰면 살릴 수 있어요."

한 씨가 무당의 말대로 왼팔에 '화'자를 쓰려고 할 때 아룡이 눈을 크게 뜨고 고함을 질렀다.

"저를 태우지 마세요. 곧 떠날게요."

이후로 한 씨 집엔 귀신 소동이 일어나지 않았다. 아룡은 지금까지 살아 있다.

大樂上人

대락 상인

낙양洛陽 수륙암水陸庵[37]의 한 스님의 법명이 대락 상인大樂上人이다. 그는 재산이 많았다. 그의 이웃 주周 씨는 관청의 아전으로 집안이 가난했다. 그 관리는 조세 징수를 독촉하면서 모두 착복했다. 납부 기한이 되었을 때 툭하면 대락 스님에게 돈을 빌려 몇 년 동안 스님에게 7냥의 빚이 누적되었다. 스님은 그가 갚을 능력이 없음을 알고 그에게 다시 요구하지 않았다. 주 씨는 이 은혜에 감사드리고 스님을 볼 때마다 말했다.

"저는 살아서는 스님의 은혜를 갚을 수 없으니, 죽어서는 반드시 당나귀가 되어 보답하겠습니다."

오래지 않아 어느 날 저녁에 어떤 사람이 급히 암자의 대문을 두드렸다. 누구냐고 물어보니 문밖에서 응답했다.

---

37 수륙암은 지금의 산시陝西성 시안 란톈藍田에서 동쪽으로 10킬로미터 떨어진 푸화진普化镇 왕순산王順山 아래에 있다. 육조 시대의 명찰로 '중국 제2의 둔황敦煌'으로 불린다. 1996년에 전국문물보호단위로 지정되었다.

"주 씨인데 은혜에 보답하러 왔어요."

스님이 문을 열고 보니 사람이 보이지 않아 어떤 사람이 그에게 장난친 줄로만 알았다. 그날 밤 스님이 기르던 당나귀 한 마리가 새끼를 낳았다. 이튿날 아침에 주 씨에게 가보니 과연 죽어 있었다. 스님이 당나귀 곁으로 다가오자, 방금 나온 새끼가 고개를 들고 다리를 올리는데 아는 체하는 것 같았다.

(이후 새끼가 자라자) 스님은 그것을 1년 동안 타고 다녔다. 어느 날 산서의 길손이 수륙암에 투숙했는데 새끼 당나귀를 너무 좋아하여 그것을 팔라고 했다. 스님이 그럴 수 없다며 참지 못하고 그 까닭을 설명해줬다. 그러자 산서의 길손이 말했다.

"그렇다면 제가 이 새끼 당나귀를 빌려 모 현에 가서 하룻밤 보내고 와도 될까요?"

스님이 승낙하자 그 길손은 당나귀 등에 올라 고삐를 잡고 웃으며 스님에게 말했다.

"제가 스님을 속였어요. 저는 이 당나귀를 좋아하는데, 타고 떠나면 돌아올 필요가 없겠지요. 저는 이미 당나귀 가격을 당신 다탁 위에 놓아두었으니, 돌아가서 가지시면 됩니다."

산서 손님은 머리도 돌리지 않고 급히 달려갔다. 스님은 이를 어찌할 줄 몰라 방으로 들어가 보니, 다탁 위에 백은 7냥이 놓여 있었다. 이는 주 씨가 스님에게 빚진 돈의 액수였다.

山西王二

산서 왕이

한림원 편수 웅척재熊滌齋[38] 선생이 내게 이런 이야기를 해주었다.

강희 연간에 웅척재가 북경北京에서 노닐다가 하루는 참정參政 진의陳儀, 부도어사副都御史 계計 씨와 함께 보국사報國寺[39]에서 술을 마셨다. 세 사람은 모두 일찍부터 뜻을 얻은 사람으로 번화한 것을 좋아하여 연회석에서 가기들이 배석하지 않으면 체면이 서지 않는다고 생각하여 사람을 보내 여자 무당을 부르게 하고는 앙가秧歌[40]를 불러 주흥을 돋우게 했다. 무당이 절반쯤 불렀을 때 아랫배가 아파 소변을 보려고 연회석을 벗어나 담장 밑으로 갔다. 잠시 뒤 돌아올 때 무당은 두 눈을 똑바로 뜨고 세 사람 앞에 무릎을 꿇고 말했다.

"저는 산서 사람 왕이입니다. 어느 날 저는 주인 조삼趙三에게 돈을 빼앗기고 죽임을 당했어요. 시체가 이 절 담장 밑에 매장되어 있으

38 이름은 웅본熊本이며 강희 연간의 진사다.

39 베이징 쉬안우구宣武區에 현존하는 사원 이름.

40 중국 북방의 민간 무용. '모심기 노래'라는 뜻으로 원래는 농민이 볏모를 심는 등의 노동을 할 때 불렀기 때문에 '앙가'라는 이름이 붙여졌다.

니, 세 나리께서는 대신 저의 억울함을 풀어주세요."

세 사람은 서로 바라보기만 할 뿐 너무나 무서워서 감히 아무도 말을 하지 못했다. 웅척재가 말뜻을 알아듣고는 그녀에게 말했다.

"이것은 사방관司坊官[41]의 일이지, 우리가 할 수 있는 일이 아니오."

그러자 여자 무당이 말했다.

"지금 이 일을 맡은 사방관은 유공俞公입니다. 웅 나리와 교분이 있으시지만, 웅 나리께서 유공을 청하여 이 절의 담장 밑을 파서 시체가 나오면 증거를 삼는 것으로 족합니다."

"이 사건은 중대한데 말뿐이고 물증이 없으니, 내가 어떻게 가겠소?"

"이치대로라면 제가 직접 진술해야 하나, 제 시체는 이미 썩어서 반드시 살아 있는 사람의 몸에 붙어야만 말을 할 수가 있으니, 세 나리께서는 제게 의견을 주시기 바랍니다."

말을 마치고 여자 무당이 땅에 쓰러졌다. 한참 뒤에 깨어나서 방금 일어난 일을 물었더니 아무것도 몰랐다. 세 사람은 상의하고 나서 다음과 같이 말했다.

"우리가 어떻게 귀신을 대신하여 억울한 일을 풀어줄 수 있겠는가? 신고해도 믿지 않을 것이네. 그러니 내일 유 사방관 나리를 초청하여 이곳에서 함께 술을 마시면서 여자 무당을 불러 그 자리에서 질문하면 억울한 사건을 해결할 수 있을 것이네."

이튿날 세 사람은 유 사방을 보국사에 초대하여 술을 마시면서 어

41 사방은 주현州縣 아문에서 소송 사건을 맡는 형방刑房을 말한다.

제 일어난 일을 그에게 알렸다. 그리고 여자 무당을 불러오게 했다. 여자 무당은 너무 무서워하며 올 수 없다고 했다. 사방관은 하급 관리를 시켜 여자 무당을 붙잡아오게 했다. 무당이 절 입구에 도착하여 사찰 문으로 진입하지 않았을 때 갑자기 입을 열어 어제처럼 호소하기 시작했다. 사방관이 이 사건을 순성어사巡城御史에게 보고한 뒤 절의 담장 밑을 파서 백골 한 구를 꺼내니 경골 아래에 상처가 나 있었다. 현지 주민에게 물어보자 주민이 말했다.

"종전에 이 절의 담장은 산동 제남부濟南府의 조삼이 열었던 여관이었는데, 어느 해에 조삼이 여관을 버리고 산동으로 도망갔어요."

유 사방관이 공문을 발표하고 아울러 관제관關提官을 제남부로 파견하여 조사해보았더니, 과연 그런 사람이 있었다. 체포 공문이 도착하던 날, 조삼은 갑자기 외마디 비명을 지르고는 숨이 끊어져 사망했다.

큰 복을 누리지 못하다

大福未享

소주의 나羅 씨는 스무 살이 넘었다. 설날 밤 꿈속에서 죽은 그의 조부를 뵈었더니 이렇게 말했다.

"넌 올해 10월 모일 죽을 것이야. 절대로 이 난관을 벗어날 수 없으니 속히 후사를 준비해라."

깨어난 뒤 가족들에게 알리니 모두 놀라고 두려워했다.

10월 그날이 되자 온 가족이 그의 신변을 둘러싸고 주시했다. 나 씨는 아무렇지도 않았으며 저녁때까지도 여전했다. 가족들은 꿈속의 말이 믿을 게 못 된다고 여겼다. 이경이 지난 뒤 나 씨가 집 밖 담장 밑으로 소변을 보러 갔는데, 오랫동안 돌아오지 않았다. 가족들이 급히 찾아나서 보니 옷이 절반쯤 벗겨진 채 나 씨가 쓰러져 있었다. 등불을 가져와 비춰보니 벗은 채 담장 동쪽에서 죽어 있었다. 옷은 시체에서 열 걸음쯤 떨어져 있었다. 가슴에 약간의 온기가 남아 있어 곧바로 염을 할 수 없었다.

이튿날 밤에 나 씨가 깨어나 가족들에게 다음과 같이 말했다.

"전세의 악연을 만났어요. 일찍이 내 아내의 시녀 소춘小春을 간음

해서 임신시켰지만, 저는 인정하지 않았지요. 소춘은 이 때문에 제 아내에게 매를 맞고 죽었어요. 소춘이 사후에 저승의 관아에 고소했고, 아울러 친히 저를 잡으러 왔어요. 제가 마침 담장 동쪽에서 소변을 보던 도중 그녀가 내 옷을 벗겼는데 제가 당초에 그녀를 간음할 때의 모습 그대로였어요. 당시 저는 놀라 인사불성으로 혼미해서 그녀와 함께 저승의 성황 아문에 갔지요. 성황 나리가 저를 심문하려 했는데, 공교롭게도 그 시녀가 생전에 저지른 다른 사건이 발각되어 산서 지역의 성황에게 체포되었지요. 그래서 심문이 중단되고 저승의 관리는 저를 오랫동안 붙잡아 놓으려 하지 않아 저를 현세로 내보내더군요. 하지만 곧 죽음을 면할 수 없을 거 같아요."

나 씨 부친이 그에게 물었다.

"너는 저승에서 이승의 일을 묻지 않았더냐?"

"저는 반드시 죽을 줄로만 알고 늙으신 부친을 돌볼 사람이 없음을 걱정했지요. 그래서 저를 관할하는 관리에게 '부친의 금후 길흉은 어떤가요?' 물었더니, 관리가 웃으면서 말하더군요. '네 효심을 가상하게 여겨 부친은 큰 복을 누릴 것이야.'"

가족들은 나 씨의 말을 듣고서 모두 부친을 위해 기뻐했다. 나 씨 부친도 속으로 기뻐했다. 한 달도 안 되어 나 씨의 부친은 갑자기 팽창 병으로 사망했다. 복부가 큰 표주박처럼 부었는데, 그제야 사람들이 앞서 말했던 '대복大福'은 원래 '대복大腹'의 의미임을 알게 되었다. 그의 아들도 3년이 지나서 역시 사망했다.

관음당 觀音堂

나의 동료 조천작趙天爵[42]이 친히 내게 한 말에 따르면, 그가 구용현령句容縣令을 지낼 때 한번은 시골에 내려가 시체를 검시했다고 한다. 날이 어두워지자 옛 사당에서 투숙했다. 꿈속에서 노부인을 만났는데, 온 얼굴엔 흙먼지 범벅이고 왼쪽 머리는 모두 빠졌다. 그녀가 앞에 서서 부탁했다.

"만람萬藍이 저의 인후를 누르고 있어요. 나리가 관리이시니 속히 제 목숨을 구해주셔야 합니다."

조천작이 놀라 깨어나 두 눈을 떠보니 등잔 앞에 사람 그림자가 희미하게 보여 급히 일어나 다가갔더니 아무것도 없었다.

이튿날 새벽 조천작이 산보하러 나섰다. 사당 옆에는 관음당이 있었고, 관음당 옆에 노부인의 입상이 새겨져 있는데 꿈속의 노부인과 같았다. 관음당 앞에는 좁고 작은 길이 있었는데 주민들이 거쳐가야

---

42 강희 연간에 활동했으며 자는 유수維修, 호는 선사善士이고 원적은 강서 임천臨川이다.

하는 길이다. 조천작이 사당의 스님을 불러 물었다.

"이 일대에 만람이라는 사람이 있소?"

"관음당 앞을 드나드는 길목이 바로 만람의 집입니다."

조천작은 만람를 불러오게 하여 물었다.

"그대 집은 조상 대대로 전해오던 것이오?"

"아닙니다. 이 집은 종전에 관음당 대문의 출입구로 통하던 곳입니다. 금년 정월에 사당의 스님이 빼앗은 뒤 제게 되팔았는데, 가격은 20냥이었죠."

조천작은 꿈속의 말을 알려주지 않고 은 20냥을 꺼내 만람에게 주고 이 택지를 되찾아 보수했다.

이때 조천작은 마흔 살이 넘었어도 아직 아들이 없었다. 몇 개월 뒤 그의 부인이 잉태했다. 출산하려던 날 밤 꿈속에 노부인이 다시 나타나 남자아이를 안아 그에게 건네줬다. 부인이 깨어났을 때 자기도 똑같은 꿈을 꾸었다고 말했다. 마침내 아들을 낳게 되었다.

억울함을 호소하는 상격

常格訴寃

건륭 16년(1751) 8월 3일 나는 저보邸報[43]를 보다가 기이한 사건을 읽었다. 경산景山[44] 황궁 내에 전시된 골동품 몇 개가 유실되었다는데, 내무부 관리들은 흙 파는 노동자들이 훔쳤다고 의심했다. 그리하여 수십 명의 민공을 불러 일렬로 세우고 한 명 한 명 심문했다. 그중 한 사람이 갑자기 땅에 무릎을 꿇고 호소하며 말했다.

"제 이름은 상격常格인데 정황기正黃旗[45] 사람으로 열두 살입니다. 시장에 가서 물건을 살 때 노동자 조이趙二가 저를 강간하려고 했으나 성공하지 못하자 칼로 저를 죽이곤 후재문厚載門[46] 밖 탄재를 쌓

43 저초邸抄, 邸鈔라고도 부르며 옛날 관보를 말한다. 지방 장관은 수도에 저택을 마련하고 이곳에서 얻은 수도의 정보를 지방으로 전달한 데서 이런 이름이 붙었다. 청대에는 이를 경보京報라고도 불렀다.

44 자금성 북쪽에 있는 작은 산 이름.

45 청대의 팔기八旗 가운데 하나로 순황색의 깃발 이름에서 '정황기'라 부른다. 만주, 몽골, 한군으로 나뉘며 황제가 직접 통솔했다. 정황기에 속한 병사가 팔기 가운데 가장 많았다.

46 베이징 지안문地安門의 속칭이다. '후문'이라고도 부른다.

아두는 곳에 묻었지요. 저의 부모는 아직도 제 행방을 몰라요. 대인께 간청하오니 땅을 파고 시체를 꺼내 제 억울함을 풀어주시길 바랍니다."

말을 마치자마자 땅에 쓰러졌다. 오래지 않아 이 사람은 벌떡 일어나 말했다.

"제가 바로 조이입니다. 상격을 죽인 사람은 바로 접니다."

내무부 대인은 이러한 상황을 보고 억울함이 있다고 단정하고 이 사건을 형부로 이관했다. 형부 관리가 땅을 파 시체를 꺼냈는데 시체에 칼자국이 남아 있었다. 그다음 상격의 부모를 찾아가자 그 부모가 말했다.

"제 아들을 잃은 지 이미 한 달이 되었네요. 우린 그가 이미 죽었는지도 모르고 있었어요."

이에 즉각 조이를 체포하여 심문하자, 조이는 사실을 모조리 털어놓았다.

형부는 황상에게 보고하여 알렸다.

"조이는 스스로 범죄 사실을 털어놓았으니 자수한 셈입니다. 형법에 따라 한 등급을 감형할 수는 있습니다. 그러나 원통하게 죽은 귀신이 다른 사람의 몸에 붙어 기소했으니 이러한 예를 적용시키기가 불편합니다. 따라서 참수형을 선포하여 즉각 집행하겠습니다."

황제의 명을 받들어 주의奏議에 따라 시행했다.

포주의 염효 蒲州鹽梟

악수헌岳水軒[47]이 산서山西 포주蒲州 염전을 지나다가 보니, 현지의 관제묘에서 장비張飛의 소상을 모셨는데 관공의 소상과 함께 남쪽을 향해 앉아 있었다. 옆의 주창周倉[48] 장군의 소상은 화가 나 일그러졌으며 손에는 쇠사슬과 썩은 나뭇가지를 들고 있었는데, 이것들의 용도를 알 수 없었다. 현지 주민이 이를 가리키며 말했다.

"이는 염효鹽梟[49]입니다."

그가 그러한 연유를 물었다.

---

47 청대 문인 악몽연岳夢淵의 자가 수헌水軒이고 강녕江寧(지금의 난징) 사람이다. 시를 잘 썼고 화조도를 잘 그렸다.

48 주창은 『삼국지연의』에서 꾸며낸 가공의 인물로 관우 휘하의 장군이다. 원래 황건적의 영수 장보張寶의 부하였으나 그가 죽은 뒤 와우산臥牛山에 웅거하며 산적질을 하다가 관우에게 투항하여 그림자처럼 따라다니며 충성을 다했다. 형주를 지킬 당시 조조의 용장 방덕龐德을 물속에 끌어들여 사로잡아 공을 세웠다. 관우가 사로잡혀 죽고 오군이 관우의 수급을 맥성麥城으로 보내 투항을 권유하자 그는 자결했다.

49 소금 밀매업자를 가리킨다. 고대에 소금을 밀매하는 상인을 증오하여 이렇게 불렀다.

"송나라 원우元祐(1086~1094) 연간에 염전의 물로 소금을 만드는데, 며칠을 만들어도 소금이 나오지 않았지요. 백성과 염상은 두려워하고 당혹해하며 사당에 가서 기도했죠. 꿈에서 관제가 뭇사람을 불러 말하더랍니다. '이곳의 염전은 치우蚩尤[50]가 차지하는 바람에 소금이 나지 않소. 내가 제사상을 받아먹는 이상, 나 스스로 처리해야 마땅하지. 그러나 치우의 백魄을 내가 제압할 수는 있어도, 그의 아내 효梟는 특히나 성질이 사납고 간악하여 나로선 감당할 수가 없소. 내 동생 장익덕張翼德이 이곳에 온다면 치우를 사로잡을 수 있지. 나는 이미 사람을 익주益州에 파견하여 그를 불러놓았소.' 사람들이 꿈에서 깨어난 뒤 즉각 사당에 장비 소상을 만들어놓았죠. 소상을 세우던 날 밤에 광풍이 불고 천둥번개가 치더니 이 썩은 나무가 쇠사슬에 감겼습니다. 이튿날부터 다시 염전에서 물을 퍼다 소금을 끓이니 생산된 소금은 열 배나 증가했답니다."

악수헌은 이때에야 지금 일컫는 '염효鹽梟'의 출처가 실로 여기였음을 알게 되었다.

---

50 황제와 탁록涿鹿의 들판에서 싸우다가 패배했다는 전설상의 인물.

시체를 빌려 혼이 돌아온 영벽현의 딸

靈壁女借尸還魂

왕연정王硯庭은 영벽 현령靈壁縣令을 지냈다. 이 현의 어느 마을에 농부農婦 이 씨가 살았는데, 나이는 삼십이 넘었으며 얼굴은 추하게 생겼고 두 눈을 실명한 데다가 10여 년 동안 팽창 병을 앓아 복부가 돼지 배처럼 커졌다. 그러던 어느 날 밤에 이 씨가 죽었다. 남편이 성에 들어가 관을 사왔다. 관이 도착하여 염을 준비할 때 뜻밖에도 부인이 소생하여 두 눈도 다시 밝아지고 복부도 정상적으로 돌아왔다. 남편이 무척 기뻐서 그녀에게 가까이 다가서자, 부인은 그를 밀어내고 울면서 말했다.

"저는 아무개 마을의 왕王 아가씨예요. 아직 출가하지 않았는데 어떻게 여기에 왔죠? 저의 부모, 자매들은 지금 어디에 있어요?"

이 씨 남편은 너무 놀라 급히 왕 씨네 집으로 가서 이 일을 알렸다. 온 식구들은 죽은 어린 딸에게 곡하고 있었으며 시체는 이미 매장한 뒤였다. 왕 아가씨 부모는 (이 씨 남편의 말을 듣고) 광분하여 그의 집으로 달려갔다. 부인은 왕 아가씨의 부모를 보고는 울면서 끌어안고 생전의 일을 늘어놓았는데, 전부 맞아떨어졌다. 왕 아가씨와 정혼한 남편 집에서도 찾아와 그녀를 보았다. 부인은 부끄러워서 얼굴이 붉어졌다.

마침내 양가에서는 이 부인을 두고 분쟁을 일으켜 관가에 알렸다. 왕연정이 이 사건을 합의하여 농부를 이 씨 남편에게 주라고 판결했다.

이것은 건륭 21년(1756)의 일이다.

의제를 시해한 한 고조

漢高祖弑義帝

산동山東 역정驛亭의 소금 업무를 관장하는 도원道員 노헌관盧憲觀이 급사했다가 오래지 않아 되살아났다. 그의 말에 따르면 그의 전신은 [항우項羽 수하의] 구강왕九江王 영포英布[51]라고 한다. 의제義帝[52]의 피살은 한 고조 유방劉邦의 짓이지, 항우가 시킨 일이 아니다. 유방이 남몰래 사람을 보내 의제를 죽이고는 죄명을 항우에게 전가했다. 그리고 거짓으로 각 제후와 합동으로 의제를 토벌하려고 했다. 항우는 이에 불복하여 상제에게 고발했다. 상제는 이 사건에 관한 한 반드시 영포를 불러 대질심문해야 한다고 여겼다. 대질하자마자 사실이

51 영포(?~기원전 195)는 지금의 안후이성 류안현六安縣 사람이다. 젊어서 죄를 지어 진나라의 묵형墨刑을 받았기에 경포黥布라고도 부른다. 진승陳勝에 대항하여 항우를 따라 각지에서 활약하여 구강왕으로 봉해졌다. 나중에는 유방에게 귀속되어 회남왕淮南王으로 봉해졌다. 한신韓信, 팽월彭越과 더불어 한초의 3대 명장으로 불린다. 한 고조 11년(기원전 196) 팽월, 한신이 연이어 고조에게 살해당하자 모반을 일으켰으나 패배하여 강남으로 도망갔다가 장사왕長沙王에게 유인되어 죽임을 당했다.

52 초나라 군주 회왕懷王을 말한다. 항우는 회왕을 존경하여 '의제'로 불렀으며 그를 중심으로 초나라 세력을 결집하게 되었다.

분명히 드러났다. 의제는 과연 유방이 죽였던 것이다. 이는 진평陳平[53]이 유방을 위해 획책한 여섯 가지 기묘한 꾀 가운데 하나다. 그래서 노 씨가 급사했다가 환생한 것이다.

어떤 사람이 그에게 물었다.

"어떻게 2000년 동안이나 질질 끌다가 해결되었는지요?"

노현관이 말했다.

"항우는 당시 함양咸陽에서 포로 20만 명을 산 채로 매장했기 때문에 상제의 분노를 사서 음산陰山에서 피살당했고 무수한 고통을 당했습니다. 현재 항우의 형이 만기가 되어 그가 억울한 사건을 호소한 것이죠."

왕완정王阮亭[54]의 『지북우담池北偶談』에 따르면, 당나라 장군 장순張巡[55]이 애첩을 죽인 사건은 거의 1000년을 끌었다고 한다. 아마도 장순에게는 '충절忠節'이라는 시호가 있기 때문에 그를 고발하기가 어려웠을 것이다. 그리고 항우는 참담한 시해로 인해 스스로 억울함을

---

53 전한의 건국 공신이며 정치가(?~기원전 178). 가난한 집안 태생이었으나 독서를 좋아한 모사謀士였다. 진승陳勝의 봉기 이후 항우를 따랐으나 대우가 미흡하자 유방에게 의탁하여 천하가 평정될 때까지 여섯 번이나 기묘한 계책을 내어 한나라를 승리로 이끌었다. 이후 곡역후曲逆侯에 봉해지고 혜제惠帝 때에 좌승상을 역임했다.

54 청대 시인 왕사정王士禎(1634~1711)의 호. 원명은 왕사진王士禛이고 자는 자진子眞, 이상貽上이고 호는 완정阮亭, 어양산인漁洋山人이다. 산동 신성新城 사람으로 순치 15년(1658)에 진사가 되었고 강희 43년(1704)에 형부상서로 부임했다. 청초의 시인 전겸익錢謙益의 뒤를 이은 시단의 맹장으로 주이준朱彝尊과 더불어 '남주북왕南朱北王'이라 불린다. 시론에서 신운설을 주장했으며 주요 저서로는 『향조필기香祖筆記』 『어양시집漁洋詩集』 『지북우담』 『당현삼매집』 『고부우정잡록古夫于亭雜錄』 등이 있다.

호소하기 어려웠을 것이다.

55　당의 명장이자 충신(708~757). 안사의 난 시기에 가장 참혹했던 전투는 바로 장순이 지키고 있었던 휴양睢陽성의 혈전이다. 정부군이 휴양에서 고립무원의 상태에 처해 있을 때 성안에 그물을 쳐 참새를 잡고 땅을 파서 쥐를 잡아먹었으며 갑옷과 쇠뇌에 붙어 있는 가죽까지도 먹어치웠다고 하니 그 참혹상을 짐작할 수 있다.

地窮宮

지궁궁

보정부 녹영총병관綠營總兵官 이창명李昌明이 갑자기 죽었다. 그런데 3일이 지나도 시체가 뻣뻣해지지 않아서 가족들은 염하여 관에 넣을 수 없었다. 갑자기 시체의 복부가 북처럼 크게 팽창했다가 한바탕 오줌을 누더니 소생했다. 그가 송장送葬하러 온 친구의 손을 붙잡고 말했다.

"내가 임종 때 특히 고통스러웠어. 발끝에서 어깨까지 체내의 기가 남김없이 밖으로 산출되더군. 죽은 뒤엔 도리어 온몸이 가벼워진 느낌이라서 살아 있을 때보다 더 좋았지. 이르는 곳마다 하늘 색은 짙은 노란색이고 햇빛은 보이지 않고 망망하게 날리는 모래뿐이더군. 다리는 땅에 닿지 않았고 무슨 가옥이나 사람을 볼 수 없었지. 내 영혼은 이렇게 떠다니다가 바람을 따라 동남쪽으로 향했어. 한참 떠돌아다니다가 날이 밝기 시작하자 날리던 모래도 멈추더군. 동북쪽을 굽어보니 긴 강이 있고 강가에 양치기 세 사람이 있었지. 양털은 하얗고 말처럼 비대하더군. 양치기에게 어디 사냐고 물었더니, 그들은 대답하지 않았어. 또 몇십 리 떠돌다가 앞쪽에 궁전이 희미하게 보이더군. 기와가 온통 노란 유리라서 제왕의 거처 같았어. 가까이 가보니 신발을 신고 모자를 쓰고 도포를 걸치고 혁대를 맨 두 사람이 궁전 밖에서 지키고 있었지. 그 모습은 인간 세상의 무대에서 공연하던 고역사高力士,[56] 동관童貫[57]과 비슷하더군. 대전 앞엔 황금으로 주조한 편액이 걸렸고, 위에는 '지궁궁地窮宮'이란 세 자가 쓰여 있었어. 내가 한참 보고 있노라니 궁전 밖에서 지키던 두 사람이 화를 내며 나를 쫓아내면서 말하더군.

'이곳이 어딘데 네가 감히 여기 서 있어!'

나도 평소에 고집이 세서 떠나고 싶지 않아 두 사람과 싸우기 시작했지. 대전 내에서 고성이 들렸어.

'바깥이 왜 이렇게 시끄럽나?'

두 사람이 대전 안으로 들어갔다가 한참 만에 나와선 내게 말하더군.

'너는 가지 말고 성지를 받들 준비를 하거라.'

이에 그들은 나를 두르고 지키더군. 날이 점차 어두워지자 음산한 바람이 사방에서 불어오고 내리는 눈은 기왓장처럼 커졌어. 내가 추워서 벌벌 떨고 있는데, 두 수위도 바짝 움츠리고 콧물을 흘리며 날 가리키며 원망하더군.

'모두 네가 시끄럽게 굴었기 때문이야. 그렇지 않다면 우리가 이렇게 추운 밤에 고통을 당하겠니?'

---

56 당 현종 때 악명 높았던 환관(684~762).

57 송 휘종 때 재상 채경蔡京과 결탁했던 환관(1054~1126).

날이 밝아올 무렵 대전 안에서 종소리가 들리자, 바람과 눈도 일제히 그쳤지. 대전 안에서 또 한 사람이 나오더니 수위에게 말하더군.

'어제 붙잡은 사람을 제자리로 보내도록 하라.'

두 수위는 나를 끌고 가서 제자리로 보내주었지. 수위는 양치기가 아직도 그곳에 있는 걸 보고 나를 그들에게 넘겨주며 말했지.

'상제의 명을 받들어 이 사람을 너희에게 넘기니 그를 집에 보내주도록 하라. 우리는 가겠다.'

양치기가 주먹으로 날 때리자 나는 놀라서 강물로 뛰어들었는데 입으로 물을 많이 먹어 복부가 팽창하여 소변을 본 뒤 살아나더군."

말을 마치고 이창명은 손을 씻고 세수하고 밥 먹고 물을 마셨는데 평상시와 다름없었다. 그러나 10여 일이 지난 후 그는 또 죽었다.

그가 죽기 전날 밤에 이창명의 이웃 장 씨는 삼경까지 자다가 침상 옆에서 누가 소리치는 목소리를 들었다. 놀라서 일어나보니 검은 옷을 입은 네 명이 보였는데 키는 각기 한 길이었다. 그리고 말했다.

"우리를 이창명의 집으로 데려가다오."

장 씨가 응하지 않자 검은 옷의 사람이 그를 때리려고 했다. 장 씨는 겁나서 그들을 데리고 함께 갔다. 이 씨 집 문 앞에 이르니 이미 두 사람이 문 앞에 무릎을 꿇은 게 보였다. 모습이 무척 험상궂어서 무서웠다. 검은 옷을 입은 네 명은 고개를 들어 그들을 볼 수 없어 장 씨와 함께 뒤뜰의 울타리 샛길을 통해 이 씨 집에 들어갔다. 잠시 뒤 이 씨 집 안에서 곡소리가 나왔다.

이 사건은 부탁원傅卓園[58] 제독이 말한 것이다. 부탁원은 이창명의 친구다.

58 부괴傅魁를 말한다. 절강성 순안현淳安縣 부계향賦溪鄕 부가촌傅家村 출신으로 건륭 연간의 무진사武進士다. 그의 무덤이 밀산密山에서 6, 7리 떨어진 왕자산王子山 기슭에 있었으나 이후 천도호千島湖 속으로 수몰되었다. 묘비엔 '광록대부태자소보부괴장군지묘光祿大夫太子少保傅魁將軍之墓'라는 글자가 새겨져 있었다. 원매는 일찍이 「기부괴장군평정금천서記傅魁將軍平定金川序」 「송부탁원총융지낭산送傅卓園總戎之狼山」 「편마가위부장군編馬歌爲傅將軍」 등 문장을 써서 부괴를 높이 평가했다.

獄中石匣

옥중의 석갑

월주越州 사람 주도례周道澧의 조상 가운데 국난 때 순직한 사람이 있어 음서 제도에 따라 주도례를 섬서陜西 농주지주隴州知州로 파견했다.

그가 관아에 도착한 뒤 관례에 따라 먼저 감옥을 순시했다. 옥중에서 석갑石匣을 발견했는데, 길이는 한 자 정도이고 단단히 밀봉되어 있으며 자물쇠로 잠가놓았다. 주도례는 그것을 열어보고 싶었으나 간수는 열 수 없다고 고집했다.

"전하는 말로는 명나라 말년부터 이 석갑이 있었답니다. 안에는 뭐가 들었는지 모르며 다만 한 도인이 이렇게 말했답니다.

'이 석갑을 여는 사람은 관운이 불길할 것이다.'"

주도례는 평소에 괴팍하여 반드시 열어보고 싶었다. 이에 도끼로 석갑을 쳐서 열어보니 안에는 사람이 그려진 반 폭 정도의 그림이 있었는데, 벌거벗은 몸엔 피가 흐르고 얼굴 형체를 알아볼 수 없었다. 갑자기 한기가 엄습했다.

주도례가 미처 다 보기도 전에 유황 냄새가 석갑 안에서 흘러나와 그 화폭은 불에 타기 시작하여 종이 재가 공중에 날렸다. 주도례는 크게 놀라 병을 얻어 끝내 농주의 임지에서 죽었다. 결국 어떤 귀신이 있었는지 아무도 모른다.

이 얘기는 학사 주난파周蘭坡[59]가 내게 알려줬다. 주도례는 그의 종손이다.

59 주장발周長發(1696~1760)의 자가 난파이며 호는 석범石帆이고 산음山陰 사람이다. 옹정 2년(1724)에 진사가 되었고 한림원 서길사庶吉士를 역임했다.

권 2

장원의 처 張元妻

하남河南 언사현偃師縣 주민 장원張元의 처 설薛 씨가 친정집으로 신행 갔다가 돌아오는데 시숙이 설 씨를 마중하러 나왔다. 중도에 옛 무덤을 지나는데 숲이 음산했다. 이때 설 씨는 소변을 보고 싶어 타고 가던 당나귀를 시숙에게 맡겨 지키게 하고 자기는 입었던 붉은 치마를 벗어 나뭇가지에 걸어놓았다. 설 씨가 소변을 본 뒤 돌아와보니 그 붉은 치마가 보이지 않았다. 집에 돌아온 밤에 설 씨는 남편과 잠자리에 들었다. 이튿날 날이 밝아도 부부는 일어나지 않았다. 가족이 문 안으로 들어가보았다. 창문은 그대로이고 부부의 몸은 그대로 있었으나, 두 사람의 머리만 보이지 않았다. 관청에 이를 알렸으나 관청에서는 심리할 방법이 없었다. 관청에서는 시숙을 잡아와서 심문을 진행했다. 그는 어제 붉은 치마를 잃어버린 경과를 상세하게 진술했다.

사건을 맡은 사람이 옛 무덤 현장에 가보니 묘 옆에 구멍이 나 있고 구멍은 윤이 나서 어떤 것이 드나드는 듯했다. 들어가보니 붉은 치마의 끈이 밖에 놓여 있었다. 바로 설 씨가 잃어버린 것이다. 다시

굴을 파보니 장원과 설 씨의 머리가 그곳에 있었으며 관은 없었다. 그 구멍은 무척 좁아서 한 손만 들어갈 수 있었다. 관청은 끝내 이 사건의 수수께끼를 풀지 못했다.

나비 요괴

蝴蝶怪

북경의 섭葉 씨는 역주易州 사람 왕사王四와 친하게 지냈다. 이해 7월 7일은 왕사의 60세 생일이었다. 섭 씨는 당나귀를 타고 생일을 축하하러 갔다. 방산房山에 이르자 날이 이미 어두워졌다. 이때 키 큰 남자가 말을 타고 지나가며 그에게 어디 가는지 물어 섭 씨는 사실대로 알려줬다. 그 남자가 듣더니 기뻐하며 말했다.

"왕사는 저의 사촌 형님인데 저도 축하하러 가던 참입니다. 함께 가시겠습니까?"

섭 씨는 크게 기뻐하며 그와 동행했다.

그 사내는 언제나 섭 씨 뒤에서 따라왔다. 섭 씨는 그에게 앞서 가라고 양보했지만 남자는 입으로 대답만 하고 여전히 그의 뒤에 처졌다. 섭 씨는 도적일지도 모른다는 생각에 자주 고개를 돌려 살펴보았다. 날이 어두웠기 때문에 섭 씨는 남자의 모습을 분간할 수 없었다. 바로 이때 천둥번개가 치자, 그 남자의 머리는 말의 배에 거꾸로 매달렸고 두 발은 허공을 가로질러 걸어갔다. 연이어 번개가 치자, 그 남자는 검은 숨을 뿜어 번개를 공격했다. 한 길이 넘는 혀를 뻗었는데 색깔은 주사硃砂처럼 붉었다. 섭 씨는 너무 놀라서 어찌할 바를 모르고 잠시 참으며 급히 왕사의 집으로 달려갔다.

왕사가 나와서 섭 씨와 그 남자를 맞이하고 즐겁게 술을 준비해 접대했다. 섭 씨는 몰래 왕사에게 길에서 만난 그 남자와 어떤 친척인지 물었다. 그러자 왕사가 말했다.

"내 사촌 동생 장 씨입니다. 지금 북경의 승장호동繩匠胡同[1]에서 살며, 은을 녹이는 것이 본업이올시다."

이때 섭 씨는 조금 마음을 놓았다. 길에서 본 것은 아마 자신의 눈이 나빠서 그랬던 것이라 생각했다.

술을 다 마시고 섭 씨는 잠자리 준비를 하며 속으로 꺼려지는 바가 있어 그 남자와 함께 자고 싶지 않았다. 그러나 그 남자는 한사코 섭 씨와 함께 자려 하여 섭 씨는 할 수 없이 사내종을 불러 함께 잤다. 이날 밤 섭 씨는 아무리 해도 잠들 수 없었으나 동료가 된 가복은 달콤하게 잠들었다. 삼경쯤 방 안의 등불이 꺼지자 그 사내가 침상에서 일어나더니 다시 혀를 내밀자 온 방 안이 밝아졌다. 사내는 코를 섭 씨의 장막에 대고 냄새를 맡았는데 침이 계속 흘러내렸다.

---

1 지금은 사라진 베이징 쉬안우구宣武區에 있었던 골목 이름. 이 이름의 유래로는 두 가지가 전한다. 하나는 명대에 이곳에 제승업자製繩業者가 많이 살아서 직업의 이름을 붙였다는 설과 또 하나는 명대의 승상 엄숭嚴嵩(1480~1567)이 살았으며 승상丞相의 발음 [chéngxiàng]이 승장繩匠의 발음 [shéngjiàng]과 해음諧音이라서 승장호동이라 불렀다고 한다. 청대 건륭 시기에는 신선호동神仙胡同, 이후엔 승상호동丞相胡同으로 개명했으며 1965년엔 차이스커우 후퉁菜市口胡同으로 바꿨다. 그러나 1998년에 남북으로 길을 확장하면서 중국 근현대사의 수많은 명인이 거주했던 차이스커우 후퉁은 역사의 뒤안길로 사라지고 말았다.

그런 다음 두 손으로 가복을 잡아 삼키기 시작했다. 씹다 뱉은 뼈가 땅바닥에 가득 찼다.

평소 관제신을 믿었던 섭 씨가 급히 고함을 쳤다.

"복마 대제여, 어디에 계시나이까?"

이때 '둥둥' 북소리가 나더니 관제가 손에 대도를 쥐고 들보를 타고 내려와 직접 그 요괴를 향해 쳤다. 그 요괴는 수레바퀴만 한 나비 한 마리로 변하더니 두 날개를 펴서 관제의 칼을 막았다. 잠시 겨루다가 벽력 소리가 나더니 나비와 관제 모두 사라졌다.

섭 씨는 놀라 땅에 혼절하여 정오가 되어도 깨어나지 못했다. 왕사가 문을 열고 들어가 섭 씨를 보자, 섭 씨는 어젯밤에 본 일을 모두 알려주었다. 땅에 흘린 피는 몇 말이나 되었고 침상의 장 씨와 가복도 사라졌다. 사내가 탄 그 말은 여전히 마구간에 있었다. 왕사는 급히 사람을 보내 승장호동으로 가서 장 씨의 행적을 알아보게 했다. 장 씨는 마침 용광로 앞에 웅크리고 은을 녹이는 작업을 하고 있었으며, 역주에 가서 생일을 축하한 일은 결코 없었다고 했다.

白二官

백이관

상주常州 사람 왕 씨는 관부에서 막객幕客으로 지내며 살았다. 그는 연말에 고향으로 돌아갔다. 현지 장 씨의 청산장青山莊 원림의 아름다운 경치를 좋아하여 짐을 들고 청산장에 가서 노닐었다. 하루는 청산장에서 평소 친하게 지냈던, 화단花旦[2]을 부르는 백이관白二官을 만났다. 왕 씨는 너무나 기뻐 노닌 뒤에 그와 함께 청산장에서 지냈다.

어느 날 밤에 왕 씨는 정신이 몽롱하여 잠들 수가 없었다. 백이관은 이불 속에서 머리를 내밀어 등불을 끄려고 했다. 등불은 백이관의 침상에서 두 길이나 멀리 떨어져 있었지만 백이관의 머리는 두 길만큼 길어지더니 등불을 불어 껐다. 왕 씨는 너무 놀라서 이불로 머리를 감싸고 잠을 청했다. 백이관은 왕 씨 침상 앞으로 다가와 이불을 헤치고 손으로 왕 씨의 위아래를 재보았다. 그가 눌렀던 신체 부위는 쇳덩이처럼 모두 차가웠다. 왕 씨는 놀라 소리쳤지만 아무도 대

2 중국 전통극에서의 말괄량이 여자 배역을 말한다.

답하지 않았다. 갑자기 서쪽 창문에서 돼지 얼굴에 털이 달린 검은 괴물이 밖에서 뛰어 들어와 백이관과 격렬하게 싸웠지만 두 사람 가운데 누가 이길지 몰랐다. 오래지 않아 날이 밝았다. 땅에는 선혈이 흐르고 죽은 이무기가 보였다.

왕 씨는 급히 백이관의 집으로 가서 상황을 살펴봤다. 백이관은 정신착란증을 앓았는데 반년이 지나자 하루아침에 호전되었다. 백이관의 병이 낫던 날이 바로 왕 씨가 청산장에서 그를 만났던 때였다.

關東毛人以人爲餌

사람을 미끼로 삼은 관동의 모인

관동 사람 허선근許善根은 인삼을 캐서 생활하고 있었다. 규정에 따르면 심마니는 반드시 깜깜한 밤에만 산에 올라 캐야 한다. 어느 날 허선근이 밤길을 가다 너무나 지쳐서 모래밭에 누워 잠을 잤다. 그가 깨어났을 때 그의 신체를 한 모인毛人이 안고 있었다. 이 모인의 신장은 두 길이며 온몸은 붉은 털로 뒤덮여 있었다. 모인은 왼손으로 허선근의 신체를 문지르고 허선근의 몸으로 그 자신의 털을 비벼서 마치 구슬, 옥을 가지고 노는 것 같았다. 문지르고 비빌 때마다 미친 듯이 웃었다. 허선근은 속으로 모인에게 잡아먹힐 것으로 생각했다.

잠시 뒤 모인은 허선근을 안고 동굴로 들어갔다. 동굴 안에는 호랑이 힘줄, 사슴 꼬리, 상아 같은 것들이 새카맣게 산처럼 쌓여 있었다. 모인은 허선근을 돌 의자에 올려놓고 호랑이 힘줄, 사슴 꼬리를 가져다 그에게 먹였다. 허선근은 기뻐 어쩔 줄 몰랐지만 그는 사실 날것을 먹지 못했다. 모인이 몸을 굽히며 무언가 생각하는 듯했다. 그 후 무슨 방법이라도 생각났는지 고개를 끄덕였다. 그리고 돌을 비벼 불을 피우고 물을 길어 솥에 끓여 호랑이 힘줄, 사슴 꼬리를 삶았다. 다 익었을 때 들여와 허선근은 실컷 먹었다.

날이 밝자 모인은 다시 허선근을 안고 동굴 밖으로 나왔다. 몸에는 다섯 개의 화살을 끼고 절벽 꼭대기까지 올라서자, 모인은 허선근을 가장 높은 나뭇가지 위에 묶어놓았다. 허선근은 대경실색하며 모인이 자신을 쏘아 죽일 거라고 여겼다.

오래지 않아 호랑이 떼가 산 사람 냄새를 맡고 전부 동굴에서 나와 앞 다투어 허선근에게 다가왔다. 이때 모인은 화살을 뽑아 호랑이를 죽이고 허선근 몸에 묶었던 줄을 풀어서 허선근을 안고 죽은 호랑이를 끌고서 동굴 안으로 돌아왔다. 모인은 예전처럼 호랑이 고기를 익혀 허선근에게 주었다. 허선근은 이때에야 모인이 자기를 기르는 목적이 호랑이의 미끼로 삼은 것임을 깨달았다.

한 달이 지나자 허선근은 별일 없이 편안했으나 모인은 도리어 살찌기 시작했다. 하루는 허선근이 집에 돌아가고 싶어 모인 앞에 무릎을 꿇고 울면서 절하며 손으로 계속 동쪽을 가리켰다. 모인은 상심하여 눈물을 흘리며 허선근을 다시 안고 그가 인삼을 캐던 곳으로 돌아갔다. 그리고 그가 집에 돌아갈 방향과 산삼의 산지를 일일이 그에게 가르쳐주어 은혜에 대한 보답을 표했다. 허선근은 이때부터 부자가 되었다.

平陽令

평양 현령

평양 현령 주삭朱鑠은 성격이 잔인하고 악독하여 관아에서 두꺼운 족쇄와 거대한 곤장을 별도로 만들어두었다. 무릇 여성과 관련된 사건이면 반드시 간통 사건으로 몰고 가서 심문을 일삼았다. 기녀를 고문할 때는 속옷을 벗기고 형구로 음부를 쳐서 그녀의 하반신은 몇 개월 동안 붓고 썩었다. 그리고 이렇게 말했다.

"네가 또다시 손님을 받나 보자!"

주삭은 또 기녀의 둔부에서 흐르는 피를 오입쟁이의 얼굴에 발랐다. 기녀가 잘생겼으면 주삭은 그녀를 더 잔혹하게 대하여 머리를 깎고 칼로 두 콧구멍을 자르며 말했다.

"예쁜 사람을 예쁘지 않게 만들어놓으면 오입질하는 기풍이 끊어지겠지."

동료를 만날 때마다 반드시 자신을 한 차례 치켜세운다.

"미인을 봐도 마음이 움직이지 않으니, 나처럼 차가운 사람이 아니면 이렇게 할 수가 없지."

임기가 차자 주삭은 승진하여 산동별가山東別駕로 부임했다. 그는 가족을 이끌고 임평在平 여관에 투숙했다. 그는 여관 2층의 객실이 견고하게 잠긴 것을 보고 주인에게 그 이유를 물어보았다. 여관 주인이 그에게 말했다.

"위층에 귀신이 나타나 몇 년 동안이나 열어놓지 않았소."

주삭은 평소에 고집불통인지라 이렇게 말했다.

"뭐가 무섭다고? 귀신이 나의 혁혁한 이름을 듣기만 해도 일찌감치 저절로 물러날 것이오."

아내가 옆에서 애써 말려도 주삭은 들으려 하지 않았다. 그는 아내에게 다른 객실을 정해주고, 자기 혼자 검을 차고 등불을 잡고 앉았다.

삼경이 되자 어떤 사람이 문을 두드리고 들어왔다. 수염은 하얗고 붉은 모자를 썼는데 주삭을 보자 공손히 읍을 하며 인사했다. 주삭은 그를 꾸짖으며 말했다.

"너는 무슨 요괴이더냐?"

하얀 수염의 노인이 말했다.

"나는 요괴가 아니라 이곳의 토지신이오. 그대가 도착하던 날이 바로 이곳의 요괴가 깨끗이 소멸될 때라서 내가 기꺼이 맞으러 온 것이오."

그리고 그에게 부탁하며 말했다.

"잠시 뒤 귀신이 오거든 그대는 보검을 휘두르면 됩니다. 나도 힘껏 도와 귀신으로 하여금 수급을 내놓도록 할 것이오."

주삭은 크게 기뻐하며 감사를 표시하고 그를 전송했다.

순식간에 얼굴이 파란 귀신과 하얀 귀신이 순서대로 다가왔다. 주삭이 검으로 베자 모두 땅에 쓰러졌다. 최후에 긴 이와 검은 입을 가진 귀신이 오자 주삭은 검으로 그 귀신을 찔렀다. 그 귀신은 아프다고 소리치며 죽었다. 주삭은 잘났다고 뽐내며 급히 여관 주인을 불러 귀신을 죽인 일을 알려주었다. 당시 닭이 벌써 울었는데 가족이 촛불을 들고 비춰보니 곳곳이 시체로 가득했다. 모두가 주삭의 아내, 첩, 자녀들이었다. 주삭은 큰 소리로 울부짖었다.

"내가 요괴에게 희롱당했단 말인가?"

한바탕 통곡하고는 기절하여 죽었다.

오뚝이

不倒翁

서생 장蔣 씨가 하남으로 가다가 공현鞏縣을 지나며 하룻밤 묵고자 했다. 그가 투숙한 여관의 서루 객실은 깨끗하게 소제되어 있어 장 씨는 기뻐하며 짐을 들고 옮겨가려고 했다. 여관 주인이 웃으며 그에게 말했다.

"선생은 담력이 큽니까? 이 서루는 그다지 안전하지 않습니다."

"명대 사람 양초산楊椒山[3]은 스스로 담력이 있다고 했지요."

장 씨는 촛불을 켜놓고 홀로 앉았다. 밤이 깊었을 때 다탁 아래에

---

3 양계성楊繼盛(1516~1555)은 자가 중방仲芳, 호가 초산椒山으로 병부원외랑을 역임했다. 병부원외랑으로 지낼 때 몽골의 수령 엄답한俺答汗(1507~1582)이 여러 번 북방 변경을 쳐들어오자 간신 엄숭과 대장군 구란仇鸞(?~1552)은 마시馬市를 열면서 이들에게 화친을 제의했다. 이때 양계성은 「마시 철폐를 요구하는 상소문請罷馬市疏」을 올렸다가 감숙성 적도狄道로 귀양 갔다. 이후 복직되어 다시 「역적 신하의 주살을 요구하는 상소문請誅賊臣疏」을 올려 엄숭을 탄핵했다. 이에 엄숭은 가짜 성지聖旨를 내려 곤장 100대를 치고 양계성을 감옥에 넣었다. 한 동료가 그의 고통을 멈추게 해보려고 감옥에 왕뱀 한 마리를 보냈지만, 양계성은 "내 스스로 담력이 있거늘 어찌 왕뱀이 필요하겠는가椒山自有膽, 何必蚺蛇哉?"라고 하며 거절하고는 자신의 썩어 문드러진 살을 스스로 베어냈다고 한다. 저작으로 『초산집椒山集』이 있다.

서 마치 죽통竹桶이 물에 뜨는 소리가 나는 것 같았다. 잠시 뒤 한 사람이 뛰어올랐다. 푸른 옷을 입고 검은 모자를 썼으며 세 치 크기에 이 세상의 하급 관리 차림을 하고서 장 씨를 오랫동안 흘겨보더니 중얼거리며 물러갔다.

잠시 뒤에 몇몇 소인이 한 관리를 데리고 왔다. 의장의 깃발과 거마 등은 모두 콩알 크기만 했다. 오사모를 쓴 관리가 옷깃을 바로 하고 앉아 장 씨를 가리키며 크게 욕설을 퍼부었는데, 그 목소리는 꿀벌 소리처럼 작아서 장 씨는 전혀 무섭지가 않았다. 그 관리는 더욱 더 화가 치밀어 작은 손으로 마루를 치며 소인들에게 장 씨를 체포하라고 지시했다. 이에 소인들이 장 씨의 신발을 끌며 그의 양말을 찢었으나 결국 장 씨를 움직일 수 없었다. 관리는 그들이 용기가 없다고 여기고는 친히 소매를 걷어 올리고 일어났다. 장 씨가 손가락으로 관리를 잡아 다탁 위에 올려놓았다. 자세히 보니 원래 세속에서 파는 장난감 오뚝이였다. 뻣뻣하여 움직이지 않는 진흙인형이었다. 이때 관리의 가마꾼과 하급 관리 수종들이 고개를 숙여 절하면서 그들의 주인을 돌려달라고 애걸했다. 장 씨가 놀리며 말했다.

"너희가 물건을 가져와야 풀어주겠다."

소인들이 일제히 말했다.

"알겠습니다."

담장 틈의 구멍 안에서 '웅웅'거리는 소리가 나더니 네 명이 비녀 한 개를 나르고, 혹은 두 사람이 비녀를 메고 나왔다. 잠시 후엔 금은 장식과 베와 비단 같은 것이 땅에 수북이 쌓였다. 장 씨가 오뚝이를 그들에게 던져주자 오뚝이는 다시 원래대로 움직였다. 그러나 소인들은 대오를 가지런히 할 틈도 없이 각자 도망쳤다.

날이 점차 밝아오자 여관 주인이 큰 소리로 외쳤다.

"도둑이야!"

연유를 물어보았더니 원래 서루에서 세 치 크기의 소인들이 옮겨 온 것들은 전부 주인의 것을 훔쳐온 물건이었다.

算命先生鬼

점쟁이 귀신

평망진平望鎭[4]의 주周 씨는 배를 저어 생계를 꾸려나갔다. 한번은 배를 저어 호주교湖州橋 아래를 지날 때, 배의 상앗대가 유골함에 부딪혀 유골함이 강물로 떨어졌다. 주 씨가 집으로 돌아와보니 누이동생이 아파서 입으로 소리치며 말했다.

"나는 호주의 점쟁이 서徐 씨인데 살아 있을 때 총독, 순무, 안찰사, 도대道臺[5] 나리조차 나를 존중해줬다. 네가 누군데 내 유골을 감히 물속에 빠트렸느냐?"

그의 누이는 본래 글자를 알지 못하는데 이번 병이 난 뒤부터 책을 읽을 줄 알았으며 남들에게 점을 쳐주는 것을 좋아했다. 누가 사주팔자를 적어서 그녀에게 주면, 그녀의 추리는 세상에서 통행하는 음양오행설에 맞아떨어졌지만, 예언은 그다지 영험하지 못했다. 주

---

4 지금의 장쑤성 쑤저우시 우장구吳江區에 있다.

5 도원道員의 속칭으로 청대에 한 성 각 부처의 장관이나 또는 각 부·현의 행정을 감찰하는 관리를 말한다.

씨는 누이의 상황을 종이에 적어 성황신에게 하소연했다. 이때부터 누이는 침상에 눕게 되었다.

하루는 깨어나서 주 씨에게 말했다.

"제가 꿈속에서 보니 푸른 옷을 입은 하급 관리가 한 귀신을 구금하여 나와 신 앞에서 대질했는데, 그 귀신이 무릎을 꿇고 신에게 자신의 유골함이 훼손된 사정을 말했어요. 그러자 신이 말하더군요. '이것은 네 오빠가 저지른 짓인데도 죄를 누이에게 뒤집어씌웠으니, 왜 강자를 두려워하고 약자를 속이는가! 너는 점을 칠 수 있다 하나 자신의 유골함조차 지키지 못했으니, 너의 점이 영험이 없음을 알 수 있겠다. 네가 생전에 얼마나 많은 사람을 속이고 얼마나 많은 재물을 빼앗았는지 알 수가 없을 정도다. 곤장 20대를 쳐서 호주로 압송하라!'"

주 씨의 누이는 이날로부터 글자를 읽을 수 없었으며 점도 칠 수 없었다.

鬼借力制凶人

힘을 빌려 흉악한 사람을 제압한 귀신

민간 전설에 따르면 흉악한 사람이 임종할 때 반드시 악귀만이 힘으로 제압할 수 있다고 한다.

양주揚州의 당唐 씨 아내는 평소 흉악한 데다가 질투심이 많아 그녀의 손에 죽은 소첩과 하녀들이 얼마나 되는지 모른다. 이처럼 악독한 부인이 급병을 얻어 입으론 중얼거리며 욕을 하는데 평상시에 소란 피우는 것과 같았다. 당 씨의 이웃 서원徐元은 팔 힘이 보통 사람보다 셌는데, 이 악독한 부인보다 하루 먼저 까무러쳤다. 그는 훌쩍거리며 고함지르고 화내고 욕을 하면서 남들과 싸우는 것 같았다. 하룻밤이 지나자 서원이 깨어났다. 어떤 사람이 그에게 어찌된 일인지 묻자 서원이 대답했다.

"저는 여러 귀신에게 잡혀가 일을 도와주었어요. 귀신들이 염라대왕의 명을 받들어 당 씨 아내를 체포했지만, 당 씨 아내의 힘이 너무나 세서 귀신들이 그녀를 제압하지 못해 저의 힘을 빌려 그녀를 붙잡았지요. 저는 그녀와 3일 동안 다투다가 어젯밤에야 그녀의 발을 묶어 붙잡아 귀신들에게 넘겨주고서 돌아왔어요."

사람들이 당 씨 아내를 보러 갔더니 과연 숨이 끊어져 죽어 있었다. 그녀의 왼쪽 발에는 검푸르게 멍든 상처가 남았다.

馬盼盼

마반반

수주자사壽州刺史 유개석劉介石은 부계扶乩[6] 점 치기를 좋아했다. 그는 태주泰州에서 임직할 때 항상 서청西廳에서 도사를 불러와 점을 쳤다. 하루는 유개석이 계반乩盤이 크게 움직이는 것을 보았는데, 먼저 '반반盼盼'이란 두 글자를 쓰더니 이어서 '양세연兩世緣'이란 세 글자를 썼다. 유개석은 크게 놀라며 당대의 명기 관반반關盼盼[7]일 거라고 여겼다. 유개석이 계선乩仙에게 물었다.

"양세의 무슨 인연인지요?"

"그 일은 『서호가화西湖佳話』[8]에 실렸지."

---

6 도교에서 길흉을 점치는 점술의 일종. 나무로 된 틀에 목필木筆을 매단 다음 그 아래에 모래판을 놓고 두 사람이 틀 양쪽을 잡는다. 신이 내려 목필이 움직이면 모래판에 쓰인 글자나 기호를 읽어 길흉을 점친다. 그 모래판을 계반乩盤, 목필을 계필乩筆, 강림한 신을 계선乩仙이라 부른다.

7 당대의 명기로 강소성 서주徐州 사람이다. 정원貞元 연간에 예부상서 장건봉張建封(735~800)의 첩이 되었다. 장건봉이 죽자 그녀는 개가하지 않고 연자루燕子樓(강소성 쉬저우에 있는 누각 이름)에서 10여 년 동안 혼자 거주했다. 그녀의 칠언절구 「연자루 3수燕子樓三首」가 『전당시』에 전한다.

유개석이 또 종이 부적을 태우며 물었다.

"그 반반의 얼굴을 한번 볼 수 있을까요?"

"오늘 밤에 볼 수 있어."

과연 해질 무렵 유개석은 병이 나서 두 눈이 굳어지고 정신이 몽롱했다. 그의 처첩이 크게 놀라 침상을 둘러싸고 앉아 지켰다. 등불을 밝힌 뒤 오래지 않아 음산한 바람이 불어오고 이어서 머리에서 발끝까지 화려하게 꾸민 절세미인이 손에 홍사등紅紗燈을 쥐고 방 안으로 들어오더니 곧장 유개석에게 달려들었다. 유개석은 놀라 차가운 땀을 비 오듯 흘리며 마음속으로 후회하기 시작했다. 그 여자가 말했다.

"절 두려워하나요? 우리 둘의 인연이 아직 다가오지 않았어요."

말을 마치고 다시 문밖으로 나갔다. 유개석의 병도 점차 호전되기 시작했다. 이때부터 유개석이 마음속으로 그 여자를 생각하면 그 여자는 번번이 유개석을 찾아왔다.

한번은 유개석이 양주 천녕사天寧寺[9]에 투숙했다. 가을비가 추적추적 내리는데 유개석은 가슴이 답답하여 앉았노라니 또 그 여자 생각이 나서 계반을 꺼내고 종이 부적을 태웠다. 그러자 계반에 큰 글자로 다음과 같은 내용이 나타났다.

8 청대 강희 12년(1673)에 고오묵낭자古吳墨浪子가 펴낸 백화 단편소설집. 항주의 서호西湖 명승을 배경으로 갈홍葛洪, 백거이白居易, 소식蘇軾, 낙빈왕駱賓王, 임포林逋, 소소소蘇小小, 악비岳飛, 우겸, 제전濟顚, 원공遠公, 문세고文世高, 전류錢鏐, 원택圓澤, 풍소청馮小青, 백낭자白娘子, 연지蓮池에 관한 민간 전설 16편을 모았다.

"저는 위태불韋馱佛[10]인데 요괴에 미혹된 당신을 보고 특별히 구하러 온 겁니다. 당신 하늘이 정한 규율 알고 계시죠? 천제가 가장 금기시하는 것은 살아 있는 사람이 귀신과 관계를 맺는 일입니다. 이러한 죄는 일반적인 음란죄보다 훨씬 크죠. 당신은 금후에 빨리 잘못을 고치고 다시는 신선을 부르거나 귀신에게 아부하지 마세요. 그러잖으면 스스로 목숨을 해치게 될 것입니다."

유개석은 모골이 송연하여 머리를 조아릴 뿐이었다. 이에 계반을 불태우고 종이 부적을 태워버렸는데, 이로부터 귀신이 다시 나타나지 않았다.

몇 년 뒤 유개석은 『서호가화』를 읽다가 태주에 송대의 관기 마반반[11]의 무덤이 태주부 아문의 왼쪽에 있음을 알게 되었다. 그리고 『청상잡지青箱雜志』를 통해 마반반이란 사람은 기지가 총명하여 소동

---

9 지금의 양저우시 펑러상가豐樂上街 3호에 있으며 장쑤성 문물보호단위다. 동진東晉 시기 사안謝安(320~385)의 별장으로 알려졌으며 이후 그의 둘째 아들 사염謝琰이 사택을 절로 개조하고 사태공사謝司空寺라고 불렀다. 무주武周 증성證聖 원년(695)에 증성사로 개명했으며 북송 정화政和 연간에 '천녕선사天寧禪寺'란 사액을 내렸다. 청대엔 양주 8대 고찰의 으뜸으로 알려졌으며 강희제도 남순했을 때 이 절에 머문 적이 있다. 건륭제가 두 번째로 남순하기 전에 절의 서쪽에 행궁과 화원, 선착장을 만들었는데 화원 안에 어서루御書樓, 즉 문화각文滙閣을 세웠다.

10 불법·사원의 수호신. 북인도에서 스칸다Skanda, 쿠마라Kumara라고 부르며, 남인도에서는 서브라마야Subramaya라고도 불린다. 한역하면 '색건타塞建陀' 혹은 '위타違陀'이며, '위태천韋馱天' '위장군韋將軍' '위태보살韋馱菩薩'이라고 부른다. 조선시대에는 '동진보살童眞菩薩'이라는 명칭으로도 불렸다. 인도의 힌두 신화에서 육면십이비六面十二臂로 표현되고 창이나 그 밖의 무기를 쥐고 공작새를 타고 다닌다.

11 북송 시대 서주徐州의 관기官妓로 당시 서주 태수를 지냈던 소식蘇軾(1037~1101)의 총애를 받았다.

파의 서체를 쓸 수 있음을 알았다. 유개석은 이때에야 자신에게 현신하여 왔던 요괴는 결코 관반반이 아니었음을 알았다.

滇綿谷秀才半世女妝

반평생 여장한 전면곡 수재

사천 사람 전겸육滇謙六은 집안이 부유했으나 자식이 없었다. 그가 아들을 낳을 때마다 모두 죽어버렸다. 한 점술가가 음양의 압승법壓勝法[12]으로 그를 가르치며 말했다.

"선생의 운명에서 양대 사람의 별자리 빛은 대부분 자수觜宿 자리에 속합니다. 설사 아들을 얻는다 하더라도 아무 소용이 없어요. 장차 낳을 아들을 딸로 키우면 아마도 구제할 수 있을 겁니다."

오래지 않아 전겸육은 면곡綿谷을 낳았다. 그는 아들에게 귀고리 구멍을 뚫어주고 어자아이처럼 머리를 기르고 전족하고는 여자아이의 아명 '칠랑七娘'으로 불렀다. 그는 또 머리를 땋지 않고 전족도 하지 않았으며 귀를 뚫지 않은 여자를 아들의 민며느리로 삼았다.

전면곡은 과연 성인으로 성장하여 수재에 합격했고 두 손자를 낳았다. 그러나 전겸육이 손자에게 남자 이름을 지어주자 뜻밖에도 손자는 곧바로 요절해버리고 말았다. 이에 손자를 낳을 때마다 그는

12 부적 등을 써서 사악한 것을 몰아내고 길한 것을 얻는 방법.

여자아이로 여기고 길렀다.

전면곡은 잘생기고 청수하여 수염도 기르지 않았으며 자못 여성으로 자처했는데 『수침사繡針詞』가 세상에 전한다. 내 친구 자사 양조관楊潮觀[13]은 면곡과 친한 친구 사이인데, 그의 사집에 서문을 써서 고사의 본말을 기술했다.

---

13 청대 건륭 시대의 학자, 시인, 희곡 작가(1712~1791). 자는 굉도宏度, 호는 입호笠湖이며 강소성 무석無錫 사람이다. 각지의 지방관을 역임했으며 청렴하여 백성의 사랑을 받았다. 저작으로는 『입호시고笠湖詩稿』『음풍각시초吟風閣詩鈔』『음풍각사초吟風閣詞鈔』『음풍각잡극吟風閣雜劇』 등이 있다.

煉丹道士

연단 도사

호북 사람 예부상서 장이호張履昊는 도술을 좋아했다. 그래서 관직을 버리고 돌아가 강녕江寧에서 살았다. 성에 들어갈 때는 백은 160만 냥을 가지고 갔다. 총병랑總兵郎 아무개는 그의 부하인데 그에게 주朱 도사를 추천하면서 이 도사가 황백술黃白術[14]에 뛰어나 이미 900세가 넘었으며 살구 씨를 태워 은으로 만들 수 있고 여러 번 시험해보았는데 모두 성공했다고 말했다.

주 도사는 장이호에게 연단을 권유하면서 백은 백만 냥으로 만든 연단 한 알을 복용하면 장생할 수 있다고 말했다. 장이호는 이를 반신반의했다. 그는 3일 동안 목욕재계했다. 주 도사는 팔괘 가운데 감리坎離 두 괘의 방위를 선정했다. 화로마다 은 5만 냥을 넣고 목탄 백 짐을 태웠다. 낮에 장이호가 친히 연단 과정을 감독했으며 밤에는

---

14 연단술의 중요한 부분이다. 고대에 황으로 금을, 백으로 은을 비유했는데 이를 '황백'이라 불렀다. 약물의 점화點化를 통해 금속(구리, 납, 주석)을 금황색이나 은백색의 가짜 금은으로 만들 수 있는데 이를 '약금藥金' 혹은 '약은藥銀'(각종 합금)이라 부른다. '황백'을 만드는 방법을 '황백술'이라 부른다.

심복을 시켜 지켜보게 했다. 백은이 화로에 들어가면 모두 물로 변했다. 장장 3개월간 연단 작업을 하면서 백은 80만 냥을 소비했지만, 단약은 아무런 소식도 없었다. 장이호가 주 도사를 나무라자, 주 도사가 말했다.

"백만 냥을 채워넣어야 단약을 만들 수 있어요. 만든 뒤 단약을 입에 넣으면 배고프지도 춥지도 않습니다. 북쪽이든 남쪽이든 당신 마음대로 갈 수 있고, 가지 못하는 곳이 없지요."

그는 어찌할 도리가 없어 다시 10만 냥이 넘는 은을 도사에게 주었다. 그러나 마음속으론 무언가 잘못되었다는 생각에 도사가 화장실 가는 틈을 타서 사람을 보내 미행시켰다.

하루는 이른 아침에 주 도사가 밭에서 소변을 보는데 그를 미행한 하인이 고개를 돌려 보니 갑자기 주 도사의 행방이 사라졌다. 장이호가 연단 화로를 보러 갔더니 백만 냥의 은은 이미 온데간데없었다. 그가 도사의 짐을 열자, 편지 한 통이 보였다.

"당신이 가진 돈은 모두 불의한 물건입니다. 나는 옛날 당신과 인연이 있었던 사람이기에 특별히 와서 그걸 가져가는 것입니다. 당신이 이후 지옥에 갔을 때 그 속죄 비용으로 지불할 것입니다. 이후에 저절로 효험을 보일 터이니 언짢아하지 마세요."

장이호 집에서 도사의 연단을 감독한 사람이 말했다.

"은 5만 냥을 화로에 넣을 때마다 지붕에서 '웅웅'거리는 뇌성을 들었어요. 당시 주 도사는 두려워하며 땅에 엎드려 부적을 쓴 붉은 종이로 자기 머리를 덮었지요. 주 도사가 은을 옮겨간 흔적은 전혀 남겨두지 않았어요."

葉老脫

섭노탈

섭노탈葉老脫이라는 사람은 어디에서 온지는 모르겠으나 맨머리에 맨발이었으며 겨울이나 여름이나 늘 베로 만든 도포를 걸쳤고 손에는 대자리를 들고 다녔다.

섭노탈이 일찍이 양주의 여관에 투숙한 적이 있었다. 그는 객실이 너무 시끄러워 여관 주인에게 조용한 방으로 바꿔달라고 요청했다. 주인은 빈방을 가리키며 말했다.

"이 객실이 가장 조용합니다만 귀신이 나와서 묵을 수가 없어요."

"괜찮아요."

섭노탈은 스스로 방을 청소하고 댓자리를 바닥에 깔았다.

섭노탈이 잠들었다가 삼경쯤 되었을 때 방문이 갑자기 열리더니 한 부인이 들어왔다. 목엔 비단 띠를 두르고 두 눈이 툭 튀어나와 양쪽 뺨까지 걸렸고 한 자가 넘는 혀를 내밀며 가다 서길 반복했다. 옆에서 머리 없는 귀신이 들어왔는데, 손에는 머리 두 개를 쥐고 있었다. 뒤에도 두 귀신이 있었다. 하나는 온몸이 검고 귀, 눈, 입, 코조차 온통 모호했고, 다른 귀신의 사지는 노랗게 부었으며 복부는 다섯 섬이 들어가는 물통보다 컸다. 귀신 넷이 방에서 이상한 기분이 들었던지 이렇게 말했다.

"이 방엔 산 사람 냄새가 나니 함께 잡자."

여러 귀신은 방 안 사방을 뒤지기 시작했으나 끝내 섭노탈 가까이 다가갈 수 없었다. 한 귀신이 말했다.

"분명 이 방 안에 있는데, 잡을 수 없으니 어찌할까?"

노랗고 뚱뚱한 귀신이 말했다.

"우리에게 붙잡힌 이는 놀라서 혼이 나간 사람일 거야. 이 사람은 대체로 도를 닦은 선비라서 놀라지 않고 혼이 육체에서 분리되지 않아 한 번에 잡기가 쉽지 않지."

여러 귀신이 우왕좌왕하며 사방을 돌아볼 때 섭노탈이 자리에서 일어나 손으로 자신을 가리키며 말했다.

"나 여기 있소."

귀신들은 깜짝 놀라 함께 땅에 무릎을 꿇었다. 섭노탈은 하나하나 심문하기 시작했다. 한 여자 귀신이 나머지 세 귀신을 가리키며 말했다.

"얘는 물에서 죽었고, 쟤는 불에 타 죽었으며, 이 도둑은 사람을 죽여 복역하고 있어요. 그리고 저는 이 방 안에서 목매달아 죽었지요."

섭노탈이 여러 귀신에게 물었다.

"너희는 내게 복종할 텐가?"

"예."

"그럼 너희는 스스로 살길을 모색하되, 이곳에서 다시는 말썽을 피우지 말거라."

귀신들은 절을 하곤 방에서 떠나갔다.

날이 밝자 섭노탈은 여관 주인에게 어젯밤에 발생한 일을 얘기해 주었다. 이로부터 이 객실은 줄곧 평온해졌다.

역신과 술 마신 소탐로

蘇耽老飮疫神

항주의 소탐로蘇耽老는 성품이 골계적이라서 다른 사람 비웃는 것을 좋아했다. 사람들은 이런 그를 싫어했다. 연초의 어느 날 역신상 한 장이 그의 문에 걸려 있었다. 소탐로는 새벽에 나와 문을 열다가 이 역신상을 보고 크게 웃으며 역신상을 안으로 가지고 들어와 상좌에 모셔놓고 그와 함께 술을 마시고는 불태워버렸다.

이해에 돌림병이 유행하여 소탐로의 이웃들이 모두 전염되자 역귀에게 제사를 올리게 되었다. 돌림병에 걸린 환자들은 결국 역귀를 대신하여 말을 했다.

"나는 올해 초하루에 소탐로로부터 예우를 받았지만 부끄럽게도 아직 보답하지 못했다. 너희가 나에게 제사지내주고 소탐로를 불러 나를 모시게 하면, 나는 금방 떠날 것이다."

이에 역귀에게 제사지내던 사람들은 다투어 소탐로를 식사에 초대했다. 소탐로는 날마다 바삐 지내느라 술과 음식만 보면 피곤할 정도였다. 그의 일가 10여 명은 하나도 돌림병에 걸리지 않았다.

劉刺史奇夢

유 자사의 기이한 꿈

섬서 사람 유개석劉介石 자사는 강남에서 보직을 받고 소주 호구虎丘에서 거주했다. 어느 날 밤 이경 무렵 유개석은 꿈에 자신이 가벼운 바람을 타고 섬서로 돌아가는데, 고향에 도착하기 전 길에서 귀신을 만났다. 유개석을 미행하던 귀신의 키는 세 자 정도이며 머리는 흐트러지고 얼굴에 때가 묻어 모습이 추악하고 무서웠다. 이 귀신은 유개석과 싸우기 시작했는데 한참 겨루다가 귀신이 패했다. 유개석은 귀신을 겨드랑이에 끼고 급히 달려가 귀신을 강물에 던질 생각이었다. 길에서 여余 씨 성을 가진 고향 이웃을 만났는데, 그가 유개석에게 말했다.

"성 서쪽에 관음묘가 있는데, 이 귀신을 데리고 가서 관음에게 고발하면 이후에 후환을 모면할 거야."

유개석은 그의 말에 일리가 있다 생각하고 귀신을 끼고 사당에 들어갔다. 사당문 밖의 위태와 금강신은 화를 내며 귀신을 보더니 손에 든 병기를 들어 때릴 시늉을 했고 귀신은 겁을 먹었다. 관음이 유개석을 보며 말했다.

"이는 저승의 귀신이니, 반드시 저승으로 압송해야 하오."

유개석은 절하며 관음을 떠났다. 관음은 금강에게 눈짓으로 호송하게 했다. 금강은 관음 앞에 무릎을 꿇고 거절했다. 금강이 하는 말을 분명히 들을 수 없었는데, 대강의 뜻은 이 귀신을 호송하고 싶지 않다는 것이었다. 관음이 웃으며 유개석을 보더니 말했다.

"그렇다면 당신이 저승으로 압송해가시오."

유개석이 무릎을 꿇으며 말했다.

"저는 세속 사람인데 어떻게 저승으로 갈 수 있겠습니까?"

"그건 쉬운 일이오."

관음은 유개석의 얼굴을 들어올리며 세 번 숨을 내쉬더니 그를 나가게 했다. 그 귀신은 고개를 숙이고 아무 말도 하지 않고 유개석 뒤를 따라올 뿐이었다.

유개석은 마음속으로 생각했다. 비록 관음의 명을 받았지만 저승이 어디에 있는지 모른다. 유개석이 배회할 때 마침 여 씨를 다시 만났다. 그가 유개석에게 말했다.

"그대가 저승으로 가려고 하는 것 같은데, 앞길에 대나무 삿갓이 떨어진 곳이 바로 입구일세."

유개석이 길의 북쪽을 바라보니 삿갓이 있었는데, 그 모습은 농가에서 사용하는 장독 뚜껑 같았다. 그가 손으로 삿갓을 들어올리니 깊은 우물이 보였다.

귀신은 우물을 보더니 크게 기뻐하며 우물 안으로 펄쩍 뛰어 들어갔고 유개석도 뒤따라 들어갔다. 우물 안은 너무나 추워서 참을 수 없었다. 한 길쯤 내려가자 우물 벽이 막았는데, 온기가 위에서 아래로 내려오자 다시 내려갔다. 이렇게 세 번 내려간 뒤 '펑' 하는 소리가 나더니 유개석은 기왓장 위에 떨어졌다. 그가 눈을 크게 뜨고 보니 흰 해가 뜨고 하늘에 오색구름이 떠 있는 별천지였다. 유개석이 떨어진 기와 위가 바로 염라전의 모서리였다.

유개석은 염라전 안에서 여러 신이 진노하여 크게 호통치는 소리를 들었다.

"어디에서 산 사람 냄새가 나는 거야?"

이때 금빛 갑옷을 걸친 귀신이 유개석을 붙잡아 염라대왕 앞에 대령시켰다. 염라대왕은 곤룡포를 걸치고 머리엔 면류관을 썼으며 수염은 은백색인데, 대전에 앉아 있다가 물었다.

"너는 산 사람이거늘 어째서 이곳에 왔느냐?"

유개석은 관음이 그를 파견하여 귀신을 압송하도록 한 일을 말해주었다. 염라대왕은 금빛 갑옷을 입은 귀신에게 눈짓하여 유개석의 얼굴을 들도록 한 뒤 자세히 관찰하며 말했다.

"얼굴에 붉은빛이 있으니 과연 관음보살이 보냈구나." 그리고 또 물었다.

"압송해온 귀신은 어디에 있느냐?"

"담장 아래에 있습니다."

염라대왕이 큰 소리로 외쳤다.

"악귀는 머물 수 없으니 빨리 원래 장소로 돌려보내라."

여러 신이 삼지창과 두 가닥 창으로 귀신을 들어올려 연못에 던지니, 못 속의 독사, 괴상한 자라가 다투어 그 귀신을 씹어 먹었다.

유개석은 다시 생각했다. 이미 저승에 왔으니 자신의 전생 일을 물어보자고. 그는 금빛 갑옷을 걸친 신에게 예를 올리며 말했다.

"저는 전생의 일을 알고 싶습니다."

금빛 갑옷을 걸친 신은 고개를 끄덕이더니 유개석을 대전 아래로 끌고 와 한 장부를 꺼내 그에게 보여주며 말했다.

"전생에 당신은 9세 때 남이 아들을 판 은 8냥을 훔쳤고 아이를 팔아버린 부모는 한탄하고 후회하다가 죽었소. 당신은 이 죄악에 대한 재앙 때문에 요절한 것이오. 현재 당신은 이미 두 번이나 환생했지만, 반드시 두 눈을 실명할 것이며 이로써 전생의 죄를 갚을 것이오."

유개석은 크게 놀라서 물었다.

"선한 일을 많이 하면 액막이를 할 수 있겠소?"

금빛 갑옷을 걸친 신이 말했다.

"당신이 어떤 선을 베푸는지 봐야 하오."

말이 미처 끝나기도 전에 대전에서 고성이 들렸다.

"천제의 명령이 이미 도달했으니, 빨리 유개석을 속세로 돌려보내되 저승 사건을 심리한 비밀이 누설되지 않도록 하라."

금빛 갑옷을 걸친 신이 유개석을 염라대왕 앞으로 대령시키자, 유개석은 다시 땅에 무릎 꿇고 절하며 말했다.

"저는 세속 사람인데 어떻게 해야 저승을 나갈 수 있습니까?"

염라대왕이 두 손으로 유개석의 등을 잡고 그에게 세 번 숨을 불어넣자, 마침내 그는 우물 위로 떠올랐다. 우물을 내려갈 때와 마찬가지로 세 번 오르고 세 번 쉬었다. 이때 온기가 아래에서 위로 올라왔다.

유개석은 우물에서 빠져나와 장안도長安道에 이르러 관음묘에 가서 무릎 꿇고 귀신을 압송하여 저승에 간 경과를 보고했다. 옆에 있던 어린아이가 입으로 쉬지 않고 말하는데 말의 내용은 유개석이 보고한 내용과 같았다. 유개석이 놀라서 그 아이를 보았더니, 그의 귀, 눈, 입, 코는 자기와 똑같고 형체만 어린아이처럼 작았다. 유개석은 더 놀라 어린아이를 가리키며 말했다.

"요괴다."

어린아이도 유개석을 가리키며 말했다.

"요괴다."

관음이 유개석에게 말했다.

"무서워하지 마라. 너의 영혼이니라. 너의 혼은 악하지만 백은 선하기 때문에 네가 하는 일이 확고하지만, 그다지 투철하지 못하단다. 지금 내가 너의 혼과 백을 서로 바꿀 것이다."

유개석은 관음에게 사의를 표했으나 어린아이는 감사하지 않으며 말했다.

"내 지위는 본래 그의 위에 있는데, 지금 바꾸어 나를 없애버리면 내가 그에게 상해를 입히지 않을 것 같으냐?"

관음이 웃으며 말했다.

"그에게 상처를 줄 수 없다."

관음은 한 자가 넘는 금비녀를 들어 유개석의 왼쪽 옆구리로 넣어서 창자를 꺼낸 뒤에 팔목으로 둥글게 둘러쌓았다. 둘레는 한 자 정도였으며 그 어린아이는 점차 작아졌다. 창자를 모두 둘러쌓은 다음에 대들보 위로 던졌는데 어린아이도 보이지 않았다. 관음이 손바닥으로 탁자를 치자, 유개석이 놀라 깨어났다. 보니 자신은 원래 소주

거처의 잠자리에서 자고 있었으며, 왼쪽 옆구리에서 붉은 상흔을 볼 수 있었다.

한 달이 지나자 섬서에서 편지를 보냈는데, 유개석 집의 이웃 여씨가 죽었다고 말했다. 이 말은 유개석이 친히 내게 해준 말이다.

趙李二生

조 씨와 이 씨 두 서생

광동 출신의 조趙, 이李 씨 두 서생이 번우현番禺縣의 산속에서 공부했다. 단오절 날 조 씨의 부모가 술과 안주를 보내 그들로 하여금 명절을 보내게 했다. 두 서생은 함께 대작하며 즐겁게 지냈다.

밤중 이경이 되었을 때 문 두드리는 소리가 들려 열어보니 그도 서생이었다. 의관을 깔끔하게 갖춰 입고 자신을 소개하면서 그들의 집에서 10리 떨어진 곳에 사는데 두 서생의 높은 덕망을 앙모하여 사귀고 싶어서 찾아왔다고 말했다. 두 서생이 그를 맞아 자리에 앉히고 세 사람은 함께 이야기꽃을 피웠다. 서생은 먼저 과거에 대해 논하다가 나중에 다시 고문, 사부詞賦에 대해 얘기했는데 하는 말마다 사리에 들어맞아 두 서생은 그보다 못함을 탄식했다.

마지막으로 서생이 신선과 부처 얘기를 했는데 조 씨는 이런 이야기를 평소에도 듣기 싫어했지만, 이 씨는 이와 달리 자못 믿고 있었다. 서생은 조 씨를 힘써 설복하여 신선, 부처가 있다고 믿게 했으며 아울러 말했다.

"부처를 보고 싶으세요? 즉각 할 수 있는 일입니다."

이 씨는 기뻐서 그 서생에게 시험해보라고 했다.

그 서생은 책상, 다탁을 다섯 자 정도 높이로 모아놓고 자신은 그 위에 걸터앉았다. 올랐을 때 단향 냄새가 나는 연기가 사방에서 피어올랐다. 이윽고 신상의 비단 띠를 풀어 동그랗게 만들면서 두 서생에게 말했다.

"이 동그라미 안에 들어가면 불계이니 부처를 볼 수 있어요."

이 씨는 그의 말을 진실로 믿었다. 쳐다보니 동그라미 안에 관음과 위태가 있고 향 연기가 자욱하여 즉각 머리를 그 안으로 넣고 싶었다. 그러나 조 씨가 그 안을 봤더니 시퍼런 얼굴에다가 흉악한 이를 드러내고 한 길이나 긴 혀를 내민 귀신이었다. 이에 큰 소리로 외치자, 조 씨 가족이 모두 방 안으로 들어왔다. 이때 이 씨는 꿈에서 깨어난 듯 급히 비단 띠를 벗어났지만 목덜미에는 이미 부상을 입었다. 그 서생은 행방이 묘연하여 두 번 다시 찾을 수 없었다. 두 서생의 부모는 이 산중에 사악한 귀신이 있다고 여겨 계속 이곳에서 공부할 수 없으니 각자 그들을 집으로 돌아오게 했다.

이듬해에 이 씨는 거인擧人이 되었고 회시, 진사에 연이어 합격하여 여강지현廬江知縣으로 부임했다. 최후에는 탄핵받아 들보에 목을 매달아 자살했다.

山東林秀才

산동 임 수재

산동의 수재 임장경林長庚은 40세가 되어서도 거인에 합격하지 못했다. 하루는 그가 공부를 버리고 직업을 바꿀 생각을 하고 있는데, 갑자기 옆에서 어떤 사람이 부르는 소리를 들었다.

"낙심하지 마시오."

임장경이 깜짝 놀라 물었다.

"누구요?"

"나는 귀신이오. 내가 선생을 지켜주고 따라다니며 보호한 지 이미 몇 년이 되었소."

임장경이 귀신에게 모습을 보여달라고 했지만, 귀신은 허락하지 않았다. 그가 재삼 부탁하자 귀신이 말했다.

"당신이 꼭 보고 싶다하면 가능합니다만, 날 보고 두려워하지 마세요."

임장경은 그러마고 대답했다. 이에 그 귀신은 그의 앞에 무릎 꿇고 울상을 지은 얼굴에서 피를 흘리며 말했다.

"저는 남성현藍城縣의 평민인데 액현掖縣의 장張 씨에게 모살당했어요. 그가 내 시체를 동쪽 성문의 맷돌 밑에 눌러놓았지요. 공께서 장래에 액현 현령으로 나갈 것이기에 저는 줄곧 공을 기다리고 있었어요. 원통한 일을 풀어주시길 바랄 뿐입니다."

그 귀신은 임장경이 몇 년에 거인이 되고 진사에 합격할 건지를 예언하고, 말을 마치자 종적을 감췄다.

그해가 되어 임장경은 과연 거인에 합격했다. 하지만 그 귀신이 진사에 합격한다고 예언한 시기가 되어도 소식이 묘연했다. 이에 임장경이 탄식하며 말했다.

"인간 세상 공명의 일은 귀신도 알지 못한단 말인가?"

말을 다 마치지도 않았는데 공중에서 부르는 소리가 들렸다.

"이는 공의 행실에 오점이 있어서이지, 제가 잘못 알린 것이 아닙니다. 공은 모년 모월 모일에 과부와 사통했지만 다행히 태기가 없어서 이 일을 아는 사람이 없어요. 그러나 저승에서는 공이 범한 죄악을 기록해놓았고, 아울러 관대하게 처리하여 공의 벌을 2과로 늦춘 것입니다."

임장경은 이 말을 듣고 겁났다. 이로부터 언행을 삼가고 선한 일을 많이 했다. 2과를 지나서 진사에 합격하여 액현 현령으로 발령 났다. 그가 액현으로 부임하자마자 동쪽 성문에서 맷돌을 보고 들어올렸더니, 과연 시체 한 구가 있었다. 그는 즉각 장 씨를 구속하여 심문했다. 장 씨는 사람을 죽인 죄상을 털어놓아 그를 법대로 처리했다.

秦中墓道

진중의 묘도

서북 일대의 토층은 두터워서 서너 길을 파도 샘물이 나오지 않았다. 봉상현鳳翔縣 서쪽의 민간 습속에 따르면, 사람이 죽으면 즉각 매장하지 않고 시체를 말려 육체가 말끔히 풍화되면 매장한다. 그러지 않으면 '발흉發凶'한다는 전설이 있다. 시체가 풍화되지 않은 채 매장하여 땅의 생기를 받으면 3개월 이후에 온몸에서 털이 날 수 있다. 흰털이 나는 것을 '백흉白凶', 검은 털이 나는 것을 '흑흉黑凶'이라 부르는데, 모두 인가로 파고들어가 소동을 일으킬 수 있다.

유劉 자사의 이웃 손孫 씨가 구덩이를 팔 때 석문에 부딪혔다. 석문을 열자 터널이 보이고 안에 진열된 닭, 개와 술독, 술잔 등은 모두 흙으로 빚어 만든 것이었다. 터널 중앙엔 관 두 구가 걸려 있고, 양쪽엔 각기 남녀 몇 명이 도열해 있으며 몸은 벽에 고정되었는데, 당초 그들이 순장될 때 몸이 넘어질까봐 못으로 고정시킨 것이었다. 이렇게 순장된 남녀의 복식과 면모는 대체로 알아볼 수 있었다. 그러나 그 앞에 다가가 자세히 보니 동굴 안에서 음산한 바람이 불어오면서 이 남녀들은 모두 재로 변했으며, 아울러 뼈조차 하얀 먼지로 변했다. 쇠로 만든 못만 좌우 양쪽 벽에 그대로 있었다. 이곳이 어느 임금의 무덤인지 아무도 모른다.

또 어떤 사람이 누운 자세의 현지인 무덤을 팠다. 긴 머리와 사지를 가졌으나 귀와 눈은 없었는데, 이것도 옛 시체가 풍화된 결과일 것이다.

夏侯惇墓

하후돈 묘

청대 송강제독松江提督 장용張勇[15]이 태어나려고 할 때 그의 부친은 꿈속에서 몸에 황금빛 갑옷을 걸친 신을 만났다. 자칭 '한 장군 하후夏侯 씨'가 그의 집 대문을 들어서자마자 장용이 태어났다. 장용은 사후에 제후로 봉해졌으며 고향에 안장되었다. 가족이 묘혈을 팔 때 옛 비석을 발견했다. 그 비석에 예서체로 '위 장군 하후돈 묘魏將軍夏侯惇墓'[16]라고 쓰였으며 글자 크기가 밥그릇만 했다. 2000여 년이 지나서 하후돈 시체를 다시 원래의 장소에 매장했으니 기이한 일이다.

---

15 섬서성 함녕咸寧 사람으로 전에는 명대의 부장이었으나 청대에 들어와 회족 및 삼번의 난 진압에 참여하여 공을 세움으로써 정역후靖逆侯에 봉해졌다. 관직은 태자태사太子太師에 이르렀으며 시호는 양장襄莊이다.

16 하후돈(?~220)은 조조曹操(155~220)의 부하 대장으로 후한 말 조조를 수행하며 여러 번 공적을 세웠다. 여포呂布와의 싸움에서 왼눈을 다쳤고 진류陳留, 제음濟陰 태수를 지냈으며 여러 차례의 정벌에서 공을 세워 조조의 신임을 얻었다. 조비가 위왕이 된 뒤 대장군을 맡았는데 몇 개월 되지 않아 병사했다.

국경 밖 두 가지 사건

塞外二事

옹정 연간에 정서대장군定西大將軍 기성빈紀成斌[17]이 군기를 위반하여 변방에서 사형에 처해졌다. 그의 영혼이 현지에서 말썽을 자못 피웠다. 한번은 후임 장군 사공査公의 부하 사병이 한낮에 땅에 쓰러지며 입으로 자기가 '기 대장군紀大將軍'이라 말하면서 먹을 것과 마실 것을 요청했다. 수많은 사병은 엎드려 절하며 살려달라고 사정했다. 사공의 막객 진대헌陳對軒은 호걸지사로 곧장 땅에 쓰러진 사병의 뺨을 때리며 욕을 했다.

"기성빈, 네가 아라부탄阿拉蒲坦[18]을 토벌할 때 전쟁터에 나갔다가 도주했기에 왕법에 의해 너를 사형에 처한 것이다. 네가 만약 영성이

17 기성빈(?~1732)은 옹정 시기에 활약한 장수로 청해성 나복장단진羅卜藏丹津의 반란 진압에 공적을 세웠다. 그리고 준가리아Zungharia(準噶爾) 세력이 팽창하자 당시 사천 제독을 맡았던 그는 악종기岳鍾琪(1686~1754) 대장군 수하에서 이들 세력을 용감히 토벌했지만 방어를 소홀히 했다는 죄명으로 참수되었다.

18 갈단Galdan(噶爾丹)의 조카로 아라부탄이 준가리아의 통수권을 장악하고 서장까지 세력을 확장하자, 강희제는 1717년에 군대를 파견하여 서장을 원조했다. 청군은 장족의 전폭적인 지지를 받아 아라부탄 세력을 축출했다.

있다면 스스로 부끄러운 줄 알아야 한다. 어찌하여 감히 악귀가 되어 백정, 술주정뱅이가 밥을 빌어먹는 무뢰한같이 되었단 말이냐?"

욕을 마치자 그 병사는 즉각 땅에서 일어나 다시는 헛소리를 하지 않았다.

이로부터 누구든지 돌림병에 걸려 '기 대장군'이라고 자칭하는 자가 있으면 "진 상공陳相公이 오셨다"는 말로 놀라게 해주면 그의 병은 즉시 나았다.

기성빈의 사형이 집행될 때 가노들은 전부 흩어지고 주방장만 남아 그의 시신을 수습했다. 오래지 않아 그 주방장도 병사하여 그의 영혼이 항상 환자의 몸에 붙어 자칭 '주신廚神'이라며 말했다.

"상제는 내가 충성심을 품고 주인의 시신을 안장한 것을 어여삐 여겨 나를 여러 귀신의 장관으로 임명한 것이오."

어떤 사람이 물었다.

"기 장군은 어디에 있나요?"

"상제는 그가 군대의 규율을 위반하여 몇만 명의 병사와 백성이 부상을 입게 된 데 화가 나서 그를 징벌하여 역귀가 되게 했고, 나의 감시를 받고 있소. 그는 원래 나의 주인이라서 감히 감독할 수는 없지만, 내가 하는 말은 그가 듣지 않은 적이 없소."

이후 변방에 기 장군의 영혼이 말썽을 피우기만 하면 먼저 진 상공을 불렀으나, 진 상공이 오지 않을 때 '주신'을 부르면 기 장군의 영혼은 달아났다.

소송 사건을 판결하는 관제신

關神斷獄

율양현溧陽縣의 거인 마풍馬豐이 거인에 합격하기 전에 본 현 서촌 마을의 이 씨 집에서 학관을 설치하고 가르쳤다. 이 씨 집의 이웃 왕 씨는 성질이 흉악하고 악독하여 평상시에 항상 그의 부인을 때렸다. 왕 씨 부인은 늘 기아 상태였다. 하루는 참을 수가 없어 이 씨의 닭 한 마리를 훔쳐 삶아 먹었다. 이 씨는 이 사실을 알고 왕 씨에게 일러바쳤다. 왕 씨는 때마침 술에 취해 대로하여 한 손에 칼을 쥐고 다른 한 손으로 아내를 끌고 이 씨 집에 데려와 심문하여 사실을 확인하고 부인을 죽이려고 했다. 왕 씨 부인은 너무 놀라서 얼떨결에 마풍이 닭을 훔친 도둑이라고 덮어씌웠다. 마풍이 그녀와 다투기 시작했으나 (자기가 닭을 훔치지 않았다고) 증명할 방법이 없어 다음과 같이 제안했다.

"마을 안에 관제묘가 있으니, 그곳에 가서 조가비를 던지는 방법으로 점을 쳐서 음이 나오면 부인이 닭을 훔친 것이고, 양이 나오면 마풍이 절도한 것으로 결정하자."

사람들은 마풍이 말한 방법에 따라 점을 쳤는데, 연속 세 번 던져 모두 양이 나왔다. 왕 씨는 칼을 버리고 아내를 풀어준 다음 집에 돌아왔다. 마풍은 닭 절도죄를 지은 탓으로 마을 사람들에게 무시당하고 몇 년 동안 그에게 가르쳐달라는 사람이 없었다.

한번은 부계扶乩 점을 치는 사람이 마침 단에 올라 스스로 '관제신'이라 말했다. 마풍은 몇 년 전의 일이 생각나서 관제신이 영험하지 못하다며 크게 욕했다. 이때 잿빛 점판에 글자가 적혔다.

"마 거인, 그대는 장차 백성을 다스리는 관직을 가질 것이니, 일 처리에 경중과 완급이 있음을 알아야 합니다. 그대가 닭 절도죄를 뒤집어쓰고 있는데, 이는 교사직을 잃어버린 것에 불과합니다. 만일 왕 씨 부인이 닭을 훔친 것으로 조사되면, 한 칼에 죽을 겁니다. 내가 차라리 영험하지 못하다는 오명을 쓸지언정, 한 사람의 목숨을 구하고 싶었을 따름입니다. 상제께서는 정치를 안다고 가상하게 여겨 연이어 3등급이나 내 관직을 올려주셨는데, 그대는 어찌하여 나를 탓한단 말이오?"

"관제께서는 이미 제신帝神으로 봉해졌는데, 어떻게 승급할 수 있나요?"

"지금 사해구주의 땅에 모두 관제묘가 있는데 관제 한 명이 어떻게 각지로 가서 제사를 받을 수 있겠소? 각 고을에 세워진 관제묘는 모두 상제의 명령을 받아 현지의 귀신 가운데 생애가 비교적 정직한 사람을 선발해서 관제를 대신하여 직책을 이행하는 것이오. 진짜 관제는 상제의 신변에서 뫼시고 있는데, 어떻게 하계로 내려올 수 있겠소?"

마 거인은 (이 말을 듣고) 곧바로 심복했다.

자청연어 紫淸煙語

소주 사람 양대표楊大瓢의 본명은 양빈楊賓으로 글씨를 잘 썼다. 나이 60세 때 병사했다가 소생하여 말했다.

"하늘의 서예학원에서 나를 불러 시험을 치르게 했지. 근자에 옥황대제께서 『자청연어紫淸煙語』를 짓고는 이를 베끼는 사람이 부족하여 글씨를 잘 쓰는 사람들을 불러 시험에 참가하게 했단다. 나는 시험에 합격했는지는 모르겠지만, 합격했다면 소생할 수 없었을 것이야."

3일 뒤에 공중에서 난새, 선학仙鶴의 소리가 들려오자 양대표가 슬퍼하며 말했다.

"나는 왕승건王僧虔[19]을 본받을 수 없어 졸필에 연루되어 목숨을 다하게 되었노라."

이에 두 눈을 감고 죽었다. 일찍이 어떤 사람이 그에게 하늘의 서예가의 성명을 물어보자, 그가 대답했다.

---

19 왕승건(426~485)은 남조의 서예가. 남조 송나라 때 무릉 태수武陵太守, 태자 사인, 오군 태수를 역임했다. 대표작으로 「왕염첩王琰帖」「논서論書」 등이 있다.

"색정索靖[20]이 제1등급의 첫째이고, 왕희지王羲之[21]가 제1등급의 10등입니다."

20 색정(239~303)은 초서에 뛰어났던 서진西晉의 서예가. 자는 유안幼安이고 돈황敦煌 사람이다. 대표작으로 「색자索子」 「초서장草書狀」 「출사송出師頌」 「월의첩月儀帖」 등이 있다.

21 왕희지(303~361)는 동진의 서예가로 '왕희지체'를 개발하여 '서성書聖'으로 불린다. 353년 사안謝安 등 명사들과 난정蘭亭에서 노닐면서 일필휘지로 「난정집서」를 지었다.

고요년

顧堯年

건륭 15년(1750) 나는 소주 강우봉江雨峰의 집에 머물고 있었다. 그의 아들 강보신江寶臣이 금릉金陵의 향시에 참가했다가 집에 돌아오자 중병에 걸렸다. 강우봉은 도처에서 명의를 불렀으나 별다른 도움이 되지 않았다. 그는 내가 명의 일표一瓢 설징군薛徵君[22]과 교분이 있는 걸 알고 나로 하여 편지를 써서 그를 불러오게 했다.

설일표가 오지 않자 나와 강우봉은 문 입구에서 기다리는데, 그의 아들이 방 안에서 외쳤다.

"고요년顧堯年이 왔어요!"

그리고 계속하여 인사했다.

"고 선생님, 앉으세요."

---

22 강소 오현 출신의 명의 설설薛雪(1661~1750)을 말한다. 자는 생백生白, 호는 일표. 어려서 섭섭葉燮(1627~1703)의 문하에서 수학했으며 시문, 서화에 뛰어났고 이후엔 모친이 온열병으로 고생했기에 의학을 공부하여 온열병 치료의 대가가 되었다. 주요 저작으로는 『일표재시존一瓢齋詩存』 『일표시화一瓢詩話』 『오이오집吾以吾集』 등이 있고, 의학 저작으로는 『습열병편濕熱病篇』 『의경원지醫經原旨』 등이 있다.

고요년은 소주의 평민인데 일찍이 관청에 쌀값을 인하해달라고 요청하고 사람을 데리고 가서 관리를 구타했다가 소주의 순무 안공安公에게 살해당했다. 그의 아들이 또 앓더니 자신에게 말했다.

"강 상공江相公, 당신은 이번 향시에서 38등으로 합격했어요. 이 병은 대단치 않으니 마음 놓으시기 바랍니다. 제게 술과 고기를 내주시면 저는 곧 가겠습니다."

강우봉은 이 말을 듣고 급히 방 안으로 들어가 위로하며 말했다.

"고 선생, 빨리 떠나세요. 제가 당장 선생에게 제사지낼 겁니다."

병든 아들이 말했다.

"밖에 전당錢塘 사람 원자재袁子才가 있는데, 그가 문 입구에서 떠들고 있어서 저는 무서워 나가지 못하겠어요."

이어서 탄식하며 말했다.

"설 선생이 이미 문 앞에 당도하셨어요. 그는 양심적인 의사이니, 저는 빨리 그를 피해야만 해요."

강우봉이 급히 방 안에서 나와 나를 한쪽으로 밀쳐 길을 비켜주자, 일표 선생이 과연 밖에서 들어왔다. 내가 그에게 발생했던 일을 일러주자, 설일표가 크게 웃으며 내게 말했다.

"귀신은 우리 두 사람을 무서워하여 나와 선생이 함께 들어가서 귀신을 쫓아내게 한 것이오."

이에 강우봉 아들의 방에 들어가서 설일표가 진맥했고 나는 빗자루를 들고 병상 앞을 쓸었다. 약을 조제하여 복용하니 아들의 병이 나았다.

그해에 강보신은 향시에 합격했는데, 예언한 대로 과연 38등이었다.

물고기를 구걸하는 귀신

妖道乞魚

나의 매형 왕공남王貢南[23]은 항주 횡하교橫河橋[24]에 거주했다. 새벽에 외출하다가 한 도사를 문 앞에서 만났는데 그가 손을 모아 인사하며 말했다.

"물고기 한 마리만 주세요."

공남은 그에게 화를 내며 말했다.

"당신들 출가한 사람은 채식하는데 어찌하여 물고기를 구걸하십니까?"

"제가 구걸하는 것은 목어木魚입니다."

공남이 거절하자 그 도사가 말했다.

---

23 이름은 민청敏靑이고 자는 곡란谷蘭이며 호가 공남이다. 복건 후관侯官 사람이다.

24 서횡하교西橫河橋(속칭 횡하교)는 지금의 항저우시 젠궈중로建國中路에 있었다. 동하東河의 물이 패자교壩子橋에서 만안교萬安橋를 거쳐 한 지류가 동쪽으로 꺾어 서횡하교로 흘러들어 동횡하교를 거쳐 사하沙河로 빠졌다. 송대에는 보안교普安橋, 명대에는 횡하이교橫河二橋, 청대에는 서횡하교라 불렀다. 건국 후엔 하도가 막혀 차량이 통행하지 못했다. 해방 초까지 이곳은 항저우 빈민굴 중의 한 곳이기도 했다.

"공께선 전보다 인색하니 반드시 후회할 것이오."

이렇게 말하곤 떠나갔다.

이날 밤에 왕공남은 기왓장 떨어지는 소리를 들었다. 이튿날 아침에 보니 정원이 온통 기왓장으로 덮여 있었다. 하룻밤을 자고 나자 그의 의복은 전부 똥통 속에 들어가 있었다. 왕공남은 수재 장유건張有虔의 집에 가서 귀신을 쫓는 부적을 구했다. 이때 장유건이 말했다.

"내겐 부적 두 종이 있는데, 하나는 싸고 하나는 비싸다네. 싸구려 부적을 걸어놓으면 당분간은 제압할 수 있을 거네. 하지만 비싼 부적을 걸면 신선이 나타나 요괴를 잡을 수 있지."

왕공남은 싼 부적을 사서 돌아와 응접실에 걸어놓았다. 그날 밤은 정말 태평했다.

3일이 지나자 또 늙은 도사가 왔다. 괴상한 행색으로 왕 씨네 문을 두드렸다. 이날 왕공남은 마침 일이 있어 외출하여 그의 둘째 아들 왕후문王後文이 나와 그를 만나자, 도사가 말했다.

"당신 집은 며칠 전에 아무개 도사에 의해 괴롭힘을 당했는데, 그 도사는 저의 제자올시다. 당신이 종이 부적에 도움을 간청하는 것보다는 제게 도움을 청하는 것이 나을 것 같습니다. 부친에게 알려주세요, 내일 서호西湖[25]의 냉천정冷泉亭[26]에 오셔서 세 번 '철관鐵冠'이라고 외치면 제가 즉각 도착할 겁니다. 이렇게 하지 않으면 당신 집에 붙인 부적도 귀신이 훔쳐갈 거요."

---

25 항저우 시가지 서쪽에 있는 명승지.

26 항저우 링인사靈隱寺 산문山門의 왼쪽에 있는 정자.

공남이 귀가하자 왕후문은 방금의 일을 부친에게 알렸다.

이튿날 새벽 왕공남이 냉천정에 가서 연이어 '철관'을 수백 번이나 외쳤지만, 전혀 응답이 없었다. 마침 전당 현령 왕가회王嘉會가 이곳을 지나가자, 왕공남은 가마를 가로막고 이 일을 낱낱이 알렸다. 왕 현령은 그가 미치광이인 줄 알고 그에게 욕설을 퍼부었다. 그날 밤에 왕공남은 몸이 건장한 가복 몇 명을 불러 응접실에 붙여놓은 부적을 지키게 했다. 오경 때 '탁' 소리가 나더니 부적이 보이지 않았다. 날이 밝은 뒤 살펴보았더니 다탁 위에 거인의 발자국이 남아 있는데, 길이가 한 자도 넘었다. 이로부터 매일 밤 여러 귀신이 반드시 나타나 문을 두드리고 그릇을 깨뜨렸다. 왕공남은 너무 두려워서 다시 장유건 집에 가서 은 50냥을 주고 부적을 사서 응접실에 걸어두니 과연 귀신들이 오지 않았다.

어느 날 왕공남은 그의 큰아들 왕후증王後曾에게 화를 내며 몽둥이로 그를 때리려고 했다. 왕후증이 밖으로 도망가 3일 동안 집에 돌아오지 않자, 그의 누이는 끊임없이 울었다. 왕공남이 친히 찾으러 나가 보니 왕후증은 강가에서 배회하며 물에 빠져 죽으려고 했다. 왕공남이 급히 가서 그를 잡아 가마에 태웠는데, 아들의 체중은 과거보다 두 배나 무거웠다. 집에 도착하자 왕후증은 두 눈을 크게 뜨고 멍청하게 바라보며 입으로는 알 수 없는 말만 끊임없이 지껄였다. 그가 침상에서 자다가 갑자기 놀라 소리치기 시작했다.

"재판합니다! 재판해요! 제가 곧 갈게요."

왕공남이 말했다.

"아들아, 어디로 가느냐? 내가 꼭 널 데리고 갈게."

왕후증이 침상에서 일어나 의관을 정제하고 응접실의 부적 아래 무릎 꿇자, 왕공남도 그와 함께 무릎 꿇었다. 왕공남은 아무것도 볼 수 없었지만 왕후증은 위에 앉아 있는 신을 보았다. 눈이 세 개이고 얼굴은 황금빛이며 수염이 붉었고, 주변에 무릎 꿇은 것들은 전부 왜소한 귀신들이었다. 귀신이 말했다.

"왕 씨는 수명이 아직 다하지 않았는데, 너희는 어찌하여 그의 두려운 마음을 이용하여 미혹시켜 죽게 만들었는가?"

이어서 또다시 말했다.

"너희 이곳의 오방五方 하급 관리들은 상제의 칙령을 받지 않았는데도, 어찌하여 요도妖道의 노복이 되었는가?"

왜소한 귀신들은 각기 사죄했다. 신은 그들에게 각각 곤장 30대를 치라 분부했다. 왜소한 귀신들은 '추추' 소리를 내며 애걸했는데, 엉덩이를 보니 시퍼렇게 멍들어 있었다. 처벌이 끝나자 신을 신은 발로 왕후증을 걷어찼다. 왕후증은 이때야 꿈에서 깬 듯 땀이 등까지 흥건히 흘러내렸다. 이로부터 왕 씨 집도 편안했다.

억울함을 하소연하는 시체

尸行訴冤

상주 서향西鄕의 고顧 씨는 어느 날 저녁 근교로 나갔다가 날이 저물어 낡은 사당에서 투숙했다. 사당의 스님이 그에게 말했다.

"오늘 밤에 저는 아무개 집에 염을 해주러 가는데, 스님이 전부 나가서 사당 안에 사람이 없으니, 저 대신 사당을 잘 지켜주세요."

고 씨는 그러마고 대답하며 사당 문을 닫고 등불을 끄고 자리에 누웠다.

밤중 삼경이 되었을 때 문 두드리는 소리를 들었는데, 그 소리가 매우 조급해서 고 씨가 큰 소리로 물었다.

"누구요?"

문밖에서 대답했다.

"심정란沈定蘭이야."

심정란은 고 씨의 옛 친구로 죽은 지 벌써 10년이 되었다. 고 씨는 매우 두려워서 문을 열어주려고 하지 않았다. 그러자 문밖에서 크게 소리쳤다.

"두려워하지 말게. 부탁할 일이 있어. 주저하며 열어주지 않는다

하더라도 내가 귀신인데 문을 뚫고 들어가지 못하겠나? 그러니 문을 열어주시게. 평상시처럼 일을 처리하며 친구로서의 우정을 간직하고자 할 뿐이야."

고 씨는 하는 수 없어 빗장을 열어주었다. 문이 열리자 '탁' 하는 소리와 함께 사람이 땅에 넘어지는 것 같았다. 고 씨는 허둥지둥하고 눈도 침침하여 촛불을 들고 비춰보려 했는데, 갑자기 땅에서 다시 외치는 소리가 들렸다.

"저는 심정란이 아니라 동쪽 마을에서 금방 죽은 이 씨인데, 간악한 여자에게 독살당했어요. 제가 심정란의 이름을 빌려 이곳에 온 까닭은 당신이 절 위해 억울한 일을 풀어주길 간청하려 함입니다."

"저는 관리가 아닌데 어떻게 억울함을 풀어줄 수 있겠어요?"

"시체에 난 상처를 증거로 삼을 수 있어요."

고 씨는 그의 시체가 어디에 있는지 물었다.

"등불을 가지고 오시면 볼 수 있지만, 등을 보면 저는 말할 수 없어요."

이처럼 총망하고 다급할 때 밖에서 문 두드리는 소리와 수많은 사람의 말소리가 들렸다. 고 씨가 맞으러 나가보니 스님들이 사당으로 돌아온 것이었다. 그들 모두 얼굴에 두려운 빛을 띠고 말했다.

"우리가 염불하며 사자를 위해 제도하는데, 시체가 보이지 않아 각자 돌아올 수밖에 없었어요."

고 씨가 방금 발생한 일을 알려주자, 스님들은 함께 등불을 들고 시체를 비춰보니 일곱 구멍에서 피를 흘리며 땅에 널브러져 있었다.

이튿날 고 씨와 스님은 이 사건을 관부에 보고하여 사자의 억울함을 풀어주었다.

沭陽洪氏獄

술양 홍 씨의 소송

건륭 갑자년(건륭 9, 1744)에 나는 술양 현령沭陽縣令을 맡았다. 회안의 오吳 수재는 홍洪 씨 집에서 아이들을 가르쳤다. 홍 씨는 대대로 현지에 사는 평민으로 부자였다. 오 수재는 아내와 아들을 데리고 홍 씨 집 바깥채에서 살았다.

한번은 홍 씨 주인이 우연히 오 수재와 그의 아들을 식사 자리에 초대하여 오 수재 아내만 혼자 방에 있었다. 한밤중 이경에 돌아오니 아내는 살해당했으며 흉기는 담 밖에 버려져 있었다. 흉기는 주인집의 부엌칼이었다. 내가 가서 시체를 점검해보니, 부인 목에 세 군데 상처가 있고 인후 밖으로 죽이 흘러 매우 처참했다. 결국 범인이 누구인지 단서를 찾을 수 없었다. 홍 씨 집에 홍안洪安이라는 가복이 있는데, 그는 평소 왼손잡이였다. 부인의 상처는 왼쪽이 심하고 오른쪽은 가벼운지라 마침내 그를 체포하여 심문했다. 홍안은 처음에 범인임을 인정했으나 나중에는 홍 씨의 아들 홍생洪生의 교사를 받아 죽였다고 말했다. 홍생이 사모를 강간하려다 미수에 그치자, 그녀를 죽인 것이다. 홍생은 오 수재의 제자다. 홍생을 심문할 때 그 가복이 일찍이 태형당했던 것에 악의를 품고 고의로 무고했을 뿐이라고 말했다. 이 사건이 해결되지 않은 채 나는 강령江寧으로 전근했다.

내 뒤를 이은 사람은 위정회魏廷會였다. 그는 결국 홍안을 심판하여 서류를 올려 보고했다. 강소안찰사江蘇按察司 옹조翁藻[27]는 이 서류를 보고 공술한 증언이 확실하지 않다고 여겨 홍안 등을 전부 석방하고 다시 진짜 범인을 잡으려고 했다. 그러나 12년이 지났어도 여태까지 잡지 못했다.

병자년 6월 나의 사촌 동생 원봉의袁鳳儀가 술양에서 돌아오더니, 현지의 무생원武生員 홍 씨가 작년에 병사했는데 시체의 관이 아직도 밖으로 나가지 못했으며, 어느 날 밤에 홍 씨가 현몽하여 자신의 아내에게 말했다고 한다.

"모년 모월 모일 오 수재 부인을 강간하고 죽인 사람은 바로 나다. 나는 법망을 벗어난 지 이미 10년이 넘었다. 오 수재 아내의 원혼이 지금 천제에게 나를 고소하려고 하는데, 내일 정오에 천제가 벼락을 내려 관을 박살낼 것이니, 날 위해 속히 관을 다른 곳으로 옮겨놓도록 하라."

홍 씨의 아내가 놀라 깨어났다. 그녀가 가족들과 관을 옮기는 일을 상의하고 있을 때, 관 앞에서 불이 나 관내의 시신은 전부 재가 되었다. 그 집 안의 초가와 가구들은 전부 멀쩡했다.

---

27 자는 적주荻州이고 절강 인화仁和 사람이다. 옹정 3년(1725)에 진사가 되었고 건륭 원년(1736)에 상해도대上海道臺로 부임했다. 신강서원申江書院을 세워 원장을 맡아 인재 선발과 양성을 중시했고 교육을 급선무로 여겼다.

나는 비로소 부끄러움을 느꼈다. 자신의 몸이 현령이면서도 이 여성의 억울한 사건을 씻어주지도 못했을뿐더러, 죄 없는 사람에게 형벌을 가했던 것이다. 나는 관리로서의 누를 심하게 끼친 것이다. 그러나 하늘은 범인의 응징을 10년 뒤로 미뤄놓고 아울러 그의 신상에 가하지 않고 지각이 없는 그의 해골을 징벌했으니, 이는 무슨 까닭이란 말인가? 그 흉악범은 이미 죽었고 그의 망령은 영민하지 못한데, 어찌하여 그의 영혼이 아내에게 현몽했단 말인가? 또 이처럼 자신의 몸뚱이를 중시한 것은 무슨 까닭인가?

속임수에 빠진 뇌공

雷公被紿

남풍南豐의 징사徵士[28] 조여촌趙黎村[29]이 이런 말을 했다.

그의 조부는 향리의 호걸이다. 명말 동란 때 토비들이 본향에서 횡행하며 습관적으로 돈을 걸어 온갖 집회를 열자, 빈궁한 백성은 더욱 고통에 빠졌다. 그의 조부가 관청에 이 사실을 알리자 관청에서는 그 토비들을 쫓아버렸다. 토비들은 돈이 떨어지자 갈수록 그의 조부를 원망하기 시작했다. 조부의 체력이 남보다 월등하여 토비들은 감히 사사로이 보복할 수 없었다. 날이 어둑해지고 천둥번개가 칠 때마다 토비들은 처자식을 모아 제물로 족발을 갖추어놓고 저주하며 간청했다.

"어찌하여 하늘은 악인 조 씨를 죽이지 않는 겁니까?"

하루는 조부가 정원에서 꽃을 따다가 보니, 주둥이가 뾰족하고 온

---

28 조정의 부름을 받고도 나가지 않고 벼슬을 하지 않은 고결한 선비.

29 강서 남풍 사람으로 청대의 명의다. 특히 더위를 먹어서 생긴 중한 병증을 잘 고쳤다고 한다. 원매도 조여촌의 도움을 받아 생명을 구한 적이 있다.

몸에 털이 난 사람이 공중에서 내려오는데, 쿵 하는 소리가 나더니 유황 냄새를 풍겼다. 조부는 천상의 뇌공이 토비에게 속임수를 당했음을 알고 요강을 뇌공에게 던지면서 말했다.

"뇌공, 뇌공! 내 오십 평생 뇌공이 호랑이를 죽였다는 말을 듣지 못하고, 밭갈이 소가 뇌공에 맞아 죽었다는 소린 자주 들었소. 선량한 사람은 속이고 흉악한 사람을 무서워하다니, 어찌하여 이 지경에 이르렀소? 공이 나를 나무랄 수 있다면, 설령 억울하게 죽더라도 원망하지 않겠소."

뇌공은 입을 다물어 아무 소리도 내지 않고 화난 눈을 껌벅거리는데 다소 부끄러움을 느끼는 것 같았다. 그리고 요강을 뒤집어써서 결국 들판에 쓰러져 3일 동안 고통스럽게 소리 질렀다. 토비들이 슬퍼하며 말했다.

"우리가 뇌공을 해친 거야. 우리가 뇌공을 해쳤어."

이에 제단을 설치하고 제사를 지내며 뇌공을 위해 제도하자, 뇌공은 비로소 떠나갔다.

명의를 사칭하여 제사상을 받아먹은 귀신

鬼冒名索祭

어느 황성 수비군은 기마와 활쏘기를 좋아했다. 하루는 산토끼를 잡기 위해 동직문東直門[30]까지 쫓아갔다. 마침 한 노인이 우물가에 앉아 물을 긷고 있었는데 광분한 말이 멈추지 못해 노인과 부딪쳐 그를 우물 속에 빠뜨렸다. 그 수비군은 매우 두려워하며 황망히 집으로 돌아왔다.

그날 밤 수비군은 문을 열고 들어와 욕하는 노인을 보았다.

"너는 나를 죽일 작정은 아니었지만, 우물에 떨어지는 나를 봤으니 사람을 불러 구조했다면 살 수도 있었다. 너는 어째서 냉정하게도 도망하여 결국 집으로 갔느냐?"

수비군은 대답할 말이 없었다. 그 노인은 물건을 던져 깨뜨리고 창문을 부수며 끊임없이 소란을 피웠다. 온 가족이 땅에 무릎 꿇고 귀신에게 애원하며 즉각 제사를 준비하겠다고 하자, 귀신이 말했다.

"아무 소용 없어. 나를 편안케 하려면 반드시 나무를 깎아 신주를

---

30 베이징성의 동북쪽에 있었던 문으로 지금은 이름만 남아 있다.

만들고, 거기에 내 이름을 써서 매일 족발을 올려 조상과 똑같이 날 대우해주면, 널 용서하겠다."

그 수비군이 귀신의 말대로 해주니 소란이 그쳤다.

이로부터 그 수비군은 동직문을 지날 때마다 반드시 길을 에둘러 그 우물을 피했다. 한번은 황제를 호위하여 순시 나가다가 동직문을 지날 때 길을 둘러가려고 했다. 그러자 그의 상관이 훈계하며 말했다.

"만약 성상께서 네가 어디 갔느냐고 물으시면 무슨 말로 대답하지? 하물며 지금은 퍼런 대낮이 아니더냐? 그리고 수많은 수레와 말이 있는데, 어찌 귀신을 무서워한단 말이냐?"

그 수비군은 하는 수 없어 우물 쪽으로 걸어가다가 우물가에 서 있는 노인을 보았다. 노인은 그의 앞으로 달려와 옷을 잡아당기며 욕했다.

"내가 오늘에야 너를 찾는구나. 재작년에 자네 말이 나를 쳐 우물에 빠졌는데도 구해주지 않았으니, 어찌 그리 양심도 없나?"

노인은 욕하면서 때렸다. 그 수비군은 깜짝 놀라 애원하며 말했다.

"저의 죄를 피할 수 없습니다만, 노인장은 제 집에서 여러 해 동안 제사를 받으면 용서해주신다고 말씀하셨는데, 어째서 이처럼 말을 바꾸시나요?"

이 말을 듣고 노인은 더욱 화가 났다.

"내가 아직 죽지 않았는데, 어째서 네가 제사지낸단 말이냐? 나는 말과 부딪쳐 실족하여 우물에 빠졌지만, 마침 사람이 지나다가 살려달라고 외치는 내 목소리를 듣고 나를 우물에서 꺼내주었지. 너는 어째서 내가 귀신이라고 의심하느냐?"

그 수비군은 깜짝 놀라 노인을 이끌고 함께 집에 가서 나무로 만든 신주를 보았다. 그런데 거기에 쓰인 이름은 그 노인의 성명이 아니었다. 노인은 두 팔을 걷어붙이고 욕을 하며 나무 신주를 잡아 내던지고 제사상의 제물도 땅에 팽개쳤다. 수비군 가족들은 놀라 벌벌 떨면서도 무슨 일이 발생했는지 알 수 없었다. 이때 갑자기 허공에서 소리가 들렸다. (남의 명의를 사칭한 귀신이) 크게 웃으며 떠나갔다.

鬼畏人拚命

목숨 걸고 싸우는 사람을 두려워하는 귀신

개 시랑介侍郎의 족형族兄은 성격이 강건하고 난폭하여 귀신 이야기 하는 사람들을 싫어했다. 매번 외출하여 투숙할 때마다 평소에 불길하다고 말하는 곳만 찾아 묵길 좋아했다.

한번은 산동의 한 여관을 지나다가 서쪽 사랑채에 귀신이 나온단 말을 듣고 개 씨는 크게 기뻐하며 문을 열고 들어갔다. 그가 앉아서 기다리다가 이경이 되었을 때 기왓장이 들보에서 떨어지는 소리를 듣고는 욕했다.

"귀신이냐? 네가 이 집에 없는 것을 골라 던지면, 내가 널 무서워하겠다."

말을 마치자 과연 맷돌이 땅에 떨어졌다. 개 씨가 다시 욕을 퍼붓기 시작했다.

"마귀야, 나의 탁자를 부순다면 널 두려워할 것이다."

이에 큰 돌이 떨어져 탁자의 절반이 박살나버렸다. 개 씨는 더 화가 나서 욕했다.

"이 개 같은 귀신 놈아, 내 머리를 부순다면 난 네게 복종할 것이다."

개 씨가 일어서 모자를 땅에 던지고 고개를 들고 기다렸다. 이로부터 아무런 동정이 없었고 귀신도 영원히 나타나지 않았다.

天殼

하늘 껍질

'혼천渾天'이라는 학설이 있다. 천지는 계란과 같아서 계란의 노른자, 흰자가 분리되지 않은 것처럼 천지는 혼돈 상태에 처했고, 노른자와 흰자가 일단 분리되면서 천지가 개벽했다고 여긴다. 사람은 이 계란 껍질 밖으로 벗어날 수 없다. 따라서 도가에서 말하는 33천天[31]의 학설은 그다지 설득력이 없다.

관중 일대의 토층은 두터운데 지진이 자주 발생하여 온 마을이 무너지기도 한다. 검은 물이 공중으로 치솟아 오르기도 하고, 연기나 불이 나기도 하며 먼저 균열되었다가 즉각 봉합되기도 한다. 단지 침몰된 인민과 가옥만은 다시 출토되지 않았는데, 어디로 갔는지 모르겠다.

순치順治 3년(1646) 감숙甘肅 무위武威 지역이 침몰되었다. 동우董遇라는 사람은 형체를 수련하는煉形 도가의 법술을 배웠다. 그는 숨을

31 도가에서는 동방 8천, 남방 8천, 서방 8천, 북방 8천 그리고 가장 위에 있는 대라천大羅天을 합쳐 33천이라 한다.

멈추고 바다에 들어가도 죽지 않았다. 동우 일가가 지진을 당했을 때 9일이 지나 그는 혼자 땅에서 뚫고 나왔다.

"처음 땅속으로 빠졌을 때 계속 아래로 내려가서 하룻밤이 지난 뒤 지하의 샘까지 떨어졌지요. 아래로 떨어질 때의 자세는 나는 것 같기도 하고 현기증도 났지만 순조롭고도 쾌적하여 가족들과도 말을 주고받을 수가 있었소. 그러나 샘물 속에 떨어지자 가족은 모두 익사하고 말았어요."

당시 동우는 호흡을 멈추고 물속 천여 길까지 떨어지자, 다시 건조해지기 시작하고 사면은 모두 노란색이었다. 잠시 뒤 날이 점차 밝아 동우가 아래를 봤더니 푸르게 우거졌고 하늘이 그의 아래에 있었다. 귀 기울여 자세히 들어보니 사람 소리, 닭, 개 우는 소리가 바람에 날려왔다.

"저는 이곳이 하늘 껍질 밖의 하늘일 거라고 생각했어요. 만약 제2층의 천궁에 떨어지면 물론 좋았겠지만, 민가의 기와지붕 위에 떨어진들 그 주민은 절 천상의 신선으로 존경하지 않겠어요?"

이에 그는 전력을 다해 몸을 아래로 움직였으나 회오리바람에 막혀 온몸이 허공에 말려 빙빙 돌아서 끝내 내려갈 수 없었다. 오래지 않아 고대의 복장을 입은 사람이 나타났는데, 키는 두 길 남짓으로 동우를 질책하며 말했다.

"이곳은 두 겹 하늘의 분계점인데 아주 옛날부터 신선이나 성인도 이 분계점을 넘지 못했거늘, 당신이 누구인데 이처럼 망상을 하는가? 빨리 땅이 봉합되지 않은 틈을 타면, 여전히 당신의 인간 세상으로 돌아갈 것이오. 그렇지 않으면 대지가 합쳐져서 깊이가 백만 길이 될 것이니, 당신이 물을 뚫을 순 있지만 흙을 뚫지는 못할 터, 반드시 죽을 것이오."

말이 다 끝나기도 전에 온 길에서 금빛이 먼 곳에서 비쳐서 뜨거워 참을 수 없었다. 고대 복장을 한 사람이 동우의 등을 어루만지며 말했다.

"빨리 가. 빨리 떠나라. 태양이 오고 있다. 나도 피해야 하거늘 너 같은 범인의 몸은 도망가지 않으면 불에 타 재가 되어 날릴 거야."

동우는 이 말을 듣고 모골이 송연했다. 즉각 운기가 하늘에 떠서 위로 올라갔다. 동우의 얼굴은 물과 흙에 젖어 그을린 탄처럼 까맣고, 신상의 의복도 살갗에 붙어 한 달이 지나서야 원래 사람 꼴을 회복했다. 이로부터 그는 '겁외수劫外叟'라 자칭했다.

내가 『회남자淮南子』[32]를 펴보니 "온대 아래에는 혈기 있는 무리가 없다溫帶之下, 無血氣之倫"란 말이 있었다. 태양에서 가까운 곳이 바로 '온대'다.

---

32 한나라 회남왕淮南王 유안劉安이 제가의 사상, 학설, 지식을 종합적으로 기술한 책.

신이 된 동현

董賢爲神

강희 연간에 나의 종숙조 원궁도袁弓韜 공이 서안동지西安同知로 부임할 때 종남산終南山[33]에 올라가 기우제를 지냈다. 산 곁에 옛 사당이 있고 사당 안엔 준수한 소년의 소상이 있었으며 몸엔 금빛 담비 가죽 용포를 걸치고 있었다. 복식으로 보면 한대의 공후公侯인 듯했다. 원궁도가 도사에게 무슨 신인지 물으니, 도사는 손책孫策[34]이라고 말했다. 원궁도는 손책이 장강 동쪽에만 할거하여 장안에 와본 적이 없으며, 게다가 손책의 재능은 무예 방면에 나타나 당연히 용감한 예기가 있어야 하는데, 이 소상은 곱고 아름다워 여성과 같으니, 이것이 사악한 신일 거라고 여겼다.

당시 태백산太白山의 용왕사龍王祠를 이축하려고 했다. 원궁도는 산

33 다른 이름으로 태을산太乙山, 태백산太白山, 중남산中南山, 주남산周南山이 있다. 줄여서 남산이라 부르는데 진령산맥秦嶺山脈의 한 구간이다. 도교의 발상지이며 지금의 산시陝西성 경내에 있고 서쪽으로는 바오지시寶鷄市 메이현眉縣, 동쪽으로 시안시 란톈현藍田縣과 이어진다.

34 삼국 시대 오나라의 건국 시조 손권孫權의 형이고, 손견孫堅의 맏아들이다.

곁의 옛 사당을 부수고 헐 때 나온 목재, 기와를 옮겨다가 쓰려고 했다. 그날 밤 꿈속에 신이 나타나 그를 보고 말했다.

"나는 손책이 아니라, 한대의 대사마大司馬[35] 동성경董聖卿[36]이오. 나는 왕망王莽[37]에게 비참하게 살해되었소. 상제는 내가 죄 없이 살해당한 것을 동정했고, 생전에 신분이 높고 총애를 받았으며 조정에 있을 때 사대부 한 명도 해를 끼친 적이 없기 때문에 나를 대랑신大郎神으로 책봉하여 이곳의 날씨를 전담하게 했소."

원궁도는 이때에야 그가 동현의 신상임을 알았다. 『한서漢書』「동현전」에는 "아름답고 고와 스스로 즐길 만하다美麗自喜"라는 말이 있는데, 원궁도가 자세히 살펴보지 않았을 따름이다. 이때 대랑신이 불쾌한 빛을 띠며 말했다.

---

35 병부상서兵部尙書의 다른 이름.

36 동현董賢(기원전 21~기원전 1)의 자가 성경이고 섬서 운양雲陽 사람이며 어사 동공董恭의 아들이다. 그는 동성애의 대명사로 불리듯이 출중한 외모로 애제哀帝의 마음을 사로잡았다. 애제가 죽은 뒤 왕망王莽의 탄핵을 받고 자살했다. '단수지벽斷袖之癖'이란 고사가 바로 애제와 동현 사이에서 나왔다. 하루는 애제와 동현이 나란히 누워 낮잠을 자다가 애제가 일어나려고 보니 동현이 자신의 옷소매를 베고 있었다. 그대로 일어서면 동현을 깨울까봐 검으로 자신의 옷소매를 잘라내고 일어났다고 한다.

37 왕망(기원전 45~기원후 23)의 자는 거군巨君, 신도新都 현왕顯王 왕만王曼의 장자이며 전한 효원황후孝元皇后 왕정군王政君의 조카다. 효원황후의 아들 성제成帝가 즉위하자 외척들이 득세하면서 그도 대사마를 지냈다. 8년 12월 1일 왕망은 신新왕조(8~23)를 세우고 급진적 개혁 정책을 실행하고 새로운 화폐를 주조했으며 관제를 개혁했으나 성공하지 못했다. 이후 농민 반란이 일어나 23년 반란군에게 피살되었다.

"너는 반고班固[38]에게 속지 말지어다. 반고가 쓴 「애황제본기哀皇帝本紀」에는 애제에게 양위陽痿[발기부전] 증세가 있어 자식을 낳을 수 없다고 말했는데, 그렇다면 어떻게 나를 총애할 수 있겠는가? 반고의 견해는 모순된 말이오. 당시 애제와 우리 군신 간의 관계는 무척 좋았소. 애제와 함께 자며 생활한 것도 사실이오. 그러나 한 무제 때 위청衛青,[39] 곽거병霍去兵[40] 두 장군도 이러한 총애를 받았는데, 그들을 어떻게 (전국 시대 남색으로 총애를 받았던) 안릉安陵과 용양龍陽[41]의 부류와 비교할 수 있단 말이오? 심지어 천상天象에서 나를 행신幸臣[42] 별자리에 놓았으니, 나 또한 어찌 사양하겠소? 하지만 2000년 동안

---

38 『한서』를 편찬한 한대의 역사가(32~92). 자는 맹견孟堅이고 부풍扶風 안릉安陵 사람이다. 유학가 집안에서 태어났는데 부친 반표班彪, 백부 반사班嗣는 모두 당시의 저명한 학자였다. 건무建武 30년(54) 부친 사망 후 고향으로 돌아와 20여 년 동안 『한서』 편찬 작업에 종사했다. 화제和帝 영원永元 원년(89)에 대장군 두헌竇憲이 군대를 이끌고 흉노를 북벌했는데 반고도 참전했다. 선우를 패배시킨 뒤 저명한 「봉연연산명封燕然山銘」을 썼다. 이후 두헌이 직권을 남용하다가 피살되자, 반고도 이에 연루되어 옥중에서 사망했다. 반고는 또한 '한부4대가漢賦四大家'의 한 사람으로 그가 지은 「양도부兩都賦」는 경도부京都賦의 선하를 이루어 『문선文選』의 첫 편에 실려 있다.

39 위청(?~기원전 106)의 자는 중경仲卿이고 지금의 산시山西성 린펀臨汾 사람이다. 전한 시기의 명장으로 흉노 전쟁에 처음 출정하여 패배를 승리로 장식했으며 이후 7전 7승을 거둬 하삭河朔, 하투河套 지역을 수복하여 북방의 영토를 확장하는데 지대한 공헌을 했다.

40 곽거병(기원전 140~기원전 117)은 지금의 산시성 린펀 사람으로 전한 무제 때의 장수이며 대사마표기장군大司馬驃騎將軍을 지냈고 관군후冠軍侯에 봉해졌다. 무제 원수元狩 2년(기원전 121) 외숙 위청과 함께 흉노를 크게 격파하고 하서 지구를 장악하여 서역으로 통하는 교통로를 열었다. 그 공로로 대사마에 임명되었다.

41 안릉은 초나라 공왕共王의 총애를, 용양은 위왕의 총애를 받았던 남총男寵이다.

42 임금의 총애를 받는 신하.

내가 받았던 억울함을 경께서 깨끗이 씻어주길 바라오."

대랑신의 말이 채 끝나기도 전에 험상궂은 얼굴을 한 두 귀신이 한 범인을 끌고 왔다. 이 범인은 나이가 많고 대머리인 데다가 목소리가 갈라졌으며 손에는 책 한 권을 들었다. 대랑신이 그를 가리키며 말했다.

"이놈이 왕망 도적입니다. 옥황상제께서 그의 죄악이 하늘까지 차고 넘친다 하여 그를 음산陰山[43]으로 귀양 보내 독사가 그를 물어뜯은 지 여러 해입니다. 지금은 사면받아 산을 나와서 내가 있는 곳에 압송되어 변소 청소를 맡고 있지요. 작은 실수라도 하면 제가 그를 쇠 채찍으로 때립니다."

원궁도가 범인의 손에 든 것이 무슨 책이냐고 묻자 대랑신이 웃으며 말했다.

"이놈은 평생 『주례周禮』를 신봉하여 죽어도 손에서 놓지 않지요. 쇠 채찍으로 맞을 때도 『주례』로 그의 등을 막아요."

원궁도가 다가가 보니 과연 『주례』였다. 책 위에는 '신 유흠 공교臣劉歆恭校' 등의 글자가 쓰여 있어서 자신도 모르게 크게 웃다가 깨어났다.

이튿날 원궁도는 자신의 봉급에서 은 백 냥을 내어 옛 사당을 수리하고 아울러 소뢰예少牢禮[44]로 제사지냈다. 꿈속에서 다시 신이 나

---

43 지금의 내몽골자치구 중부와 허베이성 최북단에 걸쳐 있는 산맥.

44 제례 지낼 때의 희생을 말한다. 소, 양, 돼지를 쓰는 제사를 태뢰, 양, 돼지만 올리는 제사는 소뢰라 한다.

타나 감사를 표시하며 말했다.

"선생께서 사당을 수리해주시니 당신의 높으신 뜻에 무척 감사드립니다. 하지만 저를 배향하는 사람이 없어 제사를 받을 때 너무나 고독합니다. 원래 저의 부하 주허朱栩는 의로운 선비인데, 저의 시체를 수습하고 안장하다가 왕망에게 살해당했어요. 제가 그 은혜에 보답하기 위해 옥황상제에게 그의 공로를 보고했더니, 상제는 그의 아들 주부朱浮[45]를 광무光武 황제[46]의 대사공大司空[47]으로 삼았지요. 이 점도 선생께서 헤아려주시기 바랍니다."

원궁도는 주허의 소상을 만들어 동현 소상의 옆에 놓았다. 아울러 범인 모양의 왕망 소상도 만들어 계단 아래에 무릎을 꿇려놓았다.

이로부터 기우제를 지낼 때마다 영험하지 않은 적이 없었다고 한다.

---

45 후한 초기의 대신으로 자는 숙원叔元, 패국沛國 소현蕭縣 사람이다. 관직은 대사마주부大司馬主簿, 편장군偏將軍, 유주목幽州牧, 집금오執金吾, 대사공大司空을 역임했다. 『후한서』에 그의 전기가 실려 있으며 팽총彭寵에게 준 그의 편지가 『문선』에 실려 있다.

46 후한의 개국 황제 유수劉秀(기원전 5~기원후 57)를 말한다. 왕망 말년에 군웅이 할거하자 형과 함께 봉기했다. 23년에 유현劉玄을 제왕으로 세운 뒤 부장으로 출병하여 왕망의 군대를 격파했다. 25년 유현과 결별하고 동한 제위에 올라 낙양에 수도를 정했다. 그 뒤 10년 동안 각지의 군웅을 평정하고 36년에 천하를 통일했다.

47 공부상서工部尙書의 다른 이름.

三頭人

삼두인

강희 연간에 오삼계吳三桂가 반란을 일으켜 도로가 막히고 끊어졌다. 호주 객상 장張 씨 삼형제는 운남에서 도망 나와 몽락산蒙樂山[48] 동쪽을 따라 열흘 밤낮을 걸어다니다가 마침내 길을 잃어버리고 길가의 초근목피로 배를 채웠다. 어느 날 새벽에 삼형제가 광야를 걷노라니 갑자기 큰바람이 서쪽에서 불어왔는데, 바람 소리는 마치 바다의 파도와 강물 소리 같았다. 삼형제는 두려워서 높은 언덕에 올라가 바라보았다. 다만 검정소 한 마리가 보이는데 몸집이 코끼리보다 크고 뒤뚱뒤뚱 지나가는 곳마다 초목이 넘어졌다.

날이 어두워져 삼형제는 투숙할 곳이 없을까 걱정하고 있었다. 앞을 바라보니 거목 아래에 인가가 있어 달려갔다. 그 인가는 크고 넓었으며 안에서 한 남자가 걸어 나왔다. 키는 한 길이 넘었고 목엔 머리가 셋이나 달렸다. 말할 때마다 세 개의 입에서 일제히 소리를 냈

---

48 무량산無量山의 옛 이름. 무량산은 윈난성 푸얼시普洱市 징둥현景東縣 서쪽 경내에 있다. 이 산이 알려진 계기는 김용金庸의 무협소설『천룡팔부天龍八部』에 있다.

는데, 소리가 분명하고 맑아 알아들을 수 있었으며 중주中州[49] 사투리 같았다. 삼두인三頭人이 삼형제에게 어디에서 왔느냐고 묻자 그들은 사실대로 말해주었다. 그러자 삼두인이 말했다.

"길 잃고 걷느라 배가 고프죠?"

삼형제는 그의 관심에 감사를 표했다. 삼두인은 즉각 그의 누이를 불러 손님들의 밥을 짓게 했는데 태도가 매우 공손했다. 그의 누이가 대답하고 나왔는데 역시 머리가 셋 달린 여자였다. 삼두 여자는 장 씨 삼형제를 보고 웃으며 그녀 오빠에게 말했다.

"이 세 분 가운데 큰형은 장수할 것이며, 두 형제는 예측하지 못한 일을 당할 수 있겠네요."

장 씨 삼형제가 식사를 마치자 삼두인이 나뭇가지를 꺾어 그들에게 주면서 말했다.

"이 나뭇가지의 해 그림자를 따라가세요. 나침반 역할을 할 겁니다. 하지만 도중에 사당을 지나가게 되면 그곳에서 투숙해도 좋지만, 사당의 종과 북을 쳐서는 안 됩니다. 반드시 기억해두세요."

장 씨 삼형제는 다시 길을 떠났다.

하루 지나 삼형제는 깊은 산속에 들어갔다가 쉴 만한 옛 사당을 발견하고 사당의 처마 아래에 앉았다. 이때 까마귀 한 떼가 아래로 내려와 삼형제의 정수리를 쪼려고 했다. 장 씨 형제는 대로하여 땅의 돌을 주워 까마귀를 향해 던졌다. 그런데 잘못 던져 사당의 종을 맞혀 '댕댕'거리는 종소리가 났다. 그러자 야차夜叉 둘이 튀어나오더니

49 지금의 허난성의 옛 이름.

두 동생을 잡아 찢어서 먹어버렸다. 다시 큰형에게 다가오려는데 갑자기 풍랑 같은 소리가 들리더니 머리가 큰 검정소 한 마리가 튀어나와 두 야차와 격투를 벌였다. 잠시 뒤 야차는 패하여 도망갔다. 큰형은 위험한 지경을 벗어나 수십 일 동안 길을 걸어 비로소 호주 집에 돌아오게 되었다.

물귀신의 빗자루 水鬼帚

외사촌 동생 장홍업張鴻業은 진회秦淮 반하방潘河房의 집에 살고 있었다. 한여름날 밤에 그는 화장실에 갔다. 때는 삼경이라 인적이 없고 달빛이 대낮처럼 밝았다. 장홍업이 진회의 난간에 기대어 달을 감상하고 있는데, 갑자기 물속에서 '착' 하는 소리가 나더니 사람의 머리가 떠올랐다. 그는 이 시간에 물속에서 수영하는 사람이 있을 거라곤 생각지 않았다. 이에 자세히 보니 그 사람은 눈썹과 눈이 없고 온몸은 검고 딱딱하게 굳어 있었으며, 머리는 움직이지 않아 나무인형 같았다. 장홍업이 돌을 던지자 나무인형은 물속에 쓰러졌다.

이튿날 오후 장홍업은 한 남자가 물에 빠져 죽었다는 말을 들었다. 그는 이때에야 어젯밤에 현신한 나무인형이 물귀신이었음을 알았다. 이를 같은 집에 사는 사람에게 말해줬다. 이때 한 미곡상은 물귀신이 원수를 갚기 위해 나타났다는 기이한 일을 얘기했다.

미곡상이 젊었을 때 가흥嘉興에서 쌀을 팔았는데 누런 진흙탕을 건너다가 진창이 너무 깊어 물소를 빌려 타고 건넜다. 반쯤 건넜을 때 검은 손이 진창 속에서 뻗어 그의 발을 잡아당겼다. 미곡상이 다리를 움츠리자, 검은 손은 이번에 소의 다리를 잡아당겨 소가 움직일 수 없었다. 미곡상은 너무 놀라 길 가던 사람을 불러 함께 소를 끌었다. 소가 일어나지 못하자 불로 소꼬리를 지졌다. 소는 아파서 참지 못하고 온 힘을 다해 진창에서 일어섰다. 이때 소 배 아래엔 낡은 빗자루가 매어져 있었는데, 비리고 더러운 냄새가 나서 가까이 다가가지 못하고 몽둥이로 그것을 때리자, '추추' 소리를 내며 검은 피를 흘렸다. 사람들이 칼로 빗자루를 묶은 줄을 끊고 장작불을 피워 태워버리니, 그 악취가 한 달이 지나서야 사라졌다. 이로부터 누런 진창에 빠져 죽는 사람이 없었다. 이 고사를 얘기한 미곡상은 시를 적어 이 일을 기술했다.

본래 사람 끌려다가 잘못하여 소를 끄니 本欲牽人誤扯牛
어찌 후회하며 '추추' 하며 울 필요 있나? 何須懊悔哭啾啾
그대와 더불어 뽕나무 가지 불태우니 與君一把桑柴火
어두운 곳의 음모가 밝은 곳에서 그친다 暗處陰謀明處休

나찰조 羅刹鳥

옹정 연간에 경성 안의 한 부호가 아들에게 며느리를 얻어주었다. 며느리 집은 명문 귀족이며 사하문沙河門 밖에 살았다.

신부는 가마를 타고 수종이 거마의 앞뒤를 호위했는데, 옛 무덤을 지날 때 광풍이 무덤에서 불어 꽃가마를 여러 번 휘감았다. 날리는 모래 때문에 사람들은 눈을 뜨지 못하고 행인들은 뒤로 물러섰다. 한참 뒤에 바람이 그쳤다. 오래지 않아 가마가 신랑 집에 도착하여 대청 앞에 멈췄다. 신부 들러리가 가마의 발을 걷어올리고 신부를 부축하여 가마에서 나왔다. 뜻밖에도 가마에는 또 다른 신부가 있어 스스로 가마의 휘장을 걷고 나와 앞서의 신부와 나란히 섰다. 사람들이 놀라서 봤더니 두 사람의 의복, 치장 심지어 찍어 바른 연지 색깔조차 모두 같아서 진짜와 가짜를 구별할 수 없었다. 이에 두 신부를 부축하여 안채로 이끌고 들어가서 시부모에게 인사를 드렸다. 시부모는 이들을 보고 놀라 서로 바라보기만 하고 어쩔 줄 몰랐다.

이어서 부부의 혼례가 거행되었다. 천지에 절하고 조상에게 제사 지내고 여러 친척을 상견례하는 의식 가운데 신랑은 그 가운데 섰고 두 신부는 좌우에 나눠 섰다. 신랑은 속으로 생각했다. 한 부인을 얻는데 도리어 쌍으로 왔으니 기쁘구나. 밤이 깊어지자 신랑은 두 미녀를 이끌고 침상에 올랐고, 가복과 시녀들도 각자 침실로 돌아갔다. 시부모도 잠자리에 들었다.

갑자기 신방에서 신부의 처절한 비명 소리가 들렸다. 집안사람들이 옷을 걸치고 일어났고 어린아이, 가복, 하녀도 문을 밀치고 들어가 살펴보았다. 온 방엔 피범벅이었고 신랑은 침상 아래에 쓰러져 있었다. 침상 위에는 한 신부가 피바다 속에 누워 있고, 다른 신부는 종적을 감췄다. 등불을 켜고 방 안을 비춰보니 들보 위에 커다란 새가 앉았는데, 검은 털에 예리한 부리와 거대한 두 발톱은 모두 하얀색이었다. 사람들이 소리쳐서 새를 쫓아내며 때렸지만 손에 든 병기가 너무 짧아 닿지 않았다. 활과 긴 창으로 이 새를 사살하자고 의논하고 있을 때, '푸드덕' 하는 소리를 내더니 새가 날갯짓하며 날아가는데 눈빛을 도깨비불처럼 반짝이며 문을 뚫고 날아갔다.

신랑이 땅에 혼절했다가 깨어나 말했다.

"세 사람이 함께 한동안 앉아 있다가 막 옷을 벗고 잠들려는데, 갑자기 왼쪽의 신부가 소맷부리를 들어 후려쳐서 제 두 눈이 빠져나갔어요. 너무 아파서 혼절했는데 그녀가 어떻게 새가 되었는지 모르겠어요."

다시 신부에게 묻자 그 신부가 말했다.

"신랑이 아프다고 소리칠 때 제가 놀라서 무슨 일이냐고 묻는 순간, 그 여인이 이미 괴상한 새로 변해서 내 눈을 쪼았어요. 저도 잠시 인사불성이 되었지요."

이후 부부는 몇 개월 동안 치료하여 모두 회복했다. 부부지간에 금슬은 좋았지만, 두 사람 모두 두 눈을 잃었으니 슬픈 일이다.

이 얘기는 정황기正黃旗 장광기張廣基가 내게 해준 말이다. 전하는 말에 따르면 폐허, 무덤이 있는 곳은 음기가 극성해서 시기尸氣가 쌓이고 시간이 오래되면 나찰조로 변한다고 한다. 모습은 커다란 재두루미 같고 변환하며 요술을 부릴 줄 알고, 오로지 사람의 눈알만 먹기 좋아하는데 약차藥叉,[50] 수라修羅,[51] 벽려薛荔[52]와 같은 부류라고 한다.

---

50 야크샤yaksha의 음역으로 하늘을 날아다니며 사람을 괴롭힌다는, 모습이 추악하고 잔인한 귀신.

51 얼굴이 셋이고 팔이 여섯 개 달린, 싸움을 일삼는 무서운 귀신.

52 아귀餓鬼란 뜻으로 범어 페레다preta를 음역한 것이다. 벽려 혹은 벽려다薛荔多로 표기하기도 한다.

권3

열걸 태자

烈傑太子

호주 오정현烏程縣에 사당이 있는데, 그 사당에 모신 신은 열걸 태자烈傑太子라고 한다. 전하는 말에 따르면, 원대 말년에 용감한 청년이 본향에서 사람을 모아 봉기했는데, 마지막에 장사성張士誠[1] 부장과 싸우다가 전사했다. 현지 사람들은 그를 애도하여 그에게 사당을 세워주고 그를 '열걸'이라 불렀다. 용감하고 장렬하여 호걸이 되기에 부끄러움이 없다는 뜻이다.

건륭 42년(1777) 고을 사람 진陳 씨가 사당에 와서 분향하고는 귀신에 들려 목을 매고 죽었다. 그의 형 진정중陳正中은 강직하고 정직한 사나이였다. 그는 사당이 신령이 깃드는 곳이지, 요괴들이 말썽을 부리는 장소가 아니라고 여겼다. 이에 사당의 도사를 찾아가서 물으니, 도사가 말했다.

---

1 염상 출신의 원말 농민봉기의 수령(1321~1367). 원말에 반란을 일으켰으나 나중에 원나라에 투항했으며 다시 반원反元 투쟁을 벌이던 중 주원장朱元璋(1328~1398)의 분노를 사서 남경에서 참수되었다.

"금년에 이 사당에 와서 분향한 사람 가운데 벌써 두 명이나 목을 매 자살했어요."

진정중은 대로하여 가복을 이끌고 각자 호미나 연장을 들고 사당으로 달려가 열걸 태자의 신상을 부숴버렸다.

향리의 백성은 크게 놀라 의견이 분분하여 신명에게 죄를 지었으니 온 마을이 재앙을 당할 것이라고 여겼다. 이에 오정현 아문에 가서 고소하여 진정중이 오만방자하며 패역무도하다고 일러바쳤다. 진정중도 현 아문에 가서 사건의 본말을 얘기했다.

"'열걸 태자'라는 네 글자는 역사와 전기에도 보이지 않을 뿐 아니라 현지縣志 등 서적에도 기록되지 않았으니, 분명 오통신五通神[2]과 사귀社鬼[3]와 같으며 정통의 신이 아닙니다. 지금 저 진정중은 이미 열걸 태자의 신상을 부숴 여러 고을 사람의 화를 샀으니, 제가 돈을 내서 사당을 깨끗이 수리하고 관제의 신상을 따로 세워서 이웃을 대신해 복을 빌도록 하겠습니다."

오정현 현령은 진정중의 말이 옳다고 여겨 이 사건을 취하하기로 결정했다. 이렇게 2개월이 지나자 사당은 평온무사해졌다.

이곳에 사는 손孫 씨의 딸은 나이가 열다섯인데 귀신이 들려 사팔뜨기에다가 눈썹이 섰으며 입으로는 자기가 '열걸 태자'라고 말했다. 그리고 "나쁜 사람이 신상을 부숴서 몸을 둘 곳이 없으니 반드시 내게 술안주를 마련해달라"고 말했다. 손 씨 가족이 술과 요리를 올리

2 주로 강남의 민간에서 믿었던 다섯 형제의 잡신.

3 토지신.

고 나서 잠시 뒤에 그녀는 자신의 뺨을 때리며 슬피 울부짖고 고통스런 표정을 지었다. 딸의 아버지가 진정중의 집에 찾아가 진정중을 나무라자, 진정중은 대로하여 손에 복숭아 나뭇가지를 쥐고 곧장 손 씨 집에 가서 큰 소리로 말했다.

"원한엔 시작이 있고 빚엔 주인이 있는冤有頭, 債有主 법이니, 네 신상을 훼손한 사람은 나다. 내가 이곳에 사는데도 네가 복수하러 오지 않고 도리어 남의 집 여자아이를 속이고 술과 밥을 뺏어 먹다니 너의 열烈은 어디 가고 너의 걸傑은 어디에 있단 말이냐? 그야말로 후안무치한 소인이로다. 빨리 이곳을 떠나지 못할까?"

이때 손 씨 딸이 놀라서 말했다.

"얼굴이 붉은 악인이 또 와요. 저 갈게요, 갈게요."

말을 마치자 그녀는 즉시 깨어났다.

손 씨는 진정중을 불러 그의 집에 살게 했다. 그녀의 딸도 평안해졌다. 진정중이 잠시 외출하기만 하면 귀신이 예전처럼 말썽을 부렸다. 이에 진정중은 손 씨와 상의하여 마을에서 청년을 골라 딸을 그에게 시집보냈다. 이로부터 귀신이 사라지고 손 씨 딸의 병도 나았다.

裘秀才

구 수재

남창의 구裘 수재는 여름에 바람을 쏘이고자 웃통을 벗고 토지묘에서 누웠다가 집에 돌아와 큰 병이 났다. 그의 아내는 남편이 토지신에게 죄를 지었다 생각해 술과 음식을 준비해서는 분향하고 지전을 태우며 수재를 대신해 용서를 빌었더니 구 씨의 병이 과연 나았다. 부인이 수재더러 토지신에게 고마움을 표시하러 가라고 채근하자, 수재는 화를 냈다. 도리어 소장을 써서 성황묘를 향해 태우며 토지신이 그의 술과 음식을 속여 먹었으며 권세를 믿고 말썽을 피운다고 고소했다.

연이어 열흘 동안 소장을 태워도 아무런 반응이 없자 수재는 더 화가 치밀었다. 그는 다시 재촉하는 문건을 써서 태웠는데, 성황신을 나무라며 방종한 부하들이 뇌물을 받아먹어서 남의 제사를 받아먹을 자격이 없다고 말했다.

이날 밤 구 수재는 꿈속에서 성황묘 벽에 붙어 있는 종이를 보았다.

"토지신은 남의 술과 음식을 속여 먹었고 관리의 수칙을 위반했으니 관직을 박탈하겠노라. 구 수재는 귀신을 존경하지 않은 데다가 소송 일으키길 좋아하니 신건현新建縣으로 보내 곤장 30대에 처한다."

구 수재는 깨어나 반신반의하며 자기는 남창현 사람이니 설사 처벌받는다 하더라도 신건현 경내가 아닐 것이라고 여겼다. 그는 이 꿈이 그렇게 영험하지 못하다고 생각했다.

며칠 지나지 않아 하늘에서 비가 내리고 벼락이 토지묘에 떨어졌다. 구 수재는 이때 속으로 걱정되기 시작하여 감히 문밖을 나갈 수 없었다. 한 달이 지나서 강서순무 아공阿公이 토지묘에 들어가 향을 피우다가 원수에 의해 도끼로 이마가 찍혔다. 현지 관리들이 분분히 모여서 범인을 잡을 방법을 강구했다. 구 수재는 신기한 일이라고 여겨 급히 찾아와 물어봤다. 신건현 현령은 그의 안색이 이상한 것을 보고 누군지 큰 소리로 물었다. 구 수재는 말을 더듬을 뿐 한 마디도 하지 못했다. 그의 몸엔 장삼을 걸쳤으나 관모를 고정시키는 띠도 없었다. 현령이 화가 치밀어 길거리에서 곤장 30대를 치고 나자, 구 수재가 비로소 말하기 시작했다.

"저는 수재이며 구 사농司農의 본가입니다."

신건현 현령은 이때에야 후회하며 구 수재를 천거하여 풍성현豐城縣에 가서 교육을 주관하게 했다.

摸龍阿太

용을 잡은 아태

항주 출신의 이부시랑 요삼진姚三辰[4] 선생은 대대로 외과의사 가문이었다. 전하는 말에 따르면, 어느 날 한밤중에 이부시랑의 조부가 약초를 캐고 돌아오던 중 서계西溪를 지나다가 산골짜기에서 취해 쓰러졌다. 손을 돌 위에 기댔는데 미끄럽고 부드러우며 미끈미끈하게 느껴지더니 이어서 꿈틀거리며 서서히 움직이기 시작했다. 그는 뱀인 줄 알고 깜짝 놀랐다.

오래지 않아 그 물건이 조부의 등을 타고 올라왔는데, 두 눈이 등불처럼 밝아 보니 머리엔 수염 난 뿔이 있으며 연후에 그를 땅에 놔두고 허공을 타고 올라갔다. 조부는 그제야 용인 줄 알았다. 그의 두 손에서 용의 타액이 닿았던 부분은 향기가 몇 개월 동안이나 사라지지 않았다. 그가 약을 가져다 손에 바르니 나았다. 이로부터 그의 자손들은 그를 '용을 잡은 아태摸龍阿太'라고 불렀다. 또 '요람아姚籃兒'

4 요삼진(?~1737)은 절강 인화현仁和縣 사람으로 강희 52년(1713)에 진사에 합격하고 관직은 시강侍講, 내각학사, 안휘학정安徽學政, 이부시랑 등을 역임했다.

라고도 불렀는데, 그가 약초를 캘 때마다 대바구니를 휴대했기 때문이다. 그는 다른 사람의 병을 고쳐줄 때마다 사례금을 받지 않았다. 그래서 그의 손자 요삼진의 직위는 2품까지 올라갔으며, 사람들은 음덕 덕분이라 여겼다.

水仙殿

수선전

항주학원에서 매번 시험이 있을 때마다 늠생廩生[5]들은 명륜당에 모여들어 응시하는 동생童生을 위해 신원 보증을 서주었는데 이러한 제도를 '보결保結'이라 불렀다.

정程 씨 성을 가진 늠생은 새벽에 일어나 의관을 정제하고 집을 떠났다가 겨우 2, 3리 길을 걷고는 다시 집으로 돌아와 문을 닫고 앉아 입으로 중얼거리며 다른 사람과 이야기하는 듯했다. 가족들은 이상하게 여겼으나 감히 물어볼 수는 없었다. 잠시 뒤 그가 다시 나가더니 오랫동안 돌아오지 않았다.

명륜당에서 정 씨가 보증한 그 동생이 정 씨 집에 찾아와 물어본 뒤에야 가족들은 깜짝 놀랐다. 막 의아해하고 있을 때 통의 테두리를 씌우는 장인이 정 씨를 부축하여 돌아왔다. 그의 의복은 흠뻑 젖었고 얼굴은 온통 파란 진흙투성이였으며 두 눈을 부릅뜨고 말을

5 동시童試에 합격한 사람을 생원이라 부른다. 생원 가운데 성적이 우수한 사람에겐 장학금을 지급하며 이를 '늠생'이라 부른다.

하지 않았다. 가족들이 생강즙을 먹이고 얼굴에 주사를 칠하자, 그는 비로소 말하기 시작했다.

"제가 처음 문을 나설 때 길거리에 검은 옷을 입은 사람이 제게 손을 가지런히 모았는데, 저는 정신이 혼미해져서 그를 따라갔어요. 그 사람이 제게 말하더군요. '너는 집으로 돌아가 짐을 꾸려 나와 함께 수선전水仙殿에 놀러 가자. 어떠냐?' 저는 그를 끌고 집으로 돌아와 열쇠를 꺼내 허리에 매고 함께 용금문湧金門[6]을 나와 서호 가로 갔지요. 보니 그곳 수면 위의 궁전은 금빛 찬란하고 안에 있던 수많은 미녀가 진한 화장을 하고 노래 부르며 춤을 추었어요. 검은 옷의 사람이 손으로 가리키며 제게 말하더군요. '이곳이 수선전이야. 이 궁전에서 미녀를 보는 것과 명륜당에서 동생을 위해 보증을 서는 것을 비교하면 어느 것이 즐겁겠는가?' 저는 '이곳이 즐겁다'고 말했지요. 이에 저는 몸을 펴고 물속에 들어가려고 했어요. 이때 갑자기 머리가 하얀 노인이 제 뒤에서 부르더군요. '악귀가 너를 홀리고 있으니 가지 마라, 가지 마!' 자세히 보니 돌아가신 부친이었어요. 검은 옷을 입은 사람은 마침내 선친과 다투기 시작했는데, 선친이 거의 지려고 할 때 이 테를 두르는 장인이 왔어요. 그런데 뜨거운 바람이 수중으

---

6 고대 항주 서쪽 성문의 하나다. 오대 천복天福 원년元年, 오월왕吳越王 전원근錢元瑾은 서호의 물을 성안으로 끌어들이고 이곳에 용금지湧金池를 굴착하고 용금문을 만들었다. 남송 소흥紹興 28년에 성을 증축하고 풍예문豐豫門으로 개명했으며 명초에는 다시 용금문이라 불렀다. 용금문은 항주성에서 서호로 유람 나갈 때 거치는 통로였다. 강희 40년 강희제도 이 문을 통해 서호를 유람했다. 민국 2년(1913) 항저우에서 성을 철거하기 시작할 때 '기영旗營'에 이어 용금문, 청파문清波門, 전당문錢塘門 구간 성의 담장을 부수고 남산로南山路, 호빈로湖濱路를 만들었다.

로 불어오는 느낌이 들었어요. 검은 옷의 사람은 도망가고 수선전과 선친도 보이지 않아 집에 돌아왔어요!"

가족들은 테를 두르는 장인에게 다시 감사드리고 동시에 그에게 사람을 구한 경과를 물어보자, 테를 두르는 장인이 말했다.

"오늘 용금문 안에 사는 양楊 씨가 저를 불러 통에 테를 두르게 했는데, 서호를 지날 때 날씨가 뜨거워지더군요. 앞을 보니 땅에 버려진 우산 한 자루가 있어 가져와 햇빛을 가리려고 했지요. 우산 가에 이르니 물속에서 '졸졸졸' 소리가 나서 사람이 물에 빠진 줄 알았어요. 그래서 제가 물속에 들어가 그를 끌어올린 것입니다. 당시 당신 상공相公께서 고개를 숙이고 물 밑에 빠져 있어, 저는 한참 동안 버티다가 물을 빠져나와 집으로 돌아올 수 있었어요."

그의 아내가 말했다.

"사람은 아직 죽지 않은 귀신이고, 귀신은 이미 죽은 사람이군요. 사람은 귀신을 억지로 사람으로 만들 수는 없으나, 귀신은 도리어 사람을 무리하게 귀신으로 만들 수 있네요. 이것은 무슨 이치일까요?"

갑자기 공중에서 귀신이 그녀에게 대답하는 소리가 들렸다.

"저도 생원이고 독서인입니다. 『논어』「옹야」 편에 이르기를, '무릇 어진 사람이 스스로 세우고자 하면 다른 사람을 세울 수 있고, 스스로 통달하고자 하면 다른 사람도 통달할 수 있도록 만든다夫仁者, 己欲立而立人, 己欲達而達人'고 했어요. 우리처럼 귀신이 된 사람들은 스스로 물에 빠져 죽으면 다른 사람도 물에 빠져 죽길 바랍니다. 자신이 목매달아 죽으면 다른 사람도 들보에 목매달아 죽길 바라는 법입니다. 이것 역시 어찌 불가하겠습니까?"

말을 마치더니 그 귀신은 크게 웃으며 떠나갔다.

火燒鹽船一案

염선을 불태운 화재 사건

건륭 정해년丁亥年(건륭 32, 1767) 진강鎭江에서 성황묘를 수리하는데 엄嚴, 고高, 여呂 씨 세 사람이 이 일을 맡아 장부를 만들어 자금을 모금했다.

비가 내리던 어느 날 아침에 한 여성이 가마를 타고 와 소매에서 은덩이를 꺼내 엄 씨에게 건네주면서 말했다.

"이 돈은 사당을 수리할 은 50냥입니다. 장부에 올려주시길 부탁드려요."

엄 씨가 장부에 적으려고 그 여성의 성명과 사는 곳을 물었다. 그러자 여성이 말했다.

"변변치 못한 적선이니 이름을 남길 필요는 없어요. 번거롭겠지만 은의 액수만 명확히 기록해주시면 됩니다."

이렇게 말하고는 떠나버렸다.

고 씨와 여 씨 두 사람이 오자 엄 씨는 방금 부인이 헌금한 일을 알려주고 장부에 기입할 일을 상의했다. 여 씨가 웃으며 말했다.

"장부에 올릴 필요 있어? 이 일을 다른 사람은 모르니, 우리 셋이

공평하게 나눠도 별일 없을 거야."

그러자 고 씨가 말했다.

"좋아."

엄 씨는 이 방법이 비리라고 여겨 급히 제지했으나, 고 씨와 여 씨가 듣지 않자 엄 씨는 어찌할 수 없어 떠나버렸다. 이에 고 씨, 여 씨 두 사람은 은 50냥을 양분하여 나눠 가졌다. 사당을 준공할 때까지도 이 일은 엄 씨 혼자만 알고 있었다.

8년이 지나서 을미년에 고 씨가 죽었다. 1년이 지나 병신년에 여 씨도 이어서 사망했다. 엄 씨는 다른 사람에게 이 일을 꺼낸 적이 없었다.

무술년(건륭 43) 봄에 엄 씨는 병을 앓았는데, 두 하급 관리가 손에 고발장을 쥐고 와서 엄 씨에게 말했다.

"한 부인이 성황 앞에서 당신을 고발했기에 우리는 명을 받아 당신을 연행하여 대질하고자 합니다."

엄 씨가 무슨 일이냐고 물으니 하급 관리도 모른다고 대답했다. 이에 엄 씨는 하급 관리와 함께 갔다. 사당문 앞에 이르니 분위기가 으스스하고 음랭하여 평일에 점을 치는 사람도 보이지 않았다. 사당 문 안의 양쪽은 원래 주민이 살았는데, 이때 눈에 보이는 것이라곤 하급 관리, 잡역부뿐이었다.

선교仙橋를 지나 사당의 중문에 이르자 족쇄를 찬 범인이 보였는데 그가 엄 씨를 불렀다.

"엄 형, 왔어?"

쳐다보니 고 씨였다. 그는 엄 씨에게 울면서 하소연했다.

"내가 을미년에 세상을 떠난 뒤 지금까지 4년 동안 고생하고 있는데, 전부 이승에서 지은 죄로 징벌을 당하고 있네. 곧 기한이 만료되어 환생할 수 있었지만 뜻밖에도 사당을 수리할 은을 착복한 사건이 발각되어 이곳에 붙잡혀와 심사를 받게 되었네."

엄 씨가 말했다.

"이 일은 10여 년 전의 것인데 어떻게 갑자기 발각되었지? 아마도 그 부인이 고발했을 게야."

고 씨가 말했다.

"아니야. 그 부인은 올해 2월에 사망했네. 모든 귀신은 선하든 악하든 모두 성황부에서 풀려났지. 그 부인은 선한 사람이라 선을 행한 다른 몇몇 귀신과 함께 풀려나 성황당에 왔네. 성황신은 농담하듯이 그녀에게 물었네.

'너는 평생 동안 좋은 일을 들으면 선을 베풀어왔다. 그런데 몇 년 전에는 본부에서 아문을 수선한다 했지만, 너만 돈을 내는 것을 아까워했으니 무슨 까닭인가?'

그러자 부인이 이렇게 말하더군.

'저는 그해 6월 20일에 은 50냥을 공무소에 보냈어요. 엄 생원이 받았지요. 스스로 하찮은 적선이라고 여겨 장부에 이름을 남기지 않았으니, 나리께서는 모르실 겁니다.'

이에 성황 나리는 즉각 죄악을 징벌하는 관리에게 명령을 내려 경위를 자세히 조사하게 하여 저도 모르게 이 일을 있는 대로 털어놓았네. 당초 엄 형이 이 일을 그만두도록 말렸기 때문에 그대를 불러 대질하려는 거야."

엄 씨가 물었다.

“여 형은 지금 어디에 있는가?”

고 씨가 탄식하며 말했다.

“그가 생전에 지은 죄가 무거워 이미 무기징역의 감방에 갇혀 있는데, 단순히 은을 나눠 가진 일 때문이 아니라네.”

말이 미처 끝나기도 전에 갑자기 두 하급 관리가 와서 말을 전했다.

“나리께서 출정하셨습니다.”

엄 씨와 고 씨는 하급 관리를 따라 계단 밑에 섰다. 두 동자가 채색 깃발을 들고 한 부인을 인도하여 대청에 올랐으며, 또 족쇄를 채운 범인을 끌고 들어왔는데 바로 여 씨였다.

성황이 엄 씨에게 말했다.

“선량한 부인이 네 손에 은을 건네주었다지?”

엄 씨는 하나하나 사실대로 말했다. 성황이 재판관에게 말했다.

“이 사건은 본부 아문을 수리하는 일인지라 내가 주관할 수 없으니 마땅히 이 사건을 동악대제에게 이관하여 사건을 판정하도록 하라. 그리고 신속히 소송 문서를 준비하여 보내주도록 하라.”

성황은 다시 두 동자를 불러 부인을 보내게 했다. 두 하급 관리가 엄, 고, 여 씨 세 사람을 압송하여 성황묘를 나와 서문을 지나는데, 연도에 어떤 남자는 여자 옷을 입었고 어떤 여자는 남자 옷을 입었으며, 어떤 사람은 머리에 염포포鹽蒲包를 썼고 몸에는 양가죽, 개가죽을 걸친 사람도 있는데 눈에 보이는 것이 모두 어수선했다. 엄 씨는 어떤 사람이 하는 말을 들었다.

"건륭 36년(1771)에 의징儀徵에 염선鹽船 화재 사건이 있었는데, 당시 불에 타고 물에 빠져 죽은 사람들이 오늘 기한이 차서 윤회하여 환생할 수 있대."

두 하급 관리가 엄 씨에게 말했다.

"동악대제가 대청에 오르기 전에 빨리 문서를 보내야 하오."

일을 마치고 두 하급 관리가 급히 떠나면서 세 사람에게 말했다.

"문서를 이미 보냈으니 너희는 각자 나아가서 심판을 들으면 된다."

엄 씨 등 세 사람은 급히 나아가서 좌정도 하기 전에 대전에서 판결을 내리는 소리를 들었다.

"구류범 고 씨는 선량한 부인이 헌금한 은을 사사로이 나눠 가졌으니 그 죄는 작다 하겠으나, 성황의 원심대로 족쇄 처벌에 처한다. 여 씨는 생전에 송사에 간섭하여 무고한 백성을 모해했으니 그 죄악이 실로 크다. 원심대로 족쇄 처형 외에도 화신에게 명하여 그의 시체를 불태우도록 하라. 엄 씨는 군자이고 그의 수명이 아직 다 차지 않았으니, 조속히 그를 속세로 돌려보내도록 하라."

엄 씨가 이 말을 다 듣고 놀라 깨어나 보니, 자신은 침상에 누워 있고 가족들은 전부 상복을 입고 있었다.

"상공이 죽은 지 3일이나 되었어요. 가슴에 아직 온기가 남아 있어 이곳에서 지키고 있었지요."

엄 씨가 꿈속에서 본 일을 일일이 가족에게 들려주었으나 아무도 믿지 않았다. 1년 뒤 8월 어느 날 밤 여 씨 집에 불이 나서 여 씨의 영구도 과연 불에 타버렸다.

연자 年子

염성鹽城 동북쪽 초언구향草堰口鄉 소관영촌小關營村의 촌민 손자성孫自成의 아내 사謝 씨는 아들을 제야에 낳아 이름을 '연자年子'라고 지었다. 연자가 18세 때 닭을 메고 성에 들어가다가 도중에 회오리바람을 만났다. 회오리바람은 바구니에 담은 닭을 전부 말아 올려 닭들이 공중으로 날아가버렸다.

연자는 너무 놀란 나머지 집으로 돌아와 이로부터 병석에 누웠다. 병세가 위독해졌을 때 마침 그의 모친이 아이를 출산하려고 하자, 온 가족은 분만을 보살피느라 연자를 간호할 사람이 없었다.

연자는 온종일 정신이 혼미하여 온몸이 바람을 따라 날아가는 기분이 들었다. 갑자기 붉은 칠을 한 대문 안으로 날려가 만 길 깊이의 못에 떨어졌지만 전혀 아프진 않았다. 그러나 자신의 몸이 평소보다 훨씬 왜소해지고 두 눈은 무언가에 의해 가려져 눈을 뜨기가 어려웠다. 귀에 들리는 소리는 여전히 부모의 말이었다. 그는 꿈속의 환각이라 여기며 마음을 가라앉히고 기다렸다.

이때 손자성은 부인이 아들을 무사히 낳은 것을 보고 틈을 내서 연자를 살피러 갔지만, 연자는 이미 죽어 있어 자신도 모르게 통곡하기 시작했다. 연자는 (부친의 통곡 소리에) 놀라 깨어났는데 무슨 까닭인지는 모르겠으나 모친이 울면서 하는 말만 들렸다.

"이 핏덩이를 낳았으나 도리어 내가 성인으로 키운 연자를 죽였구나."

비통한 통곡 소리가 그치지 않았다. 연자는 이때에야 비로소 자신은 모친이 낳은 신생아로 환생했음을 알게 되었다. 그는 모친이 울어서 신체를 상하게 할까 두려워 큰 소리로 말했다.

"제가 연자예요. 연자는 아직 죽지 않았어요."

사 씨는 신생아의 말을 듣고는 갑자기 놀라 중풍에 걸려 며칠 안 되어 사망했다. 손자성은 신생아에게 먹일 모유가 없어 미음을 쒀서 아이에게 먹였다. 영아는 3개월 만에 이가 나기 시작하고 5개월 만에 걸을 수 있었다. 부친은 그에게 '재생再生'이란 이름을 지어주었는데, 올해 나이 16세다.

이 얘기는 염성현 현령 염공閻公이 해준 것이다.

종을 치는 호선

狐撞鐘

진수시陳樹著[7]가 정장汀漳에서 도원道員으로 지낼 때 해상에서 갑자기 종 하나가 날아왔는데 크기가 쌀 100석을 넣을 정도였다. 사람들은 이것을 길조라고 여겨 관청에 보고했다. 이에 성 서쪽에 높은 누각을 지어 이곳에 종을 걸어놓았다. 종소리는 10리 밖까지 전해졌으며 이 마을의 이 씨 노인을 선정하여 누각을 지키고 관리하게 했다.

오래지 않아 이곳에서는 해일이 자주 일어났다. 진수시는 쇠와 물이 서로 감응하여 해일이 종소리 때문에 반응해온 것이라 여겼다. 이에 지현에게 명하여 관인을 찍어 이 누각을 폐쇄시키고 아울러 이 씨 노인에게 엄격하게 경계하도록 하며 아무도 종을 치지 못하게 시켰다.

그런데 한 미소년이 늘 이 누각에 올라와 이 씨 노인과 잡담을 나누었다. 노인이 무언가 먹고 싶으면 소년이 항상 허공에서 가져왔다.

---

7 자는 학전學田이고 상담湘潭 사람이다. 음생蔭生 출신으로 홍려시경鴻臚寺卿을 역임했다.

노인은 그가 호선狐仙임을 알고는 갑자기 탐욕이 생겨 땅에 무릎 꿇고 말했다.

"그대는 선인이신데 어찌하여 금은이나 재물을 주시지 않고, 제게 술과 음식만 주십니까?"

소년은 그를 깨우쳐주며 말했다.

"재물이란 것은 운명적으로 정해진 것입니다. 당신의 운명은 근본적으로 가난하니 탐욕을 부려선 안 됩니다. 탐욕을 부리면 반드시 재난이 있을 것이고 장차 후회할 겁니다."

이 노인이 계속 간청하자 소년이 웃으면서 대답했다.

"줄게요."

그러더니 삽시간에 탁자 위에 대원보大元寶[8] 하나가 놓였다. 이로부터 소년은 누각에 나타나지 않았다. 노인은 크게 기뻐하며 옷장 속에 숨겨두었다.

하루는 현령이 종루를 지나다가 종 치는 소리를 듣고는 이 씨 노인이 종루 관리를 소홀히 한다고 화를 내며 그를 불러 질책하고 곤장 15대를 쳤다. 이 씨 노인은 어찌된 일인지 명확하게 설명할 수가 없었다. 돌아와 관인을 찍은 종이를 보니 예전처럼 완벽했다. 그러나 이미 태형을 당한지라 마음이 울적하니 슬펐다.

오래지 않아 현령이 또 종루를 지나다가 또 누각에서 종이 어지럽

---

8 예전에 중국에서 사용하던 말발굽 모양으로 주조한 은전 화폐. 처음에 '통보'라는 두 글자 앞에 연호를 넣어서 세로로 쓰인 '개원통보開元通寶'를 가로로 '개통원보開通元寶'로 잘못 읽어서 이후엔 습관적으로 '원보'라고 부른다.

게 울리는 소리를 듣고 하급 관리를 파견하여 누각에 올라가보게 하니 아무도 없었다. 현령은 알아차리고 이 노인에게 물었다.

"누각에 요괴가 있는 것 아니냐?"

이 노인은 어쩔 도리가 없어 전의 일을 사실대로 알려주었다. 현령이 사람을 보내 원보를 가져오게 하여 살펴보니, 현아 창고의 물건이었다. 이에 그 원보를 다시 창고로 돌려보냈다. 이로부터 종소리는 다시 울리지 않았다.

土地神告狀

토지신의 고소

동정산洞庭山[9] 당리촌棠里村의 서徐 씨는 대대로 부유했다. 그는 화원을 만들고자 했으나 토지가 모자랐다. 당리촌 동쪽에 토지묘가 있는데 오랫동안 향을 사르고 제사지내는 사람이 없었다. 그래서 그는 사사로이 스님과 협의하여 이 땅을 사서 여기에 누정을 건립했다. 이렇게 일 년이 지나갔다. 하루는 서 씨의 처 한韓 씨가 마침 머리를 빗고 있다가 갑자기 땅에 쓰러졌다. 한 여종이 그녀를 부축하다가 똑같이 땅에 쓰러졌다.

잠시 뒤에 여종이 일어나 큰 의자를 옮겨 응접실에 놓더니 한 씨를 부축하여 남향으로 앉혔다. 그러자 한 씨가 큰 소리로 말했다.

"나는 소주의 성황신이다. 특별히 경성 성황신의 부름을 받고 이곳에 와서 네 집에서 멋대로 토지묘 땅을 매입한 사건을 심리할 것

9 장쑤성 쑤저우시 서남쪽, 타이후太湖호의 동남쪽에 있다. 동정산은 산이 아니라 동동정산東洞庭山과 서동정산西洞庭山 두 지역의 합칭으로 보통 동정동산洞庭東山, 동정서산洞庭西山이라 부른다. 줄여서 동산, 서산西山이라고도 한다.

이다."

말을 마치자 여종이 엎드려 보고하며 태호太湖[10]의 수신이 뵙기를 청한다고 말했다. 이어서 또 당리촌의 순란신巡欄神[11]이 뵙기를 청한다고 보고했다. 한 씨는 일일이 고개를 끄덕여 예를 표시하며 최후에 말했다.

"원고 토지신에게 전하여 이곳에 오시라 해라."

한 씨는 서 씨의 자제와 노비를 모두 불러 모으더니 일일이 호명하며 동서 양쪽으로 나눠 시립하게 하고, 분부를 듣지 않으면 몽둥이로 때렸다. 한 씨가 땅을 산 사람을 불러들였는데, 바로 그녀의 남편이었다. 그에게 땅값이 얼마인지, 그리고 누가 보증인인지 물었다. 목소리를 들어보니 결코 한 씨가 평소 말하던 오吳 방언이 아니라 북방 연조燕趙 지방의 남성 목소리였다. 남편은 놀라 땅에 쓰러지며 땅을 돌려주고 토지묘도 돌려주고 싶다고 말했다. 본래 글자를 모르던 한 씨가 갑자기 종이와 붓을 가져오게 하여 판결문을 적었다.

"사람이 신의 땅을 빼앗는 것은 본래 이치에 부합하지 않는다. 하물며 토지신은 늙었고 가난한데, 밖에서 1년 넘게 노숙하셨으니 매우 가련한 일이다. 토지신은 누차 현지 성황에게 하소연했으나 비준을 얻지 못해 부득이 직접 서울의 성황에게 고소한 것이다. 지금 너는 후회하는 마음을 가졌으니 네가 사당을 돌려주는 것을 허락하노라. 그리고 제물을 준비해서 향불이 꺼지지 않게 모셔야 한다. 보

10 우시의 남쪽, 쑤저우의 서쪽에 있는 호수 이름.

11 순시 역할을 맡은 신.

증인 아무개는 본래 죄로 다스려야 할 것이나, 네가 얻은 돈이 많지 않음을 참작하여 벌로 연희 자금을 내어 속죄해야 한다. 사당 스님 아무개는 이 사건이 일어나기 전에 이미 사망했으므로 기소를 면제한다."

판결이 끝나자 한 씨는 붓을 던지더니 땅에 쓰러져 잠들었다.

오래지 않아 한 씨가 땅에서 일어났는데 원래 여자 목소리로 돌아왔으며 예전처럼 머리를 빗었다. 그녀에게 방금 일어난 일을 물으니 하나도 알지 못했다. 그녀의 남편 서 씨는 앞에서 판결한 사항 그대로 집행했다. 이로부터 당리촌 토지신의 향불은 더 왕성해졌다.

파양호의 흑어정

鄱陽湖黑魚精

파양호鄱陽湖[12]에는 흑어정黑魚精이 있어 항상 소란을 피웠다.

하루는 허許 씨가 배를 타고 파양호를 지나는데 갑자기 흑풍이 한바탕 불더니 몇 길 높이의 파랑을 말아 올렸다. 그 파도 위에서 크기가 절구통만 한 물고기가 하늘을 향해서 물기둥을 뿜었다. 허 씨는 이때 객사했다. 그의 아들은 이 물고기를 죽여 부친의 원수를 갚겠다고 맹세했다.

아들이 몇 년 동안 장사하여 돈이 자못 많아지자 용호산龍虎山[13]

---

12 강서성 북부에 있는 호수 이름으로 지금은 41개의 섬과 7개의 자연보호구로 구성되어 있다. 파양호의 옛 이름은 팽려택彭蠡澤, 팽택彭澤, 관정호官亭湖, 양란揚瀾, 단석호担石湖 등이다. 『여지기승輿地紀勝』 권23 「요주饒州」에 "호수 안에 파양산이 있어 파양호라고 불렀다. 이 호수는 수백 리에 이르는데 팽려호彭蠡湖라고 부르기도 한다"라는 구절이 있으며 『독사방여기요讀史方輿紀要』에도 "수 양제煬帝 때 파양산이 인접해 있어 파양이라 불렀다"고 했다.

13 강소성 귀계현貴溪縣 서남쪽에 있는 도교의 성지. 장도릉張道陵이 수련했던 곳이다.

에 올라가 성대한 예를 올린 후 천사天師[14]에게 부탁했다. 이때 늙은 천사가 그에게 말했다.

"요괴를 베려면 모든 혈기가 순정해야 하지. 나는 늙고 병들어 오래 살지 못할 터이니 자네를 위해 힘쓰지 못할 것이네. 하지만 자네의 효심이 나를 감동시켰으니, 내가 죽더라도 반드시 내 아들 대에 부탁해서라도 이 일을 처리해주겠네."

오래지 않아 천사는 과연 죽었다.

그의 아들이 천사의 지위를 이은 지 1년이 되어 허 씨가 다시 가서 부탁하자, 천사가 말했다.

"사실 부친이 남기신 유언을 전 하루도 잊을 수 없었습니다. 하지만 그 요괴는 흑어이고 파양호를 차지한 지 이미 500년이 넘어서 신통력이 대단합니다. 제가 부적과 법술을 가지고 있다 하나, 공력이 비범한 사람이 저를 도와줘야 성사시킬 수 있습니다."

그가 상자에서 작은 동경을 꺼내 허 씨에게 주며 말했다.

"당신이 이 거울을 가져가 사람을 비춰서 세 개의 그림자가 나오는 사람이 있으면, 빨리 와서 내게 알려주시오."

허 씨는 그의 말대로 강서의 모든 사람을 거의 다 비춰보았다. 허 씨는 한 달 넘게 조사하다가 갑자기 향촌의 양楊 씨 집 아이를 비춰보니, 그림자가 세 개여서 얼른 천사에게 보고했다. 천사는 아이가 사는 마을에 사람을 보냈다. 그의 부모에게 후한 선물을 주고 거짓

---

14 도교의 최고 지도자를 일컫는 말. 초대 천사 장도릉부터 63대 천사 장은부張恩溥(1904~1969)에 이르기까지 장 씨가 천사의 지위를 세습했다.

으로 양 씨 집에 신동이 나왔단 말을 하며 그를 관청에 데려가 한번 시험하겠다고 부탁했다. 아이 집은 가난한 터라 부모는 흔쾌히 동의하여 아이를 데리고 왔다. 천사는 아이를 며칠 동안 몸조리 시킨 뒤 허 씨와 아이를 함께 데리고 파양호에 가서 법단을 설치하고 경전의 주문을 외웠다.

하루는 천사가 아이에게 곤포袞袍를 입히고 검을 등 뒤에 매놓고 부주의한 틈을 타서 그를 호수로 빠트렸다. 사람들이 크게 놀랐고 아이의 부모는 통곡하며 천사에게 아이의 목숨을 살려내라고 간청했다. 그러자 천사가 웃으며 말했다.

"괜찮습니다."

잠시 후 벼락 소리가 나더니 아이가 손에 큰 흑어의 머리를 들고 높은 파랑 끝에 우뚝 솟았다. 천사는 사람을 보내 안고서 배에 돌아왔는데 아이의 옷은 전혀 젖지 않았다. 호수의 10리 안팎이 모두 피로 물들었다. 아이가 집에 돌아오자 마을 사람들은 다투어 물속에서 무엇을 보았는지 물었다. 그러자 아이가 대답했다.

"저는 잠시 달콤하게 잠을 푹 잤을 뿐, 결코 고생하지 않았어요. 단지 몸에 황금빛 갑옷을 걸친 장군이 물고기 머리를 들어 제 손에 놓은 뒤 저를 안아 물기둥에 세웠을 뿐이에요. 다른 일은 저도 몰라요."

이로부터 파양호에는 두 번 다시 흑어의 환난이 없었다.

어떤 사람은 그 아이가 조운총독 양석불楊錫紱[15]이라고 한다.

---

15 청조의 대신(1700~1768)으로 자는 방래方來, 호는 난원蘭畹, 강서 청강淸江 사람이다. 그는 12년 동안 조운총독을 맡으면서 『조운전서漕運全書』를 편찬했다.

鄱陽小神

파양 소신

강서 신건현의 장 씨는 두 딸을 낳았는데 같은 날 출가시켰다. 그날 태풍이 불어서 신부를 후행하고 가마를 메는 사람이 일시에 정신이 혼미해져서 여동생을 언니의 남편 집에 데려다주고, 언니를 여동생의 남편 집에 보내주었다. 결혼한 이튿날에야 비로소 잘못된 줄 알게 되었다. 쌍방의 부모는 하늘이 내려준 인연이라 생각하고 잘못인 줄 알면서도 그대로 밀고 나가 다른 말은 하지 않았다.

어느 날 여동생의 남편 김 씨가 물건을 사서 파양호를 저어 갔다. 김 씨가 갑자기 배 안에서 그의 동료에게 말했다.

"내가 곧 관리가 될 터인데 오늘 부임할 거야."

동료들은 모두 비웃으며 그가 농담한다고 여겼다. 배가 다시 몇 리쯤 갔을 때 김 씨가 기뻐하며 말했다.

"하급 관리와 가마가 모두 나를 맞으러 왔으니, 배에서 오랫동안 지체할 수 없지."

말을 마치곤 물속에 뛰어들어 이렇게 죽었다.

이날 밤 (김 씨가 익사한) 호수 근처 마을에서 촌민이 한 남자를 봤는데, 의기양양하게 다가오더니 마을 앞에 서서 말했다.

"나는 파양호의 소신小神이니 너희 땅에서 제삿밥을 먹을 터, 반드시 신상을 만들어놓고 내게 제사지내야 하느니라."

말을 마치곤 사라졌다. 마을 사람들은 반신반의하면서 그의 사당을 건립하지 않았다. 오래지 않아 이 마을 사람들은 모두 머리가 아프고 열이 나면서 입으로는 파양호 소신이 소동을 부린다고 말했다. 촌민은 크게 놀라 곧바로 돈을 모아 사당을 세우고 제사지냈다. 무릇 기도만 하면 영험이 있었다. 오래지 않아 소신이 다시 와서 말했다.

"신이 되어서 어떻게 배우자가 없을 수 있겠는가? 너희는 다시 낭랑娘娘의 소상을 만들어 날 모시게 하되 늦어서는 안 되느니라."

마을 사람들은 소신의 말대로 소상을 만들었다.

김 씨 집에서는 김 씨가 물에 빠져 죽었다는 소식을 듣고 시체를 건져 빈렴殯殮하고 온 가족이 상복을 입었다. 하루는 김 씨 아내가 갑자기 상복을 벗고 화려한 옷으로 갈아입고는 연지와 분을 바르면서 매우 득의양양했다. 시부모는 화가 나서 그녀를 질책하며 말했다.

"이 꼴은 과부가 갖추어야 할 모양이 아니다."

"제 남편은 아직 죽지 않았어요. 지금 파양 외호外湖에서 벼슬을 하고 있어요. 하급 관리와 가마가 저를 태우고 가려고 모두 문밖에서 기다리고 있을 겁니다. 그러니 제가 어찌 불길한 옷을 입을 수 있겠어요?"

말을 마치자 가마를 타는 동작을 하고 나서 눈을 감고 죽었다.

이후 파양 소신의 이름이 파다하게 나면서 원근의 사람들이 앞다투어 와서 분향했다.

囊囊 낭낭

동성桐城 남문 밖의 장운사章雲士 선생은 평소에 불교를 믿고 부처를 받들었다. 한번은 우연히 옛 사당을 지나다가 나무로 깎은 신상을 보았는데 표정이 존엄하여 이를 맞이해 집으로 돌아가 당신堂神[16]으로 삼아 제사지내고 경건하게 받들었다. 어느 날 밤에 장운사는 꿈속에서 한 신을 보았다. 모습은 자신이 받들어 모시는 그 신상과 같았는데, 다음과 같이 말했다.

"나는 영균법사靈鈞法師요. 수련한 지 여러 해가 되는데, 당신은 나를 존경하여 향불을 피우고 내게 제사를 지내주었소. 만일 무슨 요구가 있다면 당신이 신첩信牒을 불살라 나를 부르면 꿈속에서 만날 수 있소."

이로부터 장운사는 그 신상을 두 배로 존경하고 믿었다.

어느 날 이웃 여자가 귀신에게 괴롭힘을 당했다. 귀신의 얼굴은 흉악하고 무섭게 생겼으며 온몸은 난잡하게 무성했는데, 털 같기도 하

16 신이 사는 집인 신당神堂에 모신 신.

고 아닌 것 같기도 했다. 매번 성교할 때마다 그 여자의 하체가 견딜 수 없을 정도로 아파서 귀신에게 용서해달라고 애걸했다. 그러자 귀신이 말했다.

"나는 결코 당신을 해치려는 것이 아니라 예쁜 당신을 사랑할 따름이오."

"아무개 집의 딸은 저보다 미모가 출중한데, 당신은 어째서 그녀를 괴롭히지 않고 저만 성가시게 굽니까?"

"아무개 집 딸은 기개가 굳어 감히 범할 수가 없소."

여자가 화를 내며 욕했다.

"그녀는 기개가 굳고 저는 정조가 없단 말입니까?"

"당신이 모월 모일 성황묘에 분향하러 가는 도중에 한 남자가 옆에서 걷고 있었죠. 당신은 가마 휘장을 통해 그를 몰래 엿보며 잘생긴 그를 보고 마음속으로 흠모했지요. 이것이 기개가 굳은 건가요?"

여자는 얼굴이 붉어져 대답할 말이 없었다.

이 여자의 모친은 이 일을 장운사에게 알렸고, 장운사는 당신堂神에게 빌며 도움을 청했다. 그날 밤에 그가 꿈속에서 신을 만났는데 그 신이 말했다.

"어느 귀신인지 모르겠으니 3일만 기다리면 반드시 조사하여 처리할 것이오."

3일이 지나자 당신이 과연 와서 말했다.

"귀신의 이름은 낭낭囊囊이오. 신통력이 매우 커서 내가 친히 제거하지 않으면 안 되오. 하지만 귀신은 위력이 있다 하나 최후엔 인력의 도움을 받아야 하오. 그대는 길일을 택해 종이로 가마 한 대, 가마꾼 네 명, 포졸 네 명, 줄·칼·도끼 등 도구를 만들어 전부 객실에 배치해두시오. 그대가 옆에서 순서에 따라 '가마에 오르시오!' '여자 집에 데려가!'라고 소리치고, 최후에 '베어라!'라고 고함치시오. 이렇게 하면 요괴를 제거할 수 있소."

두 사람은 그 말대로 준비해두었다. 그날이 되자 종이 가마를 들었는데 과연 그 무게가 평소보다 훨씬 무겁게 느껴졌다. 여자 집에 도착하자 장운사는 큰 소리로 '베어라!'라고 외쳤다. 그러자 종이칼이 바람 불듯 움직이더니 '쇄쇄' 소리가 들리며 물건 하나가 담 밖으로 던져졌다. 이때 이웃집 여자는 갑자기 무거운 짐을 내려놓은 것 같았다. 가족이 나가 살펴보니 도롱이벌레였는데, 길이가 세 자나 되고 가는 다리가 근 1000여 개인데 빛이 반짝거렸다. 허리 밑은 세 토막으로 잘렸다. 가족이 이 벌레를 불태웠는데 악취를 몇 리 밖에서도 맡을 수 있었다.

동성 사람은 '낭낭'이라 불리는 벌레가 무엇인지 모른다. 나중에 『서물이명소庶物異名疏』[17]를 찾아보았더니 도롱이벌레의 별명이 '낭낭'임을 알게 되었다.

17 명대 진무인陳懋仁이 지은 책.

서로 싸우는 두 신

兩神相毆

효렴 종오鍾悟는 상주 사람이다. 평생 좋은 일을 했지만 만년에 이르러 아들도 없었으며 의식주도 변변치 않아 마음속으로 답답하고 울적했다.

종오는 병이 위급해졌을 때 부인에게 말했다.

"내가 죽은 뒤 절대 나를 관 속에 넣지 마오. 내가 가진 불평을 염라대왕에게 하소연하려고 하는데, 혹 영험이 있을지는 모르겠소."

그 후 숨이 끊어졌으나 가슴에는 아직 온기가 남아 있었다. 아내는 그의 말대로 시체 곁을 지켰다.

죽은 지 3일 뒤 종오가 과연 깨어나서 다음과 같이 말했다.

"내가 죽은 뒤 저승에 가서 보니 내왕하는 사람이 이승과 같더군. 듣자니 이 대왕李大王이 권선징악을 전담한다더군. 나는 사람을 불러 이 대왕 아문에 데려다달라 하여 하소연하려고 했지. 목적지에 이르니 과연 높고 웅장한 궁전이 보였는데 중간에 고관이 앉아 있었소. 내가 궁전에 들어가 뵙기를 청하여 내 이름을 말하고 평생토록 선한 일을 했으면서도 보답을 받지 못한 상황을 일일이 말하면서, 귀신이 영험하지 못하다고 비난했지. 그러자 귀신이 비웃으며 말하더군.

'네가 선행을 했는지, 악행을 했는지는 내가 알고 있다. 네가 곤궁하고 아들이 없다는 걸 나는 몰랐다. 하물며 이건 내 관할 범위가 아니니라.'

그래서 어느 신이 담당하는지 물으니, '소 대왕素大王'이라고 말하더군. 나는 마음속으로 생각했지. '이李'는 '이理'와 통하고 '소素'는 '수數'와 통하는 말이다. 내 신에게 소 대왕이 계신 곳으로 보내달라고 부탁했더니 신이 말하더군.

'소 왕부는 본래 존엄한 곳이라 본부와 달라서 당신이 들어서는 것을 막을 것이다. 그러나 내가 마침 소왕과 상의할 일이 있으니 너는 함께 따라가도 좋다.'

잠시 후 거마 소리가 들리더니 이 대왕의 수종과 하급 관리들이 모두 가지런히 서고 엄숙하게 기다렸어. 반쯤 왔을 때 많은 사람이 뒤따르는데, 어떤 사람은 피를 흘리며 '억울한 일을 당했는데 아직 갚지 못했어요'라고 말했지. 어떤 사람은 어금니를 깨물며 '간악한 무리와 악인들이 제거되지 않았다'고 말하더군. 아름다운 여성은 추악한 남자를 끌면서 '부부의 짝을 잘못 맺었다'고 말했지. 제일 뒤에 따르던 사람은 용포를 걸치고 면류관을 쓰고 옥대를 찬 모습이 당당하여 제왕 같았지. 그러나 옷과 신발이 모두 젖어 있는데 다음과 같이 말하더군.

'나는 주周 소왕昭王[18]이다. 우리 집의 조상은 후직后稷,[19] 공류公劉[20]

때부터 대대로 덕과 인을 쌓았으며 조부 문왕,[21] 무왕,[22] 성왕成王,[23] 강왕康王[24] 등 성현 군주로 이어졌지. 그런데 어찌하여 우리 대에 와서 관례대로 남정南征할 때 아무런 까닭 없이 초인楚人에 의해 물에 빠져 죽게 되었는가? 다행히 한 용사가 수영할 줄 알고 팔이 길고 힘이 세서 내 시체를 건져내어 고국으로 운반하여 안장하게 되었지. 그러지 않았다면 물고기 밥이 되었을 것이야. 그 후 비록 제齊 환공桓公[25]이 이를 구실 삼아 한번 물어보았으나, 사실상 겉치레에 불과할 뿐, 결과적으로 일을 대충 처리한 격이지. 이처럼 기이한 사건은

---

18 주나라의 시조로 여겨지는 전설상의 인물. 어머니 강원姜原이 거인의 발자국을 밟고 그를 잉태했다고 한다.

19 주 무왕武王의 11세조. 후직의 증손. 주 왕실이 들어서기 전 주족周族을 이끌고 빈豳으로 이주해 농업과 목축을 크게 발전시킴으로써 주족 흥성의 계기를 만들었다.

20 주나라 4대 군주. 이름은 희하姬瑕, 기원전 982~기원전 963년 재위.

21 주 왕실의 기틀을 다진 사람. 이름은 희창姬昌. 고공단보古公亶父의 손자이며 무왕의 부친. 은나라 때 서백西伯의 직책에 봉해져 서백이라고도 부른다. 농업을 적극 장려하여 경제를 부흥시켰으며 이를 계기로 주족의 세력이 강해졌다. 한때 은왕 주紂에 의해 유리羑里에 감금되었으며 이때 옥중에서 『역경』을 저술했다고 한다. 출옥 후 은나라를 타도할 토대를 마련하였으며 무왕이 주나라를 세운 뒤 그를 추존하여 '문왕'이라 불렀다. 후세엔 유가로부터 성군으로 받들어졌다.

22 주 왕실의 건립자. 문왕의 아들이며 이름은 희발姬發. 부친의 자리를 이어받아 주족의 영수가 되어 목야牧野 전투에서 은나라 주왕을 물리치고 주나라를 세웠다. 호경鎬京에 도읍하고 봉건제도를 창시했다.

23 무왕의 아들. 이름은 희송姬誦. 무왕이 은나라를 멸망시킨 이듬해에 사망하자 숙부 주공周公이 그의 어린 아들을 성왕으로 옹립했다. 주공은 제후들이 반란을 일으킬 것을 두려워하여 성왕을 대신하여 집정했으며 성왕이 어른이 되자 정권을 넘겨주었다.

24 성왕의 아들. 이름은 희쇠姬釗. 아버지가 죽자 강왕으로 부임하여 근검절약하고 욕심을 부리지 않았으며, 천하가 안정되고 백성이 법을 어기지 않아 40여 년 동안 형법을 적용할 일이 없었다고 한다.

2000년 동안 전혀 응보를 얻지 못했으니 신이 나를 대신해 한번 조사해줄 것을 바라네.'

이 대왕은 '예예' 하고 대답하며 승낙했지. 다른 귀신은 주 소왕의 하소연을 듣고 모두가 화난 표정을 지었어. 나는 이때야 수많은 불공평한 세상사 가운데 이처럼 큰 억울한 일이 있음을 알게 되었지. 나처럼 빈곤한 것은 사실 하찮은 일이어서 화가 점차 누그러지더군.

한참을 가다가 길에서 비키라고 외치는 사람의 말을 들었지.

'소왕이 납신다!'

이왕이 앞으로 나아가 영접하고 이왕과 소왕은 각자 수레에 앉아 얘기를 나누기 시작했어. 처음엔 조용히 말하다가 이어서 다투기 시작했는데, 피차 시끄러워 아무도 알아듣지 못했어. 최후에 두 신은 아예 수레에서 내려 주먹을 휘둘러 치고받으며 싸우더군. 이왕의 패색이 짙자 여러 귀신이 앞으로 나가 도왔고 나도 몸을 떨쳐 구조했지만, 결국 소왕을 이길 수 없었어. 이왕이 노기충천해서 말했지.

'너희는 나와 함께 옥황대제에게 상소해서 처분을 기다리자.'

그러곤 허공에 올라 두 신이 모두 보이지 않았지. 오래지 않아 두 신이 다시 내려왔는데 구름 사이로 구름옷을 걸치고 몸에는 궁정

---

25 춘추 시대 제나라의 제16대 후작. 이름은 여소백呂小白이고 제나라 희공僖公의 아들, 양공襄公의 아우이며, 시호는 환공桓公이다. 포숙鮑叔의 활약으로 이복형 규糾를 몰아내고 제나라의 군주가 되었다. 관중管仲을 재상으로 삼아 부국강병책을 실행했으며 기원전 651년에 각 제후국을 통합, 통솔함으로써 중원의 패자가 되었다. 현실적 권력을 잃어버린 동주 왕실을 대신해 이민족의 침입을 저지했다. 관중이 죽은 뒤 역아易牙, 수조竪刁 등 간신을 등용했다가 이들에게 비참하게 죽었다.

의복을 걸친 두 선녀가 뒤따랐는데 손에는 금준옥배金尊玉杯를 들고 옥황대제의 조서를 전하며 말했지.

'옥황대제는 36천의 대사를 관리하느라 하찮은 소송을 들을 시간이 없다. 현재 너희 두 신에게 천주天酒 한 통을 내리노라. 모두 열 잔인데 많이 마실 수 있는 사람이 이 사건을 처리할 권한을 갖게 된다.'

이왕이 크게 기뻐하며 자신의 주량이 평소 세다고 여겨 뛰어가서 잔을 들어 마셨지. 그러나 세 잔을 마시자 배가 울렁거려 토하고 싶어하더군. 소왕은 연달아 일곱 잔을 마셔도 전혀 취한 기색이 없었지. 그러자 선녀가 말했어.

'여러분은 떠나지 마시오. 제가 천제에게 가서 보고한 뒤 다시 결정할 것이오.'

오래지 않아 선녀가 내려와 옥황대제의 조서를 대독했어.

'이치가 술수를 이기지 못하는理不勝數 것은 예부터 그러했다. 두 신의 주량을 시험해봤으니 너희가 잘 알 것이다. 세상의 모든 귀신, 성현, 영웅, 재자, 꽃, 미녀, 주옥, 금수錦繡, 명화, 법첩을 알아야 하고 좋은 기회를 만나야 총애를 얻을 수 있다. 어떤 사람은 운이 나빠서 재앙을 당하기도 한다. 소왕은 대사의 70퍼센트를 관장하고, 이왕은 30퍼센트를 관장할 뿐이다. 소왕은 주량이 세서 왕왕 술에 취하면 시비를 전도시켜 멋대로 행동할 수 있다. 나의 36천의 일식, 별똥별 등의 일은 지금 모두 소왕이 장악하여 전담하고 있어 내가 주관할 수 없으니, 하물며 이왕이 할 수 있겠는가? 그러나 이왕은 결국 세 잔 마실 수 있으니 세상의 인심, 천리, 선악, 시비는 결국 30퍼센트의 정의가 있을 것이다. 천추만세토록 이러한 상황은 끊임없이 이어져 내려왔다. 종오의 수명이 이미 다했지만 이러한 소식이 이승에서 사람들을 깨우칠 수 없다면, 이후에 고소하러 오는 사람은 더욱 많아질 것이다. 그래서 특별히 은혜를 내려 그에게 수명 12년을 연장하여 이승으로 보낼 터이니, 금후에는 영원히 이러한 선례를 만들지 않도록 하라.'"

종오는 옥황대제의 조서를 다 듣고 나서 혼이 살아나 12년을 더 살다가 죽었다. 종오는 생전에 사람들에게 늘 이렇게 말하곤 했다.

"이왕은 용모가 청아하여 세상 사람들이 만든 문창신文昌神[26]과 같지요. 소왕의 외모는 추악하며 동그랗고 넓어 바라보면 이목구비 등 오관조차 뚜렷하지 않아요. 그들의 수행원도 대체로 비슷해요. 천백명 가운데 청수하고 사랑스러운 사람이 있으나, 그들 사이에도 그다지 존중받지 못할 뿐이죠."

종 씨의 본래 이름은 호護였으나, 이로부터 오悟로 개명했다.

---

26 문창제文昌帝, 문창제군文昌帝君이라고도 부르며 인간의 운명을 관장하는 신의 이름이다. '문창'은 북두칠성의 국자 머리 바깥쪽에 위치한 여섯 개의 별자리 이름이기도 하다. 이 문창성文昌星을 신격화하여 문화와 교육, 학문의 신이며 특히 과거시험을 치르는 사람들의 수호신으로 여겨졌다.

미룡이라는 도박신

賭錢神號迷龍

이 씨의 관직은 진운현령縉雲縣令이었으나 도박하다가 탄핵을 당했다. 하지만 그는 도박을 좋아하는 성격이라 하루도 하지 않는 날이 없었다. 심지어 병이 위독할 때에도 침상에서 팔꿈치로 치고 때리며 도박하는 시늉을 하고 입으로 골패를 내는 소리를 질렀다. 그의 아내가 울면서 그에게 권유했다.

"(당신이 치면서 소리 지르면) 숨이 차서 신경을 피로케 할 터인데, 하필 이렇게 고생하십니까?"

"도박은 혼자서는 할 수 없는 노릇이오. 나의 수많은 친구가 침상 앞에서 함께 골패를 던지고 있는데, 당신들만 볼 수 없을 뿐이오."

이어서 이 씨는 숨이 끊어졌다. 갑자기 다시 깨어나 손을 뻗어 가족에게 말했다.

"빨리 지전을 태워서 도박 자금을 대신 마련해주시오."

아내가 누구와 도박을 하는지 물었다. 그러자 이 씨가 말했다.

"저승의 도박신 이름이 미룡迷龍이오. 그의 수하에 도박 귀신 수천 명이 있는데 전부 그의 부림을 받고 있소. 그들은 다른 귀신이 인간 세상에 다시 태어났다는 소리를 듣기만 하면, 미룡을 청하여 서명하고 날인한 뒤 다시 태어난 사람을 두정골頭頂骨[27] 속에 넣어두지요. 이러한 사람은 어머니 배에서 나오면서부터 도박을 좋아하게 되어, 엄부가 단속하고 현처가 막아도 절대로 구제할 수 없소. 『한서漢書』 「공경표公卿表」의 기록에 따르면 도박 때문에 공후의 작위를 잃은 사람이 10여 명이나 되니, 이 도박신은 고대에도 있었음을 알 수 있소. 이러한 사람은 오로지 도박에만 탐닉하며 미식이 있어도 남에게 주고 아름다운 아내를 버리고 남에게 주는데, 이것은 모두 미룡이 부리는 장난 탓이오.

그러나 저승의 도박 방법은 이승과는 다르오. 저승의 도박 방법은 10여 명의 귀신이 한데 모여 순서에 따라 똑같은 13개의 골패를 던져서 골패함에 금빛 찬란한 오색 무늬가 있는 골패를 던져 넣으면 이기는 것이오. 도박 귀신들은 도박에서 딴 지전을 모은 다음 전부 도박신에게 상납한다오. 미룡은 높은 곳에 앉아 개평을 뜯어 부자가 되었소. 도박에서 진 귀신들은 너무나 가난해 이승에 가서 전염병을 전파하며 사람을 속여 제사 음식을 빼앗아 먹어요. 당신이 지금 지전 1만 원만 태우면 나를 풀어 놓아줄 것이오."

가족들은 정말로 믿고 그의 말대로 지전 1만 원을 태웠지만 이 씨는 끝내 눈을 감고 죽었다. 어떤 사람이 말했다.

"이 씨는 도박에서 거금을 딴 뒤 마음 놓고 도박에 몽땅 투자한 까닭에 이승으로 돌아오고 싶지 않을 것이다."

---

27 머리뼈 가운데 대뇌의 뒤를 덮은 좌우 한 쌍의 편편하고 모가 난 뼈.

양 뼈의 요괴

羊骨怪

항주 사람 이원규李元珪는 패현지현沛縣知縣 한공韓公의 사무실에서 막료로 지내며 문서 사무를 맡았다. 마침 고향 사람 한 명이 항주로 돌아간다기에 이원규는 그편으로 집에 편지를 보내고자 시동을 불러 풀로 봉투를 붙이게 했다. 시동이 쑤어놓은 풀을 그릇에 담았는데 이원규는 다 사용한 뒤 남은 풀 그릇을 다탁 위에 놓아두었다. 밤에 그는 '쇄쇄'거리는 소리를 듣고 쥐들이 와서 몰래 훔쳐 먹는 것으로 여겼다. 이에 휘장을 열고 살펴보았더니 등 아래에 두 치 정도 크기의 작은 양이 보였다. 온몸엔 하얀 털로 뒤덮이고 풀을 깨끗이 먹어치운 뒤 떠났다. 이원규는 잘못 본 것인가 의심하며 이튿날 풀 한 그릇을 쑤어놓고 기다렸다. 밤에 그 작은 양이 다시 왔다. 이원규는 작은 양이 가는 곳을 유심히 봐두었는데, 창밖의 나무 아래로 가더니 종적이 보이지 않았다.

이튿날 이원규는 이 일을 한공에게 알렸다. 한공이 나무 아래를 파보게 하니 이미 부패된 양 뼈가 나왔으며 뼈의 구멍 안엔 풀이 아직 남아 있었다. 이에 양 뼈를 주워 태웠더니 이로부터 양 뼈의 요괴는 나타나지 않았다.

술을 훔친 야차

夜叉偸酒

직예 영평부永平府 난주하灤州河 밑에 용왕은 해마다 궁전을 지으려고 했다. 노란 용과 하얀 용 두 마리가 고북구古北口[28]에서 나무를 뽑아 운반했다. 그루마다 가지가 100여 개인데 한 야차가 책임지고 간수했다. 수로로 운반하는 수목은 모두 직립하여 흘러 내려갔는데 위에는 홍등을 걸어 표시해두었다.

관외의 목재상은 매년 용이 수로로 목재를 운반하는 기회를 틈타서 따라가 목재를 운반했다. 한번은 용이 운반한 목재가 하나 비는 것을 발견하고 격노하여 야차에게 명하여 꼭 찾아오라고 하자, 갑자기 비바람이 크게 불고 산의 돌이 모두 날아다녔다. 촌민이 여덟 통의 술을 빚어놓았는데, 그날 밤 야차가 훔쳐 다 마셔버렸다. 촌민은 이 때문에 화가 미칠까 두려워 거목 한 그루를 베어 물속에 놓아두었다. 이날 밤부터 처음으로 평온무사해졌다.

---

28 지금의 미윈현密雲縣의 동북쪽에 있는 구베이커우진古北口鎭을 말한다. 이곳의 장성은 만리장성 가운데 가장 견고하고 험준한 북방의 방어선이다.

이 고사는 석태현령石埭縣令 정수영鄭首瀛이 내게 해준 것이다. 정수영은 난주 사람이다.

베옷 입은 귀신

披麻煞

신안新安 사람 조曹 씨 할머니 손자가 관직에 오르자 모씨와 정혼했다. 결혼식이 가까워지자 가족들은 먼저 이층의 신방을 깨끗이 청소하고 신부가 오기만을 기다리고 있었다. 신방은 할머니의 침실에서 열 걸음 떨어진 거리였다. 어느 날 황혼이 되자 할머니 혼자 신방 아래에 앉아 있다가 이층에서 '탁탁'거리는 발걸음 소리를 듣고는 하녀들이 위에 있는가 싶어 물으러 가지 않았다. 시간이 지나자 소리가 점차 커져서 발걸음 소리 같지 않아 이층에 도둑이 들었다고 의심했다. 그녀가 급히 달려가 통로를 가로막고 누각 문을 밀치니 문이 열렸다. 고개를 들어 보니 한 사람이 머리엔 마포 모자를 쓰고 발에는 마포 신발을 신었으며 손에는 오동나무 지팡이를 쥐고 누각 꼭대기에 서 있었다. 다가오는 할머니를 보자마자 그 사람은 몸을 돌려 도망갔다. 할머니는 담력이 커서 그가 사람이든 귀신이든 따지지 않고 온 힘을 다해 달려가 붙잡았다. 그 사람은 미친 듯이 신방으로 달려갔다. '솨솨' 소리가 나더니 한 줄기 연기처럼 사라져버렸다. 이때에야 비로소 귀신임을 깨달았다. 급히 아래층으로 내려가 다른 사람에게 알리려

했으나, 내일이 결혼식임을 생각하고, 이곳을 제외하곤 적당한 신방을 찾을 수 없어 이에 꾹 참고 다른 사람에게 발설하지 않았다.

이튿날 저녁에 신부가 들어오자 오색등이 내걸리고 풍악 소리가 울렸다. 하객들이 흩어지자 할머니는 어젯밤 일 때문에 마음을 놓을 수 없어 잠들지 못했다. 아침에 신부를 훔쳐보니 아름다운 옷을 입고 침상에 앉아서 금슬이 무척 다정해 보였다. 할머니는 평온무사하다고 생각하고 신방을 바꿀 생각도 점차 옅어졌다. 그러나 이전의 일로 걱정되어 신부 혼자 누각에 오르지 않도록 주의했다.

어느 날 밤 신부 혼자 누각에 올라갔다. 할머니가 그녀에게 무슨 일이냐고 물으니 화장실에 간다고 대답했다. 촛불을 들고 가라고 하자 신부는 집 구조를 잘 알고 있어서 그럴 필요가 없다고 대답했다. 그러나 한 식경이 지나도 신부가 내려오지 않았다. 할머니가 그녀를 불러도 아무 대답이 없어 하녀에게 등불을 들고 이층으로 올라가보라고 시켰다. 신부가 보이지 않자 할머니는 깜짝 놀랐다. 이때 하녀가 말했다.

"주방에 있지 않을까요?"

"내가 계단에 앉아 있었는데 내려오는 것을 보지 못했어."

사실 어찌할 도리가 없어 신랑을 불러와 신부를 잃어버린 상황을 알리자 온 가족은 크게 놀랐다. 잠시 후 하녀가 갑자기 누각에서 소리쳤다.

"신부가 여기 있어요."

모두 급히 올라가보니 신부는 옻칠한 의자 아래에 움츠리고 있었는데, 손발이 줄로 묶인 것 같았다. 그녀를 부축해 일으키니 입에서 흰 거품을 뿜으며 숨이 거의 끊어지려고 했다. 급히 미음을 그녀 입에 넣어주니 한참 뒤에 겨우 깨어났다. 그녀에게 물어보니 이렇게 대답했다.

"베옷을 걸친 사람이 못되게 굴었어요."

할머니가 울면서 말했다.

"내 잘못이야."

며칠 전에 봤던 일을 자세히 일러주고는 얘기하지 않은 이유를 설명했다. 이때는 한밤중이라 신방을 바꿀 수도 없어 신랑은 신부를 껴안고 침상에 올라가 쉬었다. 신랑은 손에 촛불을 들고 앉았고, 두 하녀가 좌우에 나눠 섰다. 오경쯤 되어 시녀들이 잠들었고 신랑도 피곤함을 견딜 수 없었다. 삽시간에 등불 앞에 베옷 입은 사람이 문을 열고 들어와 곧장 침상 앞으로 달려오더니 손가락으로 신부의 정수리를 서너 번 눌렀다. 신랑이 급히 가서 구조했으나 베옷 입은 사람은 몸을 빼내어 창문으로 도망갔는데, 속도가 나는 새보다 빨랐다. 신랑이 신부를 계속 불러도 반응을 보이지 않았다. 등을 들고 가까이 가보니 신부는 이미 숨이 끊어져 있었다.

어떤 사람은 점쟁이가 혼기를 잘 고르지 못해서 베옷 입은 귀신을 만났다고 말했다.

瓜棚下二鬼

오이 시렁 밑의 두 귀신

해양현海陽縣 성안에 유劉 씨 성을 가진 여자가 여름날 오이 시렁瓜棚 밑에서 수를 놓고 있었다. 날이 어두워지자 가족들은 멍석을 깔고 바람을 쐬었다. 자리에 앉아 있던 유 씨가 갑자기 자신의 그림자를 보면서 중얼거리기 시작했다. 가족들이 황당하다며 그녀를 질책하자, 그녀가 큰 소리로 말했다.

"에이, 내가 무슨 유 씨네 딸이야? 나는 본래 어느 마을의 아무개 집 며느리인데 몇 년 전에 화가 나서 들보에 목을 매 자살했고, 지금은 대역을 찾고 싶어서 이곳에 왔지요."

유 씨는 말을 마치고 크게 웃고는 줄을 가지고 자기 목을 졸랐다. 가족들이 모두 놀라서 쌀, 콩을 가져다 뿌리며 악마를 쫓았다. 귀신은 그래도 떠나지 않았다. 이에 간곡히 애원하며 말했다.

"우리 집 아가씨는 해마다 다른 사람을 위해 금실로 수를 놓고 돈 벌어서 쌀로 바꿔 먹고 사는지라 집안이 매우 가련합니다. 그녀는 당신과 아무런 원한이 없으니 그녀를 놓아주시길 바랍니다. 그러지 않으면 장천사張天師가 오는 대로 우리는 반드시 고소할 겁니다."

귀신이 겁먹은 듯이 말했다.

"겁을 주는군, 겁주지 마. 그래도 내가 헛걸음으로 돌아갈 수 없으니, 내게 줄 수 있는 것이 무엇인지 생각해보아라."

"향과 지전을 살라 제사지내면 어떨까요?"

귀신은 응답하지 않았다.

"술 한 말, 닭 한 마리 보태면 되겠습니까?"

귀신은 그제야 기뻐하며 고개를 끄덕여 대답했다. 가족이 그 말대로 처리하자 유 씨는 과연 깨어났다. 3일도 안 되어 가족들은 비로소(귀신을 쫓아내 재앙을 피한 것을) 경축했는데 뜻밖에도 유 씨가 갑자기 옷소매를 흔들고 춤을 추며 어리벙벙하게 말했다.

"너희가 나를 이처럼 푸대접하여 돌아가려고 싶어도 그만두고 싶지 않아 다시 대역을 찾아왔다."

말하면서 더 악독한 표정을 지으며 줄로 목을 맸다. 사람들이 귀신의 목소리를 자세히 들어보니 이전의 귀신과 달랐다. 의아해하고 있을 때 오이 시렁 밑에서 '저벅저벅' 발자국 소리가 났는데, 여전히 유 씨의 입을 빌려 질책하며 말했다.

"귀신 같은 하녀가 내 이름을 사칭하여 재물을 속여 빼앗다니, 정말 망신이군. 빨리 나가, 빨리 꺼져. 그러지 않으면 나는 성황신을 찾아가 널 고소할 테다."

한편으로 유 씨 가족을 위로하며 말했다.

"이 무뢰한 귀신을 두려워 마세요. 내가 여기에 있으니 그녀는 감히 나쁜 짓을 하지 못할 겁니다."

말을 마치자 유 씨의 뺨은 수줍음을 타는 듯 위축된 듯 홍조를 띠었다. 한 식경이 지나자 두 귀신은 모두 조용히 물러갔다. 이튿날 유 씨는 평일과 같이 빗질하고 화장했다. 그녀에게 어제 일을 물으니 꿈을 꾼 것처럼 아무것도 몰랐다.

해양현의 노인 이 씨가 어느 날 저녁 현에서 집으로 돌아가고 있었다. 그는 무거운 물건을 허리에 찬 듯한 느낌이 들어 옷을 벗어 살펴봤는데 아무것도 없었다. 억지로 무거운 것을 지고 돌아왔다. 이때 달이 하늘 높이 걸렸다. 가족은 문 두드리는 소리를 듣고 나가 문을 열고 안부를 여쭈었는데, 노인은 도리어 두 눈만 크게 뜨고 한 마디도 하지 않았다. 술안주를 내와도 먹지 않았다. 가족들은 갈수록 수상쩍다고 느꼈다. 이어서 이 씨는 베 조각을 꺼내 들보에 걸고 목을 매 자살하려는 동작을 하며 말했다.

"나는 목을 매 자살한 귀신이오. 지금 당신 집 노인을 잡아 대역이 되었소."

가족들이 깜짝 놀라 자세한 사연을 물었더니 귀신은 이 씨의 입을 빌려 말했다.

"제 성은 이 씨인데 잠시 현성에서 살고 있어요. 일찍이 어느 집에 이르러 유 씨 오이 시렁 밑에서 그 집 딸을 찾아 대역을 했지요. 그 집에서 너무나 애원하고 저 또한 당신 딸이 너무 허약한 점을 고려하여 버려두고 다른 대역을 찾았지요. 그러나 제가 성문 입구에 달려왔을 때 두 대인의 감시가 너무 엄격하여 성을 나오지 못했어요. 이후로부터 저는 날마다 고생하며 사는데 한마디로 말하기 어렵습니다."

여러 가족이 다시 물었다.

"성문에서 대인이 못 나가게 막았다면서 오늘 어떻게 다시 나왔어요?"

귀신이 '히히' 웃으며 말했다.

"사실 일이 공교롭게 되었지요. 오늘 아침 한 시골 사람이 분뇨 통을 지고 성문 가에다 놓았는데, 성문을 지키는 대인이 그 지독한 냄새를 싫어해서 두 사람은 상의했지요.

'어제 저녁에 비가 내렸으니 성의 산 풍경이 아름다울 거야. 함께 올라가서 구경하지 않겠나?'

이에 그와 짝하여 산에 올라갔지요. 나는 그 틈을 타서 성을 나오다가 돌아가는 당신 집 노인네를 만나 그의 허리띠에 매달려 당신 덕분에 오게 된 겁니다. 저는 환생하기에 급해서 이 선생의 몸을 빌려 환생하려던 것뿐입니다."

사람들은 귀신의 말투가 부드러운 것을 알고 감정으로 그를 움직일 요량으로 그에게 애원하며 말했다.

"할아버진 나이를 잡수셔서 묘지에 심은 나무도 크게 자랐어요. 당신은 유 씨의 약한 여자를 참지 못하면서, 어떻게 한 노인을 죽일 수 있겠습니까? 만일 그를 어여삐 여기셔서 놓아주신다면, 반드시 고승을 불러 당신을 위해 제도하며 당신을 천인天人의 경지에 올려놓아드리겠습니다. 어떻습니까?"

귀신은 박수를 치면서 기뻐하며 말했다.

"나는 지난번에 오이 시렁 밑에서 한 차례 이러한 공덕을 쌓게 한 것인데, 그 집이 빈곤한 걸 보고 말하지 않았어요. 지금 여러 거사가 이처럼 원력을 세우시니 제가 또 무엇을 요구하겠어요? 비록 세상 사람들은 습관적으로 귀신을 속이는 기량을 구사하긴 하지만, 거사께서는 이 말을 잊지 마시길 바라오."

사람들이 연이어 알았다고 말하자 귀신은 몸을 구부려 절하는 동작을 취했다. 한 식경이 지나자 이 씨는 이미 침상에서 일어나 미음을 찾아 먹었다. 이튿날 이 씨 집에서는 많은 스님을 불러놓고 연이어 7일 동안 불사를 올렸다. 오이 시렁 밑에선 이로부터 아무 일도 생기지 않았다.

개계의 무덤

介溪墳

엄개계嚴介溪[29]가 그의 아내 구양歐陽 씨의 묘지를 선정할 때 풍수를 잘 아는 수십 명을 손님으로 불러 부탁하며 말했다.

"나의 부귀가 이미 절정에 이르렀으니 무엇을 더 바라겠나? 다만 여러분이 풍수 좋은 땅을 골라서 내 자손들도 나처럼 되면 안심이 될 것이오."

손님들은 알겠다고 대답했다. 한 달도 되지 않아 한 손님이 와서 말했다.

"어느 산에 묘혈이 있는데, 그곳에 매장하면 공의 자손들도 반드시 공처럼 부귀해지고 장수할 수 있습니다."

엄개계는 풍수를 아는 손님들과 함께 가서 살펴보기로 했다. 그 가운데 한 손님이 말했다.

---

29 명대의 간신 엄숭嚴嵩(1480~1567)의 호. 자는 유중惟中, 호는 면암勉庵, 개계, 분의分宜이며 강서성 분의현 사람이다. 홍치弘治 18년(1505)에 진사가 되었다. 그는 20여 년 동안 국정을 농단했던 명대 6대 간신 중 한 명이다.

"이곳에 매장하면 자손은 비록 부귀해질 수 있으나, 기맥이 길지 않아 많아봐야 6, 7대 정도까지 보전할 수 있을 겁니다."

사람들은 그 손님의 말이 옳다고 여겼다.

엄개계가 이 묘지를 매입하여 묘혈을 파다가 묘혈 속에서 묘지墓誌를 발견했다. 닦아 살펴보니 엄 씨 7대조의 묘지명이었다. 엄개계는 대경실색하여 급히 묘혈을 덮고 표기를 해두었다. 이로부터 엄 씨 가족은 갑자기 몰락하기 시작하여 최후에는 가산을 압수당하는 지경에까지 이르렀다.

이 일은 엄 씨의 후예 엄병련嚴秉璉[30]이 해준 말이다.

30 강서 분의현分宜縣 검양 사람으로 건륭 19년(1754)에 진사에 합격했다.

이반선 李半仙

감숙참장甘肅參將 이선李旋은 자칭 이반선李半仙이라는데, 어느 사람이 가리키는 물건을 보기만 해도 길흉화복을 알았다.

소첨少詹[31] 팽운미彭芸楣와 한림 심운초沈雲椒가 함께 이선의 거처에 와서 점을 보았다. 팽운미가 벼루를 가리키며 점을 쳐주길 부탁하자 이선이 말했다.

"이 벼루는 석질이 두텁고 무거우며 팔각형인데, 이는 여덟 개 자리의 상징이지요. 애석한 것은 글재주를 부리는 재질이지, 국경을 지키는 장군감은 아닙니다."

심운초가 방 안에 걸려 있는 수건을 가리키며 점을 쳐주길 청했다.

"흰 명주천은 너무나 깨끗하니 당연히 품격이 고결한 조정의 관리이지만 애석하게도 수건의 폭이 너무 작군요."

세 사람이 담소하고 있는데 운남의 한 지방관이 점치러 와서 손으로 담뱃대를 들고는 점을 물었다.

---

31 황후, 태자의 가사를 전담하는 관직 이름.

“담뱃대는 세 개의 재질을 합쳐 만든 것이니, 노형의 벼슬길은 세 번 일어났다가 세 번 추락한 겁니다. 맞습니까?”

“맞아요.”

“노형은 금후 남에게 잘못하면 고쳐야 합니다. 그렇게 하지 않으면 다시 담뱃대처럼 되지요.”

상대방이 그 이유를 물으니 이선이 말했다.

“담뱃대는 재산이나 지위를 잘 따지는 것이라서 사용할 때는 온몸이 뜨겁고, 사용하지 않을 때는 즉각 차가워집니다.”

그 사람은 크게 웃으며 스스로 부끄러움을 느끼곤 불만에 가득 차 가버렸다.

3년이 지나서 팽운미는 학정學政 임기가 만료되어 북경으로 돌아왔고 이선도 북경에 돌아와 복명했다. 팽운미가 일부러 담뱃대를 들고서 점을 물으니 이선이 말했다.

“노형은 다시 외지의 학정으로 부임할 겁니다.”

팽운미가 이유를 물으니 이선이 말했다.

“흡연은 밥 먹는 것과는 달리 배를 부르게 할 수 없지요. 학원의 주임 시험관은 수입이 좋은 관직이 아닙니다. 담뱃대는 하루 종일 다른 사람을 위해 호흡하는 데 불과하지만, 독학督學[32]은 일 년 내내 가난한 서생을 돌보는 것에 불과하지요. 그래서 노형은 분명 연이어 말을 겁니다.”

오래지 않아 과연 이선의 말대로 되었다.

---

32 제독학정提督學政의 준말로 각 성 지방 교육의 최고 책임자를 말한다.

시험지를 추천한 이향군

李香君薦卷

내 친구 양조관楊潮觀은 자가 굉도宏度이고 무석 사람이며, 거인의 자격으로 하남 고시현固始縣의 지현이 되었다. 건륭 임신년(1752) 향시에서 양조관은 과거시험관을 맡았다. 시험지 채점을 마치고 결과를 발표하려고 할 때 양조관은 낙선한 시험지를 함께 모아 평어를 달았다. 극도로 피곤하여 그는 잠들었다. 꿈속에서 30세가량의 여성을 보았는데 옅게 화장하고 미목이 청수하며 몸집은 아담하고 푸른 옷, 붉은 치마를 걸치고 검은 두건으로 이마를 둘렀는데, 강남 사람의 몸가짐이었다. 그 여자가 휘장을 열고 양조관에게 낮은 목소리로 말했다.

"시험관 나리께 부탁드려요. '계화향桂花香'이란 문구가 있는 시험지를 유의해주시고 도와주시길 바랍니다."

양조관이 놀라 깨어난 뒤 이 일을 다른 시험관에게 말했다. 그들은 모두 웃으며 말했다.

"악몽이오. 합격자를 발표하는 마당에 어찌 시험지를 추천하는 일이 있을 수 있겠소?"

양조관도 그 말에 일리가 있다고 생각했다. 우연히 낙선 답안지를 뒤적이다가 보니 마침 '행화시절계화향杏花時節桂花香'이라는 문구가 있었다. 그해 2월에 거행한 향시는 태후의 수연을 경축하는 은과恩科였다. 양조관이 너무 놀라서 특별히 유의하여 다시 읽어보았다. 감사하는 표문은 화려하고 아름답게 썼으며 오책五策은 더욱더 상세하고 명석하여 정말 박학한 서생이었다. 다만 팔고문은 그다지 잘 쓰지 못해서 낙방한 것이었다.

양조관은 이 시험지가 바로 꿈속의 일에 감응한 것이라 생각하는 한편, 주임 시험관에게 이 일을 직접 말하기가 난처하여 그야말로 진퇴양난이었다. 그가 머뭇거리며 배회하고 있을 때 마침 주임 시험관 호부시랑 전동록錢東麓[33] 선생은 이번 시험에 통과된 책론에 대해 마음에 들지 않아서 각 주임 시험관에게 명령하여 낙선한 시험지를 자세히 점검하도록 했다. 양조관은 기뻐하면서 '계화향'의 시험지를 추천하여 올렸다. 전동록은 보물을 얻은 양 83등으로 합격시켰다. 시험지를 뜯어 합격자 명단을 쓸 때 비로소 작자가 상구商丘의 노수재 후원표侯元標임을 알았는데, 그의 조상이 후조종侯祖宗[34]이다. 양조관은 이때에야 꿈속에서 부탁한 여자가 바로 이향군李香君[35]이라고 추측했

---

33 전여성錢汝誠(1722~1779)을 말한다. 자는 입지立之, 호는 동록이며 절강 가흥嘉興 사람이다. 건륭 무진戊辰년(1748)에 진사가 되었고 편수의 신분으로 직남서방直南書房에 들어갔으며 내각학사로 발탁되었다. 병부좌시랑兵部左侍郎, 순천부順天府 부윤府尹, 호부좌시랑戶部左侍郎, 형부좌시랑刑部左侍郎 등을 역임했다.

34 명말 동림당원으로 유명했던 후방역侯方域(1618~1655)의 자. 위희魏禧(1624~1680), 왕완汪琬(1624~1691)과 더불어 청초의 고문 3대가로 불린다. 저서로 『장회당집壯懷堂集』『사억당시집四憶堂詩集』 등이 있다.

다. 양조관이 이향군을 본 것을 다행으로 여겨 항상 남들 앞에서 이 일을 과장해서 얘기하며, 일대 기이한 일로 삼았다.

35 명대 숭정崇禎, 청대 순치 연간에 활동했으며 진회秦淮의 명기. 복사復社의 후방역과 사랑하는 사이였다. 남명의 간신 완대성阮大鋮(1587~1646)이 후방역을 모함하려 하자 이향군이 힘써 말렸다. 나중에 후방역이 사가법史家法(1601~1645)의 막료가 되면서 이향군은 독수공방하게 되었다. 또 전앙田仰이란 자가 거금을 주고 만나보고자 했으나 이향군이 고사하니 강간하고자 하여 자신의 얼굴을 해치고서야 보전할 수 있게 되었다. 복왕福王이 악기樂妓를 선발할 때 이향군은 병을 핑계로 응하지 않았으며 명나라가 멸망한 뒤 후방역에게 돌아갔다. 후방역과 이향군의 연애 이야기는 공상임孔尚任(1648~1718)의 『도화선桃花扇』에 자세히 묘사되었다.

道士取葫蘆

표주박을 가져간 도사

수수秀水 사람 축선신祝宣臣의 이름은 유고維誥[36]이고 나와 함께 무오년(1738)에 응시한 향시 거인이다. 그의 부친은 부자였다.

하루는 긴 수염의 도사가 문을 두드리며 뵙기를 간청하자 축 씨가 물었다.

"법사께선 무슨 일로 오셨는지요?"

"제 친구가 지금 당신 집에 살아요. 그래서 찾아왔어요."

"이곳엔 도인이 살지 않습니다만, 어느 분이 당신 친구이신지?"

"지금 댁내 관가서방觀稼書房의 세 번째 방에 있어요. 믿지 못하시면 번거롭겠지만 저와 함께 가서 찾아뵙죠."

축 씨와 도사가 세 번째 방에 들어가니 벽에 여순양呂純陽[37]의 초상이 걸려 있었다. 도사가 초상을 가리키고 웃으며 말했다.

---

36 축유고(1697~?)의 자는 선신宣臣, 예당豫堂이며 절강 수수 사람이다. 건륭 3년(1738) 향시에 합격했으며 내각중서內閣中書를 역임했다. 북경에서 지낼 때 전재錢載(1708~1793), 만광태萬光泰(1717~1755) 등과 친하게 어울리며 창화했다. 주요 저작으로 『녹계시고綠溪詩稿』가 있다.

"이분이 저의 사형입니다. 그가 내 표주박을 훔쳐가서는 오랫동안 반납하지 않았어요. 그래서 제가 받으러 온 겁니다."

말을 마치고 도사가 손을 뻗어 그림을 향해 표주박을 빼앗는 자세를 취했다. 그림의 여순양도 웃으며 표주박을 도사에게 던져주었다. 축 씨가 그림을 보니 과연 표주박이 없었다. 깜짝 놀라 도사에게 물었다.

"표주박을 가져다가 어디다가 쓰시게요?"

"이곳은 1부府 4현縣인데 여름엔 돌림병이 크게 유행하여 닭, 개도 생명을 보전하기 힘듭니다. 저는 표주박을 가져다가 선단仙丹을 만들어 이곳 백성을 구제하려고 해요. 좋은 일을 하는 사람이 천금을 투자하여 제가 조제한 약을 구매해두고 쓴다면 자신을 살릴 수 있을 뿐 아니라, 세상 사람들을 구제할 수 있으며 무한한 공덕을 쌓을 수 있지요."

이어 주머니에서 환약 몇 알을 꺼내 축 씨에게 보여주었는데 향기가 코를 찔렀다. 그가 다시 말했다.

"올 8월 추석 보름달이 떠오를 때 제가 당신 집에 올 테니 과일을 차려놓고 저를 접대하시기 바랍니다. 이때 이곳의 백성은 절반으로 줄어들 겁니다."

37　팔선 가운데 한 사람으로 당말 오대의 도사이며 이름은 암巖, 자는 동빈洞賓이고 순양은 그의 호다. 처음에는 종남산에 은거하다가 종리권鍾離權이 그를 학령鶴嶺으로 데리고 가서 상진비결上眞秘訣을 남김없이 전수했다. 이렇게 해서 그는 도를 터득하고 동시에 천둔검법天遁劍法을 체득했다. 금대에 성립된 전진교全眞敎에서는 그를 종조로 받들었다.

축 씨는 도사의 말에 마음이 동하여 말했다.

"나 같은 사람도 공덕을 세울 수 있나요?"

"가능합니다."

축 씨는 가동을 불러 천금을 내오게 하여 도사에게 주었다. 도사가 천금을 허리춤에 묶는데 마치 베를 묶은 것처럼 전혀 무게를 느끼지 못하는 것 같았다. 그는 환약 열 알을 남겨주고 두 손을 모아 인사하고는 떠나갔다. 이로부터 축 씨 가족은 도사가 준 이 환약을 신령한 영약으로 여겨 아침저녁으로 머리를 조아리며 절을 했다.

이해 여름에 돌림병이 발생하지 않았다. 추석에 달도 뜨지 않았을 뿐 아니라 비바람이 몰아쳤으며 그 도사 역시 나타나지 않았다.

물에 빠져 죽지 않고 불타 죽은 사람

火焚人不當水死

경현涇縣 출신으로 섭葉 씨 성을 가진 상인이 다른 사람과 같이 안경安慶에서 장사했다. 처음 장강을 건널 때 대풍을 만나 한배를 탔던 10여 명 가운데 절반이 물에 빠져 죽었다. 유독 섭 씨만 물속에 빠진 뒤 붉은 도포를 걸친 사람이 그를 안고 나와서 죽음을 면하게 되었다. 섭 씨는 신선이 도운 것으로 여겨 이후 반드시 부자가 되고 고귀하게 될 것이라 여겼다. 오래지 않아 그는 평소 집에서 불 관리를 등한시하여 결국 불에 타 죽고 말았다.

城隍殺鬼 不許爲虀

귀신을 죽이되 두 번 죽이는 것을 허락하지 않은 성황신

태주台州 주시朱始의 딸은 이미 출가했으며 남편은 외지에 나가 살길을 찾았다. 어느 날 저녁에 주 씨 딸은 등불 아래서 다리가 붉은 사람을 발견했다. 몸에는 붉은 도포를 걸치고 모습은 추악했으며 다가와 치근거리고 그녀를 희롱하며 말했다.

"너를 내 아내로 맞이하겠다."

주 씨 딸은 저항할 힘이 없었다. 이로부터 주 씨 딸은 정신이 나가 날마다 점차 야위어갔다. 붉은 다리 귀신이 오지 않을 때만 그녀는 정상적으로 담소했다. 그러나 귀신이 나타나기만 하면 갑자기 음산한 바람이 일었는데, 다른 사람은 이 귀신을 볼 수 없고 주 씨 딸만 볼 수 있었다.

주 씨 딸의 형부 원승동袁承棟은 평소 무술을 연마했다. 주 씨 부모가 딸을 형부 집에 숨겨놓자, 며칠 동안 붉은 다리 귀신이 나타나지 않았다. 한 달이 지나자 붉은 다리 귀신이 따라와 말을 꺼냈다.

"네가 이곳에 숨어 있었단 말이지? 내가 도처에서 찾아 헤맸다. 네가 이곳에 있다는 것을 알고 내가 오려면 다리를 하나 건너야 되는데, 다리의 신이 몽둥이로 나를 때려 건너오지 못했다. 어제 몸을 분뇨 나르는 주사周四의 똥통에 얹어서 이곳에 올 수 있었지. 이제부터 네가 석궤石櫃 속에 숨는다 하더라도 나는 너를 찾을 것이야."

원승동은 주 씨 딸과 의논하여 대도로 귀신을 베기로 결정했다. 주 씨 딸이 귀신이 있는 서쪽을 가리키면, 원승동은 서쪽을 베었다. 그녀가 동쪽을 가리키면 원승동은 동쪽을 베었다. 하루는 주 씨 딸이 기쁘게 손뼉을 치며 말했다.

"귀신의 이마를 베었어요."

그 귀신은 과연 며칠 동안 오지 않았다. 오래지 않아 귀신이 베로 이마를 싸매고 다시 왔는데 더욱 흉악했다. 원승동이 조총으로 쏴도 귀신은 총알을 잘 피해다녔다. 몇 번 쏘았지만 명중시키지는 못했다. 하루는 주 씨 딸이 기쁘게 말했다.

"요괴의 팔을 명중시켰어요."

과연 그 귀신은 며칠 동안 다시 찾아오지 않았다. 오래지 않아 베로 팔을 감고 다시 왔다. 문을 들어서자마자 욕설을 퍼부었다.

"네가 이처럼 무정하다니 이번엔 널 죽이겠다."

그리고 주 씨 딸을 때려 주 씨 딸은 온몸이 퍼렇게 멍들고 부어서 아파 우는데 곧 목숨이 끊어질 것 같았다.

주 씨 딸의 부친과 형부 원승동은 연명으로 고소장을 써서 성황묘에 가 태우며 이를 알렸다. 이날 밤 주 씨 딸은 꿈에서 푸른 옷을 입은 두 사람을 보았는데, 전령패를 가지고 그녀를 불러 심판을 받게 했다. 그리고 그녀에게 돈을 요구하며 말했다.

"이 소송에서 저는 당신의 승리를 책임지겠습니다. 당신이 은으로 된 지전 2000원을 태워 제게 주십시오. 액수가 많다 하지 마세요. 저승에선 단지 구칠은九七銀[순도 97퍼센트의 은]으로 두들긴 은 20냥에 불과합니다. 이 돈은 저 혼자 삼키는 것이 아니라 당신의 소송에서 준비 작업을 하는 데 쓰입니다. 남은 돈은 당신의 숙조부 주소선朱紹先이 모두에게 똑같이 나눠줄 텐데, 이후 당신은 분명히 알게 될 겁니다."

주소선은 이미 죽은 주 씨 가족의 숙부다. 주 씨는 그의 분부대로 은박지 종이 지전을 살랐다.

오경쯤 주 씨 딸이 깨어나 말을 꺼냈다.

"사건이 이미 밝혀졌던바, 그 귀신은 동쪽 나루터의 가마꾼이고 이름은 마대馬大입니다. 성황신은 그가 생전에 사악한 짓을 저지르고 사후에도 이처럼 뉘우치지 않은 것에 분노하여 큰 몽둥이로 40대를 때리고 족쇄를 채워 사당 앞에서 조리돌림하고 있어요."

이날 이후 주 씨 딸은 과연 정상으로 돌아와 온 가족이 기뻐했다.

그러나 3일도 되지 않아 주 씨 딸은 또다시 예전처럼 얼이 빠져서 입으로 중얼거렸다.

"저는 가마꾼의 아내 장 씨인데, 당신의 부친, 형부가 성황신 앞에서 내 남편을 고소하여 곤장을 치고 족쇄를 채워 저를 굶주림에 몰아넣고 독수공방하게 만들었어요. 저는 오늘 남편을 위해 복수할 겁니다."

말을 마치고 손가락으로 자신의 눈을 찔러 거의 눈이 멀었다.

주 씨 딸의 부친과 원승동은 어찌할 도리가 없어 다시 성황묘에 가서 고소장을 태웠다. 그날 밤 주 씨 딸은 또 꿈속에서 귀신이 그녀를 불러서 갔더니 붉은 다리 귀신도 그곳에 있었다. 성황신은 불태운 고소장을 책상 위에 놓고 눈을 크게 뜨고 큰 소리로 질책하며 말했다.

"이 부부는 똑같이 흉악하여 정말이지 '한 이불에서 다른 사람 나오지 않는一床不出兩樣人' 격이군. 이번엔 요절내지 않을 수가 없다."

두 명의 하급 관리에게 명해 귀신을 묶게 하고 대도를 휘둘러 두 토막으로 자르니 검은 연기가 피어올랐으며 위장도 없고 피도 나오지 않았다. 옆에 있던 하급 관리가 말했다.

"귀신을 아명국鴉鳴國[38]으로 압송하여 다시 죽은 귀신으로 만들어도 될까요?"

성황신은 동의하지 않으며 말했다.

"이놈은 귀신이 되어서 사람을 해쳤는데 또다시 죽은 귀신이 된다면 귀신을 또 해칠 것이야. 다만 나쁜 기운을 철저히 없애버려 그 화근을 끊어놓으라."

두 하급 관리가 수염이 긴 두 사람을 불렀는데 각자 큰 부채를 쥐고 시신을 향해 부치자, 갑자기 검은 연기로 변해 흩어져 보이지 않게 되었다. 그런 다음 귀신의 아내를 수레 감옥에 가두고 손발을 형

---

38 『요재지이聊齋志異』「장아단章阿端」에 "사람이 죽으면 귀신이 되고 귀신이 죽으면 적이 된다. 귀신이 적을 무서워하는 것은 사람이 귀신을 겁내는 것과 마찬가지다人死爲鬼, 鬼死爲聻. 鬼之畏聻, 猶人之畏鬼矣"라는 구절이 있다. 또한 『태평광기太平廣記』에 따르면, 귀신이 죽으면 햇볕이 들지 않아 어두운 아명국에서 산다고 한다. 그곳은 항상 어두워서 낮인지 밤인지 알 수 없지만 까마귀가 우는 소리로 낮과 밤을 구분할 수 있다고 한다.

틀에 채우고 흑운산黑雲山 나찰신羅刹神[39]이 있는 곳으로 유배 보내 고역에 종사하게 했다. 성황신은 또 원래의 하급 관리에게 명하여 주 씨 딸을 이승으로 보내주었다. 이때 주 씨 딸이 놀라 꿈에서 깨어났다.

이로부터 주 씨 딸은 평안해졌고 다시 시댁으로 돌아와 2남 1녀를 낳았는데 지금도 건재하다. 그 귀신이 말한바, 똥통을 지는 주사는 그녀 시댁의 이웃이다. 그 일을 물어보니 주사가 말했다.

"사실 의아했어요. 제가 그날 빈 똥통을 메고 집으로 돌아오는데, 어깨에 상당히 무거운 것이 누르는 걸 느꼈거든요."

---

39 원래 고대 인도의 신으로 불교에서 악귀의 총칭으로 불린다. 나중에는 불교의 수호신이 되어 십이천의 하나로 꼽혀 서남방을 지킨다고 하며, 갑옷을 걸치고 백사자에 올라탄 모습으로 표현된다.

권 4

얼굴에 먹칠한 여몽

呂蒙塗臉

호북의 수재 종鍾 씨는 한림 당적자唐赤子의 친척이다. 가을 향시에 응시하기 전날 밤 그는 꿈속에서 문창신이 그를 부르는 소리를 들었다. 그가 문창전 아래에 무릎을 꿇자, 문창신은 한 마디도 하지 않고 그에게 가까이 오라고 불렀다. 손에 붓을 들고 벼루에서 짙은 먹을 찍더니 그의 얼굴에 뿌렸는데, 얼굴이 온통 먹 범벅이었다. 종 씨는 깜짝 놀라 꿈에서 깨어났다. 그는 이번 시험에서 시험지를 더럽힐 불길한 징조일지도 모른다며 걱정하여 속이 답답하고 불쾌했다.

종 씨가 시험장에 따라 들어가자 일시에 피곤이 몰려와 자기 호실에서 잠깐 선잠이 들었다. 꿈속에서 크고 영준한 사내가 호실의 휘장을 열고 들어왔다. 긴 수염에 몸에는 푸른 도포를 걸쳤는데 바로 관제신이었다. 관제신이 종 씨를 보더니 욕을 퍼부었다.

"여몽呂蒙[1] 이놈아, 넌 자신의 얼굴을 먹으로 칠하면 내가 널 알아보지 못할 줄 알았더냐?"

이렇게 말을 마치고 사라졌다. 종 씨는 이때에야 자신의 전신이 여몽이었음을 알고는 마음속으로 두렵고 불안해졌다.

이해에 종 씨는 거인에 합격했다. 10년 뒤 그는 산서 해량현解梁縣 지현으로 파견되었다. 부임한 지 3일째 되던 날 종 씨가 관제묘에 참배하러 갔는데 한 번 절하고는 일어나지 못했다. 가족들이 살펴보니 종 씨는 이미 죽어 있었다.

---

1 여몽(178~219)은 삼국 시대 오나라의 무장으로 '오하아몽吳下阿蒙' '괄목상대刮目相對' 고사의 주인공이다. 처음에는 손권의 부하였으며 나중에 주유周瑜를 수행하며 조조를 크게 격파했다. 건안 24년(219) 여몽이 군사를 이끌고 형주荊州를 탈취하면서 동오는 장강을 장악하게 되었다.

정세구 鄭細九

양주 사람들은 노복에게 이름을 지어줄 때 대부분 가늘 '세細'자를 쓴다. 세구細九는 상인 정鄭 씨의 노복이다.

정가의 여주인이 병들어 위독했다. 하루는 갑자기 깨어나 정신이 드는지 병상에서 일어나 말했다.

"이 일은 너무나 가소롭구나. 내가 아무리 죽었다지만 내가 세구 집 아들로 환생할 수는 없지 않은가? 그래서 내 영혼은 집을 떠나 중도에 이르러 이 소식을 듣고 나를 압송하던 귀신을 때리고 도망쳐 집에 돌아온 것이다."

말을 마치고는 연이어 목이 마르다며 청채탕青菜湯을 찾았다. 가족들이 탕을 끓여 그녀에게 몇 모금 먹이자 다시 침상에 쓰러져 눈을 감고 죽었다.

오래지 않아 정세구가 와서 주인에게 보고하며 말하길, 그의 집에서 아들을 낳았는데 그 아들 입에 채소 잎이 들어 있고 심하게 운다는 것이었다. 이로부터 정가는 그 아이를 더욱 정성들여 양육했다. 그가 노복의 아이로 태어났다고 감히 박대할 수 없었다.

替鬼做媒

귀신을 위해 중매를 서다

강소성 강포현江浦縣 남쪽 고을에 사는 여성 장張 씨는 진陳 씨에게 출가했으나 7년 만에 과부가 되었다. 생계를 유지하기 힘들어 성이 같은 장 씨에게 개가했다. 당시 장 씨의 아내도 죽은 지 7년이 되는 지라 중매쟁이는 이러한 우연한 일치는 바로 하늘이 맺어준 인연이라고 여겼다.

결혼한 뒤 보름이 되자 장 씨 전남편의 영혼이 그녀의 신상에 붙어서 말했다.

"너는 양심이 너무 없어. 결국 날 위해 수절하지 않고 별 볼일 없는 놈에게 개가하다니."

그러고는 손으로 자신의 뺨을 때렸다. 장 씨 가족들은 그녀의 전남편을 위해 지전을 사르고 재삼 일깨우며 위로했으나 장 씨는 여전히 흉악해졌다.

며칠 안 되어 장 씨의 전처 영혼이 다시 남편의 신상에 붙어서 욕설을 퍼부었다.

"당신은 너무 박정해. 새 사람만 알고 헌 사람은 모른 체하다니."

역시 손으로 자신을 때리는 바람에 온 가족이 놀라며 당황했다. 바로 그때 원래 중매를 섰던 진秦 씨가 옆에 있다가 놀리며 얘기했다.

"제가 종전에 산 사람의 중매를 섰으나 오늘은 죽은 귀신의 중매를 서도 무방하겠지요. 진 씨는 이곳에서 아내를 찾고 있고 당신도 이곳에서 남편감을 찾고 있으니, 무엇 때문에 짝을 맺지 않고 헤어져 지내는지? 자네 두 사람이 저승에서 쓸쓸하게 지내지 않는다면, 이승에 살아 있는 부부도 태평하게 지낼 것이오. 하필 이곳에서 크게 싸울 필요가 있겠소?"

장 씨는 얼굴에 부끄러운 표정을 지으며 말했다.

"저도 그럴 생각은 하고 있으나 제가 못생겨서 진 씨가 절 받아들이려고 할까요? 제가 스스로 말하기가 불편하네요. 선생이 기왕 호의를 가지고 있으니, 저 대신 말씀해주시면 어떨지요?"

진 씨가 두 사람의 몸에 붙은 영혼에게 중매를 서주자, 쌍방은 모두 승낙했다. 장 씨가 갑자기 웃으며 말했다.

"정말 좋은 생각입니다. 그러나 우리는 비록 귀신이지만 마음대로 야합할 수 없으며 여러 귀신에게 경멸당하기 싫어요. 당신이 반드시 우리를 위해 종이를 오려 만든 가마꾼을 따르게 하고, 징과 북 등 음악을 준비하고 술자리를 마련하여 합환주를 보내주고, 우리 둘의 혼례를 거행해주고 당신이 떠나면, 우리도 저승으로 돌아가겠어요."

장 씨 가족들은 그의 말대로 추진했다.

이로부터 장 씨 딸과 장 씨 두 사람은 태평무사하게 되었다. 남쪽 고을의 이웃은 이 일을 떠들썩하게 전하며, 어느 마을에서는 귀신의 중매를 서서 귀신의 친척이 되었다고 말했다.

鬼有三技過此鬼道乃窮

귀신이 세 가지 계략을 가졌으나 다 쓰고 나니 궁색해지다

거인 채위공蔡魏公은 늘 이렇게 말했다.

"귀신은 세 가지 계략을 가지고 있다. 하나는 사람을 미혹시키는 것이고, 둘째는 사람을 막는 것이며, 셋째는 사람을 놀라게 하는 것이다."

어떤 사람이 물었다.

"이 세 가지 계략은 구체적으로 어떻게 나타납니까?"

"나의 외종 사촌 동생 여呂 씨는 송강松江 출신의 수재이며 성격이 호방하여 자칭 '활달 선생'이라 합니다. 한번은 묘호泖湖[2] 서향西鄕을 지나다가 하늘이 점차 어두워지기 시작했어요. 그는 얼굴에 연지를 바르고 눈썹을 그린 한 부인을 만났는데, 줄을 쥐고 바삐 달려왔지요. 그녀는 여 씨를 발견하고는 거목 아래로 숨으며 손에 든 줄을 땅

2 북송 주장문朱長文(1039~1098)의 『오군도경속기吳郡圖經續記』에 "묘는 화정 경내에 있다. 묘에는 상중하의 이름이 붙으며 묘의 좁은 곳은 80길이다泖在華亭境, 泖有上中下之名, 泖之狹者猶且八十丈"라는 구절이 있다.

에 던져버렸어요. 여 씨가 주워 보니 새끼줄이었어요. 코로 남새를 맡아보니 줄에 음산한 기운이 서려 있었지요. 그는 마음속으로 목을 매 죽은 귀신인 줄 알고 그 새끼줄을 품속에 감추고 줄곧 앞으로 달려갔어요. 그 부인이 나무 뒤에서 나오더니 앞으로 가서 여 씨를 막아섰지요. 여 씨가 왼쪽으로 가면 왼쪽을 막고, 오른쪽으로 가면 오른쪽을 막았어요. 여 씨는 마음속으로 이것이 세속에서 말하는 '귀타장鬼打墻'[3]이라고 생각하며, 아예 앞을 향해 뚫고 지나갔어요. 그 귀신은 어찌할 수 없어 길고 날카롭게 소리 지르며 머리를 풀어헤치고 피를 흘리는 모습으로 변해, 한 자가 넘는 혀를 내밀며 여 씨를 향해 이리저리 뛰었지요. 그때 여 씨가 말하더군요.

'너는 처음에 눈썹을 그리고 연지를 발라 나를 홀리려고 했다. 그런 다음 앞에서 내 갈 길을 막더니 이제 추악한 모습을 보이는 것은 나를 겁주기 위함이다. 너는 세 가지 계략을 모두 사용했으니 난 전혀 두렵지 않다. 틀림없이 너는 써볼 만한 다른 계략이 없을 게다. 너는 내가 그 이름도 유명한 '활달 선생'인 줄 아느냐?'

이에 그 귀신은 원래 모습을 드러내어 땅에 무릎을 꿇고 말했지요.

'저는 성안에 살았던 시施 씨 성을 가진 여자로 남편과 다투다가 일시적으로 짧은 생각에 목을 매 자살했어요. 오늘 묘호 동쪽 아무개 집의 부인이 그녀의 남편과 화목하지 않단 소리를 듣고, 나는 그녀를 찾아 나의 대역으로 삼았죠. 뜻밖에도 도중에 선생에게 앞길이

---

3 밤길을 다닐 때 방향을 분간하지 못해 길을 잃고 같은 장소를 뱅뱅 돌아다니는 현상을 말한다. 여기에서는 문자 그대로 '악령이 판장을 둘러치다'의 뜻에 가깝다.

막혔고 또 내 줄을 빼앗아가는 바람에 저는 실제로 쓸 수 있는 계략도 없으니 선생께서 환생시켜주시길 바랍니다.'

여 씨가 '환생 방법이 무엇이죠?'라고 묻자 귀신이 말했어요.

'저 대신 성안의 시 씨 집에 가서 한마디만 전해주세요. 시 씨 집에서 도량을 만들고 고승을 청해 몇 번 『왕생주往生呪』를 읽어주면 저는 환생할 수 있어요.'

그러자 여 씨가 웃으며 말했지요.

'제가 바로 고승입니다. 제게 『왕생주』가 있으니 당신을 위해 읽어드리지요.'

즉시 소리 높여 한 번 읽었지요.

'얼마나 큰 세계인가, 막힘도 없고 장애도 없고, 죽을 사람 죽고 살 사람 살 테니, 어찌 환생할 필요가 있을까! 갈 사람 빨리 가니 어찌 시원하지 않은가!'

귀신은 여 씨의 낭송을 다 듣고 크게 깨달아 땅에 엎드려 재배하고는 급히 달려 나갔지요. 후에 현지인의 말에 따르면, 이 일대는 줄곧 태평하지 않았으나 '활달 선생'이 온 뒤부터 귀신 소동이 일어나지 않았다고 합니다."

파리로 변한 귀신들

鬼多變蒼蠅

휘주徽州의 장원 대유기戴有祺[4]가 친구들과 밤에 술을 마시다가 취해 달을 감상하기 위해 성을 빠져나와 걸어서 용교龍橋로 갔다. 그때 남색 옷을 걸친 사람이 손에 우산을 들고 서쪽 마을에서 걸어 나와 대공을 보더니 위축되어 감히 앞으로 나가지 못했다. 대공은 도둑인가 싶어 앞으로 나아가 그를 붙잡아 심문했다. 그러자 남색 옷을 입은 사람이 말했다.

"저는 아문의 하급 관리인데 명을 받들어 당신을 체포합니다."

대공이 말했다.

"거짓말하시는군요. 세상에 성안의 관리가 성 밖에 나가 체포하

4 대유기(1657~17111)의 호는 농엄瓏嚴이며 상해 금산金山 사람이다. 강희 30년(1691)에 장원으로 합격했으며 한림원 수찬修撰을 맡아 국사國史를 편찬했다. 강희 41년(1702)에 지현 후보로 강직되어 나아가지 않았다. 이후 벼슬을 그만두고 귀향하여 주경진朱涇鎭 서쪽에 집을 짓고 용재慵齋라 이름 지었다. 나중에는 생활이 궁핍하여 그 집을 다른 사람에게 팔아버렸다. 만년에는 진陳 씨로 개명하고 주경진 동쪽 삼도지三道旨(지금의 신농진新農鎭)에서 거주했다. 주요 저작으로는 『용재문집慵齋文集』『심낙재시집尋樂齋詩集』 등이 있다.

는 일은 있어도 성 밖 사람이 성안에 들어와 사람을 잡는 도리는 절대로 없어요."

남색 옷을 입은 사람은 어찌할 수 없어 땅에 무릎을 꿇고 말했다.

"저는 사람이 아니라 귀신입니다. 저승 장관의 명령을 받고 성안에 들어와 사람을 체포합니다."

대공이 물었다.

"소환장 있어요?"

"예."

대공이 받아서 보니 그 소환장의 세 번째 이름이 자신의 사촌 형이었다. 그는 사촌 형의 생명을 구할 생각으로 마음속으로 그 귀신의 말을 거짓말로 의심하고는 그를 놓아주어 가게 했다. 그리고 자신은 다리 위에 앉아 지켜보기로 했다. 사경쯤에 남색 옷을 입은 귀신이 과연 이곳을 지나자 대공이 물었다.

"잡아야 할 사람 전부 붙잡았어요?"

"다 잡았습니다."

대공이 붙잡은 사람들이 어디에 있는지 묻자, 남색 옷 귀신이 대답했다.

"제가 들고 있는 우산 안에 있어요."

대공이 그 우산을 보니 위에 줄로 파리 다섯 마리를 묶어놓았는데 '왱왱'거리는 소리가 났다. 대공은 크게 웃으며 우산을 빼앗아 다섯 마리 파리를 놓아주었다. 남색 옷 귀신은 황급해져서 기우뚱거리며 떠나갔다.

날이 점점 밝아지자 대공은 성에 들어가 사촌 형 집에 가서 탐문했다. 사촌 형 가족이 말했다.

"우리 집주인이 병든 지 오래되었는데 어젯밤 삼경에 사망했어요. 사경쯤에 잠시 살아났다가 날이 밝을 때 다시 죽었어요."

강녕현江寧縣의 유劉 씨 성을 가진 어린아이는 일곱 살로 음낭이 붉게 붓는 병을 앓아서 의사에게 보이고 약을 먹여도 차도가 보이지 않았다. 이웃집의 요饒 씨 성을 가진 여성은 항상 저승의 심부름을 도맡았다. 순번이 되면 남편과 침대를 같이 쓰지 않고 먹지도 마시지도 않아 얼빠진 사람 같았다. 유 씨 모친은 요 씨를 불러 저승에 가서 자기 아들의 길흉을 알아보게 했다. 3일이 지나 요 씨가 유 씨 집에 와 보고하며 말했다.

"상관없어요. 당신 집 둘째 도령은 전생에 참개구리를 즐겨 먹었는데 실제로 너무 많이 죽여서 금세에 참개구리 일당이 둘째 도령을 물어서 복수하려고 해요. 그러나 하늘이 내린 참개구리는 본래 사람에게 식용으로 제공한 것이지요. 벌레, 물고기 등은 모두 팔납신八蠟神[5]이 관할하므로 유맹劉猛 장군[6]의 사당에 가서 향을 사르고 기도하면 태평 무사할 겁니다."

유 씨가 그대로 처리했더니 아들의 병은 과연 정말로 나았다.

하루는 요 씨가 이틀 밤낮을 자다가 깨어났는데 온몸이 땀으로

---

5 주나라 때 해마다 농사일을 끝내고 12월에 거행하던 제사의 이름으로 이후 민간에서는 병충해를 없애고 재난과 우환을 막아주는 신으로 신격화했다.

6 메뚜기의 피해로부터 농작물을 지켜준다는 신의 이름. 송대부터 일어났는데 특히 화중 지역에서 이 신을 기리는 축제가 유명하다. 송나라의 유기劉錡 혹은 원나라의 유승충劉承忠의 사적이 전설화, 신격화되었다고 한다.

흥건하고 계속 숨을 헐떡거렸다. 요 씨의 올케가 묻자 요 씨가 대답했다.

"이웃집 여인이 흉악하여 붙잡기 어려워 염왕께서 저를 보내 잡게 했어요. 뜻밖에도 그 여인은 죽을 때까지도 힘이 너무 세서 나와 오랫동안 격투하다가 다행히 내가 발을 싸맨 베 조각을 풀어서 그녀의 손을 묶어 끌고 왔어요."

올케가 물었다.

"지금 그 부인은 어디에 있니?"

"창밖의 오동나무 위에 있어요."

올케가 가보니 아무것도 보이지 않고 머리카락으로 묶어놓은 파리 한 마리만 보였다. 올케는 재미있겠다 싶어서 파리를 가져와 바느질 상자에 넣어두었다.

오래지 않아 요 씨가 침상 위에서 외치는 소리가 들렸고, 한참 후에 깨어나면서 말했다.

"올케, 장난이 지나치네요. 저승 장관은 내가 그 부인을 잡지 못했다고 탓하면서 곤장 30대를 때린 뒤 기한을 정하여 다시 붙잡아 대령하랍니다. 올케, 빨리 파리를 돌려주세요. 그러지 않으면 다시 곤장을 맞아요."

올케가 요 씨의 둔부를 보니 과연 곤장을 맞은 상처가 있어 크게 후회하며 파리를 요 씨에게 돌려주었다. 요 씨는 파리를 입속에 넣고 잠들었다. 이에 평정한 모습을 되찾았다. 그러나 이로부터 요 씨는 두 번 다시 산 사람을 대신하여 저승에 가서 길흉을 묻는 일을 하려고 하지 않았다.

엄병개

嚴秉玠

엄병개嚴秉玠는 운남성 녹권현祿勸縣의 지현이다. 현 아문 동쪽엔 방 세 칸이 있는데, 문은 언제나 잠겼으며 안에는 호선狐仙이 산다고 전해진다. 부임한 새 지현이 올 때마다 반드시 호선에게 제사지냈다. 엄병개는 관례대로 호선에게 제사지냈다. 그의 아내는 분명히 확인하지 않으면 안 되는 성격이라서 여러 번 문가에서 기다렸으나 한 번도 보지 못했다. 하루는 엄병개 아내가 창문 앞에 기대 머리를 빗는 아름다운 여성을 보았다. 아내는 흉악한 데다가 질투심이 생겨 이 여성이 남편을 홀릴 수 있다는 걱정이 들어 노비를 데리고 몽둥이를 쥐고는 방 안으로 들어가 이 여성을 마구 때렸다. 그 미녀는 하얀 거위로 변하여 땅을 왔다 갔다 하며 슬피 울었다. 엄병개가 인장을 꺼내 흰 거위 등에 찍자 흰 거위는 원래 모습을 드러내더니 땅에 쓰러져 유산하며 죽었다. 태중에는 새끼 여우 두 마리가 들어 있었다. 엄병개가 붓을 들어 새끼 여우의 이마에 붉은 점을 찍자, 두 새끼 여우도 죽었다. 이에 그는 세 마리 여우를 불구덩이에 던져 불태웠다.

이로부터 아문에서는 호선이 출현하지 않았고 엄병개의 처도 태평했다. 다시 일 년이 지나 엄병개 아내가 임신하여 쌍둥이를 낳았는데, 두 영아의 이마에 각기 붓으로 칠한 듯한 붉은 반점이 있었다. 그녀는 이를 보고 대경실색하여 죽었다. 엄병개는 아내의 죽음을 슬퍼하다가 오래지 않아 병이 나 세상을 떴으며 두 아이도 끝내 살아남지 못했다.

봉신의 신기한 일

奉新奇事

강서 봉신현奉新縣 촌민 이 씨의 처가 난산하여 산기 3일이 지나도 태아는 나오지 않았다. 그녀의 시어머니가 세 딸을 데리고 밤낮으로 간호하다가 너무 피곤하여 이웃의 세 여성에게 순서대로 간호하게 했다. 그 가운데 손孫 씨 성을 가진 여성은 아들이 아직 강보에 있는지라 데리고 올 수가 없어 외할머니에게 잠시 맡겨놓고 자신은 장남 종鍾을 데리고 왔다. 종은 이미 약관의 나이여서 면학 중이었는데 밤새 너무 심심할 것 같아 책 한 권을 가지고 갔다.

이튿날 정오에 가까워지도록 이 씨 집에는 아무런 동정도 없었다. 이웃 사람은 의심하지 않을 수 없어 문을 따고 들어가보니 산부는 침상에서 죽어 있고 간호하던 일곱 명도 전부 바닥에 죽어 있었다. 그 가운데 6명의 의복과 용모는 아무런 이상한 점이 없었고 단지 숨만 끊어져 있었는데 유독 손종 수재만은 단정히 앉아 오른손에 여전히 책을 들고 있었으며, 왼쪽 어깨에서부터 발끝까지 전부 불에 타서 석탄처럼 검게 그을렸다. 온 마을이 이 때문에 발칵 뒤집히고, 사람들이 관청에 달려가서 보고했다. 현의 관리는 급히 사람을 파견하여 시체를 검시해보고 아울러 매장하라고 명령했다. 물론 상부에 보고할 방법은 없었다.

이 사건은 병부시랑 팽운미가 내게 해준 말이다.

지항 스님

智恒僧

소주 사람 진국홍陳國鴻은 팽운미 선생이 정유년(1717) 향시를 주관할 때 합격한 거인인데 골동품 수집을 좋아했다. 그의 집 뜰에는 연꽃을 심은 화분이 있는데, 수년 동안 한 번도 건드린 적이 없었다. 진국홍은 사람을 시켜 화분을 들어서 화분 밑의 관지款識를 보려고 했다. 그때 화분 밑에서 단지 하나를 파냈는데 노란색과 녹색이 어우러진 꽃무늬가 상당히 고풍스러웠으며 단지 안에 진흙이 차 있었고 진흙 속에는 부패한 뼈가 들어 있었다. 그는 썩은 뼈를 물속에 던지고 단지를 내실로 옮겨두었다.

그날 밤 꿈속에 한 스님이 나와 그에게 말했다.

"나는 당나라 때의 스님 지항智恒이오. 그대가 가져간 사기 단지는 내 유골함이니 빨리 내 유골을 찾아 흙에 매장하시오."

진국홍은 평소에 호방한지라 이튿날 새벽 꿈속의 일을 친구들에게 들려주며 그 일에 개의치 않아했다.

다시 3일이 지나자 진국홍의 모친이 꿈에서 눈썹이 긴 스님을 보았는데, 흉악하게 생긴 스님을 데려와 말했다.

"당신 아들이 너무 무례하여 나의 사기 유골함을 탐냈으며 내 유골을 내버렸다오. 내가 그에게 하소연해도 아랑곳하지 않으니, 아마 내가 늙었다고 속이기 때문이오. 나의 사형 대천大千 스님은 이 일을 듣고 불평하여 나와 함께 당신 아들의 목숨을 빼앗으러 왔소이다."

진국홍 모친이 놀라 깨어나 가족을 시켜 버려진 유골을 찾게 했는데, 한 조각만 남아 있었다. 다시 아들에게 물으러 갔는데, 아들은 이미 혼미하여 인사불성이 되었다. 열흘도 되지 않아 진국홍은 병사했다.

삼두한 三斗漢

'삼두한三斗漢'은 광동 근교의 야인이다. 그는 끼니마다 조밥 서 말을 먹어야 배가 불러서 사람들은 그를 '삼두한'이라 불렀다. 그의 키는 한 길이고 허리는 한 사람이 안을 수 없을 만큼 굵었으며, 구레나룻 수염에 얼굴은 검고 온종일 시가지를 유랑하며 밥을 빌어먹긴 했지만 항상 배를 채워본 적은 없었다.

하루는 삼두한이 혜주惠州에 갔다. 결국 제독 군문 밖에서 소란을 피워 두 손으로 제독부 앞의 석사자 한 쌍을 들고 훌쩍 가버렸다. 제독이 사람을 보내 그를 불러오자, 삼두한은 여전히 두 마리 석사자를 들고 왔다. 제독은 다섯 마리 소를 긴 나무에 가로 묶어놓고 앞으로 끌게 하고, 삼두한에게 뒤에서 횡목을 잡아당기게 하면서 동시에 채찍으로 소를 때리게 했다. 소들은 온 힘을 다해 앞으로 달려 나가려 했으나, 끝내 한 치도 움직일 수 없었다.

제독은 삼두한의 기이한 힘을 칭찬하며 그에게 말과 군량미를 상으로 내리고 그를 군대에 편입시켜 무예를 배우게 했다. 삼두한은 제독 앞에 무릎을 꿇고 간청하며 말했다.

"소인은 한 끼에 조밥 서 말을 먹어야 합니다. 대인께서는 식량을 늘려주시기 바랍니다."

제독은 이를 승낙했다. 그 후 그는 근 1년 동안 무예를 연마했지만, 말을 타고 달리다가 떨어지기 일쑤였고 활을 쏘면 한 방도 맞히지 못했다. 제독은 그를 보병으로 바꿔주었으나, 삼두한은 우울해하며 뜻을 펴지 못하고 아예 집으로 돌아갔다.

한번은 조주潮州를 유랑하다가 조주 동문 밖에서 상자교湘子橋[7]를 수리하는 장면을 목격했다. 돌다리 길이는 세 길이고 너비와 두께는 한 자 다섯 치인데 민공들이 기중기를 만들어 수십 명이 돌을 끌어봤지만 들어올릴 수가 없었다. 삼두한이 옆에서 이 광경을 지켜보다가 웃으며 말했다.

"이렇게 많은 사람이 얼굴이 온통 붉어지고 등골에 땀이 배도록 들어도 돌덩이 하나 들어올리지 못한단 말이오?"

민공들은 그가 미친 소리를 한다고 화를 내며 그렇다면 한번 해보라고 시켰다. 삼두한이 돌을 들어 기중기에 올려놓았다. 민공들은 이를 보고 깜짝 놀라 다리가 후들후들 떨릴 정도였다. 상자교의 둥근 구멍은 100여 개인데 신묘년(건륭 36)에 세 개의 구멍이 무너져버려 지방 장관 범공范公이 자신의 봉급을 털어 다리를 수리하고 있었는데, 삼두한 혼자 커다란 돌을 드는 것을 보고 비용을 줄이고 공기

7 광둥성 차오저우 고성의 동문 밖에 있으며 송대에 처음 만들어졌다. 상자교의 구조는 빔 브리지, 아치형, 부교浮橋를 집약한 것으로 개폐식 다리다. 이 다리는 허베이의 자오저우교趙州橋, 취안저우泉州의 뤄양교洛陽橋, 베이징의 루거우교蘆溝橋와 함께 중국의 4대 옛 다리의 하나로 불린다.

를 당기고자 나머지 일을 전부 삼두한에게 맡기고 상으로 그에게 수십 관의 돈을 주었다. 한 달도 안 되어 삼두한은 이 돈을 다 써버리고 조주를 떠났는데, 어디로 갔는지 모른다. 어떤 사람은 그가 징강澄江에서 아사했다고 말했다.

蘇南村

소남촌

절강성 동향桐鄕 사람 소남촌蘇南村이 중병을 앓아 정신이 혼미하여 깨어나지 못했다. 하루는 그의 가족에게 물었다.

"이경야李耕野, 위조방魏兆芳이 왔었느냐?"

가족들은 영문을 몰라 되는대로 그에게 몇 마디 둘러댔다. 잠시 뒤 소남촌이 다시 물었다. 가족들은 두 사람이 온 적이 없다고 대답했다. 그러자 소남촌이 말했다.

"너희는 사람을 보내 두 사람을 속히 불러오너라."

가족들은 그가 허튼소리를 한다고 여겨 신경 쓰지 않았다. 소남촌이 길게 탄식하더니 곧 죽을 것 같았다. 가족들은 당황하여 급히 잘 달리는 사람을 보내 시장에 가서 종이 가마를 사오게 했다. 보니 종이로 만든 가마꾼의 등에 '이경야, 위조방'의 이름이 쓰여 있었다. 가족들이 그제야 깨닫고 급히 종이 가마를 불사르자, 이때 소남촌도 숨이 끊어졌다. 사실 그 종이로 만든 가마꾼 몸에 쓰인 이름은 원래 호기심 많은 사람들이 장난삼아 쓴 것인데, 결국 들어맞았으니 정말 기이한 일이라 하겠다.

섭생의 아내

葉生妻

동성읍의 서쪽 우란포牛欄鋪 근처에 사는 섭생葉生은 글을 써주고 입에 풀칠하며 살았다. 그의 부친과 형은 모두 농사를 지었다. 건륭 계묘년(1783) 봄에 섭 씨 가족은 패문장牌門莊에서 친척의 밭을 세내어 온 가족이 그곳으로 이사했다.

섭생의 처는 18세로 평소 단정하고 자중하며 과묵했다. 그런 그녀가 하루는 갑자기 발광하며 남을 욕하기 시작했다. 말투는 한 사람 같지 않고 여러 사람의 목소리가 뒤섞인 것 같았다.

"이 씨가 양심을 죄다 버리고 우리 조상 10여 분의 무덤을 훼손하여 그 위에 가옥을 세웠어요. 자기네는 편안하게 거주하며 우리 유골을 짓밟고 더럽혔습니다."

섭생은 무슨 말인지 알 수 없어 현지 어르신에게 물어보고서야 지금 살고 있는 집이 원래 이 씨의 집임을 알게 되었다. 강희 연간에 이 씨는 이곳의 무덤을 파헤치고 집을 지었다. 그의 아내가 한 말은 사실이었다. 섭생은 아내의 몸에 붙은 귀신을 질책하며 말했다.

"무덤을 파헤쳐 집을 지은 것은 사실 이 씨가 한 짓인데, 우리와 무슨 상관인가?"

"당시는 이 씨의 위세가 너무 대단해 우린 화를 참고 아무 말도 못 한 채 이리저리 숨어다니다가, 지금 너의 집 운세가 좋지 않은 것을 보고 이리 와서 분풀이하는 것이다."

귀신들 중 이 사람이 가장 말투가 흉악했고, 나머지 9명은 이따금 끼어들 뿐 말투도 비교적 조용했다. 섭생은 방을 철거하고 다시 봉분을 만들겠다고 대답했다.

"집주인이 아직 계시니 당신 마음대로 철거할 수 없어요. 어째서 그를 찾아가서 상의하지 않으세요?"

섭생은 급히 달려가 이 씨를 찾았다. 섭생의 처는 그를 데리고 객실 서쪽의 두 칸짜리 본채로 가면서 그곳을 가리키며 말했다.

"이곳엔 두 구의 관이 있었고, 이곳에는 네 기의 무덤이 있었소. 저쪽 창 밑에는 두 여인의 무덤이 있고, 내 무덤은 침상 뒤의 벽 밑에 있었소."

이 씨가 물었다.

"당신은 누구요?"

"나는 완부阮孚요. 내가 스물둘 창창할 때 죽었소. 명대 정덕正德 연간의 유생으로 백학관白鶴觀에서 공부했지. 장난삼아 도교를 익히다가 결국 도사가 되었네. 우연히 여색에 빠져 담장을 넘었다가 능욕을 당했소. 그래서 목매달아 자살했고 여기 매장되었지. 무덤 열 기 가운데 내 무덤이 가장 심하게 밟히고 더렵혀졌다고. 내가 가장 고통을 받았단 말이오. 그래서 내가 그들을 규합하여 함께 이곳에 왔소."

"당신 유골은 어디에 묻혔소?"

"정중앙에 있는 봉분이오. 지하로 세 자 정도 파내려가면 검은색 관이 보일 텐데, 그것이 내 것이오."

이 씨가 여전히 망설이면서 흙을 파지 못하자, 그 귀신은 끊임없이 욕설을 퍼부었다. 원근에서 이 소식을 듣고 찾아온 사람들로 북적이고 발길이 계속 이어졌다. 사람들이 물으면 반드시 대답해주었다. 섭생이 지전을 사르며 (욕설을 퍼붓지 말라고) 부탁하자, 다른 아홉 명의 귀신도 옆에서 설득했다. 아홉 귀신의 말은 전부 섭생 처의 입을 빌려서 나왔다. 완부는 다시 욕설을 퍼부었다.

"너희 아홉 도박 귀신은 섭씨의 지전을 받아 서로 간노양趕老羊[8]을 하며 살아가고자 하면서 나를 설득할 수 있는가?"

이에 아홉 귀신은 아무 대답도 하지 않고 단지 목매달아 죽은 귀신 완부만 혼자 소란을 피웠다.

섭생은 도사를 청해 액막이하고 또 사숙 선생 진 씨를 불러다가 송귀문送鬼文을 쓰게 했다. 완부 귀신이 크게 웃으며 말했다.

"이 문장은 전혀 통하지도 않는구나. 전고를 잘못 인용했고 문사도 비속하군. 하물며 송귀문이라면 마땅히 간청하는 필치로 써야지, 나를 위협해서는 안 되네."

사숙 진 선생은 점차 부끄러워하며 연이어 그렇다고 대답했다. 도사가 경문을 읽다가 조금이라도 틀리면 완부 귀신은 반드시 심하게 꾸짖었다.

섭생에게 정程 씨 성을 가진 친척이 있는데 가정 형편이 부유했다.

---

8 골패 여섯 개를 던져 승부를 내는 도박의 한 가지.

섭 씨네 집 입구에 이르자 완부 귀신이 말했다.

"부자가 올 것이니 좋은 차를 준비해두어라."

섭 씨의 인척인 거인 장보章甫가 섭 씨 집에 당도할 때 귀신이 말했다.

"문곡성文曲星[9]이 오셨으니 내 묘지명을 써달라고 부탁하여라."

그렇게 부탁했더니 장보는 그 자리에서 율시 한 수를 써서 완부 귀신에게 주었는데 내용은 다음과 같다.

당년에 무슨 일로 목매달았나 當年底事竟投繯
유체가 떠돌아 이곳에 묻혔도다 遺體飄零瘞此間
띠집 엉성하여 장차 무너지려 하고 茅屋妄成將拆去
높은 무덤 잘못 훼손했으니 더 높이 만들어주리라 高封誤毀已培還
이로부터 구천에서 홀로 즐기고 평안히 살면서 從玆獨樂安黃壤
섭생 처를 가련히 여겨 놓아주길 바란다 還望垂憐放翠鬟
다른 날 높이 올라가 법력에 의지하면 他日超升借法力
곧 천문에 들고 선도仙道 반열에 들리라 直排閶闔列仙班

완부 귀신은 이에 고마움을 표하며 말했다.

"너무나 과분하신 칭찬입니다. 제가 풍류죄風流罪를 죄었는데, 어떻게 천문에 들고 선도의 반열에 들어갈 수 있겠습니까? 단지 5, 6구

9 북두칠성 별자리 이름의 하나로 문운文運을 주관하며 이로써 문인을 비유하기도 한다.

의 문장만 맞는 것 같아요. 저는 당신 말을 듣고 곧장 이곳을 떠나도록 하겠습니다."

막 떠나려고 하다가 완부 귀신은 섭생을 불러 말했다.

"저는 도사의 참회를 받지 않고 도리어 문인의 참회를 받았는데, 제가 아직 뿌리 깊은 습관을 버리지 못했기 때문입니다. 당신께서 장보의 시를 묘비에 새겨주셔서 제가 구천에서 덕을 보도록 해주세요."

섭생의 처는 이때에야 눈을 감고 조용해졌다. 하루가 지나자 깨어났다.

七盜索命

목숨을 요구한 일곱 도적

항주의 수재 탕세곤湯世坤은 올해 30여 세로 범范 씨의 학관學館에서 가르쳤다. 어느 날 밤 학동은 모두 흩어지고 그 혼자만 방 안에 앉아 있었다. 당시는 엄동인지라 바람이 차 탕 씨는 서재의 창문을 전부 닫았다. 삼경에 등불을 밝히고 책을 읽고 있는데, 창밖에서 머리가 없는 사람이 뛰어들어 왔으며 그 뒤에 6명이 따라 들어왔는데 모두 머리가 없었다. 그들 7명은 모두 띠로 머리를 허리에 매고 탕세곤을 둘러싸 각자 자기 머리의 선혈로 그를 적셔 온몸을 피로 물들였다. 탕세곤은 놀라 정신이 혼미해져 말을 할 수 없었다. 이때 학관의 서동이 방으로 요강을 들고 오자, 여러 귀신이 그제야 흩어져 도망갔다. 탕세곤은 땅에 쓰러져 인사불성이 되었다. 서동이 주인에게 보고하고 급히 탕세곤을 일으켜 생강즙을 몇 그릇 계속 먹이고서야 깨어났다. 탕세곤은 본 일을 상세히 얘기해주면서 집에 돌아가 쉬고 싶다고 했다. 주인은 승낙하고 가마를 준비해 그를 보내주었다.

이때 날이 이미 밝았다. 탕세곤의 집은 성황산 기슭에 있었다. 가마가 산기슭에 거의 다다랐을 때 탕세곤은 가마꾼에게 집으로 가지 말고 학관으로 가자고 말했다.

"가마가 아직 산기슭에 도착하지 않았지만, 밤중에 본 머리 잘린 귀신들이 의기양양하게 높이 앉아서 나를 기다리는 것 같다."

범 씨 주인은 하는 수 없어 그를 학관에서 살게 했다.

탕세곤은 마침내 큰 병이 나서 온몸이 불덩이 같았다. 평소 심지가 선량한 범 씨 주인은 탕 씨의 아내를 학관으로 모셔와 탕약 시중을 들게 했다. 3일도 되지 않아 탕세곤은 죽었다가 오래지 않아 소생하여 그의 아내에게 말했다.

"나는 오래 살지 못할 거야. 이번에 깨어난 것은 염라대왕이 은혜를 베풀어 나보고 당신과 이별하라더군. 어제 병이 위중했을 때 푸른 옷을 입은 네 명이 나를 끌고 갔었지. 어떤 사람이 나를 고발하면서 복수하려 했다더군. 내가 황사로 뒤덮인 곳에 이르렀을 때에야 그곳이 저승인 줄 알았지. 내가 도대체 무슨 죄를 지었는지 묻자, 푸른 옷의 사람이 말하더군. '공이 자신의 얼굴을 보면 분명히 알게 될 겁니다.' 내가 말했지. '사람은 자신의 얼굴을 볼 수 없는데, 무슨 수로 본단 말입니까?' 푸른 옷을 입은 네 명이 각자 내게 작은 거울을 주며 말했지. '공의 얼굴을 비추어 보시오.' 과연 그의 말대로 해보니 비대하고 건장하며 수염의 길이가 7, 8촌寸으로 보이는데 결코 지금의 비쩍 마른 서생의 모습이 아니었어. 전생에 내 성은 오吳이고 이름은 장鏘이며 명말 누현婁縣의 지현이었대. 머리 없는 귀신 일곱 명은 원래 강도였어. 도둑질한 은 4만 냥을 모처에 숨겨두었다가 붙잡힌 뒤 이 돈으로 관청에 뇌물을 써서 그들의 목숨을 구하려고 했지. 그들은 누현의 옥리 허許 씨를 통해 나에게 사정을 봐달라고 부탁했어.

허 씨는 은 2만 냥을 착복하고 남은 2만 냥으로 나를 설복했지. 나는 당시 이 절도죄를 용서하기 어렵다고 생각하여 허 씨의 요구를 거절했거든. 허 씨는 『춘추좌전』의 "너를 죽인다고 해서 그 구슬이 어디로 간단 말이냐殺汝, 璧將焉往?"[10]라는 말을 인용하면서 먼저 은을 파낸 다음 그들을 죽이자고 하더군. 나도 일시에 탐욕이 생겨 결국 허 씨의 꼬임에 말렸는데 지금은 후회막심이야. 이에 푸른 옷을 입은 네 명을 따라 어느 곳에 이르니 화려하고 웅장한 궁전이 보였어. 궁전 중앙에 용포를 걸친 저승 장관이 앉아 있었는데 안색이 자못 온화해 보이더군. 나는 대전 계단 아래에 무릎을 꿇었고 7명의 귀신은 머리를 허리춤에 받들었는데, 저승 장관에게 하소연하는 듯했지. 하소연이 끝나자 여전히 머리를 허리에 매더군. 내가 저승 장관에게 용서해달라고 애원하자, 그가 말했지. '나는 의견이 없으니, 네 스스로 일곱 귀신에게 사정해보게나.' 나는 몸을 돌려 일곱 귀신에게 머리를 조아리며 말했지. '저는 고승을 불러 당신들을 위해 제도하고 당신들에게 지전을 많이 사르겠습니다.' 일곱 귀신은 모두 대답하지 않고 허리에 매여 있던 머리들이 전부 흔들리기 시작하여 보기가 매우 흉악했고 입을 열어 치아를 내놓고 다가와 내 목을 물려고 했지. 이때 저승 장관이 큰 소리로 외치더군.

'도둑놈들 무례하게 굴다니 그만두어라. 너희 죄는 죽어야 마땅하거늘 결코 오 씨가 법을 그르친 것은 아니니다. 오 씨가 일부러 불량한 마음을 품고 너희가 감춘 은을 속여 빼앗은 것이다. 그러나 처음 나

10 애공哀公 17년조에 "살녀, 벽기언왕殺女, 璧其焉往?"으로 나와 있다.

쁜 일을 한 사람은 옥리 허 씨이지, 현령 오 씨가 아니므로 오 씨의 수명을 연장할 수 있을 듯하다.'

일곱 귀신은 전부 머리를 목 위에 달고 울면서 말했지.

'우리는 오 씨에게 빚진 은을 달라는 것이지, 그의 목숨을 내놓으라는 것이 아니오. 오 씨는 조정의 봉록을 받으면서도 재물을 탐냈으니 또한 도적입니다. 허 옥리는 오래전에 우리가 씹어 먹었지요. 오 현령은 처음으로 환생하여 미녀가 되어 상서 송목중宋牧仲에게 시집가 첩이 되었고, 송 상서는 지위가 높고 문명이 있기 때문에 우리가 감히 접근할 수 없었어요. 이번에 오 씨는 또 탕 씨 집에서 환생했는데, 탕 씨 조상이 줄곧 덕망을 쌓아온지라 그의 가문에 공명이 있었던 것입니다. 올해 제야에 탕세곤의 이름이 문창군에 의해 천방天榜에 오를 겁니다. 한번 천방에 들어가면 사악한 마귀도 다가갈 수 없어 우리는 그만둘 수밖에 없지요. 탕 씨를 잡기란 실로 쉬운 일이 아니었죠. 천재일우의 기회였어요. 장관께서는 연약하게 마음먹지 마시기 바랍니다.'

저승 장관이 다 듣고 나서 이마를 찡그리며 말하더군.

'강도의 말도 일리가 있다. 나 또한 어쩔 수 없으니 너는 잠시 이승으로 돌아가 부인과 작별 인사를 해도 좋다.'

이렇게 해서 내가 잠시 깨어난 거야."

말을 마치고는 다시는 입을 열지 않았다. 아내는 그를 위해 황백색의 지전을 수도 없이 살랐다. 탕 씨는 결국 한 마디도 더 하지 못하고 사망했다.

탕 씨 가족 가운데 탕세창湯世昌은 이듬해 향시에 급제하고 또 진사가 되어 한림원에 들어갔다. 사람들은 모두 하늘의 문창군이 천방을 붙일 때 성명을 바꿔 탕세곤 이름을 탕세창으로 고쳤다고 여겼다.

입김을 불어 귀신을 물리친 진청각 공

陳清恪公 吹氣退鬼

진봉년陳鵬年[11]은 벼슬을 하기 전에 고향 사람 이부李孚와 사이좋게 지냈다. 그는 어느 가을밤에 달빛을 받으며 이부 집에 놀러 가 한담을 나눴다. 이부는 가난한 서생인지라 진봉년에게 말했다.

"제 아내 말이 술독이 비었다고 하네요. 노형께서 잠시 앉아 계시면 제가 나가서 술을 사가지고 돌아올 테니 함께 달이나 감상합시다."

진봉년은 이부가 쓴 시집을 들고 읽으면서 기다렸다. 문밖에서 남색 옷을 걸치고 봉두난발한 여자가 문을 밀치고 들어오더니 진봉년을 보고는 나갔다. 진봉년은 이부의 친척이 방문했다가 손님을 피해 들어오지 않은 것이라 여겼다. 이에 몸을 기울여 앉아 그녀를 피해 주었다. 이때 그 여인이 소매에서 물건을 꺼내 문턱 아래에 숨기고는

11 진봉년(1663~1723)의 자는 북명北溟, 창주滄州이며 호남 상담湘潭 사람이다. 강희 30년(1691)의 진사이며 절강 서안 지현西安知縣, 강남 상양 지현山陽知縣, 강녕 지부江寧知府, 소주 지부蘇州知府, 하도 총독河道總督을 역임했다. 주요 저작으로는 『도영당문집道榮堂文集』『갈월사喝月詞』 등이 있다.

몸을 돌려 안방으로 들어갔다. 진붕년이 무엇인지 보고 싶어 문턱에 다가가 보았더니 줄이었다. 줄에서 악취가 나고 혈흔이 묻어 있었다. 진붕년은 목매달아 죽은 귀신이라 여기고 줄을 신발 속에 감추고는 여전히 앉아서 책을 보았다.

오래지 않아 봉두난발한 여성이 나와 숨긴 곳을 찾다가 줄이 보이지 않자, 화를 내며 곧장 진붕년 앞으로 달려와 말했다.

"제 물건 돌려주세요."

"무엇을요?"

그 부인은 대답하지 않고 두 어깨를 올리고 입을 열어 진붕년에게 입김을 불었다. 입김이 얼음처럼 차가운 바람 같아서 모발이 서고 이빨을 떨리게 하며 탁자의 등불이 반짝거리다가 청색으로 변하더니 꺼지려고 했다. 진붕년은 속으로 생각했다.

'귀신도 숨이 있는데, 나라고 숨이 없을쏘냐?'

이에 그는 기를 모아 그녀에게 불었다. 진붕년의 입김이 닿은 곳에 구멍이 생겼다. 처음엔 부인의 복부가 뚫리더니 이어서 흉부가 뚫리고 최후에는 머리마저 사라져 순식간에 가벼운 연기처럼 흩어져 종적이 보이지 않았다.

얼마 후에 이부가 술을 사들고 돌아오면서 크게 울부짖었다.

"아내가 침상 위에서 목을 매달았어요."

하지만 진붕년이 웃으며 말했다.

"괜찮아요. 귀신의 줄이 아직 제 신발 속에 있어요."

동시에 그에게 방금 일어난 일의 경과를 알려주었다. 이에 그들이 함께 구조에 나서 생강즙을 먹였더니 그녀가 소생했다. 그녀에게 물었다.

"무슨 까닭으로 자살했소?"

"집안이 너무나 가난하고 부군이 또 이처럼 손님을 좋아하시니, 제 머리에 꽂은 유일한 은비녀조차 뽑아가 술로 바꿔서 마음속으로 답답했어요. 손님은 또 바깥에 앉아 계셔서 저는 아무 소리도 내지 않았지요. 이때 제 신변에 갑자기 봉두난발한 여자가 나타나더니 이웃집 여자라는데, 부군이 은비녀를 빼간 것은 손님을 접대하기 위해서라 아니라, 도박장에 가기 위해서라더군요. 저는 갈수록 울화통이 터지고 게다가 밤이 깊어도 남편이 돌아오지 않으며 손님도 떠나지 않았지요. 저 또한 손님을 떠나보낼 염치가 없었어요. 봉두난발한 여자가 손으로 동그라미를 그리며 말하더군요.

'이 동그라미 안으로 들어가면 부처 나라라서 비할 데 없이 즐겁습니다.'

저는 몸을 그 동그라미 안에 들여놓았지만, 두 손이 끼어서 동그라미가 자주 깨지더군요. 봉두난발한 여인이 말했습니다.

'내가 가서 불대佛帶를 가져오면 성불할 수 있어요.'

봉두난발한 여성은 띠를 가지러 갔으나 오랫동안 돌아오지 않았어요. 저는 혼미하게 꿈을 꾼 듯한데 당신들이 저를 구해줬어요."

나중에 이부는 이웃을 방문하고서야 몇 개월 전 마을의 한 여성이 과연 목매달아 죽었음을 알게 되었다.

陳聖濤遇狐

여우를 만난 진성도

소흥 사람 진성도陳聖濤는 청빈한 서생이다. 그의 아내가 죽자 혼자 양주에 와서 천녕사天寧寺 근처의 작은 사당에서 기거했다. 사당의 스님은 그를 무척 냉대했다.

진성도가 사당 안에 빗장이 잠긴 작은 누각을 발견하고 스님에게 그 이유를 묻자 스님이 대답했다.

"누각에서 귀신이 나와요."

진성도는 기필코 누각에 올라가고 싶어 문을 열고 들어가 보니 안석엔 먼지 하나 없고 위에는 거울과 대나무 빗 등 화장도구 등이 놓여 있었다. 진성도는 크게 의심이 들어 이 방에 스님이 여성을 몰래 숨겨두었을 것으로 여겼다. 하지만 그는 아무 말 하지 않고 누각을 나왔다.

며칠 지나서 진성도가 누각을 보니 아름다운 여성이 누각에 기대어 자신을 바라보기에 진성도도 그녀에게 눈길을 던졌다. 그 여성은 허공을 타고 뛰어내려 진 씨 방으로 왔다. 진 씨는 놀라서 그녀가 사람이 아닌 것으로 여겼다. 그 여성이 말했다.

"저는 신선입니다. 놀라지 마세요, 우리 둘은 전생에 인연이 있었어요."

진 씨가 그녀를 은근히 환대하면서 결국 두 사람은 부부가 되었다.

매월 초하루가 되기만 하면 부인은 진 씨에게 7일간 휴가를 내며 태산낭랑泰山娘娘에게 가서 시중을 들고 오겠다고 말했다. 진 씨가 부인이 떠난 틈을 타서 그녀의 상자를 열어보니, 안에는 반짝이는 금은보배가 들어 있었다. 진 씨는 하나도 꺼내지 않고 그대로 잠가두었다. 부인이 돌아오자 진 씨가 그녀에게 은밀히 말했다.

"내 처지는 너무나 빈궁하지만 당신은 자못 여유 자금을 비축해두었더군. 내게 빌려주어 장사 좀 해보면 안 될까?"

"당신은 타고날 때부터 궁상이라서 부자가 될 수 없어요. 장사를 해도 아무 이익을 남길 수 없어요. 저는 당신의 고상한 품행과 의리를 사랑합니다. 내 상자를 열어봤으면서도 한 푼도 가져가지 않았더군요. 정말 존경스럽습니다. 제가 서방님께 의식비를 드리도록 할게요."

이로부터 진 씨는 부엌에서 밥을 하지 않았으며 요리하는 일은 전부 부인이 도맡아서 했다.

이렇게 일 년이 지나자 부인이 진 씨에게 말했다.

"제가 저축한 자금을 서방님을 위해 상관에게 통판으로 발탁해달라고 상납했으니, 서방님이 경성에 가서 관련 부서에 보고하면 관직을 고를 수 있어요. 제가 먼저 경성에 가서 집을 마련해두고 서방님이 올라오길 기다리겠습니다."

"당신이 경성에 가면 나는 어디에서 당신을 찾지?"

"서방님이 경성에 오시는 대로 창의문彰義門[12]에서 기다리세요. 제가 사람을 보내 맞이하겠어요."

진 씨가 그녀의 말대로 부인보다 두 달 늦게 경성에 도착하여 창의문을 찾았더니 과연 한 노복이 무릎을 꿇고 맞이하며 말했다.

"나리께서는 늦으셨군요. 마님이 오랫동안 기다리셨습니다."

노복이 그를 미시호동米市胡同[13]으로 안내하여 담이 높은 저택으로 들어갔다. 수십 명의 노비가 무릎 꿇고 머리를 조아리며 영접했는데, 마치 일찍부터 모셨던 옛 주인을 맞는 듯했다. 진 씨는 그 이유를 이해할 수 없었다. 응접실에 이르자 부인이 옷을 잘 차려입고 나와 맞이하며 손을 잡고 안방으로 들어갔다. 진 씨가 물었다.

"저 노비들이 어떻게 나를 알고 있소?"

"절대로 말하지 마세요. 제가 서방님의 모습으로 변장해서 부部에 가서 돈을 내고 집을 사고 계약을 했어요. 저 노비들이 왔을 때 제가 서방님 모습으로 변장해서 그들을 받아줬어요. 그래서 모두 서방님을 알아본 겁니다."

아울러 진 씨에게 은밀히 귀띔해주었다.

"하인들의 성이 무엇이고 이름이 무엇인지 모르실 테니 이름을 부

---

12 광안문廣安門의 이전 이름. 베이징성에서 서쪽으로 난 문으로, 남방의 각 성에서 육로로 올라갈 때 반드시 이 문을 거쳐야 한다. 1956년에 철거했다.

13 베이징 쉬안우구 동남쪽에 있으며 북쪽으론 뤄마스다가騾馬市大街에 이르고 남쪽으로는 난헝둥가南橫東街로 이어진다. 이 거리는 명대에 형성되었으며 이곳엔 미곡 시장이 있어 '미시호동'이라 부르게 되어 지금까지 사용하고 있다. 이 골목 43호는 이전의 남해회관南海會館이자 강유위康有爲(1858~1927)의 고거다.

를 때는 반드시 제가 미리 말해주는 대로 하셔야 해요. 실수해서 저들이 의심하면 안 됩니다."

진 씨는 기뻐하며 집으로 편지 한 통을 써 보냈다.

이듬해 진성도의 큰아들이 찾아왔다. 그는 부친이 이미 계모를 얻은 것을 알고 방에 들어가 인사를 올렸다. 부인은 진 씨의 큰아들을 더욱 자애롭고 살뜰하게 보살폈는데 마치 친자식 대하듯 했다. 큰아들도 계모에게 어그러짐 없이 효성을 다했다. 어느 날 부인이 말했다.

"듣자니 내 아들이 며느리를 두었다는데 어째서 함께 오지 않았느냐? 내년에는 부친을 따라 함께 임지에 갈 수 있을 것이다."

큰아들은 알겠다고 답했다. 부인이 큰아들에게 여비를 주자, 큰아들은 아내를 경성의 부친 집으로 맞아들여 함께 살았다.

어느 날 문밖에서 갑자기 한 소년이 뵙기를 청했다. 진성도가 물었다.

"누구냐?"

"제 모친이 여기에 계십니다."

진 씨가 부인에게 가서 물으니 부인이 대답했다.

"제 아들인데 전남편 소생이죠."

그녀는 소년을 방으로 들어오게 하더니 진 씨에게 인사시키고, 진 씨의 큰아들에게 절하게 하면서 형제로 부르게 했다.

며칠 지나 부인은 다시 휴가 가서 집에 없었고 큰아들도 외출했다. 하루는 큰아들의 아내 왕王 씨가 단장하고 있는데 소년은 형수의 미모에 끌려 엿보다가 창을 밀치고 방 안으로 뛰어 들어와 왕 씨를 껴안고 즐길 것을 요구했다. 왕 씨가 거부하자 소년은 강간하려고 바지를 벗고 형수에게 음경을 보여주었다. 경두莖頭엔 살이 없고 털만 나 있는데 송곳을 세운 듯 뾰족했다. 왕 씨는 더욱 두렵고 혐오감이 들어 큰 소리로 살려달라고 외쳤다. 소년은 무서워서 도망갔다. 왕 씨의 치마는 이미 찢어졌다. 밤에 큰아들이 돌아왔는데 약간 취기가 있었다. 이상한 아내의 표정을 보고 그녀에게 묻자, 아내는 낮에 있었던 일을 전부 남편에게 알렸다. 큰아들은 분노를 참을 수 없어 탁자 위에 놓였던 칼을 들고 소년을 찾아갔다. 소년은 이미 잠들어 있었는데 큰아들이 휘장 안으로 들어가서 칼을 휘두른 뒤 촛불에 비춰보니 여우 한 마리가 머리가 잘린 채 죽어 있었다.

진성도는 이 일을 알고 깜짝 놀라서 부인이 휴가가 끝나 돌아오면 그녀 아들의 목숨을 돌려달라고 할 것이기에 두려웠다. 이에 부자 두 사람은 밤에 소흥의 집으로 도망갔다. 진 씨는 관청에 가서 관직 후보를 신청하지도 않았고, 부인의 돈을 한 푼도 건드리지 않았으며 예전처럼 청빈하게 지냈다.

묶인 키다리 귀신

長鬼被縛

한림 심후여沈厚餘[14]는 죽돈竹墩[15] 사람으로 젊었을 때 장張 씨 성을 가진 친구와 함께 공부했다. 며칠 동안 장 씨가 돌아오지 않아 심후여가 주변에 물어봤더니 지금 감기를 앓고 있다고 했다. 증세가 지독하다기에 그는 찾아가서 문안했다.

장 씨 집에 들어가니 조용하여 아무 소리도 나지 않았다. 응접실에 올라섰을 때 키 큰 사람이 단정히 앉아 고개를 들고는 응접실에 걸린 편액을 바라보고 있었다. 심후여는 그가 사람이 아닌 줄 알고 장난삼아 자신의 허리띠를 풀어 키다리의 두 다리를 묶었다. 키다리는 놀라 몸을 돌려 심후여를 바라보았다. 심후여가 어디서 왔는지 묻자, 키다리가 대답했다.

"장 씨는 곧 죽을 거예요. 저는 저승사자입니다. 미리 와서 그 집

14 명사관明史館에 근무했으며 육규훈陸奎勳(1663~1738), 양차야楊次也, 가욱柯煜(1666~1736)과 함께 '절서사재자浙西四才子'로 불린다.

15 지금의 저장성 후저우시湖州市 난쉰구南潯區 링후진菱湖鎭 주둔촌竹墩村을 말한다. 이곳은 죽돈 심 씨의 발상지 가운데 하나다.

조상의 신위에게 분명히 설명하고 난 뒤 잡아가려고 합니다."

심후여가 키다리에게 장 씨의 모친은 과부로 살고 있으며 장 씨는 아직 결혼하지 않아 아이도 낳지 않았는데, 어떻게 그를 죽일 수 있느냐고 물었다. 방법을 마련하여 잠시 늦춰줄 것을 간청했다. 키다리도 동정심이 들었지만 좋은 방법이 없어 부탁을 사절했다. 심후여가 재삼 간청하자 키다리가 말했다.

"한 가지 방법뿐입니다. 장 씨가 내일 오시午時[16]에 죽어야 하는데, 그 전에 저승사자 다섯 명이 나와 함께 문밖의 버드나무 아래에서 장 씨 집으로 들어갈 겁니다. 저승의 귀신은 배가 고프고 목이 마를 겁니다. 이때 귀신에게 먹을 것과 마실 것을 주면 그들이 잡아가는 시간을 벌 수 있어요. 당신은 미리 두 식탁을 장만하고 여섯 명이 앉을 자리를 마련해놓은 다음 문밖 버드나무 곁에서 기다리세요. 때가 되어 위에서 아래로 회오리바람이 몰아치면 곧 고개 숙여 공손히 인사하고 다섯 귀신을 연회석으로 안내하여 정성스레 술을 권하고 접대하세요. 태양의 그림자가 오시를 지나면, 일어나 물러가도 좋습니다. 그러면 장 씨는 죽음을 면할 수 있어요."

심후여는 그렇게 하겠다고 대답했다. 그는 곧장 들어가 장 씨 가족에게 알리고 때가 되면 어떻게 하라고 하나하나 가르쳐주었다. 그날이 되자 장 씨는 새벽부터 혼미하여 깨어나지 못하다가 정오가 되자 숨이 깔딱깔딱할 정도였다. 밖의 술자리가 파하자 장 씨의 정신이 점차 돌아왔다. 일이 끝난 뒤 심후여는 매우 기뻐하며 집으로 돌아

---

16 오전 11시~오후 1시.

왔다.

한 달이 지나자 심후여는 꿈속에서 키다리를 보았다. 그는 몹시 고통스런 표정을 짓고 미간을 찌푸리며 심후여에게 알렸다.

"전에 저는 당신을 위해 계책을 마련하여 장 씨 생명을 12년 연장시켰어요. 그의 운명을 보면 입학할 수 있고 아울러 모 과에 차석으로 합격할 것이며 두 아들을 둘 것입니다. 하지만 제가 저승의 비밀을 발설했고 저승사자 다섯 명이 일러바쳐 곤장 40대를 맞았으며 일자리도 잃어버렸어요. 저는 본래 귀신이 아니라 협석진峽石鎮의 짐꾼 유선劉先인데, 지금 제가 저승에서 형벌을 받아 다시는 걸어다닐 수가 없어요. 계산해보니 저의 생명은 아직 3년 남아 있는데 당신이 장 씨에게 알려주어 그가 저에게 일상 생활비를 지급해 여생을 마칠 수 있도록 해달라고 전해주시기 바랍니다."

심후여가 이 꿈을 장 씨에게 알리자 장 씨는 즉각 수십 냥의 은으로 배 한 척을 사서 심후여와 함께 유선을 찾았는데, 과연 그 사람은 마비되어 병상에 누워 있었다. 두 사람은 병상 아래에서 절하며 고마움을 표시하고 휴대한 돈을 그에게 준 뒤 귀가했다. 그 뒤 장 씨의 운명은 꿈에서 예언한 대로 똑같이 되었다.

西園女怪

서원의 여자 요괴

항주 사람 주周 씨와 친구 진陳 씨가 양주 교외의 한강邗江으로 여행 가서 한 신사의 집에 머물렀다. 당시는 초가을이지만 무더운 여름 날씨가 아직 가시지 않았다. 두 사람이 묵는 방이 너무 좁아 답답했다. 그러나 주인집 서원西園에는 여러 칸의 정사精舍가 있고 자못 조용했으며 산을 등지고 앞엔 물이 흘러서 두 사람은 이곳으로 옮겨 거주했다. 며칠 동안은 밤에 평온무사했다.

어느 날 저녁에 두 사람은 달빛을 받으며 산보하다가 이경에 방으로 돌아와 자려고 준비했다. 갑자기 뜰 밖에서 발걸음 소리가 들렸다. 그리고 어떤 사람이 천천히 시구를 읊조렸다.

봄꽃 이미 만개하여 지난 일이 되었고 春花成往事
가을 달 밝으니 바로 오늘 밤이로다 秋月又今宵
머리 돌려 아득한 무산의 운우 바라보며 回首巫山遠
세월만 헛되이 지나가 양 살쩍은 시들었네 空將兩鬢凋

두 사람은 주인이 뜰에 나가 거닌다고 생각했지만, 목소리가 아닌 것 같아 옷을 걸치고 나와 보았더니 한 미녀가 난간을 등지고 서 있었다. 둘은 소곤거리며 주인집에서 이런 사람을 본 적이 없는 데다가 차림새가 오늘날의 복장이 아닌 걸로 미루어 평상시에 사람들이 항상 말하던 귀신일 거라고 했다. 진 씨는 젊은 데다가 미녀를 보니 마음이 동해 이렇게 말했다.

"이렇게 참한 몸매를 가졌으니 귀신이라도 무슨 상관이 있겠어?"

이에 그녀에게 인사를 건넸다.

"아가씨, 방 안으로 들어가 얘기 좀 나누시지 않겠소?"

뜰 밖의 미녀가 대답했다.

"제가 들어갈 수도 있습니다만, 당신 혼자 나오실 순 없나요?"

진 씨가 주 씨를 끌고 문을 열고 나왔지만 아무도 보이지 않았다. 진 씨가 부르니 이어서 대답하는 소리가 들렸지만, 사람 그림자는 끝내 보이지 않았다.

두 사람은 소리가 나는 방향을 따라 찾아갔다. 그 사람이 나무숲에 있는 듯하여 자세히 살펴보았더니 가느다란 버드나무 가지 사이에 한 부인의 머리가 거꾸로 매달려 있었다. 두 사람은 너무 놀라 크게 소리를 질렀다. 그 머리가 땅에 떨어져서 결국 두 사람을 향해 뛰기 시작했다. 두 사람은 급히 방 안으로 들어와 숨었는데 그 부인의 머리도 바짝 쫓아왔다. 두 사람은 방문을 걸고 온 힘을 다해 막았다. 귀신은 머리를 들이밀고 이빨로 문지방을 깨물어 '딱딱' 하는 소리를 냈다.

오래지 않아 닭 울음소리가 들리자 그 머리는 뛰어나가 연못가에 이르러 사라졌다. 두 사람은 이렇게 새벽까지 시달리다가 급히 원래의 방으로 옮겨 머물렀다. 두 사람은 각기 수십 일 동안 학질을 앓았다.

병영의 병사를 죽인 우레

雷誅營卒

건륭 3년(1738) 2월에 우레가 떨어져 병영의 한 병사가 맞아 죽었다. 이 사병은 평소 나쁜 짓을 한 적이 없어 사람들은 모두 이상한 일이라 여겼다. 이 병사와 같은 병영을 쓰는 노병이 이 병사의 지난 일을 얘기했다.

"그는 이미 개과천선했어. 그러나 20년 전 처음 병사가 되었을 때 어떤 일을 저질렀지. 나는 그와 같은 반에서 근무했기 때문에 이 일을 상세하게 알거든. 한번은 모 장군이 고정산皐亭山[17] 아래로 사냥 나가서 그가 길가에 천막을 설치했지. 해가 저물 때 어린 비구니가 천막 밖으로 지나갔어. 그는 앞뒤로 사람이 없는 것을 보고 비구니를 천막 안으로 납치하여 강간을 시도했지. 비구니는 필사적으로 저항하다가 바지를 잃어버린 채 도망갔어. 그는 반 리나 되는 길을 쫓

17 저장성 항저우시 북쪽 교외에 있다. 고정산을 최초로 기록한 책은 구양수歐陽脩(1007~1072)가 편찬한 『신당서新唐書』 「지리지地理志」다. 남송 영종寧宗 황제가 '고정산'이란 글씨를 써서 편액을 내렸다. 남송 때 이곳은 임안臨安을 지키는 군사의 요지였다. 원나라 병사가 남하했을 때 남송의 군신들이 이곳에서 투항하기도 했다.

아가다가 한 농가로 도망가는 비구니를 보고 울상을 지으며 병영으로 돌아왔어. 비구니가 피신한 집에는 젊은 부인과 어린 아들만 있었고, 남편은 밖으로 일 나갔었지. 부인은 집 안으로 들어오는 비구니를 보고 처음엔 들이지 않으려고 했어. 비구니는 방금 일어난 일을 알리며 하룻밤 재워줄 것을 부탁했지. 부인은 그녀를 불쌍히 여겨 승낙했어. 그리고 자신의 바지를 빌려주었어. 비구니는 3일 뒤에 반드시 돌려주기로 약속했지. 그리고 이튿날 날이 밝기도 전에 농가를 떠났어. 부인의 남편이 집으로 돌아와 더러운 옷을 벗고 깨끗한 옷으로 갈아입으려고 하여, 부인이 상자를 열어보니 남편의 바지는 보이지 않고 자기 바지는 그대로 있었지. 그제야 어젯밤에 당황한 나머지 남편의 바지를 비구니에게 잘못 빌려준 것을 알았어. 속으로 자신의 경솔함을 자책할 때 어린 아들이 옆에서 말했지.

'바지는 어젯밤에 스님이 빌려 입고 갔잖아요.'

남편은 의심이 들어 아들에게 자세히 물어보았어. 아들은 어젯밤에 스님이 와서 엄마에게 애원하여 하룻밤 머물고 바지를 빌렸으며 날이 밝기 전에 문을 나선 일을 알려주었어. 부인이 묵은 사람은 스님이 아니라 비구니라고 변명해도 남편은 믿지 않고 처음엔 욕을 하다가 이어서 몽둥이로 때렸지. 부인은 이 일을 이웃에게 알리며 그들에게 증인 서줄 것을 애원했지만, 이웃은 이 일이 밤에 발생한지라 모른다고 발뺌했지. 부인은 억울함을 참지 못해서 결국 목매달아 자살했어.

이튿날 아침 남편이 문을 열어보니 비구니가 바지를 들고 돌아왔으며, 아울러 감사의 표시로 떡이 담긴 광주리까지 들고 왔지. 이때 그의 아들이 비구니를 가리키며 말했어.

'이분이 그저께 밤에 묵었던 스님이에요.'

남편은 매우 후회하며 어린 아들을 무참하게 때려 그를 부인의 영구 앞에서 죽여버리고 남편도 목을 매 자살해버렸지. 이웃들은 관청에 알려져 자신들도 연루될까봐 서로 돈을 추렴하여 안장하고는 이 일을 대강 마무리해버렸어. 이듬해 겨울에 장군이 다시 고정산 아래로 사냥 나오자, 현지 사람들이 이 일을 보고했지. 나는 비록 마음속으로 누가 한 짓인지는 알고 있었지만, 일이 이미 끝났기에 다시 보고하지 않았어. 내가 은밀히 이 일을 그 사병에게 알렸더니, 그도 불안감을 느끼기 시작하더군. 이로부터 개과천선하여 속죄할 수 있길 바랐거든. 뜻밖에도 하늘은 마땅히 죽어야 할 사람을 그냥 놔두지는 않는 법이라네."

青龍黨

청룡당

종전에 항주의 깡패들은 짐승 피를 마시며 동맹을 맺고 등에 작은 청룡 문양을 새기곤 청룡당青龍黨이라 불렀으며 향리에서 발호했다. 옹정 말년에 절강 안찰사 범국선范國瑄이 이러한 깡패를 잡아들여 죄로 다스렸다. 그 가운데 십중팔구는 목이 잘렸지만 악질분자 동초董超는 결국 밖으로 도피했다.

건륭 연간 어느 겨울에 동초는 그의 당원 수십 명이 와서 알리는 꿈을 꾸었다.

"그대는 청룡당의 두목이면서 비록 요행히도 법망을 빠져나갔으나, 내년에는 틀림없이 하늘에 의해 주살될 것이오."

동초가 매우 놀라 죽음을 피할 방법이 있는지 묻자 당원은 말했다.

"한 가지 계책이 있소. 보숙탑保叔塔[18] 부근의 작은 사당으로 달려

---

18 항저우시 보석산寶石山 위에 있는 탑. 오대 후주後周 때 건립된 9층탑인데 북송 함평咸平 연간에 중수할 때 7층으로 만들었다고 한다.

가서 그곳 스님을 사부로 삼아 불가의 계율을 힘써 지키면 요행히 죽음을 면할 것이오."

동초는 꿈에서 깨어난 뒤 보숙탑 부근의 사당을 찾았다. 사당에는 과연 노승이 마침 가부좌를 틀고 염불하고 있었다. 동초는 스님 앞에 무릎 꿇고 눈물을 흘리며 범한 죄를 털어놓으면서 머리 깎고 제자가 되겠다고 말했다. 노승은 처음에 겸손하게 거절했으나 그의 진실한 마음을 읽고는 머리를 깎고 행각스님으로 삼아 낮에는 불경을 읽게 하고 밤에는 산기슭에서 목어를 치게 하면서 아미타불을 외게 했다. 동초는 겨울부터 봄까지 열심히 수련했다.

4월 어느 날 동초는 저자에서 탁발하고 돌아오는 길에 토지묘에 잠시 쉬다가 혼미하여 잠이 들었다. 꿈속에 그의 당원이 그를 재촉하며 말했다.

"빨리 돌아가요, 빨리 돌아가세요. 오늘 밤 벼락이 칠 겁니다."

동초는 놀라 깨어 급히 허둥지둥 사당으로 돌아갔다. 이때 날이 완전히 어두워지자 과연 벼락이 치기 시작했다. 동초는 꿈속의 일을 노승에게 알렸다. 노승은 그에게 자신의 무릎 앞에 꿇게 하고 두 손의 옷소매로 그의 정수리를 가리고 예전처럼 불경을 외웠다. 오래지 않아 하늘의 번개는 사당의 지붕을 따라 돌며 연이어 몇 번 때려 사당의 왼편 돌을 때리기도 하고 사당 오른편의 나무를 치기도 했다. 이렇게 일고여덟 번 벼락이 쳤으나 동초를 맞히지 못했다.

오래지 않아 바람도 멎고 벼락도 그쳤다. 구름이 흩어지고 달이 나오자, 노승은 동초가 고비를 넘겼다고 생각하여 그를 땅에서 일으켜 세우며 말했다.

"지금부터는 무사할 것이니라."

동초는 이때에야 놀란 정신이 조금씩 돌아와 노승에게 감사 인사를 드렸다. 하지만 사당 밖으로 걸어나오는데 갑자기 번개가 치고 벼락 소리가 나더니 돌판 위에서 그는 벼락을 맞아 죽었다.

진주고원

陳州考院

하남 진주학원陳州學院 아문의 응접실 뒤에 누각 세 칸이 있었다. 이 누각은 언제나 잠겨 있는데, 전하는 말에 따르면 귀신이 나온다고 한다.

강희 연간에 탕서애湯西崖[19] 선생이 급사중給事中의 신분으로 파견되어 현지 독학을 맡았는데 늙은 서리의 말을 듣고 이 누각 문을 항상 닫아두게 했다. 당시는 한여름이고 아문 사람은 많고 방이 부족했다. 항주 수재 왕경王瓊, 중주 수재 경고상景考祥[20]은 평소 자신의 담력이 세다고 자부하며 이 누각 위로 옮길 것을 요청했다. 탕서애가 들었던 전설을 그들 두 사람에게 알려줘도 두 사람은 이를 믿지 않

---

19 탕우증湯右曾(1656~1722)을 말한다. 자가 서애이며 인화仁和(지금의 항저우) 사람이다. 강희 37년(1688)에 진사가 되었고 이부시랑을 역임했다. 주요 저작으로 『회청당집懷淸堂集』이 있다.

20 경고상(1698~1778)은 지금의 장두시江都市 이링진宜陵鎭 산차오촌三橋村 사람인데 어려서 부친을 따라 하남으로 이주했다. 강희 47년(1708)에 진사가 되었고 한림원 편수, 국사관國史館 찬수관纂修官, 문영관文穎館 제조관提調官 등을 역임했다.

았다. 그들이 자물쇠를 비틀어 열고 누각 위로 올라가 보니 밝은 창문은 사방으로 열려 있었고, 들보에는 먼지 하나 없어서 이전 사람들의 전설을 믿을 수 없다는 의심이 들었다. 경고상은 누각 바깥방에서 잠을 지고 왕경은 안방에서 잠을 자며 중간 방은 휴게실로 남겨 두었다.

이경을 알리는 북을 치자 경고상이 먼저 누웠고 왕경은 중간에서 촛불을 들고 방으로 돌아가 잠자려고 준비하며 경고상에게 말했다.

"사람들은 이 누각에서 귀신이 나온다고 말하는데, 지금 몇 밤을 잤는데도 무사하니 이전 사람의 담력이 작았던 게야. 늙은 서리에게 속은 거지."

경고상이 대답도 하기 전에 천천히 누각 위로 오르는 신발 소리가 들렸다. 경고상이 왕경에게 물었다.

"누각 아래에서 무슨 소리가 났지?"

왕경이 웃으며 대답했다.

"아마 누각 아래의 사람이 일부러 우리를 놀리려고 그런 걸 거야."

얼마 안 있어 누각 아래의 그 사람이 발걸음을 빨리하여 올라왔다. 경고상은 다급해서 크게 소리 지르고 왕경도 일어나 촛불을 들고 방문을 걸어 나와 중간방 안을 비춰봤다. 갑자기 촛불이 조금씩 어두워지더니 반딧불이처럼 희미한 빛으로 변했다. 두 사람이 너무나 두려워 급히 촛불 몇 개를 더 켜자 방이 조금 밝아졌다. 그러나 촛불의 색깔은 시종 청록색이었다.

이때 누각 문이 열리고 문밖에 푸른 옷을 입은 사람이 서 있는데, 신장은 두 자이고 얼굴도 두 자였으며 눈과 입, 코도 없으며 두 발만 있었다. 두발은 위로 우뚝 솟아 있고 역시 두 자 길이였다. 두 사람이 큰 소리로 외쳤다.

"누각 아래에 아무도 없느냐?"

이 괴물은 소리를 듣고 마침내 땅에 쓰러졌다. 창밖 사방에서 '추추' 소리가 들리는데 대략 100여 종의 귀신들 소리가 났으며, 동시에 방 안의 가구, 집기가 모두 움직이기 시작했다. 두 사람은 거의 놀라 죽을 뻔했다. 닭이 울 때가 되자 그 소리는 겨우 멎었다.

이튿날 늙은 서리에게 누각에서 발생했던 일을 얘기해주었다. 당초 율양溧陽 사람 반潘 씨는 이곳에서 독학을 지냈다. 세시歲試[21]가 이미 끝나고 이튿날 합격자 명단을 발표하려고 했다. 반 씨가 잠들어 이경이 되었을 때 갑자기 응접실 위에서 북 치는 소리를 들었다. 반 씨가 서동을 보내 방을 조사해보게 했더니, 숙직을 서던 서리가 말했다.

"방금 봉두난발한 여성이 서쪽의 과거시험장에서 계단으로 걸어 나와 반 대인 뵙기를 요청합니다. 서리는 밤이 깊어 감히 말을 전할 수가 없었어요. 그러자 봉두난발의 여성이 말하더군요.

'저는 억울한 일이 있어서 대인을 뵙고 진술하려고 합니다. 저는 사람이 아니라 귀신이오.'

서리는 놀라 땅에 쓰러졌는데, 그 귀신이 스스로 북을 치기 시작했어요."

---

21 3년마다 있는 향시鄕試·회시會試·전시殿試의 예비 시험으로 매년 실시된 청대의 시험.

아문 안은 갑가지 아수라장이 되어 어찌해야 할지 몰랐다. 장張 씨 성을 가진 노복이 약간 담력이 있어 대청으로 걸어가 그 귀신에게 무슨 억울함이 있는지 묻자 귀신이 말했다.

"대인께서 날 한번 보는 데 무슨 장애가 있겠소. 지금 대인이 나오지 않으니 번거롭겠지만 당신이 전해주시오. 저는 모 현 출신의 아무개 수재 집의 하녀인데, 주인은 저의 미색을 탐하여 강간하려고 했어요. 제가 굴종하지 않자 주인은 채찍으로 절 때렸어요. 저는 이 일을 남편에게 알렸는데, 남편은 술에 취한 터라 불손하게 말했지요. 주인은 밤에 가족을 데리고 말에게 먹이를 주던 남편을 죽여버렸어요. 이튿날 아침에 주인이 제 방으로 들어와 사람을 시켜 날 붙잡게 하고 강간했어요. 제가 큰 소리로 욕하자 주인도 대로하여 저를 때려죽이고 내 시체를 뒤뜰 서쪽의 돌구유 아래에 묻었지요. 다년간 억울함을 당해서 특별히 이곳에 왔으니 밝혀주시기 바랍니다."

말을 마치고는 크게 울기 시작했다. 이에 장 씨가 말했다.

"당신이 고발한 그 수재도 이번에 시험 치러 왔소?"

"왔어요. 벌써 2등급의 13등으로 합격했지요."

장 씨는 이 말을 반 독학에게 알렸다. 반 독학이 13등의 시험지를 뜯어서 보았더니 과연 그 수재의 이름이 적혔다. 이에 다시 노복 장 씨를 불러 나가서 그 여자 귀신을 위로해주고 말하게 했다.

"반드시 당신의 문서를 아문에 보내 이 사건을 심리할 것이오."

여자 귀신은 하늘을 우러러보며 길게 소리 지르고는 떠나버렸다. 반 독학은 이튿날 문서를 현령에게 보냈다. 과연 돌구유 밑에서 여자 시체 한 구를 발굴했으며 그 수재를 체포하여 법대로 처형했다. 이는 이곳 아문과 관련 있는 기이한 소문에 불과하다. 그러나 왕경, 경고상 두 수재가 만난 귀신은 도대체 무슨 사정인지 모르겠다.

왕 수재는 후에 거인에 합격했으며, 중주 수재는 후에 관직이 시어사에 이르렀다.

符離楚客

부리의 호북 상인

강희 12년(1673) 겨울 호북 상인이 산동에 와서 장사를 하고 있었다. 그가 서주徐州에서 부리符離[22]에 이르니 벌써 한밤중 이경이 되었고 북풍이 세차게 불었다. 그는 길가에 환하게 켜진 주막의 불빛을 보고 들어가 술을 마시며 하룻밤 재워줄 것을 부탁했다. 주막 주인은 난색을 표했다. 이때 한 노인이 그의 다급함을 동정하면서 그에게 말했다.

"우리는 지금 술안주를 마련하여 원정에서 돌아온 장사를 초대하려고 하는데, 당신을 접대할 만큼 술이 많진 않지만 오른쪽에 작은 사랑채가 있으니, 그곳에서 잠시 머물도록 하시지요."

이어서 손님을 방 안으로 안내했다.

호북 상인은 너무나 배가 고파서 아무래도 잠들 수가 없었다. 갑자기 밖에서 사람과 말 소리가 떠들썩하게 들려와 그는 의심이 들어 일어나 문틈으로 동정을 살폈다. 보니 주막에 빽빽하게 둘러싼 사람

22 지금의 안후이성 쑤저우시宿州市 융차오구埇橋區 푸리진符離鎭을 말한다.

은 모두가 병사였다. 그들은 땅바닥에 앉아 술 마시며 싸웠던 일을 얘기했는데, 모두 분명히 들리진 않았다. 잠시 후 병사들이 서로 외치며 말했다.

"장군님이 오셨다!"

이어서 멀리서 외치는 소리가 들리자 병사들이 전부 맞으러 나갔다. 잠시 후 수십 개의 종이 등이 뒤섞여 들어왔다. 건장하고 긴 수염을 가진 장군이 말에서 내려 주점에 들어와 자리에 앉았다. 여러 병사는 문밖에서 지키고 있었다. 주막 주인이 술과 안주를 내다주자, 장군은 게걸스레 먹더니 다 먹고는 문밖 병사를 불러 말했다.

"우리가 원정 나온 지 오래이니 너희는 그만 부대로 돌아가라. 나도 좀 쉴 테다. 공문이 오면 출발해도 늦지 않을 것이다."

병사들이 대답하고는 물러나왔다. 장군이 또다시 외쳤다.

"아칠阿七 들어오너라."

이때 한 소년 병사가 주막의 왼쪽 문으로 들어오자, 주막 안에 있던 사람이 문을 닫고는 자리를 피해주었다. 아칠은 긴 수염의 장군을 안내하여 왼쪽 방으로 들어갔다. 왼쪽 방의 문틈에서 등불이 새어나왔다. 호북 상인은 오른쪽 방에서 걸어 나와 살금살금 왼쪽 사랑채 문 앞으로 가서 문틈으로 들여다보았다.

방 안에는 대나무 침상이 놓여 있고 침구는 없으며 등이 땅에 놓였다. 긴 수염의 장군이 손으로 자기 머리를 흔들어 머리가 땅에 떨어지자 침상 위에 놓았다. 아칠이 그를 대신하여 양쪽 어깨를 꽉 붙잡으니 좌우의 팔도 빠지기 시작하여 침상의 곁에 놓아둔 다음 몸을 침상에 눕혔다. 아칠도 자기 몸을 흔들자 요부에서 두 토막으로 갈라지더니 땅에 떨어졌다. 등도 곧 꺼졌다. 호북 상인은 깜짝 놀라서 급히 방 안으로 돌아와 소매로 얼굴을 가리고 잠을 청했지만 뒤척거리며 잠을 이루지 못했다.

멀리서 닭 우는 소리가 두세 번 들리면서 몸이 점차 차가워짐을 느꼈다. 이에 옷소매를 헤쳐 보았더니 날이 점차 밝아지며 자신이 어지러운 숲에서 자고 있는 모습을 발견했다. 주변은 모두 황야이고 집도 없고 무덤도 없었다. 감기에 걸린 채 그가 3리 길을 걸어오자 처음으로 여관이 나타났다. 여관 주인이 문을 열다가 그를 발견하고는 놀란 듯이 물었다.

"손님은 어디에서 이렇게 일찍 오십니까?"

손님은 어젯밤에 만났던 일을 여관 주인에게 알려주고, 아울러 자신이 어젯밤 노숙한 곳이 어딘지 물었다. 그러자 여관 주인이 말했다.

"이 일대는 모두 옛날 전쟁터였어요."

전염병으로 사망한 서 씨

徐氏疫亡

옹정 임자년(1732) 겨울 항주 성안의 서徐 씨 딸이 시집간 지 1개월이 되자 항주의 풍습에 따라 부부가 함께 신부 집에 돌아와 쌍회문雙回門의 예禮[23]를 행했다. 이날 서 씨 집에서는 주연을 베풀어 사위를 접대했으며 그를 위해 누각 아래에 방을 준비해두었다. 사위가 침상 휘장 안으로 들어가 누워 잠들기 전 누각 계단에서 걸음 소리가 들렸다. 보니 네 명이 누각에서 내려와 등불 앞에 섰다. 한 사람은 오사모를 쓰고 붉은 의상을 걸쳤다. 또 한 사람은 방건方巾을 쓰고 도사 차림새였다. 나머지 두 사람은 면모棉帽를 쓰고 베로 만든 도포를 걸쳤다. 네 사람은 계속 탄식했다. 잠시 후 여장을 한 다섯 명이 누각에서 내려와 등불 앞에서 얼굴을 가리며 울었다. 그 가운데 나이 든 여성이 장막 안을 가리키며 말했다.

"이 사람에게 부탁해도 됩니다."

---

23 결혼식이 끝나고 1개월 뒤 신부가 신랑을 데리고 친정에 인사하러 가는 일을 말한다.

오사모를 쓴 사람이 손을 흔들며 말했다.

"소용없어요."

또 울면서 말을 이었다.

"저는 반드시 장 선생이 우리 가문을 위해 생명줄을 남겨주시길 바랍니다."

그들은 서로 위로하며 어떤 이는 앉아 있고 어떤 이는 걸어다녔다. 사위는 너무나 두려워서 아무 소리도 내지 못했다. 오경에 이르러 그들은 비로소 서로 부축하며 누각으로 올라갔다. 이때 탁자 밑에서 얼굴이 검은 사람이 나오더니 급히 계단을 밟고 누각으로 올라가 붉은 옷을 입은 사람을 잡으며 말했다.

"날 위해 생명줄을 남겨줄 수 없는 건 아니겠지?"

붉은 옷을 입은 사람은 알겠다며 승낙했다. 이때 닭이 울자 얼굴이 검은 사람도 탁자 밑으로 기어들어갔다.

창문이 점차 밝아지기 시작하자 사위가 옷을 걸치고 내실로 들어가 누각 위에 누가 사느냐고 묻자, 서 씨 가족이 대답했다.

"새해에 조상의 초상화를 걸어둘 뿐, 사는 사람은 없어."

사위가 누각에 올라 그 초상화를 살펴보니 복식과 외모는 어젯밤에 본 것과 같았다. 마음속으로 여전히 어찌된 일인지 몰라 비밀에 부치고 입 밖으로 다시 꺼내지 않았다.

그런데 서 씨의 세 아들은 모두 장유건張有虔 선생의 제자다. 이해에 장 선생은 송강에서 학관을 열고 제자를 받았다. 5월 중순에 장 선생은 모친의 병 때문에 집으로 가려고 제자에게 잠시 송강학관에 와서 맡아줄 것을 부탁했다. 서 씨 집안은 부호였기에 세 아들은 모두 문밖을 나서려고 하지 않았다. 하지만 장 선생이 계속 강하게 부탁하자 서 씨 주인은 셋째를 보내기로 하면서 평소 장 선생을 극진히 모셨던 가복의 아들 아수阿壽와 함께 가도록 명했다. 주인과 하인 두 사람이 집을 떠난 지 20일도 되지 않아 항주에서 두꺼비 전염병이 크게 유행했다. 서 씨 가족 12명 가운데 10명이 죽고 셋째 아들과 아수만 집 밖에 머문 덕분에 전염병에 걸리지 않았다. 셋째 아들이 나중에 이 소식을 듣고 집으로 돌아왔다. 그제야 사위가 자신이 누각 아래 방에서 목격했던 것을 그에게 알려주자, 셋째 아들이 이상하게 여기며 말했다.

"아수 부친 이름이 아흑阿黑인 것은 얼굴이 검기 때문이죠. 그대가 본, 탁자 밑에서 나왔던 얼굴 검은 귀신이 바로 아흑이오."

蔣文恪公說二事

장문각 공이 말한 두 가지 일

나의 주임 시험관 장문각蔣文恪[24] 공은 황상이 내려준 이광교李廣橋[25] 근처의 저택에 거주했다. 그가 다음과 같은 이야기를 해주었다.

소년 시절 장문각 공은 단층집에서 공부했는데 다른 집과 멀리 떨어져 있었다. 매일 밤 일이 있어서 서동의 이름을 부를 때마다 대답하는 소리만 들리고 사람은 오지 않았다. 어느 날 밤에 그는 소변이 마려운데 창밖 달이 그다지 밝지 않고 같이 갈 사람도 없고 해서 서동의 이름을 불렀다. 대답하는 소리를 듣고는 빨리 들어오게 했지만, 그는 끝내 들어오지 않았다. 장문각이 문을 열고 보니 한 사람이 밖의 담장 문에 머리를 베고 누웠는데, 얼굴의 방향은 안쪽으로 향

---

24 문화전대학사文華殿大學士를 지냈던 장부蔣溥(1708~1761)의 시호다. 대학사 장정석蔣廷錫(1669~1732)의 만아들이고 호는 항헌恒軒, 자는 질보質甫이며 강소성 상숙 사람이다. 청조의 대신이자 화가였다. 옹정 8년에 진사가 되었고 동각대학사東閣大學士 겸 호부상서를 역임했다.

25 이광교는 베이징 서성구 양팡후퉁羊房胡同 동쪽 입구에서 허우하이난옌後海南沿 사이에 있었던 작은 돌다리를 말한다. 명대 태감 이광이 수축했다하여 '이광교'라 불렸으며 1952년에 철거되었다.

하고 입으로만 대답했다. 공은 처음엔 서동이 술 취한 것으로 여겨 몇 마디 욕을 퍼부었지만 그래도 여전히 누워 있었다. 장문각은 화가 치밀어 문지방 앞으로 가서 그를 한 대 때리려고 했는데, 누워 있던 사람의 키가 세 자나 되는 데다 방건을 쓰고 검은 옷을 입은, 수염이 허연 머리임을 알게 되었다. 마치 세상 사람들이 빚어놓은 토지신의 신상 모습이었다. 장문각이 그를 꾸짖자 그 사람은 그제야 천천히 숨어버렸다.

장문각의 부친 문숙공文肅公[26]은 평소 자손들에게 연극배우와 가까이하지 말라고 훈계했다. 그래서 문숙공 생전에 연회 자리를 마련하여 잔치를 벌인 일이 없었다. 문숙공 사후 10년이 될 동안 장문각은 몇 번 연극을 본 적은 있지만 집에서는 감히 배우를 양성할 수 없었다. 그의 노복 고승顧升이 장문각이 한가로이 앉아 연극에 대해 얘기하는 틈을 타서 그를 설득하며 말했다.

"나리, 외부의 연극배우는 집안의 배우보다 못합니다. 집안사람은 불러오기도 쉽고요. 노복의 자녀가 매우 많사오니 교사를 불러 몇 명을 선발해 연극을 가르쳐보시지요."

장문각은 마음이 쏠리긴 했으나 승낙하지 않았다. 이때 갑자기 고승이 얼굴색이 놀라고 무섭게 망가지더니 두 손에 족쇄를 채운 듯 땅에 쓰러졌다. 머리가 의자 밑으로 들어가고 온몸이 의자 다리를

---

26 장문각의 부친 장정석蔣廷錫(1669~1732)의 시호다. 자는 유군酉君, 양손楊孫이고 호는 남사南沙, 서곡西谷, 청동거사青桐居士이며 강소성 상숙 사람이다. 청조 전기의 정치가, 궁정화가다. 강희 42년(1703)에 진사가 되었고 옹정 연간에 예부시랑, 호부상서, 문화전대학사, 태자태부太子太傅 등을 역임했다.

따라 두 번, 세 번 접히더니 머리에서 발끝까지 마치 상자에 넣어둔 것 같았다. 옆 사람이 그의 이름을 불러도 대답하지 않았다. 장문각은 급히 무의巫醫를 불러 온갖 방법을 써서 구해보려 했다. 한밤중이 되자 고승이 깨어나 말했다.

"놀라 죽는 줄 알았어요, 놀라 죽을 뻔했어요. 제가 방금 나리에게 말을 마치자, 키 큰 남자가 저를 붙잡아 나가더군요. 그때 주인님 문숙공이 대청에 앉아 계셨는데, 엄한 소리로 말씀하셨어요.

'너는 우리 집에서 대대로 가복을 맡았는데도 어찌 나의 유훈을 모르느냐? 난데없이 다섯째를 사주해서 연극반을 양성하다니! 여봐라, 묶어서 곤장 40대를 치고 산 채로 관 속에 넣어두어라.'

당시 저는 답답해서 숨이 끊어질 것 같아 어찌할 바를 몰랐지요. 나중에 멀리서 저를 부르는 소리가 들려 관 속에서 대답하려고 해도 소리가 나오지 않았어요. 잠시 후 깨어나서 정신이 맑아졌는데 어떻게 관에서 나왔는지 모릅니다."

고승의 둔부를 검사해보니 과연 채찍을 맞은 검푸른 흉터가 있었다.

여우를 제거한 사냥꾼

獵戶除狐

해창海昌 원화진元化鎭에 한 부호가 살았다. 그가 사는 누각 위에는 세 칸의 침실이 있었다. 낮에 가족들은 모두 누각 아래에서 집안일을 했다. 하루는 여주인이 누각에 올라 의복을 가지러 가서 보니, 누각 방문이 닫히고 문고리가 잠겼다. 가족은 모두 누각 아래에 있는데 누가 이렇게 해놓았을까? 이에 그녀가 문틈으로 보니 한 남자가 침상에 앉아 있었다. 그녀는 도적일 거라 생각하고 가족을 불러 함께 올라가보게 했다. 그 남자가 큰 소리로 말했다.

"나는 마땅히 이 누각 위로 이사 와서 살아야 하오. 내가 먼저 왔고 가족들이 곧 도착할 것이오. 잠시 침상을 빌려 쓰고 다른 것들은 당신에게 돌려주겠소."

그리고 창문으로 상자, 잡동사니를 땅에 던졌다. 오래지 않아 누각 위에 수많은 사람이 모여 담소하는 소리가 들리고 방 세 칸은 수많은 남녀노소로 소란스러웠으며 어떤 사람은 쟁반을 두들기며 노래까지 불렀다.

"주인님, 주인님, 손님이 천리에서 왔는데 술 한잔도 없군요."

주인은 두려워서 뜰에 탁자 네 개를 펴고 주안상을 마련해주었다. 그런데 그 탁자가 공중으로 올라가더니 귀신들이 가져다가 다 먹은 뒤 다시 공중에서 내려왔다. 이후로 귀신 소동은 그다지 일어나지 않았다.

이 부호는 도사를 불러 귀신을 몰아내기로 결정했다. 밖에서 이 일을 의논하고 집으로 돌아오자 누각 위의 사람이 또 노래 부르기 시작했다.

"개 같은 도사여, 개 같은 도사여. 누가 감히 오겠느냐?"

이튿날 도사가 와서 법단을 설치하는데 마치 무언가에게 두들겨 맞은 듯이 다리를 절더니 법단을 떠나며 가져온 신상神像과 법기法器들을 전부 문밖으로 던져버렸다. 이로부터 밤낮으로 편안하지 않았다.

주인은 강서로 가서 장 천사張天師에게 구원을 청했다. 장 천사가 법술을 하는 관리 한 명을 보내자, 누각 위의 귀신이 또 노래 부르기 시작했다.

"장 천사여, 장 천사, 베풀 법술이 없도다. 법관이여, 법관, 또 허탕치러 왔구나."

오래지 않아 법술을 하는 관리가 오자 어떤 사람이 그의 머리를 내려친 듯이 얼굴이 깨지고 옷이 찢어졌다. 법관은 자괴감을 느끼며 말했다.

"이 귀신은 힘이 너무 세서 반드시 사 법사謝法師를 불러야만 제압할 수 있소."

사 법사는 장안진長安鎭의 어느 도관에 살고 있었다. 주인이 사 법사를 맞이하여 법단을 설치하고 법술을 부리니 그제야 귀신이 노래를 부르지 않았다. 부호 가족은 매우 기뻐했다.

바로 이때 갑자기 붉은빛이 반짝이더니 수염이 하얀 사람이 공중에서 누각 위로 내려와 소리쳤다.

"사 도사를 두려워하지 마라. 그가 행하는 법술을 내가 깨트릴 수 있노라."

사 법사가 대청 앞에 앉아 주문을 외우고 바리때를 땅에 던지자 그 바리때는 빠르게 날아가 대청 주변을 빙빙 돌면서 몇 번이나 누각 위로 올라가려 했으나 끝내 올라가지 못했다. 순식간에 누각 위에서 구리방울이 흔들리더니 이어 댕댕 소리가 나면서 그 바리때는 땅에 떨어지고 다시는 움직이지 않았다. 사 법사가 깜짝 놀라 말했다.

"나의 법력이 고갈되어 그 귀신을 제압할 수가 없소."

말을 마치고 바리때를 들고 가버렸다. 누각 위에선 환호성이 터졌고 그 소리는 담장 밖까지 크게 들렸다. 이로부터 귀신들은 온갖 못된 짓을 저질렀다.

이렇게 하여 다시 반년이 지나갔다. 어느 겨울 저녁에 폭설이 내렸는데 10여 명의 사냥꾼이 투숙하려고 들어왔다. 주인은 그들에게 숙소를 빌려줄 순 있으나 귀신이 소란을 피울까 두렵다고 알려줬다. 그러자 사냥꾼들이 말했다.

"여우겠죠. 우리는 여우를 잡고 있어요. 주인장께서 소주를 구해주셔서 우리가 취하도록 마시게 해주세요. 그러면 우리는 반드시 그대에게 보답하겠소."

주인은 급히 술을 사오고 안주를 마련하느라 집 안팎에 커다란 촛불을 밝혀놓았다. 사냥꾼들은 만취하자 각자 조총을 꺼내와 화약을 장전하여 공중으로 발사했는데, 온 하늘엔 연기로 가득 차고 밤새 진동했다. 날이 밝고 눈이 그치자 사냥꾼들도 떠났다. 주인집의 가족들은 놀라고 두려워하며 귀신이 더 심하게 말썽 피울 것을 걱정했다. 그러나 뜻밖에도 밤새 조용하더니 며칠 지나도 아무런 동정이 없었다. 누각 위로 올라가보니 마루에는 수많은 여우 털만 남아 있고 창문은 전부 열려 있었다. 귀신들이 이사 간 것이다.

권 5

城隍替人訓妻

남편을 대신하여 부인을 훈계한 성황신

항주 망선교望仙橋[1]에 사는 주생周生은 유학을 공부하는 서생이다. 그의 부인이 매우 사나워서 시어머니를 항상 못살게 굴었다. 매년 명절 때마다 부인은 베옷을 입고 대청에 올라가 시어머니에게 재배하며 빨리 죽으라고 저주했다. 주생은 효자이긴 하나 유약하여 아내를 통제할 방법이 없었다. 그래서 매일 축문을 써서 성황신이 그의 아내를 사형에 처하여 모친을 편안하게 해달라고 빌었다. 주생이 아홉 번이나 축문을 써서 불태워도 여전히 응답을 얻지 못하자, 더욱 분통을 터트리며 성황신이 영험하지 않다고 질책했다.

그날 밤 주생은 꿈속에서 그를 찾아온 하급 관리를 만났다.

"성황신이 당신을 부르십니다."

주생은 하급 관리를 따라 성황묘에 들어가 땅에 무릎을 꿇었다. 성황신이 그에게 말했다.

"당신 아내의 패역무도한 상황을 내 어찌 모를 리가 있겠느냐? 다

1 항저우에 있었던 다리 이름.

만 정해진 네 운명은 아내를 한 명밖에 둘 수 없고 후취를 얻을 수 없지만, 다행히 두 아들을 둘 것이다. 네가 효자이거늘 후사가 없어서야 되겠느냐? 그래서 잠시 네 아내를 용서해준 것이다. 너는 무얼 그리 두려워하느냐?"

주생이 말했다.

"제 마누라가 이토록 악독한데 제 어머니는 어떻게 합니까? 하물며 저는 부인과 사이가 나쁘니 어떻게 아들을 얻을 수 있겠습니까?"

성황신이 물었다.

"과거에 누가 당신의 중매를 섰지?"

"범范, 진陳 씨 두 사람입니다."

성황신은 사람을 보내 범 씨와 진 씨를 붙잡아오게 하여 질책했다.

"그 여자는 좋지 않은 사람인데 너희가 중매를 서서 효자에게 시집보냈으니 전부 너희가 주생을 해친 것이로군."

성황신은 하급 관리를 불러 곤장을 치게 했다. 두 사람은 불복하며 말했다.

"저희는 죄가 없어요. 신부가 깊은 규방에 살고 있는데 그녀가 현숙한지 그렇지 않은지 우리가 어떻게 알 수 있겠어요?"

주생도 두 사람을 대신하여 사정했다.

"두 사람은 호의로 중매를 선 것이지, 돈을 탐내서 고의로 속인 게 아니니 두 사람에게 무슨 죄가 있겠습니까? 부인은 사납긴 하지만 귀신을 두려워하여 평소 불경을 읽고 부처님께 절을 올립니다. 저의 짧은 생각으로는, 청컨대 성황 나리께서 부인을 불러 한번 훈계해주시면 효성스럽게 바뀔지도 모릅니다."

"그 말도 일리가 있다. 너희는 모두 선량한 사람이니 너희의 체면을 살려주겠다. 부인은 흉악하고 사나우니 내가 무서운 모습을 지어내지 않으면, 그녀에게 위세를 보일 방법이 없겠군. 너희는 무서워하지 마라."

성황신은 얼굴이 파란 귀신을 불러 커다란 족쇄를 가지고 가서 주생의 처를 잡아오게 했다. 성황신이 도포의 소매를 얼굴 위로 떨치자 순식간에 얼굴은 푸르고 두발은 붉으며 화낸 두 눈을 동그랗게 뜬 모습으로 변했다. 양쪽의 하급 관리는 손에 칼과 톱을 쥐고 있고 얼굴은 흉악하기가 비할 데 없었다. 뜰 아래엔 기름 가마와 맷돌이 놓여 있었다.

오래지 않아 하급 관리가 부인을 끌고 왔다. 그녀는 계단 앞에 꿇어앉아 온몸을 벌벌 떨었다. 성황신은 큰 소리로 그녀가 범한 죄상을 지적하고 장부를 꺼내서 조목조목 그녀에게 보여주었다. 이어서 야차에게 명하여 부인을 끌고 가서 그녀의 가죽을 벗겨서 끓는 기름 가마 속에 넣게 했다. 부인은 애원하며 자기 죄를 인정하고 이후로 시어머니에게 사납게 굴지 않겠다고 말했다. 주생과 두 중매쟁이도 그녀를 대신하여 사정했다. 그러자 성황신이 말했다.

"네 남편이 효자임을 고려하여 잠시 너를 용서해주겠다. 이후에 또 그러면 반드시 이 형벌을 내릴 것이다."

이에 네 명은 각기 풀려나 집으로 돌아갔다. 이튿날 부부가 각자 꿈을 꾸었는데 내용은 완전히 똑같았다. 이로부터 부인은 시어머니를 효성스럽게 모셨고 이후 과연 두 아들을 낳았다.

文信王

문신왕

호주에서 동료였던 친구 심병진沈炳震[2]이 어느 날 서재에서 낮잠을 자다가 꿈속에서 푸른 옷을 입은 사람이 그를 뜰 안으로 데리고 오는 모습을 보았다. 뜰 주위는 빽빽한 죽림으로 중앙엔 목제 침대와 거친 책상이 놓였고 책상 앞엔 한 길 길이의 큰 거울이 놓였다. 푸른 옷을 걸친 사람이 말했다.

"선생께서 전생을 비춰보세요."

심병진이 자신을 비춰보니 거울 속에 비친 사람은 머리에 방건을 쓰고 발에는 붉은 신발을 신었는데, 현재 사람의 의관이 아니었다. 마침 의구심이 들고 놀란 사이에 푸른 옷의 사람이 말했다.

"선생께서 3세의 전생을 한번 비춰보시지요."

심병진이 또다시 거울을 비춰보니 오사모를 쓰고 붉은 도포를 걸

2 심병진(1679~1737)의 자는 인어寅馭이고 호는 동보東甫이며 절강성 호주 죽돈촌竹墩村 사람이다. 주요 저작으로는 『증묵재시增默齋詩』『정어청편井魚聽編』『당시금분唐詩金粉』『역대제계기원가歷代帝系紀元歌』『이십사사사보二十四史四譜』『신구당서합초新舊唐書合鈔』 등이 있다.

치고 옥대를 매고 발에는 비단신을 신고 있는데 유생의 차림새가 아니었다.

이때 어디선가 한 노복이 심병진 앞으로 와 무릎 꿇고 머리를 조아리면서 말했다.

"나리께서는 저를 아시겠습니까? 나리가 대동병비도大同兵備道로 부임하던 해에 저는 줄곧 나리의 신변을 따라다녔습니다. 지금으로부터 200여 년 전의 일이군요."

말을 마치곤 울면서 손에 문서 한 권을 받들어 심병진에게 바쳤다. 심병진이 왜 이 문서를 주느냐고 묻자 노복이 말했다.

"공은 전대에 명대 가정嘉靖 연간 사람이었습니다. 성은 왕王이고 이름은 수秀이며 대동병비도로 부임했죠. 오늘 푸른 옷 입은 사람이 나리를 불러오라 했는데, 저승의 문신왕文信王이 계신 곳에 500명의 귀신이 억울한 일을 하소연하고 있어서 나리께서 가서 대질하셔야 합니다. 노복이 기억하기로 당초에 500명을 죽인 것은 결코 나리의 본의가 아니었죠. 이렇게 한 것은 아무개 총병總兵이었습니다. 이들은 원래 유칠劉七[3] 반란 부대의 패잔병이죠. 이들이 투항한 뒤 다시 반란을 일으키자, 그 총병이 그들을 전부 죽여버렸는데 후환을 없애기 위해서였습니다. 당시 나리는 친필로 총병에게 저지하라는 지시를 내렸는데 총병은 따르지 않았어요. 노복은 나리께서 이 친필을 잊어서 해명하기 난처할까봐 이 원고를 가져와 나리께 드리는 것입니다."

심병진은 전세의 일이 희미하게 기억나는 듯 노복의 충심에 대해

---

3 형 유륙劉六과 함께 농민반란(1511~1512)을 일으킨 사람.

다시 감사를 표했다.

푸른 옷의 사람이 심병진에게 빨리 움직이자고 말했다.

"선생은 걸어서 갑니까? 아니면 가마를 타고 갑니까?"

노복이 옆에서 그를 꾸짖으며 말했다.

"감사監司 대인께서 어찌 걸어가겠소?"

푸른 옷의 사람은 잘 꾸민 가마를 가져오게 하여 두 가마꾼이 메고 심병진을 부축하여 가마 위에 태우고 곧장 수십 리를 가니, 앞에 웅장한 궁전이 보였다. 대전 중간에 앉은 문신왕은 면류관을 쓰고 하얀 수염을 휘날렸다. 그 옆에는 진홍색 옷을 걸치고 오사모를 쓴 관리가 공문서를 들고 병비도 왕 씨를 호령하여 대전에 들게 했다. 그러자 문신왕이 말했다.

"잠깐만. 이것은 총병 사건이다. 먼저 총병을 불러들여라."

금빛 갑옷을 입고 투구를 쓴 사람이 동쪽 문에서 대전으로 들어왔는데 심병진이 보니 과연 총병, 그해의 동료였다. 문신왕은 총병과 장시간 일문일답했다. 심병진은 그들이 무슨 말을 하는지 알아들을 수 없었다. 이어서 심병진을 부르자 그는 문신왕에게 읍을 하고 섰다.

문신왕이 말했다.

"유칠 당원 500명을 죽인 일에 대해 총병은 이미 그가 했다고 인정했소. 그대는 확실히 총병에게 그만두라고 문서로 지시했으니 이 일은 당신과 무관하오. 하지만 명대의 법률에 의거하면 총병은 마땅히 병비도의 지휘를 받아야 하는데, 그대의 명령에 총병이 복종하지 않았으니, 평소 그대의 연약함과 무능함을 알 수 있겠소."

심병진은 죄송하다며 잘못을 인정했다. 그러나 총병이 앞 다투어 변명했다.

“500명을 죽이지 않을 수가 없었습니다. 그들은 먼저 거짓 투항하고 나중에 다시 반란을 일으켰어요. 죽이지 않았다면 또 반란을 일으켰을 겁니다. 저 총병은 나라를 위해 역적을 죽인 것이지, 결코 사사롭게 죽인 것은 아닙니다.”

그의 말이 미처 끝나기도 전에 계단 아래에서 먹과 같이 검은 찬바람이 불었고 먼 곳에서 ‘추추’ 하고 귀신 우는 소리가 전해졌으며 피비린내와 악취가 나서 참을 수가 없었다. 500개의 머리가 굴러다니는 구슬처럼 어지럽게 다가와 일제히 입을 벌려 치아를 드러내 총병을 물려고 했으며, 동시에 심병진을 흘겨보았다. 심병진은 대경실색하여 문신왕을 향해 끊임없이 조아리며 소맷부리에서 문서를 꺼내 문신왕에게 건네주었다.

문신왕이 탁자를 치며 큰 소리로 외쳤다.

“너희 머리 잘린 귀신들은 당초에 먼저 거짓 투항하고 나중에 다시 반란을 일으킨 일이 있느냐?”

여러 귀신이 대답했다.

“예.”

“그렇다면 총병이 너희를 죽인 것이 확실하거늘, 무슨 억울함이 있다더냐?”

“당시 거짓 투항한 것은 몇몇 두목의 생각이었고, 이후에 반란을 일으킨 것도 그들 몇몇 두목의 음모였어요. 우리는 모두 위협을 받아 복종한 것인데, 어찌하여 모조리 죽였습니까? 하물며 이 일은 총병이 고의로 가정 황제의 잔인하고 각박한 심리에 영합하기 위해서였지, 진정으로 나라와 백성을 위해서 한 일은 아닙니다."

문신왕이 웃으며 말했다.

"총병이 백성을 위해서 한 일이 아니라는 말은 일리가 있다. 그러나 총병이 나라를 위해서 한 일이 아니라는 말은 틀린 것이다."

이어서 귀신들을 깨우쳐주며 말했다.

"이 일은 벌써 200년도 넘게 지나갔다. 요컨대 이 일은 공무에 속하니 저승의 관리가 매듭지을 수가 없다. 지금 총병의 살인 동기가 분명하지 않기 때문에 신이 될 수는 없다. 너희의 원한도 없어지지 않았고 환생할 수도 없다. 나는 이 사건을 옥황대제에게 문서로 올릴 터이니, 너희는 처리를 기다리도록 하라. 병비도 왕 씨가 범한 죄는 경미하고 저지를 권유한 문서가 증거가 되니 그를 이승으로 보내도 좋다. 나중에 환생할 때 그를 부귀한 집의 여자로 바꿔 그가 지나치게 연약하고 무능한 데 대해 징벌할 것이다."

500명의 귀신은 각자 손으로 머리를 들고 계단 아래에서 조아리며 '다다다' 소리를 내면서 말했다.

"대왕의 명을 받들겠나이다."

문신왕은 푸른 옷의 사람에게 명하여 심병진을 데리고 이승을 떠나게 했다. 몇 리쯤 가다가 여전히 죽림으로 빽빽한 서재 안으로 돌아왔다. 노복이 다가와 맞으며 놀란 듯 기쁜 듯 말했다.

"나리의 사건이 이미 해결되었습니다."

땅에 엎드려 절하고 또 절했다. 푸른 옷을 입은 사람이 심병진을 불러 거울 앞으로 오게 하며 말했다.

"선생께서는 전생을 보십시오."

거울엔 과연 방건을 쓰고 신을 신은 모습이 비쳤는데 바로 명대의 수재였다. 푸른 옷 입은 사람이 또 부르며 말했다.

"선생께서는 금생을 다시 보시지요."

바로 이때 심병진이 놀라 깨어났는데 온몸에 땀이 비 오듯 하고 자신이 여전히 서재의 침상에서 잠들었음을 알았다. 가족들이 마침 그의 신변에 둘러서서 통곡하다가 그에게 말했다.

"하루 종일 혼절하여 가슴 쪽에만 온기가 남아 있었어요."

심병진은 문신왕 궁전의 편액과 대련이 상당히 많았음을 기억했는데 내용은 거의 다 잊었지만, 궁문 밖에 걸린 금빛 대련만은 기억이 났다.

저승의 법률 전무하니, 어디에 법을 중시하고 인정을 경시하는 사건이 있는가

하늘의 주판이 가장 크니, 사건의 진상이 밝혀지길 기다릴 뿐

吳三復

오삼복

소주 사람 오삼복吳三復의 부친은 부자였지만, 만년에 이르러 가정이 기울기 시작하여 집엔 은 1만 냥만 남았으며 남에게 빌린 빚이 더 많았다.

어느 날 부친이 오삼복에게 말했다.

"내가 죽으면 다른 사람이 빚 받으러 올 생각도 끊어질 것이다. 너희는 내가 남긴 은을 가지고 살아갈 수 있을 게다."

이에 목을 매고 자살했다. 오삼복은 실제로 사전에 대비하여 인명을 구하지 않았다. 오삼복의 친구 고심이顧心怡가 그 일을 듣고는 일부러 계선乩仙의 위패를 늘어놓고 오삼복을 불러놓고는 신선을 청하여 점을 치게 했다. 오삼복이 도착하자 분향하며 머리를 조아렸다. 이때 계반乩盤에 다음과 같이 쓰였다.

"나는 너의 아버지다. 너는 아버지가 자살할 것을 분명히 알면서도 결국 사전에 예방하지도 않았을뿐더러 사후에도 구명하지 않았으니 너의 죄는 엄중하다. 며칠 후에 형벌을 받아 죽을 것이다."

오삼복은 깜짝 놀라 땅에 엎드려 울면서 참회하겠다고 말했다. 이

때 계반에 다시 쓰였다.

"내가 자식을 사랑하는 정이 깊은지라 널 위해 생각해보니 한 가지 방법밖에 없다. 네가 은 3000냥을 고심이에게 주어 두모각斗姆閣[4]을 세워서 나의 죽은 혼을 위로하고 너의 죄를 참회하면 비로소 죽음을 면할 수 있느니라."

오삼복은 이를 굳게 믿고 곧바로 은 3000냥을 꺼내 고심이에게 주었고, 고심이는 영수증을 써주었다. 고심이는 일부러 사양하여 마치 부득이하게 받아두는 척했다. 이어서 그는 오삼복에게 술을 먹이고 그가 술 취한 틈을 타서 가복을 시켜 영수증을 빼앗아 불태워버렸다. 오삼복은 집에 돌아왔으나 영수증은 이미 분실되었다. 오삼복이 사람을 보내 고심이에게 두모각 건축을 재촉하자, 고심이가 말했다.

"나는 네 돈을 받은 적이 없는데 무엇으로 누각을 짓는단 말이냐?"

오삼복은 이때에야 고심이의 간계에 걸려든 줄 알았지만, 당시 집에는 여윳돈이 있었으므로 다시 그에게 따지지 않았다.

다시 몇 년이 흐르자 오삼복은 몹시 궁핍해져서 고심이에게 돈을 빌려달라고 애원했다. 그리고 고심이는 3000냥을 가지고 장사하여 큰돈을 벌어서 은 300냥을 오삼복에게 줄 생각이었다. 그러나 고심이의 삼촌이 이를 말리며 말했다.

"네가 만일 그에게 300냥을 준다면, 그가 네게 은 3000냥을 준 것을 인정하는 것과 같아. 작은 일을 참지 못하면 큰일을 망치는 법

---

4 도교에서 신봉하는 두모를 모신 사당. 북두중성北斗衆星의 어머니이므로 '두모'라 한다.

이야."

고심이는 삼촌의 말도 일리가 있다고 생각하고 끝내 오삼복에게 돈을 빌려주지 않았다.

오삼복이 관청에 가서 고심이를 고소했지만, 영수증이 없어 성사되지 못했다. 오삼복은 몹시 원통한 나머지 소장을 써서 성황신에게 하소연했다. 소장을 태운 지 3일 뒤에 오삼복이 사망했다. 다시 3일 뒤 고심이와 그의 삼촌도 죽었다. 고심이가 죽던 날 그의 이웃은 소주 성황묘 주변에 가득 걸린 등롱을 보았다.

이것은 건륭 29년(1764) 4월의 일이다.

영광서루 사건

影光書樓事

소주 사가항史家巷[5] 장신길蔣申吉의 부친은 나와 같은 과에 급제한 거인이다. 장신길이 서徐 씨를 아내로 맞았는데 당시 19세로 신혼부부는 금슬이 좋아 화목하게 지냈다. 서 씨가 아이를 낳은 지 한 달이 되었을 때 갑자기 술자리를 마련하더니 서방님을 불러 함께 마시며 말했다.

"이 술은 이별주입니다. 우리 둘의 인연은 끝나갑니다. 어제 과거의 원수가 이미 왔어요. 이번 재난은 돌이키기 어렵습니다. 속담에 '부부는 같은 숲에 사는 새지만, 큰 재난이 닥치면 각자 날아간다夫妻本是同林鳥, 大難來時各自飛'라는 말이 있지요. 제가 죽은 뒤 다시는 저를 상념하지 마세요."

말을 마치고 그녀는 목을 놓아 통곡했다. 장 씨는 비록 놀라긴 했지만 그래도 좋은 말로 그녀를 위로했다. 뜻밖에도 서 씨가 술잔을

---

5 쑤저우시 거리 이름이며 사가항 20호는 동치 연간 『소주부지蘇州府志』 편찬자였던 풍계분馮桂芬(1809~1874)의 사당이다.

던지고 의자에서 벌떡 일어나 미간을 찌푸리며 눈을 부릅떴는데, 평상시의 온화한 모습과는 딴판이었다. 그녀가 침상에 눕더니 서쪽을 향해 크게 소리쳤다.

"너는 만력 12년(1584) 영광서루影光書樓에서 했던 일을 기억하느냐? 너희 두 사람이 올가미를 씌워 나를 죽였다. 내가 얼마나 비참하게 죽었는데!"

고함지르고는 그녀는 손으로 자기 뺨을 때렸는데 선혈이 줄줄 흘렀다. 이어서 가위로 자기 몸을 찌르기 시작했다. 서 씨가 하는 말소리를 들어보니 산동 말이었다. 장 씨 가족이 서 씨 앞에 무릎 꿇고 구해달라고 애원했지만 아무 소용이 없었다. 이렇게 3일 동안 소동을 벌였다.

이때 장신길은 한 스님이 법력이 있단 말을 듣고 사람을 보내 불러오게 했다. 그러자 서 씨가 장신길을 엄하게 꾸짖었다.

"나는 너희 집 조상이다. 그런데 너는 도리어 중놈을 불러 나를 쫓아내려고 하느냐?"

이때 서 씨의 말투는 완전히 장 씨 조부의 말이었으며 노복, 하녀의 이름을 부르는 말투가 완전히 똑같았다. 장 씨 자손 가운데 불초자가 어긴 일을 질책하는 듯하기도 하고 아닌 것 같기도 했다. 어떤 사람은 맞다 하고 어떤 이는 아니라고 했다.

오래지 않아 장신길이 부른 스님이 당도하자 서 씨는 스님을 보고 탄식하며 말했다.

"이 중놈 정말 무섭구나. 빨리 꺼져, 꺼지란 말이야!"

스님이 법사를 마치고 떠날 때 서 씨가 또 욕을 했다.

"너의 며느리 방에 아침저녁으로 스님을 머물게 할 수 있느냐?"

스님이 장신길에게 말했다.

"이는 몇 대 이전의 원업冤業인데 200여 년이 지나서야 겨우 원수를 찾았어요. 시간이 길어지면 질수록 이 원한은 더욱 깊어집니다. 저는 사실 아무런 능력이 없어요."

스님이 장 씨 집을 떠난 뒤 두 번 다시 찾아오지 않았다.

서 씨는 끝내 사망했다. 서 씨가 임종할 때 얼굴은 찢긴 비단처럼 무서웠으니, (아무도 서 씨가 말한 영광서루 사건이) 도대체 무슨 원한관계가 있는지 몰랐다.

이는 건륭 29년(1764) 2월에 발생한 일이다.

波兒象 파아상

어느 날 강소포정사江蘇布政使[6] 아문에서 문서를 관장하던 서리 왕문빈王文賓이 낮잠을 자고 있다가 서재에서 베옷이 사각거리는 소리를 들었다. 쳐다보니 하급 관리였다. 왕문빈이 그를 보고는 정신이 혼미해져 자신도 모르게 그 하급 관리를 따라 갔다. 한 곳에 이르니 전당의 가옥이 청정하고 장엄했으며 대전 중앙에는 관리 두 명이 앉아 있었다. 상좌에는 수염이 하얀 노인이 앉았고 옆에는 장년 사내가 앉았는데 얼굴은 곰보였고 검은 수염을 길렀다. 계단 아래에는 철사로 엮은 바구니로 야수 한 마리를 덮어놓았다. 모습은 돼지 같으나 부리가 뾰족하고 온몸엔 푸른 털이 나 있었다. 왕문빈을 보자 입을 벌리면서 힘껏 뛰어올라 그를 물려고 했다. 왕문빈이 두려워서 땅에 무릎 꿇은 몸을 왼쪽으로 움직였다. 왼쪽엔 의복이 남루하고 비쩍 마른 거지 차림의 사람이 서 있었는데, 분노한 눈빛으로 왕문빈을 흘겨봤다.

6 포정사는 각 성의 정치, 재정을 총괄하는 장관을 말한다.

수염이 하얀 관리가 손으로 왕문빈을 까불렀다. 그가 나아가 무릎을 꿇자 물었다.

"뇌물 53냥의 은을 받은 일을 기억하느냐?"

왕문빈은 영문을 몰라 깜짝 놀랐다. 그 장년의 관리가 웃으며 말했다.

"공용 선박을 팔아 돈으로 챙긴 사건을 말합니다. 당신 전생의 일이죠."

왕문빈은 이때에야 깨우쳤는데 원래 명대의 해운 사건이었다. 명대에 한동안 해운 운수 업무를 중지시킨 일이 있는데, 수백 척의 해선에 가격을 매겨 선원에게 팔고는 기한 내로 돈을 내게 하여 받은 돈을 관가의 창고에 넣었다. 왕문빈은 전생에 당시 강소포정사 아문에서 서리로서 이 사건을 전담했다. 선원들은 기한 내에 선박 비용을 납부할 수 없어 53냥의 은을 모아 왕문빈에게 뇌물을 주면서 납부 기한을 연장해주길 청했다. 그러나 이 53냥의 돈을 중개인이 삼키는 바람에 이 사건은 여전히 매듭 짓지 못했다. 남루한 옷을 입은 사람이 바로 (선박 비용을 납부하지 못해) 독촉을 받다가 목을 매 자살한 선원이었다. 왕문빈은 전생에 겪은 사건의 경과를 차분히 서두르지 않고 사실대로 얘기해주었다.

두 관리가 듣고 난 뒤 고개를 끄덕이며 말했다.

"억울한 사건의 주범이 이미 밝혀졌으니 당연히 중간에서 착복한 놈을 잡아 죄를 물어야 한다. 너는 이승으로 돌아가도 좋다."

두 관리가 하급 관리에게 명하여 왕문빈을 데리고 전당에서 나가게 했다. 전당을 나서자마자 황사가 하늘을 가렸다. 왕문빈은 자신이 구천 아래에 있음을 알았다. 그가 옥졸에게 물었다.

"나를 흘겨본 거지가 억울한 귀신인 줄은 알겠으나, 모습이 돼지인 것 같기도 하고 아닌 것 같기도 한 짐승이 나를 물려고 했는데 도대체 무슨 괴물입니까?"

"그 괴물은 돼지가 아니라 파아상波兒象이라 부른다. 저승에서 이 괴수를 기르는 목적은 사건을 심사할 때, 특히 죄질이 무거운 사람을 심판할 때 그 괴수에게 던져주어 먹게 하기 위함이지. 이는 너희 이승에서 나쁜 사람을 승냥이와 호랑이에게 던져주어[7] 먹게 하는 것과 마찬가지다."

왕문빈은 모골이 송연해졌다. 큰 하천 가에 왔을 때 하급 관리가 그를 물속으로 던졌다. 이에 왕문빈은 놀라 꿈에서 깨어났다. 눈을 떠보니 아내, 아들이 그를 둘러싸며 울고 있었다. 원래 왕문빈은 혼수상태에 빠져 3일 동안이나 깨어나지 못했던 것이다.

---

7 원문 '투비시호投畀豺虎'는 『시경』「소아·항백巷伯」 편에 나오는 구절로 '승냥이와 호랑이에게 던져준다'는 뜻이다.

도끼로 여우 꼬리를 자르다

斧斷狐尾

하간부河間府의 정丁 씨는 본업에 힘쓰지 않고 하루 종일 빈둥거리는 것을 일삼았다. 한번은 모처에서 호선狐이 사람을 홀린다는 소문을 듣고 혼자 찾아가 자신의 명함을 올려 보내 호선과 형제처럼 지내고 싶다는 의사를 표했다. 그날 저녁에 호선은 과연 사람으로 변해 '우형오청愚兄吳淸'이라 자칭했다. 그는 50세가 넘었으며 평생 가장 큰 기쁨을 얻은 듯 정 씨와 의기투합하여 정 씨에게 도울 일이 생기면 자기가 반드시 힘을 보태겠다고 말했다. 정 씨는 다른 사람 앞에서 사람과 사귀는 것보다는 차라리 호선과 사귀는 것이 낫다고 늘 말하곤 했다.

어느 날 정 씨가 오청에게 말했다.

"저는 등을 보러 양주에 가고 싶은데 무슨 방법이 있나요?"

"있지. 하간에서 양주까지는 2000리 길이니 동생이 내 옷을 입고 눈 감은 채 동행하면 곧 도착할 수 있지."

정 씨가 그의 말대로 했더니 몸이 공중에 올랐으며 두 귓가에 바람 소리가 들리더니 삽시간에 양주에 도착했다. 양주에서는 마침 상인 집에서 연극을 하고 있었는데 정 씨와 호선도 공중에서 보고 있었다. 갑자기 무대에서 하늘을 진동하는 징과 북소리가 전해지더니 관우가 단도를 들고 무대로 걸어 나왔다. 그런데 호선이 이 장면을 보고는 깜짝 놀라 정 씨를 버리고 도망쳤다. 정 씨는 어쩌지 못하고 상인 집의 술자리 위로 떨어졌다. 상인은 요괴가 내려온 것으로 알고 그에게 족쇄를 채워 강도현江都縣 아문으로 보냈다. 두세 번의 심문을 거친 뒤에 정 씨를 원적지 하간으로 회부했다.

정 씨가 호선을 보고 나무라자 호선이 말했다.

"이 형이 평소 겁이 많아. 갑자기 무대 위로 관우가 나오니 도망친 거지. 또한 네 형수가 생각나서 급히 돌아왔어."

정 씨는 형수가 어디에 있는지 물었다. 그러자 호선이 말했다.

"내가 이리인데 어떻게 결혼할 수 있겠니? 그래서 양갓집 여성을 홀렸을 뿐이야. 이웃집 이 씨 딸이 바로 네 형수야."

정 씨는 마음이 동하여 형수를 뵙기를 청했다. 그러자 호선이 말했다.

"안 될 것도 없지. 하지만 자네는 인간이라서 타인의 밀실에 들어갈 수는 없지. 나의 작은 두루마기를 걸치면 창문을 통해 자유롭게 출입할 수 있는데, 마치 무인지경에 들어가는 것 같단다."

정 씨가 그의 말대로 작은 두루마기를 걸치고 결국 이 씨 집에 들어갔다. 이 씨는 호선에게 장시간 잡혀 있어서 정신 상태는 백치나 다름없었다. 정 씨가 침상에 오르고 이 씨는 그와 운우지정을 나눴다. 이 씨는 호선에게 유린되어 거의 숨이 끊어지다가 갑자기 사람 냄새를 맡자, 온몸이 매우 편안해지면서 병도 점차 호전되었다. 정 씨가 이 씨 딸에게 호선에 관한 일을 일러주자, 이 씨 딸은 숨기고 아무 말도 하지 않았지만, 점차 정 씨를 좋아하며 호선을 싫어한다는 뜻을 보였다. 호선이 이 사실을 안 뒤 정 씨를 불러 말했다.

"내가 문 열고 도둑을 방 안으로 들여보낸 격이구나. 형의 잘못이지. 근래에 형수가 결국 동생을 사랑하고 날 싫어하는데, 동생이 본래 이승과 저승의 사람이기 때문이야. 그러니 그 여자가 널 사랑하는 것도 당연하지. 내가 못생긴 것은 아니지만, 동생의 미모에는 비교할 수가 없군."

정 씨가 그 까닭을 묻자, 호선이 대답했다.

"무릇 남자의 음경은 귀두의 살이 통통한 것을 귀하게 여기지. 열대여섯 살 되면 곧 거기서 벗어나와 가죽이 귀두 모서리 부분을 싸지 않으며 냄새 맡아도 더러운 냄새가 나지 않는 법이지. 이게 사람의 음경이지. 가죽이 귀두를 싸서 불결하고 모서리 주위가 문드러지고 찌끼가 끼며 힘줄이 센 것은 짐승의 음경이야. 동생은 양, 말, 돼지, 개의 음경을 못 보았지? 모두 가죽이 뾰족한 귀두를 덮고 근피가 센 것이 아니겠는가?"

호선이 그의 음경을 꺼내 보여주었는데 과연 가늘고 여위었으며 털은 송곳처럼 빳빳하게 섰다. 정 씨는 그의 말을 듣고는 더욱 득의양양했다.

호선은 정 씨가 부인의 총애를 빼앗을 걸 시기하여 몰래 여자의 침상 가로 다가가서 그 작은 두루마기를 가져갔다. 날이 밝기 시작하자 정 씨가 창문으로 나오려고 했으나 창이 꽉 닫혀 있어서 실수하여 땅에 떨어졌다. 이 씨의 부모는 깜짝 놀라 괴물을 잡았다고 생각했다. 먼저 정 씨에게 개의 피를 뿌리고 이어서 그의 몸에 오물을 끼얹었으며, 다시 바늘로 찌르는 등 정 씨는 온갖 고통을 당했다. 정 씨가 실정을 이 씨 가족에게 말해주었지만 그들은 믿지 않았다. 다행히 이 씨 딸이 정 씨를 사랑하는지라 살짝 그를 곤경에서 벗어나게 해주려고 이렇게 말했다.

"그도 호선에게 홀림을 당했으니 그를 집에 돌려보내는 게 좋겠어요."

정 씨가 집으로 도망 와서는 호선에게 따지고자 몰래 찾아갔다. 호선은 벌써 피해 보이지 않았다. 그날 밤에 호선이 큰 글씨로 종이에 써서 정 씨 문에 붙였다.

"이는 진평陳平[8]이 형수와 사통한 격이니, 반드시 이에 대한 보답이 있을 것이다. 지금부터 너와 왕래하지 않을 터, 형제의 정분을 이제 끊겠다."

그 뒤 정 씨는 이 씨 딸과 관계를 끊었고 호선은 여전히 이 씨 딸에게 갔다. 이 씨 가족이 제단을 만들고 신에게 기도했지만 끝내 몰아낼 수가 없었다. 이후 이 씨 딸이 임신하여 네 아들을 낳았는데, 얼굴은 모두 사람 같았지만 둔부에 꼬리가 달렸다. 낳자마자 걸어다녔고 이 씨 딸에게 무척 효성스러웠다. 그들은 때로 아버지와 함께 밖에 나가 채소와 과일을 따다가 모친을 봉양했다.

---

8 한나라 건립에 중대한 공로를 세웠던 사람으로 나중에 혜제, 여후와 문제 때 승상을 지냈다. 그러나 개인의 역사를 보면 집안이 가난한 데다가 하급 관리로 있을 때는 뇌물 수수와 부정부패를 저질렀고 형수와도 사통하여 '도수수금盜嫂受金'이라는 조롱을 받기도 했다. '형수와 사통하고 뇌물을 받는다'는 뜻이다.

하루는 호선이 이 씨 딸에게 다가와 울면서 말했다.

“나와 당신의 인연이 이제 다한 듯하오. 어제 태산 낭랑泰山娘娘이 내가 양갓집 여성을 홀린 사실을 알고는 향을 올리러 가는 길을 닦게 하는 벌을 내렸으며, 영원토록 거기에서 나오지 못하게 했소. 아이들을 데리고 함께 이곳을 떠나려 하오.”

호선이 소매에서 작은 도끼를 꺼내 이 씨 딸에게 주며 말했다.

“아이들의 꼬리를 자르지 않으면 영원히 수련하여 사람의 몸이 될 수가 없소. 당신은 사람이니 내 대신 아들의 꼬리를 자르시오.”

그의 말대로 하자 아들들은 각자 이 씨 딸에게 절을 하고는 집을 떠나갔다.

洗紫河車

자하거를 씻다

사천 풍도현酆都縣 아문의 하급 관리 정개丁愷가 공문서를 전달하러 기주夔州로 떠났다. 귀문관鬼門關[9]을 지날 때 관문 앞에 세운 석비를 보았다. 위에는 '음양계陰陽界'라는 세 글자가 쓰여 있었다. 정개는 석비 아래에 와서 오랫동안 문질러보고 관찰하다가 자기도 모르게 경계선을 넘어버렸다. 그는 돌아오려 했으나 길을 잃어 어쩔 도리가 없는지라 발걸음 닿는 대로 걸었다. 정개가 옛 사당에 들어가니 사당 신상의 옻칠이 퇴색했고, 양쪽에 서 있는 소머리 귀신은 얼굴에 온통 먼지를 뒤집어쓰고 거미줄이 빽빽하게 걸렸다. 정개는 사당에 관리하는 스님이 없음을 애석해하며 옷소매로 신상에 묻은 먼지를 닦고 거미줄을 걷어냈다.

다시 2리 길을 걸으니 졸졸 흐르는 물소리가 들리고 큰 강이 앞길을 가로막았다. 그곳에서 한 부인이 채소를 씻는데 채소 색깔은 짙은

9 지금의 충칭 평두현에 있는 관문의 명칭으로 중국 전설에서 이승과 저승의 경계 지점으로 나온다.

보라색이었으며 가지와 잎은 연꽃처럼 둥글게 말렸다. 정개가 가까이 다가가 보니 그 부인은 죽은 자신의 아내였다. 정 씨 아내가 남편을 보고는 깜짝 놀라 말을 꺼냈다.

"서방님께선 어째 이곳에 오셨어요? 이곳은 인간 세상이 아니에요."

정개는 부인에게 길 잃은 사정을 알려주고 아내에게 지금 어디 살며 씻는 것이 무슨 채소인지 물었다. 그러자 정 씨 아내가 말했다.

"제가 죽은 뒤 염라대왕의 하급 관리 소머리 귀신에게 시집가게 되었고, 큰 강 서쪽의 회화나무 밑에 있는 집에 살아요. 방금 씻은 것은 인간의 포태胞胎예요. 속명으론 '자하거紫河車'[10]라고 하지요. 이 포태는 열 번 씻었어요. 출생한 뒤 아이의 얼굴이 청수하고 자란 뒤엔 반드시 부귀해질 겁니다. 두세 번 씻으면 자란 뒤 평범한 사람이 되며, 씻지 않은 저 포태들은 낳자마자 우매하고 추악한 사람이 됩니다. 염라대왕은 이 일을 소머리 귀신에게 맡겨 책임지게 했는데, 제가 남편을 대신하여 씻고 있어요."

정개가 아내에게 물었다.

"내가 이승으로 돌아갈 방법이 있소?"

"제가 돌아가서 현재의 남편과 상의해볼게요. 하지만 저는 일찍이 당신 아내였으나 사후엔 귀신의 아내가 된 터라 새 남편, 옛 남편 거론하자니 부끄럽네요."

말을 마치고 정개를 집으로 초청하여 일상사를 얘기하며 친척, 친구의 근황을 물었다.

---

10 한방에서 사람의 태반을 이르는 말.

잠시 뒤 바깥에서 문 두드리는 소리가 들렸다. 정개는 무서워서 침상 아래로 숨었다. 아내가 문을 열어주자 소머리 귀신이 방에 들어와 머리에 썼던 소머리 가면을 벗어서 안석 위에 놓았다. 가면을 벗은 소머리 귀신의 외모나 말은 보통 사람과 같았다. 그가 아내에게 말을 건넸다.

"너무 피곤하네. 오늘 염라대왕을 모시고 수십 건의 사건을 심리하면서 오랫동안 서 있었더니 발꿈치가 아프군. 빨리 술 좀 가져와서 따라봐."

소머리 귀신이 점차 놀라면서 말했다.

"어째 방 안에서 산 사람 냄새가 나지?"

소머리 귀신이 냄새를 맡으면서 찾았다. 아내는 이 일을 속일 수 없다고 판단하고, 아예 정개를 침상 밑에서 끌어내어 머리를 조아리게 하고는 소머리 귀신에게 사정을 설명해주고는 전남편을 대신하여 애원했다. 그러자 소머리 귀신이 말했다.

"이 사람은 사실 내게도 은덕을 베풀었지. 내가 사당에서 온 얼굴에 먼지를 뒤집어쓰고 서 있는데, 이 사람이 나를 깨끗이 닦아주었어. 세심한 어른이시군. 그러나 그의 목숨이 얼마나 되는지는 몰라. 내가 내일 판관에게 가서 그의 생사부를 훔쳐보면 분명히 알 수 있겠지."

소머리 귀신이 정개를 불러 앉게 하고는 세 사람이 함께 술을 마셨다. 요리가 올라와 정개가 젓가락을 들자, 소머리 귀신과 아내가 급히 그의 젓가락을 뺏으며 말했다.

"귀신이 마시는 술을 당신이 마셔도 상관없지만, 귀신이 먹는 고기는 먹을 수 없어요. 먹으면 영원히 저승에 머물러야 합니다."

이튿날 소머리 귀신은 일찍 나갔다가 저녁에 돌아와 기뻐하며 정개에게 축하한다고 말했다.

"저승의 생사부를 조사해봤더니 당신 수명은 아직 끝나지 않았더군. 다행히 내 수하에 귀문관을 나가는 관리가 있으니, 당신을 귀문관으로 보내주겠소."

소머리 귀신은 손에 색깔이 빨갛고 악취가 나는 고기 한 덩이를 들고서 정개에게 말했다.

"이 고기를 당신에게 주겠소. 이것으로 큰돈을 벌 것이오."

정개가 이유를 묻자 소머리 귀신이 말했다.

"이건 하남의 갑부 장 씨 등의 고기요. 장 씨는 평시에 나쁜 짓을 하여 염라대왕이 장 씨를 잡아와 갈고리로 그의 등을 걸어 철추산鐵錐山에 매달아놓았지요. 한밤중에 장 씨 등이 문드러져 갈고리가 빠지는 바람에 장 씨는 이승으로 도망갔소. 현재 장 씨는 이승에서 등창을 앓고 있는데, 이 병을 치료할 수 있는 의사는 아무도 없소. 당신이 장 씨를 찾아가서 이 고기를 갈아 그의 등에 바르면 곧장 나을 것이오. 그는 반드시 당신에게 크게 사례할 것이오."

정개는 소머리 귀신에게 절하고 종이에 이 고기를 잘 싸서 몸에 숨긴 다음 소머리 귀신과 함께 귀문관을 나왔는데, 소머리 귀신은 즉각 사라졌다. 정개가 하남에 갔더니 과연 장 씨는 등창을 앓고 있었다. 정개는 장 씨의 병을 치료해주고 사례금으로 은 500냥을 받았다.

石門尸怪

석문현의 강시

절강 석문현石門縣의 이서里書[11] 이염선李念先은 시골을 돌아다니며 세금 납부를 독촉하고 있었다. 밤에 황폐한 마을로 들어가니 여관이 없었다. 멀리서 등이 켜진 초가집이 보이자 그 불빛을 향해 걸어갔다. 가까이 가보니 부서진 대나무 울타리가 집의 문이었는데, 안에서 신음소리가 들렸다. 이염선이 큰 소리로 외쳤다.

"이서 아무개가 세금을 독촉하러 왔다가 묵을 곳을 찾고 있으니, 빨리 문 좀 열어주시오."

그러나 안에서는 대답하는 소리가 나지 않았다. 이염선이 울타리를 넘어 집 안을 살펴보니 볏짚이 땅에 가득하고 짚 사이에 사람이 있는데 비쩍 말라 회색 종이에 풀칠을 해 얼굴에 붙인 것 같았다. 얼굴 길이는 다섯 치, 너비는 세 치 정도였는데 곧 숨이 끊어질 것처럼 누워서 몸을 조금씩 움직였다. 이염선이 중병 환자인 줄 알고 울타리 밖에서 두세 번 부르자, 환자는 겨우 낮은 소리로 한 마디 대답했다.

11 현의 하급 관리.

"손님 스스로 문을 밀치고 들어오세요."

이염선이 문을 밀치고 들어오자, 환자는 그에게 자신은 돌림병에 걸려 생명이 위태로우며 가족은 전부 죽었다고 말했다. 그의 말하는 소리는 매우 비참했다. 이염선은 그에게 밖으로 나가 술을 받아오게 했다. 환자는 갈 수 없다고 사양하다가 200전을 사례금으로 주겠다고 말하자, 억지로 기어 일어나 돈을 지니고 나갔다.

이때 담에 걸린 등불이 꺼졌다. 이염선은 너무 피곤한 나머지 볏짚더미 속에 쓰러져 잠들었다. 갑자기 볏짚더미 속에서 '솨솨'거리는 소리가 났는데 사람이 볏짚을 밟고 일어서는 것 같았다. 이염선은 의구심이 들어 부싯돌을 가져다 불을 피워 비춰보니 봉두난발한 사람이 보였다. 방금 전 환자보다 더 말랐고 얼굴 너비도 세 치 정도인 데다 눈을 감고 피눈물을 흘렸으며 외모는 강시처럼 볏짚에 기대 서 있었다. 이 씨가 그에게 물어도 아무런 대답을 하지 않았다. 이염선이 놀라며 끊임없이 부싯돌을 비벼 불꽃이 반짝일 때마다 한 번씩 강시의 얼굴이 드러났다. 이염선이 도망가려고 볏짚에 앉은 채로 서서히 뒤로 물러났다. 그가 한 걸음씩 물러날 때마다 강시는 한 걸음씩 전진했다. 이염선이 갈수록 무서워져서 울타리를 빠져나와 달리자, 강시가 뒤에서 쫓아오는데 볏짚을 밟는 사각사각 소리가 났다. 이염선은 1리쯤 미친 듯이 달리다가 주점 안으로 뛰어 들어가 큰 소리로 부르며 땅에 쓰러졌고 뒤따르던 강시도 땅에 넘어졌다.

주점 주인이 생강즙을 입에 넣어 깨어나자, 이염선은 방금 겪은 상황을 주인에게 모조리 알려주었다. 주인은 비로소 온 마을에 전염병이 돌았으며 이염선을 쫓아오던 강시가 환자의 부인임을 알았다. 비록 그녀는 죽었지만 거둔 사람이 없으며 양기의 감응을 받으면 몸이 움직이기 시작한다고 한다. 이에 마을 사람들은 모두 술을 사러 간 환자를 찾으러 나갔다. 그는 다리 근처에 쓰러져 있었는데 손에는 여전히 돈을 들고 있었으며, 이 주점에서 다리까지는 겨우 50보 거리였다.

복부가 비어 있는 귀신 空心鬼

항주 사람 주표선周豹先의 집은 동청항東青巷[12]에 있다. 그의 집 대청에는 밤마다 한 사람이 서 있었다. 몸에는 붉은 도포를 걸쳤고 머리엔 오사모를 썼으며 긴 수염을 길렀고 얼굴은 네모졌다. 양쪽에서는 두 명의 하급 관리가 시중들었다. 하급 관리는 키가 작았으며 추악하게 생겼고 푸른 옷을 입고 오사모 쓴 관리의 말에 복종했다. 오사모 쓴 관리의 가슴에서 복부까지는 전부 비어 있고 투명하여 마치 수정 같았다. 그의 복부를 통해서 대청에 걸어놓은 그림도 바라볼 수 있었다.

주표선의 아들은 14세로 병상에 누워 있었다. 어느 날 밤 오사모 쓴 관리가 두 하급 관리를 불러 상의하는 말을 들었다.

---

12 지금의 항저우시 샤청구下城區에 있다. 동청항의 남쪽은 경춘로慶春路 채시교菜市橋 서쪽으로 이어지고 북쪽은 봉기로鳳起路 봉기교鳳起橋 서쪽으로 이어진다. 남쪽 끝에 송대의 동청문東青門이 있었는데 채시문菜市門이라고도 불렀다. 이곳이 송나라의 옛 성터다. 1966년에 둥하이항東海巷으로 개명했으며 1981년에 다시 둥칭항東清巷으로 불렀다.

"어떻게 죽일까?"

"내일 그는 의사 노호정盧浩亭이 조제한 약을 복용할 텐데, 우리 두 사람이 약 찌꺼기로 변신하여 그릇 속에 숨겠습니다. 그가 약을 먹을 때 우리를 같이 삼키면, 곧 그의 폐와 장기를 떼어내겠습니다."

이튿날 의사 노호정이 와서 주 씨 아들을 진맥했다. 주 씨 아들은 아무리 해도 약을 먹으려 하지 않았으며, 아울러 어젯밤에 들은 귀신의 말을 가족에게 알려줬다. 가족이 종규鐘馗[13]의 그림을 사와 대청에 걸어놓자, 귀신이 비웃으며 말했다.

"종규 선생은 근시고 두 눈이 침침하여 사람과 귀신을 분간하지 못하니, 두려울 게 뭐냐?"

그림을 그리던 사람이 장난으로 귀지를 파내는 종규를 그렸던 것이다. 종규가 귀가 가려워 두 눈을 살짝 감았기 때문이다.

한 달이 지나자 두 하급 관리가 다시 오사모 쓴 관리에게 말했다.

"주 씨의 운명이 아직 다하지 않아 소란을 피워도 도움이 안 되니 다른 집으로 가시지요."

"이렇게 한다면 주 씨 집에 공연히 온 게 아니더냐? 선례를 만들면 이후에 어떻게 제사상을 받아볼 수 있단 말이냐?"

오사모 쓴 관리가 손가락을 꼽으며 말했다.

"올해로 이곳에 온 지 벌써 일 년이 넘었으니 돼지띠에 속한 사람

---

13 중국에서 역귀나 마귀를 쫓는다는 신의 이름. 당 현종이 꿈에 본 형상을 오도자吳道子를 시켜 그린 것이라고도 하는데, 수염을 기르고 검정 관을 쓴 데다 군화를 신고 한쪽 손에는 칼을 들고 있다. 이를 문에 붙여서 악귀를 막는 풍습이 당송 때부터 성행하기 시작했다.

을 찾아보자."

며칠 지나지 않아 주 씨 집의 돼지 띠 노복이 과연 죽었다. 주 씨 아들의 병은 도리어 완쾌되었다. 주 씨 가족들은 지금까지도 복부가 비어 투명한 귀신을 '공심귀空心鬼'라고 부른다.

畫工畫僵尸

강시를 그리는 화공

항주 사람 유이현劉以賢은 초상화를 잘 그렸다. 그의 이웃집에는 부자 두 사람이 살고 있었다. 부친이 죽자 아들이 관을 사러 밖으로 나갔다. 떠날 때 그는 이웃에게 부탁하여 그 대신 유이현을 불러 부친의 초상화를 그리게 했다. 유이현이 그의 집에 도착해 보니 집 안은 텅 비어 아무도 없었다. 그는 죽은 사람이 반드시 위층에 있을 거라 생각해 사다리를 타고 누각 위로 올라가 사자의 침상에 다가가 앉아서 붓을 꺼내 초상화를 그리려고 했다. 뜻밖에도 시체가 갑자기 몸을 일으켜 일어났다. 유이현은 영혼이 빠져나간 시신으로 여겨 앉아서 움직이지도 못했다. 그 시신도 움직이지 않고 두 눈을 감은 채 입은 조금씩 벌렸다 닫았으며 눈썹을 찡그렸다. 유이현은 생각했다. 내가 지금 도망가면 시체가 틀림없이 쫓아올 것이니 차라리 초상화를 그리는 게 좋을 것 같다. 이에 붓을 들어 종이를 펼쳐놓고 시체의 모양대로 모사하기 시작했다. 그가 팔을 움직이고 손가락을 움직일 때마다 시체도 따라서 움직였다. 유이현이 크게 소리 질렀으나 대답하는 사람이 없었다.

오래지 않아 사자의 아들이 위층으로 올라와 일어선 부친의 시체를 보고는 놀라 그 자리에서 쓰러졌다. 또 한 이웃이 위층으로 올라와 일어선 시신을 보고는 놀라 아래층으로 떼굴떼굴 굴러떨어졌다. 유이현은 이 정경을 보고 어찌할 수 없어 억지로 참으며 기다렸다.

잠시 후 관을 든 사람이 당도했다. 유이현은 이때야 시체가 발작할 때 빗자루를 무서워한다는 말이 생각나서 소리쳤다.

"빨리 빗자루를 들고 올라오세요."

관을 멘 사람이 위층의 강시가 소란을 피운다는 것을 알고 빗자루를 들고 올라와 시체를 한번 쓸어내리니 곧 쓰러졌다. 이어서 생강즙을 땅에 혼절한 사람에게 떠 넣어 깨운 다음에 시체를 관 속에 넣었다.

鶯嬌 앵교

양주 기녀 앵교鶯嬌는 나이 스물넷에 기적妓籍에서 벗어나 시집가기로 결정했다. 시柴 씨 성을 가진 사람이 앵교를 첩으로 받겠다 하여 결혼식 날짜가 이미 정해졌다. 그런데 태학생 주朱 씨가 앵교를 사모하여 그녀에게 은 10냥을 주면서 잠자리를 요구했다. 앵교가 돈을 받고는 그를 속이면서 말했다.

"모일 밤에 이곳으로 오시면 반드시 서방님과 잠자리를 같이하겠어요."

주 씨는 약속한 날 앵교를 찾아갔지만 문에는 화촉만 가득하고 앵교 본인은 이미 꽃가마를 타고 출가한 뒤였다.

주 씨는 자신이 앵교에게 속은 줄 알고 슬퍼하며 집으로 돌아왔다. 일 년이 지나 앵교는 폐결핵에 걸려 사망했다. 주 씨가 꿈속에서 검은 적삼을 걸치고 주 씨 대문에 들어서는 앵교를 보았는데, 앵교가 말했다.

"저는 빚 갚으러 왔어요."

주 씨가 놀라 꿈에서 깨었다. 이튿날 집에서 기르는 어미 소가 검정 송아지를 낳았는데, 주 씨를 보고는 마치 알기라도 하는 듯 아쉬워하는 눈치였다. 주 씨는 검정 송아지를 팔고 결국 은 10냥을 받았다. 이를 보면 설사 부정한 돈일지라도 이처럼 부당하게 가져갈 순 없음을 알 수 있다.

旁觀因果

인과보응을 방관하다

상주 수재 마사린馬士麟이 몸소 겪은 이야기를 해주었다.

어려서 그는 부친을 따라 북루北樓에서 공부하다가 열린 창틈을 통해 국화를 파는 왕 노인의 노천 화단을 보았다. 하루는 마사린이 일찍 일어나 창문에 기대 내려다보았다. 이날 날이 이미 밝았는데 왕 노인이 노대露臺에 올라가 화단에 심은 국화에 물을 뿌리고 있었다. 다 뿌린 뒤 그가 화단을 내려가려는데 똥통을 진 짐꾼이 두 통을 메고 노대에 올라가 노인을 도와 꽃에 거름으로 주려고 했다. 노인은 얼굴에 싫은 기색을 내보이며 짐꾼에게 오르지 말라고 했으나 한사코 올라오려고 했다. 이에 두 사람은 노대의 언덕에서 실랑이를 벌였다. 공교롭게도 하늘에서 비가 내려 노대가 미끄러웠고 언덕이 가파르고 높아서 왕 노인이 손으로 짐꾼을 밀자, 아래에 있던 짐꾼은 견디지 못하고 노대에서 실족하여 아래로 떨어졌다. 왕 노인이 급히 다가가 그를 부축하여 일으켰지만 그는 일어날 수 없었다. 두 똥통이 그의 가슴을 누르자 두 다리가 비틀거리면서 빳빳해졌다.

왕 노인은 너무 놀라고 무서워서 한 마디도 하지 않고 그 짐꾼의 다리를 끌어 후문을 열고 강가까지 끌어다놓았다. 그리고 똥통을 들어 시체 옆에 두고는 자신은 집으로 돌아가 문을 잠그고 다시 잠자리에 누웠다. 마사린은 당시 어렸어도 이 일이 인명과 관련된 큰일이라고 생각했지만, 함부로 얘기할 수가 없어 창문을 닫아버렸을 뿐이다. 날이 밝아 태양이 점차 높이 뜨자 강가에서 사람이 죽었다고 전해오는 소리가 왁지지껄해졌다. 마을의 이장이 관청에 보고했다.

정오에 무진현武進縣 지현이 징을 울리며 현장에 당도하자, 검시관이 지현에게 무릎을 꿇은 채 보고했다.

"시체에 상흔이 없는 걸로 미루어 실족사한 것으로 보입니다."

지현 관리가 이웃에게 심문하자 이웃들은 일제히 모른다고 대답했다. 이에 명을 내려 시체를 관에 넣고 봉하여 고시문을 붙여 짐꾼의 친척을 찾아오게 하고는 떠났다.

9년이 지나 마사린은 21세가 되었으며 학관에 들어가 공부하고 수재가 되었다. 그의 부친이 죽어 집안은 빈궁했다. 마사린은 소싯적에 공부했던 북루에서 학생을 받아 경서를 가르쳤다. 당시 강소 독학은 유오룡劉吳龍[14]이었다. 시험 날짜가 임박하자, 마사린은 일찍부터 일어나 경서를 복습했다. 그가 창문을 열고 먼 곳의 작은 골목을 보니 어떤 사람이 통을 두 개 메고 천천히 걸어오고 있었다. 자세히 살펴보니 예전에 죽은 짐꾼이었다. 마사린은 크게 놀라 그가 왕 노인

---

14 유오룡(?~1742)의 자는 소문紹聞이고 강서 남창南昌 사람이다. 옹정 원년에 진사에 급제하고 서길사庶吉士가 되었다. 옹정 2년에 주식朱軾의 추천으로 이부주사吏部主事가 되었다. 이후 광록시소경光祿寺少卿, 안휘 안찰사安徽按察使, 광록시경을 역임했다.

에게 복수하기 위해 찾아온 것으로 여겼다. 잠시 뒤 짐꾼은 왕 노인 집을 들어가지 않고 지나쳐 다른 방향으로 몇십 걸음 가더니 이 씨 집 안으로 들어갔다. 이 씨는 부유하며 또한 마사린이 공부하는 북루와 가까워서 창문을 통해 바라볼 수 있는 집이었다. 마사린은 갈수록 짐꾼의 행동이 이상하게 생각되어 일어나서 짐꾼을 미행하여 이 씨 집에 들어갔다. 이 씨의 노복이 당황스럽게 나오며 말했다.

"우리 집 아씨가 곧 분만하려는데, 저는 산파를 부르러 가야 해요."

마사린이 물었다.

"통을 멘 사람이 대문 안으로 들어갔어요?"

"아뇨."

그들의 대답이 채 끝나기도 전에 안에서 하녀가 나오며 말했다.

"산파 데리러 갈 필요 없어요. 아씨가 이미 아들을 낳았어요."

마사린은 이때야 그 짐꾼이 복수하기 위해서가 아니라 이 씨 집에 환생하기 위해 온 것임을 깨달았다. 그러나 그는 속으로 이상한 생각이 들었다. 이 씨 집은 부귀한 가정인데, 짐꾼이 어떻게 이처럼 행운을 얻었을까? 이로부터 마사린은 이 씨 집 아들의 일거일동을 유심히 관찰했다.

다시 7년이 지나 이 씨 집 아들은 점점 성장하면서 공부는 좋아하지 않고 새 기르는 걸 좋아했다. 그리고 왕 노인은 이미 80세가 넘었는데도 과거처럼 건강하여 국화를 사랑하는 성품은 늙을수록 충만했다.

하루는 마사린이 일찍 일어나 창문에 기대 조망했다. 왕 노인이 노대에 올라 국화에 물을 뿌리는데 이 씨 아들도 자신의 누각 위에 올라 비둘기를 놓아주었다. 갑자기 10여 마리의 비둘기가 왕 노인 화단의 난간 위로 날아왔다. 이 씨 아들은 비둘기가 날아갈까봐 두세 번 불렀으나 비둘기는 미동도 하지 않았다. 이 씨 아들은 어쩔 수 없어 돌을 주워 비둘기를 향해 던졌으나 잘못하여 왕 노인을 맞혔다. 왕 노인은 놀라 실족하여 노대에서 떨어져 장시간 일어나지 못한 채 두 다리를 뻗고 죽었다. 이 씨 아들은 대경실색하여 아무 소리도 내지 않고 조용히 창문을 닫았다. 날이 밝자 왕 노인의 아들과 손자는 그를 찾아다녔다. 왕 노인이 실족하여 죽은 걸 알고 통곡하다가 안장하여 장례를 마쳤다.

이 일을 나는 상공 유승암劉繩庵에게 들었다. 상공은 또 이렇게 말했다.

"짐꾼과 왕 노인의 인과보응이 이처럼 교묘하고 이처럼 공평할 줄이야. 이 국면 안에 있었던 사람은 피차가 모르는데, 차가운 눈으로 방관한 마사린은 분명히 알고 있었지. 그러나 세상의 길흉화복에 관한 일은 각자 원인과 결과를 갖고 있을 뿐 아니라, 조금도 잘못이 있을 수 없는 법이야. 다만 애석하게도 옆에서 냉정하게 관찰하는 사람이 없을 뿐이지."

徐四葬女子

여자를 안장한 서사

병영 무기고의 수위 서사徐四의 집은 경성 금어호동金魚胡同[15]에 있는데, 집안이 가난하여 집 안팎의 다섯 칸 방에서 형님 내외와 함께 살았다. 어느 날 형이 밤에 숙직하러 나가자, 평소에 현숙한 형수가 서사에게 말했다.

"북풍이 너무나 세차고 집 안에 온돌이 하나밖에 없네요. 저나 도련님이나 모두 추위를 타는데, 같은 온돌에서 잠자기가 불편하니 저는 오늘 밤 친정집으로 돌아가겠습니다. 이 온돌에서 주무시도록 하세요."

서사는 그렇게 하겠다고 대답했고 형수는 결국 친정으로 돌아갔다.

밤 이경이 되자 달빛이 약간 밝았다. 갑자기 누가 문을 두드리기에 열어주자, 머리에 담비가죽 모자를 쓰고 몸에 이리가죽 외투를 걸치고 손에 자루를 든 미소년이 들어오더니 온돌 위에 앉아 울면서 말

15 베이징시 둥청구東城區 덩스커우다제燈市口大街 남측에 있다.

했다.

"선생께서 절 구해주세요. 저는 남자가 아닙니다. 선생께선 제게 어디서 왔느냐고 묻지 마시고 하룻밤만 재워주시면 담비 모자와 가죽옷을 드릴게요."

이어서 그 자루를 열어 서사에게 보여주었다. 그 안에 든 금은보배 장식물 가격은 대략 만 냥 값어치였다.

서사는 젊은 데다가 미모의 여성이 금은보배를 가지고 있어서 결국 마음이 움직이지 않을 수 없었다. 그러나 이 여자는 내력이 분명하지 않아 그녀를 묵게 하자니 화가 미칠까 두려웠고, 거절하자니 차마 그럴 수가 없었다. 이에 잠시 생각하다가 말했다.

"아가씨 잠시 앉아 계세요. 제가 이웃과 상의하고 곧 돌아올게요."

"네."

서사는 밖에서 문을 잠그고 선각사善覺寺로 달려가 이 일을 원지圓智 방장에게 알렸다. 원지 스님은 연세가 많고 도력이 있기에 서사는 평소 그를 존경해왔다. 원지 스님은 서사의 말을 듣고는 깜짝 놀라며 말했다.

"그 여자는 틀림없이 대갓집의 귀한 애첩일 터인데, 무슨 일이 생겨서 몰래 도망 나왔을 게다. 네가 그녀를 받아두자니 화가 미칠까 두렵고 내치자니 참을 수 없다면, 너는 우리 사당에 앉아서 날 밝기를 기다렸다가 새벽에 집에 돌아가도 늦지 않을 거야."

서사는 원지 스님의 말이 옳다고 생각하고 사당에 남았다.

원지의 한 제자는 평소 품행이 불량했다. 사부와 서사의 말을 엿듣고는 서사가 집에 돌아가는 모습으로 위장하여 문을 열고 등을 끄고 급히 온돌 위로 올라가 그녀를 껴안고 함께 잠을 잤다.

그날 밤 숙직 서던 서사의 형은 날씨가 너무나 추워 가죽옷을 가져오기 위해 사경에 집으로 돌아왔다. 그가 등불을 들고 온돌을 비춰보니 아래에 남자의 신발이 있어 대로했다. 자기 부인이 동생과 간통하는 것으로 여겨 요도를 빼내어 두 사람의 머리를 자르고 이를 보고하기 위해 장인 집으로 달려갔다. 장인 집에 이르러 큰 소리로 부르자 그의 아내가 집 안에서 나왔다. 그는 아내를 보자 귀신을 본 것으로 여겨 놀라서 땅에 혼절했다. 마침 시끄러울 때 서사와 원지도 현장에 와서 그의 형이 두 사람을 잘못 죽인 것을 알았다. 이에 함께 관청에 가서 보고했다. 형부에서는 간통하는 남녀를 죽인 것은 법률에 의거하여 다시 추궁할 수 없다고 여겼다. 다만 그 여자의 머리를 걸어두었는데 시체의 친척을 찾기 위해서였다. 그러나 결국 알아보는 사람이 없었다. 서사는 그 여자를 가련하게 여겨 그녀의 금은보화를 팔아 시체를 거둬 안장해주었다.

전세의 인연을 맺은 양

羊踐前緣

강희 59년(1720) 산동 순무 이수덕李樹德[16]의 생일에 포정사, 도대 등 관리들이 분분히 양과 술을 보내 생일을 축하했다. 이 씨 댁에서는 날마다 연극을 공연했으며 막료와 빈객도 연회에 참석하여 밤새도록 자지 않고 즐겼다.

형명刑名의 관직을 맡은 장張 선생은 술을 너무 많이 마셔 자리를 벗어나 방으로 돌아와 잘 준비를 했다. 갑자기 침상 휘장 안에서 '흐흐'거리는 소리가 들렸는데 마치 남녀가 운우지정을 나누는 것 같았다. 장 씨는 대로하여 이 집의 막료가 연극배우를 희롱하고 있으며 그의 침상을 빌려 음탕한 처소로 삼고 있다고 여겼다. 그가 소리 지르며 휘장을 들추자 백양 두 마리가 꿇어앉아 교배하고 있었는데, 그 두 마리 양은 여러 관리가 생일 선물로 보낸 것이었다. 백양은 사람을 보더니 놀라 흩어졌다. 이때 장 씨는 이 기이한 일을 웃음거리로 삼아 이 씨 막료들에게 알렸다. 오래지 않아 장 씨는 갑자기 땅에

16 한군漢軍 정황기인正黃旗人 출신으로 산동 순무를 거쳐 복건 장군이 되었다.

쓰러져 인사불성이 되었다. 잠시 후 그는 손으로 자신의 뺨을 때리면서 욕을 했다.

"이놈 정말 역겹구나. 내가 사랑謝郎과 생사의 인연을 맺어놓고 470년이 되어서야 겨우 오늘 한 번 만났으니 얼마나 힘든 기회이더냐? 그런데 너 때문에 놀라 헤어졌다. 네가 남의 혼인대사를 망쳤으니 그 죄를 용서할 수가 없구나."

말을 마치고는 다시 자기 뺨을 때렸다.

이 순무는 이 얘기를 듣고 친히 와서 시찰하고는 웃으며 위로의 말을 건넸다.

"사謝 낭자, 하필 이곳에서 시끄럽게 굽니까? 오늘은 제 생일이라서 본래 방생하여 선한 일을 하려고 계획했어요. 지금 제가 당신을 포함한 수백 마리 양들을 모두 놓아줄 터이니, 당신 마음대로 배우자를 찾아서 전세의 인연을 맺어보시기 바랍니다. 어때요?"

장 씨가 다 듣더니 머리를 조아리며 말했다.

"고맙습니다. 대인 어른."

말을 마치고 장 씨는 땅에서 일어났다.

이 일은 양요봉梁瑤峰[17] 상공이 해준 말이다.

---

17 양국치梁國治(1723~1786)의 자는 계평階平이고 호로는 요봉, 풍산豐山, 매당梅塘이 있으며 절강 소흥 사람이다. 건륭 13년(1748)에 진사가 되었으며 한림원 수찬, 동각대학사東閣大學士 겸 호부상서를 역임했다. 주요 저작으로는 『경사당문집敬思堂文集』이 있다.

귀신이 사람을 속여 액운을 당하다

鬼神欺人以應劫數

청대가 창건된 뒤의 일이었다. 고顧 씨 성을 가진 사람이 상숙, 무석 두 고을의 민중을 규합하여 반란을 일으키려고 기도했다. 속셈을 가진 한 사람은, 이렇게 소동이 벌어져버리면 아무 도움도 안 되고 저지하기도 어렵다는 것을 알았다. 이에 그는 대중에게 호소하며 말했다.

"어느 마을의 관제묘가 무척 영험하다는데 모두 관제에게 기도하면서 주창이 든 120근이나 나가는 쇠칼을 강에 던져 길흉을 점쳐보세요. 만일 칼이 물에 빠지면 패배할 것이니 봉기하면 안 됩니다. 반대로 칼이 수면에 뜨면 승리할 것이니 봉기해도 좋습니다."

그는 마음속으로 쇠칼이 반드시 물속에 가라앉을 거라 여겨 이 방법으로 반란을 저지하고자 했다. 민중이 먼저 관제에게 기도한 다음 여럿이 모여 쇠칼을 강에 던졌는데, 그것이 파초 잎처럼 수면 위로 떠올랐다. 민중은 놀랍고도 기뻐서 그날 죽창을 들고 반란을 일으켰는데 참가한 인원이 수만 명에 달했다. 오래지 않아 관병이 들이닥쳐 그들을 전부 소멸시키고 한 명도 놓아주지 않았다.

楚陶 초도

건륭 병인년(1746) 여름 강음현江陰縣의 평민 서갑徐甲의 집이 사악한 기운에 휩싸여 굴뚝에서 불이 나고 솥에서 똥이 넘쳤다. 가족들은 서로 아우성치며 밤낮으로 편안하지 못했고 주위 이웃들도 그들 때문에 괴로웠다.

당시의 현령 유한장劉翰長은 광서의 명사였다. 그가 친히 신에게 기도해도 효험이 없자 도사를 불러다 법술을 썼지만 역시 효험이 없었다. 이에 유한장은 공부시랑 유성위劉星煒[18]를 불러 소장을 쓰게 하여 성황신에게 빌었다. 아울러 서갑에게 명하여 목욕재계하고 분향한 다음 사당의 복도에서 자면서 호령을 듣도록 지시했다. 이튿날 아무런 징조는 없었지만 향로의 재가 부풀어 오르면서 '초도楚陶'라는 두 글자를 써놓았다. 이에 유한장이 서갑에게 물었다.

---

18 유성위(1718~1772)의 자는 영유映榆이고 호는 포삼圃三, 실명室名은 사보당思補堂이며 강소성 상주 무진현 사람이다. 예부좌시랑, 공부좌시랑 등을 역임했다. 주요 저작으로는『사보재문집思補齋文集』『시집유일詩集遺佚』이 있다.

"너는 초 지역에 사는 도陶 씨와 무슨 원수를 지지 않았느냐?"

서갑은 깜짝 놀라 아래와 같이 실토했다.

서갑이 젊었을 때 그의 종친을 방문하고자 무창武昌으로 떠났다. 도중에 서갑이 급병을 얻었는데 그와 동행한 사람은 그를 길가에 버려두고 떠나버렸다. 그는 길에서 죽을 판이었다. 이때 한 거지가 왔는데 몸집이 건장하고 크며 두 눈이 움푹 들어갔다. 휴대한 양식을 나눠 그에게 먹이고는 그를 데리고 함께 구걸하러 다녔다. 그 거지는 다른 거지보다 힘이 세서 많이 얻어먹을 수 있었다. 한 달 뒤 서갑의 병이 호전되기 시작했다. 그 거지는 먹을 것을 아끼고 절약하여 서갑의 노잣돈을 마련해주었다. 그래서 서갑은 마침내 집으로 돌아올 수 있었다. 서갑은 속셈이 빠른 사람이어서 남의 밭을 빌려 소작 지으며 부인을 얻고 나날이 조금씩 부유해지기 시작했다. 시간이 지난 어느 날 그 거지가 갑자기 찾아왔다. 손에는 커다란 자루가 들렸고 얼굴은 난감한 표정이었다. 서갑이 무슨 일인지 물어보자 거지가 말했다.

"무창에서 헤어진 뒤부터 나는 산적이 되어 호남, 호북 일대를 유랑한 지 벌써 20년이 되었네. 최근에 일이 들통 나 관가에서 체포망을 좁혀오니 자네가 날 좀 숨겨주시게."

서갑은 승낙하고 이 일을 아들과 상의했다. 서갑의 아들은 조정의 법령이 강도를 은닉해주는 사람은 같은 죄로 다스리니, 놓아주고 도망가게 하는 것이 좋다고 말했다. 서갑이 머뭇거리며 결정하지 못할 때 갑자기 몇 명의 형졸이 들이닥쳐 거지를 묶어 데려갔다. 서갑은 크게 놀랐다. 그때 며느리가 갑자기 방 안에서 박수를 치고 웃으며 말했다.

"큰 은혜를 아직 갚지 못한 부자가 (관가에 잡혀가는 것을) 보지 못할 게 분명하기에 제가 관아에게 통지하여 불러들였어요. 그 거지가 남긴 큰돈을 얻을 뿐 아니라 관청의 포상도 받을 수 있잖아요. 무얼 그리 두려워하세요?"

서갑은 어찌할 수 없다고 여겼다. 평소에 이 일을 생각하면 후회가 너무나 막심했지만, 시간이 지나 그 거지가 뜻밖에도 이처럼 소동을 피우게 된 것이다.

유현령이 말했다.

"강도는 남의 돈을 빼앗지만 너는 강도를 죽였다. 강도는 죗값을 치러야 마땅하거늘, 이를 어찌 심하다고 말할 수 있겠느냐? 네가 그의 부정한 돈을 쓰고 있으니 너도 강도인 셈이다. 그런데 신이 어떻게 강도를 비호한단 말이냐?"

오래지 않아 귀신은 더 흉악하게 말썽을 부려 서갑은 가산을 전부 탕진해버렸다. 서갑의 아들과 며느리가 차례로 사망한 뒤에야 귀신은 소동을 멈추었다.

영혼을 담는 단지

藏魂罎

운남, 귀주 지방에서 요부妖符와 사술邪術이 매우 성행했다. 귀주 안찰사 비원룡費元龍이 운남으로 부임하던 중에 그의 가노 장 씨가 말을 타고 가다가 갑자기 크게 소리 지르며 말에서 떨어져 왼쪽 다리를 잃었다. 비원룡은 틀림없이 요괴가 한 짓이라 보고 고시문을 붙였다.

"장 씨의 다리를 붙일 수 있는 사람에게 약간의 포상을 내릴 것이다."

잠시 뒤 한 노인이 찾아와 말했다.

"제가 그랬습니다. 장 씨가 성에 있을 때 주인의 세력을 믿고 지나치게 세도를 부렸기 때문에 일부러 그에게 못된 장난을 친 것입니다."

장 씨도 노인에게 치료해달라고 애원했다. 노인이 주머니를 열어 다리를 꺼냈는데 새우 다리처럼 작았다. 그가 숨을 불어넣고 주문을 외우면서 작은 다리를 장 씨에게 던지자 장 씨의 두 다리는 예전처럼 완전해졌다. 노인은 상금을 받고 떠나갔다.

어떤 이가 비원룡에게 왜 형법으로 다스리지 않았는지 묻자, 비원룡이 대답했다.

"소용없소. 내가 귀주에 있을 때 한 악당의 범죄 사건이 산처럼 쌓여 관가에서는 그를 죽여 시체를 강 속에 던졌지요. 그런데 3일째 되던 날 그의 혼이 돌아왔으며 5일째 되던 날부터 다시 나쁜 짓을 자행했습니다. 이 짓을 여러 번 했지요. 이를 순무에게 고소하자, 순무가 대로하여 왕명을 청하여 그를 베어 몸과 머리를 각기 다른 곳에 두었습니다. 그런데 3일 뒤에 되살아나 몸과 머리가 합체되었지요. 다만 목에만 붉은 줄이 살짝 나 있고 여전히 나쁜 짓을 저질렀소. 나중에 그 악당이 자기 모친을 때리기 시작했지요. 그의 모친이 관가에 고소하러 왔는데, 손에는 단지가 들려 있었고 이렇게 말하더군요.

'이는 불효자의 혼을 담은 단지입니다. 불효자는 자신의 죄악이 큰 줄 알아서 집에 있을 땐 자신의 영혼을 꺼내서 수련한 뒤에 단지 안에 숨겨두지요. 관가에서 형벌을 가해 죽인 것은 그의 신체였지, 그의 영혼이 아니었습니다. 그가 오랫동안 수련한 영혼으로 상처 입은 신체를 치료하면 3일 만에 회복할 수 있었지요. 그는 온갖 못된 짓을 자행하여 이제는 저까지 때립니다. 저는 도저히 용납할 수 없네요. 관가에서는 먼저 영혼을 담는 단지를 깨트리고 풍륜으로 움직이는 부채를 써서 그의 영혼을 흩뿌려주십시오. 그러고 나서 다시 그의 신체에 형벌을 가하면 불효자식은 아마도 진짜 죽을 겁니다.'

관청에서는 그녀의 말대로 하여 몽둥이로 그를 때려죽인 다음, 시체를 점검해보니 10일도 안 되어 이미 부패하여 악취가 나더군요."

요괴로 변모한 노파

老嫗爲妖

건륭 20년(1755) 경성의 신생아들이 거의 다 경풍驚風[19]에 걸려 돌도 안 되어 죽었다. 전하는 말에 따르면 영아가 병에 걸렸을 때 부엉이 같은 검은 괴물이 등불 아래에서 맴돌아다녔다고 한다. 이 괴물이 빨리 날아다닐수록 영아의 천식도 더 심해지며 영아의 숨이 끊어지면 검은색 괴물은 떠나갔다. 얼마 안 있어 한 집의 영아도 경풍에 걸렸다. 악鄂 씨 성을 가진 시위侍衛[20]는 평소에 용감했는데 이 일을 듣고 대로하여 활과 화살을 챙겨 환자 집에 가서 괴물이 나타나기만 기다렸다. 검은색 괴물이 나타나 악 씨가 화살을 쏘자 괴물은 화살을 맞은 채 날아가며 아프다고 소리 질렀다. 피가 땅에 철철 흘러 떨어졌다. 악 씨가 괴물을 쫓아가 이중의 담을 넘자 그 괴물은 병부상서 이 씨의 부엌으로 숨어 종적이 보이지 않았다. 이 씨 가족은 활을

---

19 한의학에서 어린아이에게 나타나는 증상의 하나. 풍風으로 인해 갑자기 의식을 잃고 경련하는 병증으로 급경풍과 만경풍 두 가지로 나뉜다.

20 황제를 경호하는 금군禁軍의 병사.

들고 부엌에서 기다리는 악 씨를 보고는 깜짝 놀라 다투어 무슨 일이 생겼는지 물었다. 악 씨는 이 씨와 친척관계라서 이 일을 그들에게 알려주었다.

병부상서는 사람에게 명하여 부엌에서 검은색 괴물을 찾게 했다. 그런데 옆방에 있던 눈이 파란 노파가 어디서 허리에 화살을 맞고 와 피가 끝없이 흘러내렸다. 노파의 외모는 미후獼猴(원숭이)와 비슷한데 그녀는 병부상서가 운남에서 관리로 있을 때 데리고 온 묘족苗族 여성이다. 평상시 그녀는 충직하고 성실한데 자신의 나이조차 기억하지 못한다고 말한 적이 있다. 요괴라고 의심돼 사람들이 고문을 통해 심문하니, 그녀가 말했다.

"주문을 외우면 괴상한 새로 바뀌어요. 이경 이후에 날아가서 영아의 뇌척수액을 먹어치워 죽은 영아만 이미 수백 명에 이르지요."

이공은 대로하여 노파를 묶은 뒤 장작불에 올려놓고 산 채로 불태워버렸다. 이로부터 경성 영아의 경풍은 결국 사라졌다.

뇌공의 관직을 맡다

署雷公

무원婺源의 동董 씨는 20세 되던 여름에 낮잠을 자다가 갑자기 꿈속에서 그의 얼굴을 자세히 바라보며 서로 의논하는 여러 귀신을 보았다.

"뇌공이 마침 병났으니 이 사람의 입이 뾰족한데 뇌공 대신 당직을 서게 하자."

한 귀신이 도끼를 동 씨의 옷소매 안에 넣어주었다. 그러고는 그를 어딘가로 데려갔다. 그곳의 궁전은 화려하여 왕이 사는 거처 같았다. 동 씨는 궁전 밖에서 한참 기다린 뒤에야 불려 들어갔다. 면류관을 쓴 사람이 궁전 중앙에 앉아서 동 씨에게 말했다.

"낙평현樂平縣에 주朱 씨 성을 가진 촌부가 있는데 시어머니에게 불효하니 천벌을 받아야 마땅하다. 현재 뇌부雷部의 두 장군이 모두 비를 내리다가 과로하여 병이 나는 바람에 일시에 적합한 사람을 찾지 못했다. 뇌공의 부하들이 네가 이 직을 맡도록 추천했으니, 너는 신부信符를 가져가 부임하도록 하라."

동 씨는 명을 받고 대왕에게 절하고는 궁전을 나왔다. 그가 보니 자신의 발아래에 뭉게구름이 생기고 번개가 두르고 있어 뇌공과 다르지 않은 모습이었다.

잠시 뒤 낙평현 경계에 이르자 토지신이 길을 안내했다. 동 씨가 공중에 서서 보니 촌부 주 씨는 시어머니에게 욕을 하고 있었으며, 구경하는 사람들이 담을 두른 듯했다. 동 씨는 소매 속의 도끼를 꺼내 그 자리에서 그녀를 죽였다. '쿵쿵' 하는 뇌성벽력과 함께 사람들은 놀라서 무릎을 꿇었다.

동 씨가 돌아가 복명하니 대왕은 그를 뇌부에 남겨두고 직무를 맡게 했다. 동 씨가 모친이 나이가 많다는 핑계를 대고 사절하니 대왕도 억지로 강권하지 않았다. 대왕은 동 씨에게 무슨 일을 하는지 묻자, 동 씨가 대답했다.

"동자시童子試를 준비하고 있어요."

대왕은 옆에서 시중드는 관료에게 명하여 군현의 명부를 가져오게 하더니 훑어보고는 말했다.

"너는 모년에 수재에 합격할 것이다."

동 씨는 꿈에서 깨어나자 꿈에서 겪은 일을 친구들에게 알려주었고 낙평현에 가서 알아보았더니 과연 한 부인이 벼락 맞고 죽었는데, 날짜와 시간이 모두 들어맞았다. 당초 대왕이 명부를 열람할 때 동 씨가 몰래 엿보았는데, 이듬해 읍시邑試에서 1등은 정준선程雋仙, 2등은 왕패규王佩葵였다. 꿈속의 일은 이듬해에 모두 이루어졌다.

귀신을 잡다

捉鬼

무원 사람 왕계명汪啓明은 상하上河의 진사 댁으로 거처를 옮겼다. 이곳은 그의 친척 진사 왕파汪波[21]의 옛집이다.

건륭 갑오년(1774) 4월 1일 밤에 왕계명은 장시간 악몽을 꾸다가 놀라 깨어났다. 그가 눈을 뜨고 보니 한 귀신이 침상 휘장 가까이에서 있었으며 키는 방의 높이만 했다. 왕계명은 평소에 용감한지라 돌연 침상에서 일어나 귀신과 싸웠다. 다급해진 귀신이 문 입구를 찾으며 도망가려 하다가 잘못하여 담에 부딪혀 낭패를 보았다. 왕계명이 귀신을 좇아가 허리를 잡았다. 이때 갑자기 음산한 바람이 불어와 남아 있는 등불을 꺼버렸다. 왕계명은 귀신의 얼굴을 보지 못했지만 귀신의 손은 차가웠으며 허리는 장독처럼 굵었다. 마음속으로 소리쳐 집안사람들을 모으고 싶었지만, 입에서는 한 마디도 나오지 않았다. 잠시 뒤 왕계명이 목청껏 외쳐 사람들이 놀라 뛰쳐나오자, 귀신의 형체는 영아만큼 작아졌다. 사람들이 횃불을 가져다 비춰보니 왕

21 강남 강녕江寧 사람으로 옹정 5년에 진사에 급제했다.

계명이 손에 잡은 것은 찢어진 비단이었다. 이때 창밖에서 기왓장들이 어지럽게 비오듯 날라왔다. 왕 씨 가족들은 너무 놀라 왕계명에게 어서 귀신을 놓아주라고 했다.

그러자 왕계명은 웃으며 말했다.

"귀신 친구들의 허장성세일 뿐이니 어찌 수작을 부릴 수 있겠나? 만약 풀어주면 귀신들의 소동을 조장할 터이니 죽여서 일벌백계하는 것이 좋네."

이에 왕계명은 왼손으로 귀신을 잡고 오른손으로는 가족이 건네준 횃불을 받아 불태웠는데 '팍팍' 하는 소리가 나더니 선혈이 사방으로 튀고 심한 악취가 났다.

날이 밝자 사방의 이웃들이 소문을 듣고 놀라 왕 씨 집으로 모여들었다가 악취를 맡고는 모두가 코를 틀어막았다. 땅에 응고된 피의 두께가 한 치를 넘었으며 피비린내가 나고 아교처럼 반들반들했다. 아무도 이것이 무슨 귀신인지 알 수 없었다. 중서사인 왕봉정王葑亭[22]이 「귀신 잡는 노래捉鬼行」를 써서 이 일을 기록했다.

---

22 왕우량王友亮(1742~1797)을 말한다. 그의 자는 경전景田, 호는 동전東田, 봉정이며 무원현婺源縣 사람이다. 건륭 30년(1765) 순천향시의 거인이며 건륭 46년에 진사에 합격했다. 급사중給事中, 태복시소경太僕寺少卿, 통정사부사通政司副使, 계찰우익종학稽察右翼宗學 등을 역임했다. 그가 사망한 뒤 청대 동성파의 저명한 문학가 요내姚鼐가 묘지명을 지었고 요내의 제자 진용광陳用光이 전을 지었다. 그의 시문 작품이 『쌍패재시집雙佩齋詩集』 『쌍패재문집雙佩齋文集』 『쌍패재변체문집雙佩齋駢體文集』 및 『금릉잡영金陵雜詠』 『시조소초視漕小草』에 보인다.

어느 시랑의 기이한 꿈

某侍郎異夢

건륭 20년(1755) 아무개 시랑이 황하로 시찰 나갔다가 도장陶莊에 주둔했다. 이때가 바로 음력 12월 30일 밤이었다. 시랑은 평소 부지런히 직분을 다했다. 그는 말을 타고 네 명의 시종을 거느린 채 손에는 등롱을 들고 황하를 순시하며 얼어붙은 진흙 지대로 들어섰다. 한눈에 보니 모두 노랗게 말라버린 띠풀, 흰색의 갈대뿐이었다. 시랑은 자기도 모르게 처량한 느낌이 들었다. 그는 띠풀 사이에서 천막을 발견했는데 촛불이 새어나와 불러서 물어봤더니, 아무개 주부主簿가 야간 당직을 서고 있었다. 시랑은 그의 근면함을 칭찬하고 주부에게 큰 상을 내렸다. 주부도 시랑을 초청하며 말했다.

"대인께서 제야에 이곳까지 순시하러 오셨는데 벌써 밤 삼경이 넘었고 날이 차고 바람도 세찹니다. 공관으로 돌아가시자면 먼 길을 걸으셔야 합니다. 제가 새해를 맞이할 술과 안주를 준비하겠사오니, 대인께서 통쾌하게 취해보심이 어떠합니까?"

시랑은 웃으며 수락했다. 하지만 몇 잔을 마시고 공관으로 돌아왔다. 시랑은 피곤함을 느껴 옷을 벗고 잠들었다.

꿈속에서 그는 여전히 말을 타고 황하를 순시했는데, 도착한 곳은 원래의 장소가 아니라 앞뒤 모두가 아득히 넓은 모래밭이었다. 2리쯤 걸으니 앞에 초가집이 나왔으며 불빛이 새어나왔다. 시랑이 초가집으로 가니 노파가 문 입구에서 그를 영접했다. 자세히 보니 자신의 죽은 어머니였다. 어머니는 시랑을 보고 놀라며 물었다.

"네가 어떻게 이곳에 온 것이냐?"

시랑은 명을 받아 황하를 순시하러 왔다고 대답했다. 그러자 모친이 말했다.

"이곳은 인간 세계가 아니야. 넌 이미 저승에 왔으니 어떻게 이승으로 돌아갈꼬?"

이때야 시랑은 모친이 이미 죽었고 자신도 죽었음을 깨달아 통곡하기 시작했다. 그의 모친이 말했다.

"황하 서쪽에 노스님이 계시는데 법력이 고명하니, 내가 널 데리고 가서 부탁해보마."

시랑은 모친을 따라가 사당 앞에 이르렀는데 사당은 엄숙하고 장엄하여 제왕이 사는 곳 같았다. 남쪽에 노스님이 앉아 있는데 두 눈을 감고는 한 마디도 하지 않았다. 시랑이 계단 아래에 무릎 꿇고 절하고 또 절해도 스님은 답례하지 않았다. 이에 시랑이 물었다.

"저는 천자의 명을 받고 황하를 순시 중이었는데, 제가 어떻게 저승으로 왔지요?"

노스님은 여전히 아무 말도 꺼내지 않았다. 시랑은 참지 못하고 화를 내며 말했다.

"저는 천자의 대신입니다. 죽을죄를 지었다 하더라도 지은 죄를 알려주시면 제가 기꺼이 받아들이겠습니다. 왜 스님은 벙어리마냥 한 마디도 하지 않으십니까?"

이때 노스님이 웃으며 시랑에게 말했다.

"네가 죽인 사람이 너무 많으니라. 마땅히 누려야 할 녹봉은 다 쓴 셈이니, 물어볼 게 무어 있는가?"

그러자 시랑이 말했다.

"제가 죽인 사람이 많다 하나 모두 국법에 따라 죽여야 할 사람을 처형한 것일 뿐, 저의 죄는 아니지요."

"네가 당초 사건 판결을 내릴 때 과연 국법이 있는 줄 알았느냐? 상사에게 영합하고 비위를 맞춰 승진하려는 탐욕 때문이 아니었더냐?"

노스님은 안석의 여의를 들어 시랑의 명치를 가리켰다. 시랑은 냉기가 오장을 파고드는 느낌이 들고 가슴이 '쿵쿵' 뛰기 시작했다. 땀은 비같이 흘러내리고 두려워서 한 마디도 하지 못했다. 오랜 시간이 지나서야 시랑이 말을 꺼냈다.

"저의 죄를 알았습니다. 나중에 고쳐도 되겠지요?"

"너는 개과천선할 사람이 아니야. 오늘이 네가 천수를 다할 날이 아닐 뿐이지."

노스님은 양옆의 사미승을 돌아보며 말했다.

"저 사람을 데리고 나가서 이승으로 돌려보내라."

시랑이 사미승과 함께 가다가 어두운 밤이 되었다. 사미승이 손바닥을 펴니 안에서 작은 구슬이 나왔다. 구슬빛이 황하 언덕의 공사 현장에서 도장 공관까지 비쳤는데 환하기가 대낮 같았다. 그의 모친이 그를 맞이하고 울면서 말했다.

"아들아, 잠시 돌아가지만 오래지 않아 돌아오겠구나. 장시간 떨어져선 안 된다."

이에 시랑은 원래 길을 따라 집으로 돌아가 문 입구에서 말에서 내릴 때 꿈에서 깨어났다. 이때가 정월 초하루 정오였다. 수많은 하도河道의 부관들이 신년을 축하하러 시랑 공관에 와서는 시랑이 가장 부지런한데도 어째서 초하루에 일찍 일어나지 않는지 의구심을 가졌다. 시랑은 사람들에게 늦게 일어난 원인을 얘기하지 않았다. 그해 4월에 시랑은 병이 들어 피를 토하며 결국 일어나지 못하고 죽었다.

이 얘기는 문달공文達公 구왈수裘曰修[23]가 내게 들려준 말이다.

---

23 구문달裘文達(1712~1773)의 이름은 왈수曰修, 자는 숙도叔度이며 문달은 시호다. 강서성 남창 신건新建 사람으로 건륭 4년에 진사에 급제했으며 예부, 형부, 공부 3부의 상서를 역임했다. 저작으로『구문달공문집裘文達文集』(6권)이 있다.

처음 천지개벽한 반고의 사례를 따라 집행하다

奉行初次盤古成案

『북사北史』[24]에서 비건국毗騫國[25] 국왕의 머리는 세 자이며 아직도 죽지 않았다고 말했다. 나는 일찍이 이 기록이 황당무계하다는 의심을 가졌다.

강희 연간에 절강 사람 방문목方文木이 항해하다가 바람에 불려 어느 곳에 정박했는데 그곳 궁전이 높이 솟고 웅장했으며 위에 '비건전毗騫殿'이란 세 글자가 쓰여 있었다. 방문목은 크게 놀라 궁전 밖에서 무릎을 꿇었다. 노을빛 치마를 입은 두 명이 그를 궁전으로 안내했다. 궁전 중앙엔 머리가 긴 국왕이 앉아 있고 큰 통 같은 관을 썼으며 관모 가에는 진주를 사방으로 드리웠다. 수염이 날릴 때 진주에 부딪혀 때때로 소리가 났다. 국왕이 방문목에게 물었다.

"너는 절강 사람이더냐?"

---

24 북조의 위나라부터 수나라까지 4대 242년간의 역사를 기술한 책으로 당나라 이연수李延壽가 편찬했다.

25 남북조 시대에 남방의 바다에 있었다는 섬나라 이름.

"그렇습니다."

"절강은 이곳에서 50만 리나 떨어져 있지."

국왕은 방문목을 청해 식사를 하는데 밥알이 대추 크기만 했다. 방문목은 국왕이 신령한 것을 알고 땅에 무릎 꿇고 절하며 집에 보내달라고 부탁했다. 이에 국왕이 신하를 돌아보며 말했다.

"최초의 반고盤古[26] 황제의 조서를 가져와 그를 대신해서 조사해보아라."

방문목이 크게 놀라 머리를 조아리면서 국왕에게 물었다.

"반고 황제가 여러 명이나 됩니까?"

"천지는 시작도 없으며 종말도 없단다. 12만 년마다 반고 황제가 나오시지. 지금 천제에게 참배하는 반고만 이미 1억에 달하는데, 내가 어떻게 그 숫자를 다 기억하겠는가? 시대가 윤회한다는 학설은 이미 송대 소요부邵堯夫[27]에 의해 간파되었지. 애석하게도 대대로 천지를 개벽하는 사람이 언제나 처음으로 천지를 개벽한 사례를 따라야 하는지를 설파한 사람은 아직까지 아무도 나오지 않았다. 태풍이 너를 불러 온 것도 네게 그 이치를 깨우치기 위해서다. 돌아가거든 세상 사람들에게 알려주어라."

방문목이 국왕의 말뜻을 이해하지 못하자, 국왕이 다시 말했다.

---

26 중국 신화에서 천지개벽의 시조로 전해지는 인물.

27 소요부(1011~1077)의 이름은 옹雍, 휘는 강절康節이며 요부는 그의 자다. 북송의 사상가로 일생 벼슬에 나가지 않고 학문을 즐기며 지냈다. 「하도河圖」 「낙서洛書」와 「상수常數」의 학문을 연구하고 『역전易傳』 및 도가 사상을 결합하여 신비한 선천상수학先天象數學의 장을 열었다. 저서로 『이천격양집伊川擊壤集』 『황극경세皇極經世』 등이 있다.

"내가 잠시 네게 묻겠다. 인간의 화복과 선악은 어째서 보응하기도 하고 보응하지 않기도 하는가? 천지의 귀신은 어째서 영험이 있기도 하고 없기도 한가? 선도仙道를 수련하고 불법을 배우면 어떤 때는 성공하고 어떤 때는 성공하지 않는가? 미인박명이라지만 어째서 박명하지 않는 사람도 있는가? 재자의 운명은 가난하다고 얘기하는데 어째서 빈궁하지 않은 재자가 더 많은가? 어떤 생물은 마시고 어떤 생물은 쪼아 먹는데 어째서 모두가 전생에 미리 정해지는가? 일식, 지진 등의 재난은 왜 발생하는가? 점을 잘 치는 사람들은 어째서 다른 사람의 운명을 잘 알면서도 자신의 죽음은 모면할 수 없는가? 하늘을 원망하고 비난하는 사람에 대해 하늘은 어째서 징벌을 내리지 않는가?"

방문목은 이 말을 듣고 한 문제도 대답하지 못했다.

국왕이 계속해서 말했다.

"그렇다. 지금 세상에서 통용되는 법칙은 모두 미리 정해진 것이다. 당초 천지를 개벽한 뒤 12만 년 동안 모든 사람과 사물은 사실 조물주가 신경 써서 배치한 것이 아니니다. 우연히 원기의 운행 변화를 따라서 반은 밝고 반은 어두우며 그런 것 같기도 하고 아닌 것 같기도 하게 조성되었다. 물이 땅에 떨어질 때는 이따금 사각형 모양을 형성하기도 하지. 어린아이가 바둑 둘 때 손 가는 대로 두지만, 한번 결정된 뒤에는 결국 변통할 수 없는 장부가 되어 무쇠로 주조한 듯한 국면으로 바뀌지. 천지가 무너지려 할 때 천제는 처음 천지를 개벽한 기록을 두 번째로 개벽한 반고에게 넘겨주고 그에게 명령하여 그대로 집행하도록 하되 결코 변동을 허용하지 않았지. 바로 이 때문에 인의人意는 천의天意와 왕왕 맞지 않아 세상 사람들이 하루 종일 바삐 지내는 거야. 사실은 인형극의 꼭두각시처럼 운명은 몰래 줄을 잡은 사람의 손에서 조종되는 법이야. 성패와 교졸巧拙은 미리 정해지는 것인데, 다만 사람들이 모를 뿐이지."

방문목은 이제 깨닫고 국왕에게 물었다.

"그러면 지금 사람이 말하는 삼황오제는 전세의 삼황오제입니까? 지금의 『21사史』에서 기록한 일은 전세의 『21사』의 일입니까?"

"그렇다."

국왕의 말이 떨어지자 신하가 명부를 들고 왔는데, 위에 "강희 3년(1664) 절강 사람 방문목이 항해하다가 비건국에 당도했다. 전생에 결정된 천기를 누설하여 세상 사람들에게 모두 알려야 하니, 방문목을 절강으로 돌려보내라"라고 쓰여 있었다. 방문목은 국왕에게 절하고 하직하면서 눈물을 흘렸다. 국왕이 손을 흔들며 말했다.

"왜 그러느냐? 12만 년 이후 나는 다시 너와 이곳에서 만날 텐데 어째서 울고 난리야."

이어서 웃으며 말했다.

"내가 잘못 말했군, 잘못 말했어. 너의 울음도 전세 12만 년 동안 본래 두 가닥 눈물이었지. 그래서 여전히 시범을 보인 것이니, 내가 널 막을 필요가 없지."

방문목이 국왕의 나이를 물으니 국왕 곁의 사람이 말했다.

"우리 국왕은 처음으로 천지를 개벽한 반고와 같은 해에 태어났으며, 그 후 천만 번째의 반고와 마찬가지로 죽지 않았어요."

방문목이 다시 물었다.

"국왕께서는 죽지 않으셨는데 천지가 멸망할 때 국왕은 어디에 계셨습니까?"

"내 몸은 모래여서 온갖 시련을 겪어도 쓰러지지 않는다. 만물은 모두 훼손되며 최후엔 모래로 변하고 그 생명을 다하지. 나는 먼저 가장 나쁜 경지에 처하여 화재에도 불타지 않고 홍수에도 빠져 죽지 않는단다. 오로지 폭풍우가 몰아칠 땐 위로 구천에 올라가거나 아래론 구연九淵에 내려가는데 그때는 몹시 피곤하단다. 평소에는 늘 몇만 년을 한가롭게 앉아서 새로운 반고가 출생하길 기다리나, 세월이 너무 길어서 특히나 싫증을 느낄 뿐이야."

국왕은 말을 마치고 방문목에게 숨을 불어넣었다. 이에 방문목은 허공을 날아서 여전히 그 배 위로 떨어졌다. 한 달 뒤 그는 절강으로 돌아와 이 사건을 모서하毛西河[28] 선생에게 알려주었다. 모 선생이 말했다.

"세상 사람들은 만사가 모두 전생에 결정됨을 알지만, 그 이치를 모른다. 지금 이러한 견해가 있어 나는 비로소 깨달은 것이다."

---

28 모서하(1623~1713)의 이름은 기령奇齡, 자는 대가大可, 서하선생西河先生이라 부른다. 청초의 사학자, 고고학자, 문학가다. 강희 17년(1679)에 박학홍사博學鴻詞에 응시하여 한림원검토翰林院檢討의 관직을 제수받았다. 만년에는 고향으로 돌아와 저술과 강학으로 보냈으며 경학, 시학, 음운학 등의 방면에 고증을 통한 연구 업적을 남겼다. 저서로 『후감록後鑑錄』 『역운易運』 『고문상서원사古文尙書冤詞』 『춘추모씨전春秋毛氏傳』 『서하시화西河詩話』 등이 있다.

권 6

돼지 도인이 정만이다

猪道人卽鄭鄤

명말 화산사華山寺에서 돼지 한 마리를 키웠다. 돼지의 나이가 많아 돼지 털도 전부 빠졌다. 돼지는 채식하며 불결한 것을 먹지도 않고 스님이 염불하는 소리를 들으면 머리를 조아려 땅에 닿도록 절하는 모습을 보여주었다. 온 절의 스님들은 이 돼지를 '도인'이라 불렀다. 어느 날 저녁에 그 돼지가 늙어서 죽으려고 했다. 화산사의 주지 담일湛一 스님은 평소 도행道行이 있어 다른 사원으로 가서 설법을 준비하려고 했다. 떠나기 전 담일은 그의 제자를 불러 말했다.

"돼지 도인이 죽거든 반드시 돼지고기를 토막 내서 이웃 주민들에게 나눠주어라."

스님들은 입으로는 그렇게 하겠다고 응답했지만 마음속으론 옳지 않다고 여겼다. 얼마 지나지 않아 돼지가 죽자 스님들은 몰래 돼지를 땅에 묻었다.

담일 스님은 절로 돌아와 돼지 사후의 처리 현황을 물었다. 스님들은 사실대로 알려주며 말했다.

"불법에서는 살생을 허락하지 않아 우리가 돼지를 매장했습니다."

담일 스님은 깜짝 놀라며 즉각 돼지를 파묻은 곳으로 가서 지팡이로 땅을 치고 울면서 말했다.

"제가 당신을 속였군요. 당신을 속였어요."

스님들은 담일에게 그 이유를 물었다.

"30년 뒤 어느 마을에서 청렴한 고관이 무고하게 극형에 처해지는데, 그 사람이 바로 이 돼지다. 이 돼지의 전생은 현령인데 양심을 어긴 일을 하여 징벌을 피할 수 없음을 알고 돼지로 환생하여 전생의 죄를 씻으려고 했단다. 그래서 나는 고의로 칼로 자르는 방법을 택해서 주술로 이 돼지를 제도하려 했는데, 뜻밖에도 너희 같은 하찮은 것들이 일을 그르칠 줄은 몰랐다. 하지만 이것 역시 하늘이 정해준 운명이니 만회할 방법이 없구나."

숭정 연간에 어느 마을의 한림 정만鄭鄤[1]은 평소 성품이 단정하고 방정했다. 한때 동림당東林黨[2]에 참가했으나 오吳 씨 성을 가진 그의 외삼촌[3]이 그가 몽둥이로 모친을 때렸다고 무고하는 바람에 능지처참형을 받고 죽었다. 세상 사람들은 모두 그를 위해 억울함을 호소했다. 담일 스님은 이미 죽은 뒤였다. 이때가 돼서야 여러 스님은 인과보응에 깊이 통달한 그의 사리에 감복하게 되었다.

---

1 정만(1594~1639)의 자는 겸지謙止, 강소성 무진 사람으로 천계天啓 2년(1622)에 진사에 급제했다. 온체인溫體仁(1573~1638), 위충현魏忠賢(1568~1627) 등 엄당閹黨 계열이 '장모불효杖母不孝(계모를 때린 불효죄)' '간식奸媳(며느리 간통죄)' '간매奸妹(누이 간통죄)' 등으로 그를 무고하여 숭정 12년(1639) 8월 26일 북경 감석교甘石橋 아래의 사패루四牌樓 형장에서 능지처참시켰다. 망나니는 그의 시체를 내다 팔았다고 한다.

2 동림서원東林書院에서 강학했던 사람을 동림당이라 일컫는다. 동림서원은 북송 때부터 강소성 무석에 있었으나 명대 신종 만력 32년(1604)에 상주지부常州知府 구양동봉歐陽東鳳이 중건했다. 이후 파직당한 고헌성顧憲成(1550~1612)과 아우 고윤성顧允成(1554~1607), 친구 고반룡高攀龍(1562~1626), 유천진劉天眞 등 8명이 이곳에서 강학하면서 '동림팔군東林八君'이란 별명을 얻었고 서원의 이름도 널리 알려졌다. 동림당원은 공담을 피하고 현실 정치에 끼어들어 당시의 정치를 비평하고 비판했다. 특히 엄당을 공격하는 한편 조정의 내감內監 일파와 정치 현안을 놓고 논쟁을 벌였다. 동림당은 천계 5년(1625) 위충현 일파의 탄압을 받아 당시 영수였던 양련楊漣(1572~1625), 좌광두左光斗(1575~1625)가 피살되고 고반룡은 자살했으며 그 외 수백 명이 하옥되거나 파직되는 수난을 겪었다.

3 오종달吳宗達(1575~?)을 말한다. 정만의 외삼촌이며 계모의 누이다. 강소 무진 사람으로 한림원 편수, 국자감좨주, 『신종실록』 부총재, 대학사 등을 역임했다.

徐先生

서 선생

숙송현宿松縣의 석찬신石贊臣 일가는 돈이 많아 여러 형제가 각기 수만에 달하는 재산을 보유했다. 숙송의 풍속에 따르면, 돈 많은 집에서는 매일 밥 한 사발을 더 준비하여 바깥 대청에 놓아두어야 한다. 그러면 어느 손님이든 와서 모두 먹을 수 있다. 이를 '연좌燕坐'라고 불렀다.

하루는 갑자기 서徐 씨 성을 가진 사람이 왔다. 수척하고 짧게 수염을 기른 그가 석 씨 집에 와서 식사했다. 그가 문밖의 청산을 가리키며 석 씨 가족에게 말했다.

"당신들은 뛰는 산을 본 적이 있나요?"

"보지 못했어요."

서 씨가 손가락으로 문밖의 청산을 가리키며 세 번 집자, 그 산은 과연 세 번 뛰었다. 사람들이 매우 기이하게 여기며 서 씨를 선생이라 불렀다. 서 선생이 석찬신에게 말했다.

"당신들 석 씨가 비록 부자이긴 하나 연단煉丹할 수 있으면 재산은 열 배로 불어날 것이오."

석 씨 형제는 그의 말에 혹하여 화로를 준비하며 부엌을 설치했다. 그리고 사람마다 각자 수천 냥의 은을 내어 연단의 밑천으로 삼아 열 배의 이익을 얻고자 했다. 석 씨의 둘째 며느리는 평소 교활하여 몰래 서 선생이 보지 않을 때 은 속에 구리를 집어넣었다. 잠시 뒤 탄불이 거세게 치솟으며 집에서 광풍과 우레가 지붕 위에서 일어나면서 기왓장이 깨졌다. 그러자 서 선생이 욕을 퍼부었다.

"이 화로에 가짜 은이 섞여 있어 귀신이 노한 탓이오."

자세히 물어보니 과연 그대로인지라 석 씨 사람들은 깜짝 놀라 탄복했다.

이어서 서 선생이 구리쟁반을 공중에 놓고 입으로 외쳤다.

"단丹이여 나와라!"

쟁반에서 댕그랑 소리가 나더니 은덩이 하나가 쟁반 안으로 떨어졌다. 연달아 몇 번 외치자 쟁반의 댕그랑 소리가 그치지 않고 크고 작은 은덩이가 모두 쟁반 안에 떨어졌다. 이때 서 선생이 말했다.

"인적이 닿지 않는 깊은 산속에서 연단하면 더 많이 만들 수 있소. 당신들은 나를 따라 강서 여산廬山[4]으로 가지 않겠소?"

석 씨 형제는 크게 기뻐하며 배를 준비하여 수만 냥의 은을 싣고 서 선생을 따라 갔다.

배가 절반도 못 가 도중에 서 선생이 언덕으로 올라갔다. 그날 밤 서 선생은 수십 명의 강도를 인솔하여 불을 밝히고 몽둥이를 들고

---

4 지금의 장시성 주장시九江市, 루산시廬山市에 걸쳐 있다. 광산匡山, 광려匡廬라고도 불렸으며 중국 10대 명산, 중국 4대 피서 명승지의 하나이자 세계문화유산이기도 하다.

와서 은을 빼앗아가며 말했다.

"무서워하지 마라. 나는 비록 강도 우두머리이나 양심은 남아 있느니라. 너희가 성심성의로 나를 대해주어 천 냥의 은을 남겨줄 터이니 가지고 고향으로 돌아가거라."

이에 석 씨 형제는 모든 은을 서 선생에게 건네주고는 낙심하여 집으로 돌아갔다.

10년 뒤 안경부安慶府 안찰사 아문의 감옥 간수가 석찬신을 찾아와 말했다.

"감옥 안에 갇힌 강도 서 씨가 선생을 뵙고자 합니다."

석찬신은 어쩔 수 없이 간수를 따라갔다. 과연 서 선생이었다. 그때 서 선생이 석찬신에게 말했다.

"내 수명이 이미 다했으니 죽어도 아무 상관없소. 다만 우리의 몇 년 전 우의를 생각해서 내 대신 유해를 매장해주시오."

그러고는 손에서 금팔찌 네 개를 풀어 석찬신에게 건네주며 관 구입 비용으로 삼으라면서 말했다.

"내가 죽을 날은 7월 1일 미시未時이니 그때 와서 전송해주시오."

그날이 다가와 석찬신이 형장에 와보니 서 선생은 묶인 채 참수를 대기하고 있었다. 갑자기 서 선생의 바지 밑으로 어린아이가 나오더니 서 선생의 목소리로 말했다.

"내가 죽는 장면을 보라. 내 머리가 잘리는 것을 보라."

삽시간에 서 선생의 머리가 잘려 떨어지자, 어린아이도 보이지 않았다. 당시 안찰사는 조정규祖廷圭로 만주滿洲 정람기인正藍旗人이었다.

진나라의 모인 秦毛人

호광湖廣 운양鄖陽의 방현房縣에 방산房山이 있는데 험준하고도 깊었다. 사면에 바위와 동굴이 가옥처럼 서 있었으며 그 안에 많은 모인毛人이 살았다. 모인의 키는 한 길이 넘고 온몸은 털로 뒤덮였으며 가끔 산에서 나와 인가에서 기르는 닭과 개를 잡아먹었다. 누가 그들에게 저항하기라도 하면 반드시 구타를 당하곤 했다. 산촌 사람들이 엽총과 포로 공격하면 탄알이 모두 땅에 떨어지기만 하고 모인은 전혀 부상당하지 않았다. 전하는 말에 따르면, 모인을 제압하는 방법은 간단하다고 한다. 박수를 치면서 동시에 "장성을 쌓아라! 장성을 쌓아라!"라고 소리치기만 하면, 모인들은 놀라 달아난다고 한다. 나와 친분이 깊은 친구 장어張敔[5]가 일찍이 그곳에서 관리로 지냈는데, 이 방법을 써서 효과를 보았다고 한다.

5 장어(1734~1803)는 자가 호인虎人, 채원茝園, 지원芷園, 芷沅 등이고 호는 설홍雪鴻, 목자木者 등이다. 건륭 27년(1762)에 거인이 되었고 호북 방현 지현을 역임했다. 시, 그림, 서예에 뛰어났으며 주요 작품으로는『장설홍화훼책張雪鴻花卉冊』등이 있다.

현지 사람들은 이렇게 말했다.

"진나라 때 장성을 쌓는 사람들이 방산의 동굴로 도망갔으나 세월이 오래되어도 죽지 않고 마침내 이처럼 괴물이 되었어요. 그들은 외지인을 만날 때마다 반드시 장성을 다 쌓았는지 물어본답니다. 산촌 사람들은 이 때문에 모인이 가장 무서워하는 것을 알고부터는 '장성을 쌓아라'라는 말로 그들을 위협했지요."

수천 년이 지난 뒤에도 모인이 이처럼 진나라의 법률을 무서워했으니, 당시 진시황의 대단한 위세를 상상할 수 있겠다.

맥 貘

호북 방산에 맥貘[6]이라는 괴수는 구리와 철을 즐겨 먹지만 도리어 사람은 해치지 않았다. 민간의 보습, 호미, 칼, 도끼 등 철제품을 보기만 하면, 맥은 침을 질질 흘리며 마치 두부를 먹는 것처럼 쉽게 먹어치웠다. 성문 위에 두른 철판도 전부 맥이 먹어버렸다.

6 곰처럼 생겼고 쇠와 구리를 잘 먹는다는 전설상의 동물.

人同

인동

객이객喀爾喀[7]에 야수가 있는데 원숭이를 닮은 것 같기도 하고 그렇지 않기도 한데, 중국인들은 이 야수를 '인동人同'이라 불렀으며 현지 사람들은 '갈리噶里'라고 불렀다. 이 야수는 항상 파오를 찾아와 주시하며 사람에게 먹을 것을 요구하거나 작은 칼, 흡연 도구를 가져갔는데, 사람이 크게 소리치면 물건을 놓고 도망쳤다.

한 장군이 인동 한 마리를 길렀다. 장군이 불러 말 먹이기, 콩 따기, 장작 패기, 물 긷기 등의 일을 시키면 인동은 자못 복종하여 그 일을 해냈다. 1년 뒤 장군이 임기가 차서 고향으로 돌아가려 하자, 인동은 장군의 말 앞에 서서 눈물을 비처럼 흘리며 10리 길을 따라왔다. 장군이 쫓아 보내도 인동은 가려고 하지 않았다. 이에 장군이 인동에게 말했다.

"네가 나를 따라 중국에 갈 수 없는 이치는 내가 너와 함께 이곳

7 객이객은 청대 막북몽고족漠北蒙古族 여러 부部의 명칭이다. 명대에 처음 보이는데 대부분 할하강 유역에서 분포한다고 해서 얻은 이름이다.

에서 살 수 없는 것과 같다. 네가 나를 여기까지 전송해주었으니 그만 돌아가거라."

인동은 슬피 울며 돌아가다가 또 불시에 고개를 돌려 장군을 바라보았다.

人蝦

인간 새우

청나라 초기에 명나라 유민 한 사람이 순국하여 충성을 다하려고 했으나 칼, 줄, 물, 불을 이용하여 죽고 싶지는 않았다. 즐겁게 죽을 수 있는 방법을 생각해보니 신릉군信陵君[8]이 미주와 여색에 빠져 자살했던 것만큼 더 이상적인 것은 없어 보였다. 그래서 그는 이를 모방하여 시험해보기로 했다. 여러 명의 첩을 들이고 하루 종일 주색에 빠져 황음무도하게 지냈다. 이렇게 몇 년이 지났으나 끝내 죽지는 않았다. 그러나 그의 독맥督脈[9]이 끊어지고 머리와 등이 굽어 삶은 새우처럼 구부정하여 기어다니는 수밖에 없었다. 사람들은 그를 놀리며 '인간 새우人蝦'라고 불렀다. 이렇게 또 20여 년이 흘러 84세 때 죽

---

8 전국 시대 위나라 소왕昭王의 아들로 제나라의 맹상군孟嘗君, 초나라의 춘신군春申君, 조나라의 평원군平原君과 함께 전국 4공자公子로 불린다. 문하에 식객 3000명을 두어 제후들이 어질다는 소문을 듣고 위나라를 공격하지 않았다고 한다. 평원군이 진나라의 포위로 위기에 처해 있을 때 왕의 병부를 훔쳐 군대를 이끌고 진군을 몰아냈다. 이로 인해 고국에 돌아가지 못하고 평원군에 의지하고 지내다가 귀국해서는 상장군이 되었다. 진나라의 이간책으로 모반의 누명을 쓰고 억울하게 죽었다.

9 인체의 중앙을 관통하는 혈관.

었다. 왕자견王子堅[10] 선생은 그가 유년 시절에 이 노인을 본 적이 있다고 말했다.

10 항주 사람으로 강희 연간에 호남성 여계현瀘溪縣 현령을 역임했다.

鴨嬖 압폐

강서 고안현高安縣 현아의 젊은 하인 양귀楊貴는 올해 나이 열아홉으로 다소 예쁘장하게 생기고 성격도 온순하여 누가 희롱해도 전혀 거절하지 않았다. 여름의 어느 날 양귀가 연못에서 목욕하는데 갑자기 수오리 한 마리가 수면 위에서 날아와 그의 엉덩이를 깨물었다. 그런 다음 꼬리로 그를 치며 성교하는 동작을 취했다. 양귀가 수오리를 때렸지만 그래도 도망가지 않았다. 잠시 뒤 그 오리가 죽었는데, 꼬리 뒤로 생식기가 튀어나왔으며 비릿한 물이 아래로 흘렀다. 아문 사람들은 크게 웃으면서 양귀를 '압폐鴨嬖(오리의 짝사랑)'라고 불렀다.

거북의 요괴

鼂龜精

무석의 화華 씨 성을 가진 청년은 미남으로 집이 수구두水溝頭[11]에 있었으며 공묘孔廟[12]와 가까웠다. 공묘 앞에는 넓은 다리가 있어 수많은 유람객이 다리에서 쉬곤 했다. 어느 해 여름에 화생華生이 다리 위에서 바람을 쏘이고 있었다. 하늘 색이 점차 어두워질 무렵 화생이 학궁에 들어가니, 길가의 작은 문 앞에 한 여자가 배회하며 거닐고 있었다. 화생은 그녀를 보고는 마음이 동하여 앞으로 나아가 불을 빌려달라고 부탁했다. 그 여자는 웃으며 불씨를 주면서 은근한 눈빛으로 그를 바라보았다. 그가 다시 그녀에게 말을 걸어보려고 했으

---

11 지금의 장쑤성 우시시 난창구南長區 우아이로五愛路 수구두를 말한다. 이곳에 커다란 도랑이 있었으며 동쪽으로 창빈倉浜과 통하고 서쪽으로 외성하外城河로 흘렀다. 신중국 건국 후 점차 이곳 도랑을 메우고 집을 지어서 지금은 지명으로만 남아 있다.

12 무석의 공묘는 북송 가우嘉佑 3년(1058)에 건립되었다. 이후 10여 차례 수리를 거쳐 지탱해오다가 태평천국太平天國의 난이 일어났을 때 불타버렸다. 동치同治 3년(1864)부터 중건하기 시작했으나 광서 이후 점차 철거되어 1980년대에는 극문戟門, 명륜당과 강당 세 동의 건축만 남았다. 이들은 각기 국학전수관國學專修館, 위교衛校, 팔중八中이 나누어 사용했다. 지금은 무시비각진열관無錫碑刻陳列館으로 개방하고 있다.

나, 그녀는 이미 문을 닫아버렸다. 이에 화생은 그 문의 위치를 기억해놓고 나왔다.

이튿날 화생이 다시 그곳에 갔더니 그녀는 이미 문 입구에서 기다리고 있었다. 화생이 그녀의 성명을 물어보고서야 그녀가 현학 문지기의 딸임을 알았다. 그녀가 화생에게 말했다.

"저의 집은 너무 작아서 남의 이목을 피할 수 없어요. 그대 집이 지척에 있으니 외진 방이 있다면 제가 밤에 당신을 보러 갈 수 있어요. 내일 저녁 문 입구에서 절 기다리세요."

화생은 마음속으로 쾌재를 부르며 급히 집으로 돌아가 아내를 속여 말했다. 너무 더워서 혼자 자겠다며 그는 바깥방을 깨끗이 청소해놓고 몰래 문 입구에서 기다렸다. 그날 밤 그녀가 과연 당도했다. 두 사람은 손을 잡고 방으로 들어왔다. 화생은 기뻐 어쩔 줄 모르며 그녀와 동침했다. 이로부터 그 여자는 매일 밤 찾아왔다.

몇 개월 뒤 화생은 갈수록 야위어갔다. 그의 부모가 몰래 침실을 엿보았더니 화생이 그 여자와 나란히 앉아서 시시덕거렸다. 그들이 갑자기 문을 밀치고 들어오자, 여자는 종적이 보이지 않았다. 이에 화생을 엄하게 질책하자 화생이 그간의 사정을 상세히 말해줬다. 화생의 부모는 크게 놀라 화생을 데리고 학궁에 가서 그 여자의 종적을 찾았지만, 당시 화생이 봤던 길과 문이 보이지 않았다. 그들이 문지기에게 찾아가 물어봐도 그런 여자는 없었다. 이에 사람들은 그녀가 요괴인 줄 알게 되었다. 화생의 부모가 스님과 도사를 불러 부적을 사르고 주문을 외워도 아무 소용이 없었다. 화생의 부친이 주사硃砂를 갈아서 아들에게 주며 말했다.

"그 여자가 오거든 이 주사를 그녀 몸에 몰래 발라두거라. 이렇게 하면 종적을 찾을 수 있을 게다."

그날 밤에 화생은 그녀가 잠들기를 기다렸다가 주사를 그녀의 머리에 뿌렸는데도 여자는 알아차리지 못했다.

이튿날 화생의 부모가 몇 사람을 불러 공묘에 들어가 사방을 뒤졌지만, 여자의 종적은 전혀 보이지 않았다. 그런데 갑자기 이웃의 주부가 어린 아들을 욕하는 소리가 들렸다.

"방금 갈아입은 새 바지에 또 붉은 색깔을 묻히다니. 너 어디서 묻히고 온 게냐?"

화생의 부친은 이 말을 듣고 이상하게 느껴 앞에 다가가 보니 아이 바지가 온통 주사의 붉은 색깔로 물들어 있었다. 아이가 놀던 곳을 물어보자 그 아이가 말했다.

"방금 학궁 앞 석비가 놓인 돌 거북을 타고 놀았는데 어째서 묻었는지 모르겠어요."

이에 돌 거북에게로 가보니 그 위에 주사가 묻어 있었다. 화생의 부친이 이 일을 학관學官에게 알리자 학관은 그 비석 아래의 돌 거북을 부수게 했는데, 그 파편마다 핏자국이 묻어 있었다. 돌 거북의 배 속에서 계란만 한 작은 돌이 나왔는데 동경銅鏡처럼 견고하고 빛이 났으며 망치로 깨도 부서지지 않았다. 이 돌을 멀리 태호로 던져버렸다. 이로부터 그 여자는 다시 찾아오지 않았다.

보름이 지나자 그 여자가 갑자기 화생의 방 안으로 들어와 그를 욕하며 말했다.

"제가 당신에게 무슨 잘못을 했다고 제 몸을 부쉈어요? 그러나 저는 당신을 원망하지 않을게요. 당신 부모가 걱정하는 건 당신의 병이니까. 지금 제가 이미 선궁仙宮에서 영약을 구해왔으니, 이 약을 복용하면 나을 거예요."

그러고는 여러 줄기가 달린 풀잎을 꺼내 그에게 강제로 먹였다. 그 맛은 향내가 나고 달콤했다. 여자가 다시 화생에게 말했다.

"종전에는 거처가 가까워 아침저녁으로 왕래할 수 있었지만 지금은 더 멀어졌어요. 그래서 저는 아예 이곳에서 상주할래요."

이로부터 돌 거북 요괴는 대낮에도 얼굴을 드러내긴 했으나 먹지도 마시지도 않았다. 화생 가족은 모두 그녀를 만나볼 수 있게 되었다. 화생 아내가 그녀를 심하게 욕해도 그녀는 웃으면서 대꾸하지 않았다. 밤마다 화생의 아내는 화생을 껴안고 침상에 앉아서 그녀가 침상에 오르지 못하게 했다. 그녀도 억지로 오르려고 하지 않았다. 그러나 화생의 처가 일단 취침하면 깊이 잠들어 아무것도 몰라 그 여자가 화생을 독차지하고 잠을 잤다. 화생은 그녀가 준 영약을 복용한 뒤부터 정신 상태가 갑자기 좋아져 과거처럼 여위지 않아서 화생 부모도 어쩔 수 없이 그녀의 말을 들었다.

이렇게 일 년이 지나갔다. 하루는 화생이 우연히 거리에 나갔다가 머리에 종기가 난 도인을 만났다. 그가 화생을 자세히 관찰하더니 말했다.

"네 얼굴에 요사한 기운이 가득하구나. 내게 사실대로 말하지 않으면 죽을 날이 임박할 것이니라."

화생이 사실대로 말하자, 그 도인이 화생을 찻집으로 부른 뒤 등에 지고 다니던 표주박을 꺼내 술을 따라주며 마시게 했다. 그러고는 누런 종이에 쓴 부적 두 장을 주면서 화생에게 말했다.

"가져가서 한 장은 방문 앞에 붙이고 한 장은 침상 위에 붙여라. 허나 그 여자가 알면 안 되느니라. 그녀와 너의 연분이 아직 끝나지 않았으니, 8월 15일 밤이 되면 내가 널 보러 가도록 하겠다."

당시는 6월 중순이었다.

화생이 돌아가서 도사의 말대로 부적을 붙였다. 그 여자가 문 입구에 왔다가 깜짝 놀라 뒷걸음치더니 화생에게 심하게 욕을 퍼부으며 말했다.

"어째서 또 이렇게 박정하십니까? 제가 이까짓 것을 무서워할까요?"

그녀는 이처럼 흉악하게 말을 했지만 감히 방 안으로는 들어오지 못했다. 한참 지나서 여자가 크게 웃으며 말했다.

"당신에게 해줄 말이 있는데 당신 마음대로 선택하세요. 부적을 떼세요."

화생이 그녀 말대로 하자 여자가 방 안으로 들어와 화생에게 말했다.

"서방님이 미남이기에 제가 당신을 사랑한 겁니다. 그 도인도 서방님을 사랑해요. 제가 당신을 사랑한 것은 당신을 제 남편으로 삼고 싶기 때문입니다. 그 도인이 당신을 사랑하는 것은 도리어 당신을 용양군龍陽君[13]으로 삼고 싶을 따름입니다. 양자 가운데 서방님이 고르

---

13 용양은 전국 시대 위왕魏王의 총신인데 남색男色으로 왕의 사랑을 받았다. 보통 동성애의 대명사로 불린다.

세요."

이에 화생은 크게 깨닫고 예전처럼 그 여자를 사랑했다.

중추절 저녁이 되어 화생이 마침 여자와 나란히 앉아 달을 감상하고 있는데, 갑자기 자기 이름을 부르는 소리가 들렸다. 그리고 얕은 담장 밖에서 반쯤 몸을 내민 사람을 발견했다. 가까이 다가가 보니 그 도인이었다. 도인이 화생을 끌며 말했다.

"요괴와 너의 인연은 이미 끝났다. 나는 특별히 널 위해 요괴를 없애려고 온 것이야."

화생은 마음속으로 원하진 않았다. 그러자 도인이 말했다.

"요괴가 더러운 말로 나를 비방한 것을 나도 알고 있지. 바로 이 때문에 더더욱 용서할 수가 없어."

그 도사는 다시 부적 두 장을 써주며 말했다.

"빨리 가서 요괴를 잡아와라."

화생이 마침 머뭇거리고 있을 때 가족이 나오자, 도인은 즉시 사람을 불러 부적을 화생의 처에게 보내주도록 했다. 화생의 처는 너무나 기뻐했다. 부적을 가지고 여자에게 다가갔다. 여자가 전전긍긍하며 한 마디도 하지 못하자, 사람들은 줄로 그녀의 손을 묶어 끌고 나갔다. 여자가 울면서 화생에게 말했다.

"인연이 다하면 떠나야 할 줄 알았지만, 약간의 치정 때문에 머물다가 재앙을 당하는군요. 하지만 몇 년 동안의 사랑을 당신은 깊이 알아주셔야 합니다. 지금 저는 당신과 영원히 이별하지만 당신이 저를 담장 구석의 음지로 데려가 달빛을 받지 않도록 해주셨으면 좋겠어요. 그러면 제가 잠깐이나마 죽을 날짜를 늦출 수 있는 희망이 있을지도 모릅니다. 제가 가련하지 않으신가요?"

화생은 차마 이렇게 그 여자와 정을 끊을 수 없어 여자를 안고 담장 구석으로 가서 묶은 줄을 풀어주었다. 이때 여자가 몸을 떨치더니 날아올라 검은 구름으로 변하여 평지에서 허공으로 날아갔다. 그 도사도 한숨을 길게 쉬더니 동남쪽 방향으로 허공에 올라 쫓아갔는데 어디로 갔는지 모른다.

陰間中秋 官不辦事

중추절에 저승의 관리는 일하지 않는다

나지방羅之芳은 호북 형주부荊州府 감리현監利縣 출신의 거인이다. 건륭 16년(1751) 회시를 치르기 전에 복건 포성현浦城縣 사람 이 씨가 그를 방문하여 말했다.

"그대는 이번 시험에 틀림없이 합격할 것이오. 하지만 한림원에는 들어가지 못할 게요."

나지방이 그 까닭을 물어도 이 씨는 말하려 하지 않고 다만 회시가 끝나면 보자고 말할 뿐이었다. 나중에 합격자 발표가 났는데 과연 진사에 합격했지만 결국 한림원에는 들어가지 못했다. 이에 나지방이 이 씨를 찾아가 물었더니 이 씨가 말했다.

"전에 한 번 꿈을 꾸었는데 꿈속에서 그대가 장래에 우리 포성현의 지현이 되었기 때문에 제가 당신을 찾아왔던 거요."

나지방은 고향에 돌아갔지만 이때 관리 선발 날짜가 아직 일러서 다른 사람의 학관 선생을 맡았다. 그리고 얼마 지나지 않아 반드시 포성현 지현이 될 거라고 스스로 믿고 있었다. 뜻밖에도 3년 동안 학관에서 가르치다가 나지방은 병들어 사망했다. 가족들은 이 씨가 말한, 꿈속에서 나지방이 포성현 지현을 맡는다는 일을 알지 못했다.

다시 일 년이 지나 8월 15일 나 씨 집에서는 신선을 불러 부계扶乩하였는데 계반乩盤에 큼지막하게 몇 글자가 쓰여 있었다.

"나는 나지방이오. 오늘 돌아오겠소."

나 씨 가족이 믿지 않자 계반에 다시 글씨가 쓰였다.

"가족이 믿지 못한다니 증명해드리죠. 우리 집에 나사만螺螄灣의 토지 계약서가 있는데 그해에 제가 학관에서 죽었기 때문에 미처 가족에게 전해주지 못했어요. 그 계약서가『예기』어느 편에 끼워져 있을 것으로 기억하고 있어요. 가족이 지금 이 토지의 이웃집과 소송을 벌이고 있으니, 이 계약서를 찾아서 관청에 증거로 제출하세요. 그러면 그 토지의 동서남북 경계가 분명해질 터이니, 이 소송은 종결될 수 있어요."

나 씨 가족이 즉시『예기』를 뒤적였는데 과연 책 속에 그 계약서가 있었다. 이에 나 씨 가족이 통곡하기 시작했다. 계반에는 다시 수십 개의 울 '곡哭'자가 쓰였다. 나 씨 가족이 물었다.

"너는 지금 어디에 있느냐?"

계반에 이렇게 쓰였다.

"포성현의 성황신으로 지내고 있어요."

그리고 다시 말했다.

"저승의 공사는 이승보다 더 바빠서 조금도 틈을 낼 수가 없어요. 중추절에만 관례대로 사무를 보지 않지요. 그러나 달이 밝고 바람이 맑으면 저의 영혼은 원행할 수 있어요. 오늘 밤 마침 좋은 날씨를 만나 틈을 내서 집으로 돌아올 수 있었어요. 평상시엔 시간을 내서 집으로 올 수 없어요."

그리고 가족에게 당부하며 말했다.

"정원 바깥의 초목을 흔들지 마세요. 제가 이번에 집으로 오면서 110여 명의 귀리鬼吏, 귀졸鬼卒을 데려왔는데 모두 이 초목에서 서식하고 있어요. 귀신은 바람을 가장 무서워합니다. 아무런 의지처가 없이 바람에 불리면 귀신들은 어느 곳으로 날아갈지 몰라요. 제가 성황신인데 어찌 그들을 해칠 수가 있겠어요?"

계반에 이 말을 다 쓰고는 다시 장부長賦 한 편을 써놓고 떠나갔다.

산소를 묶다

縛山魈

호주 사람 손엽비孫葉飛[14] 선생이 운남에서 가르쳤는데 평소 주량이 대단했다. 중추절 밤에 그가 여러 학생을 불러 낙지당樂志堂에서 술을 마셨다. 달빛이 휘영청 밝은데 갑자기 안석 위에서 소리가 났다. 거대한 돌이 깨지거나 무너질 때 나는 소리 같았다. 사람들이 이상하게 생각하며 바라보는 사이 문밖에서 요괴가 나타났다. 머리에는 붉은 밀짚모자를 썼고 원숭이처럼 검고도 여위었으며 목 아래에는 푸른 털이 촘촘하게 자랐다. 한 발로 방 안으로 뛰어 들어왔다. 요괴는 술을 마시는 사람들을 보더니 크게 웃으며 떠났다. 그 웃음소리는 마치 대나무가 갈라지는 소리 같았다. 사람들은 모두 이 요괴가 산소山魈라 하며 어느 누구도 가까이 다가가려 하지 않았다. 요괴가 가는 곳을 엿보았더니 오른쪽 주방으로 들어갔다. 요리사는 술에

---

14 이름이 견룡見龍, 자가 엽비, 호가 잠촌潛村, 춘재春齋, 신재愼齋 등이다. 절강 호주 사람이다. 강희 연간에 진사에 급제했으며 한림원 편수, 서길사를 역임했다. 이후 관직을 버리고 운남의 오화서원五華書院에서 강학했다. 박학하고 시를 잘 지었다. 주요 저작으로 『오화찬정사서대전五華纂訂四書大全』이 있다.

취해 침상에서 잠들어 있었다. 산소는 휘장을 열어 그를 바라보며 끊임없이 웃었다. 사람들이 큰 소리로 부르자 요리사가 놀라 깨어나 요괴를 보고는 몽둥이를 쥐고 때렸다. 산소도 두 팔을 뻗어 싸우는 시늉을 지었다. 이 요리사는 평소 용감하여 두 손으로 요괴의 허리를 안고 요괴와 함께 땅에서 굴렀다.

사람들은 각자 칼과 몽둥이를 지니고 요리사를 도왔다. 그 요괴는 칼에 베여도 칼끝이 들어가지 않았다. 몽둥이로 장시간 때리자 요괴의 몸이 점차 줄어들었고 얼굴과 눈이 모호해지더니 결국 살덩어리로 변했다. 이에 사람들은 줄로 괴물을 기둥에 묶어두었다가 날이 밝으면 요괴를 강물 속으로 던져버릴 작정이었다.

닭이 울자 또다시 안석에서 큰 소리가 들렸다. 사람들이 급히 일어나 괴물의 동정을 살피러 갔는데 괴물은 사라진 뒤였다. 땅에 밀짚모자가 떨어져 있었는데, 이 모자는 원래 서원의 학생 주朱 씨의 것이었다. 이즈음 사람들은 서원에서 수재가 모자를 잃어버렸다는 소리를 자주 들었는데, 모두 이 괴물이 훔쳐갔던 것이다. 산소란 괴물은 밀짚모자를 즐겨 쓰는데, 도저히 이해할 수 없는 노릇이다.

문에 다리가 낀 귀신 門夾鬼腿

윤월항尹月恒은 항주 간산문艮山門[15] 밖에 거주했다. 하루는 그가 사하탄沙河灘[16]에서 귀갓길에 올랐는데 가슴에 반 근의 마름 열매를 품고 있었다. 그가 발우담鉢盂潭[17]을 지날 때 사람은 없고 땅도 거칠며 주인 없는 여러 무덤만 보였다. 윤월항은 가슴이 허전함을 느껴

---

15 항주의 고대 동북문으로 오대五代 오월 시기에 10대 성문의 하나인 보덕문保德門을 축조했다. 남송 소흥紹興 28년에 이 문을 채시하菜市河 서쪽으로 옮기고 간산문으로 개명했다. 『주역』에서 간艮은 북쪽이라 하였으니 '간산'이란 항주성 북쪽의 작은 산이란 뜻이다. 변경汴京에 '간악艮岳'이 있었는데 남송 시기에 간산으로 바꾼 것은 고국을 그리워한다는 의미에서다. 간산문 안에 파자교壩子橋가 있어 파자문壩子門이라 부르기도 했다. 남송 말년에 원나라 병사가 항주성으로 진공할 때 이 문이 무너졌다. 지정至正 19년에 보덕문 터에 간산문을 다시 세웠다. 간산문은 중화민국 초기에 도로를 확장하면서 철거되었다.

16 사하는 옛날의 항주성 동쪽에 있었다. 당 함통咸通 2년(861)에 팠다. 전당강의 저수를 터서 항주성을 수호했다. 속칭 첩사하貼沙河라고도 불렀다. 남송 때는 이사하裏沙河, 외사하外沙河, 후사하後沙河로 나눠 불렀다. 명·청 시대까지 첩사하는 전당강으로 통했다. 광서 33년(1909) 호항철로滬杭鐵路가 사하 동쪽을 따라 성을 뚫고 들어갔으며 청태문淸泰門 안에 역(지금의 항저우 역)을 설치하면서 성문과 담을 철거했다.

17 항주 서호 남고봉南高峰 영국사榮國寺 뒤에 있었던 연못 이름이다.

방금 사온 마름을 만져보니 이미 모두 사라지고 없었다. 몸을 돌려 황폐한 무덤 주변을 급하게 찾아보니 부스러진 마름이 무덤 꼭대기에 쌓여 있었다. 윤월항은 이것을 다시 주워 품속에 넣고 비틀거리며 집으로 돌아왔다. 마름을 다 먹기도 전에 그는 병이 나서 큰 소리로 외쳤다.

"우리가 오랫동안 마름 열매를 먹지 못하여 너의 마름을 빌려 갈증을 풀려고 했는데 네가 몽땅 거둬가다니 정말 인색하구나. 지금 우리가 너의 집에 왔으니 포식하지 않으면 결코 떠나지 않을 테다."

윤 씨 가족은 무서워서 즉각 요리를 내와 주인을 대신하여 속죄했다.

항주의 풍속에 따르면 무릇 귀신을 보낼 때는 앞 사람이 귀신을 문밖으로 전송하고, 뒷사람은 문을 잠근다고 한다. 윤 씨 가족도 관례대로 했으나 뒷사람이 문을 너무 급하게 닫는 바람에 귀신의 다리가 끼었다. 윤월항이 다시 큰 소리로 외치면서 말했다.

"너희는 손님 접대를 공손하게 해야 하거늘, 지금 우리가 다 빠져나가기도 전에 갑자기 문을 닫아 내 다리가 문에 끼어 다쳐서 아파 죽겠다. 다시 한 끼를 주지 않으면 나는 영원히 네 집 밖으로 나가지 않을 테다."

윤 씨 가족이 반복하여 귀신에게 기도하자 윤월항의 병은 점차 나아졌다. 이후 그의 병은 좋아졌다 재발했다 하며 근절되지 않았으며 최후에는 끝내 죽었다.

뇌공에게 제사지내는 문장

祭雷文

황상주黃湘舟가 말했다. 그의 밭과 경계를 둔 이웃집 아들이 겨우 열다섯 살에 우레에 맞아 죽었다. 그의 부친이 우레에 제사지내는 문장을 썼는데 전문은 이렇다.

"뇌공雷公의 위력을 누가 감히 경시할 수 있겠습니까? 뇌공의 공격을 누가 감히 막을 수 있겠습니까? 그러나 저는 뇌공에게 한마디 묻겠습니다. 제 아들이 금세에 죄가 있다지만 제 아들은 올해 겨우 열다섯 살입니다. 제 아들이 전생에 죄를 지었다면 왜 아들을 금세에 다시 태어나게 하신 겁니까? 뇌공이여, 뇌공이여. 무슨 말씀을 해보시지요?"

제문을 다 쓰고 누런 종이에 쓴 제문을 불태우는데 갑자기 벼락 소리가 들리더니 그의 아들이 되살아났다.

王介眉侍讀是習鑿齒後身

왕개미 시독은 습착치의 후신

나와 동향 사람 왕개미王介眉[18] 거인은 이름이 연년延年이고 나와 같은 해에 추천받아 박학홍사과博學鴻詞科[19] 시험에 응시했다. 그가 젊었을 때 꿈속에서 자기 방에 이르자 안에 진귀한 도서가 가득 차고 각종 골동품이 진열되어 있는 모습을 보았다. 방 안의 의자에는 한 노인이 앉아 있었는데 키가 작고 하얀 수염을 가졌으며 손님을 봐도 일어나지 않고 말도 하지 않았다. 주변에 또 한 사람이 있는데 키가 크고 피부가 검었으며 왕개미에게 읍을 하며 말했다.

"저는 한대의 진수陳壽[20]인데 『삼국지三國志』를 썼지요. 책에서 유비를 폄하하고 조비의 칭제를 찬양했는데, 사실은 고의가 아닌데도 뜻

---

18 왕연년의 자는 개미이고 절강 전당 사람이다. 옹정 4년(1726)에 거인이 되었고 건륭 원년에 박학홍사과에 합격했으며 국자감 학정學正을 지냈다. 건륭 17년(1752)에 회시에 응시했으며 한림원 시강을 역임했다. 주요 저작으로 『통감기사본말通鑑紀事本末』 등이 있다.

19 당 현종 개원 19년에 설치한 시험으로 학문에 해박한 선비를 뽑았다. 이 제도는 청대에도 시행했다.

밖에도 후인들이 이를 가지고 나를 비난하는 구실로 삼고 있어요."

그가 의자에 앉은 노인을 가리키며 말했다.

"다행히 언위彦威[21] 선생이 『한진춘추漢晉春秋』로 이를 바로잡았지요. 당신은 습 선생의 후신으로 듣자 하니 『역대편년기사歷代編年紀事』를 쓰신다 하던데 전세의 인연이 바로 여기에 있군요. 부디 열심히 그것을 완성시켜주시길 바라오."

말을 마치고는 친히 책 한 권을 주며 왕개미로 하여금 절구 6수를 쓰게 했다. 이어서 꿈에서 깨어났는데, 깨어난 뒤 그 가운데 두 구만 기억이 났다.

부끄럽도다, 『한진춘추』를 쓰지 못했으니 慚無漢晉春秋筆
어찌 감히 전신이 습언위라고 말할 수 있으리 敢道前身是彦威

왕개미는 80여 세까지 살았는데 그가 편찬한 『역대편년기사』를 황상에게 진상했으며, 황상은 그에게 한림시독이란 관직을 내렸다.

---

20 서진의 사학자(233~297)로 자는 승조承祚, 안한安漢 출신이다. 저작랑 벼슬을 지낼 때 제갈량 문집을 정리하고 그 공로로 치서시어사治書侍御史에 이르렀다. 이때 『삼국지』를 편찬했다. 저서로 『고국지古國志』 『익도기구전益都耆舊傳』이 있고 『촉상제갈량집蜀相諸葛亮集』을 펴냈다.

21 습착치習鑿齒는 진대晉代 사학자로 양양襄陽 사람이며 자는 언위彦威다. 박학하고 글을 잘 지었으며 역사학에 밝았다. 영양태수를 역임했으며 『한진춘추漢晉春秋』를 지어 촉한의 정통성을 주장했다.

周若虛

주약허

자계慈溪 사람 주약허周若虛는 누차 향시에 응시했으나 낙방했다. 그는 성 밖의 사가점謝家店에서 40여 년간 가르쳤다. 이 마을에서 노소를 불문하고 그의 제자 아닌 사람이 없었다.

어느 날 저녁밥을 먹고 주약허는 학관에 홀로 앉아 쉬고 있었다. 풍馮 씨 성을 가진 학생이 학관에 들어와 그에게 읍을 하며 그를 자기 집으로 초대하면서 긴요한 일이 있으니 도와달라고 간청했다. 말을 마치고 떠나가는데 그의 말투와 태도가 매우 비참하고 처량하게 느껴졌다. 주약허는 풍 씨가 이미 죽은 사람이며 방금 본 사람이 귀신임을 깨닫고는 깜짝 놀라 풍 씨네 집으로 찾아갔다.

풍 씨의 부친 풍몽란馮夢蘭이 문밖에 우두커니 서 있다가 주약허를 보고는 그를 붙잡으며 집 안으로 들여 술을 대접했다. 주약허는 풍몽란에게 방금 발생한 일을 알리지 않고 일상사만 얘기했다. 어느덧 밤이 깊어 삼경이 되자 학관에 돌아갈 수가 없어 풍몽란은 주약허로 하여금 이층에서 자게 했다. 중앙에는 침상이 놓여 있었다. 이 방의 옆방은 풍 씨의 아내 왕王 씨가 머무는 내실이다. 주약허는 실내에서 희미하게 우는 소리를 들었다.

이날 밤 주약허는 촛불을 켜두고 잠을 자지 않았다. 이층 계단에서 푸른 옷을 입은 여자가 나타나 여러 번 머리를 들어 방문을 살피더니 처음엔 얼굴을 반쯤 드러내고 이어서 전신을 드러냈다. 주약허가 그녀에게 누구인지 묻자 그 부인이 진노한 목소리로 되물었다.

"주 선생, 지금이 잘 때입니까?"

"내가 자고 안 자고가 당신과 무슨 상관이 있소?"

"내가 누구건 선생과 상관이 있어요?"

봉두난발의 부인이 피를 흘리며 줄을 쥐고서 주약허에게로 달려왔다. 주약허가 놀라서 땅에 넘어지려 할 때 갑자기 배후에서 어떤 사람이 손으로 주약허를 부축하며 말했다.

"선생님, 무서워하지 마세요. 제자가 여기서 지켜드리겠습니다."

자세히 보니 원래 죽은 제자 풍 씨였다. 순식간에 풍 씨도 사라져 보이지 않았다.

주약허는 고함질러 풍 씨의 부친을 불렀다. 풍몽란이 손에 촛불을 들고 위층으로 올라왔다. 주약허는 방금 본 상황을 풍몽란에게 알렸다. 풍몽란은 즉각 며느리 왕 씨를 부르며 문을 열게 했는데, 방 안에서는 도리어 아무 반응이 없었다. 문을 밀치고 들어가 보니 왕 씨는 이미 목을 매달았다. 주약허가 풍 씨 가족을 도와 구해내었고 시간이 흐르자 왕 씨는 점차 소생하기 시작했다.

원래 그날 오전에 왕 씨는 시누이와 한바탕 다투었다. 그리고 왕 씨가 이 일로 시아버지로부터 욕을 먹자, 짧은 생각에 자살을 시도한 것이다. 악귀가 이 틈을 타서 들어왔고, 남편 풍 씨가 황천에서 이 소식을 알고는 주약허에게 도움을 청하여 왕 씨를 구하게 된 것이다.

바람으로 세수하는 갈 도인

葛道人以風洗手

갈 도인葛道人은 항주 인화仁和 사람인데 평소 집안 형편이 그런대로 괜찮았다. 그는 도술을 애호하여 50세가 되자 집안의 재산 절반을 아들에게 나눠주고는 자신은 그 절반을 가지고 멀리 떠났다. 그는 전당강錢塘江을 건너 천태산天台山으로 가는 길로 접어들었다. 도중에 만난 한 늙은이가 갈 도인을 향해 읍을 하면서 말했다.

"그대는 타고난 신선의 풍채이신데 어째서 도를 배우지 않으십니까?"

갈 도인은 노인과 매우 의기투합하며 말했다. 그 노인이 말했다.

"저는 복건 사람으로 천문에 능통하여 일찍이 북경의 흠천감欽天監[22] 관리로 지냈는데 제가 관직을 사직하고 돌아온 지 20년이 되었군요. 그대가 싫어하시지 않는다면, 내년 봄에 반드시 집에서 당신의 왕림을 기다리겠소."

말을 마치고는 집주소를 갈 도인에게 써주었다.

---

22 명청 시대 천문을 관찰하고 역법을 추산하는 관서의 이름.

이듬해 봄 갈 도인이 그 시간에 노인을 방문하러 갔지만 만날 수 없어 풀이 죽어 돌아오려고 했다. 저녁에 그는 한 여관에 들어가서 또 한 도사를 만났는데 위풍당당하고 정신이 맑아 보였으나 저녁 내내 한 마디도 꺼내지 않았다. 갈 도인은 그에게 나아가 말을 걸며 자신은 신선을 방문하기 위해 복건에 왔다고 말했다. 그러자 그 도사가 말했다.

"그대의 뜻이 과연 그러하시다면 여산으로 갈 것을 추천하지요. 저의 사형 운림雲林 선생을 방문하시면, 그대의 스승이 될 수 있어요."

갈 도인은 추천서를 써달라 하여 여산으로 갔다.

갈 도인이 여산으로 행차한 지 10일이 지났지만 운림 선생의 종적을 찾을 수 없어 마음속으로 의심이 들기 시작했다. 하루는 그가 산굴에서 앉아 있는 노인을 보았는데 마침 손으로 바람을 모아 세수하는 동작을 취했다. 갈 도인은 이상하게 생각되어 도사의 추천서를 건네주고 노인의 자리 아래에 꿇어 절했다. 그러자 노인이 말했다.

"너무 일찍 왔구나. 너는 인간 세상에서 아직도 30년의 인연을 가지고 있지. 내가 네게 경문, 법보法寶[23]를 줄 터이니 여산을 떠난 뒤 경문을 암송하고 법보를 잘 지켜서 세상 사람을 구제하도록 하라. 30년 뒤 다시 산에 들어오면 그때 도를 전수해주겠네."

갈 도인이 그 노인에게 물었다.

"방금 무얼 하려고 손으로 바람을 잡았나요?"

"신선, 도술을 수련하는 사람은 요리할 때 불을 사용하지 않고 목

---

23 요마妖魔 퇴치를 위한 보물.

욕할 때도 물을 사용하지 않느니라. 방금 내가 바람을 잡은 것은 세수하기 위해서란다."

노인이 갈 도사를 데리고 산을 나왔는데 반나절도 안 걸어 이미 남창으로 가는 길이 나왔다.

집에 도착하자 갈 도인은 그 도술을 배워 요괴를 물리칠 수 있었다. 소위 법보는 거위 알 크기의 돌이었는데, 돌에 틈이 있어 마치 사람의 눈처럼 빛이 나왔으며 사람 눈처럼 자동으로 열렸다가 닫히기도 했다. 하지만 갈 도인은 남에게 쉽게 보여주지 않았다.

沈姓妻

심 씨의 아내

항주 성안의 심 씨는 운사運司[24] 아문 앞에 살면서 갈 도인과 사이 좋게 지냈다. 그의 큰아들 욱초旭初의 아내가 임신하자, 욱초는 갈 도인에게 아들인지 딸인지 물어보았다. 갈 도인은 심욱초를 불러 물 한 사발을 떠오게 한 뒤 안석 위에 놓았다. 갈 도인은 묵묵히 몇 번 주문을 외더니 귀를 기울여 잠시 듣다가 이마를 찌푸리며 말했다.

"어쩔거나, 어떻게 하지?"

심욱초가 놀라서 무슨 일인지 묻자 갈 도인이 말했다.

"당신 처에게 오래지 않아 재난이 닥칠 터인데 아마 자신의 생명도 보전하지 못할 것이니 배 속의 아이가 아들인지 딸인지 물어보지 말게나."

심욱초는 평소에 갈 도인의 예측이 신령하다고 믿었지만, 자신의 처가 건강한 걸 생각하니 그의 말을 반신반의하게 되었다.

며칠 지나서 심욱초의 아내가 등불을 들고 위층에 올라가서는 갑

24 전운사사轉運使司, 염운사사鹽運使司의 줄임말이다.

자기 큰 소리로 배가 아프다고 외쳤다. 시부모와 남편이 급히 올라가 보니 심욱초의 아내는 침상에서 데굴데굴 굴렀으나 얼굴엔 도리어 웃음을 띠며 말했다.

"오늘에야 저의 원한을 씻었어요."

심욱초 아내의 말을 들으니 소흥 사람 같았다. 시부모가 며느리를 둘러싸고 무슨 얘기인지 물으니 며느리가 대답했다.

"제 원수를 갚았어요. 아버님, 어머님과는 상관없는 일이에요."

시아버지는 급히 둘째 아들에게 갈 도인을 불러오게 했다. 갈 도인이 오자 쌀 한 사발을 들고는 입으로 주문을 외며 손으로 한 줌의 쌀을 쥐고 며느리 몸에 뿌렸더니, 며느리가 두려워하는 표정을 지으며 말했다.

"제가 하늘의 명을 받들어 복수했으니 도인께서는 저를 때리지 마세요."

"무슨 원한이 있소?"

"저는 소흥 사람으로 전생은 제 이웃집 부인입니다. 제가 네 살 때 이따금 그녀의 집에 놀러 갔는데 그녀의 밥그릇을 깨자, 제게 욕하면서 제가 모친과 외간 남자와 내왕하며 낳은 나쁜 종자라고 말하더군요. 이 일을 모친에게 알리자, 모친은 제가 이 일을 누설할까봐 결국 저를 때려죽였어요. 나를 죽인 사람은 바로 이 부인입니다. 저는 오랫동안 복수하려고 마음먹었는데 오늘에야 원수를 찾았어요."

갈 도인이 심 씨에게 말했다.

"복수하는 일은 모두 동악대제東嶽大帝가 관장하니 반드시 동악대제에게 고소해야 하오. 동악대제가 구해주겠다고 승낙해야만 법으로 다스릴 수 있어요. 그렇지 않으면 구하기 어려워요."

이튿날 새벽에 심 씨가 법화산法華山[25]의 악제묘嶽帝廟로 가서 악제에게 집안 며느리의 병세를 조용히 알렸더니 '크게 길하다'는 점괘를 내렸다. 심 씨는 집으로 돌아가 갈 도인에게 보고했다. 이때 며느리가 이미 조산하자 갈 도인은 산방이 깨끗하지 않아 방으로 들어가려 하지 않았다. 심 씨의 온 가족이 울면서 구해달라고 애걸하자, 그는 비로소 산모의 침상 앞으로 다가와 종이에 채색 구름의 부적을 그리면서 며느리에게 물었다.

"잘 그렸소?"

"잘 그렸습니다."

"왜 나와서 보지 않소?"

"알겠습니다."

도인이 즉각 손으로 허공을 향해 잡으면서 말했다.

"잡았다."

연후에 도인은 아래층으로 내려갔다.

이때 며느리가 혼수상태에 빠졌다가 깨어나며 말했다.

"나는 왜 전신에 통증이 있는데 배가 이리 고플까?"

신변에서 시중들던 하녀가 그녀에게 먹을 것을 주었다. 안정되었다가 얼마 지나지 않아 다시 며느리가 울면서 소리쳤다.

"네가 내 손자를 잡아가다니. 나는 여기서 네 목숨을 끊어놓을 테다."

---

25 절강성 항현杭縣에서 서북쪽으로 17킬로미터 떨어져 있는 산 이름.

말을 마치고는 데굴데굴 구르며 발광하기 시작했다. 그녀의 말투를 들어보니 무척 복잡했으나 모두 항주 사투리였다. 이 소리 가운데 한 귀신이 말했다.

"우리는 모두 장張 노인이 불러서 왔소. 당신 집에서 우리를 제도해준다면 우리는 곧바로 떠나겠소."

심 씨가 스님을 불러 도량을 만들자 여러 귀신이 연달아 고마움을 표했다. 그 가운데 갑자기 장 노인의 말투로 말했다.

"내가 주빈인데 어떻게 나를 냉대한단 말이오? 다른 사람의 만두 속은 모두 야채 고갱이인데, 어째서 내 만두는 콩소만 많이 들어가고 야채 고갱이는 없단 말이오?"

심 씨가 장 노인의 위패 앞에 진설한 만두 속을 보니 과연 그가 말한 대로였다. 이에 만두를 전부 야채 고갱이가 들어간 것으로 바꾸고는 장 노인에게 떠날 것을 부탁했지만, 끝내 장 노인은 떠나려고 하지 않았다.

심 씨가 갈 도인을 부르러 가니 갈 도인은 복숭아나무 가지를 심 씨에게 주며 말했다.

"그 노인이 소동을 부리면 이것으로 때리시오."

심 씨가 복숭아나무 가지를 들고 산방에 들어가 며느리를 때리려는 자세를 취하자, 며느리가 상심하여 울면서 말했다.

"때리지 마세요. 제가 갈게요. 떠날게요."

갈 도인은 산방 문밖에 서서 미리 빈 단지를 준비해두고 공중을 향해 욕을 퍼부었다.

"빨리 이 안으로 들어가라."

이어서 종이 부적으로 단지 입구를 봉하고 단지를 들고 떠났다. 심 씨 며느리는 이로부터 병이 호전되었다.

반년 뒤 어떤 사람이 이안사理安寺[26]에서 갈 도인을 만났는데, 여러 스님이 도인을 메고서 빈방에서 왔다 갔다 했다. 7일 밤낮 동안 도인을 땅이나 나무 기둥에 닿지 않도록 하자, 갈 도인은 입에서 몇 되의 검은 물을 뿜어냈다. 그 검은 물이 옷에 튀었는데 색깔은 피와 같았다. 갈 도인이 사람들에게 이렇게 말했다.

"어린아이처럼 순진한 나의 신체는 산모의 더러운 피에 오염되었지만, 다행히 여러 스님이 나를 제도해주었소. 그러지 않았다면 다시 인간 세상에 떨어졌을 것이오."

---

26 옛 이름은 용천선사涌泉禪寺로 절 안에 호포천虎跑泉과 이름을 같이하는 법우천法雨泉이 있어 법우사法雨寺라 부르기도 했다. 절강성 항현杭縣의 이안산理安山 기슭에 있다. 오대 때 고승 복호伏虎 선사가 이곳에 머물렀다. 남송 때 이종理宗이 이곳에 들러 분향했다 하여 '이안사'라고 한다.

폭죽을 가지고 놀다가 스스로 분사한 괴물

怪弄爆竹自焚

소흥 모처의 민가에 누각이 있는데 일 년 내내 문이 닫혀 있었다. 하루는 멀리서 온 손님이 투숙하려 하자 주인이 말했다.

"동쪽 누각에서 감히 묵을 수 있겠소?"

손님이 이유를 물어보자 주인이 말했다.

"이 누각에는 평소 가볍고 무거운 잡동사니를 쌓아두었으며 노복 두 명이 살았소. 어느 날 한밤중에 누각에서 고함 소리가 나서 올라가보니 두 노복의 얼굴은 잿빛이 되어 온몸을 부르르 떨며 한 마디 말도 못 했지요. 잠시 뒤에 그들이 말하더군요.

'우리 둘이 잠자리에 누워 촛불을 끄기도 전에 괴물을 보았어요. 크기는 한 자 정도이고 재앙을 막아주는 석감당石敢當[27]의 모양과 비슷했는데, 침상 앞에 와서 휘장을 헤치고 침상에 오르려 하더군요. 우리는 너무나 무서워서 자신도 모르게 큰 소리로 외치며 미친 듯 내려갔어요. 이것은 모두 우리 두 눈으로 본 것입니다.'

이로부터 이 누각에서 살려고 하는 사람이 없었어요."

손님은 소개를 다 듣고 나서 웃으며 말했다.

"제가 몸소 시험해보지요."

주인은 막을 수 없어 누각 방의 먼지를 쓸고 자리와 침상을 깔아 주었다. 손님은 누각에 올라 촛불을 밝히고 허리에 보검을 차고 기다렸다. 삼경이 되자 누각의 북쪽에서 '스스' 하고 소리가 들렸다. 손님은 정신을 집중하여 그 방향을 바라봤다. 주인이 말한 대로 그 괴물이 자리로 올라 손님의 책을 뒤적였다. 장시간 뒤적이더니 다시 손님의 상자를 열고는 상자 안에 있던 물건을 안석 위에 늘어놓고 하나하나 자세히 바라보았다. 상자 안에는 휘주의 폭죽이 여러 개 있었는데, 괴물이 들고 가서 등불 앞에서 가지고 놀았다. 한참 가지고 놀다가 촛불이 폭죽의 심지에 불붙어 '꽝' 하는 소리와 함께 터졌는데 벼락 때리는 소리 같았다. 이 괴물은 '꽈당' 하고 땅바닥에 넘어지더니 사라져 보이지 않았다. 손님은 매우 이상하게 생각하고 그 괴물이 다시 올까 우려하면서 날이 샐 때까지 기다렸으나, 결국 숨어서 그림자도 내비치지 않았다.

새벽에 손님이 일어나 어젯밤에 발생한 일을 주인에게 얘기해주었다. 주인도 매우 의아하게 생각했다. 밤이 되자 손님은 여전히 그 누각에서 머물렀는데 괴물을 전혀 보지 못했다. 이로부터 이 누각에

---

27 액운을 막아준다는 중국의 돌장승. 민간 설화에 따르면 태산에 귀신을 잘 잡는 '석감당'이라는 사람이 있었는데, 귀신, 요괴들이 그를 무서워하여 다른 지역으로 다녔다. 다른 지역 사람이 와서 귀신을 잡아달라고 부탁하자, 매번 가서 잡을 수 없어 돌에다가 그의 이름을 새기고 문 앞에 세워두면 귀신이 무서워서 근접하지 못할 것이라고 말했다. 사람들이 그리 해보니 정말로 귀신이 없어졌다고 한다. 이에 사람들은 태산의 돌로 석감당을 조각하여 붉은 주사로 칠하고 문밖에다 세워두었다. 세월이 지나자 아예 돌을 귀면, 사자, 기린 모양으로 깎아서 문 앞에 세워두게 되었다.

괴물은 나타나지 않았다.

喀雄

객웅

양객웅楊喀雄의 부친은 수비관을 지내다가 너무 일찍 죽었다. 그 부친의 사촌 동생 주周 씨가 부장副將의 관직을 맡아 하주河州를 지켰으며 고아가 된 양객웅을 불쌍하게 여겨 그를 받아들여 부양했다. 그와 나이가 비슷한 주 씨의 딸은 젊고 총명한 양객웅을 보고 자못 그를 사랑하여 자주 그에게 먹을 것을 주었다. 주 씨의 가정교육은 엄격하여 상궤를 벗어난 다른 일은 결코 없었다.

무자務子라 불리는 청년도 주 씨의 친척으로 줄곧 서재에서 기숙했다. 어느 해 여름에 양객웅은 무더위를 참을 수 없어 달빛을 받으며 배회했다. 주 씨의 딸이 천천히 다가오는 모습을 보고 양객웅은 마침내 그녀와 즐기게 되었다. 이튿날 양객웅은 방에 들어가 아침 단장하는 주 씨의 딸을 보았다. 양객웅이 그녀를 보고 웃었으며 주 씨 딸도 웃으며 그를 맞이했다. 이로부터 하루도 가지 않는 날이 없었다.

한번은 무자가 주 씨 딸의 방에서 나는 웃음소리를 듣고 의심이 들어 엿보았더니 양객웅이 주 씨 딸과 껴안고 있었다. 그는 질투심이 불타올라 주 부장에게 가서 이 일을 밀고했다. 주 부장이 집에 들어와 부인을 꾸짖자, 부인이 말했다.

"딸이 매일 밤 나와 함께 자는데 어찌 그런 일이 있을 수 있겠어요?"

주 부장은 그래도 의심하여 다른 일을 핑계로 삼아 양객웅을 때리고는 집에서 내쫓았다.

양객웅은 의지할 곳을 잃어 난주蘭州의 고찰에서 지냈다. 하루는 주 씨 딸이 갑자기 그를 찾아왔는데 값이 나가는 보배를 가져왔다. 양객웅은 놀라고도 기뻐하며 그녀에게 어떻게 난주에 오게 되었는지 묻자 주 씨 딸이 말했다.

"제 숙부와 함께 왔어요."

주 부장의 동생 주어周鋙도 무관이며 막 난주의 수비관으로 승진하여 부임했다. 양객웅은 주 씨 딸의 말을 의심하지 않고 믿으며 그녀와 보름 정도 동거하면서 부호처럼 득의양양하게 지냈다.

주어가 부임한 뒤 길에서 양객웅을 만나자 기쁘게 말했다.

"조카, 너도 난주에서 사니?"

"예."

주어가 말을 타고 양객웅의 집에 이르자 조카며느리가 나와 인사하는데 원래 형님 주 부장의 딸이었다. 주어는 크게 놀라 양객웅에게 어찌된 일인지 물었다. 양객웅이 전후에 발생한 일을 전부 주어에게 알리자, 주어가 말했다.

"내가 올 때는 형님 집에 딸이 실종되었다는 소식을 듣지 못했는데, 설마 우리 형님이 고의로 나에게 알리지 않았단 말인가?"

주어는 며칠 지나 공무를 핑계 삼아 하주로 돌아가 난주에서 봤던 일을 주 부장에게 알렸다. 주 부장은 놀라 펄쩍 뛰며 말했다.

"내 딸은 분명히 방 안에 있을 거야. 방금 함께 밥을 먹었는데 어떻게 그런 일이 있을 수 있겠어? 설마 호선이 내 딸을 사칭한 것은 아니겠지?"

주 부장 부인이 말했다.

"호선이 내 딸을 사칭하여 딸의 이름을 더럽히느니, 차라리 그에게 시집보내는 게 낫겠어요. 호선이 어떻게 하는지 봅시다."

주 씨 형제 두 사람은 부인의 의견에 찬동하여 즉각 양객웅을 하주로 불러와 주 씨 딸과 결혼식을 올렸다.

신방에서 화촉을 밝히던 날 저녁에 서령西寧에서 사칭한 주 씨 딸이 미리 신방에서 기다리고 있었다. 이에 양객웅은 망연하여 어찌해야 좋을지 몰랐다. 사칭한 주 씨 딸이 양객웅에게 말했다.

"놀라고 당황할 거 없어요. 저는 호선인데 사실 당신의 은혜에 보답하기 위해 왔어요. 당신 조부가 장군으로 지낼 때 일찍이 토문관土門關에서 사냥하다가 제가 화살에 맞아 붙잡혔으나, 당신 조부가 제 몸의 화살을 뽑아버리고 놓아주었어요. 몇 번이나 당신 조부의 은덕에 보답하려고 했지만, 어찌해야 좋을지 모르겠어요. 근래에 당신이 주 부장의 딸을 사랑하지만 여의치 않다는 말을 듣고 중매를 서서 당신 소원을 풀어주기 위해 왔어요. 또한 당신은 주 씨 딸과 본래 인연이 있었어요. 그렇지 않다면 저도 힘을 쓸 수 없었죠. 지금 중매가 이미 끝났으니 저는 떠나도록 하겠습니다."

말을 마치고 순식간에 호선은 보이지 않았다.

상숙의 정 서생

常熟程生

건륭 갑자년(1744) 강남에서 향시가 있었다. 상숙 출신의 정程 씨 성을 가진 서생은 나이가 대략 40세였다. 첫 번째 시험에서 그가 고사장으로 들어갔는데 갑자기 한밤중에 풍병瘋病이라도 든 것처럼 놀라서 소리쳤다. 그와 같은 호실을 쓰는 응시생이 놀라서 물어봤지만, 정 씨는 고개를 숙이고 한 마디도 대답하지 않았다. 이튿날 정오도 되지 않아 정 씨는 필기구를 시험 가방에 꾸려 넣고는 백지를 제출하고 고사장을 나가겠다고 부탁했다. 그와 같은 호실을 쓰는 수험생들은 정 씨의 의도를 몰라 그의 옷자락을 당기며 이유를 물었다. 그러자 정 씨가 말했다.

"저는 양심에 거리끼는 일을 한 적이 있는데 지금 발각되었소. 저는 서른 살 이전에 지방 세도가의 집에서 가르쳤어요. 제자 네 명은 모두 주인의 아들과 조카뻘이었지요. 그 가운데 유柳 씨 성을 가진 학생은 19세로 잘생겨서 제가 마음속으로 애모하여 몰래 그와 즐기려고 했으나 기회를 가질 수 없었지요. 때마침 청명절이 다가와 다른 세 학생이 성묘하러 고향에 돌아가고, 유 씨 한 사람만 나와 마주 앉아 있었어요. 저는 그에게 집적거리는 시를 썼지요.

수놓은 이불 속에서 누구에게 기대어 잠자나 繡被憑誰寢
서로 만났으니 본래 인연이 있었도다 相逢自有因
우뚝 서서 옥수 마주한 듯하니 亭亭臨玉樹
봉새 한 마리 이 몸 깃들도록 승낙할까 可許鳳棲身

유생은 이 시를 보고는 얼굴을 붉히며 시를 쓴 종이를 비벼서 입 속에 넣고 씹어 먹었지요. 저는 이때 손을 쓸 때라고 생각하고는 마침내 억지로 술을 먹이고 그가 취하길 기다렸다가 즐겼어요. 오경에 유 씨가 깨어나자 자신이 더렵혀진 줄 알고는 통곡하기 시작했지요. 저는 그를 한바탕 위로한 뒤 혼수상태에 빠져 잠만 잤습니다. 날이 밝자 유 씨가 침대 머리맡에서 목을 매 자살했어요. 가족들은 유 씨가 자살한 이유를 몰랐고, 저도 감히 입을 열 수 없어서 속으로만 눈물을 삼켰어요. 뜻밖에도 어제 고사장에 들어와 보니 유 씨가 내 방에 먼저 앉아 있었으며, 곁에 한 하급 관리가 저와 유 씨를 함께 끌고 저승으로 데려갔지요. 대청에 한 관리가 앉아 있었는데 유 씨는 오랫동안 저를 고소해왔더군요. 저도 죄를 모두 시인했어요. 관원이 이렇게 판결했지요. '법률에 의거하여 계간범鷄奸犯은 더러운 것을 다른 사람의 입에 넣는다는 판례를 참조하여 곤장 100대를 치도록 판결한다. 네 신분은 교사이나 도리어 내심은 음란하고 사악하니 응당 가중 처벌로 다스릴 것이다. 너의 운명엔 향시, 회시에 합격하여 관록을 누려야 하지만 지금은 전부 삭제한다.' 유 씨는 저승의 관리와 논쟁하며 말했지요. '목숨으로 보상해야 할 것인데, 곤장을 치는 것만으로는 선고가 너무 가볍소.' 저승의 관리가 웃으며 말했지요. '너는 비록 죽었으나 결코 정 씨가 널 살해한 것은 아니다. 만일 네가 따르지 않았다고 해서 정 씨가 끝내 너를 죽였다면 장차 무슨 죄로 그를 다스린단 말이냐? 너는 위로는 노모가 계시고, 그 신분 관계가 무척 중대하거늘 어째서 치욕을 당했다고 생명을 가벼이 여겨 목숨을 끊을 수 있는가? 『주역』「관괘觀卦」에서 '여자의 곧음을 엿보는 것은 또한 추악한 일이다窺觀女貞, 亦可醜也'라고 했다. 자고이래로 조정에서는 열녀를 표창할 뿐이지, 동정童貞을 지킨 사내를 표창하지는 않는다. 성인이 법을 세운 뜻을 너는 어찌 거듭하여 생각하지 않았단 말이냐?' 유 씨는 이 말을 듣고 뼈저리게 후회하고 두 손으로 제 가슴을 치며 빗물처럼 눈물을 흘리더군요. 저승의 관리가 웃으며 유 씨에게 말했지요. '너 같은 인간은 고지식하고 편협하니 산서의 장蔣 씨 성을 가진 선량한 가정에 보내 열녀로 삼아 그의 집을 대신하여 규방의 문을 지키게 하며 표창의 영광을 마음껏 누리게 할 것이니라.' 판결이 끝나자 제게 곤장 30대를 때리고 돌려보내주더군요. 저의 영혼은 여전히 고사장에 있지만 지금은 하반신이 너무나 아파서 문장을 쓸 수 없어요. 설사 쓴다 하더라도 끝내 합격하지 못할 겁니다. 지금 시험장에서 물러나지 않고 여기에 있어본들 무엇을 하겠습니까?"

정 씨는 마침내 신음하며 풀이 죽어 고사장을 떠나갔다.

怪風 피상한 바람

양주凉州의 대정영大靖營[28] 부근에 송산松山[29]이 있는데 사방은 전부 모래밭으로 역사적으로 유명한 옛 전쟁터다.

탑사합塔思哈[30] 장군이 공무 차 병사를 이끌고 송산을 지나갔다. 땅엔 하얀 풀이 깔리고 하늘엔 누런 구름이 빽빽하여 끝이 보이지 않았다. 갑자기 앞쪽에 드높은 산이 보이더니 산에서 무수한 화성火星이 해를 가리며 떨어졌고 그 소리는 우레와 같았다. 이 정경을 본 사람과 말들이 새파랗게 질렸다. 탑사합은 깜짝 놀라며 산이 움직인다고 말했다. 잠시 뒤 이 산은 점점 부대에 가까이 다가와 더 이상 피할 수 없게 되었다. 이에 모두가 말에서 내려 땅에 웅크리고 앉아 눈을 감고 서로 껴안았다.

잠시 후 먹물처럼 천지가 까맣게 변하자 사람들은 모두 땅에 쓰러

---

28 간쑤성 다랑현大浪縣에 있었던 보루 이름.

29 지금의 간쑤성 우웨이시武威市 톈주짱족자치현天祝藏族自治縣에 있는 송산고성松山古城을 말한다. 목양성牧羊城이라고도 부르며 톈주현에서 36킬로미터 떨어져 있다.

30 만주 정백기인正白旗人으로 관직은 부도통副都統에 이르렀다.

졌으며 말도 넘어졌다. 오랜 시간이 지나자 비로소 진정되기 시작했다. 탑사합 장군의 부하 36명은 모든 얼굴이 피범벅이었고 수많은 자갈이 얼굴에 박혔으며 깊이 박힌 것은 반촌半寸이나 되었다. 고개 돌려 높은 산을 바라보니 이미 몇십 리 밖에 있었다.

저녁 무렵 탑사합 일행이 대정영에 도달했다. 장군은 도중에 당한 일을 총병 마성룡馬成龍[31]에게 보고했다. 마성룡이 듣고 난 뒤 웃으며 말했다.

"이는 괴상한 바람 때문이지 산이 움직인 것이 아니네. 만일 산이 이동했다면 그대들은 모두 죽었을 게다. 이러한 바람은 변방의 겨울에 항상 만날 수 있는데, 사람의 생명을 해칠 정도는 아니야. 하지만 제군 36명의 얼굴은 모래와 돌에 의해 부상을 입었으니 이후 모두 곰보가 될 것이다. 나이, 외모 등기부를 다시 한 권 써둬야겠다."

---

31 감숙성 장액張掖 사람으로 관직은 유격遊擊에 이르렀다.

孝女 효녀

북경 숭문문崇文門[32] 밖 화아시花兒市 주민은 모두 조화 만드는 일을 생업으로 삼았다. 그 가운데 한 집은 어린 딸이 늙은 아버지를 봉양하며 살았는데 역시 조화를 만들어 생계를 꾸렸다. 부친이 오랫동안 병상에 누워 일어나지 못하자 딸은 침식을 잊은 채 부친을 보살폈다. 겉으론 부친을 위로했지만 마음속으로는 언제나 걱정했다. 이때 한 이웃의 부인이 몇 명의 부녀를 데리고 아계산丫髻山[33]에 올라가 분향했는데 이때 딸이 물었다.

"분향하면 제 부친의 병을 치료할 수 있나요?"

---

32 원나라 대도大都의 11개 성문의 하나로 당시엔 문명문文明門, 속칭 합덕문哈德門이라 불렸으며 남성南城의 세 문 가운데 가장 동쪽에 있었다. 명대에 북경성을 수축하면서 11개의 문을 9개의 문으로 고치고, 이 문 이름을 숭문문이라 바꿨다. 베이징 4대 성구城區의 하나인 충원구崇文區는 바로 숭문문의 이름을 따온 것이다.

33 베이징 핑구구平谷區 류뎬향劉店鄕에 있는 산 이름이다. 베이징에서 91킬로미터 떨어져 있으며 산정의 두 바위가 옛날 여자아이의 머리를 두 가닥으로 빗어 올려 두 개의 뿔처럼 딴 머리와 같다 하여 이러한 이름이 붙었다. 이 산의 동서 두 봉우리에는 옥황전玉皇殿과 벽하궁碧霞宮이 있다.

"네가 성심성의껏 기도하면 반드시 영험이 있어서 소원을 들어줄 거야."

"이곳에서 아계산까지 몇 리 길입니까?"

"100리가 넘어."

"1리 길이 얼마나 되죠?"

"250보 정도지."

딸은 잘 기억해두었다가 매일 밤이 깊어 부친이 잠들 때마다 손에 향을 들고 속으로 발걸음 숫자를 세며 뜰을 돌았다. 뜰을 돌면서 머리를 조아리고 묵묵히 기도했으며 아울러 자신이 여자라서 산에 올라 분향하지 못하는 이유를 설명했다. 이렇게 보름 남짓 보냈다.

관례에 따라 아계산에서는 벽하원군碧霞元君[34]의 제사를 받들어 모셨다. 매년 4월이 되면 왕공, 관리가 모두 산에 올라 분향했다. 새벽닭이 울 때 전당에 올라 처음 향을 집는 자가 먼저 분향하게 되어 있는데, 이를 두향頭香이라 한다. 두향은 반드시 부호나 권세가들이 잡아 하고, 서민들은 이들보다 앞설 수가 없다. 당시 장 씨 성을 가진 태감이 산에 올라 두향을 분향하려고 전각 문을 밀치니 향로엔 이미 향이 불타고 있었다. 장 태감은 대로하여 사당 주인을 꾸짖었다. 그러자 사당 주인이 말했다.

"전각 문조차 연 적이 없는데 어찌된 일인지 향이 타올랐어요."

장 태감이 말했다.

"지난 일이니 탓하지 않겠소. 내일 반드시 두향을 분향하러 올 터

---

34 도교의 여신으로 전설로는 동악대제의 딸이라고 한다.

이니 그대는 전각 안에서 기다리시오. 절대 다른 사람이 먼저 들어와선 아니 되오."

사당 주인은 그렇게 하겠다고 대답했다.

이튿날 사경이 지나자마자 장 태감이 전각에 도착했는데 향로에는 향이 타고 있었다. 그리고 한 여자가 머리를 조아리며 기도하다가 인기척을 듣고는 즉각 몸을 숨겼다. 이에 장 태감이 말했다.

"신인과 성인 앞에서 설마 귀신도 감히 공개적으로 나타날 수 없단 말인가? 여기엔 반드시 이유가 있을 것이다."

장 태감은 두 산문山門 밖에 앉아 참배자를 모아 그가 본 일을 그들에게 알리고, 아울러 분향하던 여성의 외모와 복장을 상세하게 설명했다. 한 노파가 장시간 듣고 나서 말을 꺼냈다.

"그대가 본 사람은 바로 내 이웃의 그녀요."

노파는 딸이 부친의 질병을 치료하기 위해 집에서 신선에게 기도한 상황을 말해주었다. 이에 장 태감이 찬탄하며 말했다.

"그 효녀가 신을 감동시켰군요."

장 태감은 분향을 마치고 즉각 말을 타고 효녀의 집에 가서 많은 상을 내리고 그녀를 수양딸로 삼았다. 그녀 부친의 병은 오래지 않아 나았다. 장 태감의 도움을 받아 효녀의 집에서는 점차 먹고 입을 걱정을 하지 않게 되었다. 그 효녀는 나중에 대흥大興의 장 씨 집에 시집가서 부유한 상인의 아내가 되었다.

이리로 변한 노파

老嫗變狼

광동 애주厓州 지방의 손 씨 성을 가진 농민 집에 노모가 있는데 이미 칠십이 넘었다. 갑자기 노모의 양팔에서 털이 나기 시작하더니 점차 복부, 등에서 손바닥에 이르기까지 한 치가 넘는 털이 자라났다. 몸도 점차 구부러지고 둔부에는 꼬리가 생겼다. 하루는 그녀가 땅에 쓰러져 흰 이리로 변해 문밖을 뛰어나가 도망갔다. 가족들은 어쩔 수 없어 그대로 내버려두었다.

매번 한 달이나 보름마다 흰 이리는 반드시 집에 자신의 자손을 보러 왔으며 평소처럼 함께 식사했다. 이웃은 이 흰 이리를 싫어하여 칼과 화살로 죽이고 싶었다. 어느 날 며느리가 족발을 사놓고는 흰 이리가 돌아오길 기다렸다. (흰 이리가 오자) 며느리는 흰 이리에게 부탁하며 말했다.

"어머니, 이것 많이 드시고 이후엔 다시 오지 마세요. 우리 자손들은 집을 그리워하는 어머님 마음을 잘 알고 있어요. 나쁜 뜻은 없어요. 그러나 저 이웃 사람이 어찌 알겠어요? 만일 어머니가 칼이나 화살로 몸을 다치시면 며느리 된 입장으로서 제 마음이 얼마나 아프겠어요?"

말을 마치자 흰 이리는 장시간 슬피 울더니 집 안 구석구석을 둘러본 다음에 떠나버렸다. 이로부터 이리는 두 번 다시 오지 않았다.

영혼이 붙은 충견

義犬附魂

경성의 상常 공자는 젊고 잘생겼다. 화아花兒라는 애견을 길렀는데 외출할 때마다 언제나 따라다녔다.

봄날 상 공자는 풍대豐臺로 꽃구경을 갔다. 너무 늦게 도착해서 유람객은 대부분 흩어진 뒤였다. 도중에 그는 땅에 앉아 술을 퍼마시는 악당 세 명을 만났는데 잘생긴 상 공자를 보고는 너절한 말로 그에게 집적거렸다. 처음에 악당 세 명이 그의 옷을 잡아당기다가 이어서 억지로 그에게 입을 맞췄다. 상 공자는 창피하고 화가 나서 저항했지만 힘이 달려 그들에게 항거할 수 없었다. 화아가 큰 소리로 짖으며 앞으로 달려가 악당 세 명을 물었다. 악당은 대로하여 큰 돌을 주워 화아에게 던졌다. 그 돌은 화아의 두뇌를 명중시켜 뇌장腦漿이 터져나와 나무 아래에서 죽었다. 이때 악당 세 명이 거리낌 없이 허리띠를 풀어 상 공자의 손발을 묶고 그의 하의를 벗겼다. 두 악당은 상 공자의 등을 밟고 한 명은 자신의 바지를 벗고 상 공자의 엉덩이를 만지며 계간하려고 했다.

이때 비루먹은 개 한 마리가 숲속에서 갑자기 뛰쳐나와 악당의 등으로 달려가 그의 음낭을 물자 두 개의 고환이 모두 떨어져 피가 땅에 흥건했다. 다른 두 악당은 너무나 놀란 나머지 부상 입은 악당을 일으켜 집으로 돌아갔다. 후에 지나가던 행인이 상 공자를 묶은 줄을 풀어주고 공자의 하의를 입혀줌으로써 그는 집으로 돌아올 수 있었다.

그는 화아의 의로운 행동에 감동하여 이튿날 풍대로 가서 개의 시신을 수습하여 봉분을 만들어주었다.

그날 밤 꿈속에서 화아가 나타나 사람의 말을 했다.

"저는 주인의 은혜를 입어 갚으려고 했지만 도리어 악당에게 맞아 죽었어요. 그러나 저의 영혼은 아직 죽지 않아서 두부 가게의 비루먹은 개의 몸에 붙어서 마침내 그 나쁜 놈을 죽였어요. 제가 비록 죽은 몸이지만 마음은 놓입니다."

말을 마치고 슬피 울면서 떠나갔다.

상 공자가 이튿날 두부 가게에 가봤더니 과연 비루먹은 개가 있었다. 두부 가게 주인이 말했다.

"이 개는 숨이 끊어지려 합니다. 게다가 늙고 병들어 여태까지 사람을 물어본 적이 없어요. 어제 집에 돌아와 보니 온 입이 피투성이였는데 무슨 연유인지 모르겠어요."

공자가 사람을 보내 물린 악당의 상황을 알아보게 하였더니, 그 악당들은 집에 도착하자마자 죽었다고 했다.

백홍정

白虹精

절강 당서진塘西鎭의 정수교丁水橋 근처에 뱃사공 마남잠馬南箴이 살고 있었다. 어느 날 밤에 그가 강에서 작은 배를 젓고 있었다. 딸을 데리고 있는 한 노파가 배를 부르며 건네달라고 부탁했다. 배의 몇몇 손님은 노파의 탑승을 거절했다. 그러자 마남잠이 말했다.

"밤도 깊었고 여자로서 돌아갈 수도 없을 테니 건네주는 것도 음덕을 쌓는 일이지요."

모녀를 불러 배에 오르게 하자 노파는 딸을 데리고 선창에 앉아 한 마디도 꺼내지 않았다.

당시는 마침 초가을이라서 북두성의 별자리가 서쪽을 가리켰다. 노파는 별을 가리키며 그녀의 딸을 돌아보고는 웃으며 말했다.

"저랑猪郎이 또 손으로 서쪽을 가리키고 있네. 필경 이처럼 유행을 좋아하다니!"

"아니에요. 칠낭군七郎君도 부득이할 뿐이에요. 시간에 맞추어 움직이지 않는다면 세상 사람은 춘하추동도 알지 못할 거예요."

선창의 손님들은 두 사람의 말을 듣고는 서로 쳐다보며 의아하게 생각했다. 두 모녀도 태연자약하며 전혀 개의치 않았다.

배가 북관문北關門 가까이 이르렀을 때 날이 이미 밝았다. 노파는 주머니에서 한 되가량의 노란 콩을 꺼내 마남잠에게 뱃삯으로 치렀다. 아울러 마포를 풀어 그에게 콩을 싸서 주며 말했다.

"저의 성은 백白이고 서천문西天門에 삽니다. 이후 다른 날 저를 보고 싶거든 이 마포를 밟으면 하늘로 날아올라 저의 집에 이르게 됩니다."

말을 마치자 두 사람은 사라졌다.

뱃사공은 그 둘이 요괴라고 생각하고 그 콩을 들에 뿌렸다. 집으로 돌아와 보니 옷소매에 콩 몇 알이 남아 있었는데, 자세히 보자 전부 황금이었다. 그가 후회하며 말했다.

"신선을 만난 건 아닐까?"

그가 급히 콩 뿌린 들판으로 달려가 보니 콩은 보이지 않았고 마포만 그대로 남아 있었다. 그가 마포 위에 올라서자 점차 흰 구름이 생기고 전신이 가볍게 떠올랐다. 아래로 굽어보니 인민과 촌락이 분명 자기 발아래로 지나갔다. 그가 한 곳에 이르니 옥으로 만든 궁전과 강우絳宇가 있고 푸른 옷을 입은 여자가 문밖에 기다리고 있다가 말을 꺼냈다.

"서방님, 과연 오셨군요."

푸른 옷의 여자가 노파를 부축하며 걸어 나와 말을 건넸다.

"저는 서방님과 옛 인연이 있어요. 소녀는 서방님을 모시고 싶어요."

뱃사공은 겸양하면서 자신이 짝으로 맞지 않는다고 말했다. 그러자 노파가 말했다.

"맞고 안 맞고는 아무 상관이 없고 인연이 있기만 하면 맞는 거지. 내가 당신을 불러 강을 건널 때 이 연분은 내게서 발생했던 것이지. 당신이 나를 건네줄 생각이었다면, 이 연분은 당신에게서 발생한 거고."

말을 마치고는 주연을 베풀고 생황을 불고 노래를 부르며 혼례식을 거행했다.

뱃사공은 한 달 넘게 머물렀다. 비록 부부가 사랑하며 부유한 생활을 누렸으나 여전히 고향 생각이 났다. 그래서 아내와 상의했더니 아내는 여전히 마포에 올라 구름을 타고 가는 방법을 알려줬다. 뱃사공은 그녀가 말한 대로 하여 마침내 정수교로 돌아왔다. 향리 사람들은 모두 마 씨 집에 모여 에워싸고 보며 그가 하늘에서 내려온 것을 믿지 않았다.

이후 마남잠이 천지 사이를 자주 왕래할 때는 모두 마포를 수레와 말의 도구로 삼았다. 그의 부모는 아들의 이러한 거동을 혐오하여 몰래 그 마포를 불살라버렸다. 불태울 때 나는 마포의 이상한 냄새는 한 달이 지나도 사라지지 않았다. 하지만 마남잠이 하늘에 왕래하는 길은 이로부터 끊어졌다. 어떤 이는 노파의 성이 백 씨라 했으니, 아마 천상의 백홍정白虹精일 거라고 말했다.

冷秋江

냉추강

건륭 10년(1745) 진강의 정程 씨 성을 가진 사람은 베 행상으로 생계를 이어갔다. 어느 날 밤에 상산象山[35]에서 귀가하다 보니 상산 밑에 황폐한 무덤이 수두룩했다. 갑자기 한 꼬마가 수풀 속에서 나와 그의 옷을 잡아당겼다. 정 씨는 귀신인 줄 알고 큰 소리로 꾸짖었지만 귀신은 떠나려 하지 않았다. 오래지 않아 다른 어린아이가 나와서 그의 손을 잡아당겼다. 앞의 아이는 그의 옷을 잡고 서쪽으로 가는데 서쪽은 모두 담장이었으며, 담장엔 '추추' 소리를 내며 검은 그림자가 무리지어 있다가 진흙덩어리를 정 씨에게 던졌다. 뒤의 아이는 그의 손을 잡고 동쪽으로 끌고 갔는데, 동쪽도 높은 담이었으며 담에서는 무리를 이룬 귀신들이 '추추' 소리를 내며 모래를 정 씨에게 뿌렸다. 정 씨는 어떻게 할 방법이 없어 두 귀신이 끄는 대로 이리

35 지금의 장쑤성 전장시 자오산풍경명승구焦山風景名勝區 안에 있다. 서쪽은 둥우로東吳路, 남쪽은 장빈대도江濱大道, 동쪽은 자오산풍경구 남문, 북쪽은 진산후金山湖 호와 인접해 있다.

저리 끌려다녔다. 동서 양쪽 담의 귀신은 처음엔 정 씨를 조소하다가 이어서 서로 시끄럽게 논쟁하기 시작했다. 정 씨는 온갖 고통을 이기지 못하고 진흙땅에 넘어지면서 마음속으로 이번엔 죽겠거니 생각했다.

그런데 갑자기 뭇 귀신이 큰 소리로 외쳤다.

"냉冷 상공이 오셨다. 그는 아는 체하며 진부한 데다 혐오스러우니 어서 피하자."

이때 과연 어깨가 넓고 등이 우뚝 솟은 한 남자가 큰 걸음으로 성큼성큼 다가와 널리 둘러보았다. 그는 커다란 부채로 손바닥을 치면서 박자를 맞추고 입으론 소동파의 「대강동거大江東去」[36]를 부르며 걸음걸음 흔들거리며 왔다. 이에 여러 귀신은 전부 도망쳤다. 냉 상공은 몸을 구부려 정 씨를 보고 웃으며 말했다.

"당신은 악귀에게 붙잡혔습니까? 제가 구해드리지요. 제 뒤를 따라오세요."

정 씨는 땅에서 일어서서 냉 상공의 뒤를 바짝 따랐다. 냉 상공이 끊임없이 큰 소리로 노래 부르며 몇 리쯤 가자 날이 점차 밝기 시작했다. 냉 상공이 정 씨에게 말했다.

"당신 집에 다 와가니 난 가겠소."

정 씨는 몸을 굽혀 냉 상공에서 감사를 표하고 그의 성명을 물으니, 냉 상공이 대답했다.

---

36 소식蘇軾(1037~1101)이 지은 사 「염노교念奴嬌 · 적벽회고赤壁懷古」를 말한다. 모두에 '대강동거'로 시작한다.

“저는 냉추강冷秋江이라 합니다. 동문 네거리에 살지요.”

정 씨가 집으로 돌아왔는데 입과 콧구멍이 모두 푸른 진흙으로 막혀 있어 가족은 그에게 향료를 뿌리고 씻겼다. 연후에 정 씨는 즉각 냉추강에게 감사의 뜻을 전하러 동문에 갔으나 근본적으로 그런 사람은 없었다. 네거리에 이르러 이웃에게 물으니 이렇게 대답했다.

“냉 씨 집 사당에 위패를 모시고 있는데 이름은 냉미冷嵋이며 순치 초년의 수재이올시다. 추강은 그의 호입니다.”

못 박힌 귀신이 도망가다

釘鬼脫逃

구용현句容縣에 은건殷乾이라는 포졸이 있는데 현에서 도적 잡기의 명수였다. 매일 밤 항상 외지고 사람이 없는 곳에서 도적의 동태를 감시했다.

어느 날 그가 한 마을로 갔는데 손에 줄을 든 사람이 당황하며 급히 도망가다가 그의 등과 부딪쳤다. 은건은 속으로 그가 도둑임에 틀림없다고 생각하고 그의 뒤를 바짝 좇았다. 그 사람은 한 인가로 가더니 담을 넘어 들어갔다. 은건은 또 그를 붙잡는 것보다는 지켜보는 편이 나을 거라 생각했다. 붙잡아 관청 아문으로 보낸다고 해서 반드시 상금을 받으리란 보장이 없었다. 그를 지키고 있다가 나올 때 체포하면 반드시 큰 이익을 볼 것이다.

잠시 뒤 방 안에서 여자의 울음소리가 은은하게 들려서 은건은 의구심이 들어 담장을 넘어 들어가보았다. 방 안의 여성은 마침 거울을 마주하고 머리를 빗고 있었는데, 방 안 들보엔 봉두난발한 여성이 줄로 그녀를 매고 있었다. 은건은 목을 매달아 죽은 귀신이 대체해주길 요구하는 줄 알고 큰 소리를 외치며 창을 깨고 방 안에 들어갔다. 이웃 사람들이 깜짝 놀라 모여들자 은건은 방금 본 상황을 그들에게 알려줬다. 사람들은 과연 그 여자가 들보에 매단 것을 발견하고 그녀를 구조했다. 부인의 시부모가 와서 은건에게 고맙다고 인사하며 술을 준비하여 그를 대접했다.

헤어진 뒤 은건이 오던 길로 돌아갔는데 이때는 아직 날이 밝지 않았다. 갑자기 배후에서 '슈슈' 하는 소리가 나서 고개 돌려 바라보았더니 손에 줄을 들었던 귀신이었다. 귀신이 은건을 욕하며 말했다.

"내가 그 부인을 취해 대역을 삼으려 했는데 네가 관여하여 나의 대사를 망쳐놓았어."

그 귀신은 두 손을 뻗어 은건과 격투를 벌였다. 은건은 평소에 담력이 있고 건장하여 귀신과 맞붙어 싸웠다. 주먹으로 때리는 곳마다 차갑고 비린내가 풍겼다.

날이 점점 밝아지자 줄을 쥔 귀신은 지치고 힘이 달렸으며 은건은 갈수록 용기를 내어 귀신을 꽉 잡고 놓아주지 않았다. 길 가던 사람은 은건이 썩은 나무를 껴안고 입으로 끊임없이 욕하는 모습을 보고, 앞으로 다가가 그가 무엇을 하는지 자세히 관찰했다. 은건은 이때에야 정신을 차리고 꿈에서 깨어난 듯 손을 놓았고, 그 썩은 나무는 땅에 쓰러졌다. 은건이 화를 내며 말했다.

"귀신이 이 나무에 붙었으니 이 썩은 나무를 용서할 수 없지."

곧 쇠못으로 썩은 나무를 뜰의 기둥에 박아놓았다. 밤이 되기만 하면 슬피 우는 소리가 들렸는데 고통을 이기지 못하는 것 같았다.

며칠 밤이 지나자 여러 귀신이 분분히 다가와 어떤 이는 한담을 나누었고, 어떤 귀신은 위로했으며 귀신을 대신하여 은건에게 사정하는 이도 있었다. 여러 귀신이 얘기하는 '추추' 소리는 어린아이 말투 같아서 은건은 하나도 알아듣지 못했다. 그 가운데 한 귀신이 기둥에 붙은 귀신에게 말했다.

"다행히 주인이 쇠못으로 너를 박아놓았으니 망정이지 줄로 너를 묶었다면 더 고통스러울 것이네."

다른 귀신도 왁자지껄하게 말했다.

"쉿, 말하지 마! 이 계략이 누설되면 은건이 배워 써먹을 거야."

이튿날 은건은 다른 귀신의 말대로 쇠못 대신 줄로 귀신을 묶어놓았다. 그날 밤에는 귀신의 울음소리를 듣지 못했다. 이튿날 보니 썩은 나무는 결국 사라지고 말았다.

櫻桃鬼

앵두나무 귀신

한림 웅본熊本[37]은 경성의 반절호동半截胡同[38]에 사는데, 편수編修 장영여莊令輿[39]의 주택과 이웃했다. 두 사람은 자주 오가면서 밤마다 대작하며 술을 마셨다. 8월 12일 밤에도 장영여는 술을 준비해두고 웅본을 불러 술을 마셨다. 손님과 주인이 앉아서 술을 마시려는데 갑자기 동성桐城 상공이 사람을 보내 장영여를 그의 집으로 불러오게 했다. 웅본은 그가 곧 돌아오리라 생각하고 혼자 마시며 기다렸다. 그런데 그가 술 한 잔을 따라 술상에 놓고 한 모금도 마시지 않았는데 잔의 술이 비었다. 웅본은 처음에 자신이 술 따르는 것을 잊

37 강희 연간에 진사에 급제했다.

38 북경성의 동남쪽, 남대가南大街의 동쪽에 있었으며 동쪽은 태평장太平莊에 이르고 서쪽은 중가中街에 이어졌다. 이 골목의 서쪽은 중가까지 통하고 남대가는 연결되지 않으며, 길이가 다른 골목의 절반이라서 이런 이름이 붙었다.

39 장영여(1662~1740)는 원명이 경렴景濂이고 자가 손복蓀菔, 호가 완존阮尊으로 강소성 무진 사람이며 강희 연간에 진사에 합격했다. 저작으로 『삼을집三乙集』『쌍송만취루집雙松晚翠樓集』『쌍송만취루시초雙松晚翠樓詩鈔』(10권), 『비릉창화집毗陵唱和集』 등이 있다.

었나 싶어 한 잔을 따라놓고 동정을 살폈더니 남색의 큰 손이 술상 아래에서 나와 잔을 향해 뻗었다. 이때 웅본이 일어서자 남색 귀신도 따라서 일어섰다. 이 귀신의 머리와 얼굴에 난 털은 모두 남색이었다. 웅본이 크게 소리치자 장 씨의 두 가복이 달려와 촛불로 사방을 비춰보았으나 아무것도 보이지 않았다.

장영여가 돌아온 뒤 방금 발생한 일을 듣고는 웅본을 놀리며 말했다.

"자네가 감히 이곳에 묵을 수 있겠는가?"

웅본은 당시 젊고 기개가 호방하여 곧 가동에게 명하여 이불과 베개를 가져와 침상에 놓게 하고 손짓으로 가동을 돌아가게 했다. 그는 혼자서 칼을 끼고 앉았다. 이 칼은 대장군 연갱요年羹堯[40]가 웅본에게 준 것인데, 청해靑海를 평정할 때 이 칼은 무수한 사람의 핏자국을 묻혔다.

당시 가을바람이 노호하고 비낀 달이 창을 냉랭하게 비추었으며, 침상엔 녹색 휘장이 쳐졌고 하늘엔 달빛이 아주 맑았다. 골목에서 삼경을 알리자 웅본은 마음속으로 귀신이 올까봐 무서워 끝내 잠들 수가 없었다. 갑자기 술상에 술잔을 던지는 '쟁그랑' 소리가 났다. 술잔을 던질 때마다 더 큰 소리가 났다. 이에 웅본이 웃으며 말했다.

"술을 훔치는 귀신이 왔구나."

---

40 연갱요(1679~1726)는 자가 양공亮工, 호가 쌍봉雙峰이며 청조의 명장이다. 강희 연간에 진사에 급제하고 관직은 사천 총독, 천섬 총독川陝總督, 무원대장군撫遠大將軍을 역임했다.

오래지 않아 그 귀신의 다리가 동쪽 창에서 들어왔으며 이어 한쪽 눈, 한쪽 귀, 한 손, 반쪽의 코, 절반의 입이 들어왔다. 다른 다리가 서쪽 창문에서 들어왔으며 이어 한쪽 눈, 한쪽 귀, 한 손, 반쪽의 코, 절반의 입이 들어왔다. 마치 사람의 신체가 가운데에서 두 토막으로 나뉜 것 같았으며 전부 남색이었다. 두 쪽으로 갈라진 신체가 방 안으로 들어온 뒤 즉각 합체되어 화를 내며 휘장 안의 웅본을 노려보았는데, 냉기가 점점 다가오는 것을 느꼈으며 휘장이 갑자기 저절로 열렸다. 웅본은 일어나서 보검을 빼내 남색 귀신에게 휘둘러 귀신의 팔을 잘랐지만 마치 목화솜을 벤 듯 아무 소리도 나지 않았다. 남색 귀신은 창문으로 뛰어나갔다. 웅본이 재빨리 쫓아서 뜰의 앵두나무 밑에까지 왔을 때 남색 귀신의 종적이 사라졌다.

이튿날 아침에 장영여는 침상에서 일어나 창밖의 혈흔을 보고 급히 웅본을 찾아와 무슨 일인지 물었다. 웅본은 혈흔이 생긴 까닭을 알려주었다. 장영여는 앵두나무를 베어 불에 태웠는데 나무에서는 아직도 술 냄새가 났다. 창밖의 집을 지키는 가복은 나이가 들고 벙어리인 데다가 눈도 멀었다. 그가 잠자는 침상은 바로 귀신이 드나들 때 반드시 거치는 곳이지만, 그 가복은 아무것도 모르고 코를 골았는데 마치 우레 소리와 같았다.

웅본은 80여 세까지 살았다. 그의 큰아들은 절강 순무이며 둘째 아들은 호북의 감사監司였다. 그는 항상 사람들에게 웃으면서 얘기하곤 했다.

"내가 담력과 복으로 그 요괴를 이기긴 했지만, 종국에는 문을 지키는 그 노복처럼 안 들리고 눈이 멀어서 아무것도 모르는 것이 더

나왔을 거야."

鼠嚙林西仲

임서중을 갉아먹은 쥐

번왕藩王 경정충耿精忠[41]이 복건에서 반란을 일으켰을 때, 하문廈門에서 사마司馬를 맡았던 임서중林西仲[42]이 경정충에게 투항하지 않아 붙잡혀 감옥에 갇혔다. 임서중은 평소 초상화를 그려 걸어두었고, 나중에 초상화의 머리를 쥐들이 갉아먹었는데 목 선 주위가 칼로 도려낸 것 같았다. 임 씨 가족이 이를 보고 통곡하며 흉조로 여겼다.

---

41 경정충(1644~1682)은 요동 영구營口 개주蓋州 사람으로 정남왕靖南王으로 봉해졌다. 강희 12년(1673)에 청 조정이 '삼번三藩'을 없애자, 경정충이 반란을 일으켜 자칭 총통병마대장군總統兵馬大將軍이라 하고 오삼계와 병사를 합쳐 강서로 침입해 들어갔으나 청군에게 진압되었다. 강희 21년(1682) 정월에 삼번의 난이 완전히 진압되자 강희제는 경정충을 능지처참형에 처했다.

42 임운명林雲銘(1628~1697)의 자가 서중이고 호는 손재損齋다. 지금의 푸젠성 푸저우시 창산구倉山區 사람이다. 순치 15년(1658)의 진사이고 휘주부 통판徽州府通判을 맡았다. 강희 13년(1674) 3월 경정충이 반란을 일으켰으나 여기에 부역하고 싶지 않아 8개월 동안 구금되었다가 청나라 병사가 복건을 함락했을 때 석방되었다. 그 후로 항주에 머물며 저술에 매진했다. 사망 후 항주 서자호반西子湖畔에 안장되었다. 주요 저작으로는 『장자인莊子因』『초사등楚詞燈』『한문기韓文起』『고문석의古文析義』『서중문집西仲文集』『읍규루선고挹奎樓選稿』『손재분여損齋焚餘』『오산구음吳山轂音』『사서강의四書講義』 등이 있다.

오래지 않아 관군이 경정충을 몰아내고 임서중을 감옥에서 구해내어 그의 관직을 복원시켰을 뿐 아니라 세 등급을 올려주었다. 임서중이 집으로 돌아오자 가족들은 주연을 베풀어 그의 재생을 축하해주었다. 그날 밤 쥐들이 매우 바쁜 듯 '찍찍' 소리를 내며 물건을 물어와 다탁 위에 올려놓았다. 가서 보니 물고 갔던 초상화의 머리를 다시 물고 돌아와 임서중에게 돌려준 것이다.

권7

윤 문단공이 말한 두 가지 사건

尹文端公說二事

건륭 15년(1750)에 문단공文端公 윤계선尹繼善[1]이 섬서 총독을 맡았다. 소주 사람 고顧 씨는 수덕주綏德州 지주知州였으며 용모는 평소 풍만했다. 그러나 이해 9월에 그가 서안西安에 와서 윤공을 뵈었을 때는 몹시 수척해졌다. 윤공은 고 씨가 병이 났다고 의심하며 그에게 무슨 까닭인지 물었다. 고 씨가 땅에 엎드려 절하며 말했다.

"저는 평생 책만 읽고 여태까지 귀신을 믿지 않았는데 어떻게 대인 면전에서 감히 망언할 수 있겠습니까? 그러나 이번에 저는 조만간 죽을 터이니 사후의 일을 처리하기 위해 대인에게 알리지 않을 수가 없군요.

금년 5월 7일 새벽에 제가 일어나 서재에 앉았는데 푸른 옷을 입고 검은 모자를 쓴 사람이 명함을 들고 들어와 제게 말했지요.

---

1 윤계선(1695~1771)의 자는 원장元長이고 문단은 시호다. 만주 양황기인鑲黃旗人으로 옹정 원년(1723)에 진사가 되었으며 편수編修, 운남·천섬川陝·양강兩江 총독, 문화전대학사文華殿大學士 등을 역임했다. 저작으로는 『윤문단공시집尹文端公詩集』(10권) 등이 있다.

'선생을 모셔서 심리해주시랍니다. 말은 문밖에 준비해두었어요.'

제가 명함을 받아보고는 동료 탕식湯栻과 함께 즉시 말에 올라 성을 나섰지요. 북쪽으로 30리 달리니 아문 사무실이 나오더군요. 고대의 의관을 갖춘 사람이 맞이하러 나와서 읍을 하며 말했지요.

'선생을 이곳에 오시게 한 이유는 인명부를 편찬하여 상제에게 보내드리기 위해서인데 반드시 선생과 함께 처리해야 합니다.'

제가 대답도 하기 전에 옆의 한 관리가 무릎을 꿇고 보고하더군요.

'인명부는 시작 단계라서 아직 완성되지 않았으니 8월 24일이 되면 완성할 수 있습니다.'

이에 고대의 복장을 입은 사람이 검은 옷을 입은 관리에게 눈짓을 보내 나를 데려가게 하고는 그날 다시 갈 터이니 약속을 어기지 말라 하였습니다. 저는 다시 말을 타고 30리를 달려 관아로 돌아왔죠. 이때 제 몸이 굳어 침상에 누워 있는 것을 발견했으며 제 아내와 자식이 곁에서 통곡하더군요. 검은 옷을 입은 관리가 저를 밀어서 자신의 입속으로 들어갔지만 들어맞지 않는 느낌이 들었지요. 사지 늑골과 오장 사이에 말할 수 없을 정도로 통증을 느꼈어요. 저는 점차 깨어나 미음을 먹기 시작했어요. 그 후로 저는 공사의 일을 처리할 수 있었답니다.

8월 24일 새벽에 저는 일어나자마자 관모를 쓰고 동료, 처자와 결별하고 울면서 그들에게 당부했죠.

'내 시체가 차가워지기 전에 잠시 입관하지 마라.'

정오가 되자 저는 정신이 혼미해지면서 머리가 어지러워 중풍에 걸린 것 같았어요. 과연 그 검의 옷의 관리가 왔지요. 그는 절 데리고 전에 갔던 곳에 이르렀는데 고대의 복장을 갖춘 사람은 대청에 앉아 있었고 앞에는 탁자 두 개가 놓였어요. 마치 인간 세상에서 관리가 심리하는 모습 같았지요. 관리가 호명하는데 제가 아는 사람은 아무도 없었어요. 세 번째로 호명한 사람은 우리 수덕주의 관리였어요. 85번으로 호명한 사람도 우리 수덕주의 동방리東房吏였죠. 나머지 사람은 눈에 익은 듯했으나 그들의 성명은 모르겠어요. 저는 우리 주의 그 두 사람을 탁자 앞으로 불러 물어봤지만 그들은 '왜 이곳에 왔는지 모르겠다'고 대답했죠. 그러자 고대 관모를 쓴 사람이 웃으며 말하더군요.

'공은 무엇을 묻나요? 공은 영원히 이곳에서 저와 함께 일해야 합니다. 자연히 이곳의 모든 걸 알게 될 거예요.'

제가 그에게 물었죠.

'언제 이곳에 와야 합니까?'

'금년 10월 7일입니다. 공은 그동안 빨리 돌아가 공무와 집안일을 처리해도 좋습니다.'

이렇게 말한 다음 다시 헤어졌지요. 제가 지난번처럼 다시 깨어났는데 신체는 먼젓번보다 더 악화되었어요. 오래지 않아 이 현에서 심한 돌림병이 발생하여 그 동방리와 하급 관리도 모두 감염되어 죽었지요. 지금이 벌써 9월이니 제가 죽을 날도 멀지 않았군요. 이에 대인에게 작별 인사 하러 온 겁니다."

윤공이 고 씨를 재삼 위로해주자 고 씨는 울면서 절한 다음 떠났다.

이듬해 정월에 윤공이 변경을 순시하다가 수덕주를 지났다. 그의 막료 허효장許孝章이 평소 고 씨의 일을 알고 있는지라 조심스럽게 고 씨를 방문했지만 고 씨는 무사했다. 고 씨가 윤공 총독부에 인사 차 들렀는데 신체는 이전처럼 건장했다. 윤공이 그에게 농담으로 얘기했다.

"귀신의 말이 왜 동방리와 하급 관리의 몸에만 영험하고 그대 몸에는 영험하지 않은가?"

고 씨는 머리를 조아리며 은혜에 감사드렸지만 그 까닭을 알지 못했다.

윤공이 섬서 총독으로 있을 때 화음현華陰縣 아무개 관리가 보낸 보고서를 받은 적이 있었다. 보고서에는 이렇게 적혀 있었다.

"저는 신령을 불쾌하게 만든 일로 죽게 된 일을 진정하고자 합니다. 제 관아의 세 칸짜리 대청 앞에는 오래된 회화나무 한 그루가 있지요. 그늘이 집을 가려 어둡게 보이는지라 저는 그것을 잘라내려고 했죠. 그러나 고을의 관리들이 모두 이렇게 말하더군요.

'이 나무 아래에는 신이 있어 그것을 벨 수 없습니다.'

저는 믿지 않고 그것을 베고 아울러 뿌리까지 파냈어요. 뿌리를 파내고 보니 신선한 살이 있고 살 아래에는 그림 한 폭이 있었는데 전라의 여자가 가로누운 모습을 그렸더군요. 저는 마음속으로 혐오스러워 그 그림을 불태우고 그 고기를 개에게 주었지요. 그날 밤 저는 심신이 불안함을 느꼈어요. 이로부터 저는 아무런 질병이 없는데도 나날이 수척해졌어요. 또 기세가 흉흉하고도 나쁜 소리를 들었는데 어떤 형상도 보이지 않고 도리어 그 소리만 들렸어요. 저는 자신이 오래 살지 못하리라 여겨 대인에게 부탁하여 관리를 파견해달라고 요청했습니다."

윤공은 이 보고서를 옷소매에 보관했다가 막료들에게 보여주면서 말했다.

"이와 같은 보고서를 내가 어떻게 비준할 수 있겠는가?"

말이 채 끝나기도 전에 화음현에서 문서로 보고하여 그 관리는 이미 병사했다고 말했다.

霹靂脯

벽력신의 육포

해주海州의 주朱 선생은 강희 연간에 살았다. 외모로 보면 30~40세 가량이었다. 그는 때로 집을 아예 나가기도 하고 때로는 집 안에 숨어 살아 일 년 사계의 변화를 몰랐다. 그는 항상 이렇게 말했다.

"해주의 날씨가 너무 좋지만 애석하게도 독서하는 사람은 거의 없구나."

그가 바깥에서 몇 년 동안 유람하고 돌아와서는 다른 사람에게 말했다.

"우리 죽타竹垞[2] 선생의 아들은 지식이 연박하고 인품이 고아하여 그와 더불어 얘기할 만하네. 산양山陽 사람 염백시閻百詩[3]는 후배 중 우수한 인물이라 부를 수 있지. 하지만 애석하게도 그들은 모두 진정

2 주이준朱彝尊(1629~1709)의 호다. 그는 자가 석창錫鬯이고 절강성 수수秀水 사람으로 청초의 저명한 학자이자 장서가다. 당시 왕사정王士禎(1634~1711)과 함께 '남주북왕南朱北王'으로 불렸고, 절서사파浙西詞派의 창시자로 일컬어진다. 주요 저작으로는 『폭서정집曝書亭集』(80권), 『일하구문고日下舊聞考』(42권), 『경의고經義考』(300권) 등이 있으며, 『명시종明詩宗』(100권), 『사종詞宗』(36권)을 편찬했다.

한 '도'를 몰라."

거주한 지 오래지 않아 그가 또 다른 사람에게 말했다.

"내가 하늘에 무슨 죄를 지었는지 오늘 우레가 나를 때리려고 하니 저항하지 않을 수 없어. 제군을 놀라게 할지도 모르니 반드시 피하시게."

그 시간이 되자 검은 구름이 깔리고 소낙비가 쏟아졌다. 그러고는 큰 거미의 발이 공중에서 내려왔고 뇌성 소리에 갑자기 아연실색할 지경이었다. 그런 후 너른 들판을 보니 피범벅의 고깃덩어리가 있었는데 수레바퀴만큼 컸다. 주 선생이 고깃덩어리를 가리키며 사람들에게 말했다.

"이것이 내가 때린 벽력신霹靂神의 육포지."

말을 마친 그는 술로 고기를 삶아 혼자 앉아서 먹었다.

이후 어느 날 뇌성이 울리더니 큰비가 내리자 주 선생이 공중을 향해 입을 벌리고 수백 길에 달하는 하얀 실을 토해내어 그물처럼 빽빽하게 펼쳤다. 이때 화룡火龍이 공중에서 내려와 그물 밖에서 입가의 수염을 흔들고 발톱을 펼쳤지만, 끝내 그물 안으로 들어가지 못했다. 한참 지나 화룡은 다시 구름 속으로 들어갈 수밖에 없었다. 주 선생이 탄식하며 말했다.

"해변에는 괴물이 너무 많아 이곳에서 장기간 거주할 수 없으니

---

3 청대 고증학자 염약거閻若璩(1638~1704)는 자가 백시이며 호가 잠구潛丘다. 수십 년의 연구 끝에 『상서고문소증尙書古文疏證』을 지어 『고문상서』가 위작임을 증명하여 이름을 크게 떨쳤다.

나는 떠나려고 하네."

말을 마치고 그는 이렇게 떠나갔는데 그가 간 곳을 아는 사람은 없었다. 사람들은 주 선생을 지주정蜘蛛精으로 의심했다.

역귀 瘟鬼

건륭 병자년(1762)에 호주 사람 서익신徐翼伸의 처삼촌 유민목劉民牧은 장주현長洲縣 주부主簿를 지냈으며, 전 예부시랑 손악반孫岳頒[4]이 하사받은 저택에서 살고 있었다. 서익신은 호주로 돌아오는 길에 그 집을 방문했다. 날씨가 너무 더운지라 그는 서재에서 물을 받아 목욕했다. 그때 달빛이 몽롱했는데 창밖에서 어떤 기운이 서재 안으로 들어오는 느낌을 받았다. 마치 새벽에 길을 갈 때의 악취 나는 안개 같았으며 탁자 위의 닭털 빗자루가 아무런 까닭 없이 계속 움직였다. 서익신이 탁자를 치며 큰 소리로 질타하자 도리어 침상에 걸려 있던 목욕 수건과 탁자 위의 찻잔들이 창밖으로 날려갔다. 창밖엔 황양수黃楊樹 한 그루가 있었는데 찻잔이 나무줄기에 부딪혀 쨍그랑하는 소리와 함께 박살났다. 서익신은 깜짝 놀라 가복을 불러 나가보게

4 손악반(1639~1708)은 자가 운소雲韶, 호가 수봉樹峰이고 강소성 오현吳縣 사람이며 강희 21년(1682)에 진사가 되었다. 관직은 예부시랑, 패문재서화보佩文齋書畫譜 총재관을 역임했다.

했더니 검은 그림자만이 지붕의 기와를 가득 채우고는 큰 소리를 냈는데 한참 후에야 평온해졌다.

서익신은 다시 침상에 앉았다. 잠시 후 닭털 빗자루가 다시 움직이기 시작했다. 서익신이 일어서서 손으로 빗자루를 붙잡았는데 평상시의 빗자루가 아닌 것 같았다. 손에 쥐니 물기가 있고 부드러워 마치 여성의 흐트러진 머리카락 같았으며 메스꺼운 악취가 나서 가까이 접근할 수 없었다. 그리고 냉기가 그의 손바닥에서 팔로 전해지고 다시 어깨에 전해졌는데, 서익신은 억지로 냄새를 참으며 손을 놓지 않았다. 이때 담장 모서리에서 소리가 났는데 항아리 안에서 나는 것 같았다. 처음에는 앵무새 소리 같더니 이어서 어린아이가 우는 듯한 소리가 났다.

"제 성씨는 오吳이고 이름은 중中입니다. 홍택호洪澤湖[5]에서 왔는데 뇌성에 놀라 이곳에 피신했어요. 은인께 부탁하오니 저를 놓아주어 돌아가게 해주세요."

"현재 오吳 지역은 극심한 전염병이 도는데 너는 혹시 역귀 아닌가?"

"그렇습니다."

"네가 역귀라면 네가 다른 사람을 해치지 않도록 하기 위해 더욱 놓아줄 수가 없네."

"전염병을 피할 수 있는 약방이 있어요. 제가 약방을 드릴 테니 은

5 홍쩌후洪澤湖호는 중국 4대 담수호로 장쑤성 서부 화이허강 하류, 쑤베이 평원蘇北平原 중부의 서쪽, 화이안시淮安市, 쑤첸시宿遷市 등에 걸쳐 있다.

혜를 베푸시기 바랍니다."

서익신은 귀신더러 약 이름을 말하게 하고 이를 기록했다. 다 쓴 뒤 그는 악취를 참을 수 없고 팔도 참을 수 없을 정도로 추워서 빗자루를 놓으려고 했지만, 역귀가 다시 사람을 해칠까 두려웠다. 이때 몇몇 가복이 옆에 있다가 각자 독과 항아리를 가져오더니 서익신에게 빗자루를 안에 넣고 봉하게 했다. 서익신은 그들의 의견에 따라 빗자루 귀신을 독 안에 넣어 태호에 던져버렸다.

서익신이 기록한 약방은 이렇다. 뇌환雷丸[6] 4냥兩, 비금飛金[7] 30장, 주사硃砂 3전錢, 명반明礬 1냥, 대황大黃[8] 4냥, 물을 섞어 환약으로 만들어 매번 3전錢씩 복용할 것. 후에 소주 태수 조문산趙文山이 이 약방을 구해 전염병에 걸린 사람을 치료하여 모두 살려냈다.

---

6 약 이름. 대나무 뿌리에 기생하는 버섯으로 생김새가 토끼 분비물과 비슷하다.

7 장식용 금박金箔.

8 마디풀과에 속한 여러해살이풀. 그 뿌리를 말려서 한약재로 쓴다.

千年仙鶴

천년 선학

호주 능호진菱湖鎭에 왕정암王靜巖이란 사람이 있는데 집안이 매우 부유하고 가옥이 크고도 넓었다. 왕 씨 집에 있는 '구사당九思堂'은 넓어서 5, 6무畝의 땅을 차지했다. 그런데 그가 손님을 초대하여 해가 질 때마다 매번 대청의 기둥 아래에서 댓조각을 두드리는 소리가 들렸다. 왕정암은 이 소리가 너무나 거슬려 기둥에 대고 빌었다.

"너 귀신이지? 귀신이거든 세 번 쳐보라."

그 결과 네 번을 쳤다. 왕정암이 다시 말했다.

"너 신선인지? 신선이거든 네 번을 쳐보라."

다섯 번을 쳐서 응답했다.

"너 요괴지? 요괴이거든 다섯 번을 쳐보라."

이에 요란하게 무수히 두드렸다.

한 도사가 왕 씨 집에 와서 신단을 설치하고 뇌첨雷簽을 기둥 아래에 꽂아두었더니 갑자기 왕 씨네 하녀의 머리에 종기나 나 아파서 참을 수 없었다. 도사가 뇌첨을 뽑자 하녀의 통증이 멎었다. 하루가 지나 하녀는 상한병에 걸린 사람이 발광하듯 갑자기 미친 듯이 소리 질렀다. 왕 씨가 의사를 불러와 진료하게 했다. 의사가 맥을 짚기도 전에 하녀가 다리를 들어 의사를 차는 바람에 얼굴에 상처를 입어 피가 철철 흘렀다. 장정 네다섯 명이 눌렀으나 그녀를 제압하지 못했다.

왕정암의 딸은 막 성년이 되었는데 하녀가 병났다는 말을 듣고 나와보았다. 그녀는 안으로 들어가자마자 크게 놀라 땅에 쓰러지며 외쳤다.

"그녀는 하녀가 아네요. 얼굴은 담처럼 네모지고 흰색이며 눈, 코, 입, 귀가 없어요. 밖으로 내놓은 혀는 단사처럼 붉으며 길이가 서너 자쯤 되고 사람을 향해 뻗었다가 거두어들입니다."

왕정암의 딸은 너무 놀라 마침내 죽었다. 하지만 그 하녀는 회복되었다.

이에 왕정암은 온갖 방법을 강구하여 요괴를 몰아내고자 시도했다. 전문적으로 점치는 사람을 왕 씨 집으로 불러왔는데 그가 왕정암에게 말했다.

"선인仙人 초의옹草衣翁이 매우 신령하여 사악한 기운을 막을 수 있습니다."

왕정암은 그의 말에 따라 향안香案을 설치하고 계반乩盤을 놓았다. 이때 계필乩筆이 탁 하고 떨어지는 소리가 나더니 창문을 뚫고 날아가 창호지에 큰 글자를 썼다.

"무엇 때문인가? 무엇 때문에? 토지신이 책임을 지게 되었도다."

왕정암이 계선乩仙에게 무슨 일인지 묻자 계선이 말했다.

"초의옹이 지상의 사악한 기운을 제거하지 않았으니 즉각 신선을 불러다가 현지의 토지신을 성황묘에 압송하여 곤장 20대를 치거라."

이로부터 왕 씨 집에 요괴가 나타나지 않았다.

초의옹은 사람들을 매우 온화하게 응대했으며 그가 하는 말도 대부분 영험했다. 어떤 사람이 그의 성명을 물으면 그는 이렇게 대답했다.

"저는 천년 선학입니다. 제가 우연히 흰 구름을 타고 파양호를 지나다가 크고 검은 물고기가 사람을 삼키는 것을 보았지요. 화가 나서 그 검은 물고기를 쪼았는데, 물고기는 뇌가 다쳐 죽었지요. 그 검은 물고기가 삼킨 사람이 그의 이름을 내게 빌려주었고, 또 그의 외모를 저에게 주었지요. 지금 제 이름은 진지전陳芝田이고 초의는 저의 자호입니다."

어떤 사람이 초의옹을 뵙겠다고 부탁하자 초의옹이 말했다.

"그렇게 하죠."

또 초의옹과의 약속 시간을 확정해주길 부탁하자 초의옹이 말했다.

"모일 저녁달이 밝을 때 봅시다."

그날 밤에 사람들은 공중에 서 있는 도사를 봤는데 얼굴은 하얗고 수염이 약간 났으며 머리에 각건角巾을 쓰고 진晉, 당唐 시대의 복식을 걸치고 있었다. 시간이 한참 지나자 이 도사는 안개처럼 사라졌다.

하 태사의 세 가지 이야기

夏太史說三事

고우高郵 사람 하예곡夏醴谷[9] 선생이 호남의 독학을 맡아 배를 타고 동정호를 지나다가 때마침 엄청난 풍랑을 만나 수천 척의 배가 연안에 정박하여 출항할 수 없었다. 하 선생은 성미가 조급하여 부임 예정 날짜에 맞추고 싶어서 조타수에게 명령하여 역풍임에도 배를 출발하게 하고 다른 배들도 뒤따라 출항했다. 선박들이 돛을 날리며 동정호 중앙에 이르자, 바람이 갈수록 거세지며 천지가 캄캄해지고 하얀 파도는 산처럼 거대하게 솟아올랐다. 이때 사람들이 수면에서 작은 두 사람을 보았는데 키는 한 자가 넘고 얼굴색은 약간 검었다. 배를 스치며 지나가다가 손으로 배의 상앗대를 가리켰는데 마치 순시를 도는 것 같았다. 배 안에 있던 사람들이 모두 그들을 바라보았다. 오래지 않아 바람이 멎고 태양이 나오자 두 난쟁이는 점차 사라

9 하예곡(1697~1784)은 이름이 지용之蓉, 자가 부상芙裳이고 호는 예곡이다. 옹정 11년(1733)에 진사가 되었다. 서예에 뛰어났으며 저작으로는 『반방재시집半舫齋詩集』이 있다.

졌다.

하 선생은 독학 아문에 살았다. 하인과 학생은 대낮에도 요괴를 보았는데 요괴를 본 사람들은 반드시 병이 났다. 하 부인은 학생들을 방 안에 가두고 오후에는 그들이 후원에 나가지 못하게 했다. 아울러 하 선생에게 부탁하여 귀신에게 제사를 지내게 했으나 하 선생은 이를 믿지 않았다. 그날 밤 하 선생이 등불 아래서 책을 보다가 서쪽에서 나는 울음소리를 들었는데 매우 상심하여 우는 데다 소리도 크고 시끄러웠다. 모래가 날아와 창문을 때리는데 마치 비가 내리는 듯했다. 하 선생이 큰 소리로 질타했다.

"나는 이미 너의 의도를 알고 있느니라. 내일 너의 제사를 지내주겠다."

그 소리가 점차 멀어지더니 사라졌다. 이튿날 아침 하 선생이 소리가 난 곳을 찾았더니 낡은 방 안에 수십 개의 나무 위패가 있었다. 모두가 전임 학정이 안건을 열람했던 막료 가운데 독학 아문에서 죽은 사람들이었다. 이에 하 선생은 제문을 짓고 제물을 마련해서 그들에게 제사지냈다. 이로부터 귀신들의 자취가 끊겼다.

하 선생의 제자 주사수朱仕琇[10]가 복건에서 경성으로 가는 길에 산동 임평荏平을 지날 때 날이 저물어 여관에 투숙하고자 했다. 이때 하늘에서 폭풍이 불고 소낙비가 내리기 시작했다. 그는 하인을 보내

10 주사수(1715~1780)는 자가 배첨裴瞻, 호가 매애梅崖이며 복건 건녕建寧 사람이다. 건륭 13년(1748)에 진사가 되었고 한림원 서길사翰林院庶吉士, 복녕부福寧府 교수를 역임했으며 저작으로는 『매애문집梅崖文集』(10권) 등이 있다.

먼저 여관을 찾게 하고 자기는 수레를 삼거리에 멈추고 하인이 오기만을 기다렸다. 밤 이경이 되자 천지는 칠흑처럼 어두웠다. 그는 먼 나무숲 속에서 불빛을 보았는데 갑자기 오르내려서 하인이 횃불을 들고 오는 것이겠거니 생각했다. 잠시 뒤 불빛이 점점 다가오는데 크기가 수레바퀴만 했다. 수십 개의 불빛이 교차하여 높은 것은 하늘에 이르고 낮은 것은 말발굽 크기만 했다. 주사수는 대경실색하여 틀림없이 인간의 등불이 아니라고 생각했다. 가까이 다가가 보니 불빛 속에 세 사람이 있는데 그의 수레 옆으로 스치고 지나갔다. 그 가운데 중간에 걷던 사람 이마 중앙에 눈이 하나 달렸는데 번쩍번쩍 빛이 났다. 그는 붉은 옷을 입고 넓은 허리띠를 매었으며 긴 수염과 눈썹을 가지고 있었고 신체는 매우 건장했다. 그 옆의 시동은 수놓은 의복을 입었고 잘생겼으며, 그를 부축하여 앞으로 걸어갔다. 가장 앞선 사람은 하얀 수염의 노인인데 허리를 굽히고 앞으로 걸었다. 그의 등에는 그릇만 한 큰 구멍이 있었고 불빛이 이 구멍에서 나왔는데 마치 연기가 굴뚝에서 나오는 것 같았다. 그들은 사람을 봐도 전혀 놀라지 않고 서서히 먼 곳의 마을로 가더니 보이지 않게 되었다. 오래지 않아 하인과 여관 주인이 달려왔는데, 그들도 그 괴상한 행렬을 보고서 놀라고 무서웠다고 말했다.

石崇老奴才

석숭이란 놈

강희 연간에 진사 임우림任雨林은 시 짓기로 이름을 떨쳤으며 하남 공현鞏縣 지현이 되었다. 그가 낮에 서재에 누워 있는데, 머리에 꽃을 꽂은 여자가 나타나 명함을 건네주며 말했다.

"석石 대인님, 술 한잔 드시러 가시죠."

수레꾼들이 문밖에 당도하여 모두 영접하러 나왔기에 임우림은 자신도 모르게 그녀를 따라 갔다.

한참이 지나 한 관청에 도착했다. 관청 문은 으리으리하고 화려했다. 주인은 진晉나라 때의 두건을 쓰고 짧은 채색 적삼을 걸쳤으며 손을 끼고 예를 표시하면서 문을 나와 영접했는데 피차 이야기꽃을 피웠다. 두 사람이 좌정한 뒤 연회석에는 산해진미로 가득했으며 모두가 임우림이 보지 못한 것들이었다. 두 무녀가 아래에서 나풀나풀 춤을 추기 시작했다.

주흥이 한창 오를 때 주인이 일어나더니 임우림의 손을 끌고 후원으로 걸어갔다. 후원의 정자와 누대, 화초와 수목이 극도로 아름다웠다. 뜰 뒤에 우물이 있는데 물은 푸른색이었다. 주인이 손에 황금 바가지를 들고 시종을 불러 우물물을 떠서 임우림에게 주어 숙취를 풀게 했다. 임우림의 입술이 우물물에 닿자 매운맛이 났으며 입술이 타들어가는 느낌이 들었다. 이에 그는 사양하며 다시 바가지를 들려고 하지 않았다. 주인은 억지로 마시게 하고 여러 미녀도 땅에 엎드려 마시도록 권유했다. 임우림은 하는 수 없어 바가지의 물을 다 마셨다. 잠시 뒤 배가 아파서 찢어질 듯하여 큰 소리로 외치며 보내달라고 부탁했다. 이에 주인이 손을 모아 읍을 하며 말했다.

"손님, 과연 취하셨군요. 잠시 헤어졌다가 다시 만나지요."

임우림은 황망히 수레에 올랐지만 통증은 갈수록 심해졌다.

임우림은 원래 길로 돌아오다가 성황묘를 지나게 되었다. 이때 성황신이 뛰어나와 그를 맞이하고 탄식하며 말했다.

"석계륜石季倫이란 놈이 당신을 독살했군요. 어제 주인이 되어 그대를 초대한 사람은 진대晉代의 석숭石崇[11]이오. 그가 살아 있을 때 수많은 정품精品을 긁어모아 물 쓰듯이 써버렸지요. 나중에 그가 사형에 처해질 때 손수孫秀[12]에 의해 갈기갈기 찢겨 혈육이 낭자했어요. 하지만 그의 몹쓸 영혼은 흩어지지 않아 나찰존신羅刹尊神이 되어 명사 3000명을 죽이겠다고 맹세했어요. 평생 명예만 탐내고자 하는

---

11 석숭(249~300)은 자가 계륜, 아명이 제노齊奴이며 지금의 허베이성 난피南皮 출신이다. 서진西晉 시기 문인, 부호이며 금곡이십사우金谷二十四友 중 하나다. 산기시랑散騎侍郎, 황문랑黃門郎, 형주 자사荊州刺史, 서주 자사徐州刺史 등을 역임했다. 형주 자사로 지낼 때 항해 무역으로 큰돈을 벌어 대부호가 되어 땔나무 대신 초를 사용했고 50리나 되는 비단 장막을 만들 정도로 낭비벽이 심했다. 영강永康 원년(300) 손수孫秀가 석숭의 첩 녹주綠珠를 넘기라고 요구했으나 들어주지 않자 석숭을 무고하여 삼족이 죽임을 당하고 말았다.

분노를 발설한 거지요. 저는 그에게 독살당한 19번째 사람이고, 당신은 29번째 사람이오. 저는 평생 정직함만을 믿고 상제에게 억울함을 하소연했는데도 상제는 절 구원해줄 수 없다는군요. 다만 저를 성황신으로 책봉하고는 제게 환약 두 알을 주면서 말하더군요.

'진정한 명사가 피살당하면 이 환약으로 구조하라.'

그대는 문장과 덕행으로 이름이 났으므로 제가 여기에서 구한 것입니다."

말을 마치고 성황신이 환약을 꺼내 임우림의 입에 넣어주자 통증이 즉각 멎었고 대번에 땀이 나면서 깨어났다. 그가 원래 자던 곳에서 온 가족이 둘러싼 채 울고 있었는데, 그는 이틀 동안 혼수상태에 있었다.

나중에 공현의 옛 성을 수축 공사하던 중 땅을 팔 때 석비가 발굴되었다. 위에 '금곡金谷'[13]이란 큰 글씨가 쓰여 있었는데, 마치 진나라 서예가 색유안索幼安[14]의 필적 같았다. 임우림은 이때에야 석숭의 별

---

12 손수(?~301)의 자는 준충俊忠이고 낭야琅琊 사람이다. 서진西晉의 대신이며 대대로 오두미도五斗米道를 신봉했다. 젊어서부터 사마륜司馬倫의 말단 관리가 되어 아첨을 일삼아 사마륜의 총애를 받았다. 사마륜을 제위에 올리기 위해 손수는 태자에게 이간계를 쓰는가 하면 혜제惠帝 황후인 가후賈后(256~300)를 살해했다. 사마륜의 총애를 믿고 국정을 농단한 손수는 반란군이 입궁하면서 중서성中書省에서 살해당했다.

13 금곡은 석숭이 만든 금곡원金谷園을 말한다. 지금의 뤄양시 서남쪽에 있었다. 또는 문인들의 연회나 전별의 장소를 지칭하기도 한다. 석숭의 금곡에 관한 고사로는 금곡우金谷友, 금곡로金谷老, 금곡주金谷酒, 금곡기金谷妓, 금곡연金谷宴, 금곡벌金谷罰 등 상당히 많다.

14 색정索靖(239~303)은 자가 유안으로, 지금의 간쑤성 둔황敦煌 사람이다. 서진 시기의 장수이고 저명한 서예가로 초서를 잘 썼으며 돈황오룡敦煌五龍의 하나로 불린다.

장 '금곡'은 지금의 낙양에 있지 않음을 알게 되었다.

鬼差貪酒

술을 탐낸 귀신

항주 사람 원관란袁觀瀾은 나이 사십이 되도록 결혼하지 못했다. 이웃집 딸이 미색이 있어 원관란은 무척 애모했고 두 사람은 서로 마음에 들어했다. 그러나 그 딸의 부친은 원관란이 가난하다는 핑계로 이 혼사를 거절했다. 딸은 상사병이 들어 결국 병이 깊어 사망했다. 원관란은 이 때문에 더욱 비통에 빠졌다. 달밤에 그는 슬픔을 이길 수 없어 술잔을 들어 혼자 마시기 시작했다.

이때 담 모서리에서 봉두난발한 사람을 보았다. 손에는 줄을 들었는데 마치 무엇을 잡은 듯 눈을 흘기며 미소를 지었다. 원관란은 이웃의 노복이라 여기며 불러서 말을 걸었다.

"술을 마시고 싶더냐?"

그 사람이 고개를 끄덕이자 한 잔 따라주었지만, 그는 냄새만 맡을 뿐 마시지 않았다. 이에 원관란이 물었다.

"술이 너무 차가워서 싫은 것이냐?"

그 사람이 다시 고개를 끄덕이자 술 한 잔을 데워서 그에게 주었지만, 역시 냄새만 맡고 마시진 않았다. 그러나 그가 몇 번 냄새만 맡았을 뿐인데 안색은 점점 붉어지고 입도 크게 벌려 다시 닫을 수 없었다. 원관란은 술을 그의 입에 부어주었다. 술을 부을 때마다 그 사람의 얼굴은 점차 작아졌다. 한 주전자를 다 붓자 그의 신체와 얼굴은 영아만큼 축소되었으며 정신을 차리지 못하고는 꼼짝하지 않았다. 원관란이 손으로 그 사람의 줄을 끌었더니 줄에 묶인 사람은 바로 이웃의 딸이었다. 원관란은 기뻐 어쩔 줄 몰라 빈 술항아리를 가져와 봉두난발 귀신을 넣은 다음 봉하고는 팔괘八卦를 그려 눌러놓았다. 이어서 이웃집 딸의 몸을 묶은 줄을 풀고 그녀와 함께 방에 들어가 두 사람은 부부의 인연을 맺었다. 밤에 성교할 때 그녀는 실제의 몸을 가졌으나, 낮에는 (그녀의 형체는 보이지 않고) 목소리만 들렸다.

일 년이 지나자 이웃집 딸이 기뻐하며 원관란에게 알렸다.

"저는 환생할 수 있어요. 또한 서방님의 아름다운 부인이 될 거예요. 내일 아무개 마을에 숨이 끊어질 여자가 있는데, 저는 그녀의 육신을 빌려서 환생할 수 있어요. 서방님의 공로라고 생각해요. 아울러 그녀 집의 재산을 얻어 저의 혼수 비용으로 삼을 수 있어요."

이튿날 원관란이 아무개 마을로 가서 물어보니 과연 그 여자가 숨이 끊어져 막 입관하려던 참이었고 그녀 부모는 통곡했다. 원관란이 그들에게 말했다.

"따님을 저의 아내로 짝지워주신다면, 따님의 영혼을 되돌릴 약을 가지고 있습니다."

그녀의 가족이 크게 기뻐하며 허락했다. 원관란이 여자의 귀에 대고 낮은 소리로 말하자 여자가 즉시 일어섰다. 마을 사람들은 모두 의아하게 여기며 신선을 만난 것으로 생각했다. 이에 그들의 혼례식을 올려주었다.

여자가 기억하고 있는 것은 모두 그녀 집의 일이 아니었다. 일 년이 지나자 점점 익숙해졌고, 외모도 원래보다 더 예뻐졌다.

이탁 李倬

이탁李倬은 복건 사람으로 건륭 경오년(1750)의 공생貢生[15]이다. 그가 향시에 응시하러 경성에 올라갈 때 의징儀徵을 지나갔다. 동행하는 다른 배에 자칭 왕경王經이라는 사람이 있었는데 하남 낙양현 사람으로 역시 시험을 치르러 경성에 가는 길이었다. 여행 경비가 부족했기 때문에 이탁에게 배를 같이 타고 가자고 부탁했다. 이탁이 승낙하자 두 사람은 내내 같은 배를 타고 담소를 나누며 의기투합했다. 왕경이 자기가 쓴 문장을 꺼내 보이니 그 문장은 청아하게 느껴졌지만 단지 편폭이 짧을 따름이었다. 이탁은 그와 함께 식사했는데 그는 언제나 밥을 땅에 뿌렸다. 밥그릇을 들 때마다 냄새만 맡고 밥알 한 톨도 입에 넣지 않았다. 이탁은 심중으로 의혹이 들어 그를 싫어했으며, 왕경도 이를 눈치챈 듯 미안해하며 말했다.

"저는 격증膈症[16]을 앓아 이렇게 번거로움을 초래했군요. 저를 불쾌하지 생각지 말아주세요."

---

15 명청 시대 각 성省에서 1차 과거시험에 합격한 사람을 말한다.

경성에 이르러 이탁이 거처를 세내려고 하자 왕경이 또 무릎을 꿇고 간청하며 말했다.

"두려워하지 마시기 바랍니다. 저는 사람이 아니오. 원래 하남 낙양의 수재로 재학才學이 있어 당연히 공생으로 선발되어야 하는데 독학이 뇌물을 받고 절 낙선시키는 바람에 격분하여 죽었어요. 지금 저는 복수하고자 경성에 왔는데 공이 아니었다면 여기까지 오지 못했겠죠. 이제 경성에 들어갈 때 성문의 신이 저를 막을까 걱정되옵니다. 하지만 공께서 낮은 소리로 제 이름을 세 번 불러주시면 저는 들어갈 수 있어요."

왕경이 말한 독학은 바로 이탁의 과거시험관이다. 이탁은 너무 놀라 그의 요구를 거절하고 싶었다. 이때 귀신이 말했다.

"공께서 당신의 스승만 편들고 저를 거절하신다면 저도 떠나겠어요. 그리고 당신을 처치할 겁니다."

이탁은 그의 말대로 할 수밖에 없었다.

이탁이 객점을 잡은 뒤 과거시험관을 찾아갔다. 그의 가족이 함께 둘러싸고 우는데 곡소리가 문밖에까지 전해졌다. 과거시험관이 나와서 이탁에게 말했다.

"내게 사랑스런 아들이 있는데 19세로 총명하고도 잘생겨서 우리 집안의 수재였지. 그저께 밤에 갑자기 풍질에 걸렸는데 병이 참 이상도 하지. 아들이 칼을 들고 다른 사람은 놔둔 채 아비만 죽이려고

16 복부가 부어올라 통증이 있고 음식물을 삼키기 어려우며 신물을 토하는 병을 말한다.

달려들더군. 의사도 그의 병명을 알지 못하니 어찌하면 좋단 말인가?"

이탁은 마음속으로 그 까닭을 알고 있어 간청하며 말했다.

"제가 들어가서 아드님을 보겠습니다."

말이 미처 끝나기도 전에 그의 아들이 안방에서 웃으며 말했다.

"저의 은인이 오셨군요. 저는 그에게 감사해야 하지만, 그도 저의 일을 해결할 수 없답니다."

이탁은 내실에 들어가 아들의 손을 잡고 장시간 얘기를 나눴다. 다른 사람은 그들이 하는 얘기를 알지 못하여 더 무서워서 모두 이탁에게 와서 물었다. 이탁은 사정의 전말을 모두에게 알렸다. 이에 모든 가족이 이탁 앞에 무릎 꿇고 이탁에게 대신 말해달라고 애원했다.

이탁이 그 아들에게 말했다.

"너는 정말 지나치구나. 너는 낙선한 까닭에 화가 나 죽은 것이니 필경 내 스승이 널 죽인 것이 아니다. 지금 너는 도리어 그의 아들을 죽여 그의 후손을 끊어놓으려고 하는구나. 이렇게 하면 정직한 수법으로 복수하는 것이 아니다. 게다가 나는 너와 향불을 피우며 의형제를 맺었는데, 네가 어떻게 내 처지를 생각지 않는단 말이냐?"

그 아들은 그때 한 마디도 하지 못하고 있다가 잠시 뒤 눈을 크게 뜨며 말했다.

"당신 말이 모두 맞아요. 그러나 당초 당신 스승이 은 3000냥을 뇌물로 받았는데 어떻게 그가 평안하게 누리며 살아가게 만들 수 있겠습니까? 저는 물건을 좀 파손시킨 다음 이곳을 떠나면 되겠지요."

그가 손으로 가리키며 말했다.

"어느 방에 옥병 하나가 있는데 가격이 조금 나가니 가져오세요."

가족이 옥병을 가져오자 그는 옥병을 땅에 던져 깨버렸다. 또 그가 손으로 가리키며 말했다.

"어느 상자 안에 담비가죽 외투 몇 벌이 있는데 가격이 약간 나가니 가져오시오."

담비가죽 외투를 가져오자 그는 불을 붙여 옷을 태웠다. 이 일을 마치자 그 아들이 크게 웃으며 말했다.

"저는 원한이 없어요. 당신과의 인연 때문에 저는 그놈을 용서했어요."

이어 손을 모아 읍을 하며 떠나려는 모양을 지어 보였다. 그리고 아들의 병도 즉각 나았다.

일 년 사이에 이탁은 거인에 합격하고 덕주를 지나다가 다시 왕경을 만났다. 왕경이 말을 타고 달리는 모습은 멋졌고 제복을 갖춰 입은 데다 표정은 존엄했다. 그가 이탁에게 말했다.

"제가 공정하게 복수했기 때문에 상제는 저를 덕주의 성황신으로 임명했어요. 제가 하는 일을 도와주시기 바랍니다. 덕주 성황신의 지위를 요괴가 차지하고 그가 신위를 찬탈하여 인간의 제사를 누린 지 어언 20년이 되었습니다. 제가 부임하면 그가 반드시 저항할 것입니다. 저는 이미 신병神兵 3000명을 선발했고 요괴와 결전을 치를 것입니다. 공께서는 오늘 밤 격투하는 소리를 듣거든 절대로 나와보시지 마세요. 공을 해칠지도 몰라요. 사악함이 정의를 이길 수 없듯이 요괴는 스스로 패주할 것입니다. 단지 공께서 문장 한 편을 써서 석비에 새겨 주민들이 이 일을 알게 해주세요. 그러지 않으면 사방의 백성이 저를 존경하며 받들지 않을 겁니다. 당신 장래의 지위와 봉록은 평범하지 않을 것입니다. 이제 공과 헤어져야 합니다."

말을 마친 왕경은 이탁에게 작별을 고하고 눈물을 흘리며 떠났다.

그날 밤 이탁은 성 안팎에서 시끄러운 병마 소리를 들었으며 오경이 되어서야 비로소 조용해졌다. 이튿날 새벽에 이탁은 성황묘에 가서 향을 사르고 비문 한 편을 쓰고자 했다. 사당의 도사는 이미 먹을 다 갈아놓고 그를 기다리고 있었다.

"어젯밤에 성황신이 부임하셨는데 제 꿈에 나타나 공을 맞이하도록 했습니다."

이탁은 성황신을 위해 돌을 깎아 비석을 세웠다. 그 석비는 지금도 덕주의 대동문大東門 밖에 있다.

王將軍妾

왕 장군의 첩

소주 사람 모숭사慕崇士가 하남 급현汲縣 지현으로 부임했다. 그가 벼슬하기 전에는 경성의 임任 씨 집에서 가르치며 반절호동에서 살았다. 어느 날 저녁 그 혼자 자다가 등불 아래에서 괴물을 보았는데, 몸에 검고 긴 털이 났으며 그의 책 상자를 가져갔다. 모숭사가 손에 보검을 쥐고 쫓아갔지만 아무것도 얻을 수 없었다.

이튿날 저녁, 그가 달빛을 따라 화장실에 가는데 천천히 걸어오는 여자를 보았다. 그는 주인집의 하녀일 것으로 생각하고 여전히 앉았는데 일어날 수가 없었으며 그 여자는 떠나가지 않았다. 이때 차가운 바람이 일어 모골이 송연해졌다. 모숭사는 두려워지기 시작하여 기왓조각을 들어 그 여자에게 던졌다. 여자는 사라져 보이지 않았다.

모숭사가 어기적어기적 서재로 돌아와 보니 그 여자가 그의 침상 위에 있었다. 온몸에 병사 복장을 했으며 손에는 대도를 들고 있었다. 용모는 매우 예뻤지만 불러도 대답하지 않았으며 쫓아도 떠나가지 않았다. 모숭사가 사람을 불러서 그녀를 보게 했으나 다른 사람은 모두 볼 수 없었다. 마침내 모숭사는 병들어 입으로 허튼소리를 뱉었다.

"나는 명대 왕 장군의 소첩인데 장기간 제사를 받지 못했어요. 그래서 아들을 보내 먹을 것을 가져오게 했는데, 당신은 도리어 검으로 그에게 상처를 입혔죠. 내가 친히 사죄했는데도 당신은 화장실에서 쪼그려 앉아 나를 모욕했어요. 그래서 내가 당신 목숨을 가지러 왔어요."

모숭사와 함께 사는 사람이 모두 와서 그를 위해 애원하며 기도했다. 그러자 그 여자가 말했다.

"만일 의복과 거마를 준비하여 나를 고향으로 보내줄 수 있다면 당신을 용서할 것이오."

사람들이 그녀의 말대로 하자 모숭사가 깨어나 죽을 먹었다. 오래지 않아 그 여자가 다시 와서 말했다.

"저는 당신들에게 속았어요. 의복의 옷깃과 소매를 아직 재봉하지 않았으니 제가 어찌 입을 수 있겠어요? 빨리 재봉사를 불러 잘 처리하세요."

사람들이 더욱 놀라며 보냈던 의복을 살펴보니 과연 마름질도 하지 않았다. 사람을 불러 의복을 정리하여 다시금 여자에게 사죄했다. 그러자 마침내 모숭사의 병이 나았다.

3년 뒤 모숭사는 진사에 합격하여 하남 급현 지현에 임명되었다. 그가 개봉을 지날 때 한 여관에서 묵었다. 여관 서쪽에 측실이 있는데 단단히 잠겨 있었다. 모숭사가 이상하게 생각하며 창틈으로 훔쳐보았더니 붉게 칠한 관이 방 중간에 놓여 있고 위에는 몇 치 두께의 먼지가 쌓였으며 관 위에는 '왕 장군 망첩 장 씨王將軍亡妾張氏'라고 쓰여 있었다. 모승사는 매우 놀라고 후회가 되어 가슴이 답답하고 즐겁지 않았다.

황혼 무렵 그 여자가 과연 왔는데 지난번과 같이 분장했다. 이어 그녀가 말했다.

"이전에 제가 당신을 다그친 것은 제 잘못입니다. 오늘 당신이 저를 몰래 훔쳐본 것은 저의 연분입니다. 저는 이곳에서 수십 년 동안 다른 사람을 골라 저를 대신해야 합니다. 그러지 않으면 저승을 떠날 수 없어요. 그래서 오늘 밤 제가 그대를 모시러 온 겁니다."

모승사는 무척 놀라 밤새 마부에게 말을 몰게 하여 성에 돌아와 이 일을 개봉 동료에게 알리고 도사를 불러다 이 여자 귀신을 물리쳐달라고 간청했다. 개봉 지부는 모승사를 머물게 하여 술을 권하며 날 샐 때까지 마셨다.

이튿날 새벽에 개봉 지부가 모승사와 함께 여관에 와보니 한 서동이 침상 기둥에 목매달아 죽어 있었다. 개봉 지부는 분노하여 관을 열라고 명령했다. 그 안의 시체는 색채가 선명한 의복을 걸친 상태였다. 시체는 비록 굳었지만 아직 썩지는 않았다. 지부가 시체를 태우라 명했는데 그 후 별다른 현상이 발생하지 않았다.

수레를 멘 선학

仙鶴扛車

방기정方綺亭[17] 지현이 강서 모 현의 지현으로 지낼 때 그의 동료 곽郭 씨는 사천 사람이었다. 곽 씨가 젊었을 때 아미산峨嵋山[18]에 올라 세상사를 버리고 도술을 배우고 싶다고 말했다. 산에서 그는 한 노인을 만났는데 수염이 길고 용모가 청수하며 머리에 우건羽巾을 쓰고 가볍게 그를 인솔하여 앞으로 갔다. 도착하니 궁궐이 으리으리하고 우뚝 솟아 제왕의 거처 같았다. 이어 노인이 그에게 말했다.

"자네가 도를 배우려면 반드시 대왕의 명령이 있어야 하오. 대왕님이 외출해서 아직 돌아오지 않으셨으니 잠시 기다리시오."

오래지 않아 선악仙樂이 울리고 소리가 크고 시끄러웠으며 특이한 향기가 코를 찔렀다. 이때 선학 두 마리가 수정으로 만든 수레를 메고 왔는데, 수레에 앉은 대왕은 인간 세상에서 그린 향해아香孩兒[19]

17 방구의方求義는 자가 기정이며 안휘성 동성 사람이다. 옹정 7년(1729)에 공생貢生이 되었으며 강서 용남 지현龍南知縣을 지냈다. 후에 고향으로 돌아와 76세에 사망했는데 유대괴劉大櫆(1698~1779)가 그의 전기를, 원매가 그의 묘지명을 썼다.

18 쓰촨성 러산시樂山市 어메이산시峨眉山市 경내에 있는 중국 4대 불교 명산의 하나.

같았다. 몸엔 붉은 배두렁이를 걸치고 옥처럼 하얗고 입을 벌리고 배시시 웃었다. 신장은 한 자에 지나지 않았는데 여러 신이 모두 땅에 엎드려 그를 맞이해 궁전으로 모셔갔다.

노인이 대왕에게 보고했다.

"진심으로 도를 배우고자 하는 곽 씨가 뵙고자 합니다."

대왕은 곽 씨를 궁전에 들이도록 명령하고 그를 장시간 훑어본 다음 말했다.

"너는 신선의 재목이 되지 못한다. 빨리 인간 세상으로 보내도록 하라."

이에 노인이 곽 씨를 끼고 궁전에서 내려가자 곽 씨가 물었다.

"대왕님은 어째서 나이가 어리지요?"

노인이 웃으며 말했다.

"신선, 성현, 부처가 된 사람은 그의 수련이 성공한 뒤에 모두 영아의 모습으로 변한답니다. 당신은 공자가 유동儒童 보살이란 말을 못 들었어요? 맹자도 '성인은 적자의 마음을 잃을 수 없다大人者, 不失其赤子之心'[20]고 말씀하셨지요. 우리 대왕님은 이미 5만 세이십니다."

곽 씨는 하는 수 없이 산에서 내려와 집으로 돌아왔다. 그는 아직도 궁전 문밖에 걸린 대련을 기억하는데 붉은 글씨로 쓰여 있었다.

---

19 송 태조 조광윤趙匡胤(927~976)의 출생지 하남 낙양에 있는 협마영夾馬營을 향해아영香孩兒營이라 부른다. 조광윤이 태어났을 당시 이곳 병영에서 3일 동안 향기가 났다고 하여 붙은 이름이다. 여기에선 조광윤을 지칭한다.

20 이 구절은 『맹자』「이루 하離婁下」 편에 나온다.

태생, 난생, 습생, 화생 등 끊임없이 출생하고 胎生卵生, 濕生化生, 生生不已

천도, 지도, 인도, 귀도 등 각 도마다 무궁토다 天道地道, 人道鬼道, 道道無窮

紅花洞

홍화동

율수 지현 조강曹江은 처음에 사천에서 관리를 지냈다. 어느 해 여름 대낮에 꿈을 꾸다가 두 하급 관리가 말을 끌고 와서 그를 초청했다. 조강이 그와 함께 길을 나서 20리쯤 가니 또 한 사람이 준마를 타고 왔는데 군관 차림에 손에는 전령을 들고 큰 소리로 외쳤다.

"상제의 명령을 받들어 번거롭겠지만 선생께서 동굴 안의 죄수를 점검하여 석방하라니 사양하지 마시길 바랍니다."

조강은 매우 놀랐으나 그 까닭을 알지 못했다. 다시 앞으로 2, 3리 가서 깊은 산에 이르렀는데 '홍화동紅花洞'이라는 동굴이 나타났다. 동굴 앞에는 석문 두 개가 있고 굳게 닫혀 있었다. 동굴 입구에 문서를 주관하는 7, 8명의 관리가 공문서와 인명부를 들고 길 왼쪽에 무릎을 꿇고서 조강을 맞았다. 군관은 전령을 조강에게 건네주고 당부하며 말했다.

"인명부에 따라 점검하여 석방하세요."

말을 마치고 군관은 말을 타고 떠났다.

조강이 자리에 앉으니 한 관리가 다가와 보고하며 동굴 문을 열어주길 청했다. 이 관리가 동굴을 향해 세 번 '문을 열라'고 외치니 그 부르는 소리를 따라 음산한 기운이 동굴 안에서 불어와 모골을 송연하게 만들었다. 오래지 않아 수천 명의 여자 귀신은 봉두난발에 온 얼굴은 진흙투성이였으며 동굴에서 분분히 솟아나와 구슬프게 우는지라 매우 처참했고 그것을 말로 형용할 수 없었다. 관리가 인명부의 명단을 부르고 아울러 형틀을 풀어주고는 그들을 남쪽으로 몰아냈다. 여러 귀신은 동굴 입구에서 머뭇거렸는데 마치 부득이해서 떠나는 모습이었다. 제일 뒤에 가던 세 여자 귀신이 조강에게 애걸하며 그녀들을 석방시켜주지 말라고 부탁했다. 조강은 상제의 명령을 받들어 일을 처리하는지라 아무 힘이 없기에 거절했다. 그러자 세 여자 귀신이 화내며 욕을 했다.

"20년 뒤에 당신에게 복수할 것이오."

죄수를 모두 석방하고 나자 이전의 군관이 다시 와서 하급 관리에게 당부하며 말했다.

"조공이 고생하셨으니 너희는 반드시 집까지 전송해드려야 하느니라."

이에 하급 관리는 여전히 말을 태워 조강을 전송했다. 가는 도중에 큰 강을 지나 물을 건널 때 갑자기 말이 앞다리를 헛짚어 조강은 말에서 떨어졌다.

조강이 놀라 깨어난 뒤 보니 가족들이 자기를 둘러싸고 울고 있었다. 이때에야 자기가 하루 동안 죽어 있음을 알게 되었다. 하지만 그는 마음속으로 꿈속의 일을 감추고 다른 사람에게 알리지 않았다.

20년이 지나 그의 큰아들 며느리가 난산으로 죽었다. 1년도 안 되어 둘째 며느리도 난산할 때 병들었는데 갑자기 잠꼬대를 하며 시어머니를 앞으로 불러 말했다.

"홍화동의 일이 폭로되었어요. 제 집도 이미 정해졌으니 이 씨 성을 가진 사람과 이웃하게 될 거예요."

그녀가 웃고는 시동생을 가리키며 말했다.

"제 다음은 도련님 차례예요. 증오스럽게도 시아버지가 당시 전령을 보냈는데 본래 인정으로 기꺼이 한 일인데 왜 받으려고 하지 않으셨나요?"

말을 마치고 그녀가 눈을 흘겨보며 크게 소리쳤다. 피가 온 얼굴에 가득하고 복강에서 창자가 썩어 흘러내려 그녀는 죽었다.

시어머니와 세 아들이 급히 달려가 조강에게 알렸다. 조강은 이 말을 듣고 크게 놀라 이전의 그 꿈이 생각났다. 그는 여태까지 이 일을 다른 사람에게 알리지 않았는데, 둘째 며느리가 어떻게 알았는지 모른다. 조 씨 가족은 둘째 며느리를 입관한 뒤 관을 옛 사당에 놓았다. 사당 안에는 원래 붉은 칠을 한 관이 있었다. 물어보니 어느 집 처 이 씨의 관이었다.

나중에 조강은 셋째 아들의 며느리를 들였는데 셋째 며느리도 아이를 낳다가 죽었다. 조 씨의 세 며느리는 나이가 각기 달라도 그녀들이 출생한 시간은 모두 조강이 꿈을 꾸었던 시간과 거의 같았다. 이후 조강 아들의 첩들이 아이를 낳았지만 모두 무탈했다.

여자를 잡아간 대모인

大毛人攫女

서북 지구 여성은 소변볼 때 대부분 요강을 사용하지 않는다. 섬서 함녕현咸寧縣 시골의 조趙 씨 부인은 이십 세가 넘었으며 피부가 뽀얗고 미모가 있었다. 한여름 달밤에 조 씨 부인이 상의를 벗은 채 들로 소변을 보러 나갔는데 오래도록 돌아오지 않았다. 남편은 담장 기와에서 부스럭거리는 소리를 듣고 심중으로 의심이 들어 밖으로 나가보았더니, 그의 아내가 알몸으로 담을 기어오르는데 두 다리는 담장 밖에 있고 두 손은 담장에 걸려 있었다. 조 씨가 급히 달려가 아내를 껴안아도 아내는 아무 소리도 낼 수 없었다. 조 씨가 그녀의 입을 벌려 모래덩이를 꺼내자 비로소 말을 할 수 있었다.

"제가 집 밖을 나가 소변을 보려고 막 바지를 내리다가 보니 담장 밖에 커다란 모인毛人이 있었는데, 눈에서는 번쩍번쩍 빛이 나고 손으로 저를 부르더군요. 제가 급히 도망가자, 모인은 담장 밖에서 큰 손을 뻗어 제 머리채를 잡아 담장으로 끌어올리고 진흙으로 제 입을 틀어막고 저를 바깥으로 끌어내리려고 했어요. 제가 두 손으로 담장을 꼭 부여잡았으나 힘이 달렸는데 다행히 당신이 신속히 달려와 구해주었어요."

조 씨가 고개를 돌려 담장 밖을 내다보니 과연 커다란 모인이 있었다. 원숭이 같기도 한 것이 담장 밑에 쪼그리고 앉았는데 두 손은 아내의 발을 붙잡고 놔두지 않았다. 조 씨는 힘껏 아내의 몸을 껴안고 모인과 싸우기 시작했다. 그러나 그의 힘이 모인에게 달려 큰 소리로 이웃을 불렀다. 하지만 이웃은 멀리 떨어져 있어 구원의 소리를 듣지 못했다. 조 씨는 급히 집으로 달려가 칼을 가져와 칼로 모인의 손을 자르고 아내를 구할 참이었다. 칼을 가져오자 아내는 이미 모인에 의해 담장 밖으로 끌려 나가버렸다. 조 씨가 문을 열고 급히 쫓아갔다. 이때 이웃들도 일제히 도착했다. 모인은 아내를 끼고 바람처럼 달려갔는데 아내의 살려달라는 목소리가 무척 처참했다. 사람들이 20리 넘게 쫓았으나 결국 잡지 못했다.

이튿날 아침에 사람들이 모인이 남겨놓은 발자국을 따라 찾아가 보니, 아내는 큰 나무 중간에서 죽어 있었다. 그녀의 사지는 모두 큰 등나무 줄기에 감겨 묶여 있었고, 입술에는 큰 이빨로 문 자국이 있었다. 음부는 찢어졌고 뼈도 보였으며 혈액 속에 하얀 정액이 있었는데, 대략 한 말 정도가 땅으로 흘렀다. 온 마을 사람들은 매우 슬퍼하며 관청에 보고했다. 관리들도 눈물을 흘리며 조 씨 아내를 위해 융숭하게 장례를 치러주고 아울러 사냥꾼을 소집하여 모인을 잡게 했지만 끝내 잡지 못했다.

돌아오지 않은 오생

吳生不歸

회계현會稽縣에서 동쪽으로 40리 떨어진 곳에 장루長漊라는 곳이 있다. 그곳에 사는 오吳 씨 성을 가진 서생은 18세로 잘생기고 풍채가 출중했다. 하루는 그가 집에서 공부하다가 갑자기 행방불명되었다. 3일이 지나서 그가 돌아와 말했다.

"그날 제가 서재에 앉아 있다가 아름다운 여자가 옥상에서 내려와 저를 부르기에 그녀와 동행했지요. 그녀를 따라 커다란 저택에 이르렀어요. 실내장식이 매우 화려하고 아름다웠으며 내왕하는 사람 가운데 남자는 한 명도 없었지요. 집 안에 매우 아름다운 미녀가 있었는데 창문에 기대어 저를 흘겨보더군요. 그녀들이 술과 요리를 준비하여 저와 함께 술을 마셨지요. 술을 마신 뒤 두 미녀가 번갈아가며 저와 즐겼지요. 제가 그녀들의 성명을 물으니 웃으며 대답하지 않고 다만 이렇게 말하더군요.

'이곳에서 즐거웠어요. 우리 두 사람은 서방님의 분부를 따를 뿐입니다. 서방님은 마음 놓고 사시면 됩니다.'

며칠 지나 제가 우연히 고향을 떠올리자 한 미녀가 말하더군요.

'서방님께서 고향 생각이 나신다니 서방님 마음이 아프지 않도록 우리가 바래다드릴게요.'

이에 저를 마을 입구까지 전송하여 돌아올 수 있었어요."

이로부터 오생은 정신이 혼미하고 의기소침했다. 그날 정오에 가족이 오생을 위해 오찬을 준비했지만 그는 도리어 이렇게 말했다.

"이건 맛이 너무 없어요. 그녀들의 음식보다 훨씬 못해요."

그날 저녁에 가족이 그의 휘장과 침구를 정돈하는데 그가 말했다.

"이 물건은 정말 볼품이 없어요. 그녀들의 물품보다 화려하지 못해요."

오래지 않아 오생은 다시 사라졌다가 며칠 뒤 되돌아와서는 이전처럼 말을 꺼냈다. 그러나 안색은 점점 검어지고 온몸에서 비린내가 났다. 가족이 스님과 도사를 불러 기도해도 아무런 소용이 없었다.

잠시 뒤 다시 집을 나가 몇 개월 동안 돌아오지 않았다. 오생에게 한 동생이 있는데 하루는 백탑산白塔山을 지나다가 산굴에서 버려진 허리띠를 발견했다. 그는 이것이 형님 것이라 여겨 집으로 가져왔다. 연후에 그는 사람을 데리고 횃불을 들고는 산굴로 들어갔다. 오생은 알몸으로 진흙 속에 엎드려 있는데 성교하는 자세였다. 사람들이 오생을 부축하여 집으로 돌아와 그에게 약과 음식을 먹이자 그제야 깨어나 눈을 크게 뜨고 화를 내며 말했다.

"성교가 아직 끝나지 않아 비단 이불 속에 누워 있는데 왜 저를 이곳으로 데려왔어요?"

친척들이 모두 달려와 그를 지키며 쇠사슬로 묶어두었다. 그리고 부록符籙으로 눌러놓자 오생은 비로소 약간 두려운 줄 알고 다시는 잠들 수 없었다.

저녁에 모두 둥글게 앉아 있는데 갑자기 큰 소리가 들렸다. 번개 같은 광선이 방을 몇 겹으로 두르더니 오생은 누운 자리에서 사라졌다. 쇠사슬은 중간에서 끊어졌고 창문이 닫혔는데도 어떻게 나갔는지 몰랐다.

이튿날 새벽에 사람들이 다시 백탑산 동굴로 가서 찾아보았지만 아무것도 찾지 못했다. 이에 사방의 주민들이 동굴에 요괴가 있다고 전파하는 바람에 매일 이곳에 찾아오는 사람이 1000명도 넘었다. 현령 이공은 일이 생길까 걱정하면서 친히 가서 수사했지만 아무런 수확도 없었다. 이에 돌로 동굴 문을 막아버렸다. 이로부터 보러 오는 사람은 없었지만, 오생은 끝내 돌아오지 않았다.

狐仙冒充觀音三年

3년 동안 관음보살을 사칭한 호선

항주에 주周 씨 성을 가진 서생은 장 천사張天師를 따라 보정현保定縣의 여관을 지나다가 보니 미모의 부인이 계단 아래에 무릎을 꿇고 무엇을 비는 것 같았다. 주생이 장 천사에게 물으니 장 천사가 이렇게 대답했다.

"저 사람은 호선狐仙이야. 그녀가 인간의 제사를 받을 수 있도록 내게 부탁했단다."

"왜 허락하지 않으세요?"

"그녀는 수련한 지 오래라 영기가 있단다. 그녀가 인간의 제사를 누린다면 세도를 부리며 인간 세상에서 못된 짓을 할까봐 걱정되기 때문이야."

주생이 이 미모의 여인을 좋아하여 그녀를 대신하여 장 천사에게 간청하자 그가 말했다.

"너의 인정을 내가 거절하기 어렵구나. 하지만 그녀는 3년 동안만 인간의 제사를 받을 수 있을 뿐 그 기한을 넘길 수 없다."

장 천사는 법관[21]에게 명하여 누런 종이에 지시 사항을 써서 호선에게 넘겨주고 그녀를 내보냈다.

3년 뒤 주생은 시험에서 낙방하여 경성에서 나와 소주를 지나다가 상방산上方山[22] 사당의 관음보살이 매우 영험하단 말을 듣고 가서 기도하기로 했다. 산 아래에 이르자 함께 기도하러 가는 사람이 주생에게 가마에서 내려 걸어가라며 말했다.

"이 산의 관음보살은 매우 영험하오. 가마를 타고 산에 올라가는 사람은 반드시 도중에 떨어질 게요."

주생은 이를 믿지 않고 가마를 타고 산에 오르는데 몇십 보도 못 가서 가마의 멜대가 과연 부러졌다. 주생은 땅에 떨어졌지만 다행히 상처를 입지 않았다. 그는 가마에서 내려 걸어갔다.

사당에 들어서자 주생은 이곳의 향불이 매우 왕성한 것을 보았다. 이른바 관음보살은 비단 장막에 앉아 있었으며 사람들이 볼 수 없었다. 주생이 그 이유를 사당의 스님에게 묻자, 그 스님이 대답했다.

"관음보살의 소상이 너무 아름다워요. 아마 관음보살을 보면 사악한 생각이 들까봐 비단 장막으로 가렸지요."

주생이 꼭 보고 싶은 마음에 비단 장막을 여니 그 관음보살은 너무나 요염하여 여느 지방의 관음보살과는 차원이 달랐다. 주생이 자세히 살펴보니 눈에 익은 것처럼 느껴졌다. 잠시 뒤 그는 비로소 알게 되었다. 이 관음보살은 바로 전에 여관에서 만났던 그 부인이었다.

---

21 옛날에 직위가 있는 도사를 말한다.

22 쑤저우시 후추구虎丘區에 있으며 치쯔산七子山의 동북 지맥이다. 1992년에 국가 삼림공원으로 지정되었다.

주생은 대로하여 소상을 가리키며 욕을 퍼부었다.

"이전에 너는 내게 사정하여 인간의 제사를 누릴 수 있었다. 그런데 너는 나의 은혜에 감사할 줄 모르고 감히 내 가마를 파손시키다니, 너무나 양심이 없구나. 게다가 장 천사는 네게 3년 동안만 제사를 누리게 했는데, 지금은 이미 기한이 지났다. 넌 이곳에 죽치고 앉아 떠나려 하지 않으니 결국 이전의 약속을 잊었던 게냐?"

주생의 말이 채 끝나기도 전에 그 관음보살의 소상이 갑자기 땅에 떨어져 부서졌다. 스님은 너무 놀랐으나 어쩔 도리가 없었다. 주생이 떠나가자 스님은 금을 모아 다시 관음 소상을 만들었다. 그러나 그 뒤부턴 두 번 다시 영험하지 않았다.

진 씨 부친의 어린 아들이 장성하다

陳姓父幼子壯

양주 사람 진산농陳山農은 대대로 당나귀 끄는 일을 생업으로 삼았으며 오십 세가 넘었다. 그가 병이 나 병상에 누웠는데 한 소년이 말을 타고 문밖에서 들어와 손바닥으로 목덜미를 치자 그는 혼미해졌다. 소년이 그를 들어 말 위에 놓고 날듯이 문을 나섰다. 진산농이 큰 소리로 외쳤지만 그를 구하러 오는 사람은 아무도 없었다. 교외에 도착해서 소년이 그를 땅에 던지며 말했다.

"빨리 오시오. 제가 먼저 가서 당신을 기다리겠소."

다시 손바닥으로 그의 다리를 친 뒤 말을 타고 달려갔다.

진산농은 마음속으로 불안했지만 두 다리는 자기도 모르게 앞으로 걸었을 뿐 아니라 속도가 나는 듯 빨라졌는데 그다지 피곤한 줄도 몰랐다. 단지 그가 신은 신발이 너무 빨리 해어졌고 해지자 길가에서 신발을 만드는 사람이 그에게 갈아 신으라고 신발을 주었다. 갈아 신은 뒤 그는 계속 길을 재촉했는데 아무도 그에게 묻는 사람도 없었고 그가 다른 사람에게 물어도 대답하지 않았다. 그는 배가 너무 고파서 시장에서 먹을 것을 보고는 집어 먹으려 해도 아무도 제지하지 않았다. 대략 3일 밤낮을 걷는 동안 길가에서 관리의 공적을 칭송하는 비석을 보고 나서야 비로소 섬서 함양성에 당도했음을 알았다.

성문 입구에 이르니 그 소년이 마침 그곳에서 그를 질타하며 말했다.

"왜 이리 늦게 오셨소? 남을 3일 동안 고통에 빠트려놓고."

이어서 진산농을 데리고 성에 들어가 한 인가의 문밖에서 발걸음을 멈췄다. 소년은 들어갔다 다시 나와서 진산농의 옷자락을 끌어 그를 집 안으로 넣었다. 한 여성이 몹시 고통스러운 표정으로 침상에서 데굴데굴 굴렀다. 소년은 진산농의 팔다리를 붙잡아 그 여자의 신체 안으로 집어넣었다. 진산농은 어두침침하여 깊은 동굴 속으로 들어온 듯했다. 코로 냄새를 맡으니 더러운 비린내가 나고 눈으로 빛이라곤 구경할 수 없어 그는 마음속으로 매우 긴장했다.

잠시 후 그는 작은 구멍에서 나오는 빛줄기를 보고 힘써 앞으로 이동하다가 갑자기 떨어졌다. 귓가에는 축하한다는 소리만 들릴 뿐이었다.

"훌륭한 아들을 얻었군요."

진산농은 두렵고도 놀라서 말하고 싶었지만 입은 이미 다물어졌다. 그래도 큰 소리로 외쳐보았다. 그 앞에 남녀들이 가득했지만 아무도 그의 소리를 듣지 못했다. 서서히 진산농이 자신의 소리를 자세히 분석해보니 영아가 내는 소리 같았다. 자신의 귀, 눈과 사지를 다시 만져보고 봐도 모두 작았다. 그는 비로소 깨달았다.

"설마 내가 이 세상에 환생했단 말인가?"

이에 그는 눈을 크게 뜨고 사방을 바라보았다. 이때 한 노파가 말했다.

"이 아이 눈빛이 화염 같으니 요괴가 아닐까? 다시 보면 죽여버리겠어."

진산농은 무서워서 즉각 눈을 감았다. 이로부터 그는 혼미해져 백치가 된 것 같았다. 그러나 그의 가슴에는 애수, 격분과 한탄의 마음이 충만했다. 큰 소리로 외치고 울기 시작하자 옆 사람이 그를 안고 젖을 먹였지만 전혀 그의 뜻을 이해하지 못했다. 점점 시간이 길어지자 그는 습관이 되어 다시 전세의 일을 생각하지 않게 되었다.

그는 6세가 되어서야 점차 말을 할 수 있었다. 그의 부친이 강남에서 장사하다가 귀가하여 비단 한 필을 그의 모친에게 주며 거짓으로 말했다.

"이 물건은 구하기 힘든 건데 강남에선 몇십만 냥 나간다오."

진 씨 모친은 매우 소중히 여겨 비단을 베개 속에 감춰두었다. 진산농은 이따금 비단을 꺼내 가지고 놀았는데 진 씨 모친은 도리어 아버지가 한 말 때문에 가지고 놀지 못하게 했다. 이에 진산농이 웃으며 말했다.

"아버지가 거짓말한 거예요. 이것은 복원濮院[23] 비단이에요. 몇 냥이면 구입할 수 있어요."

부친은 깜짝 놀라 진산농에게 어떻게 이것을 아느냐고 물었다. 진산농이 눈물을 흘리며 상세하게 원인을 설명했다.

"제가 환생할 때 제 아들이 이미 열 살이 넘었는데 지금은 성인이 되었을 겁니다. 그의 이름은 진 아무개이며 어느 마을에 살고 있어요. 아버지가 강남 가실 때 한번 물어봐주세요."

부친은 고개를 끄덕이며 승낙했다.

이듬해 부친은 양주에 갔다가 과연 진산농 전생의 아들을 찾았으며 이러한 사정을 진 씨 아들에게 알렸다. 아들도 장사하는 까닭으로 기뻐하며 그를 따라 함양에 왔다. 진산농은 친아들을 만나고도 전혀 알아보지 못했다. 아들 진 씨는 이미 수염이 났으며 부친 진산농은 아직도 아기였다. 이어 진산농이 일생의 집안일을 서술했다.

"아무개가 내게 진 빚을 아직도 갚지 않았어. 모처에 저축한 은 300냥이 있는데 네 혼사를 위해 저축한 거야. 네가 돌아가거든 찾아오너라."

말을 마치고 진산농은 탄식했다. 진산농의 아들도 슬픔을 이기지 못하고 돌아가 찾아보니 진산농의 말은 과연 진짜였다.

10여 년이 지나 진산농은 장성하여 부친의 가업을 이어받았으며 강남에 가서 그의 옛집을 방문했다. 그가 전생에 낳은 아들은 이미 사망했고 집안 형편도 쇠락하여 백발이 성성한 그의 아내만이 손자를 돌보며 지냈다. 진산농은 매우 감개하여 은 300냥을 주어 전생의

---

23 복원진濮院鎭은 저장성 퉁샹시桐鄕市 동쪽에 있다. 복원의 옛 지명은 이허李墟였고 어아御兒라고도 불렀다. 송 건염建炎 이전에는 유호幽湖. 매경梅涇, 복천濮川이라 부르기도 했다. 송 고종高宗이 남도할 때 저작랑著作郎 복봉濮鳳이 부마도위附馬都尉의 신분으로 임안臨安으로 내려왔고 나중에 유호로 이사하면서 마침내 복 씨의 세거지가 되었다. 그의 6세손 복두남濮斗南이 이종理宗 때 이부시랑으로 승진하면서 그의 집 복원을 하사받았다. 이 지명은 바로 여기서 나온 것이다. 송대 이후 복원은 비단 산업으로 발전하기 시작하여 강남의 대진大鎭이 되었으며 문화가 발달하여 송, 원, 명, 청에 걸쳐 진사 26명, 거인 86명을 배출했다.

아내 후사를 처리하게 했다. 그리고 술을 준비하여 본인 전생의 무덤에 뿌리고 떠났다.

吳生手軟

손이 무른 오생

건륭 24년(1759) 5월 풍현豐縣 지현 노세창盧世昌은 읍지를 편수하면서 소주의 서생 오 씨를 불러 베끼게 했다. 오생은 동료와 함께 한 누각에서 기거했다.

하루는 오생이 갑자기 의관을 정제하고 동료와 친구들에게 읍을 하면서 말했다.

"저는 곧 죽을 겁니다. 저의 후사로 여러분이 번거로울 겁니다."

친구들이 그에게 무슨 일인지 묻자 오생은 슬퍼하며 말했다.

"제가 당초 풍현에 올 때 패현沛縣을 지나다가 한 부인을 만났지요. 그녀는 수레에 태워주길 부탁했지만 수레가 너무 작아 요구를 거절했지요. 그 부인은 수레를 따라 20리 길을 걸어오더군요. 저는 마음속으로 놀라서 수레꾼에게 물으니 그들은 부인을 보지 못했다고 말하여 그제야 귀신인 줄 알았죠. 저녁에 제가 여관에 투숙했는데 인적이 드물 때 그 부인이 다가와 내 침상에 앉으며 제게 말하더군요.

'당신과 저는 모두 29세입니다. 우리는 부부의 연을 맺어야 합니다.'

저는 너무 놀라 베개를 그녀에게 던졌더니 소리를 지르고 나서 그 부인이 보이지 않더군요. 이로부터 저는 두 번 다시 그녀의 형체를 보지 못했어요. 다만 귓가에 소곤거리는 말만 들렸는데 나와 부부가 되겠다고 요구했어요. 그리고 나를 글자 쓰는 사람으로 불러들여 싸우며 끝없이 말했지요. 그래서 제가 물었어요.

'어떻게 당신에게 보상해야 떠나실 수 있어요?'

'제게 200전을 주어 마루판에 놓아두면 곧장 떠나겠습니다.'

저는 그녀의 말대로 했지요. 그러나 오래지 않아 돈은 여전히 마루판에 그대로 있고 그 부인은 여전히 당초처럼 저를 괴롭혔으니 제가 어떻게 하겠습니까?"

친구들은 모두 오생을 위로하며 시종 둘을 불러 그를 지키게 했다.

며칠 지나자 누각에서 크게 외치는 소리가 나서 사람들이 급히 올라 보니 오생은 땅에 쓰러져 있었다. 오른쪽 복부가 칼에 찔려 구멍이 나고 창자가 반이나 흘러나왔으며 인후 아래의 식도도 절단되어 있었다. 사람들이 오생을 부축하여 일으켰는데 그는 통증을 조금도 느끼지 못했다. 노 현령이 찾아와 살펴보자 오생은 손을 까불러 노 현령을 앞으로 오게 하더니 원통할 '원冤'자를 써 보였다. 이에 노 현령이 물었다.

"무슨 억울한 일이 있어요?"

"원수를 좋아했어요. 오늘 아침에 그 부인이 저를 핍박하여 제가 죽어야만 비로소 저와 부부가 될 수 있다더군요. 제가 그녀에게 물었죠. '어떻게 죽습니까?' 그녀는 탁자 위의 칼을 가리키며 말하더군요. '이것이 가장 좋아요.' 제가 칼을 들어 오른쪽 복부를 찔러 통증을 참지 못하자 부인이 손으로 문질러주며 말하더군요. '이렇게 하면 소용없어요.' 그녀가 안마해준 곳은 아프지 않았어요. 제가 다시 물었죠. '그럼 저는 어떻게 해야 합니까?' 부인은 그녀의 목을 만지며 자살하는 모습을 지으면서 말하더군요. '이렇게 하면 됩니다.' 제가 다시 칼로 왼쪽 인후를 절단하자 그 부인이 발을 동동 구르고 탄식하며 말하더군요. '이렇게 해도 소용없어요. 고통만 증가할 뿐이죠.' 그녀가 다시 손으로 안마해주니 통증을 느끼지 못했어요. 연후에 그녀는 저의 오른쪽 인후 아래를 가리키며 말했지요. '이곳이야말로 가장 좋은 부위입니다.' 그래서 제가 말했어요. '제 손이 연하여 힘이 없어요. 당신이 찌르세요.' 그 부인은 마침내 머리를 풀어헤치고 머리를 흔들며 칼을 들고 저에게 달려들었어요. 바로 이때 당신들이 누각으로 올라왔는데, 그녀는 누각으로 올라오는 소리를 듣고는 칼을 버리고 도망갔어요."

노 현령은 이 말을 듣고 무척 놀라 의사를 불러 오생의 창자를 배 속으로 넣게 했다. 처음에 오생은 음식을 먹을 수 없었으나 약을 바른 뒤 상처가 아물어 마침내 원래 상태로 회복했다. 그 부인은 두 번 다시 찾아오지 않았다. 그리고 오생은 아직까지 살아 있다.

호조사

狐祖師

염성 어느 마을의 대戴 씨 집에 딸이 있는데 요괴가 몸에 붙어 부적으로 막아도 끝내 요괴를 제압할 수 없었다. 이에 대 씨 집에서 마을 북쪽의 관성제묘關聖帝廟에 가서 진상을 알리자, 요괴가 마침내 사라졌다.

오래지 않아 황금 갑옷을 입은 신이 꿈에 나타나 대 씨에게 말했다.

“저는 성제 수하 모 부서의 추鄒 장군입니다. 그저께 당신 집에 나타난 요괴는 호정狐精인데 제가 이미 참수했어요. 그의 동료가 내일 복수하러 오겠다고 했는데, 그 시간에 당신도 성제묘에 가 황금 북을 쳐서 저를 도와주세요.”

이튿날 대 씨 가족이 많은 이웃을 불러 함께 성제묘로 갔더니 공중에서 황금 갑옷과 전마戰馬 소리가 들려 사람들은 힘껏 징을 울리고 북을 쳤다. 과연 검은 기운이 후두두 하더니 마을 앞뒤로 수많은 여우의 머리가 떨어졌다.

며칠 지나자 대 씨 가족은 다시 꿈에서 추 장군이 하는 말을 들었다.

"제가 여우를 너무 많이 죽여 호조사狐祖師에게 죄를 지었습니다. 호조사가 다시 대제에게 고발했네요. 어느 날 대제께서 성제묘로 와서 이 일을 처리할 겁니다. 그 시간이 되면 여러 어르신께서 저를 구해주시길 부탁드립니다."

사람들은 그 시간에 성제묘로 가서 복도 아래에 무릎을 꿇었다. 한밤중이 되자 한바탕 신선 음악이 울려 퍼졌다. 머리에 면류관을 쓰고 몸에 용포를 걸친 사람이 수레를 타고 유유히 왔으며 시위가 상당히 많았다. 대제 뒤엔 한 도사가 따랐는데 거친 눈썹과 하얀 치아에 두 금자패金字牌에 '호조사'라고 쓰여 있었다. 성제는 매우 공경하는 태도로 사당을 나와 영접했다. 이어 호조사가 말했다.

"이리들이 인간 세상에서 소동을 부린 것은 마땅히 죽을죄다. 하지만 너의 부장이 내 종족을 너무 많이 죽인 것은 가혹하지. 그의 죄는 벗어날 수 없어."

성제는 '예예' 하고 순종했다.

마을 사람들이 모두 복도에서 나와 땅에 무릎 꿇고 하명을 청했다. 이때 주周 씨 성을 가진 수재가 욕을 하며 말했다.

"늙은 여우야, 네 수염이 이렇게 하얗게 되었는데도 제 자손을 내버려두어 인간 세상의 부녀자를 욕보였음에도 도리어 성제에게 사정을 봐달라고 부탁하다니. 호조사가 뭐기에? 마땅히 갈기갈기 찢어 죽여야 한다."

호조사는 웃으면서 화를 내지 않고 조용히 물었다.

"인간이 범한 화간죄和奸罪는 어떻게 처리하지?"

주 수재가 말했다.

"곤장을 치지."

"그것은 알고 있지. 강간은 결코 죽을죄가 아니야. 내 자손은 사람이 아니므로 인간의 부녀를 강간하면 두 배로 징벌해야 마땅하다. 가장 큰 처벌은 군사로 충당시켜 유배 보내는 것이지. 왜 참수당해야 하는가? 하물며 추 장군은 나의 아들을 죽였을 뿐 아니라 나의 수십 명 자손을 참수했는데 이것은 무슨 연유인가?"

주 수재는 미처 대답하지 못했다. 이어 사당 안에서 전해지는 소리를 들었다.

"대제께서 명령하시길, 추 장군은 죄악을 심하게 증오하여 너무 많이 살육했다고 한다. 이 일이 공사임을 고려하여 그도 민중을 위해 해악을 제거한 것이니, 그에게 일 년의 봉록을 벌하여 해주로 보내 관리하도록 하라."

마을 사람들은 일제히 환호성을 지르며 합장하고 공중을 향해 염불하고는 흩어져 떠나갔다.

紂之値殿將軍

주왕의 치전 장군

천태산의 지과智果 스님은 산수 유람을 좋아했다. 한번은 그가 산에서 길을 잃어 큰 동굴에 이르렀다. 안에 도사가 앉았는데 여라, 벽라로 만든 옷을 걸쳤다. 지과 스님이 땅에 꿇어앉아 부탁했다.

"제가 다행히 선인을 만났으니 가르침을 받고 싶습니다."

"저는 신선이 아니라 보통 사람입니다. 그대는 무슨 일로 오셨는지요?"

"제가 산에 들어온 지 며칠 되는데 배가 무척 고프니 제게 운장雲漿[24]을 주십시오."

"잠시 기다리시면 제가 뒷산에 가서 찾아보겠습니다."

그가 나가서 잠시 뒤 물건을 가져왔는데 모양은 굽었고 색깔은 새하얀 색이었다. 그 도사가 그것을 쪼개 자기가 먼저 안에서 나오는 즙을 빤 다음, 남은 것을 지과 스님에게 주며 말했다.

"이것은 천년 묵은 복령입니다."

---

24 신선이 마신다는 술 이름.

그리고 그는 지과 스님더러 앉게 한 다음 물었다.

"악비岳飛 장군은 건재하십니까? 진회秦檜[25]는 죽었어요?"

지과 스님이 말했다.

"그건 송나라 때 일입니다. 조대가 몇 번 바뀌고 수백 년이 지나 지금은 청대입니다."

지과 스님은 『송사』에서 악비에 대해 기록한 전말을 상세히 설명해주었다. 도사가 슬퍼하며 말했다.

"악 장군이 끝내 화를 벗어나지 못했군요."

그리고 마침내 통곡하다가 이어서 말했다.

"저는 주통周通입니다. 악비 장군 수하의 소장이었죠. 그해 진회가 금패金牌를 써서 악 장군을 소환할 때 저는 악 장군에게 재난이 생길 줄 알고 이곳으로 도망했지요. 불로초를 먹었기 때문에 죽지 않았고요. 제 사부는 저더러 동굴에서 나오지 말라더군요. 그러잖으면 죽는다고요. 그대는 빨리 떠나세요. 지체하면 아마도 이르지 못할 겁니다."

지과 스님은 두려워서 그에게 작별을 고하고 동굴을 나왔다. 산길이 매우 구불구불하고 우회하여 그는 온갖 고생을 다 했다. 갑자기 벼랑에 매달린 거인을 봤는데 키는 한 길이 넘고 온몸에 녹색 털로 가득하여 녹색 비단 같았다. 지과 스님이 놀라 돌아와 도사에게 알리자 도사가 말했다.

---

25 진회(1090~1155)는 북송 말, 남송 초의 간신이다. 금나라가 침입하자 진회는 투항했다가 금의 밀사로 귀환했으며 남송 고종의 신임을 얻어 17년 동안 재상을 지냈다. 그리고 중원을 금에 넘기고 투항할 것을 주장했으며 악비 등의 병권을 박탈하고 악비를 살해했다.

"그는 나의 사부 상고商高[26]입니다. 상나라 주왕紂王의 치전値殿 장군이었죠. 그는 비렴飛廉과 악래惡來[27] 두 사람에게 무고당해 이 산으로 피신했어요. 그의 본성은 야수를 잡아먹는 것을 좋아해 그 모습이 사람과는 다릅니다. 그대가 그를 뵙는 김에 상나라의 일을 물어 보시죠."

지과 스님은 본래 우둔하고 질박해서 아무것도 기억하지 못했다. 그 거인을 보고는 땅에 무릎 꿇고 예를 표시한 다음 주왕이 달기妲己[28]를 총애한 일을 물으니 거인이 대답했다.

"틀렸어요. 달妲은 상나라 궁정의 여관女官에 대한 호칭이고, 기己, 무戊는 여관의 배열 순서입니다. 여관은 한 사람이 아닙니다. 그대가 묻는 사람은 어느 비妃인가요?"

지과 스님은 대답할 수 없어 다시 주 문왕이 천명을 받아 국가를 다스린 일에 대해 물었다. 그러자 거인이 말했다.

"저는 문왕이 누군지 몰라요. 서방 제후 희창姬昌[29]을 말합니까? 그

---

26 상고는 서주西周 초기의 수학자다. 주공단周公旦과 같은 시기 사람으로 그가 기원전 1000년에 구고현 정리勾股弦定理의 '구삼勾三, 고사股四, 현오弦五'의 원리를 발견했다. 직각삼각형에서 짧은 변을 '구', 긴 변은 '고', 비스듬한 변을 '현'이라 하는데 피타고라스의 정리보다 500~600년 앞선다고 한다.

27 비렴은 은나라 주왕紂王의 유신諛臣이며 아들 악래와 함께 주왕을 섬기면서 능력을 인정받아 부자가 주왕을 총애를 얻었다. 비렴은 달리기를 잘하고 악래는 힘이 장사였다고 한다.

28 은나라 주왕의 비妃로 주왕과 음란하고 무도한 생활을 하다가 주周 무왕에게 주살되었다.

사람은 주왕을 아주 공경했어요. 결코 왕을 칭하는 일은 없었어요."

이어서 거인이 지과 스님에게 물었다.

"당신이 질문한 일들은 누가 알려준 겁니까?"

"책에서 읽었어요."

"책이 뭐죠?"

지과는 손으로 책을 그리는 시늉을 해서 거인에게 보여줬다. 그러자 거인이 웃으며 말했다.

"저의 시대에는 그런 게 없었어요."

말을 마치고 거인은 팔로 지과를 끌어안고 나는 듯이 떠났다. 그리고 지과를 평지에 내려놓고 손을 모아 작별을 고했다. 지과 스님이 보니 이미 천태현의 교외에 와 있었다.

---

29 희창은 주 문왕을 말한다. 희는 주 왕실의 성이고 창은 문왕의 이름이다. 서백西伯이라 부르기도 한다.

瘧鬼

학질 귀신

상원현上元縣 현령 진제동陳齊東은 젊었을 때 일찍이 장 씨와 태평부太平府[30]의 관제묘에 거주했다. 당시 장 씨는 학질에 걸렸지만 진제동은 여전히 그와 같은 방에 거주했다. 정오에 너무 피곤하여 장 씨 맞은편의 침상에 누워 휴식하고 있었다. 이때 진제동은 방 밖에서 한 어린아이를 보았는데 얼굴 피부는 하얗고 의복, 모자, 신발, 양말이 모두 짙은 청색으로, 머리를 내밀고 장 씨를 쳐다봤다. 처음에 진제동은 이 아이가 사당 사람이라 여겨 그에게 묻지도 않았다. 오래지 않아 장 씨의 학질이 발작하기 시작했다. 그 아이가 사라지니 장 씨의 학질 증세도 그쳤다.

어느 날 진제동이 잠들었다가 갑자기 장 씨가 발광하여 지르는 소리를 들었는데 가래가 샘솟는 듯했다. 진제동이 놀라 깨어나 보니 그 아이는 장 씨의 침상 앞에 서서 손발을 움직여 춤을 추고 웃으며

30 명청 시기의 행정구역으로 안휘성 당도當塗, 무호蕪湖, 번창繁昌 세 현이 포함되었다.

좌우를 돌아보았는데 표정이 득의양양했다. 진제동은 이 아이가 학질 귀신인 줄 알고 곧장 그에게 달려들어 때렸다. (그 아이의 몸에 닿자마자) 두 손이 너무 차가워 참을 수 없을 정도였다. 아이는 뛰어 나가며 계속 소리 질렀다. 진제동이 정원 중간까지 쫓아가니 아이가 보이지 않았다. 장 씨의 학질은 완쾌되었지만 진제동의 손바닥엔 도리어 검은 반점이 생겼는데 담뱃불에 덴 것 같았다. 며칠 지난 뒤 모두 없어졌다.

誤學武松

무송을 잘못 배우다

항주 사람 마관란馬觀瀾 집에서는 일 년 사계절마다 문신門神에게 제사지냈다. 내가 그에게 물었다.

"고대의 예의에 따르면 문신 제사는 다섯 제사 가운데 하나였소. 그러나 지금 이 제사는 장시간 시행하지 않았어요. 그런데 당신 집에서만 거행하니 무슨 까닭이오?"

이에 마관란이 말했다.

"우리 집 하인 진공조陳公祚는 음주를 좋아하여 밤마다 얼근하게 취해서야 돌아와 대문을 두드립니다. 어느 날 문밖에서 시끄러운 소리가 나서 나갔더니 진공조가 땅에 쓰러진 채 말하는 거예요. '제가 돌아올 때 문밖에서 일남일녀를 보았는데 모두 머리가 없고 그들이 손에 들고 있었어요. 여자가 말하더군요. '나는 네 형수다. 내가 음란했던 것은 사실이고 내 남편이 날 죽이려 했던 것도 당연한 일이다. 네가 시동생이 되어서 나를 죽여서는 안 되었다. 남편이 날 죽일 때 마음 약해서 손을 쓰지 못하고 이를 부들부들 떨었으며 입도 다물지 못했지. 그런데 너는 칼을 빼앗아 그 대신에 나를 죽였어. 그것이

네가 해야 할 짓인가? 내가 너를 찾아올 때마다 네 주인집의 문신에게 제지당했지. 그래서 나는 오늘 문밖에서 너를 기다린 것이다.' 이에 그녀는 크게 울면서 침을 제 얼굴에 뱉었지요. 그 남자 귀신은 머리를 내 몸에 던져 저를 땅에 쓰러트렸어요. 두 귀신은 인기척을 듣고서야 떠났어요.' 마馬 씨 등 여러 가족이 진공조를 침상으로 부축하여 놓으니 진 씨가 다시 중얼거리더군요. '제가 젊었을 때 그런 일을 한 적이 있습니다. 당시 제가 소설을 보고 있었는데 무송武松[31]의 사람됨을 앙모했지만 도리어 이렇게 억울한 일을 당할 줄은 꿈에도 생각지 못했습니다.' 어떤 사람이 진공조에게 알리더군요. '소설에 쓴 것은 모두 진실한 일이 아닙니다. 어찌하여 함부로 배울 수 있단 말입니까? 게다가 무송이 형수를 죽인 것은 형수가 그의 형을 죽였기 때문입니다. 만일 일반적인 간통이라면 왕법에 따라 장형杖刑에 처할 수 있을 뿐입니다. 당신은 어찌해서 형 대신 형수를 죽였단 말입니까?' 이 말이 채 끝나기도 전에 진공조가 눈을 뜨고 여인의 목소리로 말했어요. '정의는 물론 인간의 마음속에 있지요. 어찌할 것인가! 어찌할 것인가!' 진공조는 말하는 그 사람에게 세 번 고개를 조아리고는 죽었어요."

마 씨는 귀신이 이 말을 한 적이 있기 때문에 문신에게 무척 공경스럽게 제사지내며 아울러 대대로 전해진다고 한다.

---

31 시내암施耐庵의 고전 명저 『수호전水滸傳』에 나오는 인물로 영웅호걸의 전형이다.

孛星女身

혜성은 여자의 몸이다

산동의 시施 씨 성을 가진 도사는 날을 개게 하고 비가 내리게 하는 데 뛰어났다. 건륭 12년(1747) 산동성에 극심한 한재가 발생했다. 순무 준태準泰가 기우에 실패하자 도사를 잡아와 그를 핍박하며 기우제를 지내게 했다. 그러자 도사가 말했다.

"기우제를 지낸다고 비가 내리는 것이 아닙니다. 반드시 혜성이 떨어지는 날을 기다려 공께서는 비단 이불과 은 100냥을 내놓으시고, 제게 수명 10년을 줄여주시면 비를 내리게 할 수 있어요."

순무는 도사의 말을 따라 거행했다.

그날이 되자 도사는 신단에 올라 동자를 앞으로 불러 손을 내밀게 하고 아울러 그의 손바닥에 세 개의 도부道符를 그리고 다음과 같이 당부했다.

"네가 모처의 들판에 가서 흰옷 입은 부인을 보거든 이 도부를 던져라. 그녀가 반드시 너를 쫓아올 터이니 그때 두 번째 도부를 던져라. 그래도 너를 쫓아오거든 세 번째 도부를 던져라. 그런 다음 신속히 돌아와 신단에 올라 숨으면 되느니라."

동자가 명을 받고 떠났는데 과연 흰옷의 부인을 보았다. 동자는 도사의 말대로 첫 번째 도부를 던졌다. 부인이 대로하여 치마를 버리고 동자를 쫓아왔다. 동자가 다시 두 번째 도부를 던지니 그 부인은 더욱 화를 내며 상의를 벗고 두 유방을 드러내놓고는 쫓아왔다. 동자가 또 세 번째 도부를 던졌다. 갑자기 벼락같은 소리가 나더니 그 부인은 내의를 전부 벗고 전라로 미친 듯이 동자를 쫓아왔다. 동자가 급히 신단으로 뛰어 들어오자 그 부인도 뒤쫓아왔다.

도사가 그 모습을 보더니 영패令牌를 치고는 큰 소리로 외쳤다.

"비, 비, 비!"

그 부인이 신단 아래에 누우니 운기雲氣가 그녀의 음부에서 쏟아져 나와 하늘을 가렸다. 이어서 비가 5일 동안 그치지 않았다.

도사가 비단 이불로 부인의 몸을 덮어주자 부인이 점차 깨어났다. 그녀가 화를 내며 부끄러운 듯이 말했다.

"나는 아무개 집의 부인이거늘 어찌하여 나체로 이곳에 누워 있단 말이오?"

순무는 그녀에게 의복을 마련해 입게 한 다음 노파를 보내 데려다주게 했으며 아울러 은 100냥을 보내 그녀의 집에 감사드리게 했다.

이후 순무가 도사에게 어찌된 일인지 물으니 도사가 말했다.

"혜성은 여자의 몸입니다. 게다가 본성이 음탕하여 구름을 끼게 하고 비를 내릴 수 있어요. 하늘에 있는 혜성 역시 전라인데 오로지 북두신에게 절하는 그날이 되기만 하면 비로소 옷을 입지요. 이날 그녀가 하늘에서 들판에 내려왔기에 제가 부적을 써서 그 부인 몸에 넣어 그녀로 하여금 혜성을 대신하여 이곳에 오게 한 것입니다.

그리고 그녀를 격노시켜야만 우레와 비를 일제히 내리게 할 수 있지요. 그러나 이 방법을 쓰는 것은 너무나 악독한 짓입니다. 저는 반드시 이 때문에 보응을 받을 거예요."

몇 년 지나지 않아 시 도사는 갑자기 사망했다.

구부분

九夫墳

구용현의 남문 밖에 구부분九夫墳이 있다. 전하는 말에 따르면, 이전에 무척 예쁘게 생긴 부인이 있었다고 한다. 그녀 남편이 사망하고 아들 하나를 두었는데 집안이 매우 부유했다. 이에 그녀는 다시 남편을 얻어 아들 하나를 더 낳았다. 두 번째 남편이 또 죽자 첫 번째 남편의 무덤 옆에 안장했다. 나중에 그녀는 또다시 남편을 얻었지만 세 번째 남편도 이전의 남편처럼 죽었다. 이렇게 하여 그녀는 모두 아홉 명의 남편에게 시집가서 아들 아홉을 두었다. 그로써 남편 아홉 명의 무덤이 둥근 원을 이루게 되었다. 이 여인이 죽은 뒤 아홉 개 무덤의 중간에 안장되었다. 매일 해가 질 때마다 그 묘지에서는 음산한 바람이 불었다. 밤이 되기만 하면 고함지르며 싸우는 소리가 들렸는데, 마치 서로 질투하며 이 여인을 빼앗는 것 같았다.

길 가던 사람은 이곳을 감히 지날 수 없었으며 인근 마을 사람들도 불안하게 생각하여 함께 가서 현령 조천작趙天爵에게 보고했다. 조 현령이 이 사람들을 따라 그 묘지에 와서 의장기를 배열하고 하급 관리에게 명하여 큰 몽둥이로 각 무덤마다 30대를 때리게 했다.

이로부터 이곳은 조용해졌다.

사기를 친 토지 내내

土地奶奶索詐

호거관虎踞關[32]에 도철유涂徹儒란 명의가 있는데 나와 사이가 좋은 친구다. 그의 며느리 오吳 씨는 거인 오진吳鎮의 누이동생이다.

건륭 병신년(1776) 6월에 오 씨가 밤에 자다가 꿈을 꾸었다. 거리에서 총갑總甲[33] 이 씨를 만났는데 그가 장부를 지니고 탁발하러 다니며 말했다.

"호거관에 장차 화재가 날 겁니다. 연극을 공연하여 자금을 모집하면 불을 끌 수가 있어요."

그 장부 명단을 보니 모두 오 씨가 알고 있는 고향 사람이었다. 오

32 난징시 구러우구鼓樓區 칭량산淸凉山 동쪽에 있으며 남쪽으로는 광저우로廣州路, 북쪽으로는 시장로와 이어진다. 전하는 말에 따르면 제갈량諸葛亮이 이곳을 지나면서 금릉金陵의 지세를 평가하며 "종산은 용이 서린 듯하고 석두산은 범이 웅크린 듯하니 이곳은 제왕이 살 곳이다鍾阜龍蟠, 石頭虎踞, 乃帝王之宅也"라고 말했다. 이 길은 석두산 아래에 있어 석두성을 올라가려면 반드시 지나가야 하는 관문이다. 이에 '호거관'이라 부르게 되었다.

33 송대에 설치된 제도로 주로 사회 치안 유지, 군사 편제, 요역徭役 조직, 상업세 기구 등의 업무를 담당했다.

씨가 주저할 때 한 노부인이 노란 적삼과 붉은 치마를 입고 문밖에서 들어와 오 씨에게 말했다.

"올해 9월 3일 이곳에 화재가 날 겁니다. 그대 집이 제일 먼저 화를 당할 것인데 이는 정해진 것이라 피할 수 없어요. 반드시 지전을 불태우고 희생을 팔아 기도해야만 사람이 다치거나 타 죽지 않을 것입니다."

오 씨는 꿈에서 깨어난 뒤에야 총갑 이 씨가 죽은 것이 생각났다. 이에 오 씨는 이웃집에 돌아다니며 그들의 얽힌 사연을 알리면서 그들에게 물었다.

"이 일대에 노란 적삼을 입은 부인이 있어요?"

이웃들은 모두 없다고 말했다. 오 씨는 마음속으로 경계심을 가지며 지냈다. 오 씨가 토지묘에 가서 기도할 때 토지 내내土地奶奶[34]의 소상이 자신의 꿈에서 본 그 노부인임을 발견하고 매우 당황했다. 여러 이웃도 이 일을 듣고 너무나 놀랐다. 이에 서로 돈을 내어 연희를 하고 제사지내며 기도하는 데 은 수백 냥을 썼다.

9월이 다가오면서 도 씨 가족은 모든 옷상자, 기물을 친척 집으로 옮겨놓고 아울러 9월 1일부터 불을 때어 밥을 짓지 않았다. 9월 3일이 되던 날 인근 이웃들도 전혀 동정이 없었고 화재도 발생하지 않았다. 그리고 도 씨 집은 지금까지 평온무사하다.

---

34 세속에서는 토지신을 토지 공공土地公公, 토지신의 아내를 토지 내내라고 부른다.

권8

닭 울음소리를 들으면 몸이 작아지는 귀신

鬼聞鷄鳴則縮

나의 제자 사마양司馬驤이 율수현의 임林 씨 성을 가진 사람 집에서 가르치고 있었다. 그가 사는 지명은 횡산향橫山鄉인데 무척 외진 곳이다. 당시는 한여름이라서 날씨가 무더웠다. 임 씨네 서청西廳은 널찍하여 그는 제자들과 물을 뿌리고 청소하여 저녁에 납량의 장소로 삼았다. 그는 서적과 짐, 침상을 서청으로 옮겨 이주했다.

이날 저녁에 그는 촛불을 켜놓고 침상에 누웠다. 삼경이 되어 문밖에서 '추추' 하고 소리가 들렸고 문고리가 벗겨졌다. 이때 촛불이 점점 미약해지고 음산한 바람이 불어왔다. 왜소한 귀신이 먼저 들어왔는데 얼굴 표정은 웃는 듯 우는 듯한 표정이었고 땅에서 원을 그리며 뛰어다녔다. 이어서 머리에 사모를 쓰고 몸에 붉은 도포를 걸치고 하얀 수염을 날리는 사람이 흔들거리며 들어오더니 천천히 앞으로 몇 걸음 걸어가 의자에 앉았다. 사마양이 쓴 시문을 뒤적여보더니 연신 고개를 끄덕이는데 그 의미를 이해한다는 뜻이리라. 잠시 후 그 사람이 일어나더니 손으로 왜소한 귀신을 끌고 침상 앞으로 갔다. 사마양도 일어나 앉아 두 귀신과 서로 마주보게 되었다. 갑자기 닭 울음소리가 나자 두 귀신의 몸이 한 자 크기로 축소되었고 촛불도 다시 밝아졌다. 닭이 서너 번 울자 두 귀신도 서너 번 더 축소되는데 갈수록 작아져 점점 귀신 사모紗帽의 두 모자 날개도 땅을 스치며 사라졌다.

이튿날 사마양이 현지인에게 물으니 그가 말했다.

"이 집터는 명대 감찰어사 임 씨 부자의 장지입니다."

집주인이 땅을 파보니 붉게 칠한 관이 발견되었는데 새것처럼 완전했다. 이에 제문을 짓고 제사를 지낸 다음 관을 들어내어 다른 곳에 이장시켰다.

붉은 알을 토한 지네

蜈蚣吐丹

어느 날 나의 외삼촌 장승부章升扶가 온주 안탕산雁蕩山[1]을 지났다. 그때가 정오였는데 그 혼자 산골짜기의 작은 계곡으로 걸어갔다. 그런데 갑자기 동북 방향에서 비린내가 코를 찔렀다. 이무기 한 마리의 크기가 몇 길이나 되는데 허공을 날아다니며 속도가 매우 빨랐고 활시위를 떠난 화살처럼 무엇을 피하려는 듯했다. 그 뒤에 길이가 대여섯 자 되는 자금색紫金色의 지네가 급히 뒤쫓아왔다. 이무기가 계곡물로 뛰어들자 지네는 물속에 들어갈 수 없어 여러 다리를 늘어놓고 '쏴쏴' 소리를 내며 수염과 집게로 수면을 쳤다. 한참 지나 지네가 입에서 선혈 같은 붉은 알을 토해내어 물속에 떨어졌다. 오래지 않아 물이 비등하기 시작하더니 열기가 곧바로 솟아오르자, 이무기는 물속에서 데굴데굴 구르며 곧 죽을 것처럼 수면 위로 떠올랐다. 지네는

---

1 저장성 원저우시 경내에 있는 산으로 '동남제일산東南第一山'으로 일컬어진다. 풍경이 수려하여 사영운謝靈運(385~433), 심괄沈括(1031~1095), 서하객徐霞客(1587~1641), 궈모러郭沫若(1892~1978), 장다첸張大千(1899~1983) 등 역대 문인과 화가들이 시와 그림을 남겼다.

이무기의 머리 위로 날아가 그 골수를 파먹은 다음, 물속에서 붉은 알을 흡입하여 입속에 넣고는 허공으로 올라가버렸다.

뇌신 삼야 雷部三爺

항주 시施 씨가 사는 집은 충청리忠淸里[2]에 있었다. 6월 어느 날 뇌우가 지난 뒤 그가 나무 아래에서 소변을 봤다. 막 바지를 내리다가 괴물을 보았다. 닭발이 나고 뾰족하게 생긴 얼굴 모습으로 나무 아래에 쪼그리고 있었다. 그는 깜짝 놀라 허둥지둥 집으로 돌아왔다.

그날 밤 시 씨가 급병을 얻어 미친 듯이 외쳤다.

"제가 뇌신雷神에게 죄를 지었어요."

가족은 그를 둘러싸고 꿇어앉아 뇌신에게 용서해달라고 기도했다. 이때 환자가 말했다.

"제게 술을 주세요. 양을 잡아 제게 먹여주면 그의 목숨을 살리겠소."

시 씨 가족이 그의 말대로 시행했더니 3일 뒤 시 씨는 완쾌되었다.

---

2 항주 충청리의 원명은 승평항升平巷이며 저수량褚遂良(596~659)의 고향이다. 절강감찰어사浙江監察御史 당봉의唐鳳義가 이곳에 충청리방忠淸里坊을 세우고 이곳을 충청리라고 불렀다. 명대 왕기王琦, 항기項麒의 청렴과 당대 저수량의 충정을 기리기 위해 '충청리'라고 불렀다. 지금의 신화로新華路 왕마항王馬巷에 해당된다.

이날 마침 법사가 항주를 지나갔다. 시 씨는 원래 그와 교분이 있어 이 일을 법사에게 알렸다. 그러자 법사가 웃으며 말했다.

"그놈은 뇌신 수하의 노예입니다. 아명은 아삼阿三이고 오로지 권세만 믿고 남의 술과 밥을 사기 쳐서 먹고 있어요. 진짜 뇌신이라면 그의 기량이 어찌 이럴 수가 있겠소? 지금의 종복 가운데 삼야三爺, 사야四爺라고 불리는 사람이 바로 그들입니다."

귀염둥이 귀신

鬼乖乖

금릉 사람 갈葛 씨는 음주를 좋아하고 사람됨이 호방하여 사람을 보기만 하면 농담하고 희롱했다.

청명절에 그가 네다섯 친구와 함께 우화대雨花臺[3]에 놀러가 보니 우화대 옆에 썩은 관이 놓였고, 안에서 붉은 치마가 노출되었다. 친구들이 갈 씨에게 장난치며 말했다.

"자네가 사람을 만날 때마다 희롱하니, 이 관 속의 사람에게도 희롱할 수 있겠어?"

갈 씨가 웃으며 말했다.

"문제없지."

---

3 난징의 명승지. 난징시 중화문中華門에서 1킬로미터 떨어진 곳에 있다. 지금은 전국중점문물보호단위로 지정되어 있으며 우화각雨花閣, 감로정甘露井, 감로정정甘露井亭, 이충사二忠祠, 건륭어비정乾隆御碑亭, 이걸묘李杰墓, 명태감의회비明太監義會碑, 양방애부심처楊邦乂剖心處, 방효유묘方孝孺墓, 목말정木末亭, 신해혁명인마합총辛亥革命人馬合冢, 목서원木樨苑, 희원曦園, 이원怡苑, 매강梅崗, 우화석박물관雨花石博物館, 장쑤성국가안전교육전람관江蘇省國家安全教育展覽館 등 명승고적과 누대정각관樓臺亭閣館으로 구성되어 있다.

그리고 관 앞으로 가서 손을 흔들며 말했다.

"귀염둥이, 술 한 잔 마셔."

이렇게 몇 번 말하니 사람들은 그의 담력에 감복하면서 웃고는 각자 흩어졌다.

해질녘에 갈 씨가 귀가하다가 배후에 검은 그림자가 따르며 가늘게 말하는 소리를 들었다.

"귀염둥이, 술 한 잔 마셔."

갈 씨는 귀신인 줄 알고는 어떻게 귀신을 피할까 생각하다가 먼저 용기를 냈다. 이에 그는 뒤로 돌아보며 인사했다.

"귀신 귀염둥이, 날 따라와!"

곧장 주막집으로 가서 누각에 올라 술 한 주전자와 두 잔을 시키고 검은 그림자에게 권했다. 옆 사람들은 아무도 보이지 않는지라 갈 씨가 정신병이 있다고 여겼으며 그가 하는 대로 내버려두었다. 오랫동안 마시다가 갈 씨가 모자를 벗어 안석 위에 놓고는 검은 그림자에게 말했다.

"내려가서 소변을 보고 돌아와 너와 함께 마시지."

검은 그림자는 고개를 끄덕여 승낙했다. 갈 씨는 급히 내려와 귀가했다.

주점 종업원은 손님이 잃어버린 모자를 발견하고 몰래 그것을 가져갔다. 그날 밤 그 종업원은 귀신에게 괴롭힘을 당해 입으로 계속 중얼거리다가 날이 밝을 때 목을 매 자살했다. 주막 주인이 웃으며 말했다.

"모자만 알아보고 사람은 알아보지 못했으니, 귀신 귀염둥이는 결코 귀엽지 않군."

鳳凰山崩

봉황산이 무너지다

나와 같이 과거시험에 합격한 심영지沈永之가 운남역도雲南驛道를 맡았을 때 총독 장공璋公[4]의 명령을 받들어 봉황산[5]의 80리 길을 개통하여 묘족苗族의 거주지로 통하는 길을 냈다. 그곳의 산길은 험준하여 한·당 이래로 인적이 닿지 않던 곳이었다. 나무를 벨 때마다 하얀 연기가 나무뿌리에서 솟아나왔는데 흰 비단이 하늘로 올라가는 듯했다. 수레바퀴만 한 두꺼비는 사람을 보자 눈을 크게 뜨고 흘겨보았다. 누가 그를 마주하면 그는 땅에 쓰러졌다. 현지인이 소주를 마시고 취한 김에 웅황으로 코를 막고 손에 큰 도끼를 쥐고 두꺼비를 죽여서 삶아 먹었다. 먹으니 3일 동안이나 배가 고프지 않았다.

하루는 갑자기 짙게 화장한 미녀가 산의 동굴에서 달려 나왔다. 수천 명의 일꾼이 모두 동굴에서 나와 쫓아가보았다. 그러나 노련하

4 성은 악모탁시鄂謨托氏, 이름은 보寶이며 만주양황기인滿洲鑲黃旗人이다. 당시엔 운귀 총독雲貴總督이었다.

5 광시좡족자치구에 있는 산.

고 침착한 사람들만이 흔들리지 않고 여전히 일을 했다. 오래지 않아 봉황산이 붕괴되어 동굴을 나오지 않은 사람들은 모두 압사당했다.

심영지가 내게 이 이야기를 해주고 놀리며 말했다.

"사람이라면 여색을 좋아하지 않을 수 없어. 이것이 바로 그 예 아닌가."

董金甌

동금구

동금구董金甌는 호주의 용사다. 무거운 것을 등에 지고 경성으로 출발하면 10일 만에 도착할 수 있다. 그가 일찍이 남을 대신해서 은 1000냥을 허리에 차고 경성으로 출발했다. 산동 개성묘開成廟를 지나가는데 한 강도가 그를 미행하며 돈을 빼앗으려고 했다. 동금구는 이를 알고 은을 나무 위에 걸고는 말에서 내려 강도와 격투를 벌였다. 강도는 감당할 수 없어 그에게 물었다.

"너의 권법은 누가 전수한 것이냐?"

"승이僧耳[6]지."

"승이의 권법을 이기려면 반드시 내 누이가 와야만 된다. 넌 여기서 누이가 올 때까지 기다릴 수 있느냐?"

동금구가 웃으며 말했다.

"여자를 피하면 대장부가 아니지."

---

6 무당武當 송계파松溪派 내가권內家拳의 창시자 장송계張松溪의 제자로 무림의 고수였다.

이렇게 말하곤 앉아서 기다렸다.

잠시 뒤 아름다운 아가씨가 왔는데 나이는 18, 19세로 생김새가 무척 온화했다. 그녀는 만나자마자 격투하기 시작했다. 오랫동안 싸우다가 아가씨가 말했다.

"그대의 권법은 승이가 전수한 것이 아니라, 분명 다른 사람 것이다."

동금구가 실정을 그녀에게 알리며 말했다.

"나는 처음에 승이에게 권법을 배웠으나, 이후 다시 승이의 사부 왕정남王征南[7]에게 권법을 배웠지."

"그렇다면 우리 집에 가셔서 피차 밥을 먹은 다음 승부를 가리기로 하지요. 가시겠습니까?"

동금구는 자신의 용맹을 믿고 아가씨를 따라 그녀의 집으로 갔다.

그녀의 집에 와보니 그녀의 오빠가 이미 집에 와서 초롱을 달고 오색 천으로 장식해놓았고 아내를 데리고 나와 영접하며 말했다.

"매부가 오셨군."

이렇게 말하고는 붉은 두건을 누이 머리에 씌워주고 동금구와 누이의 혼례 교배례를 강제로 거행하고자 했다. 동금구가 놀라서 그 연유를 물었다. 그러자 오빠가 말했다.

"저의 부친도 남을 위해 경호를 맡았어요. 한번은 제 부친이 길에

---

7 왕정남(1617~1669)은 명말, 청초 저명한 무당파 무림의 고수로 반청복명反清復明 운동에 참여했다. 반청운동이 실패하자 철불사鐵佛寺에 들어가 은거하면서 내가권의 진수를 황종희黃宗羲의 아들 황백가黃百家(1643~1709)에게 전수했다. 왕정남 사후에 황백가가 「왕정남선생전王征南先生傳」을 썼다.

서 승이를 만나 격투를 벌였지만 이기지 못하고 죽었어요. 저와 누이는 부친의 원수를 갚기로 뜻을 세우고 함께 권법을 연마하고 있지요. 승이를 이기는 권법이기만 하면 그를 죽일 수 있어요. 우리는 승이의 사부 왕정남을 찾았지만 찾을 길이 없어서 고민에 빠졌어요. 당신이 왕정남의 제자이니 우리를 데리고 그에게 가서 그의 권법을 배운 다음 부친의 복수를 하고자 합니다."

이에 동금구는 마침내 데릴사위가 되었고 달리 사람을 파견하여 은 1000냥을 가져오게 하여 경성으로 갔다. 이후 동금구의 행방이 어떻게 되었는지는 알 수가 없다.

장 씨 댁 요리사

蔣廚

상주 사람 감찰어사 장용암蔣用庵[8] 댁의 요리사는 이귀李貴다. 어느 날 이귀가 부엌에서 물을 푸다가 갑자기 땅에 쓰러졌다. 장 씨 가족이 무당을 불러 보였더니 그 무당이 말했다.

"이 사람은 저녁에 나갈 때 성황신의 의장대와 부딪혀서 귀신 병졸에 의해 잡혀갔어요. 반드시 소, 양, 돼지와 지전을 놓고 성황묘의 서쪽 복도의 검은 얼굴의 하급 관리에게 기도하면 곧 풀려날 겁니다."

그의 말대로 시행했더니 이귀가 과연 깨어났다. 가족들이 무슨 까닭인지 묻자 이렇게 대답했다.

"제가 막 물을 긷는데 갑자기 무진현의 검은 얼굴의 하급 관리 두 명이 저를 잡아갔어요. 제가 그 주인의 의장대와 부딪혔다면서 저를 아문 밖의 나무에 묶어놓고 나리의 분부가 떨어지기만 기다렸죠. 저

8 장화령蔣和寧은 자가 용암榕盦이고 강소 양호陽湖 사람이며 건륭 17년(1752)에 진사가 되었다. 한림원 서길사, 편수, 무영전武英殿 찬수관纂修官, 호광도 감찰어사湖廣道監察御史 등을 역임하고 장년에 사직한 뒤 고향으로 돌아가 수많은 제자를 양성했다.

는 사실 무슨 까닭인지 몰라요. 오늘 저는 두 하급 관리가 몰래 하는 말을 들었어요.

'이 씨는 이미 효성을 다했으니 그를 돌려보내고 나리께 보고할 필요도 없네.'

그들은 줄을 풀어서 나를 물속에 밀어넣었는데 그 바람에 제가 놀라 깨었어요."

장용암 공은 이 말을 듣고 웃으며 말했다.

"이 상황을 미루어 보면 그들이 사람을 잡아갔을 때 성황은 알지 못했지요. 그들이 사람을 놓아줄 때도 성황은 몰랐죠. 이는 모두 검은 얼굴의 하급 관리가 사기치고 못되게 굴었을 따름입니다. 누가 저승의 관리가 이승의 관리보다 청렴하다고 했는지?"

조조를 보자 만생이라고 칭하다

見曹操稱晚生

강녕 출신의 보결 합격자 왕불王芾이 꿈속에서 고대 복장을 입은 사람을 보았는데, 그를 어느 장소로 불렀다. 그곳에 궁전이 우뚝 솟았고 수비가 무척 삼엄했다. 붉은 두건을 쓴 사람이 군문에서 걸어나와 말했다.

"한나라 승상 조공曹公께서 부르십니다."

왕불은 곧 들어갔다. 그는 가죽 모자를 쓰고 상석에 앉아 있으며 수염과 눈썹이 하얀 사람을 보았다. 왕불은 이 사람이 조조曹操[9]인 줄 알고 마음속으로 긴장하여 어떻게 자기를 소개할 줄 몰랐다. 그래서 머리 숙여 읍을 한 다음 말했다.

"만생晚生 왕 씨가 뵙기를 청합니다."

조조는 그를 옆자리에 앉게 하고는 그에게 말했다.

---

9 조조(155~220)는 자가 맹덕孟德이고 아명이 아만阿瞞이며 패국沛國 초현譙縣(지금의 안후이성 하오저우亳州) 사람이다. 후한 말년의 정치가, 군사가, 문학가, 서예가이며 조위曹魏 정권의 기반을 다진 사람이다. 조조는 서예에도 뛰어났는데 당대의 서예가 장회관張懷瓘은『서단書斷』에서 조조의 장초章草를 '묘품妙品'으로 평가했다.

"듣자니 자네는 서예를 좋아한다던데 해서가 먼저인지, 아니면 초서가 먼저인지 알고 있느냐?"

"해서가 먼저죠."

조조가 고개를 흔들며 말했다.

"아닐세. 초서가 먼저고 나중에 해서가 생겼네. 내가 자네를 부른 원인은 바로 이 이치를 알려주어 자네를 통해 세상 사람에게 전해주기 위해서라네."

말을 마치고 다시 붉은 두건을 쓴 사람을 보내 그를 집으로 바래주도록 했다. 문 입구에 도착하자 왕불은 안에서 고함치는 소리를 들었다. 이에 붉은 두건이 말했다.

"승상 나리가 오색 방망이[10]로 사람을 때립니다."

왕불은 깜짝 놀라 깨었다.

---

10 조조가 만들었다는 형구로 유명하다.

무후가 혜 선생에게 감사를 표하다

武后謝嵇先生

무석 사람 시독학사 혜수지嵇受之[11]는 내가 가르친 제자다. 신축년(1781) 겨울에 그가 나의 수원隨園[12]을 지날 때 내가 그를 불러 술을 마셨다. 술자리에서 역사적 사건을 담론하면서 나는 『자치통감』에 양귀비楊貴妃의 세아洗兒[13]에 관한 기록이 잘못되었다고 극력 비판했다. 그러자 혜수지가 말했다.

"제가 국사국國史局에 있을 때 파견되어 『당감唐鑑』[14]을 편수했는데 저의 관점은 선생의 관점과 부합합니다. 당시 저는 『구당서』에 기재

---

11 이름이 승겸承謙이고 자가 수지, 호가 청헌晴軒이며 무석 사람이다. 건륭 26년(1761)에 진사가 되었으며 한림원 서길사, 편수, 시독을 역임했다.

12 난징 우타이산五臺山 지맥 샤오창산小倉山 일대에 있다. 원래 명말 오응기吳應箕(1594~1645)의 초원焦園이었으며 청대 강희 연간에 강녕직조江寧織造 조인曹寅(1658~1712) 가족의 원림이 되었다. 이후 강녕 직조를 지낸 수혁덕隋赫德에게 넘어갔다. 그래서 이 원림을 '수직조원隋織造園' '수원隋園'이라 부르게 되었다. 건륭 13년(1748)에 원매가 이 원림을 구입하면서 '수원隨園'으로 개명했으며 사후에 이곳에 안장되었다. 강남의 삼대 명원名園 중 하나였으나 태평천국 시기에 수원을 철거하고 개간하면서 농장으로 바뀌었다. 1923년 7월에 진링여자대학 캠퍼스가 이곳 수원으로 이전한 바 있다.

된 무후武后[15]의 음란한 얘기를 대부분 삭제했는데, 동료들은 모두 동의하지 않더군요. 오래지 않아 내가 저녁에 서재에서 자던 중 꿈속에 어린 내시가 와서 말하더군요.

'측천천황 태후께서 혜 선생을 뵙고자 합니다.'

그래서 저는 그를 따라갔죠.

앞에 있는 궁전을 보았는데, 바깥엔 황금 기둥 네 개가 하늘로 치솟고 높이가 몇십 길인데 위에 '천추天樞'란 두 글자가 쓰여 있더군요. 또 한 궁녀가 뭉게구름 같은 머릿결을 빗고 아름다운 놀 같은 수식을 달고 궁전에서 나와 저를 궁전의 서쪽 모퉁이로 데리고 가며 말하더군요.

'혜 선생, 잠시 앉아 계세요. 제가 가서 보고드리겠습니다.'

말을 마치곤 궁전으로 들어갔어요.

궁전 문턱은 너무 높아서 들어가자니 힘이 들었지요. 비단 주렴 속에 면류관을 쓴 사람이 앉아 있더군요. 거리가 워낙 멀어서인지 제가 머리를 들고 보아도 잘 보이지 않았어요. 그리고 기이한 향기가 궁전에서 날아오는데 연꽃의 맑은 향기 같더군요. 그 옆엔 호피 의자

---

13 아이가 태어난 지 사흘째 되는 날 아이의 몸을 씻어주고 잔치를 벌여 축복해주던 일. 『자치통감』 당 현종 천보天寶 10년(751) 조목에 "황제가 후궁들이 즐겁게 웃는 소리를 듣고 그 까닭을 물었다. 곁의 후궁들은 양귀비가 3일에 수양아들 안녹산을 씻겨주었기 때문이라고 대답했다. 황제가 직접 가서 보고는 기뻐하며 양귀비에게 세아금은전을 하사했다上聞後宮歡笑, 問其故, 左右以貴妃三日洗錄兒對. 上自往觀之, 喜, 賜貴妃洗兒金銀錢"라는 내용이 있다.

14 송대 범조우范祖禹(1041~1098)가 편찬한 역사서.

15 당 고종의 황후 무측천武則天(624~705)을 말한다.

가 있었지요. 여기엔 하얀 수염의 노인이 앉아 있는데 손에는 상아 홀을 쥐고 무슨 일인가 보고하고 있었는데, 그 목소리는 크고 낭랑하며 끊이지 않았지만 알아들을 수 없었지요. 면류관을 쓴 사람은 이 노인과 오랫동안 논쟁하는 것처럼 보였어요. 잠시 뒤 크게 웃으며 치아를 보였는데 옥처럼 희더군요. 그러나 그의 얼굴은 면류관에 드리운 구슬에 가려 끝내 똑똑히 보지 못했어요.

오래지 않아 방금 그 궁녀가 나와서 제게 말하더군요.

'오늘은 너무 늦어서 태후가 당신을 볼 시간이 없으니 혜 선생께서는 이제 돌아가시지요. 선생이 이곳에 왕림한 이유는 당신이 『구당서』를 반박하여 수정한 공로에 감사하기 위함입니다. 선생 자신도 이 일을 아마 알고 있을 겁니다.'

말을 마치고 그녀는 옷소매에서 옥 저울을 꺼내면서 말했지요.

'이것은 제가 장안에 있을 때 천하의 인재를 달던 저울입니다. 선생이 장안으로 가시면 그것을 드리도록 하겠습니다.'

저는 그 궁녀가 상관완아上官婉兒[16]임을 알고는 머뭇거리며 읍을 하고 감사를 표했죠. 그 후에 제가 깨어났어요. 이해에 저는 과연 섬서의 독학이란 관직을 받았습니다."

---

16 상관완아(664~710)는 당대 시인 상관의上官儀(608~665)의 손녀로 14세에 입궁하여 무측천의 문서를 관장했다. 중종 때 소용昭容으로 봉해졌고 전국의 시문을 품평했으며 710년 임치왕臨淄王 이융기李隆基(685~762)가 정변을 일으켰을 때 위후韋后(?~710)와 함께 피살되었다.

冒失鬼

덜렁이

관상을 보는 책에서 이렇게 말했다.

"눈동자가 파란 사람은 요괴를 볼 수 있고, 눈동자가 하얀 사람은 귀신을 볼 수 있다."

항주 삼원방三元坊[17] 석패루石牌樓 옆에 심沈 씨 성을 가진 노파가 살고 있었다. 평상시에 귀신을 볼 수 있다는데, 일찍이 이렇게 말한 적이 있다.

"10년 전에 봉두난발 귀신을 봤어요. 패루 위의 석수구石繡球[18]에 숨어 있었는데 손엔 지전을 들고 비표飛鏢로 삼았지요. 지전 묶음은 한 길인데 촘촘히 구슬을 꿴 것 같았어요. 봉두난발 귀신이 패루 아

---

17 남송 때는 수의방修義坊에 속했고 속칭 능초강항菱椒薑巷, 혹은 평안소항平安小巷이라 부르기도 했다. 송대에 이 골목에 도살장과 정육점이 많아 민간에서는 육시항肉市巷이라 불렀다. 명대 순안淳安 사람 상로商輅(1414~1486)가 이곳에서 거주했는데 그는 향시, 회시, 전시에서 연달아 장원으로 합격했다. 항주 지부는 그를 축하하기 위해 그가 거주하던 곳에 '삼원방'이란 석비를 세웠다. '삼원방'은 '연중삼원連中三元'에서 따왔다.

18 수놓은 공 모양의 석조 장식물.

래에서 지나가는 사람을 기다리다가 몰래 지전 묶음을 던져서 행인의 머리를 쳤지요. 맞은 사람은 오한에 걸려 떨고 모발이 직립하여 귀가한 뒤에 병이 났지요. 이때 병자는 반드시 공중에 기도하거나 야외에서 제사를 지내야만 병이 낫습니다. 봉두난발 귀신은 이 재주를 부려 언제나 배불리 먹고 술에 취했지요.

어느 날 몸집이 장대한 남자가 기세등등하게 돈꿰미를 등에 지고 패루 아래로 지나갔어요. 봉두난발 귀신이 지전 다발을 던지자, 이 남자의 머리에서 갑자기 화염이 치솟아 지전 다발을 불태워 하나하나 찢어지고 끊어졌어요. 봉두난발 귀신도 패루에서 떨어져 넘어지고 석수구도 땅에 떨어졌고요. 귀신이 계속 재채기를 하더니 검은 연기로 변하여 흩어졌지요. 돈을 진 그 남자는 이 일이 발생한 것을 전혀 모르더군요. 이로부터 삼원방의 석패루에선 귀신이 나타나지 않았더랍니다."

나의 친구 방자운方子雲은 이 일을 들은 뒤 웃으며 말했다.

"귀신이 되어 사람을 해칠 때도 반드시 풍향을 보는군. 봉두난발 같은 귀신은 세상에서 말하는 덜렁이冒失鬼가 아닐까?"

史宮詹改命

운명을 바꾼 사 태자첨사

태자첨사 사주사史胄斯[19]는 율양 사람이다. 그가 벼슬하기 전에 향시에 응시하러 성에 가다가 남문 밖에서 점술에 정통한 탕湯 도사를 만났다. 사주사가 사주팔자를 도사에게 일러주며 봐달라고 부탁했다. 그러자 도사가 말했다.

"축시생丑時生[20]으로 계산하면 당신은 평생 보통의 수재에 불과하오. 수명은 83세에 이르지요. 인시생寅時生[21]으로 계산하면 삼품관까지 이르고 이번 향시에도 합격할 것이오. 축시생이오, 인시생이오?"

"축시생입니다."

"그렇다면 이번 향시엔 합격하지 못하오."

사주사는 이 말을 듣고는 답답하고 기분이 언짢았다. 그러자 도사가 말했다.

---

19 사주사史胄司의 오기다. 이름은 양鑲이며 주사胄司는 그의 자다. 호가 경암耕巖이고 강희 연간의 진사였다.

20 오전 1시부터 3시까지.

21 오전 3시부터 5시까지.

"운명을 바꿀 수 있다오. 그러나 저승에서는 사람의 수명을 가장 중시하기 때문에 그대가 30년을 덜 살고 싶다면 그대를 인시생으로 바꿀 수 있소."

사주사는 매우 기뻐하며 운명을 고치고 싶었다. 이에 도사가 말했다.

"진정으로 원한다면 내일 아침 일찍 오시오."

이튿날 밤 오경에 사주사가 목욕재계하고 사당에 이르자, 도사는 이미 문을 열어놓고 그를 기다리던 참이었다. 그 도사가 말했다.

"그대는 참으로 신용을 지키는 사람이군요. 하지만 이후에 관직이 높아져도 수명은 짧아질 것이니 후회해선 안 됩니다."

사주사는 승낙하며 향촉을 준비해놓고 하늘을 향해 운명을 바꾸는 사정을 진술했다. 도사는 머리를 헤치고 손에 보검을 들고 입으로 중얼거리며 주문을 외웠다. 한참 지나서 도사는 다시 사주팔자를 써서 사주사에게 건네주었다. 사주사는 귀가하여 그것을 상자 안에 놓아두었다. 이해에 그는 과연 향시와 회시에 연이어 합격했고 관직은 태자첨사에 이르렀다.

사주사는 52세가 되자 관직을 낮추고 수명을 연장하고 싶은 생각이 들었다. 그러나 그는 임기 내에 잘못을 범해본 적이 없어서 이부에 가서 상의하자, 이부 관리가 가소롭게 생각하며 이 일을 믿지 않았다. 이듬해 봄이 되자 사주사는 정신이 더 왕성해졌다. 5월에 사주사가 우연히 작은 병이 들자 황상이 태의를 불러 그를 치료하게 했으나, 뜻밖에도 태의가 약을 잘못 쓰는 바람에 그는 이때부터 일어나지 못했다.

이 일은 사 첨사의 손자 사억당史抑堂[22] 사마司馬가 한 말이다. 그는 나의 친척이다.

22 이름이 혁앙奕昻(1712~1791)이고 자가 힐보頡甫이며 강소성 율양 사람이다. 문연각 대학사 겸 이부상서 사이직史貽直(1682~1763)의 둘째 아들이다. 건륭 13년(1748)에 진사가 되었으며 감숙 포정사, 복건 안찰사, 광동 포정사, 병부좌시랑, 병부시랑을 역임했다.

수염을 심은 고 상국

高相國種鬚

고문단공高文端公[23] 자신의 말에 따르면, 그가 25세 때 산동 사수 현령泗水縣令을 지낼 때 여呂 도사가 그의 관상을 봐줬다고 한다.

"그대는 본래 부귀영화를 누려야 하고 관직은 가장 높은 데까지 올라가야 하나, 수염이 나지 않아 승진할 수가 없소."

이에 고문단공이 아래턱을 어루만지며 말했다.

"뿌리가 없는데 어떻게 수염이 나겠소?"

"제가 수염을 심을 수 있어요."

그날 밤 도사는 고문단공이 깊이 잠들길 기다려 붓에 먹을 묻혀 그의 아래턱에 별처럼 작은 점을 그렸다. 3일 뒤 수염이 나기 시작했다. 하지만 도사가 붓으로 그린 수염은 성긴 100여 올뿐이라서 평생토록 더 이상 많아지지 않았다.

---

23 고진高晉(1707~1778)을 말한다. 성이 고가씨高佳氏, 자가 소덕昭德, 문단이 그의 시호다. 만주양황기인滿洲鑲黃旗人이며 안휘 순무, 태자소부太子少傅, 양강 총독, 강남하도 총독江南河道總督, 문화전대학사를 거쳐 예부상서에 이르렀다.

그해에 고문단공은 빈주지주邠州知州로 올라가고 후에는 다시 총독으로 승급했으며 최후엔 재상을 역임했다.

관화를 말하는 귀신

說官話鬼

하동운사河東運使 오운종吳雲從이 형부낭중을 맡았을 때 공관 밖에서 묘회廟會를 거행했다. 하인의 아내가 어린 공자를 안고 구경하러 나갔다. 어린 공자가 길가에서 소변을 보다가 갑자기 울음을 그치지 않아 그를 안고 귀가했는데 그 까닭을 알 수 없었다.

저녁때가 되자 어린 공자가 북방 말을 하기 시작했다.

"어찌하여 이 아이가 이리 무례하더냐? 오줌을 내 머리에 싸다니! 너를 가만 놔두지 않겠다."

이렇게 밤새 싸웠다. 오공은 화가 나서 이튿날 새벽에 소장을 써서 현지의 성황신 앞에서 불태웠다. 소장에는 "저는 남방 사람입니다. 아무런 까닭도 없이 제 어린 아들이 북방 관화로 말하는 귀신이 붙었어요. 이 귀신이 지독하게 날뛰고 있으니 성황신께서 규명하여 처리해주길 부탁드립니다"라고 쓰여 있었다. 그날 밤 오 씨 집은 평온했다.

3일째 되던 날 밤에 어린 공자는 또 병이 나서 여전히 북방 말을 했다.

"너는 관리에 불과할 뿐인데 결국 이렇게 우리 넷째를 망쳤다. 우리 형제는 오늘 그 대신 복수하려 하니 술 좀 마셔야겠다."

오 부인이 부득이하여 말했다.

"당신에게 술을 드릴 테니 떠들지 마세요."

이에 한 귀신은 다 마셨고 다른 귀신은 더 달라고 요구했으며 아울러 전문前門[24] 밖 양기혈관장楊家血貫腸을 주문하여 안주로 만들어 달라면서 날이 밝을 때까지 시끄럽게 떠들었다. 오공이 앞으로 나아가 어린 아들의 뺨을 때리며 욕했다.

"개같은 놈, 네 혀뿌리가 굳어서 북방 관화를 말하는 게냐? 두 번 다시 말하면 또 때릴 테다."

그러나 때리는 사람은 여전히 때리고, 말하는 사람도 계속 말했다. 오공은 다시 성황신에게 소장을 쓰는 수밖에 없었다.

"북방 관화를 말하는 귀신이 다시 나타났어요. 성황신께서 물리쳐 주시길 바랍니다."

이날 저녁에 오 씨 집에서는 매질하는 소리가 전해졌는데 그 귀신이 말했다.

"때리지 마세요. 우리가 떠나면 되잖아요."

이에 어린 공자의 병이 즉시 나았다.

---

24 정양문正陽門을 속칭 전문, 전문루자前門樓子, 대전문大前門이라고도 부른다. 원명은 여정문麗正門이었고 명·청 시기 북경 내성의 정남문이다. 북경성의 남북 중축선에 놓인 톈안먼 광장 최남단, 마오쩌둥 기념당毛主席紀念堂 남쪽에 있다. 명 성조成祖 영락永樂 17년(1419)부터 축조하기 시작했는데 '경사구문京師九門' 가운데 하나다. 정양문의 성루城樓, 전루箭樓와 옹성甕城이 일체가 된 고대 방어용 건축 양식이다.

뇌공의 송곳을 훔치다

偸雷錐

항주 해아항孩兒巷[25]의 만萬 씨 성을 가진 사람은 부자로 으리으리하고 높은 집에 살았다. 어느 날 뇌공雷公이 요괴를 추격하는 도중 임신부가 사는 방을 지나다가 오염되어 하늘로 올라갈 수가 없어 뜰 안의 높은 나무 꼭대기에서 웅크리고 있었다. 뇌공은 닭 같은 발톱이 났으며 부리는 뾰족하고 손에는 송곳을 쥐고 있었다. 사람들이 처음 봤을 때는 그것이 무엇인지 몰랐다. 그러나 그것이 오랫동안 떠나지 않자 뇌공인 줄 알게 되었다.

만 씨가 가족들에게 장난으로 말했다.

"뇌공 손 안의 송곳을 훔쳐오는 사람에게 은 10냥을 주겠다."

25 해아항은 지금의 항저우시 샤청구下城區 저장성아동보건의원浙江省兒童保健醫院 근처에 있다. 송나라 때는 보화방保和坊 전가항磚街巷이라 불렀다. 이 골목에 흙인형泥孩兒을 파는 점포가 많아서 붙은 이름이다. 송대의 육유陸遊(1125~1210)가 해아항과 산자항山子巷 사이에 거주한 적이 있으며, 명대 만력 연간에 병부시랑 송응창宋應昌(1536~1606)도 해아항에 거주했다. 해아항 98호가 바로 육유가 거주했던 곳으로 지금은 육유기념관으로 개조되었다.

하인들은 입을 다물고 다들 못 하겠다고 말했다. 그런데 한 미장이가 응답하고 나아갔다. 그는 먼저 높은 사다리를 가져와 담벽에 설치하고 해가 지길 기다려 어둠을 틈타 올라갔다. 뇌공이 막 잠들었을 때 미장이는 결국 송곳을 빼앗아 내려왔다.

주인 만 씨가 건네받고 보니 그 송곳은 쇠나 돌로 만든 것이 아닌데도 빛이 사람을 비추고 무게는 다섯 냥, 길이는 일곱 치이며 예리하여 돌을 진흙처럼 뚫을 수 있었다. 만 씨는 그것이 쓸모가 없음을 고심하다가 대장장이를 불러와 칼로 개조해달라고 하여 몸에 휴대하고자 했다. 송곳이 불 속에 들어가자 푸른 연기로 변하더니 아무런 흔적도 없이 사라졌다. 속담에 "천화天火가 인화人火를 만나면 사라진다"고 한 말이 확실히 이런 경우다.

굶주리는 토지신

土地受餓

항주 전당현 수재 장망령張望齡이 학질에 걸렸다. 고열이 심할 때 꿈속에서 이미 죽은 동학 고顧 씨를 보았는데 비틀거리며 들어오더니 말했다.

"자네의 목숨이 이미 다했으나 다행히 자네가 젊었을 때 일찍이 한 여자를 구해준 적이 있어 자네에게 12년의 수명이 더해졌네. 당초 자네가 구한 그 여자는 자네의 병이 위중한 줄 알고 특별히 자네를 보러 왔다만 현지의 악귀에게 속았지. 악귀는 그녀가 평상시 신중하지 못한 일을 했다고 무고했어. 내가 악귀를 한 차례 훈계하고 나서야 그녀를 떠나보냈네. 그래서 특별히 자네를 축하하기 위해 온 걸세."

장망령은 자신의 일을 위해 온 옛 친구가 의복이 남루하며 얼굴도 푸르스름한 모습을 보고는 그에게 돈을 주며 감사를 표했다. 고 씨는 사양하고 받지 않겠다며 말했다.

"나는 지금 현지의 토지신이네. 관직이 하찮고 지방이 청빈하며 게다가 나는 평상시에 덕행을 따져 멋대로 귀신의 종용을 따르거나 임의로 권세를 부리지 않기 때문에 일 년 내내 나에게 제사지내는 사람이 없지. 비록 나는 토지신이 되었지만 늘 굶주린다네. 그러나 내 몫의 돈이 아니면 설사 내 친구가 준다 해도 나는 받지 않겠네."

장망령이 크게 웃기 시작했다.

이튿날 장망령은 제물을 준비해서 토지신에게 제사지냈는데, 꿈속에서 고 씨가 다가와 답례를 했다.

"사람은 한 끼 배불리 먹으면 3일을 참을 수 있지만, 귀신이 한 끼 배불리 먹으면 1년을 견딜 수 있네. 나는 그대의 은혜를 입고 저승에서 관리의 심사를 기다리는데 탁월한 품덕으로 천거되길 바라고 있지."

이에 장망령이 물었다.

"자네가 이토록 청렴결백한데 왜 즉각 성황신으로 올라가지 못한 건가?"

그러자 고 씨가 대답했다.

"응수할 줄 아는 사람들은 파격적인 발탁에 희망을 걸 수가 있지만, 청렴한 관리는 관리를 심사할 때 품덕이 탁월한 사람으로 추천되길 기다려야만 되거든."

강시의 뺨을 때리다

批僵尸頰

동성현의 전錢 씨 성을 가진 사람이 의봉문儀鳳門 밖에 살고 있었다. 어느 날 저녁 그가 귀가하려고 보니 벌써 이경이 넘었다. 동료들은 그에게 다음 날 새벽에 가라고 말렸지만, 그는 듣지 않고 등롱을 들고 말에 올라 얼큰하게 취한 채 귀가했다. 소가만掃家灣 지방에 이르렀을 때 황폐한 무덤을 여럿 보았는데 갑자기 숲속에서 한 사람이 뛰어나왔다. 머리는 풀어헤치고 맨발이었으며 얼굴색은 흰 벽 같았다. 전 씨가 탄 말은 놀라서 앞으로 나아가려 하지 않았고 그가 든 등에서 점차 푸른빛이 났다. 전 씨는 술김에 담력이 커져서 손으로 그 사람의 뺨을 때렸다. 그 사람의 머리는 맞으면서도 움직이기 시작했다. 오래지 않아 원위치로 돌아왔는데 실에 의해 움직이는 나무인형 같았으며 음산한 바람이 옷자락에 스며들었다. 다행히 뒤에서 사람이 다가오자 그 사람은 숲속으로 물러나 사라졌다.

이튿날 전 씨의 손바닥은 먹칠을 한 듯 까맸다. 3, 4년이 지나자 손의 검은색이 모두 사라졌다. 그가 현지인에게 묻자 그는 이렇게 대답했다.

"그 사람은 막 강시가 되었는데 아직 완성되지 않은 것입니다."

키 같은 거북이

簸箕龜

건륭 신묘년(1771) 봄에 산음 사람 유제운劉際雲이 배를 타고 진강을 지나다가 보니, 여객선 한 척이 바람에 전복되어 물에 빠진 화물이 무척이나 많았다. 강변에 물의 성질을 잘 아는 사람이 있는데 속칭 '수귀水鬼'라 불렀으며 그들은 전문적으로 화물 인양을 생업으로 삼았다. 이날 여객선이 침몰하는 걸 보고 수귀들이 모두 쫓아와 선주들과 가격을 흥정한 뒤 일제히 물속으로 뛰어들었다. 언덕 위로 올라왔을 때 그들은 한 사람이 부족한 것을 발견하고 사람들은 그가 물속에 금은을 숨겼는지 의심하여 다시 들어가 샅샅이 뒤졌지만 찾지 못했다. 이때 그들은 붉은 거북이를 보았는데 세숫대야보다 훨씬 큰 데다 모양새는 키처럼 편편했으며 머리, 꼬리, 발도 없었다. 그 수귀는 거북이에게 물린 상태였는데 잡아당겨도 끌려오지 않아 사람들은 커다란 쇠갈고리를 써서 거북이를 언덕으로 끌어올렸다. 거북이 전신엔 수백 개의 작은 구멍이 나 있었는데 모두가 입이었다. 사람 피도 거북이가 전부 흡입하고 꽉 깨물고는 놔주지 않았다. 사람들이 날카로운 칼로 거북이를 찔렀으나 거북이는 조금도 지각하지 못했다. 어쩔 수 없이 사람들은 수귀가 매달린 채 거북이를 불태웠는데, 그 악취가 수십 리까지 퍼졌다.

어떤 사람이 말했다.

"이것이 바로 가장 큰 목탁가오리다. 엄주嚴州[26]의 강물 속에 이 물고기가 특히 많다."

---

26 옛 현 이름으로 지금의 저장성 퉁루현桐廬縣, 춘안현淳安縣, 젠더시建德市 지역에 해당된다.

얇아질 운명의 관

命該薄棺

태주의 부호 장 씨 성을 가진 사람 집에 늙은 가복이 있었다. 그 가복은 육십이 넘었어도 아들을 두지 못해 스스로 자신의 관을 준비했다. 관의 목재가 너무 얇은 것으로 생각되어 어느 가난한 집에서 장례를 치를 때 창졸간에 관을 만들지 못하면, 그는 자신의 관을 그들에게 빌려주어 쓰게 했다. 관을 돌려받을 때는 관의 목판이 한 치 더 두꺼운 것으로 받았다. 이를 이자로 삼은 셈이다. 이렇게 해서 몇 년이 지나자 노복의 관은 의외로 아홉 치나 되었고 그 관을 주인집 사랑채 안에 놓아두었다.

어느 날 저녁에 이웃집에서 불이 나 장 씨 집 사람들은 당황했다. 불구경 나온 사람들이 장 씨네 집 옥상에서 검은 옷을 입고 앉아 있는 사람을 발견했다. 손에는 붉은 깃발을 들고 바람을 거스르며 휘두르는데 휘두르는 곳마다 그곳에서 불길이 번졌다. 장 씨 집은 큰 화재를 당하지 않았으나 사랑채는 불에 탔다. 노복이 급히 방에 들어가 관을 메고 나왔는데 이미 불이 붙은지라 급히 연못 속으로 던졌다. 불이 꺼진 뒤 관을 꺼내서 그을린 곳을 벗겨내니 그래도 쓸 만했다. 하지만 관의 두께는 여전히 당초의 두께와 똑같았다.

호선에게 도술을 배우다

向狐仙學道

운남에 유수녕兪壽寧이라는 감생監生[27]이 있었다. 그는 신선이 그리는 부록符籙를 배웠고 다시 고검古劍에 의지해 남을 위해 요괴를 쫓아주었는데 자못 영험이 있었다.

하루는 그의 친구 장 씨가 시골에 내려가 세금을 거두다가 비바람을 만나 유 씨 집 입구를 지나며 하룻밤 재워줄 것을 부탁했으나 유수녕은 들어주지 않았다. 장 씨는 화가 나서 유수녕이 그를 거절하는 까닭을 밝히고자 했다. 이에 그는 유 씨 집으로 돌아와 담장에 구멍을 내고 안을 훔쳐봤다. 유수녕은 두 탁자에 술과 안주를 펼쳐놓았고 손님들은 즐겁게 소리쳤으며 남녀가 뒤섞여 있었다. 장 씨는 더욱 화가 치밀어 도끼로 그 문을 부수고 밀치고 들어섰는데, 술자리는 그대로였지만 손님들은 보이지 않았다.

유수녕은 깜짝 놀라 발을 동동 구르며 장 씨에게 말했다.

"당신이 제 일을 그르쳤어요. 제 일을 망쳤어요. 저는 신선술을 배

27 수재 가운데 성적이 우수해서 뽑혀 국자감에 들어가 공부했던 이들.

우고 싶은데 진사眞師가 전하는 도술을 터득하기가 어려워요. 하는 수 없이 사방에서 호선狐仙을 불러와 지도해주고 있어요. 반년 동안 저는 수많은 남녀 호선을 만났는데 그들 중엔 나와 형제가 된 사람도 있고, 어떤 사람은 나와 부부의 인연을 맺었으며 어떤 이는 저와 오누이 관계를 맺었어요. 일일이 열거할 수 없을 정도입니다. 오늘 여러 신선이 모여 불로장생의 비결을 제게 전수해주기로 했어요. 그래서 제가 예악과 의장, 술자리를 마련하여 그들을 융숭하게 접대했죠. 아직 중요한 비결을 말하지 않았을 때 당신이 판을 깨트리는 바람에 천기를 누설하여 여러 신선을 쫓아버렸어요. 이것이 설마 하늘의 뜻은 아니겠지요? 며칠 전에 자문 진인紫文眞人[28]의 말에 따르면, 오늘은 파일破日[29]이라 사람들에게 간파되기 쉬우니 날짜를 바꿔 모여야 한다고 했지요. 그러나 요선瑤仙의 셋째 누이가 내일 출가하기 때문에 오늘을 골랐는데 과연 불길했군요. 역시 운명인가봅니다. 저는 내일 떠나 정결한 곳을 달리 골라 여러 신선을 모을 것이며, 다른 사람이 이를 알지 못하게 해야 합니다."

이로부터 유수녕은 사방을 유람했는데, 사람들은 그가 어디로 갔는지 모른다.

28 도가에서는 가장 높은 경지의 도를 수련한 사람을 이른다.

29 음력으로 매달 5일, 14일, 23일.

오통신이 다른 사람으로 인해 베풀다

五通神因人而施

강녕 사람 진요분陳瑤芬의 아들 진 씨는 평소 품행이 불량했다. 그가 보제사普濟寺를 유람하다가 절 안에서 받들던 오통신이 관제의 상석에 앉아 있는 것을 보고는 오통신이 무례하다고 타박하며, 아울러 절 안의 스님을 불러 한바탕 책망했다. 그리고 그들을 시켜 오통신을 관제의 하석에 옮기도록 했다. 구경하던 유람객들도 진 씨의 말이 옳다고 생각했다. 이에 진 씨는 더욱 기고만장해졌다.

저녁에 진 씨가 귀가하니 오통신이 문을 막고 거기에 서 있었다. 그를 본 진 씨가 땅에 쓰러지더니 고통스러워하며 미친 듯이 울부짖었다.

"나는 오통대왕으로 인간의 제삿밥을 먹은 지 오래되었다. 운이 안 좋아 강소순무 노탕老湯[30]과 양강총독兩江總督 소윤小尹[31]에게 제지당

---

30 하남성 저주雎州 사람 탕빈湯斌(1627~1687)을 말한다. 자가 공백孔伯이고 호가 잠암潛庵이다. 이학가, 서예가이며 관직은 예부상서, 공부상서에 이르렀다.

31 만주양황기인滿洲鑲黃旗人 윤계선尹繼善(1695~1771)을 말한다. 자가 원장元長이고 호가 망산望山이다. 관직은 문화전文華殿 대학사를 역임했다.

해 그들이 나를 징벌하여 쫓아내버렸다. 하지만 그 두 사람이 모두 귀인인 데다 정인군자인지라 나는 어쩔 수 없이 기꺼이 참고 지냈다. 당신은 시정잡배인데도 감히 권세를 부리고 있으니 용서치 않겠다."

진 씨 가족은 그를 둘러싸고 절하며 돼지, 소, 양과 지전을 준비하고 스님을 불러 기도하고 제사를 지냈다. 그래도 진 씨를 구하지 못해 사망했다.

장기신 張奇神

호남 사람 장기신張奇神은 법술을 써서 다른 사람의 영혼을 잡을 수 있었다. 이에 그를 존경하고 받드는 사람이 무척 많았다.

강릉江陵의 서생 오吳 씨만 유독 이를 믿지 않아 사람 앞에서 장기신을 모욕했다. 오 씨는 장기신이 그날 밤 반드시 그를 해친다는 말이 생각나서 『역경』을 가져다놓고 등불 아래에 앉아 있었다. 집의 기와가 바스락거리는 소리가 나더니 몸에 황금 갑옷을 걸친 신이 문을 밀치고 들어와 창을 들고 오 씨를 찔렀다. 오 씨가 『역경』을 던지자 황금 갑옷 신이 땅에 쓰러졌다. 그가 다가가 보니 원래 종이 인형이었다. 오 씨는 그 종이 인형을 주워 책 속에 끼워두었다. 잠시 뒤 얼굴이 푸른 두 귀신이 도끼를 가지고 함께 들어오자, 이번에도 『역경』을 던졌더니 방금처럼 얼굴이 푸른 두 귀신도 땅에 쓰러져 종이 인형으로 변했다. 오 씨는 다시 종이 인형을 책에 끼워넣었다.

한밤중에 장기신의 부인이 울면서 문을 두드리며 말했다.

"제 남편 장기신이 어제 두 아들을 보내 당신을 해치게 했는데, 뜻밖에 두 아들이 모두 당신에게 붙잡혔으니 당신에게 무슨 신술神術이 있는지 모르겠어요. 제발 아들의 목숨을 놓아주시길 부탁드립니다."

"이곳엔 종이 인형 세 개가 있을 뿐, 결코 당신 아들이 아니오."

"제 남편과 두 아들은 모두 종이 인형에 붙어 있어요. 지금 우리 집에 세 사람의 시체가 놓여 있는데, 닭 우는 시간이 지나면 부활할 수가 없어요."

말을 마치고 그녀가 재삼 애원하자 오 씨가 말했다.

"당신네가 수많은 사람을 해쳤으니 죗값을 치러야지요. 하지만 지금 내가 당신을 가련히 여기니 아들 하나는 돌려줘도 되겠지요."

장 씨 아내는 종이 인형 하나를 들고 울면서 떠났다.

이튿날 오 씨가 찾아가 보니 장기신과 큰아들은 모두 죽었고 작은 아들만 살아남았다.

청양 강아

青陽江丫

청양青陽 사람 강아江丫는 시골에서 아이들을 가르쳤다. 마을의 다섯 아이를 가르쳤는데 가장 큰 애는 12~13세, 어린 애는 8~9세에 불과했다. 어느 날 수업을 마치자 강아가 갑자기 나무막대기를 들고 다섯 학생의 머리를 때려 죽였다. 그 자신도 벽에 부딪혀 피가 흘러 혼절하여 땅에 쓰러졌다. 부모들이 이 소식을 들은 뒤 급히 쫓아와 소리 지르고 울면서 그 까닭을 물었다.

강아의 말에 따르면 상황은 이러했다.

"정오에 앉아 있다가 갑자기 창밖에서 6, 7명의 기괴한 귀신을 보았어요. 두발은 감색이었으며 얼굴은 남색이고 오색 옷을 걸쳤지요. 그들이 들어오더니 학생을 붙잡고 물기 시작했어요. 저는 놀라고 다급했지만 쫓아내도 떠나지 않자 손에 나무 몽둥이를 들고 귀신을 때렸는데 아무 흔적이 없더군요. 나는 학생들이 재난을 피해 다행이라고 여겼는데 오래지 않아 자세히 보니, 제가 때려죽인 건 귀신이 아니라 다섯 학생이더군요. 땅에 쓰러진 학생들의 시체를 보고 저는 심장이 찢어질 듯 비통하여 죽고 싶었어요. 그래서 벽에 부딪혀 머리가 깨진 것입니다."

관청에서는 시신을 점검하고 취조했는데 귀신의 말만 믿고 사건을 판정할 수 없다 하여 각 학생의 부모에게 가서 물어보았다. 그들이 모두 이렇게 말했다.

"평상시에 강아와는 절대로 원수진 일이 없어요. 강아는 선생님으로 학생들을 매우 사랑하셨으며 정신병의 징후도 없었습니다. 그가 이렇게 한 행위는 무슨 까닭인지는 모르지만 반드시 전생의 억울한 일과 관련이 있는 듯합니다. 강아가 지금 머리가 깨져 숨이 끊어지려고 하니 구금하여 치료한 다음 심문해보시죠."

이는 건륭 21년(1756) 5월 청양현 지현이 총독 윤공尹公[32]에게 올린 공문서로, 나도 직접 본 일이 있다. 보름 뒤에 강아가 옥사했다고 보고했다.

---

32 윤계선을 말한다.

양무제의 넷째 아들

梁武帝第四子

항주 사람 왕신의汪愼儀 집의 원림 정자는 매우 아름다웠다. 이 정원은 소분장북가小粉墻北街에 있었다. 주인은 정원에 연못을 파고 싶었다. 밤에 그가 꿈속에서 영준한 소년을 보았다. 머리에 옥관을 쓰고 발엔 보석 신발을 신었으며 모습이 당당하고 풍채가 호화로운 데다 부귀하게 생겼다. 옷깃 아래론 전부 녹색 실로 매듭을 드리웠으며 포삼袍衫에는 온갖 매화를 수놓았다. 이 소년이 스스로 말했다.

"저는 양무제[33]의 넷째 아들 남강왕南康王 소적蕭績[34]입니다. 제가 강주도독江州都督 임소에서 병사하여 이곳에 매장된 지 1000년이 넘었지요. 듣자니 주인께서 연못을 파신다 하던데 제 무덤은 제발 훼손하지 말기를 바랍니다."

---

33 이름은 소연蕭衍(464~549)이고 502~549년 재위했다.

34 소적(504~529)은 고조의 넷째 아들로 자가 세근世謹이며 첫째 형이 소명태자昭明太子 소통蕭統(501~531)이다. 25세의 나이로 임지에서 병사했는데 지금의 장쑤성 쥐룽현句容縣 스스시石獅市 스스촌石獅村에 매장되었고 소적묘석각蕭績墓石刻은 국가중점문물보호단위로 지정되었다.

말을 마치고 그 소년은 사라졌다.

이튿날 주인은 사람을 시켜 쇠가래, 쇠 삽으로 파보게 했다. 미처 한 길도 파지 않았는데 양나라 천감天監(509) 8년에 만든 네모진 벽돌 수십 개를 발굴했다. 이에 그는 발굴을 중지시켰다. 현재 이 벽돌은 시독侍讀 엄동우嚴冬友[35]의 집에 있다.

35 본명은 엄장명嚴長明(1731~1787)이고 자가 동우, 도보道甫다. 청대 장서가, 문학가, 금석학자로 강녕(지금의 난징) 사람이다. 주요 저작으로는 『귀구초당시문집歸求草堂詩文集』 『서청비대西淸備對』 『모시지리소증毛詩地理疏證』 『문선과독文選課讀』 『문선성류文選聲類』 『석경고이石經考異』 『한금석례漢金石例』 『삼경삼사답문三經三史答問』 등이 있다.

여성엔 관묘가 없다

呂城無關廟

여성呂城[36]에서 사방 50리 안에는 관제묘가 없었다. 전하는 말에 따르면, 여성은 동오東吳의 여몽呂蒙[37]이 쌓았다고 하는데, 현재까지 여몽은 이곳의 토지신이다. 관제묘를 세우려고 하면 새벽마다 병기를 들고 격투하는 소리가 났다. 그래서 현지 사람들은 서로 경계하며 관제묘를 세우지 못하게 했다.

어떤 점쟁이가 길을 가다가 토지묘에서 투숙했다. 그날 밤 뇌우가 크게 일어나더니 옥상의 기와가 전부 날아다녀 이튿날 아침까지 시끄러웠다. 그는 까닭을 알지 못했다. 현지인이 찾아와 보니 그의 어깨에 베로 만든 깃발이 걸렸는데 거기 관제의 초상이 그려져 있었다. 이에 현지인은 그를 쫓아내어 두 번 다시 여후묘呂侯廟에 발을 들여놓지 못하게 했다.

---

36 장쑤성 단양丹陽에 그 성터가 남아 있다. 여몽성呂蒙城이라고도 부른다.

37 여몽(178~219)은 '오하아몽吳下阿蒙' '수불석권手不釋卷' '괄목상대刮目相對' 고사의 주인공으로 오나라의 장군이다. 여몽이 관우를 속여 죽였다고 해서 후세에 두 집안은 앙숙지간으로 묘사되었다.

姚劍仙

요 검선

변계암邊桂巖은 산우현山盱縣의 통판이다. 그는 홍택호 제방 곁에 집을 지어 친구를 불러 술을 마시면서 시를 지었다.

어느 날 저녁에 손님들이 성대한 술잔치를 한창 벌였는데 갑자기 한 사람이 뛰어 들어왔다. 모자, 신발은 더러운 데다 해지고 변발을 풀어헤쳐 두발이 귀를 덮었다. 그는 손을 교차해서 읍을 하며 손님들의 상석에 앉더니 음식을 먹고 술을 마시면서 전혀 부끄러워하는 기색이 없었다. 여러 손님이 그에게 성명을 묻자 대답했다.

"저의 성은 요姚이고 호는 목운穆雲이며 절강 소산蕭山 사람입니다."

그에게 무슨 일을 하느냐고 물으니 그가 웃으며 대답했다.

"저는 칼을 가지고 놉니다."

그가 입안에서 납 탄환을 토해내는데 납 탄환이 손바닥으로 굴러 검으로 변했다. 길이는 한 치 정도이고 불빛이 검에서 뿜어져 나와 반짝거려 뱀이 혀를 내두르는 것 같았다. 손님들은 놀라서 숨을 죽이고 아무 말도 하지 못했다. 주인은 손님들이 놀랄까봐 요 씨에게 보검을 집어넣으라고 부탁했다. 그러자 요 씨가 주인에게 말했다.

"검을 꺼내지 않으면 그만입니다. 검을 일단 꺼내면 살기가 왕성하여 생명이 있는 것을 죽여야만 검을 거둘 수가 있어요."

변 통판이 말했다.

"사람을 죽이는 것이 아니라면 다른 것은 모두 가능합니다."

요 씨가 고개를 돌려 계단 아래의 복숭아나무를 보고는 손으로 나무를 가리켰고, 조금 뒤 하얀빛이 나무 아래로 날아가더니 나무를 한 바퀴 두르자 복숭아나무가 땅에 쓰러지는데 아무 소리도 나지 않았다. 이어서 요 씨가 전처럼 입에서 납 탄환을 토하자, 납 탄환에서 나는 하얀빛과 복숭아나무의 하얀빛이 서로 부딪쳤다. 이때 규룡 두 마리가 서로 껴안고 곧장 하늘로 올라가자 온 집안의 등불이 전부 꺼졌다.

요 씨는 탄환을 가지고 놀면서 손님들을 쳐다보았다. 손님들은 무서워 벌벌 떨었다. 어떤 이는 땅에 무릎을 꿇고 오랫동안 일어나지 못했다. 요 씨가 미소 지으며 말했다.

"끝났어요."

손으로 하얀 두 빛을 불러들이자 신속히 손바닥 안으로 들어와 두 개의 납 탄환으로 변했다. 그가 탄환을 입안에 삼키자 아무것도 남지 않았다. 그는 술잔에 술을 가득 따르며 왕창 먹기 시작했다.

손님들이 요 씨에게 제자로 받아달라고 부탁하자 요 씨가 말했다.

"태평한 시대에 이런 신술을 부려 무엇 하시려고요. 저는 검술을 가졌지만 금술金術이 없어 이곳에 왔어요."

이에 변 통판이 그에게 100냥을 주었다. 요 씨는 3일을 묵다가 떠났다.

黑煞神

흑살신

동성현 농민 왕연좌汪延佐가 쌍강우雙岡圩에서 땅을 갈다가 옛 무덤을 발굴하여 고정古鼎, 동경銅鏡 등의 물건을 얻었다. 그가 집에 가지고 가서 동경을 안석 위에 놓았더니 방 안이 밤새 밝았다. 그가 보물로 여겨 부인과 더불어 이를 애지중지했다.

오래지 않아 왕연좌가 거리에 나갔다가 길에서 얼굴이 험상궂고 검은 사람을 만났다. 그의 키는 한 길 정도인데 주먹을 휘둘러 왕연좌를 때리며 말했다.

"나는 흑살신黑煞神[38]이다. 네가 육소저陸小姐의 무덤을 도굴했으니 백번 죽어 마땅하느니라. 육 소저는 북송 원우元祐 원년(1086) 안휘 육 태수의 딸인데, 육 태수가 관직에 있을 때 선정을 베풀었느니라. 육 소저가 어린 나이에 요절하자, 상제는 그녀를 가련하게 여겨 나를 보내 그녀의 무덤을 지키게 하고 그녀를 휘주로 파견하여 그곳의 돌림병을 관장하게 했지. 네가 감히 나와 육 소저가 외출한 틈을 타서

38 살신은 불길한 (것을 초래하는) 흉신凶神을 말한다.

그녀의 물건을 훔쳤느니라."

그가 말을 마치자 왕연좌는 땅에 쓰러지고 인사불성이 되었다. 행인이 그를 메고 집에 돌아가다가 그의 등에 생긴 등창을 발견했다. 육 소저는 왕연좌 아내의 몸에 붙어 큰 소리로 욕을 퍼부었다. 온 가족이 애원하며 고승을 불러 육 소저를 위해 단을 설치하고 제사지냈다. 그러자 육 소저가 말했다.

"필요 없어요. 당신 마을 농민들은 무지하군요. 기왕 죄를 안 이상 빨리 고정, 동경 등 물품을 원래 자리로 가져다놓으시오. 그리고 다시 관을 사서 나의 유골을 안장해주면 여러분을 용서할 것이오. 그러나 나는 이미 저승의 천연두 귀신이 되었으니 마땅히 인간의 제삿밥을 먹어야 합니다. 필히 이 일을 석비에 새겨놓고 촌민들에게 알리면 영원히 신의 영험을 보여줄 것이오. 성안에 요익좌姚翌佐라는 공생이 있는데 품행이 단정하여 모두가 존경하고 믿는 인물이니 가서 요 선생을 모셔와 이 일을 기록하게 하면, 당신의 죽음을 면할 수 있어요."

왕연좌가 머리를 조아리며 말했다.

"지난번 무덤을 팔 때 고정, 동경 등의 물건만 보았지, 실제로 해골을 보진 못했어요. 지금 가서 새로운 관을 사오겠지만 어디에서 육 소저의 유골을 찾는단 말입니까?"

"나는 나이가 어린 여자라서 뼈가 녹아버리고 연대가 오래되어서 벌써 없어졌지요. 그러나 나의 뼈가 녹은 흙은 단단하고 깨끗하여 조금도 오염되지 않아 황금빛이 납니다. 당신이 무덤에서 진흙을 퍼 햇빛에 비춰보면 식별할 수 있을 터이니 저를 이장해주세요."

왕연좌가 그녀의 말대로 해보니 과연 그러했다. 즉시 육 소저를 위해 성대한 장례를 치러주었다. 이어서 그는 다시 요 공생을 찾아가 알렸다. 요 공생은 밤에 꿈속에서 이 일을 알고 이미 비문을 써놓은 상태였다. 이로써 석비를 세웠다. 이후 왕연좌의 등창도 나았다.

이 일은 강녕 태수 장번계章攀桂[39] 선생이 해준 말이다. 그도 동성 사람이다.

---

39 자는 회수淮樹이고 안휘 동성 사람이다. 건륭 연간에 감숙 지현甘肅知縣, 강소 송태병비도江蘇松太兵備道를 역임했다.

오자운 吳子雲

강희 초년에 동성현 수재 오자운吳子雲[40]이 봄날 밤 달을 감상하다가 공중에서 나는 사람 말소리를 들었다.

"금년 향시에서 오자운은 49등으로 합격할 것이다."

그리고 오자운의 문장을 암송했는데 목소리가 맑고 컸으며 제목은 '군자는 천하에 대하여君子之于天下' 장[41]이었다. 오자운은 비록 많이 기억하지는 못했지만 그 문장이 훌륭하다고 여겼다. 이에 그는 미리 이 제목에 맞춰 문장을 쓰면서 시험 준비를 했다. 오래지 않아 시험장에 들어가니 과연 그 제목이었다. 너무나 기뻐하면서 미리 준비한 문장을 써서 제출했다. 합격자 발표가 났을 때 그는 과연 49등으로 합격했다.

오래지 않아 그는 다시 진사에 급제하고 한림학사가 되어 호남의

---

40 오자운은 자가 하증霞蒸, 호가 오애五崖이며 순치 12년(1655)에 진사에 합격했다. 관직은 여주부 교수廬州府教授, 국자감 조교, 호부낭중 등을 역임했다.

41 『논어』「이인里仁」 편에 나오는 구절이다.

독학으로 부임했으며 이후 금의환향했다. 어느 날 그는 여관에 투숙했다. 밤에 요강을 가지러 가는데 갑자기 어떤 사람이 두 손으로 요강을 들어 그에게 주었다. 그 사람의 열 손가락은 가늘고도 길었다. 오자운이 깜짝 놀라서 누구냐고 물었다.

"저는 호선狐仙입니다. 당신과 인연이 있어서 보살피러 왔어요."

오자운이 일어나 촛불을 켜고 보니 용모가 어여쁜 미녀였다. 마침내 두 사람은 부부가 되었다. 호선이 부탁하며 말했다.

"제가 뇌공에게 추격당할 때 일찍이 서방님 수레 안에 숨어 재난을 면한 적이 있어요. 그래서 서방님에게 보답하러 왔어요. 지금 서방님도 커다란 화가 임박해 있으니 막아야만 합니다."

오자운이 무슨 일이냐고 물으니 호선이 대답했다.

"앞길로 가서 서방님은 반드시 여呂 씨 여관에 투숙해야 해요. 여 씨의 딸이 아홉 살인데 서방님이 그녀를 불러내어 사랑해주고 껴안아주면서 수양딸로 삼으시고 많은 보석을 주십시오. 그렇게 하면 화를 피할 수 있어요."

오자운이 여 씨 집에 이르니 과연 그런 딸이 있었다. 그는 호선의 말대로 했다. 그날 밤 삼경이 되자 여관 주인이 오자운의 손을 끌고 웃으며 말했다.

"나는 사실 마적의 두목이오. 당신이 관아를 나올 때 수많은 돈을 가득 실었는데 내 부하가 가로채려고 침을 흘린 지 오래되었소. 지금 당신이 진정한 군자임을 알았으니 차마 당신을 해칠 수가 없소이다."

이에 여관 주인이 담장 벽에 걸린, 방울 달린 채찍을 들고 벽을 세 번 치자 여러 강도가 모두 방으로 들어왔다. 그리고 여관 주인이 그들에게 말했다.

"오 독학은 내 친척이다. 너희가 무례하게 굴어선 안 되느니라. 빨리 내 대신 집으로 호송해주도록 하라."

나중에 오자운은 아들이 없어 동족 사람들이 다투어 자신의 아들을 그에게 보내 후사를 잇게 했다. 오자운이 몰래 호선에게 물었다.

"누굴 양자로 들이지?"

"목동이 가장 적합합니다."

이튿날 과연 목동이 지나갔는데 그도 오 씨였다. 오자운이 그를 집 안으로 데려와 자신의 아들로 삼으니 동족 사람들은 모두 오자운을 비웃었다.

오자운이 죽은 뒤 아들은 매우 진실하고 근엄했으며 오 씨의 가업을 지켜나갈 수 있었다. 그리고 나날이 부유해졌지만 다른 사람들은 지금까지도 여전히 그를 '오우吳牛'라고 불렀다. 그가 일찍이 처사 방정관方貞觀[42]에게 대련 한 폭을 써달라고 부탁했다. 방정관은 장난삼아 "창문 마주하고 항상 달을 감상하며, 홀로 앉아 스스로 거문고 탄다對窓常玩月, 獨坐自彈琴"라고 썼다. 오우는 너무 기뻐했으나 결국 방정관이 소에 관한 고사성어를 빌려 그를 조롱한 것임을 알지 못했다.

42 방정관(1679~1747)은 자가 정관, 이안履安이고 호가 남당南堂, 동불자洞佛子이며 안휘 동성 사람이다. 서예에 뛰어났으며 저작으로 『남당시초南堂詩鈔』가 있다.

43 소에 관한 고사성어로는 '오우천월吳牛喘月' '대우탄금對牛彈琴' 등이 있다. '오우천월'은 '오 지방의 소는 달을 보고도 숨을 헐떡인다'는 뜻으로 오 지역은 남방이라서 해만 뜨면 더워서 숨을 헐떡거렸는데 달도 해로 오인하고 숨을 헐떡거렸다는 데서 겁이 많아 공연한 일에 미리 두려워하는 사람을 조롱할 때 쓰인다. 『세설신어』「언어」에 나온다. 또한 '대우탄금'은 '소를 마주하고 거문고를 탄다'는 뜻으로 어리석은 사람에게 아무리 세상의 이치를 설명해주어도 아무 소용이 없음을 비유적으로 이르는 말이다. 남조 양나라 승우僧祐(445~518)의 『홍명집弘明集』에 나온다.

꼬리 잘린 용

禿尾龍

산동 문등현文登縣의 필畢 씨 성을 가진 사람의 아내가 3월에 연못가에서 옷을 빨다가 나무 위에 달린 자두를 보았는데 계란 크기만 했다. 그녀는 이상하게 여기며 늦봄엔 자두가 없으리라 생각하고 따서 먹어보니 맛이 매우 달콤했다. 이로부터 그녀의 배가 불러오더니 결국 임신하게 되었다. 14개월이 지나 그녀는 새끼 용을 낳았다. 길이는 두 자나 되었는데 나오자마자 날아갔다. 그러나 매일 새벽 새끼 용은 반드시 돌아와 엄마 젖을 먹었다. 새끼 용의 부친은 그를 싫어하여 칼을 들고 쫓아가 그 꼬리를 잘랐다. 이로부터 새끼 용은 다시 찾아오지 않았다.

몇 년이 지나 새끼 용의 모친이 죽었다. 입관한 뒤 관을 마을에 놓아두었다. 어느 날 저녁에 번개가 치고 비바람이 불어 천지가 어두워지자, 공중에 마치 무언가가 선회하는 듯했다. 이튿날 사람들이 가서 보니 그 관은 이미 안장되었고 위에는 커다란 봉문이 솟아 있었다.

다시 몇 년이 지나 새끼 용의 부친이 죽자 이웃들이 그들 부부를 합장했다. 그날 저녁에 또다시 번개가 쳤다. 이튿날 보니 그 부친의 관이 묘혈에서 파헤쳐져 나왔는데 그들의 합장을 누군가 용인치 않는 것 같았다. 이후 마을 사람들은 그 봉분을 '독미룡모분禿尾龍母墳'이라 불렀다. 날이 개기를 기도하거나 기우제를 지낼 때마다 모두 영험했다.

이 일은 도회헌陶悔軒[44] 포정사가 내게 해준 말이다. 그리고 그는 또 "우연히 『군방보群芳譜』[45]를 보니 '상제가 순종하지 않는 용을 징벌하여 그의 귀를 잘랐는데 귀가 땅에 떨어져서 문득 자두로 변했다'는 말이 있더군. 필 씨 아내가 먹은 자두는 원래 용의 귀였어. 그래서 선기仙氣에 감응하여 새끼 용을 출산한 것이지"라고 말했다.

---

44 도회헌(1714~1778)은 이름이 역易이고 문등文登 사람이다. 건륭 연간의 거인이며 강소 포정사江蘇布政使를 역임했다.

45 명대 왕상진王象晉(1561~1653)이 편찬한 박물지로 모두 30권으로 구성되어 있다.

석회요의 우레

石灰窯雷

상담현湘潭縣에서 서쪽으로 20리 떨어진 곳에 석회요石灰窯라는 마을이 있다. 이곳 한 노인의 가정 형편은 그런대로 괜찮았으나 아들은 없고 딸 둘만 있어서 두 집의 사위를 들여 서로 의지하며 살았다.

노인이 광서로 가서 곡식을 판매하다가 첩을 사서 데리고 왔는데 그 첩은 이미 임신한 상태였다. 노인의 둘째 딸과 사위가 비밀리에 상의했다.

“아들을 낳는다면 우리가 어떻게 부친의 재산을 분배받을 수 있겠어?”

이에 그들은 표면적으로 첩과 친하게 지내면서도 속으론 도리어 음모를 꾸며 그녀를 모함했다. 첩이 분만하여 아들을 낳았지만 낳자마자 죽어버렸다. 노인은 무척 한탄하며 그에게 아들 복이 없다고만 여겼지, 그의 둘째 딸이 산파에게 뇌물을 주고 영아를 목 졸라 죽인 줄은 몰랐다. 노인은 비통한 나머지 의복을 벗어 죽은 영아를 안에 싸서 뒤뜰에 매장했다.

둘째 딸과 산파는 마음속으로 불안하여 무덤을 파보았다. 갑자기 뇌성벽력이 치더니 둘째 딸이 벼락에 맞아 죽고, 죽었던 영아는 도리어 소생했다. 산파도 벼락을 맞아 전신이 불탔으나 아직 죽지는 않았다. 사람들이 산파에게 물어보고서야 저간의 사정을 알게 되었다. 이튿날 산파도 죽었다. 상제가 그녀를 일부러 조금 늦게 죽인 것은 그녀의 자백을 받아내어 세상 사람들을 훈계하기 위해서였다.

노인은 둘째 딸을 매장하고 둘째 사위를 쫓아내면서 그에게 돈과 곡식을 주어 돌려보냈다. 둘째 사위가 배를 타고 강 가운데 이르렀을 때 괴이한 바람이 불어와 배가 뒤집혀 익사했다. 이러한 일들이 앞뒤로 며칠 동안 지속되었다.

서거원 徐巨源

남창 사람 서거원徐巨源[46]의 자는 세부世溥이고, 명대 숭정 연간의 진사이며 서예로 이름을 날려 그의 친척 추鄒 씨가 그를 불러 사숙에 입학시켰다. 가는 도중에 서거원이 괴상한 바람을 만나 그를 구름 속에 날렸는데 몸에 장포를 걸치고 손에 홀을 쥔 관리가 나와 영접하며 말했다.

"저승에서 궁전을 축조하는데 선생께서 편액과 영련을 써주시지요."

서거원은 그 사람을 따라 한 지방에 왔는데 제왕이 사는 곳 같았다. 편액과 대련의 문장은 이미 준비해놓고 다만 아직 쓰지 않았을 따름이었다. 편액은 '모든 것은 오직 마음먹기에 달렸다一切惟心造', 대련은 '일 처리가 아직 사망 사건이 되지 않았으면, 이 문을 들어서도

---

46 서세부徐世溥(1608~1657)는 명말의 문학가로 자가 거원巨源이고 강서성 남창 신건新建 사람이다. 주요 저작으로는 『하소정해夏小正解』 『운최韵蕞』 『유돈집선문榆墩集選文』 『유돈집선시榆墩集選詩』 『유계시초榆溪詩鈔』 『유계시화榆溪詩話』 등이 있다. 그의 『강변기략江變紀略』은 명말의 역사적 사실을 기록한 저작이다.

살아 돌아오기를 바란다作事未經成死案, 入門猶可望生還'로 썼다. 서거원이 다 쓴 뒤 염라대왕이 무엇으로 보답할까 묻자, 그는 모친에게 12년의 생명을 연장해줄 것을 부탁했고 염라대왕은 승낙했다.

서거원이 생사부를 든 판관을 보고 자신의 수명을 조사해줄 것을 부탁하자, 그 판관이 말했다.

"이것은 정상적으로 사망한 사람의 명부요. 당신은 비명횡사했으니 이 장부에는 없어요."

이에 달리 불 '화火'자가 들어간 장부를 가져왔는데 위에 "모월 모일 서거원이 불타 죽는다"라고 쓰여 있었다. 서거원이 몹시 놀라 염라대왕에게 고쳐줄 것을 부탁했다. 그러자 염라대왕이 말했다.

"이것은 하늘이 결정한다. 하지만 잠시 그대의 요구를 들어줄 테니 반드시 날짜를 기억해두어라. 그날이 되면 불을 가까이해서는 안 되느니라."

서거원이 염라대왕과 사직하고 돌아가 급히 추 씨 집으로 달려갔다. 주인이 깜짝 놀라 물었다.

"선생은 일 년 동안 어디 갔었소? 가마꾼이 선생을 잃어버렸다고 관청에 고발되고 혐의를 받아 현의 감옥에 갇힌 지 이미 오래되었소."

서거원은 그 까닭을 자세히 설명해주고 아울러 관청에 가서 해명하고 나서 일이 해결되었다.

그때 같은 현에 사는 웅문기熊文紀[47]의 호가 설당雪堂인데 이부시랑의 신분으로 집에서 지내고 있었다. 하루는 그가 서거원을 불러 술을 마셨다. 미처 다 마시기도 전에 웅문기가 갑자기 작별을 고하고 들어가며 말했다.

"저는 체증痞이 발작하여 당신을 모시고 마실 수가 없군요."

이에 서거원이 농담을 던지며 말했다.

"고대에는 태재비太宰嚭[48]가 있었는데, 오늘은 소재비少宰[49]嚭가 있군요."

웅문기는 기분이 나빴다. 서거원이 떠날 때 담벽에 당대 시인 유종원柳宗元의 '천산조비절千山鳥飛絕' 절구[50]를 써놓았는데, 4구를 거꾸로 써놓았다. 이렇게 해서 매구 시의 마지막 글자는 곧 '설雪, 옹翁, 멸滅, 절絕' 네 글자[51]로 끝났다. 웅문기가 이를 보더니 서거원에게 마음 속으로 원한을 품게 되었다.

이후 서거원은 저승에서 한 말이 생각나 불을 무서워했다. 그런

---

47 웅문거熊文擧(1595~1668)의 오기로 보인다. 자가 공원公遠, 호가 설당이고 남창 신건新建 사람이다. 숭정 4년(1631)에 진사가 되었고 합비 현령合肥縣令, 이부주사吏部主事, 계훈사 낭중稽勳司郎中을 역임했다. 순치 원년(1644) 명이 망한 뒤 청에 항복하여 이부좌시랑과 이부우시랑, 병부우시랑을 역임했다. 주요 저작으로는 『순향잉荀香剩』『수성기守城記』『묵순초墨盾草』『사진잡음使秦雜吟』『치려집恥廬集』『설당전집雪堂全集』 등이 있다.

48 인명으로 『춘추좌씨전』(정공 4년조)에 백비伯嚭가 오나라의 태재가 되었다는 기록이 있다. 그리고 비嚭의 발음은 비痞와 똑같이 'pǐ'다.

49 '소재'는 청대 이부시랑의 속칭이다. 여기에서는 웅문기를 가리킨다.

50 유종원(773~819)의 「강설江雪」 전문은 다음과 같다.

온 산에는 새도 날지 않고 千山鳥飛絕
모든 길엔 사람 자취 끊겼다 萬徑人踪滅
외로운 배 위에 삿갓 쓴 노인 孤舟蓑笠翁
눈 덮인 강에서 홀로 낚시한다 獨釣寒江雪

51 이 네 글자를 붙여 해석하면 '설옹의 자취가 끊어졌다'는 뜻이다. 설옹은 웅문기의 호가 설당이므로 웅문기를 조롱하는 말로 쓴 것이다.

까닭에 목제품에는 접근하지 않았으며 서산에 석실을 축조하여 식량을 휴대하고 석실에 살며 재난을 피했다. 당시 강도가 횡행하자 웅문기가 사람을 파견하여 유언비어를 퍼뜨려 서거원이 서산의 동굴에 수많은 금을 숨겼다고 말했다. 강도들이 이 말을 들은 뒤 서산으로 빼앗으러 갔으나 끝내 금을 얻지 못하자, 그들은 인두로 서거원의 전신을 지져 태워 죽였다.

구천현녀 九天玄女

공부시랑 주청원周青原[52]이 아직 벼슬하지 않았을 때 꿈속에서 어떤 사람이 불러 어느 장소로 나갔다. 그곳의 도로 양옆에 높다란 소나무가 있고 붉은 칠을 한 대문도 있었는데 너비는 한 길이 넘었고 문에는 금 글씨로 '구천현녀지부九天玄女之府'[53]라 쓰인 편액이 걸려 있었다. 들어가 보니 구름과 노을이 현녀의 어깨를 감싸고 머리엔 진주 봉관鳳冠을 쓰고 남쪽을 향해 앉아 있었다. 그녀가 손으로 주청원을 일으켜 세우며 말했다.

"달리 부탁할 일은 없어요. 제 딸의 초상화에 선생께서 시를 적어 주시길 바랍니다."

그러고는 현녀가 시종을 불러 두루마리를 꺼내왔는데 한·위 시기 명인의 필적이었다. 회남왕 유안劉安[54]의 예서는 정말 잘 썼다. 조

52 주청원周淸原의 오기다. 강소성 무진武進 사람으로 자는 완초浣初, 아즙雅楫이며 강희 연간에 진사에 합격했고 공부시랑을 지냈다.

53 구천현녀는 도가에 나오는 전설적인 여신으로 황제黃帝의 스승이 되어 치우蚩尤 정벌을 도왔다고 한다.

자건曹子建[55] 이후의 사람 가운데 서예 풍격은 종요鍾繇[56]와 왕희지에 근접했다. 주청원은 평소에 민첩했는데 급히 붓을 휘둘러 오언율시 네 수를 썼다. 현녀는 몹시 기뻐하며 딸을 불러내어 고마움을 표하게 했다. 이 여자는 막 성년이 되어 신령한 빛이 나서 주청원이 감히 얼굴을 들고 볼 수가 없었다. 그러자 현녀가 말했다.

"주 선생님은 부귀한 사람인데 왜 몸에 질병을 숨기고 있습니까? 제가 당신에게 보답해줄 것이 없으니 시를 써준 보답으로 당신의 이 병을 치료해드리겠습니다."

현녀가 치마끈을 풀어 환약 한 알을 꺼내 주며 그에게 삼키게 했다. 주청원은 어려서 잘못하여 바늘을 삼켰는데 그것이 아직 위장에 남아 있어 항상 통증이 있었다. 이로부터 그의 병이 완전히 나았다.

주청원이 깨어난 뒤 꿈속에서 쓴 시를 기억하진 못하고 그 가운데 한 연만 생각났다.

얼음 눈 녹아 형태 없어지고 冰雪消無質
별들이 온 머리에 가득하다 星辰繫滿頭

---

54 회남왕 유안(기원전 179~기원전 122)은 고조 유방劉邦의 손자로 문제 때 회남왕에 봉해졌다. 글재주가 뛰어나 「이소離騷」를 풀이한 「이소부離騷賦」를 지었으며 각지의 신화전설과 제가의 학설을 모아 『회남자淮南子』를 편찬했다. 만년에 난을 일으켰다가 실패하여 자살했다.

55 삼국시대 시인 조식曹植(192~232)의 자가 자건이고 조조의 셋째 아들이며 위 문제 조비曹丕(187~226)의 아우다.

56 종요(151~230)는 한위 시기의 서예가로 조조 밑에서 시중을 지냈고 위 명제明帝 때 태부太傅를 맡았다. 팔분서八分書를 창안했으며 초서도 잘 썼다.

항왕이 신통력을 발휘하다

項王顯靈

무석 사람 장굉구張宏九는 무호蕪湖에 가서 삼베를 판매했다. 오강烏江[57]을 지날 때 하늘에서 폭풍이 불고 배가 암초에 부딪혀 부서졌다. 강물이 선창으로 흘러 들어오자, 선원은 울면서 항왕項王[58]을 부르며 살려달라고 애원했다. 갑자기 삼베 같은 한 줄기 은빛이 배 밑을 막아버려 강물이 결국 통하지 않아 배에 탔던 사람은 언덕으로 올라갈 수밖에 없었다. 이튿날 새벽에 살펴보니 배 밑은 이미 부서졌고 커다란 흰 고기가 몸을 기울여 선창의 구멍 난 곳을 막고 있어서 강물이 선창으로 들어올 수 없었다. 그 뒤 선원이 노를 저어 운행하니 배가 서서히 앞으로 나아갔다. 이로부터 항왕의 향불은 이전보다 더 왕성하게 되었다.

이는 건륭 40년(1775)의 일이다.

---

57 안후이성 허현和縣에 있으며 서초패왕 항우項羽(기원전 232~기원전 202)가 자결했던 곳이다.

58 '사면초가四面楚歌' 고사의 주인공 서초패왕 항우를 말한다. 해하垓下 전투 때 유명한 「해하가」를 지었다.

醫肺癰用白朮

백출로 폐농종을 치료하다

장수군蔣秀君은 의학 이론에 정통했으며 광동의 옛 사당에 살고 있었다. 사당엔 수많은 관이 놓여 있었는데 장수군은 담력이 세서 바로 관 옆에서 책을 보고 있었다.

저녁에 등불에서 갑자기 파란빛이 나고 관의 앞쪽 널에서 '펑' 하고 소리가 나더니 땅에 떨어졌다. 붉은 도포를 입은 사람이 관에서 나와 장수군 앞에 서서 말했다.

"그대가 명의라 하니 감히 묻겠소. 폐농종肺膿腫을 치료할 방법이 있소? 아니면 치료할 수 없소?"

"치료할 수 있어요."

"무슨 약으로 치료하오?"

"백출白朮[59]을 씁니다."

그러자 붉은 도포를 입은 사람이 통곡하며 말했다.

"그렇다면 저는 당초에 잘못 죽은 사람입니다."

---

59 삽주의 뿌리를 건조시킨 약재로 보통 창출蒼朮의 껍질을 벗긴 것을 백출이라 한다.

손을 품안에 넣어 말斗처럼 큰 폐를 꺼냈는데 피고름이 줄곧 흘러내렸다. 장수군은 크게 놀라 손에 든 부채로 그 사람을 때렸다. 가복이 모두 달려오자 귀신은 사라졌다. 그리고 관도 원래대로 돌아왔다.

朱十二

주십이

항주 망선교에 허許 씨 성을 가진 사람이 살고 있었다. 전하는 말에 따르면, 허 씨네 누각 위에서 목매달아 죽은 귀신이 있다고 한다. 백정이었던 주십이朱十二라는 사람은 자신의 용맹을 믿고서 돼지 잡는 칼을 쥐고 누각에 올라가 촛불을 켜놓고 잠이 들었다.

삼경이 지나자 촛불이 파랗게 변하더니 과연 한 노파가 봉두난발한 채 줄을 가지고 올라왔다. 주십이는 칼로 그녀를 내리쳤고 노파는 줄로 그에게 올가미를 씌웠다. 칼로 줄을 끊어버리자 줄이 끊어졌다가 잠시 후엔 다시 이어졌다. 줄이 칼을 두르면 칼도 연무처럼 줄을 둘렀다. 두 사람이 오랫동안 격투하노라니 노파는 점점 힘이 달려 욕을 퍼부었다.

"주십이, 나는 널 결코 두려워하지 않는다. 너의 복으론 15관의 동전을 얻을 수 없기 때문에 내가 잠시 너를 용서한 것이다. 네가 그 돈을 받으면 다시금 나 김노친랑金老親娘의 수완을 시험할 것이다."

말을 마치고 노파는 줄을 끌고 떠났다. 주십이가 누각에서 내려와 이 일을 여러 사람에게 알렸다. 사람들이 그의 칼을 보니 보라색 피가 묻어 있고 악취가 났다.

1년이 지나서 주십이는 집을 팔아 동전 15관을 받았다. 그날 밤 그는 과연 사망했다.

鬼攀日線 才能托生

귀신은 광선에 올라야 환생할 수 있다

누자춘婁子春이라는 계선乩仙은 자칭 송대 말년의 진사이며 문천상文天祥[60] 승상의 친구라고 했다. 그는 연형술煉形術을 수련했으며 저승사자의 집에서 400년 동안 살았다. 그의 말에 따르면 그의 주인이 인간의 생사를 관장하며 지위는 왕작王爵보다 한 등급 낮다고 한다. 누자춘은 인간의 화복을 예언했는데 매우 영험했다.

어떤 사람이 그에게 윤회설에 대해 묻자 그가 대답했다.

"윤회는 한마디로 분명히 말할 수는 없어요. 죽는 방식에 여러 가지가 있고 사는 방식도 여러 가지예요. 공덕이 큰 사람은 신불이 될 수 있지요. 내력이 있으나 이유 없이 폄적당한 사람은 원위치로 돌아

---

60 문천상(1236~1283)은 남송 말의 충신으로 원나라 병사가 남하하자 항주를 사수했으며 원나라와 담판하기 위해 적진에 들어간 사이 송나라는 망했다. 그는 적진을 탈출하여 장세걸張世傑(?~1279), 육수부陸秀夫(1236~1279) 등과 합세하여 조하趙昰(1269~1278)를 제위에 올렸다. 그는 군대를 조직하여 원군과 항전하던 중 역부족으로 광동 해풍海豐에서 사로잡혔고 투옥 3년 만에 살해당했다. 옥중에서 「정기가正氣歌」를 지었다.

갈 수 있어요. 공덕도 없는 데다가 내력도 없지만 숨이 아직 흩어지지 않은 사람은 수시로 사람으로 환생할 수 있어요. 나머지 목숨이 다한 사람은 삶이 죽음이고 죽고 다시 죽는 것이지요. 그러나 작은 혼과 작은 백은 풍로에서 나는 연기처럼 일시에 사라질 수가 없어 왕왕 한데 모였다가 이리저리 불려다니게 되죠. 때로는 바람에 불려 저승의 산 밑까지 오는데 너무나 추워 동지가 되어야만 한 줄기 햇빛이 저승의 산봉우리에 비칩니다. 이때 강시들이 천천히 움직이기 시작하지요. 광선을 따라 올라가 중국에 와서는 다시 사람의 몸으로 환생하지요. 비록 그들은 사람으로 환생했지만 신상엔 언제나 수많은 사람의 혼이 모여 있어요. 결코 한 사람의 혼이 아닙니다. 광선 밖으로 떨어진 것은 여전히 저승의 산 아래로 돌아와 이듬해의 동지가 오기만을 기다려야 합니다."

그리고 어떤 사람이 물었다.

"초세初世에 사람으로 환생하는 자도 있어요?"

"이러한 상황은 많지요. 초목을 예로 들어봅시다. 만일 옛 뿌리가 없이 생장하는 것은 초세에 풀이 되었던 풀이지요. 환생을 거치지 않은 사람과 같은데 초세에 사람이 된 사람입니다."

또다시 물었다.

"귀신도 사물이 될 수 있어요?"

"예. 대체로 창기 귀신의 혼은 벌레, 나비로 바뀝니다. 악인 귀신의 혼은 독사, 맹호로 변합니다."

또다시 물었다.

"벼락을 맞아 죽은 귀신은 무엇으로 변합니까?"

"지렁이로 변합니다."

담자譚子의 『화서化書』[61]에 "무릇 벼락에 맞아 죽은 사람이라면 지렁이를 으깨어 나온 즙으로 그의 배꼽에 도포하면 살아날 수 있다"고 했다. 이 말은 근거가 있는 것 같다.

61 당말, 오대 시기 담초譚峭의 도가서.

죽은 지아비가 산 부인을 팔다

死夫賣活妻

항주에 도陶 씨 성을 가진 사람은 가정 형편이 그런대로 괜찮았다. 주인 도소원陶紹元은 모 주의 자사를 지낸 적이 있으며 사망한 지 이미 오래되었다. 도 씨의 가복으로 이복李福이라는 사람이 있는데 그들 두 부부도 도 씨 집에서 살았다.

이복이 병사한 지 1년이 지나 어느 날 이복의 처 진陳 씨가 갑자기 중풍에 걸려 발광하여 도 씨 가족을 불러 모으더니 큰 소리로 외쳤다.

"나는 나리다. 이복이 저승에서 이미 그의 아내 진 씨를 내게 첩으로 팔았는데, 너희는 왜 그녀를 놓아주지 않아 못 오게 하느냐?"

도 씨 가족은 대경실색해서 의사를 불러 진 씨의 병을 치료하게 했다. 진 씨가 손으로 의사의 뺨을 때리는 바람에 의사는 그녀 곁에 감히 다가설 수 없었다. 오래지 않아 진 씨는 죽었다. 진 씨는 거칠고 속된 여종이며 볼품은 없었다.

惡鬼嚇詐不遂

악귀가 놀라게 하고 사기를 쳤으나 미수에 그치다

인화현仁和縣 수재 진부거陳鄜渠는 성격이 매우 엄숙하고 정직했다. 그에게 딸 하나가 있는데 어려서부터 도술을 좋아했으며 매일 채식하고 경전을 암송했다. 중매쟁이가 혼사를 꺼내는 말을 들은 그녀는 통곡하며 밥도 먹으려 하지 않았다. 진부거는 만정이 떨어져서 부녀지간에 얼굴도 보지 않았다.

진 씨의 딸이 서른 살이 넘었을 때 갑자기 중병을 얻어 잠꼬대를 했다.

"저는 강서 포목상 장사張四입니다. 당신의 전생은 선주였어요. 제가 당신의 배를 임대하여 사천으로 가던 중 당신이 재산을 탐내 저를 죽였지요. 그리고 저의 눈알을 파내고 저의 가죽을 벗겨 강물에 빠트렸어요. 그래서 저는 당신 목숨을 가지러 온 겁니다."

진 수재는 마음속으로 생각했다.

'재산을 탐내는 도적은 있을 수 있지만, 가죽을 벗기는 일은 도적이라면 할 필요가 없다.'

이에 그가 물었다.

"어느 해의 일이죠?"

"옹정 11년(1733)입니다."

진 수재가 크게 웃으며 말했다.

"옹정 11년이면 제 딸은 겨우 세 살이오. 그녀가 어떻게 선주가 될 수 있을까요?"

이때 진 씨 딸이 갑자기 자신의 얼굴을 때리면서 말했다.

"진 선생, 정말 대단해요. 제가 당신 딸을 잘못 찾았군요. 제게 돈 3000냥을 주시면 바로 떠나겠습니다."

진 수재가 대로하여 말했다.

"악귀가 망령되이 사람을 속이려 하다니 복숭아나무 가지[62]로 널 때릴 테다. 어째서 네게 돈을 준단 말이냐?"

진 씨 딸은 다시 자기 뺨을 때리며 말했다.

"진 선생, 정말 대단하세요. 기왕 당신이 저보고 악귀라고 말한 이

---

62 귀신이 복숭아나무를 두려워한다는 신도, 울루 설화에서 비롯된 것으로 복숭아나무는 벽사辟邪의 도구로 많이 쓰였다. 왕충王充의 『논형論衡』「정귀訂鬼」에서는 『산해경山海經』을 인용하여 "드넓은 바다 가운데 도삭산이 있다. 산 위에 큰 복숭아나무가 있으며 가지가 3000리나 뻗어나갔다. 복숭아나무 가지 중에 동북쪽으로 난 것은 귀문이라고 하는데 온갖 귀신이 드나드는 곳이다. 그 위에 신인 둘이 있는데 하나는 신도라 하고 하나는 울루라 하며 주로 모든 귀신을 검열하는 일을 맡고 있다. 해악을 끼치는 귀신은 갈대로 묶어서 호랑이 먹잇감으로 준다. 그래서 황제는 의례를 제정하여 때때로 귀신을 몰아냈다. 복숭아나무로 만든 큰 인형을 세우고, 문에는 신도와 울루 및 호랑이 그림을 그려놓고 갈대로 엮은 줄을 걸어놓고 흉악한 귀신을 방어했다滄海之中, 有度朔之山, 上有大桃木, 其屈蟠三千里, 其枝間東北曰鬼門, 萬鬼所出入也. 上有二神人, 一曰神荼, 一曰鬱壘, 主閱領萬鬼. 惡害之鬼, 執以葦索而以食虎. 於是黃帝乃作禮以時驅之, 立大桃人, 門戶畫神荼, 鬱壘與虎, 懸葦索以御凶魅"라고 말했다.

상, 저는 악귀의 수단을 부려 당신 딸의 목숨을 빼앗을 겁니다. 후회하지 마세요."

"내 딸은 불효자라서 나도 몹시 싫어한다. 당신이 딸을 데리고 함께 떠난다면 나는 매우 기쁠 것이다. 하지만 너는 결코 내 원수가 아닌데, 감히 이처럼 놀라게 하고 사기 치는 걸 보니 내 딸의 수명도 다한 듯하다. 네가 즉각 딸의 목숨을 가져가면 나는 네 수단을 믿어보겠다. 만일 3일 후에 죽으면 그것은 내 딸의 운명이지 결코 너의 수단이 아니다."

말을 마치자 진 씨 딸은 즉각 몸을 일으켜 다시는 귀신 말을 하지 않았다. 두 달이 지나자 진 씨 딸은 죽었다.

도사가 자살 소동을 피우다

道士作祟自斃

항주 사람 조청요趙淸堯는 바둑을 좋아하여 바둑 두는 소리만 들으면 반드시 다른 사람과 대국을 벌였다.

한번은 우연히 이성암二聖庵에서 노닐다가 못생긴 도사가 손님과 바둑 두는 장면을 보니 도사의 실력이 형편없는데도 자칭 '연사煉師'라 불렀다. 조청요는 도사를 깔보며 그와 말상대도 하지 않고 즉각 자리를 떠났다.

그날 밤 조청요가 침상에 들어 잠들었다가 도깨비불을 보았는데 휘장에서 맴돌았지만 그는 움직일 수가 없었다. 잠시 뒤 푸른 얼굴에 어금니를 드러낸 귀신이 손에 칼을 들고 장막을 젖혔다. 조청요가 크게 소리 지르자 이 귀신은 즉각 사라졌다.

이튿날 저녁 침상 곳곳에서 '추추' 소리가 났는데 어린애가 말을 배우는 소리 같았다. 처음엔 무슨 말인지 몰랐으나 자세히 들어보니 이런 말이었다.

"내가 바둑 솜씨는 형편없어도 자칭 '연사'라 했거늘 그것이 너와 무슨 상관이냐? 감히 나를 경멸하다니."

조청요는 비로소 도사가 장난친 줄 알면서 더욱 두려워하지 않게 되었다. 오래지 않아 그는 낮은 목소리를 들었다.

"너의 담력이 세서 칼을 무서워하지 않으니 나는 구혼법勾魂法을 써서 네 목숨을 빼앗으리라."

그리고 주문을 외웠다.

"하늘 영험하고 땅 영험하시니 당장 정수리에 침을 놓으라天靈靈, 地靈靈, 當門頂心下一針."

조청요는 이 말을 들으니 온몸이 벌벌 떨리는 것을 느낄 수 있었다. 이에 그는 극력 자신의 마음을 조절하면서 꼼짝하지 않았다. 아울러 손으로 자신의 귀를 막았다. 그래도 그가 누웠을 때 주문을 외우는 소리가 베개에서도 전해졌다.

이렇게 조청요는 한 달이 넘도록 참고 지냈는데 갑자기 도사가 울면서 침상 앞에 무릎 꿇고 하는 말을 들었다.

"저는 일시에 화가 치밀어 법술을 부려 당신을 놀래주려고 했어요. 본래 당신이 내게 애원하도록 해서 재물을 빼앗으려 했지요. 뜻밖에도 당신이 꼼짝도 하지 않아 저는 후회막급입니다. 저의 법술이 다른 사람에게 행해지지 않으면, 반대로 자신에게 재앙이 미칩니다. 그래서 저는 어제 죽었고 혼백은 기댈 곳이 없어요. 제가 당신을 모시고자 당신 집의 장류신樟柳神[63]이 되어 제 전생의 죄를 씻고자 합니다."

조청요는 이 말을 듣고도 끝내 대답하지 않았다. 이튿날 사람을

---

63 사람의 형상을 만들어서 점복용으로 쓰인 도구.

이성암으로 보내 알아보았더니, 도사는 과연 자살하고 말았다.

이로부터 조청요는 장차 발생할 일에 대해 언제나 하루 먼저 알게 되었다. 어떤 사람은 도사가 그를 모시고 있기 때문이라고 말했다.

권9

나무로 목을 고정시키다

木箍頸

장흡원莊恰園이 관동關東[1]에 있을 때 한 사냥꾼이 목판의 테를 목에 두른 것을 보고 매우 이상하게 생각하며 그에게 이유를 물어보았다. 그 사냥꾼은 이렇게 대답했다.

"하루는 우리 형제 두 사람이 말을 타고 사냥을 나갔는데 황야에서 갑자기 키가 세 자이고 하얀 수염에 두건을 쓴 사람이 말 앞을 가로막고 읍을 했소. 제 형님이 그에게 누구냐고 물었지만 그 사람은 손을 흔들며 한마디도 하지 않았지요. 단지 입김으로 형님의 말을 불자 말이 놀라 앞으로 나가지 못하더군요. 형님이 대로해서 활을 쏘니 그 사람이 놀라 달아났지요. 형님이 급히 쫓아갔지만 오랜 시간이 지나도 돌아오지 않더군요. 제가 형님을 찾아 큰 나무 밑에 이르러 땅에 쓰러진 그를 발견했어요. 목이 몇 자나 길어졌는데 불러도 깨어나지 않더군요. 때마침 제가 당황하고 있을 때 두건을 쓴 사람

1 옛 지명으로 허난성 링바오현靈寶縣에 있으며, 동관潼關의 동쪽에 있다 하여 붙은 이름이다.

이 숲에서 걸어 나와 입을 벌려 제게 숨을 불어넣었지요. 갑자기 내 목이 참을 수 없을 만큼 가려워서 손으로 긁었는데 팔이 점점 길어졌으며 천천히 움직이니 마치 뱀의 긴 목 같았소. 저는 놀라서 급히 목을 감싸고 말을 재촉하여 도망감으로써 죽음을 면하게 되었지요. 그러나 제 목은 이미 맥이 풀려 곧게 뻗을 수가 없어서 목판으로 목을 고정시키고 아울러 쇠를 댔어요."

어떤 사람이 이 세 자의 사람은 수목정水木精이며 유광遊光,[2] 필방畢方[3]에 속하는 귀신이라고 말했다. 그의 이름을 부르면 해치지 않는다는 것이다. 『포박자抱朴子』[4]에도 이러한 기록이 남아 있다.

---

2 불의 정령精靈.

3 괴상한 새 이름으로, 한번 나타나기만 하면 원인 모를 화재를 일으킨다고 한다.

4 동진 갈홍葛洪(284~364)의 저서. 내편 20권, 외편 52권으로 구성되어 있으며 신선사상을 논한 책이다.

무덤 도굴에 관한 기이한 소식

掘冢奇報

항주 사람 주朱 씨는 무덤 도굴로 집안을 일으켰다. 그는 6~7명의 동료를 모아 매일 밤이 깊고 인적이 드문 칠흑같이 어두울 때를 틈타 삽을 메고 사방으로 나가 활동하기 시작했다. 그들이 발굴하는 무덤에는 대부분 썩은 뼈뿐이고 금은보화는 거의 없었다. 이에 계반乩盤을 놓고 점을 쳐 어느 집 무덤에 보화가 들어 있는지 미리 알고 싶었다. 한번은 악왕岳王이 신단에 강림하여 발언했다.

"네가 무덤을 도굴해 사자의 재물을 훔치는 죄는 일반 도적보다 크다. 이를 고치지 않으면 너를 참수할 것이다."

주 씨는 몹시 놀란 나머지 이때부터 깨끗이 손을 씻었다.

1년이 지나서 그 무덤 도굴을 도왔던 무리가 온종일 하는 일이 없어서 주 씨를 종용하여 다시 계반을 놓고 물어보게 했다. 주 씨가 말대로 했더니 과연 한 신이 강림하여 말했다.

"나는 서호의 수선水仙이다. 보숙탑保俶塔[5] 아래 돌우물 서쪽에 부

5 서호의 북쪽 기슭의 보석산寶石山에 있는 탑.

귀한 집의 무덤이 있느니라. 그곳에 가서 파보면 필시 많은 금은보화를 얻을 것이다."

주 씨가 크게 기뻐하며 사람들을 데리고 삽을 메고 보숙탑 아래로 가서 사방을 뒤졌으나 돌우물을 찾지 못했다. 막 이리저리 돌아다닐 때 마치 어떤 사람이 귀에 대고 가르쳐주는 것 같았다.

"보숙탑 서쪽의 버드나무 밑에 있는 것이 돌우물이 아니더냐?"

가서 보니 정말로 입구가 메워진 마른 우물이 있었다. 그들이 그 밑을 3, 4자 정도 파서 돌로 만든 관재를 발굴했는데 길고도 넓어서 일반 것과는 달랐다. 주 씨와 6, 7명이 함께 석관을 들었지만 들리지 않았다. 그들은 정사淨寺[6]의 스님 가운데 저주杵呪를 날릴 수 있는 자가 주문을 백번 외우면 석관이 자동으로 열린다는 소문을 들었다. 이에 정사로 가서 스님을 청해다가 그와 함께 관 속에 든 재물을 나누기로 했다. 스님도 요비妖匪라서 이익이 있음을 알고는 흔쾌히 달려갔다. 그가 주문을 백번 외우자 석관이 '펑' 하는 소리와 함께 열렸다. 석관에서 한 길 되는 푸른색 팔이 나오더니 스님을 관 속으로 잡아들여 부수어 먹기 시작해 피와 살이 낭자할 때까지 먹었는데 뼈를 땅에 던지니 '쟁쟁' 소리가 났다. 주 씨와 일당은 너무 놀라 혼비백산하여 사방으로 도주했다. 이튿날 그들이 다시 우물로 가보았더니 마른 우물은 보이지 않았다. 그러나 정사에서는 한 스님이 실종되었는데 주 씨가 불러 갔음을 알고는 연명하여 관청에 고발했다. 주 씨는 이 송사 때문에 가산을 탕진하고 나중에 옥중에서 목을 매 자

---

6 서호의 서쪽에 있으며 오대 오월국吳越國 시기에 처음 세워졌다.

살했다.

주 씨가 일찍이 관 속의 강시는 모두 달라서 자색, 백색, 녹색, 털로 덮인 강시가 있다고 말한 적이 있다. 가장 기괴한 경우는 그가 육화탑六和塔[7] 서쪽에서 도굴했던 무덤이다. 그 무덤엔 둥근 문과 석호石戶가 달려 있으며 몇 길이 될 만큼 널찍했다. 무덤 가운데 철사 줄로 두른 황금으로 장식한 붉은 관을 매달아놓았다. 주 씨가 도끼로 잘랐지만 조금도 손상되지 않았다. 이 관은 무소 가죽으로 만들어 목재가 아니었다. 관을 연 뒤 한 구의 시체가 나왔다. 머리엔 왕관을 썼고 수염과 눈썹은 모두 하얀색으로 위풍당당했으며 바람이 불자 전부 재로 변해버렸다. 수장된 시위의 갑옷, 복장은 견지繭紙[8]를 접어서 만든 것 같았으며 생사도 아니고 견사도 아니었다. 다른 무덤에서는 매우 큰 붉은 관이 있었는데 이것은 줄로 매달지 않고 도리어 구리로 주조한 환관 네 명이 땅에 무릎 꿇고 머리로 받치고 두 손을 위로 지탱하고 있었다. 무덤 벽의 꽃무늬는 청록색을 띠었는데 결국 어느 조대의 무덤인지 알 수가 없었다.

---

7 송 태조 개보 3년(970) 지각선사智覺禪師가 항주에 세운 탑. 지금 높이는 60미터다.

8 불량한 누에고치에서 실을 풀어 만든 비단 종이.

一目五先生

일목오선생

절강성에 특이한 귀신이 다섯 있었다. 그 가운데 넷은 애꾸이고 한 귀신만 눈이 한 짝이어서 여러 귀신은 이 외짝 눈에 의지하여 사물을 보았다. 이 귀신들은 '일목오선생一目五先生'이라 불렀다.

돌림병이 유행하던 때 다섯 귀신은 함께 나가기로 약속한 뒤 사람들이 잠들길 기다려 코로 냄새를 맡았다. 이 귀신이 사람 냄새를 맡으면 그 사람은 반드시 병이 나게 마련이다. 만일 다섯 귀신이 함께 그 사람의 냄새를 맡으면 반드시 죽는다. 네 귀신은 애꾸여서 갈팡질팡하며 구불구불 옆으로 나아가다가 자신의 생각대로 할 수 없기 때문에 '외짝 눈'의 호령을 들을 수밖에 없었다.

어느 날 전錢 씨 성을 가진 사람이 한 여관에 투숙했다. 다른 손님들은 벌써 잠들었고 그만 잠들지 않았다. 촛불이 갑자기 어두워지더니 다섯 귀신이 줄을 지어 뛰어다녔다. 네 명의 애꾸 귀신이 마침 한 사람을 에워싸고 냄새를 맡으려고 하자, 외짝 눈의 귀신이 말했다.

"이자는 선량한 사람이니 안 돼."

네 명의 애꾸 귀신이 다른 손님의 냄새를 맡으려고 하자 애꾸 귀신이 말했다.

"이자는 복이 있는 사람이니 안 돼."

네 귀신이 또다시 다른 사람의 냄새를 맡으려고 하자 애꾸 귀신이 다시 말했다.

"이자는 나쁜 사람이니 더더욱 안 돼."

네 명의 귀신이 말했다.

"그럼 우린 무엇을 먹지?"

애꾸 귀신은 다른 두 명의 손님을 가리키며 말했다.

"저 사람들은 선하지도 악하지도 않고 복록도 없으니 그들은 먹지 않으면 누굴 먹겠니?"

네 명의 귀신이 즉각 에워싸고 냄새를 맡았다. 이에 두 사람의 호흡이 점차 미약해졌고 다섯 귀신의 배는 점차 부풀기 시작했다.

夢乞兒煮狗

거지가 개를 굽는 꿈을 꾸다

수재 진청파陳淸波가 소흥관숙紹興館塾에서 거주했다. 어느 날 밤에 그가 꿈속에서 토지묘에 갔다가 사당 뒤에서 거지 몇 명을 보았다. 얼굴이 험상궂었는데 마침 화로를 둘러싸고 누런 개 한 마리의 가죽을 벗겨 불 위에 구웠다. 그 개는 몽둥이로 맞아 죽은 듯 피가 끊임없이 흐르기 시작했다. 진 수재는 구역질이 나는데 갑자기 문밖에서 의관을 정제한 사람이 들어와 욕설을 퍼부었다.

"우리 집 개를 훔쳐 먹은 게 네놈들이로구나. 관청에 가서 너희를 고발하겠다."

말이 끝나기도 전에 거지들이 함께 달려들어 구타하자 그 사람은 현장에서 땅에 쓰러져 죽었다.

진 수재가 놀라 깨어난 뒤 3일이 지나 다시 꿈속에서 검은 옷을 입은 귀신을 보았는데 손에 성황신의 소환장을 들고는 그에게 보여주며 말을 건넸다.

"누런 개의 주인이 잔인한 거지들에게 맞아 죽어서 그의 혼이 이미 성황신에게 고발했소. 고발장엔 진 수재가 증인을 설 수 있다고

셨으니 내가 명을 받들어 그대를 찾아온 것이오."

진 수재가 소환장을 보니 위에 과연 자신의 이름이 있었고 아울러 심판받는 날짜도 적혀 있었다. 깨어난 뒤 진 수재는 마음속으로 몹시 신물이 났다. 생각해보니 이 일은 그와 무관했으나 잠시 저승에 가서 증인을 설 수밖에 없었다.

이에 진 수재는 교사직을 사직하고 귀가했다. 아울러 두 번이나 꿈꾼 상황을 친척 서徐 씨에게 알리고 그에게 부탁하며 말했다.

"난 사후에 반드시 부활할 터이나 저승으로 가는 도로가 험난하여 영혼이 일시에 길을 잃을지도 모르오. 번거롭겠지만 그대가 하얀 수탉을 한 마리 사서 위에 내 이름을 쓰고 그날 성황묘에 가서 내가 길을 잃지 않도록 나의 혼을 불러주시오."

서 씨는 꿈속의 허황된 일을 믿기에 부족하다고 생각하면서도 조소하며 승낙했다. 그러나 그는 정말로 이런 일이 있을 거라고는 믿지 않았다.

그날이 되자 진 수재는 과연 아무런 질병도 없이 사망했다. 진 씨 가족들이 울면서 서 씨에게 초상을 알리자 서 씨는 급히 하얀 수탉을 사서 진 수재의 이름을 쓰고는 닭을 들고 성황묘에 갔다. 때마침 성황묘 앞에선 무대를 설치하고 연극을 하고 있어 인산인해를 이루어 무척이나 붐볐다. 석양이 질 무렵이 돼서야 서 씨는 신단 앞으로 비집고 들어가 크게 소리를 지르며 진 수재의 혼을 불렀다. 서 씨가 진 씨 집에 갈 때는 바로 6월이었기 때문에 날씨가 찌는 듯이 무더웠다. 진 수재의 시체는 이미 부식되어 있었다.

一棺藏十八人

한 관에 담긴 18명

건륭 4년(1739) 산서 포주蒲州에서는 성벽을 수축하고 있었다. 사람들이 모래톱에서 흙을 파다가 관재를 발굴했는데 모양은 네모지고 편편하여 커다란 상자 같았다. 열어보니 관재 속은 아홉 개의 격층隔層으로 되어 있고 층마다 두 구의 시체가 담겨 있었다. 각각 한 자가 넘고 남녀노소 모두가 산 사람 같았는데 어느 누구도 무슨 괴물인지 알 수 없었다.

진짜 용도가 가짜 용도로 변장하다

眞龍圖變假龍圖

가흥 사람 송宋 씨가 선유현仙遊縣[9] 현령으로 부임했다. 그는 평소 법 집행이 엄격하고 처신이 깨끗하여 포공包公[10]으로 자처했다.

어느 마을의 왕王 감생이 소작인의 아내와 간통했다. 두 사람은 서로 사랑하는 사이였다. 소작인의 아내는 남편이 집에 있어 거치적거리는 걸 싫어하여 점쟁이를 매수하고는 그녀 남편에게 말했다.

"당신이 집에 있으면 올해 운수가 불길하답니다. 당신이 먼 곳으로 떠나야만 재난에서 벗어날 수 있대요."

소작인은 아내의 말을 믿고 왕 감생에게 이를 알렸다. 왕 감생은 그에게 밑천을 주고는 사천에 가서 장사하게 했다. 소작인이 떠난 지 3년이 되도록 집에 돌아오지 않자, 마을 사람들은 그가 왕 감생에게 죽임을 당했다고 수군거렸다.

---

9 지금의 푸젠성 푸톈시莆田市 셴유현仙遊縣.

10 송대의 청렴한 법관 포증包拯(999~1062)을 말한다. 민중으로부터 사랑을 받아 후세의 연극에서 상당한 인기를 누렸다. 용도각 직학사龍圖閣直學士라는 관직을 지냈기 때문에 그를 '포 용도包龍圖'라고도 부른다.

송 씨는 일찌감치 이 소식을 듣고 소작인을 위해 복수하려고 했다. 하루는 송 씨가 이 마을을 지나는데 갑자기 회오리바람이 다리 앞에서 불어왔다. 바람이 나오는 곳을 찾아가니 우물이었다. 송 씨가 우물 속으로 사람을 내려보내 살펴보니 썩은 남자 시체가 발견되었다. 그는 소작인의 시체라고 단정하고 왕 감생과 소작인의 아내를 체포했다. 엄혹한 형벌로 고문한 결과 두 사람이 소작인을 죽였다고 자백했다. 송 현령이 형법에 의거하여 그들을 사형에 처하자 고을 백성이 그를 '송 용도宋龍圖'라고 칭송하고 아울러 이 일을 극본으로 엮어 마을 도처에서 공연했다.

일 년이 지나 그 소작인이 사천에서 돌아왔다. 막 성에 들어서자마자 무대에서 공연하고 있는 왕 감생 사건 장면을 보았다. 가까이 가서 자세히 보고 나서야 자신의 아내가 억울하게 죽은 것을 알고 갑자기 비통해져 성에 가서 억울한 일을 통곡하며 고소했다. 한 안찰사가 이 사건을 다시 심리하여 송 씨가 단서 없이 추측하여 판결함으로써 평민을 억울하게 죽였다는 죄명으로 치죄했다. 선유현 사람이 이 사건을 엮어서 민요로 만들었다.

간악한 남자가 본 남편을 죽였다고 지껄이니 瞎說奸夫害本夫
진짜 용 그림이 가짜 용 그림으로 바뀌었네 眞龍圖變假龍圖
인간 세상의 지방관에게 제발 이르노니 寄言人世司民者
청렴하고 용기 있으나 덤벙대는 관리 믿지 말기를 莫恃官淸膽氣粗

보전에서의 억울한 옥살이

莆田冤獄

복건 보전莆田의 왕 감생은 평상시에 제멋대로 날뛰며 온갖 술책을 부려 백성을 착취했다. 그는 자신의 땅이 이웃 장 노파의 5무畝의 땅과 인접한 것을 알고 그 땅을 자기 손에 넣어 자신의 땅을 한 뙈기로 연결했다. 이에 땅문서를 위조하고 현령에 뇌물을 주자, 현령은 5무의 땅을 그에게 주라고 판결했다. 장 노파는 어쩔 수 없이 강제로 땅을 왕 씨에게 넘겨주었다. 그러나 마음속으로는 불평하면서 매일 왕 씨 집에 와서 욕을 퍼부었다. 왕 감생은 참을 수 없어 한 이웃을 매수하여 장 노파를 때려죽이고 아울러 장 노파의 아들을 속여 현장에 가보게 했다. (아들이 현장에 도착하자) 사람들은 그 아들을 묶고는 모친을 살해한 범인이라고 무고하여 관청으로 압송했다. 이웃들이 위증을 했고 장 노파의 아들은 혹독한 고문을 참을 수 없어 자백하게 되었다. 그러자 현령은 당장 그를 능지처참하겠다고 상사에게 보고했다.

총독 소창蘇昌[11]은 이 사건을 보고받고 마음속으로 의혹이 들었다. "아들이 설령 불효자일지라도 집에서 모친을 심하게 때릴 수는 있겠지만, 어떻게 뭇사람의 눈이 주시하는 들판에서 이처럼 대역무도한 일을 저지를 수 있단 말인가? 게다가 그의 모친은 온몸이 상처투성이인데 아들이 모친을 이 정도로까지 때릴 리는 없다."

이에 소 총독은 복주福州, 천주泉州의 두 지부知府[12]에 전령을 보내 성의 성황묘에 가서 이 사건을 다시 심리하게 했다. 두 지부는 각기 선입견을 가진지라 원래의 판결을 견지했다. 이때 장 노파의 아들은 오랏줄로 꽁꽁 묶여 성황묘 문밖으로 끌려 나가면서 크게 소리쳤다.

"성황신이여, 성황신이여! 우리 일가는 이처럼 억울한 일을 겪었는데도 성황신은 전혀 영험하지 않으니 어째서 인간의 제사를 누리는지?"

말을 마치자 성황묘의 서쪽 사랑채가 갑자기 무너졌다. 당사자는 사당의 기둥이 썩어서 무너졌다고 여기며 그다지 개의치 않았다. 장 노파의 아들이 성황묘 문을 나오자 진흙으로 주조한 두 하급 관리 소상이 갑자기 앞으로 걸어오더니 두 개의 주릿대를 문 입구에 교차시켜 사람이 통과하지 못하게 막았다. 이에 빙 둘러 보던 군중은 의론이 분분해졌고 매우 혼잡스러웠다. 두 지부는 당황하고 어쩔 줄 몰라 다시 심문하여 마침내 장 노파의 억울한 사건을 깨끗이 처리하고 아울러 왕 감생을 법대로 처치했다. 이로부터 성황묘의 향불은 이전보다 더 왕성해졌다.

---

11 소창(?~1768)의 성은 이이근각라씨伊爾根覺羅氏이며 만주 정람기인正藍旗人이다. 건륭 29~32년에 절민浙閩 총독을 역임했다.

12 지부는 현령 위의 관직으로 부의 장관을 말한다.

水鬼畏嚣字

들렐 '효'자를 무서워하는 물귀신

조의길趙衣吉은 일찍이 다음과 같이 말한 적이 있다.

"모든 귀신마다 귀신 고유의 냄새를 가지고 있다. 익사한 귀신은 노린내가 난다. 언덕에서 죽은 귀신은 종이 탄 냄새가 난다. 이 두 가지 냄새를 맡으면 재빨리 피해야 한다."

그는 또 이렇게 말했다.

"강에 사는 귀신은 들렐 '효嚣'자 보는 것을 가장 두려워한다. 만일 사람이 배에서 노린내를 맡았다면, 재빨리 '효'자를 써서 강물 속으로 던지면 재난을 피할 수 있다."

狐仙知科擧

호선이 과거를 알다

포정사 전기錢琦,[13] 관찰사 채응표蔡應彪[14]가 당초 과거에 합격하지 못했을 때 친구 오 씨가 술을 마시자며 그들을 초청했다. 오 씨 집에서는 평소 호선을 모시고 있었다. 두 사람과 여러 손님이 오 씨 집에 당도했을 때는 날이 어두웠다. 배에서 꼬르륵 소리가 나도 음식이 좀처럼 나올 낌새를 보이지 않아 각자 마음속에 의혹이 일었다.

잠시 뒤 주인 오 씨가 부끄러운 낯빛을 띠고 나와 말했다.

"오늘 여러분을 초대하여 술을 마시고자 요리를 다 준비해놓았지만 갑자기 호선이 전부 가져갔어요. 어쩌죠?"

여러 손님은 오 씨가 비용을 아끼기 위해 호선이 가져갔다는 핑계를 댄 것으로 의심했다. 채공이 말했다.

---

13 전기(1709~1790)는 자가 상인相人, 상순湘純이고 호가 서사嶼沙, 술당述堂이며 절강성 인화仁和 사람이다. 건륭 2년(1737)에 진사가 되었으며 한림원 편수, 하남도 어사河南道御史, 강소 안찰사, 복건 포정사를 역임했다.

14 채응표는 자가 병후炳侯, 호가 숭하嵩霞이며 절강성 인화 사람으로 건륭 2년(1737) 진사에 합격했다. 귀주 포정사를 역임하고 글씨를 잘 썼다.

"주인장, 정말로 안주를 준비했다면 탕국의 흔적이 있을 터이니 주방에 가서 한번 봅시다."

주방으로 다가가 보니 아궁이 불은 아직 꺼지지 않았고 접시와 그릇, 공기, 생강, 두고豆鼓 등이 아직 남아 있었다. 그제야 오 씨의 말이 거짓이 아님을 알았다. 여러 손님이 자리를 뜨려고 하자 채공이 큰 소리로 불렀다.

"정말로 호선이 이곳에 있다면 제가 물어볼 말이 있어요. 올해 을묘년 가을에 과거시험을 치르고자 합니다. 우리 모두 수험생입니다. 만일 우리 가운데 누가 합격한다면 호선은 우리에게 안주를 돌려주시오. 만일 아무도 합격하지 못하겠거든 그 안주를 전부 드셔도 됩니다. 우리는 여기서 술을 마실 흥취가 사라졌어요."

이렇게 말을 마치고는 나가버렸다. 잠시 뒤 주인장 오 씨가 크게 웃으며 나와 말했다.

"여러분 축하드립니다. 술과 안주가 전부 탁자 위로 돌아왔어요. 올해 우리 가운데 반드시 합격하는 사람이 있을 겁니다."

이에 여러 손님은 기쁨에 겨워 통음하다가 헤어졌다.

과연 그해에 전기가 급제했으며 다음 시험에 채공도 합격했다.

鬼爭替身
人因得脫

귀신이 대역과 싸운 덕에 곤경에서 벗어나다

회계會稽 사람 왕이王二는 재봉을 생업으로 삼았다. 한번은 그가 치마저고리 몇 벌을 가지고 밤중에 후산吼山[15]을 지나는 도중 물속에서 두 사람이 튀어나왔다. 온몸은 발가벗었으며 얼굴이 까만데 왕이를 붙잡아 강물로 뛰어 들어갔다. 왕이는 어쩔 수 없이 몇 발자국 끌려갔다. 갑자기 후산 꼭대기의 소나무 숲에서 한 사람이 날아왔다. 눈썹은 아래로 드리우고 혀를 빼고 손에는 큰 줄을 쥐고 왕이의 허리에 감아 산꼭대기로 끌고 가더니 검은 얼굴의 귀신과 서로 싸우기 시작했다. 검은 얼굴의 귀신이 말했다.

"왕이는 나의 대역이거늘 너는 어째서 빼앗으려 하느냐?"

줄을 쥔 귀신이 대답했다.

"왕이는 재봉사다. 너희는 물귀신이라서 벌거벗고 강 속에서 사니

---

15 저장성 사오싱시 웨청구越城區 가오부진皐埠鎭 경내에 있다. 원명은 견정산犬亭山이고 구산狗山이라고도 부르는데 나중에 현지 방언의 해음諧音을 따서 후산으로 개명했다.

몸을 가릴 옷이 필요 없을 텐데 그를 잡아다 어디에 쓰려고 그러느냐? 내게 양보하여라."

이때 왕이는 정신이 어지러워 그들이 하는 대로 내버려두었다. 그러나 그는 마음속으로 깨달은 바가 있어 속으로 생각했다. '만일 이 치마저고리를 잃어버리면 배상할 돈이 없겠구나.' 이에 그는 치마저고리를 나무에 묶어두었다.

때마침 왕이의 삼촌이 다른 길로 귀가하다가 달빛 속에서 나무에 묶인 알록달록한 치마저고리를 바라보곤 가까이 다가가 보았다. 세 귀신은 놀라 도망갔다. 왕이의 입과 귀는 푸른 진흙으로 막혀 있었다. 삼촌이 부축하여 돌아가 끝내 죽음을 면했다.

城隍神酗酒

성황신이 술주정하다

항주 사람 심풍옥沈豐玉이 무강현武康縣에서 막료로 지냈다. 때마침 그해에 상사가 공문을 하달하여 심옥풍沈玉豐이라는 강호의 도적을 체포하게 했다. 막부 동료 원袁 씨가 심풍옥에게 농담을 건네며 붉은 먹으로 공문에 '심옥풍'이라는 세 글자를 '심풍옥'으로 바꿔 쓰며 말했다.

"지금 곳곳에서 자네를 잡으려고 하네."

심풍옥이 화를 내며 공문을 빼앗아 불태워버렸다.

이날 밤 심풍옥이 잠자리에 들자 꿈속에서 갑자기 귀신이 들어오더니 그를 붙잡아 성황묘로 끌고 갔다. 성황신이 높은 자리에 앉아 외쳤다.

"네 이놈, 살인한 도적놈아, 정말 혐오스럽구나!"

좌우 신하에게 명령하여 형을 집행하게 했다. 심풍옥은 조급해져서 자신은 도적이 아니라 항주의 수재라고 해명했다. 그래도 성황신이 대로하여 말했다.

"저승의 관례에 따라 이승의 공문이 도착하면 우리 저승에서 힘을 모아 범인을 체포하게 되어 있다. 지금 무강현의 공문이 여기에 있는데 너의 성과 이름이 적혀 있고 네가 도적이라고 쓰여 있다. 그래도 망령되이 잡아떼려고 하느냐?"

심풍옥은 동료 원 씨가 꾸민 짓거리의 앞뒤 사정을 상세하게 말해주었다. 성황신은 들으려고도 하지 않고 매로 다스리도록 명령했다. 심풍옥이 아파 소리를 지르며 억울하다고 말하자, 옆의 귀신이 조용히 그에게 말했다.

"성황신이 부인과 술을 마시다가 취하거든 다른 아문으로 가서 억울함을 호소해보시오."

심풍옥이 위로 올려다보니 성황신은 얼굴이 빨개지고 실눈을 가늘게 뜨고 있어 몹시 취한 것 같았다. 하지만 그는 아픔을 참고 형벌을 받아야만 했다. 다 때린 뒤 성황신은 귀신 관리에게 명령하여 심풍옥을 감옥으로 압송하여 수형생활을 하게 했다.

관제묘를 지나다가 심풍옥은 큰 소리로 억울함을 호소했다. 관제가 그를 불러 들어오게 하더니 얼굴을 맞대고 원인을 물어본 뒤 붉은 붓을 잡고는 누런 종이에 판결을 내렸다.

"너의 말투와 거동을 보아 하니 수재임에 확실하다. 성황신이 어째서 술에 취해 잘못 판단하여 형벌을 줄 수가 있을까? 성황을 관련 아문에 보내어 죄로 다스릴 것이다. 원 씨는 장기간 현아에 근무하면서도 인명을 장난으로 여겨 실제로 그의 목숨을 앗아갈 뻔했다. 무강지현이 감독을 소홀히 했으니 이에 상응하는 책임을 져야 한다. 다만 그가 공무 외적인 일로 한 일을 참작하여 벌로 3개월 치를 감봉할 것이다. 심 수재는 저승에서 장형을 당해 오장이 이미 손상당해 부활할 가망이 없다. 산서의 모씨 집으로 보내 그 집 아들로 환생하게 하고 20세 때 진사에 합격하게 하여 지난 시절에 받은 억울함을 보상케 하라."

관제가 판결을 마치자 귀신 관리가 황공해서 머리를 조아리며 빠져나갔다.

심풍옥이 깨어나니 참을 수 없을 정도로 배가 아파 동료를 불러 꿈 이야기를 그들에게 들려주었다. 3일 뒤 심풍옥이 죽었다. 원 씨가 소식을 듣고 급히 사직하고는 집으로 돌아왔으나 얼마 후 피를 토하고 죽었다. 성황묘의 성황 신상도 까닭 없이 저절로 넘어졌다. 그리고 무강 지현은 역마驛馬를 남용한 일로 3개월 감봉이란 처벌을 받았다.

지장왕이 손님을 맞이하다

地藏王接客

구남호裘南湖는 나의 동향 사람 창효滄曉[16] 선생의 조카다. 그의 사람됨은 오만했으며 세 번이나 합격자 발표가 났지만 거인에 합격하지 못했다. 그는 매우 분노하여 오 상국伍相國[17] 사당에 누런 종이에 쓴 장문狀文을 태우며 자신의 불만스런 처지를 하소연했다. 3일이 지나자 그는 병들었으며 병든 지 3일 만에 사망했다.

그의 영혼은 항주성의 청파문淸波門[18]으로 나가 수초 위로 다니며 '사사'거리는 소리를 냈다. 담황색의 하늘엔 햇빛이 보이지 않았다. 앞엔 낮고 붉은 담장이 있었는데 사람이 거주하는 것 같았다. 그가

16 호후胡煦(1655~1736)를 말한다. 자가 창효, 호가 자현紫弦이며 광산光山 사람이다. 강희 51년(1712)에 진사가 되었으며 한림원 서길사, 검토檢討, 예부시랑, 명사총재관明史總裁官 겸 병부시랑을 역임했다. 옹정 9년(1731)에 파면되어 고향에 돌아와 학문 연구에 종사했다. 건륭 원년(1736)에 복권되어 82세의 나이로 다시 북경에 올라갔으나 1736년 9월 13일 북경에서 병사했다. 주요 저작으로 『주역함서周易函書』(50권), 『석경문釋經文』(49권) 등이 있다.

17 춘추 시대 오나라의 재상 오자서伍子胥를 말한다. '상국'은 재상의 존칭이다.

앞으로 나아가 보았더니 몇몇 노파가 있었다. 그들은 큰 솥을 얹고 무언가 삶고 있었다. 솥뚜껑을 열자 안엔 전부 아이의 머리와 발이 들어 있었다. 그 노파가 구남호에게 알려줬다.

"이 사람들은 모두 속세에서 타락한 중이란다. 공덕이나 도행을 원만하게 수련하지 않았는데 몰래 사람의 형상을 얻었기 때문에 삶아 그들이 인간 세상에서 자라지 못하도록 어린것들을 전부 죽이는 거란다."

구남호가 깜짝 놀라 물었다.

"그러면 노파도 귀신입니까?"

노파가 웃으며 말했다.

"넌 내가 아직도 사람인 줄 아느냐? 사람이라면 어떻게 여길 왔겠느냐?"

구남호가 실성하여 크게 울자 노파가 다시 웃으며 말했다.

"너는 누런 종이를 태우며 죽길 바랐는데, 왜 우느냐? 너도 알다시피 오자서 상국은 오나라의 충신이다. 오월 일대에서 백성의 존경과 추앙을 받고 있어 종래 인간 세상의 관운 같은 일에 관여치 않으셨다. 지금 너를 여기로 부른 사람은 지장왕이다. 오 상국이 너의 소장

---

18 오대 오월吳越 시기에는 수문이었고, 남송 소흥紹興 28년에 항주성을 증축하면서 성문 13개를 만들었는데 청파문은 서성문西城門의 하나였다. 이 문이 호수의 동남쪽에 있어 '청파淸波(맑은 물결)'의 뜻을 따와 청파문이라 불렀다. 이 일대에는 고적이 많아서 수많은 시인과 화가, 서예가들이 운집하기도 했다. 청 함풍咸豐 10년(1860) 태평군太平軍이 지하 도로를 파고 항주에 진입할 때 청파문 성이 많이 무너졌다. 1913년부터 성과 팔기군 군영을 허물면서 청파문, 용금문湧金門, 전당문錢塘門 등 세 성문과 성담이 철거되고 난산로南山路, 후빈로湖濱路로 바뀌었다.

訴狀을 지장왕에게 건네주었기 때문에 지장왕이 널 부른 거야."

구남호가 물었다.

"지장왕을 좀 만나볼 수 있어요?"

노파가 그에게 말했다.

"네가 명첩名帖을 써서 서쪽의 불전에 보내주면 뵐 수 있을지도 모르겠구나."

아울러 앞의 길거리를 가리키며 말했다.

"저곳이 종이를 파는 곳이라네."

구남호가 앞으로 나아가 종이를 사는데 길거리는 시끌벅적하고 오가는 사람이 많아 속세의 극장에서 연극이 끝나고 흩어지는 모습 같았다. 어떤 이의 의관은 정갈했으며 어떤 이는 대머리이고 남녀노소도 있었다. 그 가운데에는 그가 생전에 알았던 사람도 있었다. 구남호는 그들에게 인사를 건넸지만 그에게 대꾸하는 사람은 아무도 없었다. 이 사람들이 죽은 사람인가 생각하니 마음속이 더욱 슬퍼졌다. 다시 앞으로 나가자 과연 문방구가 있었다. 점포 안엔 노인이 앉아 있었는데 몸에는 하얀 마고자를 걸치고 머리엔 베로 만든 두건을 쓰고서 종이를 건네주었다. 구남호는 노인에게 붓과 먹을 빌려 종이에 '유사구모배儒士裘某拜'라고 썼다. 그러자 그 노인이 웃으며 말했다.

"이 '유'자로는 자네가 자처하지 못할 테니 응당 모 과科의 부방副榜이라 써야만 지장왕의 화를 부르지 않을 것이야."

구남호는 그렇지 않다고 여기며 점포의 벽에 걸린 시를 훑어보았다. 위의 낙관은 정홍鄭鴻이 썼고 벽엔 수많은 지전이 걸려 있었다. 평소 정홍을 무시했던 구남호가 노인에게 말했다.

"정홍은 평소 이름도 없는 시인인데 어째서 그의 시를 걸어두었어요? 게다가 이곳은 저승인데 지전은 어디에 쓴답니까?"

노인이 대답했다.

"정홍은 비록 거인이지만 장래에 이름이 크게 빛날 거네. 저승은 권세와 이익을 가장 따지는 곳이라 이 시를 걸어두고서 영광으로 삼고 있다네. 지전도 저승에서 쓸 데가 있지. 자네가 지전을 많이 준비해두었다가 지장왕의 시종에게 뇌물로 주면 그들이 자네에게 통보해 줄 걸세."

구남호는 그렇지 않을 것으로 여겼다.

그가 곧장 서쪽의 불전으로 다가갔더니 과연 소머리 모양의 수백 야차가 보였다. 몸에는 가슴 앞에 '용勇'자를 수놓은 군복[19]을 걸쳤는데 그를 향해 욕을 세차게 퍼부었다. 구남호가 긴장할 때 어떤 사람이 그의 어깨를 쳤다. 되돌아보니 지전 파는 점포의 노인이었다. 노인이 말했다.

"이제는 날 믿겠지? 이승엔 사례금이 있는데 저승이라고 없겠어? 내가 이미 네 걸 준비했단다."

그 자리에서 구남호를 대신하여 수천 관을 주자 '용'자가 적힌 옷을 입은 군인이 비로소 명함을 안으로 들여보냈다.

잠시 뒤 동쪽 구석의 대문이 활짝 열리더니 안에서 구남호에게 들어오라는 소리가 들려 구남호는 계단 아래에 꿇어앉았다. 전당은 우뚝 솟아 있었으나 지장왕은 보이지 않았다. 이때 구남호는 창문 안에

---

19 청대 병졸의 군복 흉부에는 '용'자가 새겨져 있었다.

서 나는 소리를 들었다.

"시건방진 구남호야, 너는 오 상국 사당에서 장문을 불사르고 글을 좀 쓴다고 자랑했지만 사실 진부한 팔고문에 불과해. 우쭐거리며 경서를 해설하는 꼴 보라지. 넌 근본적으로 예나 지금의 사업, 학문도 모르고 글 쓴다고 우쭐거리기만 하니 정말 수치심도 모르는구나. 너의 명함에 자칭 선비라 하나 팔십 넘은 네 조모는 날마다 추위에 떨고 굶주리고 있단다. 게다가 두 눈까지 실명되었으니 너의 불효는 극점에 도달했지. 선비가 너처럼 하더냐?"

구남호가 대답했다.

"팔고문 외에 다른 학문이 있는지 사실 저는 모릅니다. 할머니가 고통받는 것은 사실 제 아내가 품성이 곱지 못하기 때문입니다. 결코 제 잘못은 아니죠."

지장왕이 말했다.

"부위부강夫爲婦綱이라 하였으니 인간 세상 모든 여성의 죄를 저승에서 판결할 때 우선 남편의 책임을 추궁하고 나서 그 여성을 징벌하게 되어 있느니라. 너는 선비라면서 어찌 책임을 아내에게 떠넘기는가? 네가 세 번째 보결 합격자가 된 것은 네 조부의 음덕이 도왔기 때문이지, 네 실력으로 인한 것은 아니다."

말이 채 끝나기도 전에 갑자기 전각 바깥 멀리에서 징을 울려 길을 여는 소리가 들려왔고, 전각 안에서도 종과 북을 쳐 이에 호응했다. 머리에 호피 모자를 쓰고 '용勇'자를 수놓은 옷을 입은 군인이 보고했다.

"주朱 대인께서 도착하십니다."

지장왕이 전각 아래로 내려가 영접했다. 구남호가 다리를 절며 전각을 내려가 동쪽 사랑채에 숨어 지켜보았더니 다름 아닌 형부낭중 주이충朱履忠이었다. 구남호의 친척이기도 하다. 구남호는 더욱 화가 나서 욕을 해댔다.

"저승도 과연 권세와 이익을 따지는구나. 나는 팔고문을 숙독하여 결국 보결 합격자가 되었지만, 주이충은 도리어 돈 주고 관직을 샀고 벼슬도 낭중에 불과하다. 그가 무슨 근거로 지장왕을 친히 마중 나가게 할 수 있는가?"

'용'자를 수놓은 옷을 입은 군인은 크게 노하여 몽둥이로 구남호의 주둥이를 때렸다. 구남호는 너무 아파 깨어났다.

그는 자신을 둘러싼 채 울고 있는 아내와 딸을 보고는 자신이 이틀 동안 죽어 있었음을 알았다. 그의 가슴엔 아직 온기가 있어 가족들이 그를 입관하지 않았던 것이다. 이로부터 구남호는 자신의 운이 좋지 않음을 알고는 다시는 과거시험을 보지 않았다. 다시 3년이 지나서 그는 정말로 죽었다.

귀신을 치료하는 두 가지 묘책

治鬼二妙

누 진인屢眞人은 세상 사람에게 귀신을 만나면 두려워하지 말고 끊임없이 귀신에게 입김을 불어 무형의 기로 무형의 귀신을 제압하라고 권고했다. 귀신은 사람의 숨을 가장 무서워하는데 그 효과는 칼이나 몽둥이보다 훨씬 낫다는 것이다. 장기석張豈石[20] 선생도 말한 바 있다.

"귀신을 만나면 두려워하지 말고 그와 싸워야 한다. 싸워 이기면 좋고, 싸워서 지더라도 그와 똑같이 귀신이 될 게 아닌가."

---

20 장기석은 본명이 찬燦이고 자가 기석이며 호가 상문湘門이다. 노양제魯亮儕, 사매장謝梅莊과 함께 명성을 날렸다. 무석 지현無錫知縣, 직예 안찰사사直隸按察使司, 대리시 소경大理寺少卿 등을 역임했다. 주요 저작으로는 『국조시적國朝詩的』(편), 『석어시초石漁詩鈔』 등이 있다.

狐讀時文

시문을 읽는 여우

사천 임공현臨邛縣에 이 씨 성을 가진 서생은 어리고 집이 빈곤했다. 어느 날 그가 집 안에 한가롭게 앉아 있는데 한 노인이 들어와 인사하면서 말했다.

"제 딸이 공자와 인연이 있습니다. 제가 알기로 공자는 아직 장가가지 않았으니 제 딸을 당신께 시집보내고 싶소."

"저의 집은 가난하여 부인을 맞이할 돈이 없어요."

"공자가 이 혼사만 승낙하면 됩니다. 결혼 비용에 대해선 걱정할 필요 없어요."

이생이 놀라 의아해하고 있을 때 갑자기 향거香車를 탄 미인이 당도했는데 대략 17, 18세였다. 화장이 매우 화려했으며 궤안几案, 옷걸이 등 물건도 운반해왔다. 노인은 화촉을 켜놓고 사위와 딸을 불러 맞절, 살장撒帳 의식[21]을 시키곤 말했다.

---

21 살장은 액막이로 대추나 밤 등의 과일이나 돈, 붉은 종잇조각 등을 뿌리는 의식을 말한다.

"지금 너희의 혼사를 마쳤으니 나는 떠나야겠구나."

그 후 이생이 여자를 끌어 옷을 벗기고 침상에 올려놓으려 하자 그 여자는 거부하며 말했다.

"저의 집에는 평민 출신의 사위가 없거늘 당신은 어째서 공명을 얻으려고 하지 않으십니까? 전 그래서 당신과 결혼했는데요."

"시험 날짜가 아직 멀었는데 기다릴 수 있겠소?"

여자는 웃으며 말했다.

"아닙니다. 당신이 쓴 문장을 보기만 하면 합격 여부를 금방 알 수 있어요. 그런 다음 당신과 결혼할 수 있으니 이후를 기다릴 필요가 없지요."

이생은 크게 기뻐하며 그가 평소에 쓴 시문時文[22]을 그녀에게 보여주었다. 여자는 뒤적여 오랫동안 보더니 다시 물었다.

"서방님은 평소에 원 태사袁太史[23]가 쓴 문장 읽어보셨나요?"

"물론이지."

"원 태사의 문장은 웅건하고 기백이 있으니 당신이 공명을 얻는 데 도움이 될 겁니다. 많이 읽어보세요. 하지만 원 태사는 천부적으로 재주가 높아 당신이 따라가지 못할 겁니다."

이에 그녀가 붓을 들어 이생의 문장을 몇 구절 고치고 물었다.

"이렇게 고쳐놓으니 원 태사 문장 같지 않아요?"

"그렇군."

---

22 청대 과거시험의 답안에 쓰이던 문체로 특히 팔고문八股文을 가리킨다.

23 원 태사는 이 책의 작자 원매袁枚를 말한다. 태사는 한림관翰林官의 존칭이다.

"이후엔 당신이 글을 쓸 때 어떻게 써야 할지 제게 먼저 물어보고 나서 쓰세요. 대강 마무리하시지 말고요."

이로부터 이생의 문장 구사력은 날마다 향상되어 끝내 임오년 향시에 합격했다. 이 여자는 이 씨 집에서 시어머니에게 효도를 하며 집안일을 깔끔하게 처리하는데 지금도 살아 있다. 사람들은 그녀가 여우 귀신이라는 걸 알지 못했다.

이 일은 임공지주臨邛知州 양조관楊潮觀[24]이 내게 해준 말이다.

---

24 양조관(1712~1791)은 자가 굉도宏度, 호가 입호笠湖이며 강소성 무석 사람이다. 각지의 지방관을 역임했으며 민생에 관심을 가져 민중의 사랑을 많이 받았다. 학자, 시인, 극작가로 활동했으며 원매와 친구 사이다. 저작으로는『주례지장周禮指掌』『역상거우易象擧隅』『가어관주家語貫珠』『음풍각시초吟風閣詩鈔』『음풍각사초吟風閣詞鈔』『음풍각잡극吟風閣雜劇』등이 있다.

하 노인이 가산을 탕진하다

何翁傾家

통주通州 사람 하何 노인은 세 아들을 두었는데 모두 평범하고 무능했다. 장자는 워낙 인물이 못났지만 아름다운 왕 씨를 아내로 맞았다. 왕 씨는 마음속으로 남편에게 불만을 품고 우울하게 지내다가 그만 병을 얻어 사망했다. 사후에 왕 씨의 혼이 언제나 하 씨의 둘째 며느리 사史 씨의 신상에 붙어 못되게 굴었으며 그 정도가 심했다. 하 노인은 고민하다가 장문狀文을 써서 성황묘에 알렸다.

며칠 지나자 갑자기 사 씨의 몸에 붙은 혼이 말했다.

"사돈어른 대답 좀 해보세요."

하 노인은 깜짝 놀라 누구냐고 급히 물었다.

"나는 사공史公으로 당신 둘째 며느리의 아버지오. 내가 죽은 뒤 성황신 수하의 문서 담당 관리가 되어 집안일을 신경 쓰지 못했소. 어제 당신이 쓴 장문을 보고서야 내 딸이 왕 씨의 영혼에 시달리는 것을 알게 되었소. 나는 이미 성황에게 부탁하여 왕 씨를 운남으로 보냈소. 이로부터 근심걱정이 없어졌소. 당초 내 딸이 당신 집에 시집갔을 때 나는 이미 죽었고 집안 형편이 빈한하여 실제로 딸에게 혼수 장만을 해주지 못한 것이 부끄러웠소. 지금도 여전히 가슴 졸인다오. 이것은 내가 저승에서 모은 500냥의 은인데 딸에게 보내줘야겠소. 사돈어른, 이달 16일 자시子時[25]에 향촉과 종이 은을 준비해서 당신 둘째 아들과 주방의 서남쪽 모퉁이에서 제사지내고 은박지 지전을 태우고 나서 호미로 땅을 파면 은이 나올 겁니다."

그러고는 경계의 말도 당부했다.

"그날 저녁에 야채 요리를 마련해주시오. 내가 동료 두세 명을 초청하여 당신에게 경하드릴 것이오."

하 노인은 그의 말대로 시행했다. 그날 밤에 땅을 파보았으나 빈 단지만 나왔다. 하 씨 부자는 마음이 답답하고 울적했다.

이날 밤 사 씨에게 붙은 귀신이 다시 말했다.

"사돈어른, 당신 운이 참 나쁘군요. 내가 여러 해 동안 저축해둔 걸 하루아침에 견자犬子가 빼앗아갔으니 어쩔 수 없네요."

원래 하 노인에게 서徐 씨 집에 시집간 누나가 있는데 '견자'라는 아들 하나를 낳았다. 매형과 누나가 죽은 뒤 견자 혼자 남아 어렵게 사는데 천 냥의 은을 가지고 외삼촌 하 노인에게 도망왔다. 하 노인은 생질을 각박하게 대하여 오래지 않아 견자도 죽자, 그의 재산은 전부 하 노인이 차지하게 되었다. 견자는 외삼촌에게 원망을 품었기에 이번엔 그가 한발 앞서 500냥의 은을 빼앗아 달아났다. 대개 이러한 귀사鬼事는 귀신을 속일 수 없는 법이다.

반년이 지나서 사 씨가 친정집으로 가서 인사를 드렸다. 이날 밤

---

25 밤 11시에서 새벽 1시.

하 씨 집으로 돌아와 문을 들어서자마자 갑자기 땅에 쓰러져 울면서 하 노인을 질책하며 욕하는 소리가 끊이지 않았다. 온 가족이 그녀의 말을 듣고는 깜짝 놀랐다. 원래 왕 씨의 혼이 이미 운남에서 돌아왔던 것이다. 여러 사람이 사 씨를 메고 내실로 들어왔을 때 셋째 며느리 방의 여종이 달려와 사람들에게 알렸다.

"지난밤 셋째 아가씨가 방에서 화장하던 중 갑자기 화장대를 깨트리다가 탁자에 걸려 넘어지고 크게 소리 질러 매우 흉악했는데 무슨 이유인지 모르겠어요."

하 노인이 들어가 보니 원래 귀신이 셋째 며느리의 신상에 붙은 것이었다. 물어보았더니 왕 씨를 운남으로 압송했던 귀신 관리였다. 귀신 관리가 욕하며 말했다.

"하 노인, 당신은 참으로 양심이 없소. 우리 집 며느리는 조금도 애석함을 돌보지 않고 결국 참다가 고소한 것이오. 그녀에게 무고를 당해 먼 변방으로 유배되었지요. 게다가 사돈어른 사 씨의 문서 담당 관리의 세력에 기대어 나에게 만 리를 떠나는 고역을 맡게 했으나, 한 푼도 쥐여주지 않았소. 우리가 어떻게 운남으로 갈 수 있단 말이오? 지금 왕 씨는 내가 도중에 돌봐준 은혜에 감격해서 내게 시집온 것이오. 나와 그녀는 고향에 돌아갈 수도 없고 아문에도 들어갈 수 없어 당신 집의 신혼 방을 빌려 혼례를 마칠 수 있었어요. 빨리 술을 덥혀와서 나의 추위를 막아주세요."

하 노인의 둘째 며느리, 셋째 며느리는 원래 문을 마주하고 거주했는데 이로부터 왕 씨가 둘째 며느리 신상에 붙으면, 저승사자는 셋째 며느리 신상에 붙었다. 왕 씨가 셋째 며느리의 몸에 붙으면, 저승사자는 둘째 며느리 몸에 붙어 하 씨 집은 하루 종일 바람 잘 날이 없었다.

하 노인이 신묘로 달려가 성황신에게 고소해도 성황신은 영험을 보여주지 않았다. 그는 많은 돈을 써서 도처에서 도사를 찾으며 이렇게 2년이 지났다. 이날 강서의 도사 난방구蘭方九가 하 씨 집에 불려와 먼저 10여 장의 부적을 그려 하 씨 집 앞문과 뒷문에 붙였다. 그런 다음 방에 들어가 칼을 빼서 법술을 부렸다. 처음에 두 며느리는 방 안에서 웃다가 우는 모습을 짓더니 잠시 후엔 놀라서 도망가려는 모습을 보였다. 후엔 애걸복걸하는 모습이었다. 갑자기 방구석에서 우레와 같은 소리가 나더니 두 며느리가 땅에 엎드렸다. 난방구는 손에 작은 병을 쥐고 입으로 주문을 외웠다.

"귀신이 들어간다. 귀신이 들어간다."

그런 다음 병마개를 막았다. 바로 이때 두 며느리가 깨어났다. 난방구가 왕 씨의 무덤을 파라고 명령했다. 관 뚜껑이 열리자 왕 씨 얼굴은 살아 있는 듯했고 굳은 시체에서 아직도 피가 흘러나오고 있었다. 이에 난방구는 시체를 불사르고 유골을 작은 병에 담았으며 돌로 그 위를 눌러놓았다. 이로부터 귀신 소동이 끊겼고 하 씨 집은 이 때문에 가산을 탕진하게 되었다.

강일임 江軼林

강일임江軼林은 통주 문인으로 대대로 통주의 여사장呂泗場[26]에 살았다. 그는 팽彭 씨를 아내로 맞아 부부의 금슬이 매우 돈독했다. 팽 씨가 강일임에게 시집온 지 3년 되던 해에 강일임의 나이는 20세 불과하고 아직 수재에도 합격하지 못했다. 어느 날 저녁 부부가 동시에 꿈을 꾸다가 강일임이 올해 모월 모일에 수재에 합격하며 팽 씨는 이날 죽을 것이라는 소리를 들었다. 오래지 않아 학사學使가 통주에 와서 시험을 거행했다. 여사장은 통주에서 백 리 길이 넘는데 강일임은 불길한 꿈을 꾸었던지라 마음속으로 의혹이 생겨 통주로 가고 싶지 않았다. 팽 씨가 그를 재촉하며 말했다.

"공명을 얻는 일은 중대한 사안입니다. 꿈속의 일은 믿을 게 못 됩니다."

26 남통南通의 고진古鎭 여사呂四라는 지명은 팔선의 한 사람인 여동빈呂洞賓과 연관이 있다. 여동빈이 학을 타고 이곳에 네 번이나 왔다고 하여 붙은 이름이다. 이곳을 학성鶴城이라고도 부른다.

강일임은 억지로 길을 나서 시험을 보았다. 그는 응시하여 과연 합격했고 합격자 발표하던 날이 바로 꿈속에서 말한 그날이었다. 그의 기분은 별로 좋지 않았다. 이틀이 지나자 결국 팽 씨가 죽었다는 부고가 전해졌다. 강일임은 시험을 마친 뒤 급히 집으로 돌아갔으나 팽 씨가 죽은 지 벌써 14일이 지나 있었다.

통주의 풍속에 따르면, 사람이 죽은 지 14일 되는 날 밤에는 사자의 옷을 영구 한쪽에 넣고 온 식구가 그 자리를 피해야 한다고 한다. 전하는 말에 따르면, 망자의 혼이 시신으로 돌아오는데 이를 '회살回煞'이라 부른다. 강일임은 팽 씨의 죽음을 애통해하다가 '회살'하는 날 밤에 침상을 영구 곁으로 옮기고 침상의 휘장 속에 숨어 팽 씨의 얼굴을 한번 볼 수 있길 바랐다. 삼경이 되었을 무렵 그는 집 구석에서 나는 작은 소리를 들었다. 팽 씨가 처마 바깥에서 천천히 내려와 영구 앞으로 걸어가더니 촛불을 향해 무릎 꿇고 고개를 찧었다. 촛불은 꺼졌지만 실내는 대낮처럼 밝았다. 강일임은 팽 씨를 놀라게 할까봐 아무 소리도 내지 못했다. 팽 씨가 영구 앞에서 침상 앞으로 걸어오더니 장막을 열고는 낮은 소리로 말했다.

"서방님 오셨습니까?"

강일임은 뛰어나와 서로 껴안고 통곡했다. 울음을 그치고는 서로 헤어진 정황을 말한 다음 옷을 벗고 잠자리에 들었다. 그 사랑은 생전이나 다름없었다. 강일임이 조용히 물었다.

"듣자니 사후엔 저승사자가 관리한다더군. 회살 때 살신煞神이 동반할 텐데 당신은 어떻게 혼자 돌아올 수 있었지?"

"살신은 저승에서 관할하는 저승사자입니다. 죄가 있는 귀신이라면 회살할 때에야 묶어놓아 살신이 압송하여 돌아옵니다. 저승의 관리는 저에게 죄가 없으며 서방님과의 인연이 아직 끊어지지 않았음을 알고는 저 혼자 돌아오도록 풀어줬어요."

"당신은 무죄인데 어째서 그렇게 빨리 죽었지?"

"이승의 수명이 짧은 것은 운명이지 죄의 유무와는 아무 상관이 없어요."

"그대와 나의 인연이 아직 끊어지지 않아 오늘 밤 다시 이곳에 왔으니 앞의 인연이 끊어지지 않을까?"

"아직 일러요. 앞의 인연이 다하면 뒤의 인연도 있겠죠."

얘기가 다 끝나지도 않았는데 밖에서 바람 부는 소리가 들렸다. 팽 씨가 무서워하며 손으로 강일임을 꼭 껴안고 외쳤다.

"절 껴안아주세요. 절 보호해주세요. 귀신은 바람을 가장 무서워한답니다. 일단 몸이 바람에 날리면 자기 마음대로 움직일 수가 없어요. 넘어지면 바람에 의해 먼 곳으로 날려간답니다."

닭이 울고 날이 밝자 두 사람은 헤어지게 되었다. 강일임이 아쉬워하자 팽 씨가 말했다.

"걱정하지 마세요. 밤에 또 만나요."

이 말을 마치곤 떠나버렸다. 이로부터 팽 씨는 매일 밤 와서는 생전의 화장품을 점검하며 강일임의 해진 옷을 바느질해주기도 했다. 두 달이 지나자 팽 씨가 갑자기 훌쩍이며 강일임에게 말했다.

"우리 두 사람의 앞의 인연은 이미 끝났어요. 이로부터 17년 동안 헤어져 있다가 17년 이후에 제가 다시 와서 서방님과 뒤의 인연을 잇겠습니다."

말을 마치곤 떠나버렸다.

강일임은 본래 영준한 소년이었고 집안도 부유하여 향리에서 그에게 시집오려는 여성이 많았으나 강일임은 모두 거절했다.

17년을 기다린 뒤 그가 팽 씨 생전의 목소리와 용모를 가진 사람을 찾아 통주, 태주, 의징儀徵, 양주를 뒤졌으나 찾지 못하고 여전히 혼자 여사로 돌아왔다.

여사는 원래 바닷가라서 이해에 배 한 척이 산동에서 돌아와 노부부 한 쌍을 데려왔다. 그들은 자칭 사족이라 하며 딸 하나를 낳아 삼촌에게 기대 살고 있었다. 삼촌은 그들의 딸을 현지의 부호에게 시집보내고 싶었으나 노인이 원하지 않아 이곳으로 숨었고 딸도 강남의 다른 사람에게 시집가려고 했다. 어떤 사람이 노인에게 강일임을 추천하니 노인도 동의했다. 그 사람이 강일임에게 의중을 떠보자 강일임은 먼저 그 여자를 만나보고 결정할 수 있다고 여겨 노인도 승낙했다. 그 여성을 보자마자 강일임은 팽 씨가 환생했다고 여겼다. 강일임이 그녀에게 나이를 물어보니 '17세'라고 대답했다. 그녀의 생년월일은 팽 씨가 죽은 날의 2개월 뒤였다. 강일임은 기뻐하며 이 혼사에 동의했고 두 사람은 이전보다 더 존경하고 즐겁게 지냈다. 이 여자의 성품과 취미는 팽 씨의 생전과 똑같았다. 가끔 강일임이 그녀에게 전생의 일을 물으면 그녀는 웃음 지으며 대답하진 않았다. 강일임은 그녀를 '봉래선자蓬萊仙子'[27]라 불렀는데 팽 씨의 환생을 암암리

27 봉래선자의 봉蓬(péng)은 팽彭(péng), 래萊(lái)는 래來(lái)와 발음이 같다. 팽 씨가 돌아왔다는 뜻이 된다.

에 비유한 말이다. 후에 두 사람은 일남일녀를 낳아 각각 '팽아彭兒' '팽식彭媳'이라 이름을 지어주었다. 이렇게 하여 그들은 결혼하여 부부로 17년을 살다가 각기 병을 얻어 앞뒤로 사망했다.

裹足作俑之報

전족을 처음 만든 이야기

항주의 육제하陸梯霞[28] 선생은 덕행이 뛰어난 분으로 평생 아내를 제외하곤 다른 여성에게 접근하지 않았다. 어떤 사람이 그에게 희단戲旦[29]과 기녀를 보내 술을 권했다. 선생은 불쾌했으나 화를 내지는 않고 마음대로 응수했다. 어떤 사람이 작은 죄를 저지르고 그에게 도와달라고 호소하면 그는 늘 도와주겠다고 대답했다. 수많은 관리가 육 선생을 존중하며 그의 말을 따르지 않는 사람이 없었다. 어떤 사람이 육 선생이 이렇게 한 일을 의론하여 자신의 풍격을 폄하한 것이라 하면 육 선생은 웃으면서 말했다.

"쌀밥이 땅에 떨어지면 주워서 식탁에 올려놓아야 마음이 편안한데 하필 자신이 먹을 필요가 있겠소? 사람마다 풍격을 세우려는 마음을 가지고 있지만 그것이 사심이오. 저는 일찍이 탕잠암湯潛庵[30] 순

---

28 육계陸堦(1619?~1701?)는 자가 제하이며 항주 사람으로 은거하다가 생을 마감했다. 주요 저작으로는『백봉루집白鳳樓集』『사서대전四書大全』등이 있다.

29 여자 역을 맡은 남자 배우.

무巡撫에게 가르침을 받았어요. 탕공이 소주 순무로 있을 때 소주엔 수많은 창기가 있었지요. 탕 순무는 그녀들을 훈계하기만 하고 체포하는 것을 금지했어요. 그는 늘 부하 관리에게 말했지요. '세상에 창기와 연극배우가 있는 것은 세상에 스님과 비구니가 있는 것과 같습니다. 스님과 비구니는 세상 사람을 속여 먹을 밥을 구걸합니다. 창기는 사람의 마음을 사서 먹을 밥을 구걸하죠. 이것은 모두 선왕의 법도에 부합하지 않아요. 그러나 지금 구양수歐陽脩의 「본론本論」[31] 문장이 세상에 전해지지 않았다면, 굶주림과 추위에 시달리고 원망과 고통이 오래 지속되는 백성을 어떻게 조치하나요? 지금 만일 창기와 연극배우를 학대하면 북위北魏 시기 스님을 소탕하고 불상을 훼손한 일[32]과 같아요. 단지 탐관오리만 이 틈을 타서 횡재하게 될 터, 이처럼 근본을 다스리지 않고 표면적인 것만 잡는 일은 제가 하지 않을 것입니다.'"

어느 날 육 선생은 꿈속에서 저승사자가 청첩장을 들고 있는 것을 보았다. 위에는 '연가권제양계성배年家眷弟楊繼盛拜'라는 글자가 쓰여 있었다. 육 선생이 웃으며 말했다.

"저도 초산공椒山公[33]을 뵙고 싶어요."

---

30 하남성 저주睢州 사람 탕빈湯斌(1627~1687)을 말한다. 자가 공백孔伯이고 호가 잠암潛庵이다. 순치 연간의 진사로 관직은 예부상서, 공부상서에 이르렀다. 저작으로 『탕자유서湯子遺書』가 있다.

31 송대의 정치가, 사상가, 문인 구양수(1007~1072)가 지은 「본론」은 불교와 노장 사상을 배척하고 비난했다.

32 446년에 태무제太武帝가 불교를 대대적으로 탄압했던 일을 가리킨다.

33 양계성楊繼盛(1516~1555)의 호가 초산이다.

그러곤 저승사자를 따라 갔다. 으리으리하게 우뚝 솟은 궁전 앞에 이르자 오사모를 쓰고 붉은 도포를 걸친 초산공이 계단을 내려와 그를 맞으며 말했다.

"제가 옥황상제의 뜻을 받들어 임기가 차서 승급할 터이니, 이 직위는 당신이 맡으시오."

육 선생이 사양하며 말했다.

"저는 이승에서도 벼슬할 생각이 없어 은거하며 관리를 맡지 않았어요. 지금 어떻게 저승의 관리를 맡겠습니까?"

그러자 초산공이 웃으며 말했다.

"선생은 진실로 세속을 초탈한 분이라 성황신도 하찮게 여겨 맡지 않으려는군요."

말이 다 끝나기도 전에 어느 판관이 초산공에게 귓속말로 말했다. 초산공이 이어 말했다.

"이 사건은 판결하기 어려우니 옥황상제에게 주청하여 다시 결정하도록 합시다."

육 선생이 무슨 사건인지 묻자 초산공이 대답했다.

"남당 이 후주李後主[34]의 전족 사건이오. 후주의 전생은 원래 숭산嵩山의 정명淨明 스님이었지만, 강남의 국왕으로 다시 태어났지요. 그는 궁중에서 놀고 즐기면서 비단으로 비빈 요랑窈娘의 발을 싸매 초승달 모양으로 만들었소. 이것은 일시의 유희에 불과하오. 하지만 뜻

34　오대 남당南唐의 마지막 군주 이욱李煜(937~978)을 말하며 전족을 창시했던 인물이다. 주요 작품이 『남당이주사南唐二主詞』에 실려 있다.

밖에도 이후 이 풍습이 지속되어 세상의 여성들이 다투어 모방하여 궁혜弓鞋[35]를 만들고 전족하여 부모가 물려준 형체를 억지로 비틀어 기형으로 만들어놓았소. 심지어는 발이 크고 작은 것을 가지고 비교하여 시어머니가 며느리에게 불만을 품거나 남편이 부인에게 불만을 가질 때마다 남녀가 모두 이를 가지고 조롱해대니 방종하고 외설스럽기 그지없소. 이는 소녀들에게 무한한 고통을 줄 뿐 아니라 여성들이 이 때문에 들보에 목을 매달거나 음독자살하는 경우도 생깁니다. 옥황상제께서는 처음으로 만든 후주를 미워하여 후주로 하여금 생전에 송 태종 조광의趙光義[36]가 내린 견기약牽機藥이라는 독약을 마시게 했지요. 독약을 마신 후주가 앞으로 나아가고자 발을 떼면 머리가 뒤로 넘어지려고 하여 여성의 전족보다 더 고통을 받았고 온갖 고생을 겪은 다음 죽었어요. 벌써 700년이 지난지라 그가 참회 기간을 마치고 숭산에 들어가 수도하려고 합니다. 그런데 뜻밖에도 전족하지 않은 여성 수십만 명이 천문에 뛰어와 억울하다고 소리치고 있네요.

'장헌충張獻忠[37]이 사천을 공략할 때 우리의 발을 잘라 산더미처럼

---

35 전족용 신발.

36 조광의(939~997)는 송대 2대 황제 태종이다. 태조 조광윤趙匡胤의 아우다. 이 후주는 태종에게 항복했다.

37 명말 농민군의 영수(1606~1647). 장헌충은 가난한 가정에서 태어나 어려서부터 부친을 따라 대추를 판매했다. 숭정 연간에 농민군을 조직하여 봉기했으며 1640년에 부대를 이끌고 사천으로 진격했다. 1644년에 성도에서 대서大西 정권을 건립하고 연호를 대순大順으로 정했다. 1646년 청군이 남하하자 장헌충은 봉기군을 이끌고 항전했으나 서충西充 봉황산鳳凰山에서 화살에 맞아 사망했다.

쌓였어요. 가장 작은 발은 제일 꼭대기에 올려놓았지요. 비록 우리가 죽을 운명이라고는 하지만, 어째서 우리가 이 지경이 되도록 추태를 부려야 하는지요? 이 지경에 이른 것은 이 후주가 전족을 선창해서 이끈 죄 때문이 아닐까요? 부탁하건대 옥황상제께서 이 후주를 엄벌해주셔야 저희가 눈을 감을 수 있어요.'

옥황상제는 그들을 동정했어요. 이에 천하의 성황신에게 성지를 내려 후주의 죄를 의논하게 했어요. 공문이 벌써 이곳에 도착했소, 나는 이것이 장헌충의 죄라고 생각합니다. 이 후주는 미리 알 방법이 없었으니 후주의 중죄를 판단하기 어렵소. 그래서 이 후주를 벌하여 저승에서 신발 백만 켤레를 짜게 하고 전족하지 않은 여성들에게 보상하게 했으며 그 숫자의 신발을 다 짜면 숭산에 돌아가도록 허용할 겁니다. 주장奏章의 초고를 끝냈지만 다른 성황과는 상의하지도 않았지요. 육 선생, 그대가 보기에 어떻게 처리해야 하오?"

육 선생이 말했다.

"습속은 고치기 어려워요. 어리석은 백성 가운데 자기 부모의 시신을 불태우는 것을 효도를 다하는 것이라 여기는 사람도 있고, 자기 딸의 발을 고통스럽게 만드는데도 자애롭다 여기는 사람도 있어요. 이러한 일은 똑같은 이치입니다."

초산공이 크게 웃자 육 선생이 작별 인사를 하고 문을 나섰다. 꿈에서 깨어난 뒤 육 선생은 마침내 편안해졌다.

이후 초산공은 두 번 다시 육 선생을 초청하지 않았고 육 선생은 80여 세까지 살다가 죽었다. 생전에 그는 웃으며 부인에게 말했다.

"내 딸에겐 전족을 시키지 말자. 그러면 이 후주가 저승에서 신발한 켤레를 더 짜야 할 거야."

判官答問

판관이 질문에 응답하다

사붕비謝鵬飛는 인화현仁和縣 출신의 늠생 신분으로 저승의 판관으로 임명되었다. 그는 낮에는 평소와 같지만 밤만 되면 저승으로 가서 공무를 처리했다. 많은 친구가 그에게 저승에 가서 수명을 찾아보라고 부탁했으나 그는 들어주지 않았다. 사람들은 그가 천기를 누설할까봐 두려워한다고 여겼다. 사붕비가 말했다.

"그렇지 않아. 이승의 관련 아문에서는 범죄를 지어 소송에 엮이면 참고할 명부가 있겠지. 그렇지 않다면 수천만 백성 가운데 누가 보갑책保甲冊[38]을 엮을 시간이 있겠어? 관청에서는 백성 마음대로 내왕하면서 하는 말을 들을 수 있을 뿐인데 저승에서도 마찬가지네. 자네들이 소송 사건에 연루되어 있지 않고 저승의 법규를 위반하지 않았으며 운명이 아직 다하지 않았으면 살고, 운명이 다했으면 죽는

38 청대 보갑제保甲制에 따라 편성한 호구책戶口冊을 말한다. 호마다 호주의 이름과 직업, 성년 남자의 숫자를 적어놓은 문패를 걸어두었다. 이사하거나 변동 사항이 있을 때는 수시로 보고해야 한다. 그리고 각 호의 문패를 근거로 삼아 호적책戶籍冊을 만들어 등록했다.

거야. 난 실제로 명부를 조사할 방법이 없어."

한 친구가 물었다.

"전염병으로 죽은 사람도 조사할 명부가 있을까?"

"그런 사람들은 모두 양구陽九(합 456년)와 106(합 288년), 음양의 작은 재난 사이에 죽었던 사람이라서 현부縣府의 고시考試처럼 명부가 있을 터이니 조사할 수가 있네. 다만 범용한 사람만이 이 책자에 기록되어 있을 뿐이야. 반면 내력이 있는 사람은 작은 재난 때 태어나거나 죽지 않았어. 이는 이승에서 대대로 관리를 하던 집안에 비유할 수 있으니 후대 자손들은 동생童生 시험을 치를 필요가 없지."

"전염병 말고 다른 재난은 없었나?"

"수재, 화재, 칼부림, 전쟁 따위들이 대재난이지. 이러한 재난은 고관대작들도 벗어나기 어려운 법이야."

"저승에선 어떤 신이 가장 높나?"

"명사冥司라 불리며 높고 낮음은 없어. 고귀한 신분은 모두 천상의 신선이지. 성황신, 토지신은 인간 세상의 부현府縣의 일반 관리와 같아. 풍진 속에서 밤낮으로 분주히 뛰어다니느라 엄청 고생하기에 똑똑한 사람이라면 이 관직을 맡으려 하지 않지. 이전에 백석선인白石仙人[39]도 온종일 산속에서 흰 돌을 삶으며 하늘에 올라가 신선을 맡으려 하지 않았지. 어떤 사람이 그 이유를 묻자 그는 '천계엔 엄격한 규율이 있고 부록符籙이 너무 많아 매우 수고스럽지. 그래서 나는 차라

39 한 유향劉向의 『열선전列仙傳』에 나오는 신선. 백석생白石生, 백석선白石仙이라고도 부른다.

리 산수 속에서 자유롭게 노닐면서 영원히 산선散仙이 되고 싶소'라고 말하더군. 그가 한 말도 이런 뜻이야."

장 태사 蔣太史

태사 장사전蔣士銓[40]이 중서사인中書舍人으로 근무할 때 경성의 가가호동賈家胡同[41]에 거주했다. 11월 15일 그의 아들이 병이 나 장사전과 아내 장張 씨는 한방에 거주하면서 나누어 두 침대에 누웠다. 장사전의 꿈속에서 저승사자가 초대장을 들고 그를 초청한지라 자신도 모르게 따라가고야 말았다.

신묘神廟에 도착해서 문을 열고 들어가 잠시 쉬다가 진흙으로 만든 말을 보았다. 손으로 만지자 진흙 말이 결국 움직이면서 갈기털이

---

40 장사전(1725~1784)은 자가 심여心餘, 초생苕生, 호가 청용淸容, 장원藏園이며 강서성 연산鉛山 사람으로 건륭 22년(1757)에 진사가 되었다. 한림원 편수를 거쳐 건륭 29년(1764) 사직한 후 즙산蕺山, 숭문崇文, 안정安定의 세 서원에서 강학했다. 주요 저작으로는『충아당집忠雅堂集』『홍설루구종곡紅雪樓九種曲』『동현사銅弦詞』등이 있다.

41 베이징 쉬안우구宣武區 동남쪽에 있는 골목 이름. 명대에는 가가호동賈哥胡同으로 불리다가 '가哥'의 해음 '가家'로 바꿔 가가호동賈家胡同이라 불렸다. 청대의 경학가, 문학가 홍양길洪亮吉(1746~1809)은 건륭 46년(1781) 이 골목으로 이주했고, 증국번曾國藩(1811~1872)도 도광道光 30년(1850) 4월부터 이곳에서 살았다. 청말의 소설가 오견인吳趼人(1866~1910)도 이곳에서 태어났다.

솟았다. 저승사자가 장사전을 말에 태우고 허공을 날았는데 아래로 보이는 너른 들판이 바둑판처럼 종횡으로 교차했다. 잠시 뒤 가랑비가 내리자 그는 옷이 젖을까 걱정되어 머리를 들고 보았는데 붉은 기름종이 우산을 저승사자가 들고는 씌워주었다. 오래지 않아 진흙 말이 전당의 계단 아래에 멈추었다. 이 전당은 널찍하고 웅장하여 제왕이 사는 궁전 같았다. 전당 밖엔 샘이 두 개가 있었는데 왼쪽은 '천당', 오른쪽은 '지옥'이라 불렀다.

장사전이 천당을 향해 바라보니 넓고도 밝았다. 다시 지옥을 향해 바라보니 칠흑같이 어둡고 깊이를 알 수 없었으며 그를 따랐던 저승사자도 보이지 않았다. 이때 그는 전당 옆 작은 집에서 큰 솥에 불을 때는 노파를 보았다. 앞으로 다가가 무엇을 끓이는지 묻자 노파가 대답하며 말했다.

"악당을 삶고 있어요."

장사전이 솥뚜껑을 열어 보니 정말로 전부 사람 머리였다. 이때 지옥 우물가에서 해진 옷을 입은 사람이 우물 속으로 뛰어들어갔다. 노파가 말했다.

"이곳은 왕야王爺가 죄인을 지옥에 가두는 곳입니다."

장사전이 물었다.

"이곳은 인간 세상이 아닌가요?"

"두말하면 잔소리지요. 당신이 이곳 정황을 보면 알 겁니다."

"저는 왕야를 보고 싶은데 될까요?"

"왕야께서 기왕 당신을 초대했으니 당연히 접견할 것이므로 서두를 필요 없지요. 당신이 먼저 엿보고 싶다면 그래도 됩니다."

이에 그녀는 높은 등자를 가져와 장사전으로 하여금 오르게 했다. 장사전은 전당 문틈을 통해 왕야를 보게 되었다. 그 왕야는 대략 30세가량이고 얼굴이 맑고 여위었으며 수염 몇 가닥이 나 있었다. 머리엔 왕관을 쓰고 몸엔 성대한 옷을 걸쳤으며 손엔 홀을 쥐고 북쪽을 향해 서 있었다. 노파가 말했다.

"왕야께서 지금 옥황상제에게 보고하고 있어요."

왕야는 분향한 다음 머리를 조아렸다. 그 뒤 대전 정문이 활짝 열리더니 안에서 장사전을 부르며 전당에 들라는 소리가 들렸다.

장사전이 급히 전당에 올라가니 왕야의 복식은 완전히 바뀌어 청대의 관복을 입고 머리엔 하얀 베로 묶었으며 두 가닥의 베가 귀 뒤로 내려와 보아하니 『삼례도三禮圖』[42]에 그린 고대 복식 같았다. 왕야가 앉으며 장사전에게 말했다.

"저승의 공무가 바쁘고 내 임기가 차서 장차 이직할 것이니, 이 자리를 공께서 맡아주길 바라오."

그의 목소리를 들으니 상주 무진武進 사람 같았다. 이에 장사전이 대답했다.

"제게 위로는 노모가 계시고 아래론 어린 자식이 있어 집안일도 아직 끝내지 못해 이곳에 올 수 없습니다."

왕야가 불쾌한 듯이 말했다.

"공께서는 재자란 이름을 들으면서 어찌 이리 활달하지 못할까? 공의 노모는 그녀의 수명이 있고 공의 아들도 나름의 수명이 있거늘,

42 정식 명칭은 『삼례도집주三禮圖集註』(20권)로 송대 섭숭의聶崇義가 지었다.

이것이 공과 무슨 상관이오? 세상사는 필요하면 있고 불필요하면 없는 법이오. 나는 이미 공의 이름을 옥황상제게 올렸으니 되돌이킬 방법이 없소이다."

말을 마친 왕야는 의자를 돌려 장사전을 등지고 앉았다. 일체를 돌보지 않겠다는 투였다.

장사전은 화가 나서 탁자의 목계척木界尺[43]을 들어 두드리며 힘주어 말했다.

"당신이 이처럼 인정을 알지 못하니 어찌 사람의 재난을 압도할 수 있을까?"

막 소리치는 찰나에 장사전이 깨어났는데 기름등잔이 깜박거리는 모습을 발견했다. 그리고 그는 침상에 누워 있었는데 사지가 얼음처럼 차갑고 땀이 비 오듯 흘러 이부자리가 흥건히 젖어 있었다. 잠시 숨을 헐떡거리다가 일어나 앉아서 부인 장 씨를 불러 꿈속의 상황을 알려주자, 부인이 대성통곡하기 시작했다. 장사전이 말했다.

"울지 마오. 모친을 놀라게 하지 마시오."

이에 그는 탁자에 기대 앉았고 부인이 곁에서 보살폈다.

사경이 되자 장사전은 깊은 잠에 빠져 자신도 모르게 또 저승으로 갔다. 그러나 궁전은 이전의 것과 달랐고 전당 위엔 다섯 개의 자리가 놓여 있었으며 안건이 산더미처럼 쌓여 있었다. 그 가운데 네 자리 위에는 사람이 있었고 다섯 번째 자리만 비어 있었다. 한 관리가 빈자리를 가리키며 장사전에게 말했다.

---

43 측백나무로 만든 선을 긋는 자.

"이곳이 공의 자리입니다."

장사전이 관리를 따라 세 번째 자리로 오자 자리에 앉은 사람은 그의 스승 풍정산馮靜山[44] 선생이었다. 장사전은 급히 앞으로 나가 손을 모아 인사했다. 몸에 양가죽 도포를 걸친 풍정산이 안경을 벗더니 기쁘게 말했다.

"너도 왔구나. 잘되었다. 잘되었어. 이곳의 문서 장부가 많아 어쩔 줄 몰랐는데 자네가 날 도와주어야겠구나."

"선생님께선 어찌 그리 말씀하십니까? 저의 집엔 노모와 어린 아들이 있사옵니다. 다른 사람은 몰라도 선생님은 분명히 아시지 않습니까? 제가 어찌 올 수 있겠어요?"

풍정산이 슬픔에 젖어 말했다.

"네 말을 들으니 생전의 일이 생각나는군. 비록 나는 위로는 부모님이 안 계시지만 아래로는 어린 아내와 자식이 있어 저승으로 올 수 있는 사람이 아니란다. 지금 인간 세상의 아내가 어떻게 지내는지 모르겠구나."

말하면서 풍정산이 우는데 눈물이 비 오듯 떨어졌다. 잠시 후 수건으로 눈물을 닦으며 말했다.

"일이 이 지경이 되었으니 더 말할 필요 없다. 당초에 널 추천한 사람은 상주 사람 유劉 형이야. 정말 가소로운 일이지. 자네는 빨리 가서 뒷일을 마무리하시게. 오늘이 이미 15일이니 20일이 자네가 부임

---

44 풍병문馮秉文의 자가 정산靜山이다. 산동성 역성歷城 사람으로 건륭 연간의 진사다.

하는 날이라네."

그 뒤 두 사람은 손을 잡고 작별을 고했는데 이때 장사전이 깨어났다.

때마침 창밖에서 닭이 울었다. 장사전의 모친도 이 일을 알고 있었던지라 아들을 껴안고 통곡했다. 장사전은 줄곧 포정사 왕흥오王輿吾[45]와 친하게 지냈기에 왕공에게 가서 작별을 고하고 뒷일을 그에게 부탁하려고 했다. 왕공이 장사전을 보자 대경실색하며 말했다.

"자네 얼굴에 온통 재를 발라놓았는데 어젯밤에 병을 앓았어? 어째서 온몸에 귀기가 서려 있지?"

장사전이 꿈속의 일을 왕공에게 알리자 왕공이 말했다.

"두려워하지 마시게. 지금 북두에게 제를 올리고 절하며 『대비주大悲呪』[46]를 읽으면 재난을 피할 수 있네. 자네가 돌아가서 내 말대로 해보면 될 걸세."

장사전의 모친은 평시에 북두를 자못 경건하게 섬겼던지라 이에 다시 신단을 마련하고 온 집안사람들이 목욕재계하고 기도하며 주문을 외웠다.

그날은 마침 동짓날이었다. 친구들이 축하하러 와서 장사전을 둘러싸고 지켰다. 삼경이 되자 장사전은 공중에서 내려오는 가마를 보았다. 깃발이 보이고 가마꾼도 있었는데 마치 그를 영접하려는 것 같

---

45 자가 종지宗之, 호가 신암愼庵이고 강소성 화정華亭 사람이며 옹정 연간의 진사다.

46 전체 이름은 『광대원만무애대비심대다라니廣大圓滿無碍大悲心大陀羅尼』이며 이 주문呪文을 읽으면 죽은 자의 재앙을 소멸시킬 수 있다고 한다.

았다. 이에 그는 『대비주』를 외워 저승사자를 몰아내려 했다. 저승사자가 그에게 다가오면 올수록 더욱 흐릿하게 보여 연무가 흩어지는 것 같았다.

3년이 지나 장사전은 진사에 합격하여 한림원에 들어갔다.

李敏達公扶乩

이민달 공의 부계

이민달李敏達[47] 공의 이름은 위衛로 당초에 관직을 맡지 않았을 때 자칭 '영양자零陽子'라는 계선乩仙를 만났다. 그 신선이 그에게 종신형을 판결하며 말했다.

씩씩한 기상 이덕유李德裕[48]와 비슷하고 氣概文饒似
공훈을 세운 명성 위국공과 같도다 勳名衛國同
흔쾌히 한번 웃음 지으며 欣然還一笑
가을의 붉은 꽃에 붓을 던지도다 擲筆在秋紅

---

47 이민달(1687~1738)은 이름이 위衛, 자가 우개又玠이고 민달은 그의 시호다. 강소성 서주 풍현豐縣 사람으로 호부낭중, 절강 총독, 병부상서, 직예 총독 등을 역임하면서 청렴한 관리로 소문나 민중의 사랑을 받았다.

48 당말의 정치가 이덕유(787~850)의 자는 문요이고 재상 이길보李吉甫(758~814)의 아들이다. 그 역시 재상을 지냈으며 이종민李宗閔(787~843), 우승유牛僧孺(779~847) 집단에 반대하여 우리牛李 당쟁 때 이당李黨의 영수가 되었다. 선종宣宗이 즉위하자 우당牛黨이 득세함에 따라 네 차례나 폄적되었고 최후에 애주 사호崖州司戶로 지내다가 그곳에서 병사했다.

그리고 그 옆에 "추홍은 풀이름이다"라고 주를 달았다. 당시 아무도 이 말의 함의를 알지 못했다.

나중에 이공이 보정총독保定總督을 지냈는데 총하總河[49] 주조朱藻[50]를 탄핵하다가 죽었다. 후인들은 이때에야 '주朱'가 붉을 '홍紅', '조藻'가 풀 '초草'의 뜻임을 깨달았다.

---

49 하도河道를 총괄하는 관직을 말한다. 명대의 총하시랑總河侍郎이 청대에 들어와 하도 총독河道總督, 그다음엔 총하로 명칭이 바뀌었다.

50 한군양백기인漢軍鑲白旗人으로 당시에 직예의 하도 총독을 맡고 있었다.

呂道人驅龍

여 도인이 독룡을 몰아내다

하남 귀덕부歸德府에 여呂 씨 성을 가진 도인이 살았는데 나이가 백 살이 넘었어도 호흡하는 소리가 우레와 같았다. 그는 가끔 10여 일 동안 밥을 먹지 않았고 때로는 하루에 500개의 계란을 먹기도 했다. 그가 다른 사람의 몸에 숨을 내쉬면 불린 사람은 불에 타는 것처럼 고통스럽게 느꼈다. 어떤 사람이 장난치면서 익히지 않은 날떡을 그의 등 위에 붙이니 잠시 후 잘 익어서 먹을 수 있을 정도였다. 겨울이건 여름이건 그는 언제나 베옷을 입고 매일 300리 길을 걸어다녔다.

옹정 연간에 왕조은王朝恩[51]이 북총하北總河를 맡아 장가구張家口의 돌 제방을 축조하다가 성공하지 못하고 수만의 돈을 낭비한지라 왕공은 근심에 빠져 밥도 먹지 않았다. 마침 여 도사가 와서 다음과 같이 말했다.

"돌 제방 아래에 독룡毒龍이 장난치고 있습니다."

왕공이 물었다.

51 자는 진공晉公이며 한군양홍기인漢軍鑲紅旗人이다.

"독룡을 몰아낼 수 있어요?"

"이 용은 수련한 지 2000년이 되어 법력이 무척 큽니다. 당시 양무제梁武帝가 수축한 부산언浮山堰[52]이 붕괴되어 몇만 명의 사상자가 발생했는데 바로 이 독룡이 한 짓입니다. 공께서 돌 제방을 쌓고 싶다면 제가 친히 강에 내려가 독룡과 싸우도록 하겠습니다. 독룡을 몰아낸다면 돌 제방을 수축할 수 있어요. 그러나 제 명이 짧아 독룡에게 해를 당할지도 모르므로 저는 황제 폐하의 위엄에 기댈 테니 아울러 왕 대인의 복과 힘을 빌려 보호해주시길 바랍니다."

"어떻게 하면 되나요?"

"먼저 황제의 영패令牌를 구해 기름종이에 잘 싼 다음 제 등 위에 부치고 아울러 하도총독河道總督의 관인으로 봉한 다음 대인께서 친히 이름을 써서 봉하시면 됩니다."

왕조은은 그의 요구대로 일을 처리했다. 그러자 여 도사가 검을 들어 물속에 넣었다. 잠시 후 검은 바람이 몰아치더니 번개가 치고 파도가 하늘에 닿을 듯했다.

이튿날 한밤중에 여 도사가 총하總河 아문에 왔는데 손에는 피 묻은 검을 들었고 온몸에 피비린내가 났으며 등이 굽었다.

---

52 남북조 시기에 회하淮河에 수축하여 강물을 막은 일종의 댐이다. 안휘성 오하五河, 가산嘉山 및 강소성 사홍泗洪 세 현의 경계 지점인 회하 부산협浮山峽 안에 있었다. 양梁 천감天監 11년(514)에 북위北魏에서 점거하고 있던 수양壽陽(지금의 안후이성 서우현壽縣)을 빼앗기 위해 수공 작전을 펼쳐 부산협에 댐을 만들어 회하의 물길을 막아 수위가 높아지자 그 물길을 터서 수양을 수몰시켰다. 이 댐은 2년 동안 20만 명을 동원하여 완공했다고 한다. 그 터가 지금의 안후이성 밍광시明光市 류샹진柳巷鎭 푸산촌浮山村 북쪽, 화이허강 남쪽에 남아 있다.

"제 늑골이 용꼬리에 부딪혀 끊어졌으나 저도 독룡의 한 팔을 잘라 물속에 넣어버렸어요. 한쪽 발톱만 남겨왔으니 지금 왕 대인께 바칩니다. 독룡이 부상을 입어 동해로 도망갔으니 내일은 돌 제방을 축조할 수 있을 겁니다."

왕조은은 크게 기뻐했다. 그 자리에서 술잔을 건네며 여 도사를 위로했고 몽골 의사를 불러 그의 뼈를 맞춰주었다. 여 도사가 말했다.

"필요 없습니다. 제 운명대로 반년 요양하면 회복할 수 있어요."

이튿날 왕조은은 공사 현장으로 가서 막았던 재료를 내버리고 끝내 돌 제방을 완공했다.

그 용 발톱은 무소 뼈 크기만 한데 냄새를 맡아보니 용의 향기가 났다. 걸어놓으니 모기와 파리를 멀리 쫓을 수 있었다.

여 도사는 자칭 이자성李自成[53]과 친하다며 일찍이 이자성에게 짚신을 삼아주었다고 한다. 그는 또 가사방賈士芳[54]과 함께 왕 씨를 스승으로 섬겼다. 왕 선생은 언제나 이렇게 말하곤 했다.

"너의 타고난 성품이 소박하여 도를 이룰 수 있을 것이다. 하지만 가사방은 명리를 좇고 스스로 총명한 척하니 틀림없이 좋은 결과를

---

53 이자성(1606~1645)은 명대 말기 농민반란 지도자다. 본명은 홍기鴻基이고 '틈왕闖王'으로 불린다. 1644년 서안에서 국호를 대순大順, 연호를 영창永昌으로 정하고 황제로 즉위했다. 그리고 북벌하기 시작하여 북경을 함락하고 명 왕조를 멸망시켰다. 하지만 산해관山海關을 지키던 오삼계吳三桂가 청에 투항하면서 청군과 함께 공격하자, 이자성은 서안으로 퇴각하여 저항했으나 끝내 패배하고 말았다.

54 옹정 연간의 북경 백운관白雲觀 도사로 옹정제를 치료해줌으로써 총애를 받게 된다. 하지만 자신의 능력 한계로 옹정제를 속였다가 들통나는 바람에 하옥되어 참형을 당했다고 전해진다.

얻지 못할 것이야. 하지만 그의 명성은 천자를 진동시킬 것이다."

혜문민嵇文敏[55] 공이 총하를 맡았을 때 경성에 올라가 황상을 알현했다. 혜 씨 가족들이 그의 소식을 듣지 못해 여 도사를 찾아가 묻자 여 도사는 말했다.

"당신 집 대인의 눈에 큰 나무가 박혔어요."

온 가족은 깜짝 놀라 어찌할 바를 모르다가 혜문민이 눈병에 걸렸을 거라고 여겼다. 오래지 않아 혜공이 동각대학사東閣大學士[56]로 제수되면서 '목방목目旁木'이 원래 '상相'자임을 깨달았다.

건륭 4년(1739) 여 도사가 서울에 올라가자 왕공 대신들이 다투어 그에게 병을 치료해달라고 부탁했는데 그의 손이 닿기만 하면 병이 나았다. 서문목徐文穆[57] 공의 여섯째 아들이 발기부전증을 얻었다. 여 도사가 보자마자 다음과 같이 말했다.

"도련님 얼굴에 화색이 돌지 않는 걸 보니 몽정한 것에 불과합니다."

이에 서공의 아들로 하여금 두 눈을 감고 땅에 눕게 하고는 가슴을 열어놓았다. 그가 손에 쇠바늘을 쥐고 있었는데 한 자가 넘었다.

---

55 혜증균嵇曾筠을 말한다. 자가 송우松友, 호가 예재禮齋, 절강성 무석 사람이다. 강희 연간의 진사이며 문화전대학사文華殿大學士를 역임했다.

56 대학사 제도는 당대부터 있었지만 명대에 정비되었고 청대에는 보화전대학사保華殿大學士, 문화전대학사, 무영전대학사, 문연각대학사文淵閣大學士, 체인각대학사體仁閣大學士, 동각대학사가 있었다. 문신 가운데 가장 높은 직위였으나 군기처軍機處가 설립되면서부터 실권은 군기처로 넘어갔다.

57 서본徐本(?~1747)이다. 자가 입인立人, 호가 시재是齋이며 '문목'은 그의 시호다. 강희 연간의 진사이며 관직은 동각대학사를 역임했다.

공자의 심장을 찌르고 철침을 뽑으니 즉각 피가 흘러나와 붉은 실 같았다. 여 도사가 서 공자의 상처 부위에 침을 발랐다. 옆에 섰던 사람들은 깜짝 놀랐으나 서 공자는 아무것도 몰랐다. 이날 밤에 서 공자의 병이 전부 나았다.

왕맹정王孟亭[58] 지부가 요통에 걸려 여 도사를 불러 치료하게 했다. 여 도사가 말했다.

"날이 활짝 갠 날 제가 와서 치료해드리겠습니다."

이튿날 여 도사는 손으로 햇빛을 쥐고 왕 지부의 허리를 주물렀다. 왕 지부는 오장이 뜨거워지면서 병도 나았다. 왕 지부가 그에게 무슨 법술이냐고 묻자 여 도사는 대답하려 하지 않았다. 이에 왕 지부가 몰래 여 도사의 동자에게 물었더니 동자가 말했다.

"무슨 특별한 것은 없어요. 제가 매일 아침 도인을 따라 광야로 나가는데 붉은 태양이 막 떠오를 때 도인이 태양을 향해 호랑이가 뛰는 자세를 취해 손으로 햇볕을 잡아 입속에 넣고는 숨을 내쉬었다가 빨아들입니다. 이렇게 반복적으로 합니다."

58 왕관王錧(1756~1821)은 자가 경오經五, 호가 맹정孟亭이며 왕석기王錫祺(1855~1913)의 조부다.

반고 이전의 하늘

盤古以前天

전하는 말에 따르면 천지가 개벽하기 전에 음침목陰沉木[59]이라는 나무가 있었다고 한다. 그 나무는 모래 속에 매장되었다가 하늘이 무너지고 땅이 꺼지는 변천을 거쳐 다시금 세상에 나타났다. 이러한 원인으로 음침목이 다시 흙 속에 묻히면 1만 년이 지나도 썩지 않았다. 음침목의 색깔은 짙은 녹색인데 나무 무늬는 짜낸 비단결처럼 고왔다. 땅에 음침목을 놓아두면 100걸음 이내에 파리나 모기들도 날지 못할 것이다.

강희 30년(1691) 천태산이 무너져 모래흙 속에서 관이 나왔는데 형상은 매우 괴이했으며 관의 앞부분은 뾰족했고 꼬리 부분은 넓어 여섯 자가 넘었다. 잘 아는 사람이 말했다.

"이는 음침목으로 만든 관인데 이상한 곳이 있어요."

앞 뚜껑을 여니 관에 한 사람이 들어 있는데 눈썹, 눈, 주둥이, 코

59 지각변동이나 홍수, 산사태로 지하에 수천 년간 묻혀 있다가 돌처럼 딱딱하게 굳은 목재를 말한다.

는 나무의 색깔과 같았고 팔과 대퇴도 나뭇결과 똑같았으며 하나도 썩지 않았다.

갑자기 관에 누운 사람이 두 눈을 뜨더니 허공을 바라보며 물었다.

"저 푸른 것은 무엇이지?"

사람들이 말했다.

"하늘이오."

그 사람이 놀라 물었다.

"당초 내가 살아 있을 때는 하늘이 지금처럼 높지 않았는데."

말을 마치곤 다시 눈을 감았다. 사람들이 관 속에 누운 사람을 다투어 일으켜 세우니 반고가 천지를 개벽하기 이전의 사람을 전 성의 남녀노소가 보러 왔다. 바로 이때 큰 바람이 불자 관 속의 사람은 석인石人으로 변했다. 그 음침목으로 만든 관을 지현이 가져가 나중에 총독에게 바쳤다.

내 추측으로 관에 누웠던 이는 원고시대 천지 혼돈 시기의 사람이었을 것이다. 위서緯書[60]에서는 "만년 뒤에 하늘은 공이에 닿을 것이다萬年之後, 天可倚杵"[61]라고 말했다. 그 사람이 상고 시대의 하늘이 오늘날처럼 높지 않았다고 한 말은 사실이다.

---

60 경서經書에 대응하여 만들어진 책. 시위詩緯, 역위易緯, 서위書緯, 예위禮緯, 악위樂緯, 춘추위春秋緯, 효경위孝經緯의 7위서緯書를 말하며 유교에 바탕을 두고 길흉화복을 예언하는 책으로, 전한前漢 말에서 후한後漢에 걸쳐 성행했다.

61 『대사大詞』에 "고대 참위가의 말에 따르면 몇 년 뒤에 하늘과 땅이 변해 서로 근접하여 땅에 공이를 세우면 하늘에 닿을 수 있다고 한다古代讖緯家言, 謂若干年後天地將變得相近, 立杵于地可倚于天"란 말이 있다.

권 10

우왕비가 뱀을 삼키다

禹王碑呑蛇

도적문屠赤文이 섬서 양당현兩當縣 현위로 지낼 때 수하에 장張 씨 성을 가진 요리사가 있었는데, 대식가이며 힘이 셌고 신체가 건장했지만 왼쪽 귀가 없었다. 도적문이 그에게 왼쪽 귀를 잃어버린 연유를 묻자 자신의 경력을 아래와 같이 설명했다.

나는 사천 사람으로 삼대에 걸쳐 사냥을 생업으로 삼았다. 집안에 조상 대대로 내려오는 기이한 책이 있는데 책에서는 사냥꾼에게 바람을 잡아 코로 냄새를 맡아서 어느 야수가 오는지 판단할 수 있는 기술을 가르쳐주었다. 나도 어렸을 때 배웠다.

한번은 내가 공래산邛徠山[1]으로 사냥을 나갔다. 산속엔 음양계陰陽界라 불리는 곳이 있는데 양계는 비교적 넓고 음계는 험하고 가팔라 인적이 드문 곳이었다. 하루는 양계에서 사냥하다가 하나도 건지지 못해 말린 양식을 휴대하고 음계로 갔다. 오십 리쯤 가니 날은 벌써

1 쓰촨성 서부에 있으며 남북의 길이는 대략 250킬로미터다. 민장岷江강과 다두허大渡河강의 분수령이며 쓰촨분지와 칭짱고원青藏高原의 경계선이기도 하다.

저물었다. 멀리 바라보니 십 리 밖의 높은 산에 큰 불빛이 솟구쳤다. 화기가 충천하여 수림과 계곡을 대낮처럼 비추었다. 조금 뒤 괴상한 바람이 미친 듯이 불어왔다. 나는 무슨 상황이 출현한지 몰라 바람을 잡아 냄새를 맡아보았는데 기이한 책에서는 기록되지 않은 냄새였다. 까닭 없이 마음속으로 무서워 급히 나무꼭대기로 올라가 조망했다.

잠시 후 불빛이 점점 가까워지더니 큰 화염 속에 커다란 석비가 번뜩였다. 석비에는 호랑이가 새겨져 있고 불빛이 사방을 비추어 수만 개의 횃불이 몇 리까지 비추는 것 같았다. 석비가 서서히 앞으로 움직이더니 나무 아래로 이동할 때 나를 발견하고는 갑자기 서너 길 뛰어올라 입을 벌려 삼키고자 했는데 거의 내 몸에 닿을 뻔했다. 내가 숨을 죽이고 꼼짝하지 않자 석비도 서서히 서남쪽으로 이동해갔다.

나는 위험에서 벗어난 것을 다행으로 여기고 석비가 멀리 떠나길 기다려 나무 위에서 내려왔다. 갑자기 나는 또 거대한 뱀 천 마리를 보았는데 큰 것은 수레바퀴만 했고 작은 것은 말斗 크기만 했다. 이러한 뱀들이 허공을 뒤덮으며 날아다녔다. 나는 틀림없이 뱀에게 잡아먹힐 것으로 여겨 몹시 당황하고 놀랐다. 뜻밖에도 뱀들은 모두 허공을 가르며 구름을 뚫고 날아다녔다. 다행히 나무에서 멀리 떨어졌고 나무 위에 엎드려 있었기에 나는 전혀 다치지 않았다. 단지 작은 뱀만이 낮게 날아다녀 내 귀를 스치고 지나갔다. 갑자기 참을 수 없는 통증을 느껴 만져보니 왼쪽 귀가 없어졌고 선혈이 흥건히 흘러내렸다. 이때 석비가 다시 앞의 화염 속에 서서 조금도 움직이지 않았다. 석비 옆을 지나가던 뱀은 모두 껍데기로 변하여 분분히 땅에 떨어져 마치 하얀 띠가 펄펄 나는 것 같았다. 다만 입을 벌리고 게걸스레 뱀 고기를 씹는 소리만 들릴 뿐이었다. 잠시 후 뱀은 전부 보이지 않고 석비도 저 멀리 떠나갔다.

나는 이튿날이 되어서야 나무에서 내려와 급히 돌아갈 길을 찾았으나 헤매어 길을 잃었다. 이때 마침 한 노인을 만나 겪은 일을 말해 주었다. 그러자 그 노인이 말했다.

"나는 이곳의 산민山民인데 그대가 어젯밤에 본 것은 우왕비禹王碑요. 당시 대우大禹[2]가 치수하기 위해 공래산에 이르자 독사가 길을 가로막았다오. 우왕이 대로하여 경진庚辰[3]에게 뱀을 죽이라고 명한 다음, 석비 두 개를 세워 뱀을 막게 했고 아울러 두 석비를 가리키며 말했지요.

'너희는 장차 신이 되어 대대로 뱀을 죽여 백성의 피해를 제거하라.'

지금 벌써 4000년이 되었는데 석비가 정말 신이 되었지요. 비는 하나는 크고 하나는 작은데 그대는 다행히 작은 비석을 만나 죽음을 면한 거요. 만일 큰 비석이 나와 큰불이 5리까지 퍼졌다면 수림이 모두 불타고 말았을 거요. 두 비석은 모두 뱀을 양식으로 삼아 이르는 곳마다 뱀을 데리고 다닌다오. 그래서 뱀들이 고개를 숙인 채 죽기만을 기다리니 사람을 해칠 겨를이 없지요. 그대 왼쪽 귀는 뱀의 독에 중독되어 양계로 가서 햇빛을 보면 죽게 되오."

---

2 중국 고대 하夏 왕조의 시조 우왕인데 치수로 유명하다.

3 신화 전설에 나오는 우왕의 부하.

그리고 노인이 품에서 약을 꺼내 귀를 치료해주었다. 아울러 내게 돌아갈 길을 알려주고서 헤어졌다.

검은 기둥

黑柱

소흥 사람 엄嚴 아무개는 왕 씨의 데릴사위가 되었다. 이날 엄 씨가 부모 집에 있었는데 장인이 갑자기 사람을 보내 그를 데리러 와서는 그의 아내가 급한 병에 걸렸다고 말했다. 엄 씨는 급히 돌아가 문병하려고 했다. 이때 날이 어두워져 그는 촛불을 들고 길을 나섰다. 도중에 정원의 나무 기둥만 한 검은 기운이 때때로 촛불을 가렸다. 촛불이 동쪽으로 향하면, 기둥도 동쪽으로 움직였다. 촛불이 서쪽으로 향하면, 기둥도 서쪽으로 움직여 엄 씨를 막아서 앞으로 나아가지 못하게 했다. 엄 씨가 너무 무서워 잘 아는 집에 이르러 하인을 빌리고 촛불 두 자루를 더 빌려 앞으로 가자, 그 검은 기운은 점차 사라졌다. 처가에 들어서니 장인이 마중 나와 말했다.

"자네가 온 지 오래되었거늘 어째서 밖에서 들어오나?"

"전 돌아온 적이 없는데요."

온 가족이 대경실색했다. 엄 씨가 내실로 들어가니 침상 곁에 앉은 사람이 아내의 손을 잡고 있었는데 마치 함께 떠나가려는 듯한 모습이었다. 엄 씨가 급히 앞으로 나아가 아내의 손을 쥐자, 그 사람은 비로소 떠나갔다. 이어 아내도 숨이 끊어져 사망했다.

원숭이 요괴 猴怪

항주의 거인 주운구周雲衢에게 딸 하나가 있는데 염상鹽商 오吳 씨의 아들에게 시집갔다. 집이 좁아서 오 씨는 아들과 며느리를 후원의 서재에 묵게 했다.

결혼한 지 3개월이 지나자 주 씨 딸이 갑자기 이상한 병에 걸렸다. 처음엔 가슴이 아팠으나 이어서 배와 등이 아프고 최후에는 귀, 눈, 입, 코로 전이되어 아프지 않은 데가 없어 소리 지르며 데굴데굴 굴러 차마 눈뜨고 볼 수가 없었다. 집안에서는 의사를 불러 진료하게 했으나 어느 누구도 무슨 병인지 알지 못했다. 사람들은 주 씨 딸이 검고 하얀 연기에 싸인 모습을 보았는데 마치 줄로 묶어놓은 것 같았다. 주운구와 사돈 오 씨가 기도하는 단을 설치해도 전혀 효과가 없었다. 어쩔 수 없이 소송 서류를 써서 성황묘와 관제묘에 바쳤다. 보름이 지나도 영험을 보지 못했다. 이에 다시 소송 서류를 써서 재촉했다. 고소하던 날 주운구와 딸, 사위가 대낮에 전부 침상에 쓰러졌는데 죽은 것 같았다. 이틀이 지나서야 그들은 비로소 깨어났다.

집안사람이 주운구에게 어찌된 일인지 묻자 그가 말했다.

"성황신이 나의 소송 서류를 받고는 즉각 명령을 내려 요괴를 체포하게 했지만 요괴는 저항하여 오지 않았지. 내가 다시 관제에게 고소하니 관제는 온원수溫元帥[4]를 파견하여 요괴를 잡아다 심문하게 했어. 심문을 거쳐 못되게 군 것은 자후雌猴로 밝혀졌고 내 딸 신상의 검고 하얀 연기는 바로 검고 하얀 두 뱀이었지. 원래 원대 지정至正 7년(1347)의 어느 날 자후와 그 짝이 달로화적達魯花赤[5] 여가余家의 화원에서 과일을 훔쳐 먹었는데, 당시 내 딸도 여 씨 집에서 여자 종으로 지냈지. 딸은 과일을 훔치는 원숭이를 보고 돌을 던져 쫓아내려고 했어. 수컷은 도망가다가 마침 사냥꾼 장신張信을 만나 장신이 활을 쏘아 원숭이를 죽였지. 자후는 놀라 달아나서 괄창산括蒼山[6]에서 수양했어. 지금 사냥꾼 장신이 오 씨의 아들로 환생했으며, 여자 종은 주 씨의 딸로 환생했기에 자후가 복수하러 온 거야. 온원수가 원숭이 요괴에게 물었지.

'네가 기왕 그들에게 복수하려거든 왜 일찍 복수하지 않고 400년 후에야 복수하려는가?'

---

4 온신瘟神이라고도 하며 염병, 즉 온역瘟疫을 물리치기 위해 제사한 신격의 하나. 본래는 온역을 퍼트리는 나쁜 신이었으나 여기서는 관신關神을 섬기는 착한 신으로 나타났다. 그래서 얼굴도 온화하고 관대하게 그려져 있다.

5 몽골 제국, 원나라의 관직명으로 몽골어 발음은 다루가치이고 뜻은 '장관'이다.

6 지금의 저장성 타이저우시台州市 셴쥐현仙居縣과 린하이시臨海市 경계에 있는 산 이름으로 링장수계靈江水系와 어우장수계甌江水系의 분수령이다. 괄창산은 진은산眞隱山, 천비산天鼻山, 창산蒼山이라고도 부르며 도사들이 많이 찾았던 산이다. 남조의 조명한 도교사상가, 약물학자 도홍경陶弘景(456~536)이 일찍이 이곳 등단가燈壇架에 은거하며 연단을 제조하고 약초를 채집하면서 책을 쓴 적이 있다. 등단가의 터가 아직도 남아 있다.

원숭이 요괴가 이렇게 대답하더군.

'이 여자는 7대 동안 환생했는데 먼저 문학시종관, 혹은 포정사와 순무가 되는 바람에 저는 무례를 범할 수가 없었어요. 그녀는 전세에 관리가 되었는데 덕행이 없었으며, 이번 생애에 여자로 환생했고 그녀가 시집간 사람이 공교롭게도 환생한 사냥꾼 장신이어서 우리 둘이 함께 복수한 것입니다.'

온원수가 또 물었지.

'그러면 검고 하얀 두 연기는 어디에서 나온 것인가?'

원숭이 요괴는 오 씨 집 후원의 뱀 두 마리이며 원숭이 요괴가 데려왔다고 자백했어. 온원수가 화내며 말했지.

'주 씨의 딸은 전생에 하녀였다가 돌을 던져 원숭이를 쫓아냈으니 이는 그녀의 직분으로 봤을 때 당연한 일이다. 오 씨 아들은 전생에 사냥꾼이어서 원숭이 한 마리를 죽인 것도 인간 세상에서 늘 일어나는 일이다. 당신이 오 씨의 아들에게 복수하지 않고 도리어 그 아내에게 복수하는 것은 실로 사리에 맞지 않는 일이다. 하물며 이 일은 정원의 두 뱀과는 전혀 관계가 없는데, 어째서 그들로 하여금 나쁜 사람을 도와 사악한 짓을 하게 하는가?'

이에 온원수가 보검을 버리며 큰 소리로 명령을 내렸지.

'먼저 뱀의 요정을 베어라!'

검은 옷을 입은 두 관리가 즉각 두 뱀의 머리를 베어서 증거물을 바쳤어. 온원수가 원숭이 요괴에게 말했지.

'너의 죄는 마땅히 참수형에 해당되나 너는 다년간 수련하여 신통력 있고 성과를 거두고 있기에 너를 죽이기가 아깝구나. 네가 빨리

개과천선하고 속죄하여 주 씨 딸의 병을 치료해주면, 널 풀어주고 관제에게 상세히 보고하겠다.'

원숭이 요괴는 복종하지 않고 얼굴이 흉하게 일그러지며 두 눈에서 흉악한 빛을 쏘고 손톱을 휘둘러 마치 온원수를 치려는 것 같았어. 이때 갑자기 공중에서 외치는 사람의 목소리가 들리더군.

'복마대제의 명령이오. 원숭이 요괴가 복종하지 않으면 즉각 참수하시오!'

말이 끝나자마자 옥상에서 댕그랑댕그랑하는 칼 소리가 전해오니, 원숭이 요괴는 무서워지기 시작하여 머리를 조아리면서 자신의 죄를 인정했지. 온원수가 주 씨 딸을 탁자 앞으로 부르고는 원숭이 요괴에게 치료하라고 명령했네. 원숭이 요괴가 소녀의 눈, 귀, 코, 입에서 십여 개의 횡자橫刺, 철침과 죽편을 빼내자 소녀의 통증은 점점 가라앉았고 여전히 가슴만 아플 뿐이었지. 원숭이 요괴는 도리어 치료하려 하지 않았어. 온원수가 다시 원숭이 요괴를 참수하려고 하니 원숭이 요괴가 말했지.

'그녀의 마음병은 쉽게 치료할 수 있으나 제게 조건이 있어요. 오 씨께서 승낙해주신다면 제가 주 씨 딸을 치료하겠습니다.'

온원수가 무슨 조건인지 묻자 원숭이 요괴가 대답했지.

'저는 오 씨의 청결한 후원을 좋아합니다. 서쪽 소운루掃雲樓의 세 칸짜리 방을 깨끗하게 청소해주시고 저를 그곳에 살게 해주세요.'

오 씨는 이에 동의했네. 그리고 원숭이 요괴가 손을 뻗어 소녀의 입에 넣고는 가슴까지 내려가 작은 구리거울을 꺼냈는데, 그 위엔 핏줄기가 있었지. 이렇게 해서 소녀의 병이 즉각 완치되었네. 온원수가 오 씨 부자에게 소녀를 데려가게 하자 마침내 각자 깨어난 거야."

이 사건은 건륭 44년(1779) 7월에 발생했다.

오 씨의 말을 들어보자.

"온원수는 오사모를 쓰고 있었는데 마치 당대 사람의 복장 같았지. 그는 온화하고 하얀 얼굴에 몇 가닥 수염을 길러 완전히 지식인의 모습이었지, 근본적으로 세간에서 그린 푸른 얼굴에 사나운 어금니를 드러내거나 눈을 부라린 모습이 아니었지. 그 원숭이 요괴가 신 앞에서 화려한 옷을 입고는 자칭 '소선小仙'이라 하더군."

鞭尸 시체를 채찍질하다

동성 사람 장 씨와 서 씨는 친구 사이로 함께 강서에서 장사를 했다. 광신廣信으로 갔던 서 씨가 여관 누각의 객실에서 사망하자, 장 씨는 시장에 나가 관을 사서 시체를 수습하려고 했다. 관을 파는 가게 주인이 2000문의 가격을 제시하여 교역이 성사되었다. 그런데 갑자기 계산대 옆에 앉은 노인이 나와 가로막으며 4000문을 내지 않으면 안 된다고 했다. 장 씨는 화가 나서 여관으로 돌아왔다. 그날 밤 장 씨가 누각으로 올라와 잠을 자는데 꿈속에서 서 씨의 시체가 일어나 때리려고 했다. 장 씨는 대경실색하여 황망히 누각 아래로 내려왔다.

이튿날 이른 아침 장 씨가 다시 관을 사러 가서 주인에게 1000문을 더 얹어준다 해도 주인은 한마디도 대꾸하지 않았다. 가운데에서 훼방 놓던 그 노인이 도리어 계산대에서 먼저 욕을 퍼부었다.

"나는 비록 주인이 아니지만 여기에서 누가 나 '좌산호坐山虎'를 모른단 말이냐? 주인과 마찬가지로 내게 2000문을 주지 않으면 관을 살 수가 없다."

장 씨는 빈궁하여 지불할 능력이 없었다. 어찌할 방법이 없어 황량한 교외의 들판에 나가 돌아다녔다. 이때 하얀 수염의 노인이 걸어왔다. 몸엔 남색 도포를 걸친 채 웃음을 머금고 앞으로 다가와 말했다.

"당신이 관을 사려는 사람이오?"

"그렇습니다."

"'좌산호'에게 모욕을 당했군."

"맞습니다."

하얀 수염을 가진 노인이 손에 채찍을 들고 말했다.

"이것은 오자서伍子胥[7]가 초楚 평왕平王의 시체를 때린 채찍이오. 오늘 밤 그 시체가 다시 당신에게 돌진하면 이 채찍으로 때리시오. 그러면 관을 살 수 있고 어려움도 해결될 것이오."

말을 마친 노인은 사라졌다. 장 씨가 여관의 누각으로 돌아오니 그 시체가 다시 자신에게 돌진했다. 장 씨가 하얀 수염의 노인이 알려준 대로 채찍으로 때렸더니 시체는 채찍 소리에 아래로 떨어졌다.

이튿날 장 씨가 다시 관을 사러 가자 주인이 말했다.

"어젯밤에 좌산호가 죽었어요. 우리가 이번에 악당을 제거한 셈이죠. 당신이 2000문을 가져왔으니 원가대로 관을 드리리다."

---

7 오자서(?~기원전 485)는 춘추 시대 초나라 사람으로 이름이 원員이고 자가 자서다. 충신이었던 부친 오서伍胥와 형님 오상伍尙이 평왕에게 피살되자 원한을 품고 오나라로 들어갔다. 오나라 공자 광光(합려闔閭)을 도와 그를 왕위에 오르게 하고 초나라를 쳐서 원수를 갚았다. 이때 그는 이미 죽은 평왕의 무덤을 찾아가 시신을 파내어 매질을 했다고 한다. 그 뒤 간신 백비伯嚭의 이간질로 뒤를 이은 왕 부차夫差의 신임을 얻지 못했으며, 월나라의 침입을 대비하라고 주장하다 받아들여지지 않자 자살했다. 이러한 내용이 『사기』 「오자서열전」에 보인다.

장 씨가 그 원인을 묻자 주인이 대답했다.

"그 노인의 성은 홍洪 씨인데 요사한 법술을 가지고 있고 저승사자를 부릴 줄 알며 죽은 시체를 움직이게 하여 사람을 때릴 줄 아는 자입니다. 사람이 죽어 관을 사러 오면 그는 우리 점포에서 기거하며 두 배의 돈을 내라고 갈취했죠. 이렇게 수년 동안 이 짓을 하는 바람에 여러 사람이 손해를 보았어요. 어젯밤에 그 노인이 갑자기 죽었는데 무슨 중병에 걸렸는지 모르겠습니다."

장 씨는 하얀 수염의 노인이 채찍을 준 사실을 주인에게 말해주었다. 두 사람이 급히 홍 씨 집으로 달려갔더니 홍 노인의 시체에 과연 채찍 흔적이 남아 있었다. 어떤 사람은 "남색 도포를 입고 수염이 하얀 노인이 바로 이 일대의 토지신이다"라고 말했다.

양조의 옛 무덤

梁朝古冢

회음도淮徐道 아문은 숙천성宿遷城 안에 있다. 숙천은 원래 역사적인 옛 전쟁터로 곳곳에 전쟁의 유적이 남아 있고 관서에서도 괴상한 일이 자주 발생하곤 했다.

강희 연간에 한 도대가 절강 안찰사浙江按察使로 부임하는데 출발하기 전에 주朱 씨 성을 가진 막료를 아문에 남겨두고 후임 관원이 부임한 뒤 공무를 인계하게 했다. 아문 안은 텅 비고 밤마다 시끄러운 사람 목소리가 들렸다. 이날 밤 달빛 아래에서 주 씨는 정원 중앙의 회나무 아래에 모여 말하는 사람들의 목소리를 들었다. 그가 창틈으로 밖을 보니 정원에서 수많은 사람이 있었으나 그들의 얼굴은 분명히 볼 수 없었다. 그 사람들은 대부분 고대의 복장을 걸치고 있었다. 그 가운데 한 소년은 흰색 도포를 걸치고 머리엔 검은 두건을 쓰고 기둥에 기대 골똘히 생각에 잠겨 다른 사람과 응수하지 않았다. 여러 사람이 불렀다.

"육랑陸郎, 이처럼 아름다운 청풍명월의 달밤에 어째서 혼자만 슬퍼하는가?"

그러자 소년이 대답했다.

"시체 뼈가 드러날 일이 가까워지면 시름에 젖을 겨를도 없어요."

말을 마치자 사람들은 모두 탄식했다. 이때 머리에 높은 관을 쓰고 수염이 긴 노인이 나타나 말했다.

"육랑, 걱정할 필요 없어. 이 액운은 내가 물리칠 수 있거든. 다행히 이곳에 친구가 있으니 때가 되면 우리를 보호해줄 거야."

이어서 큰 소리로 시를 읊기 시작했다.

쓸쓸한 천 년의 세월 寂寞千餘歲

홰나무 서쪽에도 동쪽에도 우뚝하다 高槐西復東

봄바람 불어도 백골은 차갑고 春風寒白骨

높은 뜻을 품고 주공을 바라본다 高義望朱公

그 소년은 손을 들어 예를 표하고는 감사하며 말했다.

"당년에 그토록 은덕을 많이 입었는데 뜻밖에도 지금 백골로 변했으니 번거롭게도 당신이 비호해주시는군요."

이에 여러 사람이 또 함께 의논하기 시작했다. 담론 내용은 북위北魏, 제齊, 양梁 시대의 일 같았다. 오래지 않아 이웃집 닭이 울기 시작하여 그 소리가 멀리까지 전해졌다. 이 사람들은 대번에 종적도 없이 흩어졌다. 주 씨는 담력이 세서 평상시처럼 평온하게 잠들었다.

며칠 지나서 신임 도대 손孫 씨가 부임하여 주 씨는 공무를 인계한 다음 급히 아문을 나와 배를 구하고는 절강으로 떠날 준비를 했다. 갑자기 관리가 주인의 편지를 가져와 그가 절강으로 떠나는 길을 막았다. 편지에는 이렇게 쓰여 있었다.

"내가 금릉에서 총독을 본 뒤 이어서 멀리 초楚 고향집의 부고를 받았소. 불행히도 부친이 돌아가셔서 절서浙西로 가서 임직할 수 없게 되었소. 집에 돌아가 조문해야 하오. 주 선생의 거취는 마음대로 결정하기 바라오."

주 씨는 잠시 머무를 수밖에 없었다. 이때 신인 회서도淮徐道 도대 손공孫公의 한 막료가 급병으로 사망했다. 주 씨는 숙천 현령에게 자신을 추천해달라고 부탁했다. 말 한마디로 성사되자 주 씨는 즉각 짐을 가지고 도대 아문으로 이사했다.

당시 손공은 아문 원래의 거실을 객실로 바꾸고 막료를 다른 처소에 배치했다. 관서의 공무가 번다하여 주 씨는 그 전에 달빛 아래에서 귀신을 만난 일을 잊어버렸다. 손공은 부임하자마자 관서를 크게 수리했다. 하루는 손공이 주 씨와 잡담을 나눌 때 집안사람이 뛰어와 보고했다.

"방금 앞의 연못을 파다가 석비를 발굴했는데 어느 조대의 것인지 모르겠어요."

손공이 주 씨를 이끌고 달려가 보니 비석 위에 '양 산기시랑 장공지묘梁散騎侍郎張公之墓'라고 쓰인 비석이 두 회화나무 사이에 있었다. 주 씨는 이때에야 그날 달빛 아래에서 귀신을 만났던 상황을 어렴풋이 기억하고는 손공에게 공사를 중단할 것을 극력 권유했다. 아울러 귀신을 만난 경과를 말했다.

"분명 무덤이 나올 것이오."

말이 채 끝나기도 전에 삽을 든 사람이 말했다.

"또 유골 한 구가 나왔어요."

손공은 그제야 주 씨의 말이 거짓이 아님을 믿고는 일꾼에게 다시 흙을 메우고 원상대로 복원하라고 명령하고는 다시는 연못을 개축하지 않았다. 대체로 먼저 발굴한 그 비석 아래가 높은 관을 쓴 긴 수염의 노인의 묘일 것이고, 나중에 발굴된 것은 검은 두건을 쓴 소년의 유골일 것이다.

사자대왕

獅子大王

귀주貴州 사람 윤정흡尹廷洽이 8월 15일 새벽에 일어나 토지신에게 제사를 지냈다. 분향을 마치고 막 문을 열자 검은 옷을 입은 두 관리가 밀치고 들어오더니 그를 잡아 땅에 메치고는 줄로 그의 목을 묶어 끌고 갔다. 윤정흡은 몹시 놀랐다. 방금 윤정흡에게 제사를 받은 토지신이 쫓아 나와 왜 윤정흡을 잡아가는지 물었다. 그러자 검은 옷의 관리가 구속하라는 패를 꺼내 토지신에게 보여주었다. 위에는 '윤정흡'이란 글자가 적혀 있었다. 토지신은 웃으며 아무 소리도 내지 않고 윤정흡을 따라 나갔다. 1리쯤 걸었을까 길가에 주점이 나오자 토지신이 검은 옷의 관리를 불러 들어가 술을 마셨다. 그 틈을 타서 윤정흡에게 말했다.

"이번엔 일이 틀어진 것 같은데 내가 그대를 보호해주겠소. 앞의 길에서 신불神佛을 만나면 그대가 큰 소리로 억울함을 호소하시오. 내가 그대의 재난을 벗겨주겠소."

윤정흡이 고개를 끄덕이며 여전히 검은 옷의 관리를 따라 앞으로 갔다.

반나절 정도 걸으니 아득히 넓고 일망무제한 장소에 이르렀다. 그 검은 옷의 관리가 말했다.

"이곳이 은해銀海인데 밤이 깊어야만 물을 건널 수 있어요. 우리 조금 쉽시다."

오래지 않아 토지신이 지팡이를 쥐고 달려왔다. 검은 옷의 관리가 이상한 낌새를 알아채자 토지신이 변명했다.

"나는 그와 다년간 교제하여 우정이 두텁기에 전송하러 왔을 따름이오. 앞길에서 우린 헤어질 겁니다."

막 얘기하는 사이 갑자기 하늘가에서 오색 깃발과 수많은 시종이 번뜩였다. 토지신이 윤정흡의 귀에 대고 말했다.

"천제를 알현한 신들이 집으로 돌아가는 길이니 그들을 만나거든 큰 소리로 억울함을 호소하시오."

윤정흡은 멀리서 수레를 탄 신을 보았다. 모습이 흉악하고 눈에서는 금빛을 쏘며 얼굴은 두 자나 되어 보였다. 윤정흡은 즉각 큰 소리로 억울함을 호소했다. 신이 윤정흡을 앞으로 부르더니 대오를 잠시 멈추라 명령하고는 물었다.

"억울한 일이 무엇인가?"

윤정흡은 자신이 검은 옷의 관리에게 체포된 상황을 신에게 알렸다. 그러자 그 신이 물었다.

"구속을 알리는 패가 있는가?"

"예."

"패에 너의 이름이 있더냐?"

"있습니다."

신이 질책하며 물었다.

"너를 체포하라는 패가 있고 네 이름도 적혀 있으니 응당 압송되어야 하거늘 무엇이 억울하단 말인가?"

그러고는 윤정흡을 호되게 꾸짖었다. 윤정흡은 대답할 말이 없었고 어떻게 말해야 좋을지 몰랐다.

이때 토지신이 발걸음을 빨리하여 앞에 다가와 무릎을 꿇고 아뢰었다.

"그중에 의심 가는 곳이 있습니다. 소신小神이 그를 통해 수레를 막고 억울함을 호소하게 했습니다."

"그 의혹이 무엇이더냐?"

"저는 그의 집에서 받드는 신입니다. 그의 집에서 태어나는 사람마다 저는 동악부東嶽府 비서에게 부탁하여 그 사람이 어떤 등급에 속하며 몇 년 몇 월 며칠에 죽는지, 그리고 이승에서 모두 몇 년을 사는지 조사하게 했는데 매번 틀림이 없었어요. 윤정흡이 태어났을 때는 동악부의 문서엔 72세까지 산다고 적혀 있으나, 지금 그는 아직 쉰 살도 되지 않았습니다. 또 그의 생명을 줄이라는 공문도 없거늘 어째서 갑자기 그를 저승으로 압송하는지요? 그래서 저는 그 가운데 억울한 일이 있을까 걱정하옵니다."

신은 이 말을 들은 뒤 오랫동안 끌다가 토지신에게 말했다.

"이 사건은 내가 관할하는 범위에 속하지 않지만 사람의 목숨이 지극히 중요하고 네 신분이 소신인 데다 이처럼 온 힘을 쓰고 있으니, 내가 어찌 보고만 있을 수 있겠나? 애석하게도 동악부에 이르렀으니 한번 왔다 가기가 머니 응당 천제로 직접 공문을 보내어 속히 결정하도록 하겠네."

이에 신은 하급 관리에게 명령하여 문서 한 통을 쓰게 하고 신이 입으로 불러주며 말했다.

"글을 써서 아뢥니다. 민혼民魂 윤정흡이 저승으로 압송되던 도중에 의혹이 있으니 천제께서는 급히 동악부에 명령을 내리시어 은해에 가서 이 사건을 조사해주십시오. 절대로 시간을 지체하지 마옵소서."

윤정흡이 옆에서 보니 하급 관리가 종이와 붓을 꺼내 문서를 쓴 다음 도장을 찍었는데 인간 세상의 편지와 다름없었다. 그러나 쓴 종이는 누런 종이였다. 하급 관리가 문서를 봉한 다음 황금빛 갑옷을 입은 신에게 건네주자 천문天門으로 던졌다. 이어서 신이 은해신을 소환했다. 수놓은 도포를 입은 은해신이 곧장 앞으로 나아갔다. 신은 은해신에게 명령하여 살아 있는 윤 씨의 혼을 꽉 붙잡고 동악신의 조사가 끝날 때까지 기다리되 착오가 없게 하라 했다. 은해신은 머리를 조아리며 윤 씨를 데리고 물러났다. 순식간에 신은 운무 속에서 사라졌다.

이때 윤정흡은 커다란 버드나무 아래에서 쉬고 있는데 검은 옷을 입은 두 관리가 어디로 갔는지 보이지 않았다. 윤정흡이 토지신에게 물었다.

"얼굴이 두 자나 되는 신은 누구입니까?"

"그 사람은 서천의 사자대왕이오."

잠시 후 은해신이 토지신에게 말했다.

"그대는 윤정흡을 데리고 숨을 만한 곳에 가서 잠시 앉아 있으시오. 밤바람에 날리지 않도록 조심하오. 나는 앞길로 가서 천신을 영접할 테니. 내가 그대들을 부르는 소리가 들리거든 나오시오."

윤정흡이 토지신과 함께 해안을 따라 반 리쯤 걸으니 부서진 배가 백사장에 가로누워 있어 부서진 배 안에 엎드렸다. 그는 사람이 울부짖고 말이 우는 소리와 호각 소리, 끊이지 않고 왕래하는 거마 소리를 들었는데 한참 후에야 조용해졌다. 토지신이 말했다.

"나와도 좋소."

윤정흡이 부서진 배에서 나와 보니 은해신과 앞서 보았던 금갑신金甲神[8]이 윤정흡을 제방의 넓은 지대로 끌고 가서 말했다.

"이곳에서 잠시 기다리시오. 동악신이 곧 도착할 것이오."

순식간에 바다엔 수십 명이 말을 타고 나는 듯이 달려왔다. 토지신은 급히 윤정흡을 눌러 자빠트리고 땅에 무릎 꿇고 절하게 했다. 수십 명이 전부 말에서 내렸으며 수놓은 도포를 걸치고 오사모를 쓴 신은 상좌에 앉았다. 그 가운데 네 명의 신은 관복을 입었고 10여 명의 신은 무사 차림이었으며 나머지는 모두 용모가 흉악하여 사당의 귀면鬼面 같았는데 그들은 사방을 둘러싸고 명령을 기다리고 있었다.

상좌의 신이 은해신을 부르자 은해신이 급히 달려와 몇 마디 대답했다. 이어서 다시 내려가 윤정흡을 붙들고 알현했다. 윤정흡이 미처 무릎 꿇기도 전에 토지신이 한발 앞서서 머리를 조아리며 상황을 하나하나 설명했다. 온화하고 선량한 신이 토지신의 서술을 듣더니 즉각 대로하여 눈을 부라리고 눈썹이 솟구쳐 큰 소리로 검은 옷의 두 관리를 찾았다. 이에 토지신이 말했다.

---

8 갑옷을 입고 손에는 악마를 물리치는 지팡이를 지닌 무신武神.

"그 두 관리는 벌써 사라졌습니다."

상좌의 신이 말했다.

"요괴가 한 바퀴 도는 데는 천 리에 지나지 않고, 귀신이 한 바퀴 도는 데는 오백 리에 불과하오. 그러니 네 분의 신께서는 속히 두 관리를 잡아오시오."

네 명의 귀신 관리가 대답하고는 허공에 올라 각자 품에서 작은 거울을 꺼내 사방을 비추어보았다. 이어서 일제히 동쪽으로 날아갔다. 잠시 후 그들은 검은 옷을 입은 두 관리를 잡아와 땅에 던지며 말했다.

"두 관리를 300리 밖의 고목 회화나무에서 붙잡았습니다."

상좌의 신이 두 관리를 질책하며 왜 윤 씨를 저승으로 압송했는지 묻자, 검은 옷의 관리가 구금을 알리는 패를 바치며 변명했다.

"패는 상사가 발급한 것입니다. 우린 명령에 따라 집행했을 뿐이니 무슨 잘못이 있다면 그 관리에게 물으세요. 우리완 상관이 없어요."

상좌의 신이 반문했다.

"기왕 너희가 잘못하지 않았다면 어째서 멀리 도망갔느냐?"

검은 옷의 관리가 머리를 조아리며 대답했다.

"어제 사자대왕께서 왕림하시어 그들 일행 인마 모두 몸에 불광佛光을 띠고 있더군요. 토지신의 관직은 비록 변변치 않으나 신상에 양기를 아직 가지고 있지요. 윤정흡은 죽었으나 아직 음계를 넘지 않아 살아 있는 혼백인 셈이니 불광에 근접할 수 있어요. 우리 저승사자는 전부 어두운 기운이니 어찌 불광에 접근할 수 있겠습니까? 그래서 멀리 숨었어요. 사자대왕이 떠난 뒤에 우리는 비로소 길을 뒤

쫓아 마침 천정에서 알현하고 돌아가는 각 신선을 만났기에 감히 나올 수 없었어요. 그리고 그 패에 무슨 잘못이 있는지도 모르겠고요."

그러자 상좌의 신이 말했다.

"그렇다면 내가 친히 염라전閻羅殿으로 가서 다시 결론을 내리겠다."

이에 신은 역사力士에게 명하여 먼저 윤정흡을 잡아 바다를 건너게 하고 거마를 불러 줄지어 지나갔다. 윤정흡은 매우 두려워 두 눈을 꼭 감고 볼 수 없었다. 귓가에 바람 소리가 나고 천둥 소리가 나서 놀라 가슴이 오그라들었다. 오래지 않아 쿵쿵거리는 소리가 점점 멀어지더니 역사의 발걸음도 속도를 늦추었다.

윤정흡이 두 눈을 떴을 때 벌써 땅에 떨어졌는데 눈앞이 바로 관아였다. 몸에 관포를 걸치고 머리에 왕관을 쓴 신이 나와 맞이했다. 신이 걸어 들어가니 두 신이 탁자를 나눠 대전에 앉아 있었다. 먼저 손님과 주인이 귓속말을 했다. 이어서 검은 옷의 관리와 토지신이 불려 대전으로 들어갔다. 토지신이 인사한 뒤 계단 아래에 섰다. 검은 옷의 관리가 심문받은 뒤 몸을 일으켜 물러나왔다. 이때 귀신 졸개가 복도 아래에서 한 관리를 잡아왔는데 대전에 오른 뒤 큰 소리로 힐문하는 소리가 들렸다. 그 관리가 머리를 조아리며 변명하는데 누군가를 기다리는 것 같았다. 이때 몇 명의 귀신 졸개가 복도 아래에서 또 한 관리를 잡아왔으며 문서 뭉치를 안고서 대전으로 들어왔다. 윤정흡이 멀리서 바라보니 그 사람은 그의 족숙族叔 윤신尹信 같았다. 대전에 들어온 뒤 머리에 왕관을 쓴 신이 안건을 들고 조사하고 나서 한 권을 던졌다. 그리고 먼저 잡아온 그 관리에게 명하여 나중에 잡아온 사람에게 보여주게 했다. 뒤에 나온 사람은 머리를 조아리며 애걸할 뿐이었다. 대전 안의 신이 형 집행을 명하니 귀신 졸개는 먼저 잡아온 관리를 계단 아래에 끌고 가 40대를 매질했다. 또 몇몇 귀신 졸개는 붉은 붓으로 이름을 표시한 명단을 들고 대전을 내려가 후자의 관복과 두건을 벗긴 뒤 족쇄를 채우고 그를 압송하여 대전을 빠져나갔다. 그 사람이 윤정흡 곁을 지날 때 바라보니 바로 족숙 윤신이었다. 윤정흡이 그를 불렀는데 대답하지 않아 귀신 졸개에게 그를 어디로 압송하는지 물었다. 귀졸이 대답했다.

"불이 활활 타오르는 지옥으로 압송하여 죗값을 받게 할 것이다."

윤정흡은 의혹스럽고 겁이 났는데 어떤 사람이 그를 불러 대전에 올라갔다.

수놓은 도포를 걸친 신이 그에게 말했다.

"이 사건은 이미 분명해졌다. 본관이 언급한 사람이 윤정치尹廷治이고 맞은 관원은 결코 잘못한 적이 없네. 그와 함께 사는 관리 윤 씨는 윤정치의 족숙이다. 윤 씨는 그의 조카를 구하고 싶었지만 동족 가운데 그대 이름과 비슷한 것을 알고는 속임수를 써서 다른 관리가 부재중인 틈을 타 패에 적힌 '치治'자를 '흡治'자로 고쳤고 공문서를 바꿔치기했기 때문에 잘못 체포한 것이다. 지금 나는 형법에 따라 죄를 다스릴 것이니 그대는 살아서 돌아갈 수 있을 것이다."

신이 고개를 돌려 토지신에게도 말했다.

"그대는 이번에 일을 잘 처리했소. 하지만 직접 내가 있는 이곳으로 와서 상세히 조사해야지 사자대왕의 길을 가로막고 고소해서는 아니 되오. 결과적으로 우리는 실직 처분을 받게 되었소. 나는 여기서 사람을 보내 옥황상제께 보고하는 한편, 다시 사람을 보내 윤정치尹廷治를 체포할 것이오. 그대는 빨리 윤정흡을 이승으로 돌려보내시오."

토지신과 윤정흡은 고개를 조아리며 절하곤 물러나왔다. 문 입구에서 금갑신을 만나니 축하하며 말했다.

"여러분 축하드립니다. 우리는 이곳에서 답서를 기다렸다가 돌아가겠소."

윤정흡이 토지신을 따라 걸어가는데 올 때의 길이 아니라 도시는 인간 세상과 같았다. 배가 고파서 먹고 싶거나 목말라 마시고 싶어도 모두 토지신에게 제지당했다. 성 밖에서 몇 리를 걸어 높은 산으로 올라가 아래를 내려다보니 한 시체가 땅에 누워 있고 몇 사람이 옆에서 둘러싼 채 곡하고 있었다. 윤정흡이 토지신에게 물었다.

"이곳은 어디입니까?"

토지신이 큰 소리로 대답했다.

"아직도 모르겠소?"

곧 지팡이로 한 번 때리자 윤정흡은 땅에 넘어졌다가 깨어났다.

가족은 윤정흡이 죽은 지 이틀이 지났으며 관 등을 모두 준비해 두었지만 가슴에 온기가 남아 있어서 아직 염하지 않았다고 알려주었다. 윤정흡은 잠시 후 앉아서 차를 마시곤 급히 아들을 불러 윤정치 집에 가보게 했다. 아들이 집으로 돌아와 말했다.

"그 사람은 병든 지 이틀이 지나서 방금 사망했대요."

綠毛怪

푸른 털을 가진 괴물

건륭 6년(1741) 호주湖州 사람 동창암董暢庵이 산서 예성현芮城縣에서 막료로 지냈다. 현성 안에 옛 사당이 있는데 관우, 장비, 유비 세 신상을 모시고 있었다. 사당 문은 연중 내내 철사로 잠겼으며 봄가을 두 번 제사지낼 때마다 문을 열었다. 전하는 말에 따르면 이 사당 안에 괴물이 있어 향불을 올리는 스님조차 사당에 감히 살 수 없다고 한다.

하루는 섬서 객상이 양 1000여 마리를 팔고는 날이 저물자 쉴 곳이 없어 사당에 와서 묵게 해달라고 부탁했다. 주민이 자물쇠를 열어 그를 이곳에 묵게 하고는 괴물에 관한 얘기를 해주었다. 양을 파는 상인은 스스로 힘이 세다고 여기며 다음과 같이 말했다.

"상관없어요."

사당 문을 들어서자 양떼를 복도에 넣은 다음 그는 양 채찍을 쥐고 촛불을 켜고는 침상에 누웠다. 사실은 마음속으로 약간 불안에 떨었다.

삼경이 되자 양 상인이 아직 눈을 감지 않았는데 신좌神座 아래에서 쿵 하는 소리가 들리더니 괴물이 튀어나왔다. 상인이 촛불로 비춰 보았더니 이 괴물의 신장은 일고여덟 자 정도 되고 머리와 얼굴은 사람 모양이었으며 두 눈은 검은 빛이 나고 크기는 호두만 했다. 목덜미 아래로는 푸른 털로 온몸을 덮었으며 무성하여 마치 최의衰衣[9] 같았다. 괴물은 양 상인을 쳐다보더니 코로 냄새를 맡고 뾰족한 어금니를 벌리고는 달려들었다. 양 상인이 채찍으로 맹렬하게 때렸지만 괴물은 전혀 반응이 없었다. 도리어 채찍을 빼앗아 입으로 씹는데 마치 찢어진 베처럼 끊어졌다. 양 상인이 무척 놀라 급히 사당 밖으로 도망가자 괴물도 바짝 쫓아왔다. 양 상인은 고목에 올라가 가장 높은 가지에 숨었다. 괴물은 눈을 크게 뜨고 바라보기만 하고 올라가진 않았다.

시간이 흘러 동방이 점차 밝아왔다. 대로엔 행인이 나다녔다. 그때야 양 상인은 나무에서 내려와 괴물을 찾았으나 보이지 않았다. 이에 그는 이 일을 사람들에게 알리고 함께 신좌 아래에서 찾았으나 아무런 이상도 발견하지 못했다. 다만 신좌 아래 돌 틈의 구석 밖으로 검은 기운이 솟구쳐 나왔다. 사람들은 감히 파보지도 못하고 급히 고소장을 써서 관부에 보고했다. 예성현 지현 동공佟公[10]은 사람에게 명하여 신좌를 옮기게 하고 아래로 파보게 했다. 한 길 넘게 파자 썩은 관이 나왔다. 그 안에는 시체 한 구가 있었고 전신의 옷은 모두 썩었으며 온몸은 푸른 털로 뒤덮여 있었다. 양 상인이 보았던

9 베로 지은 상복.

10 동공은 동연년佟延年을 가리키는 듯하다.

괴물과 똑같았다. 이에 사람들이 나무를 쌓아 시체를 태우니 '치지직' 소리가 들리고 피가 땅에 흥건히 흐르며 두개골에서 소리를 냈다. 이로부터 괴물은 자취를 감췄다.

장 대제

張大帝

이안계李安溪[11] 상공의 무덤은 복건의 어느 산에 있다. 산중엔 계季 씨 성을 가진 도사가 살았는데 풍수가 좋은 복지를 골라두었다. 당시 도사의 딸은 폐결핵에 걸려 사경을 헤맸다. 도사가 딸에게 말했다.

"너는 내 친딸인데도 네 병을 치료할 방법이 없구나. 지금 네 몸에서 한 가지를 떼어내 우리 계 씨 가문을 빛내보고 싶구나."

딸이 놀라며 말했다.

"아버지 분부대로 따르겠어요."

"나는 오래전부터 이 씨 집의 풍수를 차지하고 싶었다. 하지만 친자녀의 두개골을 이 씨 집 무덤 곁에 묻어야만 영험이 있단다. 이미 죽은 자녀의 유골을 취하면 그다지 영험이 없다는구나. 살아 있는

---

11 이광지李光地(1642~1718)를 가리키는 듯하다. 그의 자는 진경晉卿이고 호는 후재厚齋, 용촌榕村이며 복건 안계安溪 사람이다. 강희 9년(1670)에 진사가 되었고 한림원 편수, 이부상서, 문연각대학사 등을 역임했다. 주요 저작으로는 『역상요의歷像要義』 『사서해四書解』 『성리정의性理精義』 『주자전서朱子全書』 등이 있다. 그의 무덤은 안계현 봉래진蓬萊鎭 신판촌新坂村에 있으며 1988년에 현급문물보호단위로 지정되었다.

너를 차마 해칠 수도 없고. 하지만 너처럼 아직 죽지 않은 사람만이 쓸모가 있어."

딸이 미처 대답하기도 전에 도사는 칼로 그녀의 손가락을 잘라 양 뿔 속에 넣어 몰래 이 씨 가족묘 곁에 매장했다.

이로부터 이 씨 문중에 과거에 급제한 진사가 죽으면, 계 씨 집엔 과거에 급제한 진사가 늘어났다. 이 씨의 수확이 열 가마 줄면, 계 씨의 수확은 열 가마 늘었다. 사람들은 모두 이상하게 생각했으나 그 이유를 알지 못했다.

이해 청명절에 마을의 백성이 장 대제張大帝[12]의 신상神像을 맞이하고 아울러 새신회賽神會[13]를 거행하고자 채색 깃발을 길에 걸어놓았는데 관중이 운집하여 장면이 매우 성대했다. 대오가 이 씨 집 무덤에 이르렀을 때 신상이 갑자기 움직이지 않았다. 수십 명이 들어도 꿈쩍하지 않았다. 신상을 든 한 남자가 큰 소리로 외쳤다.

"빨리 사당으로 돌아가세요. 어서 사당으로 돌아가세요."

사람들은 신상을 들고 사당으로 돌아갔다. 그 남자가 상석에 앉아 말했다.

"내가 대제신大帝神이오. 이 씨 무덤에는 요괴가 있으니, 반드시 요괴를 붙잡아 죄를 다스려야겠소."

그런 다음 누가 삽을 들고 누가 호미를 들고 누가 줄을 들지 일일이 배정한 다음 다시 큰 소리로 외쳤다.

---

12 장비張飛를 말한다.

13 의장, 소고簫鼓, 잡희雜戲를 준비하여 신을 영접하기 위해 제사지내는 집회.

"빨리 이 씨 집 무덤으로 가라. 빨리 이 씨 집 무덤으로 가라."

사람들은 그의 분부대로 갔으며 신상도 날듯이 걸음이 빨랐다. 이 씨 집 무덤에 도착하자 대제신이 삽과 호미를 든 사람에게 명령하여 무덤가를 파서 찾으라고 했다. 잠시 후 양 뿔을 발굴했더니 금빛이었으며 안에는 작고 붉은 뱀이 들어 있었는데 계속해서 움직였다. 양 뿔 밖에는 글자가 새겨져 있었는데, 모두 계 씨 가족의 이름이었다. 이에 대제신은 줄을 든 사람에게 명령하여 도사를 묶게 하고는 관청에 보고했다. 현령이 심문한 뒤 진실을 파악하고 법대로 처리했다. 이 씨 집은 이로부터 가업이 크게 번성했고, 아울러 장 대제를 성대하게 받들었다.

紫姑神 자고신

장사長沙 사람 우침尤琛은 젊고 영준한 데다가 빼어난 인재였다. 한번은 그가 우연히 상계湘溪를 지나다가 황야의 옛 사당 안에 세운 자고신紫姑神[14]을 보았다. 용모가 무척 아름다워 우침은 이를 좋아하여 자기도 모르게 손으로 자고신의 얼굴을 쓰다듬었다. 아울러 벽에다 시를 써놓았다.

막고 선녀가 안개 낀 모래밭에 떨어져 藐姑仙子落煙沙
옥 난간과 얼음 수레를 만들었다 玉作闌干冰作車
깊은 밤에 차가운 바람과 이슬을 두려워한다면 若畏夜深風露冷
무궁화 울타리 두른 초가집이 서방님 집이라오 槿籬茅舍是郎家

---

14 신화에 나오는 측신厠神(변소신)의 이름. 자고는 자고子姑, 갱삼고坑三姑라고도 부른다. 『이원異苑』에 따르면, 자고는 내양萊陽 사람으로 성은 하何, 이름은 미낭媚娘, 자는 여경麗卿이다. 수양壽陽 이경납李景納의 첩이 되었으나 본부인 조씨曹氏의 질투가 심하여 정월 15일 밤 측간에서 죽었다. 상제가 그녀를 불쌍히 여겨 측신으로 삼았다고 한다.

이날 밤 삼경에 문을 두드리는 소리가 들려 우침은 나가서 문을 열어주었다. 방문한 사람이 말했다.

"저는 자고신입니다. 본래 천상의 선녀였죠. 우연히 잘못을 범하여 인간 세상으로 추방당해 남녀의 정사情事를 관장하고 있어요. 낮에 서방님의 사랑을 입어 만나러 왔지요. 저를 괴물로 여기시지 않으신다면 서방님과 동침하고 싶어요."

우침이 미칠 듯이 기뻐하여 두 사람은 손을 잡고 방에 들어가 부부의 인연을 맺었다. 이로부터 자고신은 밤마다 찾아왔지만 옆 사람은 그녀를 볼 방법이 없었다.

어느 날 그녀가 한 물건을 우침에게 주면서 말했다.

"이것은 자사낭紫絲囊이라 합니다. 옥황상제를 알현할 때 직녀가 제게 준 것입니다. 그것을 차고 다니면 당신이 작문을 구상하는 데 도움을 줄 수 있어요."

우침은 이로부터 자사낭을 차고 먼저 현학縣學에 입학했으며 이어서 거인과 수재에 합격했다. 오래지 않아 사천 성도 지현으로 부임했다. 자고는 남편을 따라 부임하여 정무 처리나 간악한 적을 토벌하거나 환난을 제거하는 데 도움을 주어 현지 백성은 우 현령이 신명神明하다고 칭송했다.

하루는 자고가 우침에게 말을 꺼냈다.

"오늘 술을 준비하여 서방님과 작별을 고하고 떠날까 합니다. 제가 인간 세상으로 폄적된 기한이 만료되었어요. 하늘로 올라가 다시 신선이 될 수 있었으나 몰래 도망친 까닭에 다시 천계로 돌아갈 염치가 없어요. 저승에서는 제가 본시 상계의 선인인지라 저를 귀책鬼冊

에 받아들일 수도 없지요. 제 생각에 이처럼 오랫동안 떠돌다간 방법이 없을 거 같아요. 저는 몸을 서방님께 맡겼지만 형체가 없으니 서방님의 자식을 낳아 양육할 수도 없어요. 어제 제가 내심의 고충을 태산신군泰山神君[15]에게 털어놓고 도와주십사고 부탁드렸더니 신군은 저를 그의 명부에 받아주겠다고 승낙했어요. 규정에 따라 저를 인간 세상에 보내 환생시키겠답니다. 15년 뒤에 우린 끊어진 인연을 다시 이어서 영원히 부부가 될 수 있어요. 서방님께서 다른 사람을 들일지, 아니면 오로지 저만 기다릴지 모르겠네요."

우침은 연달아 동의하며 자신도 모르게 눈물을 흘렸다. 자고도 매우 고통스러워하고 울면서 떠났다.

이로부터 우침이 관직을 맡아도 이전처럼 신명나지 않았고 게다가 과실을 범해 파직되었다. 그에게 중매하는 사람도 있었으나 그는 의연히 거절했다. 사십이 되도록 여전히 홀아비로 지냈다. 이렇게 15년이 흘렀다. 그의 스승 아무개 학사가 홀아비 신세를 동정하여 그에게 혼담을 꺼냈다. 우침은 다시 들이지 않겠다고 고집을 피우며 자초지종을 설명해주었다. 학사는 이 말을 듣고 깜짝 놀라며 말했다.

"자네 말대로라면 그 사람이 바로 내 사촌 형의 딸이야. 사촌 형의 딸은 지금 나이 열다섯인데 말은 할 수 없고 붓을 들어 글자를 쓸 줄 아는데 사람들이 혼담을 꺼낼 때마다 그녀는 '대우랑待尤郞'이란 세 글자만 쓴다더구나. 그 아이가 기다리는 사람이 자네가 아닐까?"

---

15 태산부군泰山府君, 동악대제라고도 부른다. 위진 이래 도교에서는 사람이 죽으면 혼이 태산으로 돌아가며 태산신이 저승의 주인이라고 믿는다.

이에 학사는 우침을 이끌고 사촌 형 집으로 가서 그의 딸과 대면시켰다. 아가씨는 주렴을 사이에 두고 글자를 썼다.

"자사낭을 아직 가지고 있나요?"

우침은 자사낭을 풀어 그녀에게 증거물로 건네주었다. 그녀는 살펴본 뒤 연신 고개를 끄덕였다. 이에 길일을 잡아 두 사람은 혼례를 마쳤다. 신혼 첫날밤에 아가씨는 하늘을 보며 웃더니 말을 하기 시작했다. 그러나 이로부터 그녀는 다시 전생의 일을 기억하지 못했고 두 사람은 일상의 부부처럼 지냈다.

魏象山

위상산

나의 동학 위몽룡魏夢龍[16]의 자는 상산象山이고 나보다 늦게 사과四科[17] 진사에 합격하여 부랑部郞에서 감찰어사로 승급했다. 건륭 24년(1759) 그가 주임 시험관을 맡아 운남으로 가던 도중에 사망하여 영구가 서호 소경사昭慶寺[18]로 운구되었다.

---

16 자가 상산 또는 상삼象三이고 호가 와애臥崖이며 절강성 인화 사람이다. 건륭 연간에 진사가 되었다.

17 인재 채용의 네 가지 조건으로 효제역행孝悌力行, 경사유술經史儒術, 조사사봉藻思詞鋒, 염평강직廉平強直을 말한다.

18 소경사의 원명은 대소경율사大昭慶律寺로 송대 이래 항주의 저명한 '4대 총림' 중 하나였다. 지금의 항저우 청소년활동센터 자리에 있었다. 1862년 태평천국 시기에 정전의 석가불 동상을 제외하고 사원이 전부 불에 타버렸는데 1890년에 중건했다. 1929년 항저우에서 제1회 서호박람회를 거행했는데 매주 수요일과 일요일 저녁 시링교西泠橋에서 폭죽을 터트렸다. 폭죽을 만드는 장소가 박람회장 안의 동공사童公祠에 있어서 안전을 위해 소경사 후전으로 옮겼다. 그런데 7월 28일 오후 5시 폭죽을 만드는 과정에서 화재가 발생하여 다시 전소하여 동상만 남게 되었다. 근대 소경사에 관한 기록과 사진이 항저우 주재 미국영사관 부영사인 클라우드Frederick D. Cloud, 즈장대학之江大學 교장인 피치Robert F. Fitch, 미국 동아시아 미술사학자인 마치Benjamin March, 덴마크 건축사인 몰러J. Prip-Moller의 책과 일기에 실려 있다.

그해 10월에 도대 심신전沈辛田[19]도 부친의 영구를 소경사로 옮겼다. 그는 영구 옆에 '운남대주고雲南大主考'란 금빛 위패牌位가 놓인 것을 보고 위 선생이 사망한 줄을 알았다. 원래 위상산은 생전에 심신전과 매우 친한 사이였다.

잠시 후 심 씨에게 조문 온 손님들이 계속 들이닥쳤다. 예절에 따르면 효자는 영구 옆에서 내방객에게 예를 표시해야 했다. 그러나 이때 심신전의 동생 심청조沈淸藻[20]가 갑자기 사라졌다. 사방에서 찾아보니 위상산의 영구 앞에 혼미하게 누워 있었는데 안색이 창백하고 울상을 지었다. 사람들이 그를 부축하여 방에 들여보냈더니 고열이 나서 병세가 상당히 위중했다. 이에 의사를 불러 약을 지었는데 그 가운데 인삼 2전錢[21]이 들어 있었다. 심신전은 마음속으로 걱정하며 감히 인삼을 쓸 수가 없었다.

심신전이 침상 앞에서 동생을 바라보니 동생은 뛰어다니다가 앉아 있는 모습이 병나기 전과 다름없었다. 동생이 심신전에게 두 손을 모아 읍을 하고 웃으며 말했다.

"다섯째 형님, 우리 오랫동안 헤어졌는데 건강하시죠?"

심신전은 이상하다고 느끼며 동생을 질책했다. 옆의 두 여자가 심청조를 간호했는데 이때 심청조가 그들에게 손을 흔들며 말했다.

---

19 본명은 심청임沈淸任이고 자가 신전, 채우菜友이며 호가 담원澹園이다. 절강성 인화 사람이며 건륭 17년(1752)에 진사가 되었다. 서예와 그림에 뛰어났는데 특히 매화를 잘 그렸다.

20 절강 인화현 사람으로 건륭 40년(1775) 3등으로 진사과에 합격했다.

21 중량 단위로 1관貫의 1000분의 1이며, 현대의 중량 단위로 3.75그램이다.

"두 형수님 잠시 자리 좀 비켜주세요. 형님, 제게 종이와 붓을 좀 주세요. 할 말이 있어요."

이에 그에게 종이를 주자 심청조가 자세히 보더니 웃으며 말했다.

"종이가 너무 작아서 쓸 수 없어요."

심신전이 다시 큰 종이로 바꿔오고 아울러 먹을 가니 동생이 탁자에 기대 해서체로 다음과 같이 썼다.

"몽룡은 말한다. 몽룡은 명을 받들어 시험을 주관하러 운남으로 가다가 예장豫章에서 번성樊城으로 가던 중에 감기에 걸려 열병이 났다. 하인 오승吳升이 병의 원인도 모른 채 약에다 인삼 3전을 잘못 넣어 나를 병상에서 일어나지 못하게 만들었다. 너무 심했다. 인삼은 쉽게 복용하는 것이 아니다. 번성현 지현이 내 장례를 치르느라 온갖 정성을 들여 내 영구를 고향으로 보냈다. 그러나 나의 동생들은 도리어 한담만 하고 심지어는 옷상자와 돈을 삼켰다고 무고했다. 그게 좋은지 나쁜지도 모르는 모양이다. 우리 집에 쌓아놓은 것은 낡은 도서 몇 권뿐인데 동생들이 내 재산을 나눈다고 하니 부끄럽기 짝이 없다. 새 둥지가 떨어지면 어찌 새알이 온전할 수 있겠느냐? 동생들이 많이 보살펴주길 바란다."

잠시 후 그가 몸을 일으켜 붓을 잡더니 "인삼은 쉽게 복용해서는 안 된다"는 글자 옆에다가 빽빽한 동그라미를 그렸다. 심신전은 대경실색하여 두 번 다시 동생에게 인삼을 먹이지 못했다. 이후 심신전은 위 씨 가족을 불러 그 종이를 보여주었다. 위 씨 가족은 모두가 놀라 애탄하며 땀과 눈물이 비 오듯 쏟아졌다.

오래지 않아 동생의 병이 호전되자 심신전이 동생에게 종이와 붓을 요구한 상황을 물어보았으나, 그는 전혀 기억하지 못했다. 다만 병세가 위중할 때 신체가 왜소하고 수염이 많이 난 데다 베옷을 걸친 사람이 방으로 들어오는 것을 보고는 정신이 혼미해져 인사불성이 되었다고 말했다. 심청조는 나이가 어려 위상산을 본 적이 없었다. 그러나 그가 본 것은 바로 위상산의 모습과 같았다. 나중에 심청조는 건륭 36년(1771) 진사시험에 3등으로 합격했고 많지 않은 나이에 사망했다.

王莽時蛇寃

왕망 시대의 뱀의 억울함

임평臨平 사람 심창곡沈昌穀은 젊고 영준하여 나와 함께 건륭 3년(1738) 거인에 합격했다. 하루는 그가 길에서 갑자기 한 스님을 만났는데 그에게 환약 세 알을 주면서 말했다.

"자네에게 큰 재난이 생기거든 이 약을 복용하면 곧 나을 것이네. 때가 되면 다시 자넬 보러 오겠네."

이렇게 말하고는 떠나버렸다.

심창곡은 여태까지 인과응보를 믿은 적이 없다. 집에 돌아온 뒤 그는 환약을 서가에 내던지곤 복용하지 않았다. 얼마 안 있어 그가 큰 병에 걸려 갑자기 사천 사투리로 말하기 시작했다.

"나는 아미산의 뱀이다. 널 2000년 동안 찾았는데 오늘에야 찾게 되었군."

그가 자기 손으로 인후를 눌러 숨이 끊어질 것 같았다. 가족은 그날 길에서 스님이 했던 말이 생각나 즉각 서가에서 환약을 찾았다. 한 알이 남아 있어 물에 타서 심창곡에게 먹였다. 이때 심창곡은 황홀해하며 자신의 전생의 일들을 기억해냈다.

왕망이 정권을 잡았을 때의 심창곡 이름은 장경張敬이라 불렸다. 왕망의 난을 피하여 아미산에 은거하며 신선술을 배웠는데 뜻을 함께하는 엄창嚴昌이라는 사람도 그곳에 있어서 둘은 신선술을 배우고 함께 경작하는 친한 친구 사이가 되었다. 당시 유흠劉歆[22]이 병사를 일으켜 유수劉秀[23]와 호응하려 했지만, 결과적으로 일이 누설되는 바람에 유흠의 부장副將 왕균王均도 아미산으로 도피하여 두 사람을 스승으로 모셨다. 아미산의 동굴엔 뱀이 살았다. 수레바퀴처럼 큰 뱀이 나올 때마다 비바람과 천둥번개를 동반하여 늘 농작물을 아작 냈다. 장경이 뱀을 처치하고자 왕균을 불러 대나무로 만든 칼을 준비하게 하고는 땅에 꽂아놓고 아울러 독약을 대나무 칼에 발라놓았다. 과연 뱀이 동굴을 나와 대나무 칼에 맞아 죽었다. 이 뱀은 산중에서 다년간 수련해 곧 용으로 될 터였는지라 동굴을 드나들 때 자연히 바람과 번개를 동반했으나, 사람을 해칠 생각은 전혀 없었다. 뱀이 왕균에게 죽은 뒤 줄곧 주모자인 장경에게 복수하려고 했다. 이후 왕균은 왕망이 죽은 뒤 즉각 산에서 나와 광무제 유수를 도와 한조를 중흥시켜서 효기장군驍騎將軍으로 제수되었다고 말했다. 왕균이 사람을 보내 장경을 낙양으로 불러 장경이 정로장군征虜將軍으로 임명되었기 때문에 뱀은 복수할 수가 없었던 것이다. 이후 장경은 전생에 북위北魏의 득도한 고승으로 환생했으며 3대엔 다시 원대元代의 장

22 유흠(?~기원후 23)은 전한 말의 목록학자, 고문경학파의 개조, 천문학자다. 한나라 정권을 찬탈한 왕망을 제거하고자 음모를 꾸미다가 누설되어 자살했다.

23 유수(기원전 6~기원후 57)는 후한의 초대 황제 광무제光武帝를 말한다.

군이 되어 전공을 세우는 바람에 뱀은 여전히 복수하지 못했다. 이번에 장경은 단지 거인 신분이라서 뱀이 복수하러 와서 염원을 이루고자 했다. 이러한 경과는 모두 심창곡 스스로 말한 것이니 두말할 나위도 없다.

가족이 길에서 만난 스님이 누구냐고 물으니 그가 말했다.

"바로 엄창 선생이지. 엄창 선생은 광무제의 초빙을 거절했어. 관직을 맡기 싫어 일찍이 수련하여 신선이 되었지. 나와 교분이 있기 때문에 구해주러 온 거야."

말을 마치고 심창곡은 목욕한 다음 옷매무새를 바로잡고 죽었다.

조문하는 날 그 스님이 과연 찾아왔다. 먼저 곡을 하며 절한 다음 심 씨 가족에게 말했다.

"슬퍼하지 마세요. 슬퍼하지 마세요. 이 사건을 해결하면 심 형은 선도에 들 겁니다."

말을 마치자마자 그 스님은 갑자기 사라졌다.

아귀 牙鬼

항주 사람 주양공朱亮工의 아내 장張 씨가 심한 상한병傷寒病에 걸렸다. 하루는 장 씨가 갑자기 산서 방언으로 살려달라고 소리 지르고 사발을 깨면서 말했다.

"은혜는 은혜고 복수는 복수라서 양자는 상쇄할 수 없지."

주양공이 집에 있을 때는 원수를 갚으러 오는 사람이 없었다. 주양공이 문밖을 나서기만 하면 장 씨는 예전처럼 정신착란을 일으켰다. 이에 주양공은 소장을 써서 현의 성황신에게 호소했다.

이날 장 씨는 정신이 혼미한 가운데 잠을 자다가 불려가 심문을 받았다. 장시간이 흘러 그녀가 깨어나 다음과 같이 말했다.

"저의 억울함이 모두 깨끗이 해결되었어요. 저의 억울함이 모두 풀어졌어요."

그녀가 손으로 엉덩이를 비비며 말했다.

"신이 제 엉덩이를 너무 아프게 때렸어요. 전생에 저와 주양공은 산서에서 베를 파는 남자였지요. 당시 관청의 회계 유劉 아무개가 베 판 돈을 삼켜 멋대로 써버렸어요. 그래서 제가 관청에 고발하여 사방에서 찾고 있었죠. 유 씨는 숨어다니는 고통을 참지 못해 어느 날 내 앞에 나타나더니 물에 투신하여 자살하겠다는 둥 하며 내가 불쌍히 여겨 목숨을 구해주길 바랐죠. 저는 화가 나서 말했어요.

'네가 자살하더라도 네게서 베 값은 받아야 하고 널 용서치 않겠다.'

유 씨는 매우 부끄러워하며 몸을 돌려 진짜로 물속에 투신하여 자살했어요. 주양공 전생의 이름이 유용兪容인데 유 씨가 죽었단 소식을 듣고 내게 와서 권유하더군요.

'회계 유 씨는 정말 죽어야 마땅하지. 그의 관 값은 우리 둘이 나누어 책임지세.'

저는 당시 화가 아직 풀리지 않은지라 동의하지 않았어요. 유용 혼자 은 세 냥을 내고 관을 사서 유 씨의 시신을 거두어 안장했지요. 지금 유 씨가 나를 찾아 복수하려고 하는데 뜻밖에도 유용의 전생이 제 남편이더군요. 그래서 제 남편이 집에 있을 때 감히 오지 못하는 겁니다. 어제 성황신이 심사한 덕에 유 씨가 다른 사람의 은을 착복하여 죽음을 자초한 것을 알았으니, 무슨 억울한 일이 있어 감히 은인 주 씨 집에 가서 야료를 부리겠어요? 성황신이 명령을 내려 유 씨에게 곤장 30대를 치고 아울러 그에게 족쇄를 채워 저승으로 압송했지요. 저는 전생에 빚을 못 받아 죽은 것을 보고도 구원하지 않고, 시체를 보고도 거두지 않았으며 마음이 너무 악독하다고 곤장 열다섯 대를 맞았어요."

이후 장 씨의 병세는 점점 호전되었다. 오래지 않아 유 씨를 압송한 저승사자가 다시 환자의 몸에 붙어 큰 소리로 외쳤다.

"네 집 일 때문에 내가 8000리 길을 뛰어다녔으니 반드시 지전과 술과 음식을 장만하여 내게 제사지내야 한다."

풍파를 일으킬까봐 두려워 주 씨 가족이 다시 제사를 지냈더니 그제야 주 씨 집안은 안정되기 시작했다.

妖夢三則

요상한 꿈 세 가지

자성柘城 출신 공부좌시랑工部左侍郎 이 씨[24]의 막내아들 이계천李繼遷이 진사에 합격했다. 부모님이 돌아가신 뒤 이계천은 중병을 앓았다. 꿈속에서 모친이 그에게 인삼을 먹였다. 이계천이 이 일을 의사에게 알렸더니 그 의사가 말했다.

"인삼은 당신의 병과 상극입니다. 복용하지 마세요."

밤에 다시 꿈을 꾸었는데 모친이 다음과 같이 말했다.

"의사 말은 믿을 수 없으니 살고 싶거든 인삼을 복용해야 한다. 내가 인삼을 모처에 놓아두었으니 찾아 먹어라."

모친이 알려준 곳을 찾아갔더니 인삼이 있어 곧바로 복용했다. 밤이 되어 이계천은 광란이 일어나 사망했다.

정군征君 육사산陸射山[25]이 꿈을 꾸었는데 돌아가신 부친이 그에게

24 이원진李元振(1636~1719)을 말한다. 자가 정맹貞孟, 호가 척원惕園이며 하남성 자성현柘城縣 사람이다. 강희 연간에 진사가 되었고 한림원 편수, 공부좌시랑을 역임했다. 주요 저작으로는 『창춘원은시暢春園恩詩』『공수당존고恭守堂存稿』『성부당존고誠孚堂存稿』 등이 있다.

말했다.

"나의 묘혈이 물에 젖어 매우 고통스럽구나. 고정산皐亭山[26] 꼭대기에 빈터가 있는데 아무개의 땅으로 지금 팔려고 내놓았다. 네가 가서 빈터를 사서 나를 이장시켜주려무나. 그렇게 해야 내 마음이 편하겠어."

육사산이 깨어난 뒤 찾아가보았더니 과연 꿈속에서 본 대로여서 거금을 들여 공지를 매입했다. 이장하다보니 원래의 묘혈에는 물이 전혀 없을 뿐 아니라 땅 온도도 따스하여 열기가 위로 솟구쳤다. 그러나 후회하기엔 이미 늦었다. 이장 후 육 씨 집은 점점 곤궁해지고 후대 자손들도 사방으로 뿔뿔이 흩어졌다.

강녕江寧 보은사報恩寺[27] 스님은 과거시험이 있을 때마다 수험생에게 자신의 거처를 세주었다. 육합현六合縣의 장張 수재는 승방에서 지

---

25 육사산(1620~1689)은 육가숙陸嘉淑이라고도 부른다. 그는 자가 효가孝可, 호가 신재辛齋이며 사산도 그의 호다. 청초 시인, 서화가, 장서가이며 절강성 해령海寧 사람이다. 주요 저작으로는 『문예당문초問豫堂文鈔』『사산시초射山詩鈔』『북유일기北遊日記』『신재시여辛齋詩餘』『신재시화辛齋詩話』 등이 있다.

26 저장성 항저우시 북쪽에 있다. 고정산은 구양수가 편찬한 『신당서』「지리지」에 기록이 처음 보이며, 남송 영종寧宗 황제 조확趙擴(1168~1224)이 '고정산'이란 편액을 내렸다. 남송 때 군사 요충지였으며 원나라 병사가 쳐들어왔을 때 남송의 군신들이 고정산에서 항복했다. 호서팔경湖墅八景의 하나가 '고정적설皐亭積雪'이다.

27 지금의 난징시 친화이구秦淮區에 있다. 그 전신이 동오東吳 적오赤烏 연간(238~250)에 세운 건초사建初寺 및 아육왕탑阿育王塔이었으니 낙양의 백마사白馬寺에 이어 중국에서 두 번째로 생긴 절이다. 지금의 절은 명 성조成祖 주체朱棣(1360~1424)가 태조 주원장과 마황후馬皇后(1332~1382)를 기념하기 위해 세웠다. 영락 10년(1412)부터 착공하기 시작하여 19년 동안 10만 명을 동원하여 완공했다. 영곡사靈谷寺, 천계사天界寺와 더불어 금릉의 삼대 사찰로 불린다.

낸 지 벌써 1년이 넘었다. 이때 보은사의 주지 스님 오서悟西가 열반에 들었다. 장 수재는 누차 합격하지 못해 마음이 울적한지라 몇 번의 과거시험에 응시하지 않았다. 갑자기 어느 해에 오서 스님이 그의 도제에게 현몽하여 말했다.

"빨리 배를 타고 강을 건너가 장 수재에게 응시하라고 전하여라. 장 수재는 올해 반드시 합격할 것이다."

오서의 도제가 이 꿈을 장 수재에게 알려주니 그는 몹시 기뻐하며 강을 건너 시험에 응시했다. 합격자 발표가 났지만 그는 여전히 합격하지 못했다. 장 수재는 너무 화가 나서 제단을 세우고 오서를 저주했다. 밤에 그의 꿈속에 나타난 오서 스님이 말했다.

"올해 저승에서 노승을 파견해 시험장에 가서 죽을 나눠주게 했네. 수험생 한 명이 결시하면 이 죽을 나눠줄 방법이 없지. 자네 운명은 차가운 죽을 세 번에 걸쳐 열한 그릇 먹어야 합격할 수 있네. 그래서 내가 도제를 시켜 자네가 응시토록 한 것은 자네로부터 책망 받지 않기 위해서라네. 나는 결코 자네를 속이지 않았네."

개명부 凱明府

전초현全椒縣 현령 개음포凱音布[28]는 시문에 정통하고 풍류적이며 호탕한데 나와는 친구 사이다. 건륭 35년(1770) 그가 강남 향시 과거 시험관으로 파견되었다가 등에 독창毒瘡이 생겨 사망했다.

당초 개음포의 모친이 임신하여 산기가 다가오고 있었다. 그때 개음포의 조부는 내무부 총관總管이었다. 어느 날 저녁 그의 조부가 뜰에서 거인을 보았다. 처마보다 큰 키의 거인을 질책하자, 거인은 욕소리에 따라 점점 작아지고 질책할 때마다 몇 자 크기로 줄었다. 그의 조부가 칼을 빼서 쫓아가자 그 거인은 난쟁이로 변해 나무 아래로 뛰어 들어가 사라지고 말았다. 조부가 촛불을 켜고 봤더니 원래 흙 인형이었다. 높이는 한 자가 넘고 얼굴은 편편하고 넓었으며 오른쪽 어깨가 솟아 있고 왼손에는 새끼손가락이 없었다. 이에 조부는

28 개음포는 찰합이도통察哈爾都統, 좌도어사左都御史, 성도장군成都將軍, 호부상서, 예부상서를 역임했으며 강희 41년(1702)에 쓴 비문이 베이징시 차오양구朝陽區 샤오좡촌小莊村에 남아 있고 묘지는 베이징시 화이러우구懷柔區 카이자좡凱甲莊에 있다.

흙 인형을 주워가지고 돌아와 탁자 위에 놓았다. 바로 이때 여종이 들어와 며느리가 사내아이를 출산했다고 보고했다. 3일 뒤 조부가 아이를 안고 보았더니 아이의 왼손에 새끼손가락이 없었고 생긴 모습도 흙 인형과 흡사했다. 온 가족은 너무나 두려워 흙 인형을 사당에 모셔놓고 자주 제사를 지내며 공경했다.

개음포가 죽은 뒤 가족이 그의 위패를 사당에 모셨다. 이때 사당 안에 구멍이 뚫려 그 흙 인형의 등에 빗물이 떨어져 구멍 세 개가 났고 신좌神座 위로 넘어졌다. 그리고 개음포가 죽었을 때 등에 있던 세 개의 종기에도 구멍 세 개가 나 있었다. 가족은 당초 흙 인형을 경건하게 모시지 못한 것을 후회했으나 후회해봐도 부질없는 일이었다.

수질 羞疾

호주 심沈 수재가 젊어서 학관에 들어갔는데 자못 재주가 있었다. 그는 서른 살이 넘었을 무렵 갑자기 '수질羞疾'에 걸렸다. 밥을 먹을 때마다 반드시 손으로 얼굴을 긁으며 소리쳤다.

"수羞! 수羞!"

변소에 갈 때도 반드시 손으로 엉덩이를 긁으며 말했다.

"수! 수!"

손님을 봐도 마찬가지였다. 가족은 그가 풍질瘋疾에 걸렸다며 그다지 개의치 않았다. 이후 심 수재는 갈수록 여위어 아무리 치료해도 소용없었다.

심 수재는 간혹 정신이 맑아졌다. 정신이 맑은 틈을 타 가족이 그에게 원인을 물어보자 그가 대답했다.

"병이 났을 때 검은 옷을 입은 여자가 제 손을 잡고 그렇게 하라고 시켰어요. 동작이 조금이라도 느리면 때리곤 했어요. 그래서 그렇게 하지 않을 수 없었어요."

가족은 요괴가 야료를 부린다고 생각했다. 마침 장張 진인眞人이 항주를 지난다기에 가족이 연유를 알리는 소장을 써서 바쳤다. 장 진인이 소장에서 지시를 내렸다.

"이 일은 귀안현歸安縣[29]의 성황신을 찾아가 물으면 조사해줄 것입니다."

10여 일이 지난 뒤 장 진인이 법관을 보내 심 씨 가족에게 알려주었다.

"어제 성황신에게 가서 상세히 물어보았어요. 성황신의 말에 따르면 심 수재의 전생은 쌍림진雙林鎭[30] 섭생葉生의 아내이고, 검은 옷의 여자는 섭생의 여동생이랍니다. 섭생은 집안이 부유하여 여동생을 이 씨 자제에게 짝지어주었으나 이 씨 집안은 매우 빈궁했죠. 섭생은 여동생을 사랑하여 이랑李郞에게 자신의 집에서 공부하도록 하고 수재에 합격하면 혼사를 논의하기로 했지요. 어느 날 여동생이 달빛을 받으며 산보하다가 밤에 공부하는 이랑을 발견하고는 몰래 몸종을 통해 이랑에게 차를 보냈지요. 몸종은 이 일을 마님에게 알려주었어요. 이튿날 섭생의 아내가 여러 사람 앞에서 시누이에게 장난치면서 말했지요.

'수! 수!'

이 때문에 여동생은 화가 나서 목을 매 자살했어요. 그녀는 성황

---

29 북송 시기 설치했던 옛 현의 이름으로 지금의 저장성 후저우시에 해당된다.

30 후저우시 난쉰구南潯區의 명진名鎭으로 한, 당 시기에는 동림東林으로 불렸다. 남송 때 북방의 상인들이 황실을 따라 이곳에 대거 들어왔다. 그리하여 이곳을 상림商林이라 불렀다. 영락 3년(1405)에 이곳과 서쪽의 서림촌西林村을 합병하여 지금의 이름으로 개명했다.

신에게 가서 고소하며 복수해줄 것을 부탁했지요. 성황신은 그의 고소장에서 이렇게 지시를 내렸어요.

'양반집 처녀가 달빛 아래에서 차를 바친 것은 본래 남의 의심을 사기 쉽다. 어찌하여 몇 마디 농담 때문에 복수할 수 있겠는가?'

그래서 그녀가 상소하는 것을 허락하지 않았지요. 여동생은 그만두려고 하지 않아 다시 동악東嶽에 고소했어요. 동악신은 이렇게 지시를 내렸어요.

'성황신의 말은 공명정대하다. 네가 스스로 반성해야 옳다. 그러나 심 씨의 전생이 큰형수였으니 응당 관용을 베풀어야 하거늘, 하물며 여동생이 하찮은 잘못을 한 것뿐이므로 암암리에 타이르면 된다. 어째서 온 마당의 사람들 앞에서 짓궂은 장난을 했는가? 그를 잡아와 대질하면 그의 생명을 상하게 할 것이고 죄도 더 커질 것이다. 내가 잠시 네게 스스로 보복을 허용하여 그를 번뇌하게 하면 그만이다. 심 아무개의 원업冤業을 밝혀보니 이와 같음을 지금 문서로 통보하노라.'

그러자 장 진인은 이렇게 말했어요.

'이 죄는 그다지 크지 않아서 고승을 불러 여동생을 위해 망령을 제도濟度하고 그녀를 다음 생에 환생시키면 은원을 끝낼 수 있다.'"

심 씨 가족이 그대로 처리하니 심 수재의 병은 점점 호전되었다.

賣漿者兒

주막집 노인의 아들

항주 왕성서汪成瑞의 집에서는 전당현錢塘縣의 공생 방단성方丹成을 초빙하여 가정교사로 삼았다. 그런데 방단성이 며칠 동안이나 학교에 나오지 않아 왕 씨 집에서 사람을 보내 물었더니 방단성이 이렇게 말했다.

"저는 남을 대신해 고소장을 써서 동악부東嶽府에 가서 고소했습니다."

그에게 무슨 일로 고소했냐고 물으니 방단성이 이렇게 말했다.

이웃집 장張 아무개는 아내가 병이 나는 바람에 신령을 찾아 구해달라는 의식을 치렀다. 술은 파는 한 노인이 보러 갔다가 돌아오니 자기 아들이 고당에 앉아 곧장 이름을 부르며 물을 달라고 소리쳤다. 술 파는 노인이 화가 나서 아들을 질책하자, 그 아들은 도리어 이렇게 말했다.

"나는 네 아들이 아니다. 나는 성황신의 사자로 사람의 영혼을 가져오는 일을 전담한다. 오늘 나는 몇몇 동료와 장 씨 집에 가서 그의 아내 영혼을 가지러 갔다. 그런데 장 씨 집에서는 집 안에 오성五聖[31]을 불러다놓아 나는 감히 들어가지 못하고 처마에서 기다려 한참 앉아 있는데 입술이 타들어가 혼을 네 아들의 몸에 붙여 네게 물을 요청한 것이다."

그러자 주막집 노인이 물을 그에게 주었다. 아들은 겨우 14, 15세인데 대번에 한 섬이 넘는 물을 들이켰다.

잠시 후 바깥에서 음악 소리가 들리더니 저승사자가 말했다.

"장 씨 집에서 신을 보내니 나는 돌아가야겠소. 내게 횃불을 좀 주시오."

주막집 노인이 대답했다.

"밤 깊어 사람도 없는데 어디 가서 찾는단 말이오?"

"내가 말한 횃불은 종이 줄이지, 인간 세상에서 쓰는 그 횃불이 아니오."

주막집 노인이 종이 줄을 불살라주었다. 이에 저승사자가 몸을 일으켜 감사의 마음을 표했다.

"내가 당신의 은혜를 입었으나 보답할 게 없소. 지금 일 하나를 알려드리리다. 지금부터 당신 아들이 물가에 가까이 가지 않도록 하시오. 그렇지 않으면 재난을 당할 것이오."

말을 마치자 주막집 노인의 아들이 혼수상태에 빠졌다. 이때 이웃 장 씨 집에서 곡소리가 전해졌다. 주막집 노인은 이 일이 이상하다고 생각했지만 남에겐 알리지 않았다.

이튿날 오후에 아들이 갑자기 미친 듯이 소리 질렀다.

---

31 오성은 신농神農, 요堯, 순舜, 우禹, 탕湯을 일컫는다.

"더워 죽겠어요, 더워 죽어요. 강에 들어가 목욕할래요."

주막집 노인은 허락하지 않았다. 하지만 아들은 결국 밖으로 뛰어 나갔다. 주막집 노인이 급히 아들을 끌고 집으로 돌아왔으나, 아들은 더욱 광란을 부리고 땅 위의 돌을 가리키며 말했다.

"이곳에 물이 얼마나 많은데 어째서 목욕하지 못하게 하나요?"

주막집 노인은 아들의 행위가 괴상하다 여기곤 자기 혼자 감당하지 못할 것 같아 이웃 사람들에게 알려 그를 도와 아들을 봐달라고 요청했다.

주막 주인집의 서쪽에 사는 당唐 씨는 줄곧 귀신을 믿었다. 마을에서 동악신에게 제사지내는 일은 모두 그가 주관했다. 때로 그도 친구를 대신해서 재앙을 없애달라고 기도하곤 했는데 매번 영험이 있었다. 주막집 노인의 말을 듣고 그 아들이 광란을 피우는 모습을 보고는 그가 주막집 노인에게 말했다.

"당신 아들 몸엔 귀신이 붙었는데 어째서 동악신에게 가서 빌지 않나요?"

"어떻게 빌죠?"

"동악신 생일에 각 집사가 전부 모입니다. 당신은 고소장을 써가지고 향불 안에 태우세요. 제가 종과 북을 치면서 돕겠습니다. 그리고 대역사를 불러 당신 아들을 신묘 앞에 안고서 동악신의 처분을 기다리시면 아마도 악귀를 몰아낼 수 있을 겁니다."

주막집 노인은 그의 말에 일리가 있다고 여겼다.

3월 28일 새벽에 주막집 노인은 목욕재계한 뒤 신묘로 갔다. 그는 아들은 안고 원문轅門 밖에 엎드려 억울함을 호소했다. 전당에 있던 당 씨가 한 집사에게 명하여 주막집 노인의 공소장을 가져오게 하며 큰 소리로 외쳤다.

"아무개에 관한 속보입니다. 조사해서 체포해주세요."

주막집 노인은 아들을 안고 많은 사람에 둘러싸여 함께 전당으로 돌아갔다. 문 입구에 다다르자 아들의 정신이 혼미해지고 입에서 거품이 흘러 사람들은 깜짝 놀랐다. 한참이 지나서 아들은 깨어나기 시작했다. 주막집 노인은 아들을 안고 집으로 돌아왔다. 아들은 저녁때가 되어서야 말을 하기 시작했다.

"제가 길가에서 놀고 있는데 남루한 옷을 입은 사람이 저와 함께 목욕하러 가자더군요. 그는 매일 저를 따라다니며 한시도 떨어지지 않았어요. 동악묘에 이르렀을 때 그 사람은 또 제 뒤에 서 있더군요. 그는 대전 앞에서 어느 신이 저와 그를 잡으러 오는 것을 보고 놀라서 도망갔으나, 결국 신에게 붙잡혔어요. 신이 저를 대전 위로 데리고 가자, 동악신이 고소장을 들고 자세히 읽어보더니 사모를 쓴 신과 무어라고 말을 했는데 모호해서 잘 듣지 못했어요. 우리 부모가 무죄인데 어째서 아들을 붙잡아 죽은 귀신을 대신할 수 있느냐는 말만 들렸어요. 이어서 그들은 저의 악귀에게 족쇄를 채우고는 고문한 뒤 저를 이승으로 돌아가게 놓아주었어요."

이로부터 주막집 노인의 아들은 끝내 평온무사해졌다.

謝經歷

사 경력

광주 경력廣州經歷[32] 사곤謝坤은 소흥紹興 사람이다. 그의 생질 육陸 씨는 광동 순검廣東巡檢으로 임명되어 모친, 아내와 아들을 데리고 광동으로 부임했다. 생질과 외삼촌은 서로 만나게 되어 무척 기뻐했다.

육 씨가 부임한 지 오래지 않아 외삼촌에게 편지를 써서 상사에게 부탁했는데 좋은 자리로 바꿔달라는 것이었다. 사곤은 곧 편지를 써서 상사에게 육 씨를 오문澳門으로 옮겨달라고 부탁했다. 오문에서 받는 육 씨의 월급은 먼젓번보다 많았으나 오문은 바닷가라서 사람을 병들게 하는 장기瘴氣[33]가 있었다. 육 씨는 다시 외삼촌에게 편지를 써서 다른 곳으로 옮겨달라고 부탁했다. 사곤은 생질이 너무 욕심이 많다고 귀찮아하며 답장을 쓰지 않았다. 2개월이 안 되어 사곤은 또 생질의 편지를 받았다. 편지 내용은 이러했다.

---

32 금나라 때부터 있었던 관직명으로 명청 시대에는 도찰원, 통정사사通政使司, 안찰사사按察使司 소속이었다. 문서 출납을 관장했다.

33 축축하고 더운 땅에서 생기는 독기.

"제 병이 위독합니다. 외삼촌 얼른 저를 구해주세요. 지체하면 저는 죽습니다."

사곤은 생질의 독직 행위에 혐오감을 느꼈지만 누님의 나이가 많은 것을 생각했다. 생질에게 뜻밖의 일이라도 생기면 누님은 어찌할까? 하지만 상사의 책망도 두렵거니와 다시 찾아가서 부탁하려니 말을 꺼내기가 어려워 사곤은 난처하여 머뭇거리면서 결정하지 못했다.

이날 정오에 사곤은 졸다가 꿈을 꾸었다. 생질이 갑자기 자기 앞으로 오면서 말을 꺼냈다.

"삼촌이 절 망가트렸어요. 삼촌에게 두세 번 간곡히 부탁했으나 한 번도 답장하지 않아 지금 저는 장기로 죽었어요. 모친, 아내와 아들이 이미 배를 타고 강가에 정박해 있으니 삼촌, 빨리 나가서 맞이하세요."

말을 마치곤 통곡하기 시작했다. 사곤이 깜짝 놀라 깨어나니 어떤 사람이 뒤뚱거리며 문을 뛰어 들어와 보고했다.

"생질 육 아무개가 며칠 전에 사망했습니다. 지금 그의 집 가족들이 영구를 운반하여 성 밖에 도착했어요."

사곤은 이때에야 꿈에서 본 것이 바로 생질의 귀혼鬼魂이었음을 깨달았다.

사곤은 생질 가족을 맞아 관청으로 돌아가고 영구를 한 사찰에 놓고 생질을 위해 불사를 벌여 망령을 제도했다. 스님이 제문을 읽으며 제주에게 분향하게 했다. 갑자기 병풍 뒤에서 관복을 입은 사람이 나오더니 앞으로 나아가 예를 올렸는데 그 스님은 어떤 사람인지 몰랐다. 육 씨 아들이 마침 밑에서 불사를 하다가 부친이 걸어나오는 모습을 보고는 소리 지르며 뛰어 올라갔으나, 육 씨는 도리어 종적도 없이 사라졌다. 여러 스님은 놀라 어리둥절했다.

후에 사곤의 서재 안에 두었던 소심란素心蘭[34]이 꽃망울을 터트렸으나 외손자가 장난치다가 한 가지를 꺾어버렸다. 사곤은 화가 나서 외손자를 몇 대 때렸다. 갑자기 생질 육 씨가 사곤 앞에 나타나 노기충천하여 질책했다.

"외삼촌, 고작 꽃 때문에 제 아들을 때릴 수 있단 말입니까? 제가 난 꽃을 전부 망가트릴 테니 두고 보십시오."

순식간에 난 잎을 전부 잘라놓았다.

한 달이 지나자 사곤은 육 씨의 영구를 고향으로 보내 안장하려고 했다. 닻 줄을 올리고 배가 출발하려고 할 때 같은 마을의 이웃이 작은 관을 메고 선미에 놓았다. 사 씨 가족은 이 사실을 몰랐다. 배가 광동 경계를 벗어난 뒤 선주는 육 씨의 고아와 과부를 속여 육 씨 가족과 싸우고 구타하게 되었다. 갑자기 육 씨가 선창에서 튀어나왔는데 그 뒤에는 한 소년이 따라왔다. 그 소년은 육 씨를 도와 사공 5~6명을 통렬하게 때렸으며 그들이 용서를 빌고서야 손을 거두었다. 육 씨 가족은 이상하다고 여겨 사공에게 물었다.

"우리 집 주인은 우리가 아는 사람인데, 그 소년은 어디에서 왔는지 모르겠어요."

사공이 놀라고 부끄러워하면서 말했다.

---

34 난과에 속하는 여러해살이풀.

"뱃머리에 작은 관을 놓았는데 당신 댁에서 허락할 것 같지 않아 숨겼습니다. 방금 당신 집 주인을 도와 우리를 때린 사람은 그 귀신일 겁니다."

그 뒤 사공은 가는 길 내내 두 배로 조심했으나 아무런 일도 생기지 않았다.

고향에 돌아온 뒤 육 씨 집에서는 육 씨를 위에 제단을 만들어놓았다. 이로부터 집안은 평온무사했다.

趙文華在陰司說情

조문화가 저승에서 사정하다

항주 사람 조경趙京의 원적은 자계慈溪다. 그의 동생 조 아무개는 사람됨이 정직하고 엄숙했다. 동생이 결혼한 뒤 그 아내의 여종이 따라왔는데 매우 총명했다. 그는 여태까지 그 여종과 희롱하거나 가까이하지 않았다. 그런데 조경이 남몰래 여종과 정을 통했는데 이 사실을 동생이나 제수도 전혀 몰랐다. 오래지 않아 여종이 임신하자 조 아무개의 장인은 사위가 한 짓이라 의심했고 여종도 유언비어를 퍼트려 조 아무개를 비방했다. 조 아무개는 흑백을 가리지 못하여 홧김에 목매달아 자살했다.

2년이 지나 조경 부친의 생일을 맞아 손님들이 자리에 가득 찼다. 연회석에서 조경과 그 여종이 갑자기 땅에 쓰러지더니 입으로 중얼거리다가 하룻밤이 지난 뒤 서서히 깨어나기 시작했다.

조경이 어젯밤의 경과를 털어놓기 시작했다.

"제가 저승의 관청으로 잡혀가 여종과 함께 족쇄에 채워져 대문 밖에 있었지요. 잠시 뒤 북소리가 들리면서 귀신이 제 머리채를 잡아 계단 아래로 팽개치더군요. 면류관을 쓴 신이 전당의 상석에 앉아 있는데 제 동생을 불러 심문하고 아울러 우리와 대질시켰지요. 저와 여종은 머리를 숙이고 죄를 인정했으나 감히 해명할 수 없었어요. 바로 구형할 때 어떤 사람이 보고하더군요. '조 상서께서 도착했습니다.' 커다란 붉은 첩帖엔 '연가권제조문화돈수배年家眷弟趙文華頓首拜'[35]라고 쓰여 있더군요. 그 신이 의관을 정제하고 문을 나와 영접하며 저와 여종에게 족쇄를 채우라 명하고 원래의 장소로 압송하라더군요. 제가 고개를 들어 바라보니 전당의 기둥엔 대련 한 폭이 걸려 있었어요.

인귀는 관절이 하나뿐이고 人鬼只一關
관절은 실오라기 하나도 빠져나가지 않는다 關節一絲不漏
음양은 두 가지 이치가 없거늘 陰陽無二理
이수 두 글자 벗어나기 어려우리라理數二字難逃

뒷면엔 '회계도망령제會稽陶望齡題'[36]라는 서명이 있더군요. 제가 자세히 살펴볼 즈음 사자는 조 상서가 떠났다고 보고했어요. 그런 다음 신은 저와 여종을 전당으로 불러내어 훈시하더군요. '이번 사건은 간통치사죄에 의거해 3등으로 감형하여 판결한다. 조 상서가 찾아

35 연가年家는 같은 해에 과거에 급제한 사람들이 서로를 부르는 호칭이다.
36 도망령(1562~1609)은 자가 주망周望이고 호가 석궤石簣이며 절강 소흥 사람이다. 향시, 회시, 전시에 우수한 성적으로 합격하고 한림원 편수가 되었으며 국사 편찬에 참여했다. 이후 시강, 국자감좨주를 역임했다. 주요 저작으로는 『제초制草』 『헐암집歇庵集』 『해장解莊』 『천수각집天水閣集』 등이 있다.

와 사정했으니 잠시 너희를 이승으로 놓아보낸다. 그 밖에 네 동생은 사내대장부로서 여종과 간통했다고 승인했지만 대단한 것도 아닌데 목을 매달아 죽을 필요가 없었다. 너무나 비루한 짓이다. 잠시 너희를 용서하여 이승으로 보내노라.'"

온 가족은 조문화가 조경을 비호한 까닭을 몰랐다. 후에 어느 날 그들은 문중 어르신께 이 일을 묻고서야 조문화趙文華[37]가 조 씨 집안 7대조임을 알았다. 조문화는 그해 간악한 재상 엄숭嚴嵩과 결탁하여 아부했기에 후대 자손들은 그가 종족의 치욕이라 여겼다. 그래서 모두가 회피했기에 후손이 알지 못했다.

---

37 조문화(1503~1557)는 명대 자계 사람으로 가정 연간의 진사였다. 관직은 공부상서에 이르렀으며 환관 엄숭의 양아들로 엄숭 못지않은 횡포를 부렸다.

진우량 사당을 허물다

毁陳友諒廟

조석례趙錫禮[38] 공은 절강 난계蘭溪 사람으로 처음에 죽산현竹山縣 지현으로 임명되었고 이어 좀더 큰 현인 감리현監利縣 지현으로 이직되었다. 부임하는 날 그는 관례에 따라 문묘와 성황묘에 배알했다. 아전이 보고하면서 다른 사당에도 가 분향하고 제사지내야 한다고 말했다. 조공이 가서 살펴보니 이 사당엔 세 개의 신상이 있고 기러기처럼 줄지어 앉아 있었으며 모두가 제왕의 복장이어서 장중하고 엄숙했다. 조공이 무슨 신인지 물었으나 아는 사람은 아무도 없었다. 조공이 이 사당을 철거하려고 하자, 아전이 불가하다고 막으며 말했다.

"이 신은 본래 명성이 혁혁하여 관리가 부임해올 때마다 상당히 엄숙하게 참배해왔어요. 이 사당을 철거하면 신의 노여움을 살 것이니 그 환난은 예측할 수가 없사옵니다."

38 옹정 8년(1730)의 진사다. 절강성 난계 사람으로 옹정 11년(1733)에 의흥지현宜興知縣으로 부임했다.

조공이 현아로 돌아와 지방지와 사전祀典[39]을 찾아보았으나 이곳의 신에 대해 기록한 내용은 없었다.

이에 조공은 날짜를 잡아 관리와 백성을 소집하여 사당으로 갔다. 조공이 손에 쇠사슬을 들고 신상의 목에 걸고는 끌어당겼다. 보통 신상의 몸체가 거대해서 부숴야만 운반할 수가 있다. 그러나 조공이 쇠사슬을 끌어당기자 그 신상은 순식간에 넘어졌다. 오래지 않아 세 신상이 뜰 안으로 부서졌다. 그런 다음 조공은 사당을 수리하여 관제를 모셨다. 오랜 시간이 지나도 결코 다른 징후가 나타나지 않았다.

조공은 그래도 의문이 풀리지 않아 공문을 써서 천사부天師府에 보내 조사하게 했다. 돌아온 답신은 이렇게 설명했다.

"이 신들은 원조 말년 괴뢰 한왕漢王 진우량陳友諒[40] 형제 세 명이다. 그들의 병사가 패배한 뒤 파양호에서 사망했다. 그들의 부하도 뿔뿔이 흩어져 도망가 형주荊州에서 세 명을 위해 사당을 세우고 그들을 신으로 모셨다. 사당은 원조 지정 어느 해에 세워졌다가 청조 옹정 어느 해 조대년趙大年의 손에 훼손되었으니 앞뒤로 400년 동안 제사를 받았다."

---

39 각종 제사에 관한 규범이나 규정.

40 진우량(1320~1363)은 호북성 면양沔陽 사람이다. 어민 출신으로 현아의 속리屬吏로 지내다가 홍건군紅巾軍에 가담하여 수령이 되었다. 1360년에 제위에 올라 국호를 한漢, 연호를 대의大義, 도읍을 강주江州로 지정했다. 이듬해부터 주원장 군대와 싸웠으나 번번이 패배했다. 1363년 진우량이 수군 60만을 이끌고 주원장 부대를 진공했으나 파양호에서 대패했고 포위를 뚫는 과정에서 화살에 맞아 전사했다. 두 형제 진우인陳友仁, 진우귀陳友貴도 파양호 전투에서 했다.

권 11

통판의 첩

通判妾

휘주부徽州府 관아의 동쪽 전반부는 사마서司馬署이고 후반부는 통판서通判署이며 두 부서 사이엔 토지묘가 있고 그 안엔 통판서의 아신衙神을 모신다.

건륭 40년(1775) 봄에 사마서의 뒷담이 무너졌다. 그래서 사마서는 토지묘와 서로 통하게 되었다. 이날 저녁 사마서 안의 노파가 갑자기 땅에 쓰러졌는데 중풍에 걸린 것 같았다. 구조받은 노파가 깨어나더니 줄곧 배고프다고 소리쳤다. 그녀에게 밥을 주었는데 밥의 양은 평시보다 두 배였다. 그녀의 왼발은 약간 절었으며 북방 구어로 말을 꺼냈다.

"저는 합십씨哈什氏이며 전임 통판의 소첩으로 통판의 총애를 받았어요. 본처에게 학대를 받아 저는 복숭아나무 아래서 목을 매달았어요. 제가 목을 맬 때 악귀로 변해 복수하려고 했으나 뜻밖에도 사후에 제 운명이 목을 매 자살할 팔자임을 알게 되었지요. 다시 말하면 제가 생전에 온갖 고통을 받은 것도 원래 정해진 운명이라서 복수할 것도 없었어요. 저승의 관례에 따르면, 관청에서 죽은 모든 사람은 사후에 아신에게 구금되어 담장이 무너지지 않고서는 귀혼鬼魂이 빠져나갈 수 없어요. 저는 줄곧 뒤의 누각에 있었지요. 이전에 원袁 통판이 부임하여 저를 토지묘에 몰아넣었어요. 그 후로 저는 계속 배가 고팠고요. 담장이 무너질 때 제 왼쪽 다리를 다쳐 아프고도 지쳐 견딜 수 없어 당신 몸에 붙어 음식을 요구한 것일 뿐, 결코 당신을 해치지 않아요."

이로부터 그녀는 낮에는 잠을 자고 밤에는 먹었는데 아무런 번뇌가 없었다. 또 항상 남의 집의 과거 일을 얘기하는데 자못 영험이 있었다.

그 전에 사마司馬에게 딸이 있었는데 집에서 죽었다. 사마가 이곳으로 부임할 때 딸의 위패를 어느 절에 놓았고 매년 명절 때마다 사람을 보내 제사지냈다. 이러한 상황을 노파는 모르고 있었다. 사마는 그녀가 저승의 일을 말하는 것을 보고는 그녀에게 물었다.

"내 딸이 어디에 있는지 알고 있소?"

"당신 딸은 여기엔 없어요. 제가 알아보고 다시 알려드리겠습니다."

이튿날 노파가 사마에게 말했다.

"당신 딸은 절에서 즐겁게 지내며 저승에서 돈을 받을 뿐 아니라 아직도 많이 남아 있어 인간 세상으로 나오고 싶지 않대요. 다만 금년 봄에 당신이 보낸 옷이 너무 작아서 몸에 맞지도 않다고 하옵니다."

사마는 크게 놀라 가족에게 옷을 왜 그리 작게 만들었는지 추궁했다. 원래 사람을 보내 제사를 지낼 때 만든 옷이 도중에 비에 젖는 바람에 가족이 몰래 시장에 가서 대신 종이옷을 샀기 때문에 옷이 작아진 일이 발생했던 것이다.

오래지 않아 신임 통판이 부임하여 관아를 수리하고 땅을 파서 담장을 증축했다. 노파가 말했다.

"담장이 세워지면 저는 원래의 장소로 돌아가야 합니다. 하지만 이번에 들어가면 언제 나올지 모르니 여러분께서 지전을 주시어 밤에 담장 밑에서 태워주시기 바랍니다. 그러면 저는 그 돈을 가져다가 아신을 매수하여 사당에서 자유롭게 나다닐 수가 있습니다."

사마는 그녀의 말대로 지전을 태웠다. 이튿날 노파가 만면에 희색을 띠며 말했다.

"주인님은 정말 어질군요. 헤어지는 마당에 드릴 것도 없네요. 저는 비파를 잘 연주하고 노래 부를 줄 알고 술을 마실 수 있답니다. 제가 한 곡 뽑아 주인님께 답례하겠사옵니다."

사마는 또 노파의 말대로 술자리를 마련하고 비파를 준비해두었다. 노파는 연주하면서 노래 부르기 시작했다.

삼경에 비바람 불고 오경에 까마귀 우니 三更風雨五更鴉
아름다운 복사꽃 잎이 모두 떨어지누나 落盡夭桃一樹花
달빛 아래에서 고향 바라보며 누대 위에 서니 月下望鄉臺上立
끊어진 혼 어디에도 하늘 끝 아니겠는가 斷魂何處不天涯

가락이 처량하고 슬펐다. 노래를 다 부른 노파는 비파를 던지고 눈을 감으며 정좌했다. 사람들이 그녀를 불렀을 때 그녀가 갑자기 뛰더니 말투와 웃는 모습은 다시 원래 노파의 모습으로 돌아왔으며 다리도 절지 않았다.

당초 아문의 최崔 선생은 늘 노파 몸에 붙은 귀신과 말을 하곤 했다. 그녀가 배고프다고 할 때 최 선생은 이렇게 물었다.

"이곳은 주방에서 가까운데 어째서 먹을 것을 요구하지 않나요?"

"이곳의 아신이 매우 엄격해서 감히 주방으로 들어갈 수 없어요."

그녀가 원 통판에 의해 사당으로 쫓겨났다는 말을 들었을 때 최 선생이 물었다.

"원 통판은 막 부임한 데다가 큰 병을 앓고 있으니 그를 피할 필요가 있어요?"

"원 통판은 병이 났지만 죽지는 않을 것이고 장차 승진할 겁니다. 그런데 제가 어떻게 감히 피하지 않을 수 있겠어요?"

그들이 말한 원 통판이 바로 내 동생 원향정袁香亭[1]이다.

---

1 향정은 저자 원매의 동생 원수袁樹(1730~?)의 자다. 호가 홍두산인紅豆山人, 홍두촌인紅豆村人, 홍촌紅村 등이며 절강성 인화현 사람이고 건륭 28년(1763)에 진사가 되었다. 광동 조경지부廣東肇慶知府를 지냈으며 골동품 감정, 시, 산수화에 뛰어났다.

유귀와 손봉

劉貴孫鳳

부양阜陽 사람 왕윤王尹이 가족 유귀劉貴로 하여금 동료 손봉孫鳳과 함께 강녕江寧으로 가서 공무를 보게 했다. 손봉은 줄곧 강직하고 용맹한 사람인데 언제나 세상에 불평불만을 품고 있었다.

정월 초이틀 새벽에 유귀는 손봉을 불러 회청교淮淸橋[2]에 가서 술을 마셨다. 갑자기 손봉이 사람 무리 속에서 손으로 다리를 가리키며 크게 욕하기 시작했다.

"새해는 빚을 요구할 때가 아니고 주점도 멋대로 패악질을 부릴 곳이 아니다. 너를 속일 수 있으나 나를 속일 순 없지."

그는 말하면서 돕고 호위하려는 동작을 지었다. 동료는 그 까닭을

2 난징시 친화이구秦淮區 젠캉로建康路 동쪽에 있다. 옛날의 청계青溪와 진회하秦淮河가 이곳에서 합류했기 때문에 붙은 이름이다. 이 다리는 남조南朝 시기에 만들어졌으며 원명은 회청교淮青橋이나 후인들은 통상 회청교淮淸橋라 부르고 있다. 이 다리 옆에 정자가 있어 사람들의 휴식 공간으로도 쓰였다. 지금의 다리는 청대 가경嘉慶 연간에 중건한 것이며 정자는 중건하지 않았다. 동진東晉 왕헌지王獻之(344~386)가 도엽桃葉를 맞이하던 도엽도桃葉渡도 이 다리 부근에 있었다. 이 다리 이름은 시인들의 시뿐만 아니라 『유림외사儒林外史』 같은 소설에서도 여러 번 언급되었다.

몰라 그에게 물어보고 싶었다. 손봉이 눈을 감으며 말했다.

“그가 내게 진 빚이 벌써 수십 년이 되었네. 내가 그를 찾아 7000리 길을 다니다가 오늘에서야 찾았지. 그런데 자네가 간섭하여 그를 놓아준 거야. 자네가 그를 놓아주었으니 그 대신 빚을 갚게.”

말을 마친 그가 자신의 뺨을 때리자 사람들은 함께 앞으로 나아가 붙잡았다. 잠시 후 손봉은 입으로 흰 거품을 토하고 눈을 부라리며 땅에 엎어졌다. 사람들은 그를 메고 여관으로 돌아갔다.

오래지 않아 손봉이 깨어나 말을 꺼냈다.

“내가 주점에 들어간 뒤 시장의 어떤 사람 중 이마에 혈흔을 띤 거지와 같은 사람을 보았지. 그는 한 서생을 찾아 빚을 갚으라며 때리면서 침을 뱉더군. 그 서생은 아파서 참지 못하고 시장 사람들에게 도움을 요청했지만 어느 누구도 관여하지 않았어. 나는 차마 볼 수 없고 화가 나서 욕을 퍼부었지. 그 사람이 놀라서 손을 놓아버리자 서생이 내 몸 뒤로 숨더군. 그 사람이 쫓아와 찾기에 내가 주먹으로 때려눕혔어. 내가 그와 격투할 때 서생이 도망했는데 행방은 모르겠어. 뜻밖에도 빚을 갚으라던 그놈이 내 몸에 붙어 야료를 부린 거야. 지난번엔 내가 준비하지 못했기 때문에 그에게 모욕을 당했지. 그가 다시 온다면 그를 단단히 혼내줄 거야.”

이에 손봉은 말채찍을 준비해두고 자신을 방어했다. 사람들은 그에게 아무 일도 생기지 않는 것을 보고 떠났다. 유귀와 손봉 두 사람만 함께 남았다.

어스름이 되자 손봉이 유귀에게 말했다.

“그놈이 문밖에 왔어.”

채찍을 들고 몸을 일으키려고 했으나 그의 손발이 묶인 듯하여 자신의 빰을 때리면서 크게 욕을 했는데 지난번 상황과 똑같았다. 유귀가 너무 놀라서 '손봉'에게 읍을 하며 물었다.

"당신은 누구요? 그가 당신에게 무슨 빚을 졌단 말이오? 내가 그 대신 갚아주리다."

'손봉'이 대답했다.

"저의 이름은 왕보정王保定이고 서생은 주상朱祥입니다. 전생에 주상이 내게 목숨 값을 빚졌기에 결코 돈으론 갚을 수 없어요. 본래 이 사건은 손봉과 무관하죠. 그가 쓸데없이 참견하여 저는 화가 나서 그를 때렸어요. 당신이 제 대신 빚을 갚아준다 하시니 충분하기만 하면 저는 물러가겠어요. 그렇지 않으면 당신조차 처치하겠습니다."

유귀가 몹시 놀라서 동료들을 전부 불러와 수만 전의 지전을 사왔다. 다 태운 뒤 '손봉'은 유귀에게 읍을 하며 고마움을 표시했다.

"10년 뒤 저는 다시 서생을 찾아 손봉을 증인으로 세울 겁니다."

이때 손봉이 깨어나 몸을 일으켰다. 얼굴색이 울상이고 피곤해 보였다. 이전처럼 위풍당당하고 기운차 보이지 않았다.

狐詩

여우의 시

여령부汝寧府 도찰원에는 수많은 여우 요정이 있었다. 매년 도찰원에서 집을 수리할 때마다 여우 요정들이 사방에서 나와 온 길거리에서 해코지를 했다. 가옥 수리를 마칠 때면 여우 요정들은 다시 잠잠해졌다. 학사學使[3]가 부임할 때마다 대부분 소동을 일으키곤 했다. 노명해盧明楷[4]가 부임한 뒤 여우 요정에게 제사를 지내고 나서야 조용해졌다. 이로부터 이 방법이 관례가 되어 학사가 부임할 때마다 여우 요정에게 제사를 지내야만 했다. 전하는 말에 따르면 관아 뒤의 작은 다락방이 바로 여우 요정이 거주하는 곳이라 한다.

나중에 어떤 학사가 부임했으나 두 하인이 이곳 상황을 모르고 작은 다락방 위에다 잠자리를 만들어 잤다. 새벽에 일어난 뒤 사람이 부르는 소리를 듣고 뛰어가 보았더니 두 하인은 옷을 벗은 채로 다

3 학정學政이라고도 한다.

4 노명해(1702~1766)는 자가 우리又李, 호가 순안純安이며 강서성 영도寧都 사람이다. 건륭 16년(1751)의 진사이며 당시 신분은 하남성의 학사였다.

락방 아래에 묶여 있었으며, 두 사람의 팔에는 각각 두 구의 시가 적혀 있었다. 한 사람의 팔에 쓴 시는 다음과 같다.

> 주인이 내게 제사지내는데 어찌 네가 누웠느냐 主人祭我汝安床
> 방해가 될지 안 될지 너는 한번 생각해보거라 汝試思量妨不妨

다른 사람의 팔에는 이렇게 쓰여 있었다.

> 전일에 날 대접할 때 술과 과일 비었으니 前日享儂空酒果
> 오늘 아침 너를 빌려 돼지와 양을 대신하노라 今朝借爾代豬羊

大小綠人

크고 작은 녹인

건륭 36년(1771) 내 동생 원향정이 소일련邵一聯[5]과 함께 경성으로 올라갔다. 두 사람은 같은 해에 거인에 합격했다.

4월 21일 그들은 난성欒城 동문에 도착했다. 그곳의 여관들은 수레와 말들로 이미 꽉 찼고 새로 문을 연 여관 한 집만 묵는 사람이 없었다. 이에 그들은 그 집으로 가 투숙했다. 소일련은 바깥에서 묵고 원향정은 안에서 잤다. 초경初更에 각자 침상으로 들어가 등불을 켜고 밤새 방을 사이에 두고 얘기를 나누었다.

갑자기 한 길 크기의 푸른 얼굴에 푸른 수염이 나고 푸른 도포와 푸른 신발을 신은 사람이 문으로 걸어 들어왔다. 키가 커서 그가 쓴 모자가 지붕의 격지隔紙에 닿아 부스럭거렸다. 그의 몸 뒤엔 난쟁이가 따랐는데 키는 세 자도 안 되나 머리는 무척 컸으며 역시 얼굴은 푸르고 푸른 옷을 입고 푸른 모자를 썼다. 이 두 사람이 함께 침상

---

5 순천부順天府 대흥大興 사람으로 건륭 10년(1745)의 진사이며 기현杞縣 현령을 역임했다.

앞으로 와서 소매를 들어 위아래로 흔들었다. 원향정이 소리치려고 했으나 목소리가 나오지 않았으며 소일련도 말을 하려고 했으나 말이 나오지 않았다. 무섭고 의아해할 때 원향정은 침상 앞에 기댄 사람을 보았는데 얼굴은 곰보였고 수염이 길었으며 머리엔 사모를 쓰고 허리는 띠로 졸라매었다. 키 큰 사람을 가리키며 말했다.

"이 사람은 귀신이 아닙니다."

머리가 큰 사람을 가리키며 말했다.

"이 사람이 귀신입니다."

그런 다음 두 사람에게 손짓하며 말하자 두 사람은 고개를 끄덕이고 각자 원향정에게 두 손을 모아 읍을 하더니 뒤로 한발 물러나 세 번 읍하고는 방을 나갔다. 사모를 쓴 사람도 읍을 하고 사라졌다.

원향정이 갑자기 일어나 문밖으로 나가려고 하자, 소일련도 미친 듯이 소리치며 침상에서 내려와 달려 나왔다.

"이상한 일이 끊이지 않는군."

원향정이 물었다.

"크고 작은 녹인綠人 봤어?"

소일련이 손을 흔들며 대답했다.

"아니. 못 보았는데. 막 잠들려고 할 때 침상 가의 작은 방에서 음습한 바람이 불어와 모골이 송연해 잠들 수가 있어야지. 자네에게 얘기하려고 불러도 대답하지 않더군. 방 안에서 10여 명의 크고 작은 사람이 왔다 갔다 했어. 그들의 얼굴은 마치 대야 같더군. 내 눈이 나빠졌나 생각하며 개의치 않았는데 잠시 뒤 크고 작은 사람들의 얼굴이 층층이 겹쳐서 문틀에 쌓여 올라갔다 내려갔다 하더군. 그 가운데 한 얼굴은 맷돌처럼 컸는데 모든 얼굴이 나를 보고 웃더군. 내가 베개를 던지자 급히 몸을 일으켰는데 무슨 녹인인지 모르겠어."

원향정은 자기가 본 상황을 소일련에게 알려주었다. 두 사람은 말에게 먹이를 주지도 않고 급히 길을 떠났다.

날이 밝은 뒤 그들은 조용히 소곤거리는 두 하인의 목소리를 들었다.

"어젯밤에 우리가 묵은 여관이 귀점鬼店이었어. 거기서 투숙한 사람은 대부분 죽었대. 살아 있더라도 미친대. 현령이 검시하여 사건을 판결하다가 너무나 피곤하여 이 여관을 10여 년 동안 봉쇄해놓았다는군. 어젯밤 하루 잤는데 우리에게 아무 일 없는 것을 보면 이상하지 않아? 틀림없이 두 손님이 귀인이실 거야."

붉은 옷을 입은 여인 紅衣娘

유개석劉介石 태수는 젊었을 때 점치는 걸 좋아했다. 그가 당초 태주분사泰州分司로 처음 부임할 때 신선을 불렀다고 한다. 불려온 신선 중에는 자칭 '선녀' '사화녀司花女' '해외요희海外瑤姬' '요대시자瑤臺侍者'라 부르는 이도 있었다. 이러한 신선이 읊은 시구는 매우 저속하여 장구章句가 되지 못했고 얘기하는 선악보응도 전혀 영험하지 않았다.

당시 관아 뒤의 우화주藕花洲[6]에 누각이 있었는데 진소유秦少遊[7]가 노닐었던 곳이라 한다. 어느 날 저녁에 유 태수가 누각에 올라 점을 치는데 점판에 '홍의랑紅衣娘'이란 세 글자가 나왔다. 유 태수가 무슨 뜻인지 물었으나 대답을 얻지 못하고 점판에는 다만 이렇게 쓰여 있

---

6 북송 초기 태주 지주泰州知州 증치요曾致堯(947~1012)가 판 것이다. 신종神宗 연간에 태주 통판 황법조黃法曹가 이곳에 매화를 심고 시를 지으며 소식蘇軾(1037~1101) 형제들을 불러 창화했다. 남송 때 태주지주 진해우陳垓又가 우화주에 부향정浮香亭을 만들고 소식, 소철蘇轍(1039~1112) 등 네 명의 「매화 원시에 화답하여和梅花原韻」를 석벽에 새겨놓고 이를 '사현시四賢詩'라 불렀다.

7 북송의 문인으로 이름은 진관秦觀(1049~1100)이고 '소유'는 그의 자다.

었다.

눈은 물고기 눈처럼 밤새 걸렸는데 眼如魚目徹宵懸
마음은 술집 깃발처럼 온종일 걸렸다 心似酒旗終日掛
달빛이 부서진 13루에 비추는데 月光照破十三樓
홀로 올라왔다가 홀로 내려가노라 獨自上來獨自下

유 태수는 이 시를 보고 매우 이상하게 여기곤 신을 물러가게 했다.

이튿날 저녁에 그가 또 신선을 불렀더니 점판에 '홍의랑래야紅衣娘來也'라는 글자가 나왔다. 유 태수가 물었다.

"어느 소속의 신선이신지요? 어제 쓴 시를 보니 무슨 원한을 가진 듯합니다. 그런데 이곳엔 13루[8]가 없는데 어째서 읊었는지요?"

이때 또 점판에 글자가 쓰였다.

13루는 13시를 사랑하여 十三樓愛十三時
누각인지 아닌지 누가 알겠는가 樓是樓非哪得知
말을 우화주 손님에게 기탁하니 寄語藕花洲上客
오늘 밤 등불 아래가 좋은 날이로다 今宵燈下是佳期

다 쓴 점판이 끊임없이 움직였다. 유 태수가 너무 무서워서 점판을 내던지고 침실로 들어갔더니 두 명의 노비가 푸른 종이등을 들고

---

8 송대 항주의 명승.

붉은 옷을 입은 여인을 이끌고는 사뿐히 들어왔다. 유 태수가 칼을 뽑아 휘두르니 붉은 옷을 입은 여인은 즉각 사라졌다.

이로부터 밤마다 붉은 옷을 입은 여인이 나타나 유 태수는 불안하게 지냈다. 몇 개월 뒤 유 태수는 이사 가고 나서야 근심이 사라졌다.

秀民冊

수민책

단양丹陽 사람 형荊 아무개가 수재 시험에 응시했다. 밤에 꿈에서 자기가 절로 들어가니 전당에 왕 같은 사람이 앉아 있고 계단 아래에 여러 관리가 장부를 받들고 양옆으로 나눠 섰는데 의식이 매우 엄숙했다. 형 아무개가 장부를 가리키며 물었다.

"이것이 무엇입니까?"

한 관리가 대답했다.

"합격자 명부입니다."

형 아무개가 기뻐하며 말했다.

"제가 대신 봐도 되나요?"

"예."

형 아무개는 평소 장원감이라고 자부했기에 장원 명부를 먼저 살펴보았으나 그의 이름은 보이지 않았다. 다시 진사, 거인의 명부를 보았으나 거기에도 자기 이름이 없었다. 형 아무개의 안색이 자신도 모르게 변했다. 다른 관리가 그에게 말했다.

"공생이나 수재의 명부에는 있겠죠."

다시 찾아보았으나 역시 없었다. 그가 크게 웃으며 말했다.

"이것은 모두 잘못되었소. 내가 글솜씨론 천하에 으뜸인데 수재에도 붙지 못하다니 말이 되나."

말을 마치곤 명부를 찢어버리려고 하자 관리가 위로하며 말했다.

"화내지 마시고 수민책秀民冊을 찾아보세요. 수민이란 글재주는 있지만 관운이 없는 사람입니다. 인간 세상에선 장원을 으뜸으로 치지만 하늘에서는 수민을 제일로 쳐줍니다. 수민책은 선명왕宣明王[9]이 관할하고 있으니 선명왕을 찾아가 물어보세요."

형 아무개가 그의 말대로 전당 위의 선명왕을 찾아가 물으니 선명왕은 탁자에서 장부를 집어들었다. 그 장부는 백옥으로 책의 쪽을 만들고 황금으로 비단 끈을 만들었다. 선명왕이 펼쳐보니 첫 페이지 맨 처음에 적힌 사람이 단양현 형 아무개였다. 형 아무개가 참지 못하고 대성통곡하자 선명왕은 도리어 웃으며 말했다.

"넌 어째서 이다지도 어리석은가? 네가 한번 세어보거라. 옛날부터 지금까지 이름난 장원이 몇 명이나 되더냐? 이름난 주임 시험관이 몇 명이나 되더냐? 한유韓愈[10]의 손자 한곤韓袞[11]은 장원으로 합격했으나 후세 사람은 한유만 알고 한곤이 있는 줄도 모른다. 나은羅

---

9 도당씨陶唐氏의 화정火正(불을 관장하는 관직) 알백閼伯이라고 한다. 전설에 따르면 그는 고신씨高辛氏의 아들이고 상구商丘에 거주하면서 대화大火에 제사지냈다고 한다. 화신의 존칭으로 쓰인다.

10 당송팔대가의 한 사람.

11 한곤은 하남 하양河陽(지금의 맹현 남쪽) 사람으로 자는 헌지獻之이며 함통咸通 7년(866)에 장원급제했다.

隱[12]은 평생토록 급제하지 못했지만, 지금 사람들은 모두 나은을 알고 있지. 자네는 돌아가서 착실하게 공부하길 바라네."

형 아무개가 물었다.

"급제한 사람은 착실하게 공부하지 않았을까요?"

"글재주가 있을 뿐 아니라 글 복도 있는 사람은 일대엔 몇 사람에 불과하지. 한유, 백거이白居易, 구양수, 소식 같은 사람들이지. 이러한 사람의 성명은 달리 자경궁紫瓊宮에 기록해놓지. 자네에겐 그런 복이 없어."

형 아무개는 대답할 말이 없었다. 선명왕이 소매를 휘두르며 일어서서 큰 소리로 외쳤다.

> 과거급제 하찮은 일이거늘 어찌 부러워할 만한가 一第區區何足羨
> 귀인이 전해져 내려오는 것은 예부터 많지 않노라 貴人傳者古無多

형 아무개가 이때 놀라 깨어났으나 가슴이 답답하며 즐겁지 못했다. 과연 형 아무개는 죽을 때까지 과거에 합격하지 못했다.

---

12 나은(833~909)은 당말, 오대 시기의 시인, 문학사, 사상가다. 주요 저작으로는 『참서讒書』 『갑을집甲乙集』 『태평양동서太平兩同書』 등이 있다.

기생 신선 妓仙

소주 서적산西磧山[13] 뒤에 운애봉雲隘峰이 있다. 이곳엔 수많은 신선의 종적이 있으며 누구든 목숨을 버리고 올라가면 죽지 않고 신선이 된다고 한다.

왕王 씨 성을 가진 한 서생이 여러 번 과거에 응시했으나 합격하지 못했다. 그는 관리가 될 뜻을 버리고 가족과 헤어져 건량乾糧을 메고 산에 올라갔다. 정상에 오르니 평지가 보이는데 대략 100무畝가 넘는 넓이였다. 울창하고 구름이 걸린 숲을 지나자 낭떠러지에 있는 한 여성이 흐릿하게 보였다. 그녀는 세상 사람과 같은 옷을 입고 나무 아래에서 배회하고 있었다. 왕생이 의아하게 여기며 급히 앞으로 갔더니 그 여성도 숲을 나와 바라보았다. 왕생이 가까이 다가가 보니

13 장쑤성 쑤저우시 서쪽 타이후太湖 호반에 있다. 높이는 231미터이며 동쪽으로는 동정산銅井山, 오가산吾家山, 동남쪽으로는 전담산巔譚山, 남쪽으로는 반리산蟠螭山이 있으며 서남쪽은 신사군新四軍 타이후 유격대가 주둔했던 충산도沖山島, 만산도漫山島이며 북쪽은 요상촌窯上村이다. 당백호唐伯虎(1470~1524)가 태호의 풍경을 그렸던 곳이다.

원래 6, 7년 전 그와 친하게 지냈던 소주 명기 사경랑謝瓊娘이었다. 두 사람은 일찍부터 알고 지냈었다.

그 여성은 왕생을 보자 무척 기뻐하며 그를 초가집으로 데리고 갔다. 초가집에는 문이 없고 땅에 솔잎을 깔아놓았다. 그 두께가 몇 자나 되어 밟고 지나가면 푹신푹신하여 아주 쾌적했다. 사경랑이 말했다.

"서방님과 헤어진 뒤 저는 왕汪 지부[14]에게 잡혀가 의복을 벗기고 장형杖刑을 당해 엉덩이가 문드러질 정도로 맞았지요. 상상해보세요. 꽃다운 몸이 하루아침에 그 지경이 되도록 맞았다니. 저는 인간 세상에서 살아갈 체면이 없어 죽기로 결정했지요. 저는 기생어미와 헤어져 향을 올린다는 명목으로 낭떠러지 앞에 올라와 몸을 날렸답니다. 그러나 덩굴에 감겨 죽지는 않았어요. 후에 백발이 성성한 노파가 송홧가루를 제게 먹여 살려놓았지요. 이로부터 저는 무슨 까닭인지 배고프지도 않고 춥지도 않답니다. 처음엔 바람 부는 것과 햇볕이 쪼이는 것을 참지 못했어요. 일 년 뒤 서리와 이슬이 내리거나 비바람이 불어도 무섭지 않게 되었죠. 그 노파는 앞산에 살아 저는 자주 찾아가 뵙고 친밀하게 지낸답니다. 어제 노파가 찾아와 말하더군요.

'오늘 너는 옛 친구와 만날 거야.'

그래서 숲을 나와 걷다가 뜻밖에도 서방님을 만난 겁니다."

---

14 왕 지부로 추정할 만한 사람은 두 명이다. 한 명은 건륭 5년(1740)에 소주 태수로 부임했던 왕덕형汪德○이고, 다른 한 명은 건륭 25년(1760)에 소주 지부로 부임했던 왕지이汪志伊(?~1818)다.

이어서 그녀가 물었다.

"왕 지부는 죽었어요, 살았어요?"

"모르겠어. 당신이 지금 득도하여 신선이 되었는데 아직도 복수하고 싶어?"

"왕 지부가 절 핍박하지 않았더라면 제가 어떻게 이곳에 올 수 있었겠어요? 감사해도 부족할 판에 어찌 복수할 수 있겠습니까? 그 노파가 제게 말했지요. 그녀가 우연히 천정天庭에 갔다가 천신이 아직도 왕 지부를 때리는 장면을 목격했는데 그의 등을 때리면서 그의 죄를 추궁했다더군요. 그래서 저는 왕 지부가 이미 죽은 걸로 알고 있어요."

"기녀를 때린다고?"

"여색을 밝히나 마음이 움직이지 않는 사람은 성현이요, 여색을 밝히면서도 마음이 움직이는 사람은 보통 사람이죠. 여색을 밝힐 줄도 모르는 놈은 짐승이지요. 하물며 하늘에서 죽여야 할 것은 사람의 나쁜 마음입니다. 당시 왕 지부는 순무 서사림徐士林[15]이 이학理學으로 이름난 것을 알고 고의로 기녀를 매질하여 그에게 영합했지요. 그러나 하늘은 이에 대해 증오했어요. 하물며 그는 또 수많은 죄를 지었어요. 결코 저를 때린 일뿐만이 아니에요."

"내가 듣기론 신선은 모두 청정하고 고결한 사람이라는데 그대는

---

15 서사림(1684~1741)은 자가 식유式孺, 호가 우봉雨峰이며 산동성 문등文登 사람이다. 강희 52년(1713)에 진사가 되었고 내각중서內閣中書, 강소 안찰사, 강소 순무 등을 역임했다.

이토록 오랫동안 기생으로 지냈는데 어떻게 득도할 수 있었지?"

"음란함을 즐기는 일은 예의에 부합하지 않으나 남녀가 서로 사랑하는 일은 본래 천지간의 모든 생물의 본성입니다. 도살용 칼을 내려놓으면 즉각 성불할 수 있어요. 이는 인간 세상의 다른 죄보다 더 쉽게 고칠 수 있어요."

이어서 왕생은 신선을 찾고자 하는 본래 목적을 그녀에게 말하며 초가집에서 머물 수 있도록 부탁했다. 사경랑이 말했다.

"이곳에 거주하는 것은 문제없어요. 그러나 서방님이 신선이 되지 못할까 두렵군요."

이에 그녀는 왕생의 옷을 벗기고 베개를 놓아주었는데 두 사람의 정은 이전이나 다름없어 운우지정을 나누었다. 왕생이 그녀의 엉덩이를 만지며 살펴보니 전과 같이 하얗고 부드러웠다. 사경랑도 거부하지 않았다. 왕생의 마음이 조금씩 움직이자 사경랑의 색정은 더욱 왕성해졌다. 이때 문밖에서 원숭이가 울고 호랑이가 울었으며 때로는 작은 동굴에서 머리를 찾고 때로는 발톱을 문 안으로 뻗어 몰래 보는 것 같았다. 왕생은 자신도 모르게 사악한 생각이 식었다. 다만 사경랑을 꼭 껴안고 반듯하게 잠을 잤다. 한밤중이 되자 문밖에서 질책하는 소리가 들렸다. 거마와 시종, 달관과 귀인의 왕래가 끊이지 않았다. 왕생이 이상하게 생각하자 사경랑이 그에게 알려주었다.

"각 산의 신선들이 서로 대작하는데 밤마다 이렇게 합니다. 그들의 화를 돋우지 않도록 조심하세요."

날이 밝은 뒤 사경랑이 왕생에게 말했다.

"서방님 친구들이 산 아래에서 서방님을 찾은 지 오래되었어요.

빨리 집에 돌아가는 것이 좋겠어요."

왕생이 가려 하지 않자 사경랑이 다시 말했다.

"신선의 인연은 기다려야 해요. 서방님이 속세의 인연이 다할 때 오셔도 늦지 않아요."

이에 왕생을 낭떠러지 앞에 보내고 그를 산 아래로 밀었다. 왕생이 머리를 돌려 바라보니 사경랑은 운무에 싸여 헤어지기 아쉬워하는 표정으로 오랫동안 서 있다가 그 그림자가 사라졌다.

왕생이 뒤뚱거리며 집으로 달려가니 그의 형과 가족들이 지전을 들고 산 아래에서 통곡하며 제사를 지내고 있었다. 그가 죽은 지 27일이 지났기에 제사를 지낸다고 말했다. 후에 왕생이 왕 지부의 소식을 들으니 과연 중풍으로 죽었다고 했다.

李百年

이백년

무석 장당교張塘橋의 화협권華協權이라는 사람은 몇몇 호사가와 집에 계반乩盤을 설치하고 점을 보곤 했다.

이날 불러온 선인은 자칭 '중산仲山 왕문王問'[16]이라 했다. 왕중산은 이미 사망한 명대의 진사였으며 무석 일대의 명인이었다. 여러 사람이 이 선인과 묻고 답했는데 선인이 하는 말은 문맥이 통하지 않는 데다가 난삽하고 어려웠으며 시를 지어도 운을 따지지 않았다. 하지만 그 선인을 부를 때마다 나타나곤 했다. 당시 화협권 집에선 누각을 건축하고 있었는데 선인을 불러 누각의 편액을 써달라고 부탁했다. 선인은 다음과 같이 썼다.

"무석의 진원에 편액이 있다. '애오라지 느긋하게 거닐리라無錫秦園有扁曰, 聊逍遙兮容與.'[17] 이 구 쓸 만합니까?"

---

16 왕문(1497~1576)은 명대 관리로 자가 자유子裕, 호가 중산이며 강소 무석 사람이다. 가정 11년에 진사가 되었으며 서예, 시와 산수화, 화조화, 인물화에 뛰어났다. 주요 저작으로는 『중산시선仲山詩選』 『숭문관고崇文館稿』가 있다.

17 '요소요혜용여' 구는 『초사楚辭』 「구가九歌」 「상부인湘夫人」에 나오는 구절이다.

사람들은 이상하게 생각했다. 이 문구는 굴원屈原[18]에게서 나온 글인데 그는 진원이라 했으니 왕중산의 말 같지가 않았다.

어느 날 점판에서 문답이 한창일 때 그 선인이 갑자기 썼다.

"전 가봐야겠습니다."

사람들이 그에게 어디 가냐고 물으니 그가 이렇게 썼다.

"전여림錢汝霖[19] 집에서 술상을 차려놓고 저를 초청했어요."

점판이 즉시 멈춰 다시는 움직이지 않았다. 전여림도 이 일대 사람으로 집은 장당교에서 불과 2, 3리 떨어져 있다. 사람들이 이상하게 생각하고는 전여림 집에 가서 탐문해보니 원래 이날 전여림 집에서는 병이 든 사람이 있어 신에게 제사를 지내는 중이었다.

이튿날 그 신선이 다시 나타나자 화협권이 물었다.

"어제 전 씨 집에 가서 술 마셨어요?"

"예."

"술안주는 풍성하던가요?"

---

18 전국 시대 초나라의 정치가, 애국 시인. 귀족 출신으로 회왕懷王의 신임을 받아 삼려대부三閭大夫가 되었으나 측근의 참소를 받아 여러 번 추방당했다. 멸망하는 조국을 차마 볼 수 없어 67세 때 멱라강汨羅江에 투신하여 자살했다.

19 명대의 간관 전가징錢嘉徵(1589~1647)의 조카 전여림은 절개가 굳은 항청抗淸 명사다. 명말, 청초에 전여림은 동향桐鄉 숭복崇福 출신의 반청 명사 여유량呂留良 등과 함께 남명南明 정권에 건의하여 남북호南北湖 담선령譚仙嶺의 요새를 이용하여 군대를 일으키고 청군에 대항하려고 남북호 주변에 머물면서 동태를 살폈다. 하지만 나중에 청군이 쳐들어오면서 남명 정권이 실패하는 바람에 성공하지 못했다. 이때 여유량은 남북호에서 반청시反淸詩 「전묘송가錢墓松歌」를 지었다. 반청복명 사상은 40년 뒤 호남의 증정曾靜에게 이어져 세상을 뒤흔든 문자옥文字獄을 발생시켰다. 이후 전여림은 남북호 소만산邵灣山 자운촌紫雲村에 은거하며 정주이학을 연구하다가 72세 때 사망했다.

"상당히 근사했죠."

이에 여러 사람이 그를 비웃었다.

"전 씨 집은 신을 불러 기도한 것이지, 신선을 초빙한 것이 아닙니다. 그의 집에서 초청한 분은 모두 성황신, 토지신인데, 어디 왕중산 같은 명사가 연회에 갈 리가 있었겠습니까?"

선인은 일시에 대답하지 못하다가 잠시 뒤에 말을 꺼냈다.

"저는 본래 왕중산이 아니라 산동의 이백년李百年이올시다."

사람들이 물었다.

"이백년이 누구죠?"

"저는 강희 연간에 이곳에서 면화를 팔았어요. 사후엔 산동으로 돌아가지 못해 영혼이 장당교의 암자에 붙은 겁니다. 암자 안에는 주인 없는 혼이 무수합니다. 나까지 합쳐서 13명인데 모두 죄도 없고 단속하는 사람도 없습니다. 이 일대 사람들이 제사지내는 제물은 모두 우리가 먹지요."

화협권이 물었다.

"각 집마다 성황 등의 신에게 바치는 제물에는 모두 신의 이름이 쓰여 있어요. 당신들은 이름이 없는 혼인데 어째서 그 속에 섞여 있어요?"

이백년이 대답했다.

"성황 등의 신이 어찌 쉽게 세상 사람의 제물을 받을 수가 있겠습니까? 그러한 제사와 기도에 바친 제물은 진설에 불과한 것이므로 우리가 먹을 수 있지요."

"당신들이 이름을 사칭하여 신에게 바친 제물을 먹고 있으니 만일 천제께서 이 사실을 아신다면 아마도 죄로 다스릴 겁니다. 그때는 어떻게 할 건지요?"

"천제가 신에게 제사지내는 일을 어찌 아시겠어요? 이것은 모두 어리석은 백성의 관습입니다. 귀신의 영혼이 이따금 신의 영혼을 빌려 제물을 먹는 것은 하찮은 일에 불과할 뿐 죽을죄는 아닙니다. 하물며 이 제물을 우리가 강제로 뺏은 것이 아니라 사람들 스스로가 바친 것이고 우리가 그것을 먹는 것이니 어찌 천제에게 죄를 지을 수 있겠어요? 이곳의 차와 술도 내가 요구한 것이 아닙니다."

"기왕 그렇다면 당신은 어째서 왕중산의 행세를 하고 다닙니까?"

"당신 집의 첨두신檐頭神[20]이 하늘로 올라가 진선眞仙을 청하지 않고 점판으로 우리 같은 사람을 찾게 한 것입니다. 13명 가운데 저만 글자를 알고 있어 억지로 와서 응대한 것뿐입니다. 제가 직접 제 이름 이백년이라고 쓴다면 여러분은 저를 받들어 모시겠습니까? 제가 이 일대 인가의 편액을 보니 대부분 왕중산이 쓴 것이더군요. 저는 그가 필시 명인이라 보고 그의 이름을 사칭했어요."

"그렇다면 '요소요혜용여' 여섯 글자의 출처는 어디입니까?"

"저는 진秦 씨 집 후원에서 본 적은 있으나 출처는 모르겠네요. 길가에서 보고 들은 것이니 웃기죠."

화협권이 다시 물었다.

"단속하는 사람이 없다면서 어째서 산동으로 돌아가지 않아요?"

"각처의 관문, 나루터, 다리에 모두 여러 신이 지키고 있어 돈이 없

20 민가의 처마에 산다는 신.

으면 근본적으로 지나갈 수 없어요."

"제가 지금 당신에게 지전 백 원을 줄 테니 산동으로 돌아가세요. 어떻게 하시겠습니까?"

"예. 감사합니다. 제게 이렇게 은혜를 베풀어주시다니 기왕 지전 백 원을 다리의 신에게 더 주십시오. 그러지 않으면 저는 당신이 주는 지전을 받을 수 없어요."

이때 화협권의 조카가 마침 옆에 있다가 물었다.

"제가 매일 아침저녁으로 다리를 지나는데 당신은 어째서 제게 야료를 부리지 않나요?"

이백년이 대답했다.

"제가 방금 말했지요. 귀신이 어떻게 야료를 부릴 수 있어요?"

이에 화협권은 지전을 태워 이백년을 전송했다. 그 후 그는 점판을 부숴버리고 다시는 점을 치지 않았다.

질투를 고치다

醫妒

헌원 거인軒轅擧人은 상주 사람으로 나이는 30세이며 슬하에 자식은 없었다. 그의 아내 장張 씨는 질투심이 극심한 사람이라 헌원은 아내를 호랑이처럼 무서워하여 감히 첩을 들일 수 없었다. 거인의 스승 마 학사馬學士는 그를 가련하게 여겨 그에게 첩을 보내왔다. 장 씨는 무척 화가 나서 마음속으로 생각했다.

'당신이 우리 집안일에 간섭했으니 저도 당신 집을 교란시키겠어요.'

공교롭게도 마 학사의 아내가 죽자 장 씨는 어느 마을의 한 여성이 난폭하기로 향리에 소문이 자자한 것을 듣고는 매파에게 뇌물을 주고 마 학사를 꼬드겨 그 여자를 얻게 했다. 마 학사는 장 씨의 속임수를 알면서도 기쁜 척하며 구혼하러 갔다.

결혼하던 날 그 여자의 화장갑 안에 오색의 봉棒이 있었는데 그 위에 '삼세전가三世傳家'라는 글자가 쓰여 있었다. 원래는 남편을 전문적으로 때리는 몽둥이였다. 혼례가 끝나자 첩들이 새 부인에게 인사하러 찾아왔다. 부인이 물었다.

"당신들은 누구요?"

"첩입니다."

부인이 큰 소리로 욕을 했다.

"위풍당당하고 예의를 갖춘 학사의 집에서 어찌 예의를 어기고 첩을 둔단 말이오?"

즉시 몽둥이를 꺼내 첩을 때렸다. 마 학사는 첩들에게 명령하여 몽둥이를 빼앗아오게 하고 첩들과 함께 부인을 때렸다. 부인은 힘으로 막을 수 없어 방 안으로 도망가며 울면서 욕을 해댔다. 여러 첩은 각기 징과 북을 울려 그녀의 울음소리보다 더 시끄럽게 해 사람들은 그녀의 욕을 들을 수 없었다. 부인이 어쩔 수 없어 자살하겠다고 말을 퍼트리자 마 학사는 하인을 시켜 칼과 줄을 보내면서 말했다.

"나는 부인이 이러한 술수를 쓸 줄 오래전부터 알고 있었소. 그래서 이것들을 준비해두었으니 당신이 가지시오."

즉각 첩들은 각기 다시 목어를 치며 『왕생주往生呪』를 읊으면서 부인이 선계로 오르길 기원했다. 온통 시끄러운 소리뿐이었다. 사람들은 부인이 죽음을 선택할 일을 이해하지 못했다.

부인은 그야말로 여중호걸이어서 이렇게 생각했다.

'나는 원래 허장성세하여 그들을 놀라게 할 따름이었다. 지금 계략을 다 써도 도움이 되지 않는구나.'

이에 그녀는 기쁜 얼굴을 하고 마 학사를 방 안으로 들어오게 하여 정색하며 말을 꺼냈다.

"당신 정말 대장부이십니다. 당신에게 감동했어요. 제가 방금 쓴 술수는 제 할아버지 대에서 전해온 것으로 이를 써서 세상의 평범한 남자를 놀라게 하는 것이지, 결코 당신을 대적하려고 한 것은 아닙니다. 지금부터 제가 고쳐서 당신을 잘 받들어 모실게요. 당신도 저를 예의로 대해주세요."

"당신이 그렇게 한다면야 내가 무슨 할 말이 있겠소?"

즉시 두 사람은 다시 교배례를 했고 마 학사는 첩들에게 명하여 고개를 숙이고 사죄하게 했다. 아울러 전답의 장부와 모든 금은보화를 가져다가 부인이 관리하도록 했다. 한 달 동안 마 학사의 집은 엄숙하고 질서정연했으며 안팎으로 한담이나 유언비어가 들리지 않았다.

장 씨는 마 학사가 결혼하는 날 사람을 보내 탐문하게 하고 아울러 그 사람을 불러와 물어보았다. 장 씨는 마 부인이 여러 첩을 접견했단 소식을 듣고는 물었다.

"왜 그녀들을 때리지 않았지?"

"때릴 수 없었어요."

"그럼 울지도 않고 욕하지도 않았단 말이지?"

"징과 북소리가 너무 시끄러워 들리지 않았어요."

"그럼 왜 자살하지 않았지?"

"마 학사가 이미 칼과 줄을 준비해두고 『왕생주』를 읊게 하고는 부인을 위해 전송했답니다."

"마 부인은 지금 어떻더냐?"

"마 부인은 이미 마 학사에게 복종하여 예의를 따르고 투항했어요."

장 씨는 화가 나서 크게 욕설을 퍼부었다.

"천하에 이처럼 쓸모없는 여인이 있다니. 나의 대사를 망쳐놓았구나."

당초 마 학사가 첩을 헌원에게 보내자 마 학사의 제자는 양고기와

술을 가져와 축하했다. 그 가운데 한 학생은 평소에 술을 엄청 좋아했다. 손님이 한참 마시고 있을 때 장 씨가 병풍 뒤에서 손님을 욕했다. 사람들은 모두 화를 참고 아무 말도 하지 않았다. 그 술을 좋아하는 노형이 앞으로 가더니 장 씨의 머리를 붙잡고 그녀의 뺨을 때리며 말했다.

"당신이 우리 헌원 형님을 공손히 모신다면 내 형수고, 헌원 형을 공손히 받들지 않으면 내 원수요. 제자가 자식이 없어 스승이 첩을 보낸 것이니 당신 조상 삼대를 위해 생각한 일이오. 나는 오늘 당신 조상 삼대를 위해 당신을 다스린 것이니, 당신이 감히 한마디 더 지껄인다면 내 주먹에 죽을 것이오."

사람들이 급히 다가가 말리고서야 장 씨는 빠져나갈 수 있었다. 그러나 그녀의 치마가 찢어지고 옷도 찢어져 거의 살결이 보였다. 장 씨는 평상시에 '빈야차牝夜叉'란 악명을 가지고 있어 이날 위풍당당하고 더욱 악독하게 마 학사에게 원망을 품은 것이다. 아무리 생각해봐도 마 학사가 보낸 첩에게 화가 나서 장 씨는 온갖 계략을 꾸며 그녀를 학대했다. 헌원에게 첩을 보내기 전, 마 학사는 그녀에게 지시하여 장 씨에게 무조건 순종하게 했다. 그래서 첩은 헌원의 집사람이 된 이후로 오히려 헌원과는 한 마디도 섞지 않았다. 따라서 장 씨는 여러 번 때리고 욕하면서 심하게 다루었으나 차마 사지로 내몰지는 않았다.

오래지 않아 마 학사가 은 100냥을 헌원에게 주면서 말했다.

"내년 봄에 회시를 치를 것이니 이 노잣돈을 가지고 일찌감치 경성으로 가게나."

헌원은 스승의 말이 옳다고 여기고는 집에 돌아와 아내와 작별을 고했다. 장 씨는 헌원이 집에서 첩과 친하게 지낼까 걱정하던 터인지라 흔쾌히 허락했다. 헌원이 배를 타고 출발하려고 하자 마 학사는 사람을 보내 그를 자기 집으로 오게 하여 후원에 가두고 공부시켰다. 그리고 몰래 매파를 보내 장 씨를 설득하여 헌원이 외출한 틈을 타서 첩을 팔아버리라고 권유했다. 그러자 장 씨가 말했다.

"내 뜻도 그러합니다. 하지만 팔아버리려면 아주 멀리 팔아버려야 후환이 없을 것이오."

"어렵지 않지요."

오래지 않아 섬서 출신의 베를 파는 상인이 왔다. 얼굴이 추하고 수염으로 얼굴을 덮고 있는데 그가 은 300냥을 가지고 첩을 사러 왔다. 장 씨가 첩에게 나와보라고 하자 베를 파는 상인은 박수갈채를 하며 그 자리에서 교역을 맺었다. 장 씨는 첩을 팔아버리고도 분을 삭이지 못한 채 결국 첩의 옷과 신발도 팔아버렸으며 심지어 비녀 하나도 남기지 않았다. 첩은 대나무 가마를 타고 북교北橋를 지나며 큰 소리로 외쳤다.

"나는 멀리 가지 않겠어요."

그러고는 몸을 강물로 던졌다. 마 학사는 작은 배를 미리 준비해 두었다가 첩을 데리고 자기 집 후원으로 와서 헌원과 동거하게 했다.

첩이 강에 투신하여 죽었다는 말을 듣고 장 씨가 놀라고 있을 때 섬서의 베 파는 상인이 문 안으로 뛰어 들어왔다.

"나는 사람을 사러 온 것이지, 귀신을 사러 온 것이 아니오. 당신 집에서 첩을 판다고 그녀에게 분명히 얘기하지도 않아 선량한 사람을 도적으로 만들었소. 내가 외지 사람이라 속인 것이오? 얼른 은을 돌려주시오."

화를 내면서 욕설을 퍼부었다. 장 씨는 할 말이 없어 은 300냥을 베 파는 상인에게 돌려주고 떠나보낼 수밖에 없었다.

하루가 지나자 남루한 옷을 걸친 백발노인 한 쌍이 통곡하고 눈물을 흘리며 와서 장 씨에게 말했다.

"마 학사가 내 딸을 이 집 첩으로 보냈는데 지금 어디 있소? 살았으면 만나보고 죽었으면 시신이라도 봐야겠소."

장 씨는 할 말이 없었다. 그 노부부가 머리를 대들어 목숨을 걸고 그릇을 깨서 온 집 안을 난장판으로 만들어 성한 물건은 하나도 없었다. 장 씨는 이웃들에게 애걸복걸하며 도와달라고 부탁하고 노부부에게 돈과 비단을 주고 나서야 그들을 돌려보낼 수 있었다.

또 하루가 지났다. 무진현 현아에서 네다섯 명의 포졸이 와서 기세가 흉악하게 붉은 글씨의 영패令牌를 들고는 큰 소리로 외쳤다.

"인명과 관련된 중대한 일이니 범인 장 씨를 빨리 내와라."

포졸이 쇠사슬을 탁자 위로 던지자 철썩하는 소리가 났다. 장 씨가 왜 그녀를 잡으러 왔는지 묻자 포졸은 처음에 말을 하지 않으려 했다. 장 씨가 은을 뇌물로 주자 포졸이 비로소 그녀에게 사실을 알려주었다.

"한 여자의 부모가 현아에 와서 고발했소. 딸의 생사가 불명하답니다."

장 씨는 무서워서 마음속으로 생각했다.

'남편이 집에 있었다면 이 모든 일을 그가 처리할 텐데. 어째서 나

혼자 부인의 몸으로 얼굴을 드러내놓고 법정 소송에까지 이르렀단 말인가?'

그녀는 이때가 돼서야 종전에 남편을 박대하고 첩을 너무 잔인하게 다루며 자기가 횡포를 부린 것에 대해 후회했다. 여인으로 너무나 쓸모가 없었다. 장 씨가 자신을 원망하며 한탄하고 있는데 갑자기 머리에 하얀 모자를 쓴 사람이 뒤뚱거리며 뛰어 들어와 소리쳤다.

"헌원 상공이 노구교蘆溝橋[21]에 도착하자마자 급한 병을 얻어 사망했어요. 저는 노새를 모는 사람인데 급히 돌아와 당신에게 소식을 전합니다."

장 씨는 통곡하며 상심하여 말도 나오지 않았다. 그러자 그 포졸이 말했다.

"그녀 집에 초상이 났으니 우리가 먼저 가보자."

이에 장 씨는 상복을 입고 남편의 초상을 치렀다.

며칠 안 되어 그 포졸이 또 왔다. 장 씨는 전문적으로 소송하는 사람을 불러 어떻게 하면 이 사건을 줄일 수 있는지 계략을 꾸미게 했다. 이 때문에 그녀는 혼수품을 아끼지 않고 팔아버리고 집을 팔아 담당하는 관리에게 뇌물을 주어 이 사건을 무마시켰다. 소송이 끝나

---

21 루거우교는 베이징시에서 서남쪽으로 15킬로미터 떨어진 융딩허永定河강에 있으며 베이징에서 가장 오래된 석조 다리다. 금 대정大定 29년(1189)에 착공하여 장종章宗 명창明昌 3년(1192)에 완공했다. 이탈리아의 여행가 마르코 폴로가 이곳을 통해 북경에 입성했는데 그가 유럽에 소개함으로써 세계적으로 유명해졌다. 1937년 7월 7일 일본이 이곳에서 전면적인 침략전쟁을 발동하여 완핑성宛平城에 주둔했던 중국군이 저항했는데, 이를 '루거우교 사변' 혹은 '칠칠사변七七事變'이라 부른다.

자 집안의 재물은 온데간데없고 매일의 음식조차 보장할 수 없게 되었다.

이때 매파가 또 그녀를 꼬드겼다.

"부인은 이 지경에 이르도록 고생하고 있고 상공께서도 돌아가신 마당에 지킬 거라도 있나요? 제가 당신께 중매를 서면 어떨까요?"

장 씨는 마음이 움직여 자신의 출생 연월일을 알려주어 점쟁이를 불러 점을 쳐보게 했다. 점쟁이가 말했다.

"당신의 운명은 두 남자에게 시집갑니다. (재혼한 뒤) 금팔찌와 진주를 찰 수 있겠군요."

그러자 장 씨가 점쟁이에게 말했다.

"개가가 제 운명이라면 제가 어찌 어길 수 있겠어요? 그러나 제가 지금 스스로 혼사를 주관하자면 먼저 남편감을 만나보아야겠군요."

조금 뒤 매파는 잘생긴 소년을 데려왔는데 복장이 무척 화려했다. 매파가 소개하며 말했다.

"이 공자입니다. 원외랑 후보입죠."

장 씨는 속으로 매우 기뻐하며 재산을 정리하여 헌원의 상을 당한 지 49일을 채우지 못한 채 이 소년에게 시집갔다.

장 씨가 막 혼례를 거행하려는데 갑자기 방 안에서 못생긴 부인이 튀어나왔다. 손엔 나무 몽둥이를 쥐고 있었으며 큰 소리로 욕을 퍼부었다.

"내가 바로 본부인인데 네까짓 천한 것이 우리 집에 첩으로 올 수 있단 말이냐? 나는 자네를 결코 받아들일 수 없네."

곧장 다가와 장 씨에게로 덤벼들었다.

장 씨는 매파에게 속임당한 것을 후회하면서도 속으로 이렇게 생각했다.

'당초 내가 바로 이렇게 첩을 대했으니 지금 나도 몸소 치욕을 당하는 것인가? 보응이 이처럼 절묘하니 결국 하늘의 뜻이 아닌가?'

울음을 삼키면서 한 마디도 할 수 없었다. 여러 손님과 친구가 앞으로 다가와 추한 부인을 제지하여 나가게 하며 말했다.

"먼저 서방님으로 하여금 오늘 결혼식을 올리게 하고 할 말이 있으면 내일 하시지요."

그래서 젊은이들은 촛불을 켜고 장 씨를 신혼 방으로 들여보냈다. 막 주렴을 열자 헌원이 침상 위에 앉아 있었다. 장 씨는 대경실색하여 전남편이 환생한 것으로 여기고는 땅바닥에 넘어졌다. 깨어난 뒤 그녀는 울면서 말했다.

"제가 당신을 속인 게 아니라 사실은 어쩔 수 없었어요."

헌원이 웃으며 손을 흔들었다.

"두려워하지 마시오. 두려워하지 마. 두 집은 한 집이야."

곧 장 씨를 안아 침상에 올리고는 전후의 경과와 마 학사의 계획을 그녀에게 알렸다. 장 씨는 처음엔 믿지 않았으나 이어서 깨닫고는 매우 부끄러워하고 후회했다.

이로부터 장 씨는 선행을 베풀고 덕을 쌓아 잘못을 고치고 몸을 닦음으로써 끝내 마 학사에게 시집간 그 촌부와 마찬가지로 현숙한 아내가 되었다.

風水客

풍수객

원문영袁文榮[22] 공의 부친 청애淸崖 선생은 가난한 선비다. 그의 고조부, 증조부가 사망한 뒤 무덤에 안장하지 못하고 있는데 숙부와 백부 형제들도 이 일을 맡으려고 하지 않아 청애 선생이 교관敎館에 모아둔 돈으로 땅을 사서 매장했다. 숙부와 백부 형제 가운데 어떤 사람은 무덤 자리가 좋지 않다, 날이 길일이 아니다, 아무개 후대에게 불리하다는 핑계를 대서 서로 결탁해 까다롭게 굴며 그를 우롱했다. 청애 선생은 화가 나서 친족 100여 명을 불러 모았다. 집 안 사당에 제사를 지낸 뒤 그가 향을 쥐고 하늘에 기도했다.

"고조, 증조의 매장지가 후대 자손에게 이롭지 않다면, 저 혼자 감당할 것이며 다른 친족과는 무관합니다."

사람들은 이때야 아무 말도 하지 못하고 그의 지시를 따라 매장

---

22 본명은 원위袁煒(1507~1565)이고 명대 가정 연간의 대신이다. 자가 무중懋中, 호가 원봉元峰, 시호가 문영이다. 절강성 자계 사람이며 가정 17년(1538)에 진사에 합격했다. 한림원 편수, 시독학사, 예부우시랑禮部右侍郎, 예부상서, 건극전대학사建極殿大學士 등을 역임했으며 저작으로는『원문영공집袁文榮公集』이 있다.

했다.

매장한 지 3년이 되자 원문영 공이 태어났다. 문영 공의 안색은 검었으나 목 아래로는 눈처럼 하얬다. 전하는 말로는 오룡烏龍이 환생했다고 하는데 관직은 대학사까지 이르렀다.

원문영 공 사후에 아들 원폐승袁陛升이 부친을 안장하려 할 때 또 다시 풍수설에 미혹되었다. 상주에 황黃 씨 성을 가진 풍수가는 유명한 음양가였다. 당시 공경대부들이 그를 신처럼 떠받들었다. 황 씨의 성품은 물정에 어둡고 괴벽하여 원폐승이 그를 부르러 오자 일부러 미친 듯 오만한 표정을 지으며 자신의 몸값을 올리곤 1000냥을 주지 않으면 그 집에 가지 않겠노라고 선언했다. 나중에 황 씨가 이르러서는 그릇을 깨고 집어던지면서 음식도 맛이 없다 했고, 집을 부수고 휘장을 찢으며 묵기에도 불편하다면서 싫어했다. 원폐승은 신술神術에 홀려 감히 죄를 지을 수 없어 그대로 따르는 수밖에 없었다.

자계의 한 시랑의 무덤이 서산 남쪽 비탈에 있었는데 자손들이 쇠약하여 일어서지 못했다. 황 씨는 원폐승에게 그 명당을 사서 장지로 삼으라고 권유했다. 두 사람이 주인과 계약서를 쓰고 서산에서 돌아오니 때는 이경이 넘었다.

재상집에 들어오니 대청엔 등불이 밝게 켜져 있고 문영 공이 오사모를 쓰고 붉은 관포를 걸치고는 전당 위에 앉아 있었다. 그리고 곁에는 두 시동이 받들어 모시고 있었는데 그 모습이 살아 있을 때와 같았다. 원폐승 등은 이를 보고 대경실색하여 황망히 땅에 엎드렸다. 문영 공이 욕을 퍼부으며 말했다.

"아무개 시랑은 나의 한림 선배다. 네가 황 씨의 말을 듣고 시랑의 묘지를 빼앗으려 한다더구나. 옛날에 네 조부가 고조, 증조를 매장할 때 어떤 마음을 품었느냐? 지금 네가 나를 매장하는데 어떤 마음가짐을 지녔느냐?"

원폐승은 감히 대답할 수 없었다. 문영 공이 또 황 아무개를 노려보면서 질타했다.

"너처럼 천한 놈이 화려한 거짓말로 돈이나 뜯어내고 악행을 저지르고 있으니 창기나 광대가 남에게 아부하며 돈을 뜯어내는 것보다 더 저질스럽구나."

문영 공은 좌우의 시종에게 명하여 황 씨 얼굴에 침을 뱉게 했다. 원폐승과 황 씨 두 사람은 숨을 죽이고 감히 아무 소리도 내지 못했다. 조금 뒤 문영 공이 몸을 일으키자 만당의 촛불이 모두 꺼져 아무것도 보이지 않았다.

이튿날 원폐승의 얼굴은 흑색으로 변했다. 그는 묘지 매입 계약서를 불태우고 그 땅을 아무개 시랑에게 돌려주었다. 그리고 황 씨가 침을 맞은 부위에는 모두 흰 거미가 가득하여 온몸을 덮었다. 팔에서 가슴까지 계속해서 물었으며 떨쳐도 떨어지지 않았다. 오랜 시간이 지나자 전부 이로 변했다. 황 씨가 죽을 때 그가 앉았거나 누웠던 자리에는 이로 가득했다.

여조엽 呂兆靄

소흥 사람 여조엽呂兆靄은 진사과에 급제한 뒤 섬서 한성현韓城縣 현령으로 부임했으며 시독학사 엄동우는 그의 친구였다.

하루는 한담하다가 엄동우가 물었다.

"여공의 이름은 조엽인데 무슨 근거로 지은 거야?"

"나의 전생은 북통주北通州 진陳 씨 집의 말이어서 회색이고 갈기가 세 자가 넘었지. 진 씨 집에선 나를 길렀으니 은혜를 입었지. 하루는 내가 마구간에 있을 때 진 씨 아내가 아이를 낳는데 3일 동안 산통이 왔으나 낳지 못했어. 그러자 한 친척이 말하더군.

'난산이니 반드시 아무개를 불러 산파로 맞이해야 안전하게 아이를 낳을 수 있다네. 애석하게도 산파는 삼십 리 밖의 마을에 사는지라 일시에 불러올 수 없으니 어찌하면 좋을까?'

또 한 친척이 이어서 말하더군.

'빨리 하인을 보내 갈기가 긴 말을 타고 가면 즉각 불러올 수 있어요.'

말을 마치고 과연 한 노복이 나를 타더군. 나는 마음속으로 생각했지.

'평상시에 주인의 콩과 풀을 먹고 사는데 지금 여주인이 위급하다. 이때야말로 내가 은혜에 보답할 때다.'

이에 나는 온 힘을 다해 달려 도중에 깊고도 험한 계곡을 만났는데, 양쪽 낭떠러지는 서로 한 길 떨어져 있어 길을 에둘러 가면 시간을 지체할 거 같더군. 당시 나는 주인을 구할 마음이 조급하여 힘껏 뛰었으나 깊은 계곡으로 떨어져 뼈가 부러져 죽었어. 노복은 나의 등을 껴안고 있었기 때문에 벼랑에 부딪히지 않아 다행히 죽음은 모면했지. 내가 죽은 뒤 하얀 수염의 노인이 나를 아문으로 데리고 가더군. 오사모를 쓴 신이 전당 위에 앉아서 말했지.

'이 말은 양심이 있도다. 사람도 이러한 양심을 가지기 어렵거늘 하물며 짐승이야 더 말해 무엇하랴?'

그리고 사람을 보내 공문을 쓰게 했는데 글씨는 옛 전서체더군. 조금 뒤 그 사람은 공문을 내 발굽에 묶어두고 오사모를 쓴 신이 분부하더군.

'그를 좋은 곳으로 보내라.'

그래서 나는 서서히 올라갔는데 자신도 모르는 사이에 윤회하게 되고 소흥 여 씨 집의 아들로 환생했지. 돌이 지난 뒤 내 머리카락은 여전히 두 곳으로 땋는데 마치 말갈기가 양쪽으로 늘어진 것 같았어. 그래서 내 이름이 '조엽'이야."

장우화

張又華

안경의 수재 진서령陳庶寧은 회령현淮寧縣에서 가르쳤다. 중양절 날 그가 산에 올라가기 위해 남문을 빠져나와 무덤을 지났는데 마치 푸른 연기가 안에서 나오는 것 같았다. 그가 자세히 살펴보려 하니 냉기가 솟아나와 모골이 송연해져서 관사로 돌아왔다.

밤에 그는 꿈속에서 스님의 방으로 들어왔다. 실내의 창은 밝고 안석은 깨끗한데 실외는 푸른 대나무와 나무로 둘러싸여 무척 조용했다. 동쪽 담장엔 송강전지松江箋紙로 쓴 시가 걸렸으며 제목은 '모란牡丹'이고 첫 구는 "동풍 부니 붉은 가지 나오네東風吹出一枝紅"였다. 진서령은 마음속으로 가작이 아니라고 생각하며 다시 서명을 보았더니 '장우화張又華'로 되어 있었다.

그가 마침 감상하고 있을 때 갑자기 어떤 사람이 문을 밀치고 들어왔다. 그는 키가 작고 눈은 부릅떴으며 코가 붉고 40세가 넘어보였다. 그 사람이 말했다.

"내가 장우화요. 당신이 여기서 내 시를 읽고 어째서 나를 멸시하는 거요?"

"그럴 리가요."

붉은 코에게 한참 동안 설명해주자 붉은 코가 자신의 얼굴을 가리키며 물었다.

"당신이 보기에 내가 사람이오, 귀신이오?"

"당신이 들어올 때 냉기가 있는 걸로 봐서 귀신인 듯합니다."

"내가 선한 귀신 같소, 아님 나쁜 귀신 같소?"

"그대가 시를 읊을 줄 아는 걸로 봐서 선한 귀신인 듯하옵니다."

"그렇지 않소. 나는 나쁜 귀신이오."

말을 마치고는 즉각 앞으로 뛰어와 진서령을 붙잡았다. 그 냉기가 더욱 뼈에 스며들어 얼음덩이처럼 진서령의 명치에 파고들었다. 진서령이 피하여 대나무 침상 가로 물러났다. 붉은 코는 그를 안고 손으로 고환을 만졌다. 진서령은 통증을 참을 길이 없어 꿈속에서 깨어나니 자신의 음낭이 부어서 말斗처럼 커졌다. 이로부터 그는 괴상한 병에 걸려 의사도 치료하지 못해 끝내 관사에서 사망했다.

회령지현이 친히 진서령을 위해 염을 했는데 우정이 매우 두터웠다. 그러나 현령은 마음속으로 무슨 억울한 일이 있는 듯한 느낌이 들었다. 지현이 우연히 성안의 늙은 관리에게 물었다.

"이곳의 장우화라는 사람을 알고 있소?"

"그 사람은 안경부安慶府 승발과承發科[23]의 비서로 죽은 지 벌써 2년이 되었어요. 그는 한평생 나쁜 짓을 너무나 많이 저질렀고 시를 왜곡되게 썼지요. 제가 그를 아는데 코는 붉고 키는 왜소하며 사후에

---

23 청대 주현州縣의 아문에서 문서 접수와 발송, 저장을 맡았던 기구.

남문 밖에 묻혔지요."

(늙은 관리가 말한 남문 밖이) 바로 진서령이 냉기를 쏘였던 곳이다.

官癖 관벽

전하는 말에 따르면 명조 말년에 남양부南陽府의 한 태수가 관청에서 죽었다고 한다. 그때부터 그의 영혼이 흩어지지 않고 여명에 출석을 점검할 때마다 반드시 머리에 오사모를 쓰고 허리엔 관대를 두른 채 전당으로 올라 남쪽을 향해 앉았다. 서리가 그를 향해 머리를 조아리며 인사하면 그도 고개를 끄덕이고 절을 받는 모습을 보였다. 날이 밝으면 그는 사라져 보이지 않았다.

옹정 연간에 신임 교喬 태수가 부임하여 이 일을 듣더니 웃으며 말했다.

"그 사람은 관벽官癖이 있을 터 비록 일찍 죽었으나 자기가 죽은 연유를 모르고 있소. 내가 그에게 분명히 알려주겠소."

그래서 이튿날 여명 전에 교 태수는 관복을 입고 관모를 쓰고는 먼저 전당에 올라 남쪽을 향해 앉았다. 출석을 부를 때 오사모를 쓴 관리가 멀리서 다가와 전당의 자리를 먼저 차지한 사람을 보고는 머뭇거리며 감히 앞으로 나서지 못했다. 조금 뒤 그는 장탄식을 하며 사라졌다. 이로부터 그 요괴는 두 번 다시 나타나지 않았다.

주문국 鑄文局

구용현의 양경방楊瓊芳은 강희 연간의 해원解元[24]이다. 당초 그가 과거시험장에 들어가니 시험 문제는 '산을 만드는 것에 비유하자면譬如爲山'[25]이라는 구절이었다. 고사장 밖으로 나와 그는 잘 썼다고 생각했으나 그중 두 단락만 불만스러웠다.

그날 밤 그가 꿈속에서 문창전文昌殿[26]에 이르니 문창제군文昌帝君이 높은 전당에 앉아 있고 옆에는 수많은 부뚜막이 놓여 있으며 불빛이 활활 타오르고 있었다. 양경방이 물었다.

"이것은 무엇에 쓰는 물건입니까?"

옆의 긴 수염의 판관이 웃으며 말했다.

"관례에 따르면 고사장에서 쓴 문장은 반드시 이곳에서 단로丹爐로 바람을 불어 주조합니다. 어떤 문장은 좋지 않아 다시 숯불을 넣

---

24 향시에서 일등으로 합격한 사람.

25 『논어論語』「자한子罕」 편에 나오는 구절이다.

26 문창제군文昌帝君을 모시는 건물.

어 더 단련하여 완미해진 다음에야 상제에게 보여줄 수 있죠."

양경방이 급히 화롯불에서 문장 한 편을 꺼내 보니 바로 그가 고사장에서 쓴 문장이었다. 원래 그가 만족하지 않았던 부분은 다시 주조하여 글자마다 금빛이 났다. 양경방은 고심하여 문장을 외우다가 놀라 깨어났다. 그는 이어서 불쾌해졌다. 이것이 아마도 스스로 공명을 얻는 데 너무 조급한 까닭이라 여겼다. 그렇지 않다면 어째서 고사장의 문장이 꿈속의 문장과 똑같을 수 있겠는가?

오래지 않아 공원貢院[27]에 불이 나서 27권의 답안지가 불태워졌다. 감독관은 수험번호대로 수험생을 호명하면서 다시 시험장에 들어가 원문을 쓰게 했다. 양경방이 시험장에 들어간 뒤 꿈속의 화로에서 주조한 글자대로 하나하나 써서 1등으로 합격했다.

---

27 각 성의 성도省都에 있는 향시 시험장.

염색집의 빨래방망이

染坊椎

화정현華亭縣 백성 진陳 아무개가 아내와 첩을 한 명씩 들였다. 아내는 아이를 갖지 못했으나 첩은 아들 한 명을 낳았다. 진 씨 아내는 첩을 시기하여 첩이 외출한 틈을 타서 첩이 낳은 아들을 강물에 몰래 던져버렸다.

이웃집에 염색집을 연 부인이 이날 강가에서 빨래방망이로 빨래를 하다가 강물 속에 둥둥 떠내려가는 아이를 발견했다. 부인은 아이가 불쌍해서 구해 안고 집으로 돌아와 미음을 먹였다. 그러나 그녀는 빨래방망이를 강가에 놓고 그냥 돌아왔다.

진 씨 아내는 비록 아이를 강 속에 던져버렸지만 아이가 죽지 않았을까봐 강가로 달려와 살펴보았다. 그녀는 아이를 발견하진 못했지만 빨래방망이가 수면에 떠 있는 것을 보고 웃으며 말했다.

"옷을 빨 때 이것이 없었던 참인데."

이에 가지고 집으로 돌아와 침상 가에 걸어두었다.

오래 지나지 않아 집에 도둑이 들었다. 도둑은 밤에 방 안으로 들어와 진 씨 아내의 치마를 들었다. 놀란 진 씨 아내가 소리치자, 도적은 급히 침상의 빨래방망이를 들어 진 씨 아내에게 휘둘렀는데 뇌를 명중시켜 진 씨 아내는 뇌척수액이 터져 그 자리에서 죽었다. 이튿날 아침에 진 씨가 관가에 보고하자 현령은 흉기를 증거로 가져갔는데 원래 천생호天生號 염색집의 빨래방망이였다. 그래서 염색집의 사람을 잡아들여 심문했다. 염색집 부인은 강가에서 아이를 구조하고 빨래방망이를 잃어버린 경과를 소상하게 진술했다. 그 뒤 현령은 아이를 진 씨에게 돌려주라고 명령하고는 사람을 보내 진범을 체포했다.

혈견수

血見愁

교관 오요정吳耀廷은 젊어서 경성에서 공부했으며 휘주회관徽州會館[28]에서 살았다. 회관 앞 건물에는 가장 넓은 세 칸의 방이 있고 양옆에는 동서로 행랑채가 있었으며 자못 청결했다. 뒤편에도 방 몇 칸이 있었으며 많은 나무가 심겨져 있었다. 이 수비李守備는 이전엔 앞 건물에 살았다. 오요정은 시종이 비교적 적기 때문에 동쪽 행랑채에서 지냈다. 이 수비는 칼을 건물 안의 기둥에 걸어두었다. 이날 그 칼이 갑자기 칼집에서 뽑혀 나갔다. 오요정은 소식을 들은 뒤 깜짝 놀라 급히 가서 그 칼을 살폈다. 이 수비가 말했다.

"제가 일찍이 이 칼을 가지고 서장西藏에 출정 나가 많은 사람을 죽였어요. 그래서 칼에 영기가 서린 듯합니다. 이 칼이 칼집에서 나올 때마다 반드시 사건이 터집니다. 오늘은 칼에게 제사를 지내야 할 듯합니다."

---

28 중국 도시에는 동향 단체의 회관이 많이 있었다. 휘주회관은 안휘성 휘주 출신이 거주하고 활동하던 회관이었다.

이에 노복을 불러 닭을 잡아 피를 빼오게 하고는 소주를 사오게 하여 칼에 뿌리며 제사를 지냈다.

정오에 오요정이 보니 뒷집에서 남색 옷을 입은 사람이 담장을 넘어 회관 안으로 들어왔다. 마음속으로 도둑이라 의심하고는 가서 살펴보니 사람의 그림자가 보이지 않았다. 그는 노안이 왔나 싶어 부끄러워하고 웃으며 말했다.

"내가 아직 사십도 되지 않았는데 벌써 노안이 온 건 아니겠지?"

잠시 후 향시에 참가한 범范 씨가 짐을 휴대하고 하인과 함께 대문으로 들어오더니 말했다.

"저도 휘주 사람인데 여기서 쉴 곳을 찾고 있어요."

오요정이 그를 뒷방으로 안내하며 말했다.

"이곳이 가장 좋습니다만 담장이 낮으며 바깥은 시장이라서 도둑을 맞지 않으려면 밤에는 조심해야 합니다."

범 씨가 이 수비의 칼을 보고 웃으며 말했다.

"그럼 이공의 칼을 빌려 도둑을 막겠습니다."

이 수비는 칼을 풀어 그에게 건네주었다.

저녁에 범 씨는 촛불을 켜고 잠들었다. 이경이 안 되어 그가 보니 담장 밖에 남색 옷을 입은 사람이 창을 열고 방으로 들어오기에 급히 하인을 불렀다. 하인이 남색 옷을 입은 사람을 보고는 즉시 칼을 빼서 베었는데 두 사람이 함께 격투하는 것 같았다. 하인은 전력을 다해 칼을 휘둘렀다. 한참이 지나 하인은 등 뒤에서 어떤 사람이 그의 허리를 잡고 있는 느낌이 들었는데 계속 손사래를 치면서 외쳤다.

"나야, 나라고. 베지 마, 베지 말라고."

들어보니 주인 범 씨의 목소리 같았다. 하인이 급히 칼을 내려놓고 돌아보니 촛불 속에 비친 범 씨의 온몸은 피투성이이고 숨이 끊어져 땅에 쓰러졌다.

오요정과 이 수비는 구조 요청 소리를 듣고는 가보고 나서 무슨 일이 벌어졌는지 알게 되었다. 두 사람은 대경실색하여 말했다.

"'하인이 주인을 죽이다니 형법에 따르면 응당 능지처참감이다. 범 씨 하인이 주인을 구하려다 귀신에게 조종당했는데, 이 일을 어쩐다?' '범 씨가 아직 죽지 않은 틈을 타서 그에게 친필로 써달래서 하인의 죄를 면해주는 것이 좋겠습니다.'"

이에 급히 종이와 붓을 가져오자 범 씨는 아픔을 참으며 '노오상奴誤傷'이란 세 글자를 썼다. 아직 다 쓰지도 못했는데 피가 계속 흘러나왔다. 오요정의 한 하인이 다음과 같이 말했다.

"담장 아래에 풀이 있는데 이름은 '혈견수血見愁'라고 합니다. 얼른 캐와서 그의 상처에 발라보시지요."

사람들이 급히 그의 말대로 해보니 범 씨의 유혈이 점차 멎어 결국 생명을 유지하게 되었다. 오요정과 이 수비는 동향의 정을 생각해 돈을 내서 범 씨의 귀향 여비를 도와주었다.

보름이 안 되어 오요정의 늙은 하인이 담장 아래에서 소변을 보는데 어떤 사람이 손바닥으로 그의 뺨을 치면서 말했다.

"나는 복수하러 왔다. 너와 무슨 상관이 있단 말이냐? 네가 '혈견수'를 팔다니."

하인이 바라보니 바로 남색 옷을 입은 사람이었다.

龍陣風 용진풍

건륭 신유년辛酉年(1741) 가을에 해풍이 크게 불어 나무가 뿌리째 뽑혔다. 해변의 백성은 용이 하늘에서 싸우는 것이라 여겼다. 광릉성廣陵城[29] 안팎으로 해풍이 지나간 곳엔 집집마다 창틀, 주렴, 말리던 옷이 전부 공중으로 날아갔다. 어떤 집은 손님을 초청하여 잔치를 베풀다가 식탁 위 모든 접시가 바람에 불려 날아갔다. 오래지 않아 이러한 요리, 안주, 과일이 늘어놓았던 원래 모습 그대로 수십 리 밖의 이李 씨 집으로 날아갔다.

더욱 특이한 일은 남쪽 거리 '청백유방淸白流芳' 패루牌樓 왼쪽의 한 부인이 목욕한 뒤 머리에 비녀를 꽂고 얼굴에 분을 바르고는 아기를 안은 채 대나무 침상을 문밖으로 옮겨놓고 한가하게 앉아 있었다. 이때 태풍이 불어 그녀는 서서히 하늘로 올라가고 땅의 사람들은 바라보고만 있었다. 그녀는 호구虎丘의 진흙 인형처럼 보였다가 잠시 후

29 지금의 양저우시에 있었다. 기원전 319년에 초楚 회왕懷王이 한성邗城을 토대로 광릉성을 쌓았다. 진나라가 전국을 통일한 뒤에 광릉현을 설치했다.

엔 운무 속으로 사라졌다. 이튿날 그 부인은 소백진邵伯鎮[30]에 떨어졌다. 소백진은 현성에서 40여 리 떨어져 있는데 부인이 떨어질 때 평온무사했다. 사람들이 (그녀에게 무슨 느낌을 가졌냐고) 묻자 그녀가 대답했다.

"하늘로 올라갈 때 광풍이 귓가에 불어 매우 겁이 났어요. 그런데 위로 올라갈수록 더욱 상쾌해지더군요. 성시를 굽어보니 운무로 뒤덮여 얼마나 높은지는 모르겠어요. 땅에 내려올 땐 천천히 내려와 편안하여 가마를 타는 것 같았어요. 하지만 마음속은 망연해지더군요."

---

30 지금의 장쑤성 양저우 장두시江都市 셴뉘진仙女鎮 북쪽에 있다.

彭楊記異

팽조린과 양계암의 기이한 이야기

팽조린彭兆麟은 액현掖縣 사람이며 같은 현의 증광생원增廣生員 양계암楊繼庵은 그의 고모부다. 팽조린은 서생으로 스무 살이 넘어 병사했고 몇 년이 지나 양계암도 죽었다.

나중에 호방한胡邦翰[31]이라는 고밀高密 사람은 평소에 팽과 양 두 사람의 얼굴을 본 적이 없었다. 그의 둘째 형이 장기간 요동遼東에 머물렀던지라 그가 찾으러 바다를 건넜다. 하루는 호방한이 팽조린의 교관敎館으로 유학했는데 팽조린은 그를 머물게 하여 함께 두 달 넘게 살았다. 호방한이 행장을 꾸려 집으로 돌아가고자 팽조린에게 말했다.

"저는 오늘 돌아가려고 합니다. 오래지 않아 군郡에 가서 시험에 응시하려고 하는데 공을 위해 편지를 부쳐드리도록 하겠습니다."

---

31 자가 웅백雄白, 무문懋文이고 호가 좌원左原이며 본적은 절강성 여요餘姚다. 강희 51년(1712)에 거인, 건륭 17년(1752)에 진사가 되었다. 이듬해에 산서 영무 지현寧武知縣으로 부임했다. 건륭 27년(1762)에는 우종렴于從濂의 후임으로 대만부臺灣府 담수무민동지淡水撫民同知를 역임했다.

"어제 집에 보내는 편지를 인편으로 부쳤어요. 액현에 가시거든 절 대신해서 집에 소식이나 전해주면 됩니다."

호방한이 떠나려고 할 때 팽조린이 다시 말했다.

"여기서 100여 리 떨어진 곳에서 제 고모부 양계암이 학교를 세워 가르치고 있어요. 죄송하지만 가시는 길에 저 대신 안부 좀 전해주세요."

호방한이 가다가 양계암을 만나보았다.

호방한이 군에서 응시 준비를 할 때 팽 씨 댁을 방문하여 그가 팽조린, 양계암을 만난 경과를 얘기했다. 팽 씨 집안 사람은 그가 황당한 얘기를 한다고 여겼다. 왜냐하면 팽 씨와 양 씨가 죽은 지 벌써 20년이 지났기 때문이다. 그러자 호방한이 말했다.

"팽조린이 제게 말했지요. 마을 입구 관제묘關帝廟의 담 벽에 그의 글씨가 걸려 있다고요."

관제묘로 가서 보니 과연 벽에 글씨가 있을 뿐 아니라 팽조린이 요동 교관에서 쓴 글씨와 완전히 같았다. 호방한은 또 떠나기 전에 팽조린이 아내와 두 딸의 아명을 알려준 사실이 떠올랐다. 팽 씨의 아내 가賈 씨는 이미 사십이 넘었고 두 딸은 모두 출가했으며 두 딸의 어릴 적 이름은 가족이라야만 알 수 있었다. 그런데 호방한이 하나하나 꺼내는 말마다 사실과 부합했다. 팽 씨 가족은 그제야 이를 믿었으며 호방한도 그가 전에 만난 사람이 모두 귀신이었다는 것을 알게 되었다. 그해에 호방한은 수재에 합격했고 오래지 않아 사망했다.

몇 년이 지나 또 어떤 사람이 요동에서 돌아왔는데 팽조린은 그로 하여금 말 한 필과 죽을 때 입었던 옷을 가져가게 했다. 팽 씨 가족은 너무나 무서워 받기를 거절했다.

그해 팽조린의 병이 위중할 때 가족에게 이런 말을 했다.

"내가 죽거든 염하지 마라. 나는 부활할 것이다."

죽은 뒤 가족들은 그의 유언을 따르지 않았다. 염하지 않으면 예의에 어긋난다고 여기고는 그를 염하여 안장했다. 3일 뒤 가족들은 그의 무덤에 구멍이 난 것을 발견했는데 무언가 안에서 나온 것 같았다.

그해 고밀현의 어느 집에서는 팽조린이 죽은 줄도 모르고 그를 집으로 데려와 어린 아들을 가르치게 했는데 8, 9년을 함께 살았어도 집에 돌아가겠단 말을 꺼내지 않았다. 나중에 학생이 군에 가서 응시하려 하자 그는 억지로 동행하게 되었다. 군성 마읍馬邑 경계 지점에 왔을 때 팽조린이 학생에게 말했다.

"이곳에 먼 친척이 있으니 잠시 보고 가겠다. 넌 먼저 가서 성 밖에서 날 기다려라."

학생이 약속한 장소로 가서 한참을 기다려도 선생님은 오지 않았다. 날이 저물자 잘 곳을 찾았다. 이튿날 날이 밝자 그 학생이 선생님 집으로 가서 팽조린의 제자라고 소개했다. 팽 씨 가족은 팽조린 생전의 제자라고 여기며 자세히 물어보고서야 팽조린이 죽은 후에 발생한 일임을 알고는 무섭고 놀라 어찌해야 좋을지 몰랐다. 그 학생은 눈물을 흘리며 팽 씨 가족과 헤어졌다. 어떻게 팽조린이 이곳을 떠나 요동에 거주했단 말인가?

이는 건륭 28년(1763)의 일로 귀지현貴池縣 현령 임몽리林夢鯉가 내게 해준 말이다. 임몽리도 액현 사람이다.

원귀가 연극 무대에서 억울함을 호소하다

寃鬼戲臺告狀

건륭 연간에 광동 삼수현三水縣 현아 앞에 무대를 설치했다. 어느 날 「포공단오분包公斷烏盆」[32]을 공연했는데 한 화검花臉[33] 배우가 포공包公으로 분장하고 무대에 올라앉았다. 그는 산발하고 몸에 상처가 난 사람이 무대 위에 꿇어 억울함을 호소하는 것을 발견했다. 화검은 깜짝 놀라 급히 일어나 피했는데 무대 아래가 시끄럽더니 현아 안까지 소식이 전해졌다. 지현이 사람을 보내 조사하자 화검은 자기가 본 일을 알려주었다. 지현은 화검을 내실로 부르고 예전처럼 포공의 분장을 한 채로 무대에 오르게 했다. 귀신이 이러한 광경을 본다면 그 영혼을 현아로 불러올 수 있을 것이었다.

---

32 「포공단오분」은 「오분기烏盆記」 「기원보奇寃報」 「정원현定遠縣」이라고도 불리는 재판극의 대본이다. 청말 석옥곤石玉崑의 고전 명저 『삼협오의三俠五義』 제5회에서 오분[검은 대야]이 별고別古에게 하소연하여 억울한 사정을 알리는 단락에도 나타나는데 포공이 정원현으로 부임해서는 재물을 탐내어 사람을 죽인 사건을 해결한다는 내용이다. 나중에 경극京劇 레퍼토리로 발전한다.

33 중국 전통극에서 얼굴을 여러 물감으로 분장한 배역.

화검이 명에 따라 하니 과연 귀신이 출현했다. 화검이 귀신에게 말을 꺼냈다.

"저는 가짜 포공이오. 제가 당신을 데리고 현아에 갈 테니 관아에 보고하여 억울함을 호소하시오."

귀신은 고개를 끄덕이며 동의했다. 화검이 일어나 출발하니 귀신이 그를 따라 대청에 이르렀다. 지현이 화검에게 물었다.

"귀신이 어디에 있느냐?"

"귀신은 계단 아래에 무릎을 꿇고 기다리고 있습니다."

지현이 큰 소리로 귀신을 부르자 그 귀신은 전혀 미동도 하지 않았다. 지현이 대로하여 화검을 질책하려고 했다. 이때 화검이 보니 귀신이 일어서서 밖으로 나가려고 하여 손짓으로 나가게 했다. 화검은 이 일을 지현에게 보고했고 지현은 두 명의 관리를 파견하여 화검과 함께 따라가서 귀신이 어디로 가서 어디서 사라지는지 표시해두도록 했다.

화검이 귀신을 따라 들판에서 몇 리를 걷다보니 귀신이 무덤 속을 파고 들어갔다. 이 무덤은 현성의 부호 왕 감생王監生이 모친을 안장한 곳이다. 화검과 관리는 대나무 가지를 무덤에 꽂아 표시해둔 다음 현에 돌아와 보고했다. 지현은 즉시 가마를 타고 가보았다. 그리고 왕 감생을 불러 엄혹하게 심문했다. 왕 감생은 인정하지 않으며 무덤을 파서 그의 무고함을 증명해 보이겠다고 부탁했고 현령은 동의했다.

무덤을 두세 자쯤 팠을 때 한 구의 시체가 나타났다. 표정은 살아 있는 사람과 같았다. 지현은 크게 기뻐하며 이어서 왕 감생을 심문했다. 왕 감생은 억울하다며 호소했다.

"그때 장송한 사람 수백 명이 함께 관을 넣고 땅에 매장하는 광경을 목격했는데 이 시체는 없었어요. 설사 있었다 해도 모든 사람의 입을 막을 수 없을 겁니다. 하물며 몇 년이 지났어도 아무 일 없이 평온했는데 왜 화검이 공연할 때에야 귀신이 나타나 억울함을 호소했을까요?"

지현은 일리가 있다 생각하고 다시 물었다.

"네가 당시 흙을 다 덮은 뒤 집으로 돌아갔느냐?"

"저는 모친의 관이 흙 속으로 들어가는 걸 보고 돌아왔죠. 이후의 일은 일꾼이 처리했어요."

지현이 웃었다.

"알았다."

즉시 그 일꾼들을 대청으로 불러오게 했다.

지현은 일꾼들의 험악한 모습을 보고는 큰 소리로 외쳤다.

"너희가 살인한 일이 이미 드러났으니 다시 숨길 생각은 하지 말거라."

일꾼들은 대경실색하여 머리를 조아리며 자백했다.

"그날 왕 감생이 집으로 돌아간 뒤 우리는 움막에서 쉬고 있었어요. 등에 짐을 진 과객 한 사람이 오더니 불을 빌리더군요. 한 일꾼이 그의 짐 속에 은이 든 것을 발견하고는 사람들과 함께 상의하여 그 사람을 죽이고 그의 돈을 나눠 가졌어요. 그 뒤 우리는 쇠 삽을 들고 그의 두개골을 쪼개 시체를 왕 감생 모친의 관에 놓고 다시 흙으로 덮어 매장했어요. 밤새 일하여 무덤을 만들었지요. 왕 감생은 우리의 일처리가 빠르고 완벽하다고 여기곤 무척 기뻐했으며 또 우리에게 후한 상을 내렸어요. 아무도 우리가 살인한 일은 모릅니다."

이에 지현은 그들을 법대로 처리했다.

전하는 말에 따르면 당시 일꾼들이 시체를 매장할 때 자랑스럽게 말했다고 한다.

"이 일은 다시 밝혀지지 않을 것이야. 저놈이 억울함을 호소하려면 포공이 환생하는 수밖에."

귀신은 당시 이 말을 듣고 화검이 포공으로 분장하자 억울함을 호소하러 온 것이다.

기이한 귀신의 눈이 등에 생기다

奇鬼眼生背上

비밀費密[34]의 자는 차도此度이며 사천의 평민이다. 그는 "큰 강물이 한수로 흐르고, 배 한 척이 늦봄을 맞이한다大江流漢水, 孤艇接殘春"라는 시구를 써서 상서 왕사정王士禎[35]의 칭찬을 받아 장군 양전楊展[36]에게 추천되어 막료가 되었다.

한번은 비밀이 양 장군을 따라 사천으로 출정 나가 성도를 지나다가 찰원루察院樓에서 묵었다. 현지인은 모두 이 누각에 요괴가 있다고 말했지만, 양전과 이 부장李副將은 믿지 않고 비밀을 끌어들여 함께 묵었다.

---

34 비밀(1634~1699)은 호가 연봉燕峰, 권은卷隱, 파도사跛道士, 보검각補劍閣 등이고 신번新繁(지금의 쓰촨성 신두新都) 사람이다. 명말 청초에 활동했던 학자, 시인, 사상가다.

35 왕사정(1634~1771)의 호는 완정阮亭이고 별호는 어양산인漁洋山人이며 형부상서를 지냈기에 '상서완정尙書阮亭'이라 부르기도 한다. 주요 저작으로는 『지북우담池北偶談』『고부우정잡록古夫于亭雜錄』『향조필기香祖筆記』 등이 있다.

36 양전(1604~1649)의 자는 옥량玉梁이고 사천 가정嘉定(지금의 러산樂山) 사람이다. 숭정 12년(1639)에 무진사武進士가 되었고 전후로 유격장군遊擊將軍과 참장參將을 역임했다.

비밀은 마음속으로 의혹이 일어나 등불을 켜고 칼을 쥔 채 휘장 안에 단정히 앉아 있었다. 삼경이 지나자 누각 아래에서 사각사각하는 소리가 들렸다. 한 괴물이 뒤뚱거리며 누각 사다리를 올라왔다. 비밀이 등불에 비춰보니 그 괴물은 머리와 얼굴이 있었지만 눈썹과 눈은 없어 마치 마른 장작 같았다. 곧장 당당하게 휘장 앞에 섰다. 비밀이 칼을 뽑아 베자, 그 괴물은 몇 걸음 뒤로 물러서더니 몸을 돌려 가버렸다. 비밀은 이때야 괴물의 등에 눈이 달린 것을 보았다. 길이는 한 자가 넘었고 금빛이 났다.

괴물은 다시 천천히 양 장군의 침실로 들어가 휘장을 헤치고 몸을 돌려 금빛으로 양 장군을 비췄다. 양 장군의 코에서 갑자기 두 줄기 하얀 기운을 쏘았는데, 괴물이 쏘는 금빛과 서로 대치했다. 잠시 후 하얀 기운이 갈수록 커지고 금빛은 갈수록 작아졌다. 순식간에 괴물은 누각 아래로 굴러떨어지더니 사라졌다. 그런데 양 장군 본인은 이 일이 발생한 줄도 몰랐다.

오래지 않아 비밀은 또 누각 사다리에서 나는 소리를 들었다. 그 괴물이 다시 누각으로 올라와 이 부장의 침소로 들어갔다. 이 부장은 곯아떨어져 코고는 소리가 우레와 같았다. 비밀은 본래 이 부장이 더욱 용맹하다고 여겼기에 좀처럼 그를 걱정하지 않았다. 그런데 갑자기 비명 소리가 들리기에 비밀이 가보니 이 부장은 일곱 구멍에서 피를 흘리며 죽어 있었다.

권12

주창을 칼 위에 묶다

挂周倉刀上

소홍 지방의 전이錢二 상공은 신선술을 배워 복기服氣를 끌어들이는 기술이 있어 그의 영혼이 정수리에서 빠져나갈 수 있었다. 그가 10주洲 3도島[1]를 두루두루 돌아다니다가 만난 요괴만 해도 부지기수였다. 어떤 요괴는 흉악했고 어떤 요괴는 아첨하고 요염했으나 전이 상공은 전혀 아랑곳하지 않았다. 이렇게 10년이 흘렀다.

어느 날 요괴들이 함께 모여 상의했다.

"한 달이 지나면 갑자일甲子日이니 전 씨가 수련하여 신선이 될 거야. 우리가 일찌감치 손을 써야겠어."

여러 요괴가 분분히 동의했다. 전이 상공이 책상다리를 하고 앉았을 때를 틈타 손과 다리를 붙잡아 큰 항아리에 넣고 운문산雲門山[2] 아래에 눌러놓았다. 그날 저녁 전 씨 집에서는 상공이 없는 것을 발견하고 사방에서 찾았으나 종적이 보이지 않아 그가 정말로 신선이

1 10주는 조주祖洲, 영주瀛洲, 현주玄洲, 염주炎洲, 장주長洲, 원주元洲, 유주流洲, 생주生洲, 봉린주鳳麟洲, 취굴주聚窟洲, 3도는 봉래蓬萊, 방장方丈, 영주瀛洲를 말한다.

되어 하늘로 올라갔다고 여겼다.

반년 뒤 어느 날 저녁에 밝은 달이 휘영청 떴을 때 전 씨 가족은 전이 상공이 화원의 높은 나무 위에 앉아서 구해달라고 소리치는 모습을 발견했다. 가족은 급히 사다리를 가져와 그를 부축해 나무에서 내려왔다. 사람들이 전이 상공에게 어찌된 일인지 묻자 말했다.

"나는 요괴들에게 모함당해 운문산 아래에 눌려 지냈어. 다행스럽게도 평소에 수련을 잘해놓은 탓에 동사하지도 아사하지도 않았지."

가족들이 다시 물었다.

"그럼 어떻게 돌아왔어요?"

"모월 모일 내가 항아리에 눌려 있을 때 눈앞에 붉은 구름이 끼더니 복마대제伏魔大帝[3]께서 서남쪽 방향에서 내려오더군. 나는 큰 소리로 억울함을 호소하고 아울러 복마대제에게 악마에게 모함당한 참상을 알렸더니 대제가 말하더군.

'악마가 야료를 부리니 정말로 증오스럽구나. 하지만 너는 대자연 만물이 자생하여 자멸하는 규율을 따르지 않고 허황되게 수련함으로써 신선이 되고 불로장생하려고 기도했으니 이것 역시 천리에 어

---

2 저장성 사오싱시 진망산秦望山 남록南麓에 있으며 산세가 높지 않고 아담하며 약야계若耶溪가 소흥성으로 통하고 있어 예로부터 명승지였다. 부근에는 왕헌지고거王獻之故居, 육유고거陸遊故居, 운문사雲門寺, 지영선사서각智永禪師書閣, 변재수각辯才秀閣, 철문함鐵門檻, 퇴필총退筆塚, 갈선옹단정葛仙翁丹井, 운문천雲門泉, 호천정好泉亭 등이 있다.

3 복마대제는 관제關帝를 가리킨다. 『대사大詞』에 "명 만력 42년(1614)에 삼국 촉나라의 대장군 관우를 삼계의 복마대제로 책봉했다明萬曆四十二年勅封三國蜀大將軍關羽爲三界伏魔大帝"라는 구절이 있다.

긋나는 일이다.'

그런 다음 대제는 고개를 돌려 한 장군에게 분부하더군.

'주창, 너는 그가 집에 돌아가도록 호송하여라.'

주 장군이 그렇게 하겠다고 대답했지. 주 장군의 키는 한 길이 넘고 지닌 칼도 한 길이 넘더군. 그는 붉은 줄로 나를 칼에 묶고 후에 나를 이 나무 꼭대기에 묶고는 떠나버렸어. 나는 뜻밖에도 우리 집 화원의 나무 위로 오게 되었네."

이로부터 전이 상공은 보통 사람과 같이 먹고 마시고 기거하면서 두 번 다시는 선선술을 배우려고 하지 않았다.

驅雲使者

구운 사자

선화宣化 파총把總[4] 장인張仁은 명을 받아 밀매 소금 판매상을 단속했다. 하루는 옛 사당을 지나다가 투숙하려고 했다. 그런데 스님이 불가하다며 말했다.

"이 안에는 요괴가 있어요."

장인은 용맹하다고 자부하던 터라 이 사당에서 침상을 깔고 휘장을 친 다음 촛불을 끄고 잠들었다. 이경쯤 그는 온 방이 환하게 빛이 나는 것을 발견하고 몸을 일으켜 큰 소리로 외쳤다. 그러자 등불이 방 밖으로 옮겨갔다. 장인이 급히 쫓아가니 눈앞에 여러 신등神燈이 있었고, 소나무 아래로 던지자 꺼져버렸다.

이튿날 아침에 장인이 소나무 아래로 가서 찾아보다가 큰 석동石洞을 발견했다. 장인이 현지 백성을 불러 호미로 파보게 하니 비단 이불이 나왔다. 이불로 시체 한 구를 감싸고 있는데 입에선 하얀 연기가 나왔으며 세 개의 눈에 팔이 네 개이며 강시 같았다. 장인은 요괴

4 명청 시대의 하급 무관을 말한다.

임이 틀림없다 생각하고 나무를 쌓아놓고는 시체를 불태워버렸다.

3일 뒤 장인이 대낮에 한가롭게 앉아 있을 때 영준한 소년 하나가 화려한 옷차림으로 걸어 들어와 장인에게 말했다.

"나는 하늘의 구운驅雲 사자다. 강우량이 너무 많아서 천제의 뜻을 어겨 인간 세상으로 좌천당해 형체를 석동에 숨기고 기한이 되면 여전히 하늘로 다시 올라가길 기다릴 뿐이다. 그날 저녁 내가 우연히 나와 다니다가 신비한 요괴의 신분을 폭로했다. 이는 내가 숨기는 일을 잊은 것이니 옳지 않은 일이다. 하지만 너는 나의 형체를 불태워버렸으니 너무나 양심이 없는 짓이다. 나는 지금 몸 둘 곳이 없어 어쩔 수 없이 왕자진王子晉[5]의 하인 몸에 붙어서 형체를 돌려달라고 널 찾아온 것이다. 너는 빨리 아무개 도사를 불러와 『영비경靈飛經』[6]을 49일 동안 읽어야 한다. 이렇게 하면 내 형체를 재 속에서 모아 살릴 수 있다. 너는 본래 1품의 제독을 맡을 수 있는데, 이 일을 잘 처리하지 못하면 상제는 네 장래의 제독 직책을 취소할 게다. 보아하니 너는 파총직만 하다가 늙게 생겼구나."

장인은 그렇게 하겠노라고 대답하며 명대로 일을 처리했다. 그러자 그 소년도 허공으로 날아갔다.

이후 장인은 과연 죽을 때까지 파총직만 수행했다.

---

5 주나라 때의 선인으로 이름은 진晉, 주 영왕靈王의 태자이며 왕자교王子喬라고도 한다. 생황 불기를 좋아하고 봉황 울음소리를 낼 수 있었다고 한다.

6 도경의 이름으로 『도장道藏』 가운데 「상청영비육갑부上淸靈飛六甲符」 「상청경궁영비육갑좌우상부上淸瓊宮靈飛六甲左右上符」 「상청영비육갑진문경上淸靈飛六甲眞文經」 「백우흑핵영비옥부白羽黑翮靈飛玉符」 네 종을 '영비경'이라 부른다.

吾頭豈白斫者

나의 두개골이 헛되이 베어졌단 말인가?

편수編修 장심여蔣心餘[7]가 『남창부지南昌府志』를 편찬하고 있었다. 어느 날 밤 그의 꿈속에 단段 장군이 찾아와 절을 했다. 단 장군은 명대 군복을 걸친 헌걸찬 대장부로 두 손을 가슴 앞에 모으기만 하고 얼굴을 보고도 예를 표시하지 않았으며 게다가 장심여의 팔을 치면서 욕을 퍼부었다.

"내 머리가 헛되이 베어졌단 말인가?"

장심여가 놀라 깨어났는데 단 장군에게 억울한 사정이 있음을 알게 되었다. 이에 그는 새로운 기록을 찾아보았으나 그런 사람은 없었다. 옛 책을 찾아보니 단 장군의 사적이 기록되어 있었다. 원래 단 장군은 사가법史可法[8] 수하의 부장이었는데 당년에 양주에서 전사했다. 장심여는 재빨리 단 장군의 사적을 「충의전忠義傳」에 보충해 써넣었다.

7 장사전蔣士銓을 말한다. 그의 자가 심여다.

8 사가법(1601~1645)은 자가 헌지憲之, 호가 도린道鄰이며 하남성 상부祥符 사람이다. 숭정 원년(1628)에 진사가 되었으며 북경성이 함락되자 명 복왕福王(홍광제弘光帝)을 옹립하고 청나라에 저항했다. 홍광 원년(1645) 청군이 대대적으로 양주성을 공략하여 얼마 안 돼 성이 함락되었고 사가법도 이 전투에서 싸우다가 청나라의 포로로 잡혀 살해당했다. 대학사를 지내 그를 사 각부史閣部라 부른다. 주요 저작으로는 『사충정공집史忠正公集』이 있다.

石言 석언

여시呂著는 건녕建寧 사람으로 무이산武夷山 북쪽 언덕 아래의 옛 사당에서 공부했다. 어느 날 낮에 하늘이 갑자기 어두워지기 시작했다. 여시가 보니 돌계단 위의 돌이 전부 사람처럼 서 있었다. 이때 찬 바람이 불어와 창호지, 나뭇잎이 사방에 날렸고 전부 돌 위에 붙어 떨어지지 않았다. 처마의 기와도 돌 위로 날아 떨어졌다. 오래지 않아 이 돌들이 돌더니 사람으로 변하고 창호지와 나뭇잎은 의상으로 변하고 기와는 모자와 두건으로 변하더니 갑자기 10여 명의 대장부로 변모했다. 그들 가운데 어떤 이는 앉아 있고, 어떤 이는 무릎을 꿇었으며 불전 앞에서 고담준론을 펼치는데 흥미진진하여 귀가 솔깃했다. 여시는 놀라서 창문을 닫고 잠을 잤다.

이튿날 여시가 침상에서 일어나니 아무런 흔적도 보이지 않았다. 오후에 돌은 다시 어젯밤처럼 서 있었다. 며칠 동안이나 이러한 현상은 지속되었다. 그리고 그 돌들이 변한 사람도 해치지는 않았다. 이에 여시는 나와서 그들과 잡담을 나눴으며 그들에게 이름을 물어보니 대부분 복성이었다. 그들 말로는 모두 한·위 시기 사람이라는데 그 가운데 두 노인은 진秦나라 시대 사람이라 한다. 그들이 얘기한 일은 한나라 및 위나라 역사서와는 달라 여시는 자못 흥미진진하게 여겼다.

어느 날 여시는 점심밥을 먹고 조용히 그들이 나타나길 기다렸다. 이 사람들이 온 뒤 여시는 그들에게 어떤 보조물을 빌려 원형을 드러내는지 물었으나 그들은 대답하지 않았다. 그리고 그들에게 왜 사당에 상주하지 않는지 물었으나 역시 대답하지 않았다. 그런데 그들은 여시에게 다음과 같이 말했다.

"여 선생은 문인이시니 오늘 저녁달이 밝을 때 우리가 함께 무예를 겨루겠습니다. 한번 봐주세요."

이날 저녁 그들은 각자 칼을 가지고 나와 무예를 겨뤘다. 그 가운데 옛 병기는 보통 칼이나 창과도 다른데 이름 짓기가 쉽지 않았다. 그들은 달빛 아래에서 칼춤을 추었다. 어떤 이는 혼자 추었고 어떤 이는 쌍을 지어 추었는데 끊임없이 움직여 매우 신기했다. 여시는 이를 본 뒤 절하며 고마움을 표시했다.

다른 날 그들이 여시에게 말했다.

"우리가 여 선생과 오랫동안 같이 있었는데 실상 헤어지기가 아쉽군요. 오늘 저녁 우리는 해외로 나가서 환생하여 전생에 이루지 못한 일을 완성하려 하니 부득불 당신과 헤어져야 합니다."

여시는 그들을 문밖까지 전송했는데 이때부터 사당은 조요해졌다. 여시는 갈수록 심심하여 친한 친구를 잃어버린 것 같았다. 이에 그는 그들이 말한 고사를 책으로 썼는데 제목을 『석언石言』이라 지었다. 그는 원래 이 책을 간행하여 세상에 전하려고 했으나 집안이 가난하여 소망을 이룰 수 없었다. 그 원고는 지금까지도 그 아들 여대연呂大延의 집에 보존되어 있다.

귀신이 관직명을 빌려 딸을 시집보내다

鬼借官銜嫁女

수재 장아성張雅成은 신건新建 사람이다. 어렸을 때 그는 장난치길 좋아하여 금박지로 투구와 비녀 등을 만들어 작은 다락에 감춰두고는 혼자 가지고 놀면서 여태까지 다른 사람에게 보여준 적이 없었다.

어느 날 갑자기 30여 세의 여자가 다락에 올라와 비녀, 팔찌, 귀고리 등 수십 가지 장식을 만들어달라며, 이를 허락하면 그에게 후한 상을 줄 것이라 했다. 수재는 승낙하며 물었다.

"어디에 쓰게요?"

"제 딸이 출가할 때 화장용품으로 쓸 겁니다."

장 수재는 그녀가 농담한다고 여기곤 이상하게 생각지 않았다.

이튿날 그 여자가 다시 와서 장 수재에게 말했다.

"저의 성은 당唐입니다. 동쪽 이웃 당 아무개가 관리를 맡았죠. 낭군께서 그의 집에 가셔서 그의 집 대문에 붙은 종이에 쓴 당 아무개의 관직명을 가져오시길 바랍니다. 저는 같은 성씨의 영광을 빌려 가문을 빛내고 싶어요."

장 수재는 아무렇게나 한 장 써서 그녀에게 주었다. 이튿날 저녁에 비녀, 팔찌 등 장식물을 숫자대로 만들어놓았다. 그 여자는 떡 수십 개와 수백 냥의 은을 가져와 장 수재에게 보답했다. 낮에 보니 떡은 전부 흙덩이요, 은은 전부 지전이었다. 장 수재는 이때에야 그 여자가 귀신임을 알게 되었다.

며칠 지나 한밤중에 산길에서 촛불이 번득이고 북소리가 하늘을 찔러 시끌벅적했다. 마을 사람들은 창문을 열고 밖으로 내다보며 산에서 사자에게 제사지내는 줄 알았다. 가까이 다가가니 그 사람들은 모두 알록달록한 옷을 걸치고 머리엔 생화를 꽂고 혼사를 치르고 있었다. 그런데 이 산에는 온통 무덤뿐이고 사람도 살지 않았다. 구경하길 좋아하는 사람들은 무슨 일인지 보고 싶었으나 갈수록 점점 멀어졌다. 다만 등롱엔 당 아무개의 관직명이 쓰여 있었다. 사람들은 그제야 원래 귀신도 사람과 마찬가지로 허영과 체면을 좋아하며 권세 있는 사람에게 빌붙길 좋아한다는 사실을 알아차렸다. 이는 정말 불가사의한 일이다.

뇌조 雷祖

종전에 진陳 씨 성의 사냥꾼이 사냥개를 길렀는데 귀가 아홉 개였다. 이 개의 한 귀가 움직이면 사냥꾼은 야수 한 마리를 잡을 수 있었다. 두 귀가 움직이면 두 마리를 잡을 수 있었다. 귀가 움직이지 않으면 아무런 수확이 없었다. 날마다 영험했다.

하루는 그 개의 귀 아홉 개가 모두 움직였다. 진 씨는 크게 기뻐하며 오늘은 큰 수확이 있을 것으로 여겨 급히 산으로 들어갔다. 새벽부터 정오까지 그는 한 마리도 잡지 못했다. 낙심하고 있을 때 사냥개가 산허리에서 크게 짖으며 발톱으로 땅을 파면서 연이어 고개를 흔드는 것이 마치 진 씨에게 도와달라고 소리치는 것 같았다. 진 씨가 의혹을 품은 채 가서 땅을 파보니 말斗만 한 크기의 알이 나왔다. 그는 이를 가지고 집에 돌아와 탁자 위에 놓았다.

이튿날 아침 천둥과 번개가 번갈아 치고 비바람이 몰아치며 번갯불이 집 안에 번쩍거렸다. 진 씨는 이 알 안에 요괴가 들어 있다 생각하고 그것을 뜰로 옮겨놓았다. 벼락 소리가 들리더니 그 알이 깨졌는데 안에서 그림처럼 어여쁜 아기가 나왔다. 진 씨는 매우 기뻐하며 아이를 안고 집으로 돌아와 친아들처럼 길렀다.

이 아이가 성장하여 진사과에 급제하고 본주의 태수를 지냈다. 그는 똑똑하며 능력이 있었으며 선정을 베풀었다. 57세가 되자 그의 팔꿈치 아래에서 갑자기 날개가 나더니 하늘로 날아가 신선이 되었다. 뇌주雷州[9] 사람들은 지금까지도 그를 '뇌조雷祖'로 떠받들고 있다.

---

9 광둥성 레이저우반도雷州半島에 있는 지명.

진강의 둘째

鎭江某仲

진강의 어느 집에 형제 세 명이 있는데 첫째는 자녀가 없었고 둘째는 아들 하나를 두었으며 막 7세였다. 이해 원소절元宵節에 등불을 구경할 때 둘째의 아들을 잃어버려 행방을 몰랐다. 둘째는 매우 고뇌하다가 밑천을 들고 산서로 장사하러 나서며 아들의 소식을 들을 수 있길 바랐다.

둘째가 가버린 뒤 몇 년 동안 집에 돌아오지 않아 사람들은 둘째가 죽었다고 말했다. 둘째의 부인은 이를 믿지 않고 셋째에게 남편을 찾아달라고 부탁했다. 첫째는 제수가 아직 젊기에 팔아버리면 돈을 벌 수 있으리라 생각하고 그녀를 속여 둘째가 정말로 죽었으며 영구가 곧 돌아올 것이라 말하면서 그녀에게 개가하도록 권고했다. 제수는 무슨 말에도 대답하지 않고 흰 베로 머리를 싸매고는 남편을 위해 상복을 입고 영전을 지켰다. 첫째는 제수가 개가하지 않기로 결심한 것을 알고는 몰래 강서 상인과 가격을 흥정하여 100냥이 넘는 은을 받고 제수를 그 상인에게 팔아넘겼다. 첫째는 강서 상인에게 주의를 주었다.

"이 여자는 억지로 맞이하지 않으면 아니 되오. 당신은 깊은 밤을 틈타 가마를 우리 집 앞에 대고 머리에 흰 천을 두른 사람을 보거든 태운 다음 즉각 배에 실어 이곳을 떠나시오."

집으로 돌아온 첫째는 이 일을 아내에게 알려준 다음 득의양양하더니 일부러 집을 떠나 피해 있었다.

둘째의 아내는 첫째의 이상한 모습을 발견하곤 자기에게 위험이 닥칠 줄 알았다. 날이 저물자 그녀는 들보에 목을 매 자살했다. 숨이 끊어지려고 할 때 소리를 질렀다. 큰 동서가 소리를 듣고 방으로 들어가 구조하고는 손에 넣은 은을 잃을까 걱정했다. 두 사람이 엉겨붙어 있을 때 제수는 하얀 삼베 천을 땅에 버렸고 큰 동서의 수건도 땅에 떨어졌다. 마침 이때 상인의 가마가 문밖에 당도하자 큰 동서가 황망히 나가 영접했다. 그러나 급한 나머지 하얀 삼베 천을 잘못 골라 머리에 썼다. 상인은 하얀 삼베 천을 쓴 여인이 집에서 나오는 것을 보고는 말할 틈도 없이 빼앗아 달렸다. 나중에 집에 돌아온 첫째는 이 일을 알고 후회했으나 돌이킬 수 없어 다른 사람들에게 말을 꺼낼 수 없었다.

둘째가 산서에서 돌아오던 중에 화장실에 갔다가 땅에 보자기가 있어 풀어보니 그 안에 은 500냥이 들어 있었다. 그는 마음속으로 생각했다.

"이것은 분명 나보다 먼저 화장실에 왔던 사람이 잃어버린 것이다. 주인이 아직 멀리 가지 못했을 것이니 여기서 기다려보자."

오래지 않아 잃어버린 주인이 과연 돌아왔다. 둘째는 보자기를 그에게 돌려주었다. 물건 주인은 고맙다며 둘째에게 은을 나눠주려고 했으나 둘째는 받으려 하지 않았다. 이에 주인과 둘째는 함께 길을 걷기 시작했다.

며칠간 길을 걷다가 이날 물건 주인의 집에 당도했다. 주인은 닭을 잡고 술을 준비하여 열정적으로 환대했으며 일남일녀를 불러 인사시켰다. 둘째가 보니 이 집의 아들이 자신의 아들과 닮아서 물어봤는데 과연 자신의 아들이었다. 잃어버렸던 아이가 남에게 팔린 것이다. 마침 물건 주인 집에 아들이 없어 아이를 사서 자신의 아들로 양육한 지 벌써 10년이 지났다. 둘째는 아이를 껴안고 소리 내지 않고 울었다. 그러자 주인이 말했다.

"아들을 데리고 가시오. 내 딸을 당신 아들의 아내로 주겠소."

이에 둘째는 계속 걷다가 강을 건너려고 하는데 어떤 사람이 물에 빠졌다. 큰 소리로 살려달라고 고함쳐도 누가 물에 빠진 사람의 재물을 약탈한다고 여길까봐 아무도 아랑곳하지 않았다. 둘째가 갑자기 동정심이 일어 급히 외쳤다.

"누가 저 사람을 구해주면 은을 주겠소."

이때 어떤 사람이 물에 빠진 사람을 구해 기슭으로 올라왔다. 둘째가 다가가 보니 물에 빠진 사람은 셋째 동생이었다. 원래 셋째는 둘째 형수의 부탁을 받고 형님을 찾으러 나선 터였다. 그런데 첫째는 셋째가 죽어야 자기에게 이롭다고 여겼다. 방금 셋째는 첫째의 지시를 받은 사람에 의해 등이 떠밀려 물에 빠진 것이었다. 둘째는 속사정을 파악한 뒤 동생과 아들을 데리고 집으로 돌아왔다. 막 집 안에 들어서자 첫째는 그들을 보고는 (집에 머물 염치가 없어) 멀리 도망갔다.

銀隔世走歸原主

은이 세대를 넘겨 주인에게 돌아가다

하진夏鎭은 등현滕縣 관할 지역에 예속되어 있다. 하진의 장蔣 노인은 근검절약으로 자수성가했다. 그는 아들 하나를 낳았는데 교육을 잘 시키지 못해 성장한 뒤에도 하는 일 없이 빈둥거리며 일정한 직업을 갖지 않아 집안 형편은 점점 기울어갔다. 이에 장 노인은 몹시 걱정했다.

현지에 관제묘가 있는데 관제묘의 진陳 도사는 하남 고시固始 사람으로 평소 장 노인과 친하게 지냈다. 장 노인은 몰래 은 500냥을 가지고 가 진 도사에게 건네주면서 부탁의 말을 꺼냈다.

"내 아들은 방탕아라서 내 생각에 가업을 잇지 못하고 나중엔 틀림없이 굶어 죽을 걸세. 지금 이 은을 그대에게 맡겨놓을 테니 내가 죽은 뒤 내 아들이 개과천선하거든 이 은을 아들에게 물려주게. 그런데 끝내 내 아들이 헤어나지 못하거든 이 은으로 사당을 수리하시게나."

진 도사는 그렇게 하겠다고 승낙하고 은을 항아리에 숨기고는 위에 깨진 동경銅磬으로 덮고 전각 뒤에 묻어놓아 아는 사람이 없었다.

몇 개월이 지난 뒤 장 노인이 사망했다. 아들은 더욱 거리낄 것이 없어져 가산을 모두 축냈다. 아내도 친정집으로 돌아가버려 심지어 그가 몸 둘 곳도 없었다. 이전의 불량배들도 다시는 그와 교제하려 하지 않았다. 그는 이때야 비로소 후회하기 시작했다. 진 도사가 가끔 그를 도와주어 아들은 점차 일을 배우게 되었다.

진 도사는 장 노인의 아들이 개과천선하는 모습을 보고는 부친이 임종 전에 부탁한 은 얘기를 해주었다. 그리고 은을 파서 그에게 주려고 했다. 두 사람이 호미를 들고 은을 묻은 곳으로 가서 파기 시작했다. 그런데 은이 보이지 않아 두 사람은 놀라 서로 바라보기만 했다. 장 씨 아들은 집으로 돌아가 이 일을 너절한 놈들에게 꺼냈다. 그 사람들은 장 씨 아들을 꼬드겨 이 일을 관청에 고발하라고 종용했다. 현령이 진 도사를 심문하자 진 도사는 속이지 않고 사실대로 말했다. 이에 현령은 진 도사에게 은을 배상하라고 판결을 내렸다. 그가 모은 재산을 다 꺼내봐야 5분의 1도 되지 않았다. 고을 사람들이 도사의 심보가 부정하다고 여기자 그는 마침내 사당을 버리고 떠났다.

진 도사가 바깥에서 수년간 떠돌던 중 한번은 직예를 지나다가 연지선사蓮池禪寺에서 잠시 묵었다. 이날 그가 길을 떠나려 할 때 스님들이 도대 대인을 위해 불사하며 『수생경壽生經』을 음송하는 광경을 보게 되었다. 늙은 하인이 도대의 어린 공자를 안고 사찰문 밖에서 놀고 있었다. 어린 공자가 진 도사를 보더니 그의 옷을 잡고는 품속으로 뛰어들며 아무리 해도 손을 놓으려 하지 않았다. 가족들은 까닭을 알 수 없어 진 도사로 하여금 어린 공자를 안고 집으로 돌아오게 하는 수밖에 없었다. 도대는 진 도사에게 거듭 사의를 표하고 아울러 진 도사를 문밖까지 전송했으나 어린 공자는 울면서 그를 쫓아가려고 했다. 부득이하여 도대는 진 도사를 후원의 작은 방에 묵게 하고는 매일 음식을 제공하게 되었다.

하루는 진 도사가 어린 공자를 위해 경전을 음송하며 기복祈福하려는데 목어와 종경鐘磬이 필요했다. 가족이 깨진 경磬을 그에게 주자 진 도사는 깜짝 놀라며 소리쳤다.

"이것은 나의 종경입니다."

가족이 이 말을 도대에게 알리자 도대가 찾아와 묻기에 진 도사는 대답했다.

"이 경은 제가 항아리를 덮었던 뚜껑입니다. 항아리에는 은 500냥이 들어 있었지요."

"그렇게 많은 은은 어디에서 난 겁니까?"

이에 진 도사는 장 노인이 은을 준 일을 알려주었다. 도대는 크게 깨달았다. 그의 아들이 바로 장 노인의 환생임을 알았고, 이 은은 본래 장 노인의 것이니 지금 물건을 원래 주인에게 돌려주어야 함을 알게 되었다. 도대는 진 도사에게 사정을 알려주었다. 아들이 태어난 지 3일 후에 땅을 파서 태의胎衣를 묻게 했는데 그때 은을 발굴했다고 한다. 잠시 사용하지 않고 포목점에 빌려주어 장사를 하게 하곤 이자를 받은 지가 지금까지 5년이 넘었다고 한다.

도대는 진 도사가 까닭 없이 배상한 것을 동정하는 데다 도사와 그의 아들이 전생에 인연이 있음을 알고는 500냥의 은과 그 이자까지 합쳐서 진 도사에게 주었다. 아울러 사람을 파견해 진 도사를 하진까지 호송하게 했다. 도대는 또 등현 현령에게 편지를 써서 이 일을 석비에 새겨 기념으로 남기게 했다.

인웅 人熊

절강의 한 상인은 해상 판매를 생업으로 삼았으며 동료는 20명이 넘었다. 한번은 그들이 배를 타고 바다로 나갔다가 바람에 불려 섬으로 정박하여 짝을 지어 섬으로 올라 산보했다. 1리 정도 걸어가자 곰 한 마리를 만났는데 키가 한 길이 넘었다. 그 곰은 두 앞발을 들어 그들을 막더니 급히 쫓아오는 바람에 그들은 나무 밑으로 쫓겨났다. 곰은 등나무 줄기를 찾아와 그들의 귀를 꿰어 나무 위에 걸어놓고 떠나갔다. 그들은 곰이 멀리 가기를 기다렸다가 각자 휴대용 칼을 꺼내 등나무 줄기를 자르고 급히 배 위로 도망갔다.

오래지 않아 곰 네 마리가 큰 석판을 들고 왔다. 석판에는 더 크고 우람한 곰 한 마리가 앉아 있었다. 방금 봤던 그 곰이 여전히 걸음을 빨리하여 뛰어왔는데 즐거운 표정이었다. 곰은 나무 곁으로 와서 등나무 줄기가 땅에 던져진 것을 보고는 무언가를 잃어버려 슬프다는 눈치였다. 석판 위의 큰 곰은 이 상황을 보고는 발끈하여 석판을 들고 온 곰 네 마리에게 명령하여 그 곰을 치라고 명령했다. 그 자리에서 곰을 때려죽인 뒤에야 떠나갔다. 사람들은 배 안에서 바라보다가 놀랍기도 하고 기쁘기도 하여 도망쳐 살아난 것을 다행으로 여겼다.

산음山陰 사람 오吳 씨는 귀에 구멍이 뚫렸다. 그는 심평여沈萍如[10]의 친척이다. 내가 그에게 귀에 구멍이 있는 까닭을 물었더니 그가 이와 같이 내게 알려주었다.

10 심평여는 회계(지금의 사오싱) 출신의 청대 명의로, 주요 저작으로는 『회잔편繪殘篇』이 있다.

줄로 구름을 잡아당기다

繩拉雲

산동 제령주濟寧州에 왕정정王廷貞이란 관리가 있다. 비를 내리게 하는 법술을 보유하고 있으며 술에 취하면 항상 자사의 자리에 앉기도 하고 스스로 천사天師라 불렀다. 한번은 자사의 화를 사서 곤장 20대를 맞았다.

오래지 않아 제령에 큰 가뭄이 발생했다. 기우제를 지내도 비는 내리지 않았다. 전 주의 신사紳士들이 입을 모아 왕정정에게 비를 내리게 하는 법술이 있다 하자, 자사는 하는 수 없어 그를 불러다 사과를 하고 기우제를 지내도록 했다. 왕정정은 한참 동안 머뭇거리다가 끝내 허락했다. 이어서 왕정정은 남쪽 성문을 닫고 북쪽 성문을 열어 용띠 아이 8명을 골라놓고 기다리라 명령하고는 어린아이로 하여금 52장丈 길이의 줄을 꼬아 준비하게 했다. 조금 뒤 그와 8명의 아이는 3일 동안 재계하고 신단에 올라 기도했다. 진시辰時[11]에서 오시

11 아침 7시에서 9시 사이.

午時[12]까지 기도하자 과연 구름이 동쪽에서 떠서 뭉게뭉게 뭉쳐 비단을 깔아놓은 것 같았다. 이때 왕정정이 긴 줄을 공중으로 던지니 하늘에서 마치 줄을 잡아당기는 것처럼 그 줄은 떨어지지 않았다. 줄이 전부 던져진 뒤 왕정정은 8명의 아이를 불렀다.

"빨리 줄을 잡아당겨! 빨리 줄을 당겨!"

아이들이 혼신의 힘을 다해 잡아당겼지만 위쪽은 천근만근처럼 무거웠다. 구름이 서쪽에 있으면 동쪽으로 끌었다. 구름이 남쪽에 있으면 북쪽으로 끌었다. 줄을 잡아당기는 느낌은 바람을 타는 듯 유유히 흘러갔다. 오래지 않아 하늘에서 대야로 퍼붓는 듯한 소낙비가 떨어져 물이 한 자 넘게 고였다. 이에 왕정정이 줄을 끌고 신단 아래로 내려갔다. 우레가 그의 머리로 떨어질 때마다 그가 깃털부채로 막자 우레는 점점 멀리 떠나갔다.

이후에 이웃 현에 가뭄이 들면 반드시 왕정정을 불러갔다. 왕정정은 술을 마시기만 하고 돈은 받지 않았다. 그가 말했다.

"한 푼이라도 돈을 받으면 이 법술은 효험을 보이지 않소."

그가 기우제를 지낼 때마다 가족 중에 반드시 부상을 당하는 자가 생겼다. 그래서 그는 이 일을 하고 싶지 않았다.

제령주 자사는 남지림藍芷林의 친척이다. 이 이야기는 바로 남지림이 내게 해준 말이다.

---

12 오전 11시에서 오후 1시 사이.

늑대 힘줄을 태우다

燒狼筋

남藍 씨 집에 늑대 힘줄이 있는데 집에서 물건을 도난당했을 때 늑대 힘줄을 태우면 물건을 훔친 사람의 손발이 떨리곤 한다.

한번은 남 씨 딸의 금비녀가 없어졌는데 누가 훔쳐간 것인지 몰랐다. 이에 10여 명의 여종과 하인을 소집하여 늑대 힘줄을 가져와 태웠다. 이 사람들은 모두 정신이 말짱하여 아무 이상한 거동이 없었다. 이때 방문 위의 발이 끊임없이 떨기 시작했다. 걷어 보았더니 금비녀가 그 위에 걸려 있었다. 원래 남 씨 딸이 걸어갈 때 금비녀가 문 주렴에 걸렸던 것이다.

王老三

왕노삼

강서 사람 도회암陶悔庵은 항렬이 다섯 번째다. 한번은 도회암의 아내가 시누이와 말다툼을 하다가 갑자기 뛰어 올라가 옥상에 앉아 끊임없이 웃었다. 사람들이 그녀에게 내려오라고 여러 번 권유하자 그녀는 옥상에서 내려와 북경 남자의 말투로 말했다.

"나는 천진위天津衛의 왕노삼王老三으로 나를 아는 사람은 없소. 내 나이 벌써 130살이오. 북방에서 남방으로 이사와 이곳에 산 지도 벌써 70년이 넘었소. 이 집은 한림원 편수 장사전의 옛 집이라오. 당시 나는 그가 태어날 때의 모습을 본 적도 있지요."

도 씨 가족은 이 말을 듣고는 깜짝 놀라 급히 물었다.

"당신 귀신이오? 요괴요?"

"나는 귀신도 아니고 요괴도 아니며 반은 신선이오. 내가 사는 이 곳은 당신의 다섯째 나리가 철거했기에 나는 몸을 둘 곳이 없어 처마에서 임시로 7일을 보내고 춥고 배고파져 당신 낭자의 몸에 의탁하지 않을 수 없었소. 얼른 면을 좀 사다주시오."

그녀에게 면을 주니 한꺼번에 다섯 근을 먹었다. 그녀가 말한 '다섯째 나리'가 바로 도회암이다. 도 씨 가족이 다시 물었다.

"우리 다섯째 나리는 이 방을 부순 적이 없는데 어째서 다섯째 나리가 철거했다 하오?"

"다섯째 나리가 부순 곳은 동쪽 사랑채 기둥 아래에 있소."

원래 그 전에 도회암이 옛 돈 천문千文을 얻어 그 돈으로 청록색으로 단장하고 싶어서 돈을 기둥 밑에 파묻어두었던 것이다. 그러니 이곳에 왕반선王半仙이 사는 줄 어찌 알았겠는가?

도 씨 가족이 다시 물었다.

"다섯째 나리를 증오한다면서 왜 다섯째 나리의 몸에 의탁하지 않았는지요?"

"다섯째 나리의 손바닥엔 관문官紋이 있어 무서워서 그의 몸엔 감히 붙을 수 없소."

도회암이 손을 들어 살펴보니 과연 정방형의 손금이 있었는데 평상시엔 결코 알지 못했다. 도회암의 어머니가 질책하면서 말했다.

"당신이 자칭 반선半仙이라니 응당 남녀가 유별함을 알거늘 어찌하여 우리 집 며느리를 괴롭힙니까?"

도 씨 아내는 즉시 남자가 읍을 하는 모습을 취하면서 대답했다.

"내가 무례한 줄 알고 있소. 하지만 당신 집 며느리의 몸에 붙지 않으면 당신들이 제 요구를 들어주시기 않을까 두려웠소. 나도 남녀가 유별함을 알기에 밤에는 그녀로 하여금 잠을 자지 못하게 하고 눈을 뜨게 하는데 혐의를 피하기 위해서이지요. 하물며 내가 나이 먹고 다년간 수련했거늘 어찌 사악한 생각을 품고 있겠소?"

도 씨 가족이 물었다.

"그렇다면 무엇을 원합니까?"

"나를 원래 살던 곳으로 보내주시오."

"어떻게 보내주면 됩니까?"

"다섯째 나리의 관문이 있는 손으로 붉은 종이에 '왕삼선생지신위王三先生之神位'를 써서 동호 가의 소나무 위에 붙이면 나는 이곳을 떠날 수 있소."

도회암은 그녀의 말대로 해주었다. 왕노삼이 다시 말했다.

"나는 의복과 모자도 필요하오. 주시면 바로 떠나겠소."

이에 도회암은 지물포에 가서 종이옷과 종이 모자를 사서 불태워 주었다. 그런데 왕노삼이 크게 웃으며 말했다.

"나는 평민이며 학교에 다닌 적도 없고 관청에 바칠 돈도 없는데 하필 이러한 금테 모자를 사실 필요가 있소? 빨리 바꾸세요. 빨리 바꾸세요!"

도회암이 점포에 가보니 과연 종이 모자엔 금테가 있었다. 이에 금테를 벗겨내고 불살랐다. 도회암은 친히 종이 위패를 받들어 그것을 동호 가의 소나무 위에 붙였다. 그러자 공중에서 끊임없이 감사하다는 말이 들려왔다. 이로부터 도 씨 집은 평온무사해졌다.

이후 도회암이 아내에게 묻자 아내가 대답했다.

"제가 시누이와 싸울 때 갑자기 공중에서 난쟁이에다 수염이 긴 사람이 손 잡고 저를 옥상으로 끌어올리더군요. 이후의 상황은 잘 모르겠어요."

당초 왕노삼이 도 씨 집에서 야료를 부릴 때 어떤 사람이 그에게 복과 화의 일에 대해 물었다. 그는 때때로 맞혔으나 때로는 틀렸다.

질문이 많아지자 대답하지 않았고 심지어 이렇게 말했다.

"제가 대답하기는 그다지 어렵지 않으나 저는 당신 낭자의 입을 빌려서 말해야 하니 여러분은 그녀를 불쌍히 여겨 그녀의 운을 빼앗지 마세요."

때때로 왕노삼은 저속한 시를 써서 끝에 낙관을 찍을 땐 '왕삼선생고흥王三先生高興'이라는 여섯 글자를 썼을 뿐이다.

擇風水賈禍

풍수를 가리다가 화를 사다

호북 효감현孝感縣 지현 장식촌張息村은 그의 선조를 구종산九嵕山[13]에 안장하고 아울러 공지를 사두었다. 5무가 넘었으며 이곳에 조상의 사당을 지으려고 했다. 일꾼을 불러 흙을 다지고 기둥을 박던 중 붉은 칠을 한 관이 나왔다. 관의 뚜껑은 이미 썩었고 안에서 시체 한 구가 나왔다. 해골이 무척 크고 키는 일반 사람보다 컸으며 시체의 흉부에 쇠못 세 개가 박혀 있는데 길이는 여섯 치가량이었으며 허리는 철사로 몇 바퀴 감겨 있었다. 일꾼들은 어느 누구도 건드리지 못하고 장식촌에게 보고했다. 일시에 친구들은 그에게 관을 잘 덮어 다른 곳으로 바꿔 매장하라고 권유했다. 장식촌은 승낙하지 않으며 말했다.

"내 돈 주고 땅을 산 것이지 억지로 빼앗은 것이 아니잖나. 게다가 풍수에 관한 것이니 조금도 바꿀 수 없지. 이는 옛 묘에 불과할 뿐이니 이장해도 되네."

---

13 후베이성 샤오간시 동북쪽에 있는 산 이름으로 구종산九宗山이라 부르기도 한다.

이에 장식촌은 제문을 쓰고 제물을 준비해 제사를 지냈다. 제사를 다 지낸 후 일꾼에게 명하여 이장하라고 했다. 땅을 파던 한 일꾼이 갑자기 땅에 쓰러지며 입에서 선혈을 토하고는 욕설을 퍼부었다.

"나는 당대 절도사 최홍崔洪이다. 법을 엄격하게 집행하다가 군인들이 반란을 일으켜 나를 묶어서 쇠못으로 찔러 죽인 것이다. 당시 국가는 어지러워서 나를 위해 복수하거나 범인을 죽이지 못했다. 내가 이곳에 매장된 지는 벌써 800년이 지났다. 장 아무개야, 네가 누군데 감히 나의 무덤을 옮기려고 하느냐? 나는 너를 결코 용서치 않겠다."

말을 마친 그 일꾼이 일어서자 도리어 장식촌이 병석에 쓰러졌다. 친구들은 함께 장식촌을 위해 기도했으나 그의 병세는 호전되지 않아 집에 돌아온 지 며칠이 안 되어 사망했다.

飛僵

날아다니는 강시

영주지부穎州知府 장蔣 아무개는 일찍이 직예 안주安州에서 한 노인을 만났다. 그 노인의 두 손은 끊임없이 떨려 방울을 흔드는 것 같았다. 장 지부가 그에게 이유를 물으니 노인이 대답했다.

"저의 집은 모처 마을에 있고 그 마을엔 수십 가구가 살지요. 산에서는 강시가 나와 공중을 날아다니며 어린아이를 잡아먹어요. 해가 지기 전에 집집마다 문과 창문을 단단히 걸고 아이를 숨깁니다. 그렇게 해도 아이들은 왕왕 잡혀가기도 합니다. 마을 사람들이 강시의 동굴로 찾아갔더니 동굴의 깊이는 알 수 없어 어느 누구도 감히 들어갈 수 없었지요. 나중에 성에서 법술을 할 줄 아는 도사가 있다는 말을 듣고 돈을 모아 귀신을 잡아달라고 도사에게 부탁했지요. 도사는 승낙하고 길일을 골라 마을로 가서 법단을 설치하고는 사람들에게 말했지요.

'저의 법술로 하늘과 땅에 그물을 펼쳐놓아 강시가 날지 못하게 할 수 있어요. 하지만 여러분이 병기로 절 도와주어야 합니다. 특히 담력이 센 분이 강시가 있는 동굴로 가야 합니다.'

사람들이 누구도 대답하지 않아 제가 대답하고 나가서 도사에게 시키실 일이 무엇인지 물었지요. 그가 말하더군요.

'강시는 종소리를 가장 두려워하지요. 밤이 되어 괴물이 날아 동굴 안으로 들어오거든 손으로 두 개의 종을 흔들되 절대 그쳐서는 아니 되오. 만일 그쳐서 그 강시가 동굴 안으로 들어오면 당신은 다치게 되오.'

그날 밤 일경이 안 되어 법사는 신단을 만들고 법술을 시행했지요. 강시가 날아서 동굴 속으로 들어가길 기다려 손에 두 방울을 쥐고 힘껏 흔드니 두 손은 빗방울처럼 한시도 그치지 않았어요. 강시가 동굴 입구로 돌아오더니 과연 표독스럽게 날 노려보고는 방울 소리가 그치지 않자 동굴 입구를 맴돌면서 감히 들어오지 못하더군요. 이때 강시는 사람들에게 포위되어 도망갈 곳이 없기에 손을 떨쳐 팔을 쳐들고는 마을 사람들과 격투하기 시작했지요. 날이 밝을 때 강시가 소리를 내며 땅에 쓰러졌어요. 사람들은 즉각 불을 피워 강시를 태웠지요.

저는 당시 아직 동굴 안에 있었는데 밖에서 무슨 일이 일어났는지도 모르고 여전히 힘차게 방울을 흔들었어요. 정오가 되자 사람들이 큰 소리로 나를 불러서 저는 겨우 동굴을 빠져나왔지만, 두 손은 여전히 쉬지 않고 흔들린답니다. 그래서 지금과 같은 병세를 갖게 되었지요."

兩僵尸野合

두 강시가 야합하다

한 장사가 호광湖廣 일대에 머무는데 혼자 옛 사당에서 지냈다. 어느 날 저녁 달빛이 아름다워 그는 바깥에서 산보하다가 소나무 숲에서 희미하게 왔다 갔다 하는 거동을 보았는데 경쾌하고 날렵했으며 당나라 때의 두건을 쓴 것 같았다. 그는 마음속으로 귀신을 만났다고 생각했다. 오래지 않아 그 그림자는 가장 깊은 소나무 숲속으로 움직이더니 옛 무덤 속으로 들어갔다. 그는 마음속으로 강시일 거라고 생각했다. 평소에 관 뚜껑을 덮지 않으면 강시가 야료를 부릴 수 없다고 들었다.

이튿날 밤에 그는 먼저 수림 속에 숨어서 그 강시가 나오길 기다려 관 뚜껑을 몰래 가져왔다. 이경이 지나 그 강시가 과연 나왔는데 어디론가 가려는 눈치였다. 그가 살며시 따라가보았다. 한 집의 대문 밖에 이르러 보니 누각 위 창문가에 붉은 옷을 입은 부인이 있었는데 하얀 비단 띠를 아래로 던져 강시를 끌어들였다. 강시는 곧 비단 띠를 타고 누각 위로 올라와 귓속말을 하여 장사는 아래에서 들을 수 없었다. 이에 그는 먼저 수림으로 돌아와 몰래 관 뚜껑을 숨겨놓은 다음 송림 깊은 곳에 엎드려 관망했다.

밤이 깊어지자 그 강시가 급히 돌아와 관 뚜껑이 없어진 것을 보고는 몹시 긴장하며 도처에서 찾았지만 찾을 수가 없었다. 강시가 원래의 길을 따라 기우뚱거리며 방금 갔던 곳으로 달려가자 장사도 따라갔다. 강시가 누각 아래에 이르러 뛰면서 이상한 소리를 질렀다. 누각 위의 부인도 강시에 대해 '직직'거리며 무슨 말을 하는 가운데 힘주어 손을 흔드는 모습이 강시에게 다시는 오지 말라고 신호하는 것 같았다. 바로 이때 닭이 울면서 그 강시는 길가에 쓰러졌다.

이튿날 아침 행인이 그 남자 강시를 보고는 무서워서 함께 누각 아래에 가서 물어보았다. 원래 이 누각은 주周 씨 가족의 사당인데 누각 위에 관을 놓았으며 관 밖에는 여자 강시가 누워 있었다. 사람들은 이때야 이 두 구의 강시가 야합하느라 괴상한 짓을 한 것을 알게 되었다. 이에 사람들은 두 시체를 한데 모아 불태웠다.

鬼幕賓 귀막빈

비릉毗陵[14] 사람 왕王 씨는 마흔이 넘어서 관중關中에서 막료로 지냈다. 당시 장허암莊虛菴은 주질현盩厔縣 지현이었는데 왕 씨를 불러 현아에서 일을 하고 있었다.

이해 가을에 왕 씨는 현아의 친구 및 장규길莊逵吉[15] 등과 함께 성황묘로 국화를 감상하러 갔으나 아쉽게도 좋은 꽃을 보지 못했다. 왕 씨는 우연히 한 가지를 따서 사람 편으로 현아로 보냈다. 이때 장규길이 길을 막고서는 신령 앞의 물건은 쉽게 건드릴 수 없다고 여겼다. 왕 씨는 그렇지 않다고 여기며 농담 삼아 말했다.

"나는 한평생 정직했고 후덕했으니 신령께서도 틀림없이 책망하지 않을 것이오. 만일 책망한다면 나는 신을 위해 두 가지 일을 하겠소. 어떻소?"

---

14 지금의 장쑤성 창저우시常州市.

15 장규길(1760~1813)은 자가 백홍伯鴻이고 무진 사람이다. 청대 훈고학자이며 희곡작가다. 대표작으로는 『회남자주淮南子注』 『강상연江上緣』 『말릉추秣陵秋』 『보영비요保嬰備要』 『취향각시초吹香閣詩草』 『삼보황도교정三輔黃圖校正』 등이 있다.

이듬해 3월 3일 왕 씨가 아무런 병도 없이 사망하여 사람들이 매우 놀랐다. 그날 밤 일경이 지난 뒤 왕 씨가 갑자기 깨어나 사람들에게 말했다.

"나 혼자 앉아 있는데 한 사자가 청첩장을 들고 찾아왔더군. 나는 그를 따라 문밖을 나서 가마를 타고 갔어. 1리쯤 걸어가 성황묘에 이르렀지. 성황신이 계단을 내려와 나를 맞이하곤 손님과 주인의 예를 표시한 뒤 내게 말했지.

'선생은 내게 국화를 따주면서 날 위해 일을 하겠다고 한 것을 기억하시죠? 이곳 모현엔 수년 동안 해결하지 못한 사건이 있는데 시간이 오래 지났어도 아직 그대로입니다. 지금 선생과 상의하고자 불렀어요.'

잠시 후 한 관리가 다년간 쌓인 안건을 안고 오자 성황신이 물러나더군. 이에 내가 하나하나 자세히 살펴보니 이 사건은 대부분 처리하기 쉬웠고 오직 범인을 잘못 잡은 사건이 비교적 손을 대기 어려웠어. 내가 사건에 표시해두었지.

'시체가 아직 차가워지지 않았으니 아마 살릴 수 있을 듯하다. 그렇지 않으면 동악신이 추궁하면 성황신이 처분을 받을 것이다.'

성황신이 들어와 보더니 뛸 듯이 기뻐하며 말하더군.

'선생의 견해는 저의 뜻과 부합합니다.'

차를 마신 뒤 성황신은 나를 계단 앞까지 전송하며 말했어.

'부탁할 일이 하나 또 있소. 선생이 포 소부包少府를 보거든 그에게 알려주시오. 그가 맡은 공사에 필요한 목재를 며칠 안에 보내주겠다고.'

나는 승낙하곤 작별을 고한 다음 문을 나서서 가마를 타고 돌아왔고 침상 가에서 지전 300전을 가져와 나를 보내준 사람에게 주었지. 그러다가 내가 깨어난 거야."

3일 지나서 왕 씨는 강가에서 산수를 유람하다가 목재가 흑구진黑口鎭으로 운반되는 것을 보았다. 그 '포 소부'는 예천동지醴泉同知 포아무개다. 사람들은 지금까지도 왕 씨를 '귀막빈鬼幕賓'이라 부른다.

요상한 두꺼비에게 우레가 치다

雷震蟆妖

사천성 엄릉嚴陵 사람 송담산宋淡山은 건륭 32년(1767) 여름에 수안현遂安縣의 민가가 번개를 맞는 장면을 목격했다. 잠시 후 날이 개어 다시 그 집을 봤는데 전혀 파손되지 않았다. 다만 그 집에서는 언제나 악취가 풍겼다. 10여 일이 지난 뒤 친구들이 뜰에 모여 둥글게 둘러싸고 저포樗蒲를 가지고 도박하며 놀았다. 갑자기 천장에서 핏물이 떨어져 사람들이 열어보았더니 죽은 두꺼비가 보였다. 길이는 세 자가 넘고 머리엔 말갈기로 만든 모자를 썼으며 발에는 검은 비단으로 만든 신발을 신고 몸엔 검은 비단으로 만든 조끼를 걸친 모습이 사람 같았다. 사람들은 그제야 그날 뇌신雷神이 죽인 것은 이 두꺼비였음을 알게 되었다.

夢中破案

꿈속에서 사건을 해결하다

조주曹州에 유劉 씨 성을 가진 사람이 전당포를 운영하고 있었다. 우성虞城 사람 장張 씨를 불러 전당포의 관리를 맡긴 지 벌써 2년이 넘었다. 장 씨는 저축해놓은 게 있어 그해 연말에 부모님을 뵙고자 고향에 가려다가 유 씨에게 붙잡혀 설까지 지냈다. 이후 장 씨는 푸른 나귀를 타고 집에 돌아갔으며 정월 15일에 다시 조주로 돌아오기로 약속했다. 기한이 되어도 장 씨가 돌아오지 않자 유 씨는 사람을 보내 돌아오라고 재촉했다. 장 씨 집에 가보니 장 씨 가족이 말했다.

"아직 집에 돌아오지 않았어요."

이에 두 집은 서로 송사를 하게 되었다. 순무 아문에 고발했고 순무는 지현에게 명령하여 기한 내에 범인을 잡도록 했다. 6월이 다 되어도 관리들은 사람을 찾지 못해 당황하며 어찌 해야 좋을지 몰랐다.

어느 날 저녁 관리들이 성의 남쪽으로 찾아갔다가 한 노인이 젊은 사람과 한담하는 것을 보았다.

"달빛이 이토록 좋은데 어째서 양정凉亭[16]에 가보지 않는가?"

원래 조주성 남문 밖으로 10여 리 떨어진 곳에 양정이 있었다. 관리들이 몰래 상의했다.

"이토록 날이 늦었는데도 그들 두 사람은 양정에 가려고 한다. 성문이 닫혀 있는데 어떻게 성안으로 들어올 수 있겠는가?"

관리들은 심중으로 의아하게 생각하면서도 먼저 양정에 가서 기다려보기로 했다.

오래지 않아 두 사람이 과연 양정에 왔다. 그들이 하는 얘기를 들어보니 전부가 이웃 간의 자질구레한 내용이었다. 잠시 뒤 젊은 사람이 갑자기 말했다.

"성안 유 씨 집의 일은 지금까지도 분명히 밝혀지지 않았어요. 제가 보기에 이 일은 아마도 서문 밖에서 떡을 파는 손孫 아무개가 재산을 탐내다가 벌인 듯합니다."

노인이 그 까닭을 묻자 젊은이가 대답했다.

"손 씨네 떡집은 이곳에서 개업한 지 여러 해가 되었으나 올해 봄에 갑자기 문을 닫았어요. 그래서 의심하는 겁니다."

노인이 꾸짖으며 말했다.

"이 일은 사람 목숨에 관한 것인데 어째서 멋대로 추측하는 거냐?"

보아하니 매우 불만인 듯했다. 이어서 노인이 말했다.

"밤이 깊었으니 그만 돌아가자."

이에 관리들도 그들을 따라서 돌아왔다.

두 사람은 아주 빨리 걸었다. 잠시 뒤 성의 남문에 도달했다. 이때 성문은 이미 닫혀 있었다. 두 사람은 문틈으로 들어가 재빨리 성지

---

16 비를 피하거나 휴식할 수 있도록 만든 정자.

기를 불러 문을 열게 했다. 성에 들어온 뒤 두 사람은 작은 골목 입구에 이르자 젊은 사람이 노인과 헤어져 문으로 들어갔다. 하지만 열리지 않고 사람만 없어졌다. 관리들은 노인을 따라 갔는데, 다시 20여 가구를 지나 노인은 열리지도 않은 문으로 들어갔다.

관리들은 깜짝 놀라 노인 집의 문을 두드렸다. 한참이 지나 노인이 문을 열고 나왔다. 종이 심지를 들고 옷을 걸쳤는데 몹시 피곤한 모습이었다. 관리들이 물었다.

"방금 당신은 젊은이와 양정에서 달을 감상하더니 어째서 이렇게 빨리 잠에 드셨습니까?"

노인은 의아한 표정을 지으며 말했다.

"달을 감상한 일은 있었지만 꿈속의 일인걸요."

이에 관리들은 노인을 부축해서 젊은이를 찾아갔다. 젊은이가 나온 뒤 얘기한 것도 노인의 말과 똑같았다. 관리들이 그들을 붙잡아 관아로 들어가자, 두 사람은 지현에게 꿈속의 일을 진술했다.

이튿날 아침에 지현은 노인과 청년 두 사람을 아무개 마을로 파견하여 손 씨의 거처를 찾았는데, 푸른 노새가 아직 문 입구에 매여 있었다. 이에 즉각 손 씨를 붙잡아 심문하니 손 씨는 자기 죄를 인정했다. 마침내 장물을 찾아 배상하게 했다.

이는 건륭 50년(1785) 여름의 일이다. 조주지부 오충고吳忠誥는 원래 수덕지주綏德知州로 엄도보嚴道甫[17]와 사이가 좋았다. 이 일은 그가 엄도보에게 알린 것이다.

---

17 엄장명嚴長明(1731~1787)을 말한다.

말이 물고기로 변하고,
정원이 거위로 변하다

馬變魚園地變鵝

옹정 초년에 오미태伍彌泰[18] 상국이 성경장군盛京將軍[19]으로 부임할 때 말 500필을 흑룡강으로 보냈다. 몇 리만 가면 도착할 텐데 갑자기 한 필의 말갈기가 솟고 길게 소리를 내니 여러 말이 그를 따라 날뛰어 강가에서 전부 물속에 뛰어 들어가 물고기로 변했다.

엄도보가 덕주德州 사람 노盧 씨 집에서 학관을 열어 학생들을 가르칠 때다. 노 씨 집엔 나羅 씨 성을 가진 친척이 있었다. 한번은 나 씨가 우연히 돈 200문을 써서 거위 한 마리를 사 시험에 응시할 때 데리고 제남으로 갔다. 제남에 도착했을 때 거위 가격이 상당히 비싸서 한 마리의 가격이 500문이었다. 나 씨는 갑자기 이것으로 돈을 벌겠다는 생각이 치솟았다. 집 안의 정원 15무를 팔아 그 돈으로 거위를 사서 제남으로 가져와 되판다면, 세 배의 이문을 남길 수 있었다. 시험이 끝나자 나 씨는 집으로 돌아와 땅을 팔아 그 돈으로 도처

18 오미태(?~1786)는 몽고 정황기인正黃旗人으로 이부상서를 역임했다.

19 청대 봉천부奉天府(지금의 선양) 지구의 군사를 총괄하던 장군.

에서 거위 300마리를 사서 몰고 제남으로 갔다. 이틀이 걸려 제하齊河에 이르러 성 밖의 긴 다리를 건너려고 할 때 거위 가운데 방울을 달고 인도하던 거위가 갑자기 목을 내밀어 길게 울더니 날개를 떨쳐 날았고, 다른 거위들도 따라서 날아갔다. 옆에서 지켜보던 수십 명은 모두 박수를 쳤다. 순식간에 거위들은 하얀 구름처럼 바람을 따라 사라졌다. 나 씨는 부끄럽고도 후회가 되었지만 어찌할 도리가 없어 주머니를 뒤져보니 앞서 거위를 팔았던 돈만 몇백 문 남아 있어 그 돈으로 노자를 삼아 집으로 돌아왔다. 나 씨는 슬퍼하며 말했다.

"조상님이 물려준 땅이 전부 거위로 변해 날아갔구나."

귀머거리 요괴

聾鬼

건륭 49년(1784) 항주 반산半山 육가패루陸家牌樓 근처 강가에 시체 한 구가 떠내려왔다. 촌민 곽무상霍茂祥은 평소 선행을 베풀었는데 돈을 내어 관을 사서 염을 한 뒤 시장에 잠시 놓아두었다.

밤에 곽무상의 꿈속에서 남색 옷을 입은 사람이 걸어와 그에게 말을 건넸다.

"저는 임평臨平 사람이며 장張 씨입니다. 직업은 교사인데 불행히도 실족하여 물에 빠졌어요. 제 시체를 염해주셔서 감사드립니다. 당신에게 보답해드릴 것이 없사오나 저는 길흉을 예측할 수 있어 재난을 구해줄 수 있어요. 영험하다면 사람들이 반드시 제물을 준비해 제게 감사를 표하죠. 그때가 되면 당신은 향불을 피우는 데 쓰는 돈을 거둘 수 있어요."

곽무상이 깨어난 뒤 이 말을 이웃들에게 알렸다. 과연 사람들이 모두 점을 치러 와 요구하면 보답했는데 영험했다. 며칠이 안 되어 이곳은 향불이 구름처럼 이어졌다.

어느 날 밤에 곽무상은 또 꿈속에서 장 씨가 와서 하는 말을 들었다.

"제 왼쪽 귀가 들리지 않습니다. 점치러 오거든 반드시 제 오른쪽 귀에다 말씀하세요."

이에 이튿날 점을 치러 온 사람들이 곽무상의 말대로 하여 관 오른쪽에 절하며 호소하니 마치 대답하는 소리가 나는 듯했다. 촌민들은 미친 듯이 신봉하여 이것을 '영관재靈棺材'라 불렀다. 곽무상은 향으로 돈을 벌어 크게 부자가 되었다.

오래지 않아 인화현仁和縣 지현 양공楊公이 이곳을 지나다가 향을 태우는 사람이 거미 떼처럼 많은 것을 보고는 화를 내며 귀머거리 요괴가 군중을 미혹시킨다면서 부하에게 명령하여 관을 불태우게 했다. 이로부터 귀머거리 요괴도 마침내 사라졌다.

침상으로 쓰이는 관

棺床

수재 육하령陸遐齡이 복건으로 가 막료로 부임하는 길에 강산현江山縣[20]을 지났다. 이날 갑자기 큰비가 내려 여관에 들어가 투숙할 틈도 없었다. 날이 어두워지자 육하령이 보니 앞에 마을이 있고 수목이 빽빽했으며 그 속에 몇 칸의 기와집이 있었다. 이에 그는 달려가 문을 두드리고는 하룻밤 재워줄 것을 부탁했다.

주인이 나와 접대하는데 보아하니 자못 청아淸雅했다. 자신이 심沈씨이고 강산현의 수재이며 집 안엔 손님을 재울 수 있는 빈방이 없다고 말했다. 육하령이 거듭 부탁하자 심 수재는 어쩔 수 없이 동쪽 사랑채를 가리키며 말했다.

"그럼 누추하나마 저쪽에 마련해드리지요."

말을 마치고는 촛불을 들고 육하령을 안내해 들어갔다. 육하령이 보니 방 안 왼쪽엔 관이 놓여 있어 마음속으로 약간 혐오감이 들었다. 다시 생각을 바꿔 자신의 담력이 센 것으로 자부하고 있는 데다

20 지금의 저장성 장산시江山市를 말한다. 1987년에 현을 현급시로 승격시켰다.

가 지금은 이곳 말고는 잘 곳이 없어서 주인에게 고마움을 표시할 뿐이었다. 방 안엔 나무 침상이 있었는데 거기 짐을 깔았다.

주인이 나가자 육하령은 속으로 무서움을 느끼지 않을 수 없어 휴대용 『역경易經』을 펼쳐놓고 등불 아래에서 보기 시작했다. 이경이 되었지만 그는 촛불을 끄지도 못했고 옷도 감히 벗을 엄두를 내지 못한 채 잠들었다.

오래지 않아 육하령은 관에서 지지직거리는 소리를 들었다. 눈을 뜨고 보니 관 뚜껑은 이미 열려 하얀 수염의 노인이 붉은 신발을 신고 다리를 뻗어 관 밖으로 나왔다. 육하령은 대경실색하여 휘장으로 가리고 틈으로 몰래 밖을 살펴보았다. 노인은 육하령이 앉았던 곳으로 걸어와 『역경』을 뒤적이는데 전혀 놀라는 기색이 없었다. 다시 옷소매에서 담뱃대를 꺼내 촛불을 붙여 담배를 피우기 시작했다. 육하령이 더욱 놀라 이 귀신은 『역경』을 무서워하지도 않고 담배도 피우니 악귀임에 틀림없다고 여겼다. 그는 노인이 침상 앞으로 올까봐 두려워 꼼짝도 하지 않고 주시했다. 보면 볼수록 놀라서 온몸이 떨렸고 침상도 따라서 움직이기 시작했다. 흰 수염의 노인은 침상을 바라보며 미소를 지었으나 침상 쪽으로는 다가오지 않았다. 조금 뒤 그는 담뱃대를 소매에 집어넣고는 관 속으로 들어가 관 뚜껑을 닫았다. 밤새 육하령은 눈을 붙이지 못했다.

아침이 되자 주인이 찾아와 물었다.

"어젯밤 잘 주무셨어요?"

육하령은 억지로 말했다.

"편히 잤어요. 그런데 이 방 안 왼쪽에 놓인 관에는 누가 들어 있어요?”

“저의 선친입니다.”

“선친이라면서 어째서 이토록 오랫동안 안장하시지 않습니까?”

“저의 선친은 아직 돌아가시지 않았고 살아 계십니다. 건강도 좋고 병도 없어요. 저의 선친은 평소 모든 일에 대해 넓게 생각해서 사람은 자고로 죽는다며 미리 연습하고자 하십니다. 그래서 70세 생일을 마친 뒤부터 관을 만들었는데 안에다 옻칠을 하고 이불을 깔았어요. 매일 밤 선친은 안에서 주무시는데 관을 침상으로 쓰는 셈이지요.”

말을 마치고는 육하령을 관 앞으로 끌고 가더니 노인에게 일어나시라고 말했다. 손님과 주인의 예를 갖추어 인사하는데 보니 과연 어젯밤 등불 아래서 봤던 그 노인이었다. 그 노인이 웃으며 말했다.

“손님, 놀랐지요?”

이에 세 사람은 박수를 치며 껄껄 웃었다.

육하령이 관을 보니 네 변엔 삼나무를 쓰고 중간은 비었으며 관 뚜껑은 검은 칠을 한 면사로 만들어 공기가 통하고 무척 가벼웠다.

炮打蝗蟲

메뚜기에게 대포를 쏘다

명대 숭정崇禎 갑신년甲申年(1644) 하남에 메뚜기 재해가 일어나 민간의 어린아이까지 파먹었다. 매년 메뚜기 떼가 거센 비나 독화살처럼 쏟아져 나왔는데 사방팔방에서 사람을 에워싸 조금씩 갉아먹어 순식간에 살가죽을 깨끗이 먹어치웠다. 사람들은 그제야 『북사北史』에서 기록한, 영태후靈太后[21]가 집정할 때 누에가 무수한 사람을 먹어치운 것이 사실임을 믿었다.

이번에 개봉부開封府 성문이 메뚜기 떼로 막혀서 사람들이 드나들 방법이 없었다. 상부현祥符縣 현령은 어쩔 도리가 없어 명령을 내려 대포를 쏨으로써 메뚜기 떼를 놀라게 했다. 이때야 구멍이 생기자 행인들이 지나갈 수 있게 되었다. 그러나 밥 한 끼 먹을 시간도 안 되어 성문은 또다시 메뚜기 떼로 막혀버렸다.

---

21 북위北魏 선무제宣武帝 원각元恪(483~515)의 영황후靈皇后 호 씨胡氏(?~528)를 말한다. 비妃의 신분으로 입궁하여 태후가 되었으며 효명제孝明帝 원후元詡(510~528)의 생모다.

시체의 손이 돈을 쥐다

僵尸手執元寶

옹정 9년(1731) 겨울에 서북 지구에서 지진이 발생했다. 산서 개휴현介休縣의 한 마을은 지면이 400미터 아래로 푹 꺼졌다. 단지 한 곳만 꺼지지 않아 촌민들이 파보았다. 원래 이곳 아래엔 구仇 씨 성을 가진 사람의 시체가 매장되어 있었다. 매장된 구 씨 가족의 시체가 굳었으나 아직 썩진 않았다. 모든 그릇과 물품도 여전히 손상되지 않았다. 지진이 일어났을 때 주인은 저울을 가지고 은을 달고 있었는데, 오른손엔 아직도 금원보金元寶[22]를 꽉 쥐고 있었다.

22 원보는 중국 고대의 돈이다. 통상적으로 돈의 표면에 '○○원보'라는 문자가 새겨져 있다. 앞에는 연호가 들어간다. 당대의 '개원통보開元通寶'가 '개통원보'로 잘못 읽히면서 습관적으로 쓰이게 되었다.

張飛棺

장비관

소송포蕭松浦가 사천에서 돌아와 말했다. 보령부保寧府 파주巴州 원래의 지주知州 아문 대청의 동쪽에 장비張飛의 묘가 있다. 돌을 쌓아서 올린 묘혈은 아직도 틀어막지 않았다. 붉은 칠을 한 관은 허공에 매달려 있으며 길이는 9자 정도 되고 두드리니 맑은 소리가 났다.

건륭 30년(1765) 진陳 수재가 꿈속에서 금빛 갑옷을 입은 신을 보았는데 신이 다음과 같이 말했다.

"저는 한대 장군 장익덕張翼德입니다. 현세에서는 역참驛站에서 공문 전송을 맡고 있어요. 관운장關雲長[23] 형님의 이름을 피하기 위해 바꾸었다가 도리어 제 이름을 부르게 되었으니 너무나 불공평한 일입니다."

피차 크게 웃다가 진 수재가 꿈에서 깨어났다. 원래 최근에 역참에서 공문을 전달하는데 이를 '우체羽遞'에서 '비체飛遞'라는 말로 바꿔 불렀기 때문이다.

---

23 관우關羽의 자가 운장이다.

잘못하여 똥물을 마시다 / 誤嘗糞

감찰어사 장용암蔣用庵은 상주 사람으로 일찍이 친구 네 명과 더불어 서조황徐兆璜의 집에서 술을 마셨다. 서조황은 훌륭한 요리를 만들 줄 알았는데 복어 요리가 특히나 맛있었다. 한번은 서조황이 술을 사고는 손님 여섯을 불러 함께 복어를 맛보았다. 여러 사람은 맛있는 복어 맛을 만끽하며 각자 젓가락을 들고 마음껏 먹고 싶었다. 하지만 속으로는 중독되지 않을까 걱정하기도 했다.

갑자기 장張 씨 성을 가진 손님이 땅에 쓰러졌다. 입으로 흰 거품을 토하며 말을 하지 못했다. 주인과 손님은 모두 그가 복어를 먹고 중독된 것이라 여겨 신속히 똥물을 퍼와 장 씨 입에 부어넣었다. 그래도 장 씨는 깨어나지 않았다. 이때 다섯 손님이 벌벌 떨면서 말했다.

"우리도 중독되기 전에 해독제를 마시자."

이에 그들도 각기 똥물 한 잔씩을 마셨다.

장시간이 지나자 장 씨는 결국 깨어났다. 사람들은 똥물로 그를 구한 상황을 그에게 알렸다. 하지만 장 씨는 다음과 같이 말했다.

"저는 평소 간질병을 가지고 있어 수시로 발작하지요. 복어 독에 중독되지 않았어요."

다섯 손님은 이 말을 듣고 아무 이유도 없이 똥물 마신 것을 후회하고 양치하면서 구토했다. 그런 다음 미친 듯한 웃음소리가 그치지 않았다.

시체를 빌려 후손을 잇다

借尸延嗣

소문등蕭文登이 양호현陽湖縣 지현을 맡았다. 그의 이웃에 시施 부인이 있는데 남편은 일찍 죽어서 시 부인이 유복자를 성인으로 양육했고 아들에게 이李 씨 부인을 얻어주었다. 고부간의 사이도 무척 좋았다.

결혼한 지 1년이 넘어 이 씨가 갑자기 병사했다. 시 부인 집안은 가난하여 며느리의 죽음을 안타깝게 여겼으나 재취할 능력이 없고 후사도 없었다. 이에 하늘을 우러르고 땅을 치며 울부짖었다. 이튿날 막 입관하려고 할 때 이 씨가 갑자기 무덤에서 뛰어나와 시어머니를 불렀다.

"제가 어머니 며느리로 왔으니 다시는 울지 마세요."

시 부인은 다행히 며느리가 환생하자 비할 데 없이 기뻤다. 아들이 몰래 어머니에게 말했다.

"어째서 그녀 말투가 제 아내의 목소리 같지 않죠? 눈빛이 똑바른데 이 씨가 재생한 것이 아니라, 귀신이 그녀의 몸에 붙어 장난치는 것이 아닐까요?"

이웃들도 모두 기괴하게 여겨 그녀를 둘러싸고 지켜보았다. 3, 4일 동안 그녀는 눈을 감고 누워 있었는데, 죽을 가져다 먹이자 일반 사람처럼 먹었다. 다만 시어머니가 불러야 그녀는 대답했다. 남편이 그녀에게 말을 걸어도 그녀는 피하며 대답하지 않았다.

7일이 지나 그녀가 비로소 일어나 세수하고 머리를 빗은 뒤 옷을 단정하게 입고는 시어머니에게 말했다.

"저는 영해주寧海州 아무개 마을 방方 씨 딸이에요. 항렬은 둘째이며 올해 나이 열아홉으로 시집가지도 못하고 병사했어요. 저승에 가보니 당신네 며느리 이 씨도 그곳에 있더군요. 그녀를 따른 것은 수많은 키 작은 귀신들이며, 키가 큰 귀신도 있었지요. 그들은 염라대왕을 둘러싸더니 무릎을 꿇고 이 씨를 풀어 이승으로 보내줄 것을 부탁했지요. 염라대왕은 큰 소리로 꾸짖으며 키 작은 귀신을 쫓아내게 하고 키 큰 귀신에게는 곤장 20대를 때렸어요. 키 큰 귀신은 맞은 뒤에도 여전히 계속해서 애걸하며 말했지요.

'소인의 조부, 부친 이래로 대대로 본분을 지켰고 여태까지 나쁜 일은 해본 적이 없습니다. 설사 있다 하더라도 후손을 끊을 정도는 아닙니다. 제 아내는 온갖 고생을 하며 일해왔고 겨우 제 아들에게 며느리를 찾아주었는데 지금 며느리가 병사했어요. 어찌 재취할 능력이 있겠어요? 이것이 저의 후손을 끊어버리는 일이 아닙니까? 대왕께서는 제 며느리를 환생시켜 아들을 낳아 대가 이어지게 해주세요.'

염라대왕은 이 말을 듣고는 화가 누그러져 판관에게 명하여 생사부를 찾아보게 했다. 판관이 자세히 살펴본 뒤 키 큰 귀신에게 말했지요.

'네 며느리 이 씨는 목숨이 이미 다하여 돌려보낼 수 없다. 네 집이 대대로 별다른 잘못을 한 적도 없고 네 처도 절개를 지키며 고아를 부양했는데, 만일 네게 후대가 없다면 세상 사람들에게 선한 일을 하라고 권유할 방법이 없구나. 방 씨 집의 딸이 비록 단명했으나 그녀는 생전에 무척 선량했으니 이 씨의 시체를 빌려 부활시키도록 하겠다. 이렇게 하면 너는 며느리를 갖게 되겠지?'

키 큰 귀신은 염라대왕에게 절하며 감사를 표했고 염라대왕은 키 큰 귀신을 가리키며 내게 말했지요.

'이분이 네 시아버지다. 널 데리고 시체를 빌려 환생시켜주겠노라. 그의 집을 대신하여 대를 잇도록 하라.'

이에 제가 시아버지를 따라 이곳에 오니 시아버지가 당신을 가리키며 제게 말하더군요.

'이분이 네 시어머니다.'

그러고는 나를 밀어 땅에 떨어트렸어요. 제가 눈을 떠보니 시아버지는 보이지 않고 시어머니만 제 곁에 서 있었어요. 그래서 저는 시어머니 한 사람만 알아보고 다른 사람은 모두 알지 못합니다. 저의 집 부모님은 모두 살아 계십니다. 그리고 올해 열여섯 살 된 동생이 있는데 당신들이 사람 편으로 편지를 보내 제 부모님으로 하여금 상심하여 울지 않도록 해주십시오."

시 부인이 아들을 불러 조사해보게 하니 과연 방 씨의 말과 같았다. 방 씨 집을 찾아가 방 씨 가족에게 전후의 경과를 알렸다. 이에 방 씨 아버지는 방 씨 동생을 데리고 함께 시 부인 집에 찾아왔다. 방 씨는 아버지가 온 것을 보고 껴안고는 통곡했다. 방 씨 아버지가 뒤로 물러나며 앞으로 나아가지 못하고 다음과 같이 말했다.

"네 목소리와 몸가짐은 비록 내 딸 같으나 얼굴이 다르니 어찌된 일이냐?"

방 씨가 울면서 아버지에게 대답했다.

"저는 이 씨의 육신을 빌려 환생했어요. 그래서 제 원래의 모습이 아닙니다. 오늘 다시 부친과 동생을 만나니 정말 기뻐요. 그러나 어머니는 차마 절 보러 오시지 않으셨군요. 아버지와 동생도 절 의심하여 인정하려 하지 않는군요. 이렇게 사느니 차라리 죽어버리는 게 낫겠어요."

막 비통해하고 있을 때 방 씨 모친이 이웃집 노부인을 보내 탐문했다. 방 씨가 이웃집 노파를 보며 말했다.

"할머니 어디에서 왔나요? 저의 엄마도 절 보러 오셨나요?"

방 씨 아버지가 딸을 붙잡고 그녀를 위로하며 지난 일을 얘기하니 전부 맞았다. 이때에야 딸이 환생한 것을 정말로 믿었다.

시 부인은 방 씨 부친과 방 씨 동생을 집에 있도록 붙잡았다. 저녁때가 되어 아들과 방 씨를 같은 방에 동거하게 하니 방 씨가 사양하며 말했다.

"저는 처녀입니다. 모든 것이 운명으로 정해졌다 하나 제 어머니가 오셔서 친히 길일을 택해 혼례를 거행해야지, 멋대로 치를 수는 없어요."

친척, 이웃들은 모두 칭찬했으며 방 씨 아버지도 무척 기뻐하면서 자기 아들에게 모친을 모셔오게 하고 나서 혼례를 치르게 되었다.

3년 후 방 씨는 아들을 낳았다. 아들을 낳은 지 100일 되던 날 친척과 친구들이 축하해주러 왔다. 방 씨가 갑자기 시어머니에게 말했다.

"저는 당신 집안에 후손을 남겨주었어요. 제 수명이 이미 다했으니 전 오늘 떠나야 해요."

말을 마치자 눈을 감고 죽었다. 사람들은 이런 말을 전했다. 저승사자가 파격적으로 일을 처리하는 것은 이승의 관리와 같다. 공적인 일을 처리할 때에도 융통성이 있을 때가 있다.

권13

관신이 내려와 점을 치다

關神下乩

명대 말년에 관신關神이 계단乩壇에 내려와 아무개 선비에게 일생의 일을 가르쳐주며 말했다.

"관직이 도당都堂[1]에 이르고 수명은 60세요."

이후 이 선비는 진사과에 급제했고 과연 관직은 도어사都御史에 이르렀다. 청나라가 세워진 뒤 그 선비는 청나라에 투항했으나 관직은 승진되지 않았고 나이는 80세에 이르렀다. 그가 우연히 계단乩壇에 왔다가 강림한 관제를 만났다. 그 사람은 자신이 틀림없이 음덕을 쌓았으니 수명을 연장할 수 있을 것으로 여겨 무릎을 꿇고 관제에게 부탁했다.

"저의 관직은 들어맞았으나 지금 수명은 초과했어요. 수명을 관장하는 일이 다른 사람에게 있는지 신명께서도 모르시겠지요?"

관제가 큰 글씨를 써서 보였다.

1 명대 도찰원의 도어사都御史, 부도어사副都御史, 첨도어사僉都御史 등의 관직을 '도당'이라 불렀으나, 외성으로 파견된 총독, 순무도 '도당'이라 불렀다.

"나는 평생토록 사람을 충후하게 평가했노라. 명조가 멸망한 갑신년[2]에 너는 순국하지 않았으니 무엇 때문에 내 일에 관여하려 하는가?"

손가락을 꼽아 계산해보니 숭정 황제가 자살했을 때가 바로 그 사람의 나이 60세였다.

2 숭정 17년(1644)을 가리킨다. 이자성 군대가 황성을 침공하자 명의 마지막 황제 숭정제崇禎帝 주유검周由檢(1611~1644)은 매산煤山에 올라가 목을 매 자살했다. 이때 숭정제를 뒤따라 호부상서 예원로倪元璐(1593~1644), 공부상서 범경문范景文(1587~1644), 좌도어사左都御史 이방화李邦華(1574~1644), 좌부도어사左副都御史 시방요施邦曜(1585~1644), 대리시경大理寺卿 능의거凌義渠(1591~1644), 태상시경太常寺卿 오인정吳麟征(?~1644), 좌중윤左中允 유이순劉理順(1582~1644), 형부우시랑刑部右侍郎 맹조상孟兆祥(?~1644), 부마도위駙馬都尉 공영고鞏永固(?~1644) 등 수많은 관리가 자살했다.

태세살신을 만나도 화복이 각기 다르다

遇太歲煞神禍福各異

서단장徐壇長[3] 시강侍講이 아직 출세하지 못했을 때 경성에 가서 회시에 응시했다. 한번은 화장실에 가서 고깃덩어리를 봤는데 온몸에 눈이 달려 있었다. 서단장은 태세太歲[4]인 줄 알고 어느 책에 쓰인 "태세를 때리는 사람은 재난을 벗어날 수 있다"는 말을 기억해냈다. 이에 그는 큰 몽둥이로 가복과 더불어 순서대로 고깃덩어리를 때렸다. 매번 때릴 때마다 온몸의 눈은 더욱더 번쩍이며 빛이 났다. 그해에 서단장은 진사과에 급제했다.

장 문숙공蔣文肅公[5]의 집에서 우물을 파다가 고깃덩어리가 나왔다.

---

3 서용석徐用錫(1657~1736)은 자가 단장이고 호가 주당晝堂이며 강소 숙천宿遷 사람이다. 강희 48년(1709)에 진사가 되었고 한림원 시독을 역임했다.

4 흉신凶神.

5 장정석蔣廷錫(1669~1732)은 자가 유군酉君, 양손楊孫이고 호가 남사南沙, 서곡西谷, 청동거사青銅居士이며 시호가 문숙文肅이다. 강소성 상숙 사람이고 강희 42년(1703)에 진사가 되었으며 예부시랑, 호부상서, 문화전대학사, 태자태부太子太傅를 역임했으며 청대 궁정화가다. 주요 저작으로는 『상서지리금석尙書地理今釋』 『파산집破山集』 『추풍집秋風集』 『청동헌시집青銅軒詩集』이 있다.

평평하여 탁자와 같고 칼로 찔러도 들어가지 않았으며 불로 태워도 그슬리지 않았고 구불구불 이동하면서 천천히 물로 변했다. 그해에 문숙공이 세상을 떠났다.

임향곡任香谷[6] 예부禮部가 아직 출세하지 못했을 때 밭두둑을 걸어가다가 한 사람을 만났다. 입엔 칼을 물고 두 손에 각각 칼 한 자루를 쥐고서 머리는 풀어헤치고 얼굴은 온통 붉었다. 몸을 구부리며 지나갔다. 임향곡은 뒤를 따라 반 리 길도 못가서 얼굴이 불그스름한 사람이 죽은 사람의 집으로 돌아가는 것을 보고서 이것이 살신煞神인 줄 알았다. 임향곡은 나중에 진사에 급제했다.

소주의 당唐 씨 성을 가진 사람이 효자 패방牌坊을 세웠는데 갑자기 의복 속에서 하얀 종이가 나왔다. 거기에는 '살煞'자가 쓰여 있었다. 호도만 한 크기였다. 그해에 당 씨 집안에서 일곱 명이 사망했다.

6 임난지任蘭枝(1677~1746)는 자가 향곡이고 호가 남루南樓, 수재隨齋이며 강소 율양溧陽 사람이다. 강희 52년(1713)에 진사가 되었으며 한림원 편수, 병부시랑, 병부상서 등을 역임했다. 저작으로 『남루문집시집南樓文集詩集』이 있다.

귀안의 물고기 귀신

歸安魚怪

민간 속설에 장 천사張天師는 귀안현을 지나가지 않았다고 한다.

명대 귀안 지현歸安知縣이 부임한 지 반년이 되던 때였다. 한번은 아내와 함께 잠을 자다가 한밤중에 문 두드리는 소리를 들었다. 지현이 일어나 내다 보러 잠시 나갔다 들어와 침상에 올라 아내에게 말했다.

"바람 소리였어. 아무 일도 아냐."

부인은 자신의 남편인 줄 알고 여전히 그와 잠을 잤다. 그의 몸에서 비린내가 나서 마음속으로는 이상하게 생각했으나 말을 꺼내진 않았다. 이로부터 귀안현은 잘 다스려졌으며 고소장 처리와 소송 사건도 판결이 정확하고 공정했다.

몇 년이 지나자 장 천사가 귀안을 지나는데 지현은 감히 다가가 그를 환영하거나 알현하지 않았다. 천사가 말했다.

"이 현에는 요사한 기운이 있구나."

사람을 보내 지현의 아내를 불러 그녀에게 물었다.

"몇 년 몇 월 며칠 저녁에 어떤 사람이 문을 두드린 일을 기억하고 있소?"

"기억해요."

"지금의 남편은 당신의 진짜 남편이 아니라 흑어정黑魚精이오. 당신 남편은 한밤중에 문을 두드리던 날 잡아먹혔소."

아내는 깜짝 놀라 복수해달라고 천사에게 부탁했다. 천사가 법단에 올라 법술을 부려 커다란 흑어黑魚를 잡아왔는데 길이는 몇 길이나 되고 단壇 아래에 엎드렸다. 천사가 말했다.

"너의 죄는 응당 참수해야 하나 네가 현령 직에 있을 때 선정을 베푼 점을 고려하여 특별이 죽음만은 면제해주겠다."

이에 큰 독을 가져와 물고기를 집어넣고 부적 종이로 독 입구를 봉하고는 현의 대청 아래에 묻고 위는 토축공안土築公案으로 눌러놓았다. 물고기가 용서해주길 간청하자 천사가 말했다.

"내가 다음번 이곳을 지날 때 너를 석방해주겠노라."

천사는 이로부터 다시는 귀안을 지나가지 않았다.

장억랑

張憶娘

소주 명기 장억랑張憶娘의 미모와 기예는 당시 으뜸으로 인정받았다. 그녀는 장蔣 씨 성을 가진 사람[7]과 친하게 지냈다. 장 씨는 대부호로 경치가 아름다운 계절마다 억랑과 함께 관음산觀音山,[8] 영암산靈巖山[9] 등지를 유람했으며 왕왕 말을 타고 동행했다. 억랑은 총명하고 지혜가 많은데 장 씨에게 시집가려고 했다. 하지만 장 씨 집안에서는

---

7 장심蔣深을 가리킨다. 자가 수존樹存이고 호가 소재蘇齋, 수곡繡谷이며 강소 소주 사람이다. 화훼는 진순陳淳으로부터 배웠고 특히 대나무 그림을 잘 그렸다. 장심은 강희 38년(1699)에 그린 「장억랑잠화도張憶娘簪花圖」를 소장했는데, 이 그림에 나오는 주인공이 소주의 명기 장억랑이다. 장심과 밀접하게 지낸 것으로 알려졌다. 장심은 거금을 아끼지 않고 궁정화가 양진楊晉(1644~1728)을 초빙하여 이 그림을 그리게 했고, 명사들을 초청하여 이 그림을 감상하며 시를 지은 바 있다. 주요 작품으로는 『수곡시초繡谷詩鈔』 등이 있다.

8 쑤저우 시내에서 서쪽으로 25리 떨어져 있다. 원명은 지형산支硎山이다. 진대晉代의 명승 지둔支遁(314~366)이 이 산의 석실에서 은둔하며 수행했다고 전해진다. 지둔의 별칭이 지형이다. 산 정상에는 원래 지둔석실支遁石室, 마적석馬迹石과 방학정放鶴亭 등의 유적이 있었다. 양梁 천감天監 연간에 지형산 동쪽 산록에 보은사報恩寺를 건립했다. 오대 오월국 시기에는 폐사지에 관음원觀音院을 세우면서 저명한 불교 명승지로 탈바꿈했다. 이때부터 지형산을 관음산이라 부르게 되었다.

시첩이 무척 많아서 억랑을 들이려고 하지 않았다. 억랑은 이에 휘주 사람 진 통판陳通判과 정혼했다. 진 통판이 억랑을 아내로 집안에 들인 뒤 장 씨는 두 번 다시 억랑을 볼 수가 없어 홧김에 온갖 방법을 강구하여 그들의 혼사를 방해했고 심지어 진 통판이 부녀자를 간음하여 유괴했다고 무고했다. 억랑은 어쩔 수 없어 진 씨 집을 떠나 비구니로 출가했다. 하지만 옷가지나 음식은 여전히 진 통판에게 기대어 도움을 받았다. 장 씨는 또 사람을 보내 진 통판을 위협하며 억랑의 생활비를 끊어버리게 했다. 억랑은 가난에 시달리다 살아갈 방도가 없어 목을 매달아 자살했다.

오래지 않아 장 씨가 아침에 일어나 죽을 먹는데 갑자기 머리가 어지럽더니 숨이 끊어져 사망했다. 관청 아문에 당도하니 두 궁병弓兵이 그를 잡고 앞으로 나아갔는데 옆 사람이 큰 소리로 불렀다.

"장 씨! 자네 일은 6년이 지나야 심문할 것이네. 자네는 무엇 때문에 급히 이곳에 왔는가?"

부른 사람의 얼굴을 보니 평시 자기 집에 드나들던 문객門客인데 장 씨는 일찍이 그를 파견하여 억랑과 진 판관의 관계를 이간시켰다. 그가 죽은 지 벌써 3년이 되었다. 장 씨는 이 말을 듣고 놀라서 깨어났다. 이때부터 정신이 혼미해지고 밥도 먹을 수 없었다.

---

9 지금의 쑤저우시 우중구吳中區 무두진木瀆鎭에 있다. 영암탑 앞에 영지석靈芝石이 있다고 해서 붙은 이름이다. 기암괴석으로 유명한 산이다. 또한 영암산은 춘추 시대 오나라 관왜궁館娃宮의 옛 터이며 월나라가 서시西施를 바쳤던 곳이기도 하다. 아직 남아 있는 오나라 유적으로는 오왕정吳王井, 소장대梳妝臺, 완화지玩花池, 완월지玩月池, 향랑響廊, 금대琴臺, 서시동西施洞, 지적정智積井, 장수정長壽亭, 방정方亭 등이 있다.

현묘관玄妙觀[10]의 도사 장張 아무개는 도법道法에 정통하여 장 씨를 위해 법단을 설치하고 주술을 외워 그가 응보에서 벗어나게 해주었다. 3일 뒤 도사가 말했다.

"원혼이 이미 다가왔으나 나는 그녀의 성도 모르오. 그대가 시험 삼아 큰 거울을 가지고 와서 법수法水를 뿌려보소. 그러면 여자의 형상이 드러날 것이오."

이렇게 하고는 가족을 시켜 가보게 했더니 분명히 억랑의 얼굴이었다. 그러자 도사가 말했다.

"저의 법력으로 제압할 수 있는 것은 요얼妖孼, 호리狐狸 등이오. 그대는 남녀 간의 응보 죄라서 내 힘으로는 몰아낼 수 없는 일이오."

결국 옷을 떨치며 떠나갔다. 장 씨는 억랑을 위해 7일 밤낮으로 법사法事를 거행하여 억랑을 제도하려고 했으나 끝내 그녀를 떠나보내지 못했다. 소주의 명의 섭 천사葉天士[11]를 불러 병을 보게 하고 섭 천사에게 은 1000냥을 보냈다. 약을 입에 대지도 않았는데 가늘고 하얀 손으로 약을 쏟았으며 혹은 아무런 이유도 없이 약이 저절로 땅에 쏟아졌다. 장 씨의 병은 갈수록 위독해져 6년이 지나 결국 사망했다.

---

10 지금의 쑤저우시 핑장구平江區 관첸가觀前街 94호에 있다. 서진西晉 함녕咸寧 2년(276)에 창건했으며 1982년에 현묘관 삼청전三淸殿이 전국중점문물보호단위로 지정되었다.

11 섭계葉桂(1666~1745)를 가리킨다. 그는 자가 천사이고 다른 자로 향암香巖이 있으며 별호는 남양선생南陽先生이다. 섭계는 청대의 저명한 의학자, 4대 온병학가溫病學家의 한 사람으로 설설薛雪(1661~1750) 등과 이름을 나란히 했다.

장 씨의 종손 장의원蔣漪園은 아직도 억랑의 초상화를 소장하고 있는데 오사계烏紗髻를 틀고 하늘색 비단 치마를 입었으며 미목이 청수하고 왼손으로 머리에 꽃을 꽂고 웃음 띤 얼굴을 하고 있었다. 이는 당시 양자학楊子鶴[12]이 그린 초상화다.

12 양진楊晉(1644~1728)의 자가 자학이고 호는 서정西亭이며 강소성 상숙 사람이다. 청대의 궁정화가로 산수화는 왕휘王翬(1632~1717)에게 배웠고 전통 공필화工筆畫의 특징을 살려 그림을 그렸다. 주요 작품으로 「석곡기우도石谷騎牛圖」 등이 있다.

유성이 남두에 들어가다

飛星入南斗

소송도蘇松道[13] 도대 한청암韓青巖은 천문학에 정통했는데 일찍이 내게 말했다.

"내가 보산현寶山縣 현령으로 지낼 때 6월에 메뚜기를 잡으러 밭으로 나갔네. 그날 사경에 작은 의자에 앉아 있는데 감독이 수하의 서기를 파견했지. 그런데 갑자기 유성이 날아 남두성좌에 들어가더군. 마음속으로 점복상서占卜象書에서 말하는 '재이災異 현상을 본 사람은 한 달 안에 돌연사할 수 있다. 벗어나는 방법은 한 치 길이의 두발을 잘라 동쪽에서 서쪽 방향으로 도사가 법술을 부릴 때 사용하는 걸음걸이를 모방하여 세 바퀴 돌면 재난을 다른 사람에게 전가할 수 있다'는 말이 생각나더군. 이때 나는 급히 서기를 따돌리고 이 방법대로 시행했지. 오래지 않아 아문에서 문서 기록을 관장하는 이李 아무개가 아무 이유 없이 작은 칼로 배를 찔러 죽었으나, 나는 도리어 아무 일 없었지. 이 아무개는 내가 시험을 주관할 때 추천한 학생

13 소송도는 강소성의 소주부와 송주부松州府의 합칭이다.

인데, 나이가 젊고 문장을 잘 썼지. 뜻밖에도 그가 내 대신 재난을 당했으니 나는 마음속으로 미안하게 생각하네."

내가 한청암에게 농담으로 말했다.

"자네가 말한 점복성상서占卜星象書의 법술이 확실히 효력이 있었군. 그러나 나 같은 사람은 천문을 전혀 모르니 왕왕 밤에 앉아서 날아다니는 유성을 여러 번 보았네. 만일 남두로 날아가면 재난을 피하는 방법을 모르는데 어찌하면 좋겠나?"

"자네처럼 천문을 모르는 사람은 설령 유성이 남두로 날아 들어가는 장면을 본다 하더라도 재난이 생기지 않아."

"그러면 자네는 어째서 천문을 알려고 하는가? 일이 하나 많아지면 자신을 해치고 다른 사람을 해치는 것이 아닌가?"

한청암은 이 말을 듣고 웃으면서 할 말이 없었다.

양귀비가 꿈에 나타나다

楊妃見夢

강희 연간에 소주 왕산초汪山樵 준俊[14]은 섬서 흥평현興平縣 지현으로 임명되었다. 부임하기 전날 밤 마외역馬嵬驛에 투숙했다. 밤에 꿈속에서 한 여자를 보았다. 얼굴은 절세미인으로 옥 귀고리를 달고 비취색 깃털 장식을 꽂았는데 고소장을 올리며 말했다.

"제 묘지를 다른 사람이 침범했으니 지현 대인께서 저를 불쌍히 여기셔서 잘 살펴주세요."

왕산초가 놀라 깨어나 현지 사람에게 물어보니 다음과 같이 대답했다.

"이곳엔 양낭랑楊娘娘[15]의 무덤밖에 없습니다. 당나라 때 이장한 뒤 무덤의 면적은 수십 무畝였으나 송나라, 명나라 이후에는 나무꾼, 목동들이 차지하여 공지도 점점 없어졌어요."

---

14 왕준은 자가 첨사簽士이고 호가 산초다. 원매의 시집에 「밤에 왕산초와 이별하며 夜別汪山樵」라는 시가 있다.

15 여기서는 양귀비를 가리킨다. 낭랑은 황후, 비, 여신, 선녀 등의 호칭으로 쓰인다.

왕산초가 묘지를 조사해보니 과연 묘도 곁의 흙에서 고대의 묘비가 발견되었다. 거기엔 '대당귀비양씨묘大唐貴妃楊氏墓'라고 쓰여 있었다. 이에 왕산초는 따로 경계석을 세우고 묘지에 나무 수백 그루를 사서 심고 봄과 가을에 한 번씩 제사를 지냈다.

조능시가 전생의 일을 기억하다

曹能始記前生

명말 조능시曹能始[16] 선생이 진사과에 급제한 뒤 선하령仙霞嶺[17]을 지나다가 눈앞의 산수가 눈에 익은 것을 보고 마치 예전에 한번 유람한 듯했다. 저녁에 여관에 투숙했는데 이웃집의 한 여성이 상심하여 우는 소리가 들렸다. 조능시가 그녀에게 이유를 물어보았다.

"죽은 남편의 30주년 기일입니다."

그녀에게 남편이 죽은 날짜를 물으니 바로 조능시가 태어난 날이었다. 조능시가 그녀의 집으로 들어가 각 방과 복도를 하나하나 말하니 조금도 틀림이 없었다. 가족들은 그의 신변을 둘러싸고 깜짝 놀랐으며 다른 사람들도 무슨 일이 있는지 구경하러 모여들었다. 조

---

16 조학전曹學佺(1574~1646)은 자가 능시이고 호가 안택雁澤, 석창거사石倉居士이며 복건성 후관侯官 사람이다. 그는 명대의 관리, 학자, 시인, 장서가, 극작가로 그의 장서는 만 권, 저서는 천 권이라고 한다. 민극閩劇 창시자의 한 사람이기도 하다. 주요 저작으로는『석창십이대시선石倉十二代詩選』『일통명승지一統名勝志』등이 있다.

17 저장성 장산시江山市 바오안향保安鄉 경내에 있으며 해발 1413미터로 선하산맥의 주봉이다.

능시가 상심하여 눈물을 흘리며 말했다.

"서재의 남쪽에 대나무와 나무 수십 그루가 있었소. 내가 그곳에 미완성 원고를 두었는데 지금도 있는지 모르겠소."

그 가족이 말했다.

"주인장이 세상을 뜬 이후로 부인이 서재를 보면 상심할까봐 지금까지도 여전히 닫아놓았어요."

조능시가 그들에게 열게 해보니 방 안은 몇 치나 되는 먼지로 쌓여 있고 원고와 어지럽게 쌓인 책이 분명히 그곳에 있었다. 다만 그의 전처는 이미 백발이 성성하여 알아볼 방도가 없었다. 조능시는 자기 집 재산의 절반을 그녀에게 주어 만년을 편히 보내게 했다.

내가 『문원영화文苑英華』[18]를 찾아보니 백민중白敏中[19]이 활주태수滑州太守 최언무崔彦武의 고사를 기록했다. 최언무는 전생이 두명복杜明福의 아내라고 말했다. 이에 말을 타고 두 씨 집에 가보았다. 하지만 당시 두명복은 이미 늙었으며 이에 이전의 일을 얘기했다. 최언무는 담장에서 당시 숨긴 금비녀를 꺼냈는데 후에 그는 집을 보시하여 사찰로 만들었고 그 이름을 명복사明福寺[20]라 지었다. 이는 조능시의 일과 비슷하다.

---

18 황제의 칙명으로 다수의 학자가 공동으로 편찬한 송대의 총서(1000권).

19 백민중(792~861)의 자가 용회用悔이고 섬서성 위남渭南 사람이며 시인 백거이의 사촌 동생이다.

20 허난성 화현滑縣 청관진城關鎮 주가九街 남쪽에 있으며 전국중점문물보호단위다.

강남객우 江南客寓

웅척재熊滌齋[21] 선생은 수재 시절에 북경 가가호동賈家胡同에 강남객우江南客寓라는 여관에 있었다. 대청 및 방은 모두 세 칸으로 중간의 방은 청결했으나 묵는 사람은 거의 없었다. 선생이 투숙했어도 아무런 징후가 보이지 않았다.

하루는 웅척재가 외출하면서 친하게 지내는 사람에게 옷을 관리하도록 방을 맡겼다. 그 사람이 방에 묵다가 삼경이 되자 갑자기 촛불을 켜지 않았는데도 방 안이 환하게 밝아졌다. 깜짝 놀라 휘장을 열고 보니 키 큰 사람이 있었다. 온몸은 검은색이고 손에는 피가 흐르는 머리를 들었으며 그를 마주보고 서서는 꼼짝도 하지 않았다. 검고 키가 큰 사람이 그에게 큰 소리로 외쳤다.

"네가 어떻게 이곳에서 묵을 수 있단 말이냐?"

그는 놀라서 쏜살같이 밖으로 나와 여관 주인에게 알렸다. 그러자 여관 주인이 말했다.

---

21 웅본熊本은 호가 척재이고 강서성 남창 사람이며 강희 연간의 진사다.

"이 방은 평소에도 소란스러운데 손님이 기필코 묵으려 했으니 제가 어쩌겠어요?"

이튿날 웅척재 선생이 돌아오자 그는 어젯밤에 당한 일을 말해주었다. 그러자 웅척재가 말했다.

"틀림없이 귀신이 억울함을 하소연하려고 한 걸 거야. 하지만 내가 묵을 땐 왜 나타나지 않을까?"

이에 큰 글씨로 통지문을 써서 하늘에 불살랐다. 정말 억울한 일이 있거든 오늘 저녁에 와서 고소하라는 말투였다. 이날 밤 웅척재가 방에서 잠을 잤는데 일경이 안 되어 과연 그 말대로 귀신이 나타났다. 하지만 피가 흐르는 머리를 들고 꿇어앉아 있었다. 이에 웅척재 선생이 물었다.

"당신 누구요? 무슨 원한이 있소?"

머리를 든 귀신은 손으로 입을 가리켰으나 끝내 한마디도 하지 않았다. 이튿날에는 두 번 다시 나타나지 않았다.

웅척재가 다시 뜰에서 달빛을 받으며 거닐다가 검은 물체를 보았는데 크기는 세숫대야만 했다. 웅척재가 쫓아가 나무 아래에 이르러 다리로 밟으니 사라졌다. 이튿날 자신의 신발을 보니 탄재처럼 새까맣고 발도 온통 검은색이었다.

형파완재 荊波宛在

청대의 동 국상佟國相[22]이 감숙 순무로 근무하다가 역참을 거쳐 복강현伏羌縣에 도달했다. 밤에 꿈속에서 신선이 외치는 소리를 들었다.

"빨리 가. 얼른 떠나."

동 국상은 이 일이 마음속에 남아 께름칙했다. 이튿날 밤에도 똑같은 꿈을 꾸었는데 그 신이 말했다.

"내 은혜에 보답하고 싶거든 '형파완재荊波宛在'를 기억하기만 하면 된다."

동 국상은 놀라 깨어나 급히 3일 동안 걸었다. 이때 복강현은 이미 침몰되어 호수로 변해있었다. 그러나 끝내 그는 그를 구한 사람이 어느 신인지 몰랐다. 나중에 순찰 나가서 건창建昌 마을의 나루터에 이르니 관제묘가 있었으며 위에 '형파완재'라는 네 글자가 쓰여 있었다. 동 국상은 사당에 들어가 절하고 대대적으로 사당을 수리했다.

---

22 동연년佟延年을 가리킨다. 한군정람기인漢軍正藍旗人이고 감생 출신으로 순치 15년(1658)에 감숙 순무가 되었다.

이 사당은 아직도 있으며 무척 웅장하고 화려하다.

풍 시어 馮侍御

풍정산馮靜山[23] 시어侍御는 경성 영광사서가永光寺西街[24]에 살았다. 그가 서재를 새로 짓기 위해 땅을 파다가 검은 옷칠을 한 관이 나와 다른 곳으로 이장했다. 밤에 꿈을 꾸다가 어떤 사람이 고소장을 보내 억울함을 호소했다. 그때 그는 꿈속에서 서성西城을 순찰하고 있었는데 고소장을 받아 읽어보니 권세가 있는 관료가 관을 발굴한 일을 알렸고 고소한 사람은 바로 자신이었다. 그는 놀라서 꿈에서 깨어나 이때부터 병들었다. 임종 때 부인은 방 안에서 웃는 소리를 듣고 남편의 병이 차도가 있는 줄 알고 다가가 살펴보았는데 평소 알지 못했던, 검은 옷을 입은 사람이 침상에 앉았다가 삽시간에 사라

23 풍병인馮秉仁은 자가 정산이다.

24 이 거리는 쉬안우구宣武區 동북쪽에 있으며 북쪽으로는 방호재 후퉁方壺齋胡同, 남쪽으로는 서춘하삼조西椿下三條와 이어진다. 이곳에 영광사가 있어서 붙은 이름이다. 명대에는 서가西街, 청대에는 영광사서가라고 불렀는데 영광사의 서쪽에 있었기 때문이다. 1965년에 영광서가永光西街로 바꿨다. 이곳에 강희제가 찾아왔었다는 명월루明月樓가 있었고 9호 건물이 전촉회관全蜀會館 터라고 한다.

졌다. 풍정산이 부인에게 말했다.

"그 사람은 내 이웃이오. 양식 운반을 책임지던 관리인데 곡식을 경성까지 운반하고 죽었소. 관은 영광사 앞의 사당에 놓았는데 우리 집에서 무척 가깝소. 하지만 나는 모르오. 지금 듣자니 내가 세상을 뜰 날이 정해졌다 하므로 함께 가기로 약속했소. 지전을 태워 그의 저승 가는 노잣돈을 보태주시오."

부인이 사람을 앞의 거리로 보내 조사해보게 했더니 관에 쓰인 성명과 관직은 확실히 이와 같았다. 따라서 풍정산의 병이 나아지지 않음을 알았다.

약 사부

藥師父

곤산昆山 서 대사구徐大司寇[25]의 아들 서관경徐冠卿은 유년 때 '약사부藥師父'[26]라 불렸다. 왜냐하면 일찍이 그를 가르친 스승을 독살했기 때문이다. 스승의 성은 주周이고 호는 운핵雲核이었다. 서 상서의 초빙을 받기 전날 꿈속에서 거대한 뱀의 입에서 붉은 알이 나와 그에게 삼키도록 핍박하여 배가 아파오는 과정에 깨어났다. 초빙을 받은 뒤 스승은 서관경을 더욱 엄격하게 감독했다. 한번은 서관경이 성가시게 굴고 방탕하게 행동하다가 엄청나게 매를 맞았다. 이에 서관경은 하인과 모의하여 독약을 밥 속에 넣었고 주운핵은 이를 먹고 사망했다.

나중에 서관경이 한림이 되었으나 관운은 그리 신통하지 않았다.

---

25 서건학徐乾學(1631~1694)을 말한다. 그는 자가 원일袁一, 호가 건암健庵이며 강소성 곤산 사람이다. 강희 9년(1670)에 진사가 되었고 한림원 편수, 시강학사侍講學士, 내각학사, 좌도어사, 형부상서를 역임했다. 그가 형부상서를 역임했기에 '대사구'라 부른 것이다. 그의 장서루 '전시루傳是樓'는 중국 장서사에서 이름난 장서루다. 저작으로 『독례통고讀禮通考』(120권), 『자치통감후편資治通鑑後編』(184권), 『전시루서목傳是樓書目』(8권) 등이 있다.

그가 지은 시문은 대부분 원망하고 비방하는 말이 많아서 남에게 고발당해 형부에서 심사했다. 그는 형부 좌부낭중左史郎中 양경진楊景震을 보고는 깜짝 놀라서 말을 꺼냈다.

"나는 죽을 것이오. 내가 그를 봤더니 분명 주 선생이었소."

이튿날 두 번째 심문에서 각 관리는 모두 그가 상서의 아들이라 수하에 가련하게 여기는 사람도 있었다. 하지만 양경진만은 노기충천하여 심문하고 그의 뺨을 수십 번이나 때려 좌우의 이가 모두 빠졌으며 최후에는 즉각 참수형을 판결했다. 이 사건이 보고된 뒤 비준되어 처형되었는데 양경진이 참수관이었다. 서 씨 가족이 찾아가서야 양경진이 태어난 연월일이 바로 주운핵이 죽은 날임을 알게 되었다. 어떤 사람이 이 일을 양경진에게 알리자, 양경진은 크게 웃으며 말했다.

"이런 일이 있나! 내가 이 일을 일찍 알았더라면 법령을 따르지 않

---

26 서준徐駿(?~1730)은 자가 관경, 술기述夔이고 강소 곤산 사람이며 형부상서 서건학의 아들이고 고염무顧炎武(1613~1682)의 생손甥孫이다. 그는 어려서부터 총명했으나 타고난 품성이 거리낌이 없었다. 그는 효렴 출신의 주운핵周雲陔에게서 공부했는데 스승은 제자를 몹시 엄격하게 단속했다. 서준은 향시와 회시에 합격한 뒤 스승과 함께 예부 시험에 응시하고자 경성에 올라갔다. 그런데 스승이 자신을 너무나 엄격하게 단속하는 바람에 원한을 품고 파두巴豆를 차 속에 넣어 스승에게 주었다. 이 차를 먹은 스승은 즉시 객사에서 급사하고 말았다. 오래지 않아 서준은 강희 52년(1713) 진사과에 급제하고 한림원에 들어갔다. 경성에서 이 내막을 알고 있는 사람이 그에게 약사부藥師傅라는 별명을 지어주었다. 후에 그의 별명이 약사불藥師佛로 와전되었다. 청대의 관리로 지내면서도 그는 시를 써서 청조를 비방하곤 했다. 옹정 8년(1730)에 그에게 반감을 가진 사람이 그의 시집에서 "청풍은 글자도 모르는데 어찌하여 책을 어지럽게 펼치는가淸風不識字, 何故亂翻書"라는 구절을 찾아내어 고발하는 바람에 48세의 나이로 처형되었다.

고 그의 목숨을 구해주었을 텐데."

이 일은 『태평광기太平廣記』[27]에서 기록한 왕무준王武俊 사건과 동일하다.

27 송 태종의 칙명으로 편찬한 소설집(500권)으로, 이 고사는 「권제125」「보응報應 24」「이생李生」 편에 보인다.

莊秀才

장 수재

통주 출신의 효렴孝廉 장성莊成은 무오년戊午年(1738) 시험의 거인으로 젊고 잘생겼다. 그 집의 머슴 딸이 그를 사모하다가 상사병이 났다. 임종할 때 아버지에게 이렇게 말했다.

"저는 장 수재 때문에 죽어요. 저는 장 수재에게 시집가고 싶지만 저의 출신이 천한지라 이룰 수 없음을 알기에 마음속으로 우울증이 생겨 병이 난 것입니다. 지금은 비록 죽지만 이 마음을 장 수재에게 알려주시기 바랍니다. 그래야 눈을 감을 수 있을 것 같아요."

그의 부친은 급히 가서 장성에게 알렸고 장성이 급히 그녀를 보러 왔을 때 그녀는 이미 죽어 있었다.

장성은 거인 시험을 치르러 가다가 회신교淮新橋에서 그 여자를 만났다. 살아 있을 때와 같았다. 시험장에 들어가니 밥하고 차를 끓이는 일은 모두 그녀가 도맡아서 처리했다. 그해에 거인에 합격했다. 이후 먼 길을 떠날 때마다 그 여자도 반드시 따라왔다. 장성은 무서워 그녀를 위해 '망처모씨亡妻某氏'라는 신위를 써서 집에서 제사를 지냈다. 그랬더니 그 여자가 나타나 고맙다고 절하고는 그 뒤부터 두 번 다시 나타나지 않았다.

藹藹幽人

애애유인

통주 출신의 안찰사按察使 이옥횡李玉鋐[28]은 병술년丙戌年(1706) 진사였다. 그는 젊었을 때 부계扶乩하여 신을 불러오는 것을 좋아했다. 갑자기 어느 날 붓이 공중에서 저절로 글씨를 썼다.

"나를 존중하시오. 그러면 그대를 도와 성공시켜주겠소."

이옥횡은 두 번 무릎 꿇고 절하고는 제사를 지냈다. 이로부터 결사회문結社會文 때마다 제목이 저절로 나오고 붓이 마음대로 글을 썼으며 특히 비문에 쓰는 큰 글자를 잘 썼다. 어떤 사람이 글자를 구하러 올 때마다 그에게 써주었다. 이옥횡은 이를 매우 소중히 여겨 집안의 일과 바깥일도 가르쳐주는 대로 처리했더니 뜻대로 되지 않은 적이 없었다. 문사文社에서 문장에 뛰어난 사람이 그의 작품을 읽어보고는 그의 글솜씨가 전길사錢吉士와 흡사하다며 찬탄했다. 전길사는 명조 한림 전희錢熹다. 그가 이에 대해 몰래 필신筆神에게 물어보니 그렇다고 대답했다. 이로부터 마을 사람들이 부계하러 오면 대부

28 강희 연간에 진사가 되었고 복건 안찰사를 지냈다.

분 '전 선생'이라 불렀다. 필신이 제발題跋을 쓸 때마다 말미에는 언제나 이름을 쓰지 않고 '애애유인藹藹幽人'이란 네 글자로 서명했다. 이옥횡이 거인, 진사에 급제한 것도 대부분 필신 덕분이다. 나중에 안찰사가 되자 필신이 또 그를 도와 안건을 처리하여 백성은 그를 신으로 보았다. 이옥횡이 관직을 그만두고 고향으로 돌아오자 필신도 그를 따라왔다. 하루는 일이 있어 외출했는데 그의 자제가 필신에게 무례하게 굴어 필신이 화를 내며 편지 한 통을 써놓고는 떠나갔다. 나는 이옥횡의 아들 이방응李方膺[29]과 함께 관직생활을 했는데 우정이 두터웠으나 그는 종래 나에게 필신에 대해 한마디도 꺼낸 적이 없었다. 이방응이 세상을 뜬 뒤 이옥횡의 동료 진사 웅척재 편수가 내게 일의 경과를 말해주었다.

"이방응은 이 일을 말하길 좋아하지 않았어요. 필신의 화를 돋운 사람이 그 자신이었기 때문이지요."

29 이방응(1695~1755)은 청대 시인, 화가이며 양주팔괴揚州八怪의 한 사람이다. 시집으로 『매화루시초梅花樓詩鈔』(26수)가 있다.

僵尸求食

강시가 먹을 것을 요구하다

항주 전당문錢塘門[30] 안에 경루更樓[31]가 있는데 야경꾼을 고용하여 딱따기를 치면서 안팎으로 순시했다. 사람들이 돈을 모아 고용한 지 벌써 여러 해가 되었다.

강희 56년(1717) 여름에 야경꾼 임삼任三은 골목 바깥을 순시하면서 작은 사당을 지나갔다. 이경을 알리는 딱따기 소리가 들릴 때마다 어떤 사람이 사당 안에서 나와 기우뚱거리며 재빨리 걸어갔다. 5경이 되면 딱따기 소리를 치기에 앞서 사당 안으로 들어가곤 했다. 이렇게 하길 벌써 몇 번째였다. 임삼은 사당의 스님이 다른 사람과 사악한 약속을 하는 것으로 여겨 몰래 술과 고기를 준비해놓고 기다렸다.

---

30 수나라 때부터 전당문이 있었다 하니 1400년이 넘는 역사를 가진 문이다. 남송 이후 전당문은 항주 서성문의 하나였다. 청대 순치 7년(1650)에 기영旗營을 세우면서 전당문은 기영의 서북쪽에 자리하게 되었다. 송대 이래로 전당문 밖에는 사찰과 누대가 많았다고 한다. 영은사靈隱寺, 천축사天竺寺로 가려면 대부분 이 문을 통해 행차했다.

31 북을 쳐서 시각(일경, 이경, 삼경, 사경, 오경)을 알리는 망루.

이튿날 저녁 달빛이 그림처럼 밝았다. 임삼이 그 사람의 얼굴을 보니 밀랍처럼 마르고 검었으며 눈은 움푹 들어갔고 두 어깨엔 종이로 만든 은 덩어리를 메고 있었다. 나타날 때마다 '스스' 소리를 냈으며 사당을 드나드는 모습과 시간은 언제나 똑같았다. 임삼은 이것이 강시인 줄 알았다. 왜냐하면 사당 문 안에 옛 관이 놓여 있고 그 위에 먼지가 두껍게 쌓여 있기 때문이었다. 그가 사당의 스님을 찾아가 물어보니 그 스님은 그들 스승의 스승이 살아 있을 때 어느 집에서 가져왔는지는 모르지만 이곳에 관이 놓여 있었다고 말했다. 임삼이 동료들과 이 이야기를 할 때 어떤 사람이 약간 똑똑한 체하며 말했다.

"내가 듣자니 귀신은 붉은 콩, 쇠 부스러기, 쌀을 무서워한다고 하므로 이 세 가지를 한 되씩 준비해두었다가 강시가 관을 깨고 나올 때 몰래 관 주위에 뿌려두면 강시가 나오지 않는다고 하오."

임삼은 그의 말대로 이 세 가지를 구입했다. 밤 이경이 되자 강시가 다시 사당을 나왔다. 임삼은 강시가 멀리 떠난 것을 보고 등불을 들고 사당에 들어가 살펴봤는데 관 뒤쪽의 네모난 판자, 속칭 '화두和頭'라 불리는 것이 들려 땅에 떨어져 있었고 관 안은 아무것도 없이 텅텅 비어 있었다. 이에 그는 세 가지를 관 주위에 촘촘히 뿌리고는 경루로 돌아가 잠을 청했다.

오경이 되자 어떤 사람이 큰 소리로 '임삼야任三爺'를 불렀다. 임삼이 누구냐고 물으니 다음과 같이 대답했다.

"나는 사당 문 안에서 오랫동안 잠들었던 사람이오. 자손이 없기에 오랫동안 제사 음식을 받지 못했어요. 그래서 배고픔을 면하기 위해 밖으로 나가 먹을 걸 찾아다니지요. 지금 당신이 물건으로 길을 막아두어 관으로 들어갈 수 없어 죽을 거 같아요. 그러니 빨리 일어나서 붉은 콩과 쇠 부스러기를 치워주시오."

임삼은 이 말을 듣고 무서워 감히 대답할 수가 없었다. 그러자 강시가 다시 불렀다.

"나는 당신과 무슨 원수진 것도 아닌데 왜 이렇게 나를 학대하오?"

임삼은 그를 잡기 위해 뿌려놓은 물건을 치우고는 그가 자신을 죽인 다음 관에 들어가면 어떻게 그를 막을 수 있을지 골똘히 생각했다. 그래서 끝내 대답하지 않았다. 닭이 울자 귀신은 애걸복걸하더니 이어서 큰 소리로 욕을 퍼부었다. 한참이 지나자 아무 소리도 들려오지 않았다.

이튿날 어떤 사람이 경루를 지나가다가 땅에 누운 시체를 보고 사람을 불러 관청에 보고하고는 시체를 원래의 관 속에 넣어 불태워 버렸다. 이곳은 그때부터 평온무사해졌다.

僵尸貪財受累

강시가 재물을 탐내다가 화를 당하다

소홍 출신의 수재 왕王 아무개는 우수한 시험 성적으로 관청에서 보너스를 받은 지 여러 해가 지났다. 마을의 부호가 그를 교사로 초빙했다. 집 안의 방이 작았고 때마침 얼마 떨어지지 않은 곳에서 새 집을 팔기에 그 부호가 구입하여 왕 선생을 묵게 하며 말했다.

"우리 집은 아직 정리가 안 되어 학생과 선생님을 시중드는 사동이 내일 아침에 올 겁니다. 선생님 혼자 주무시면 무섭지 않으시겠어요?"

왕 선생은 담력이 세다고 자부하던 터이고 게다가 새집이니 두려울 게 없다고 여겼다. 부호는 가동에게 명하여 다기를 가져오게 하고는 왕 선생님을 모시고 서재로 가서 묵게 했다.

왕 선생은 서재를 둘러보고 다시 문 앞을 한가롭게 보았다. 이때 날이 어두워지자 달빛이 밝게 빛나고 산 아래에서 촛불이 반짝거렸다. 가까이 다가가니 불빛이 하얀 목재의 관에서 나왔다. 왕 선생은 이렇게 생각했다.

"도깨비불이라면 색깔은 분명 파랄 것이다. 그런데 이 불빛은 약간 붉은색을 띠고 금과 은의 기운이 서려 있다."

『지낭智囊』[32]에 나오는 기록이 생각났다. 몇몇 호인胡人이 상복을 걸치고 영구를 운반하여 성 밖에 아무렇게나 매장하면, 포졸이 따라와 정찰하는데 관 속에 들어 있는 것은 원래 황금과 백은이었다. 그는 이 관도 호인이 묻은 것과 같으리라 생각하고 다행히 사방에는 아무도 없어 관 속에 든 금은을 가지려고 했다. 이에 그는 돌덩이로 쳐서 못을 빼고 관 뒤쪽에서 뚜껑을 열어봤는데 관에는 분명히 시체가 누워 있었다. 얼굴은 청자색青紫色이었고 배는 불룩 팽창했으며 마관麻冠을 쓰고 짚신을 신었다. 소흥 지방의 풍속으론 부모님이 모두 계시고 아들이 먼저 죽으면 이렇게 차려입혀 입관한다. 왕 씨는 놀라 뒤로 물러났다. 그러나 한 걸음 물러날 때마다 시체는 앞으로 뛰었고 두 걸음 물러났을 때 시체는 대번에 우뚝 섰다. 왕 씨가 미친 듯이 전력을 다해 도망치니 시체는 뒤에서 쫓아왔다. 왕 씨는 집으로 도망가 누각에 올라 누각 문을 잠가버렸다. 숨고르기가 끝난 뒤 시체가 떠나갔으리라 생각하고 창문을 열어 밖을 내다보았다. 창문을 열자마자 시체가 머리를 들고 의기양양하게 담장 밖에서 뛰어 들어와 계속해서 문을 두드렸으나 들어올 방법은 없었다. 갑자기 큰 소리로 슬피 울더니 연이어 세 번 부르자 모든 문이 열려 마치 어떤 사람이 그를 도와 문을 열어준 것 같았다. 시체가 누각에 올라오자 왕 씨는 어쩔 도리가 없어 나무 방망이를 들고 그를 기다렸다. 시체가 막 누각에 오르자 왕 씨가 나무 몽둥이로 때려 시체의 어깨를 적중

32 명대 풍몽룡馮夢龍(1574~1646)이 편찬한 것으로 현인, 명사들의 지략을 수록한 책(28권).

시키자 어깨에 걸린 은정銀錠[33]이 땅으로 떨어졌다. 시체가 몸을 구부려 줍자 왕 씨는 그 틈을 타서 허리를 구부려 힘주어 밀쳐냈고 이내 시체는 누각 아래로 굴러떨어졌다. 오래지 않아 닭 우는 소리가 들렸다. 이로부터 아무 소리도 나지 않았다.

이튿날 가보니 시체는 대퇴골이 부러진 채 땅에 널브러져 있었다. 왕 씨는 사람을 불러 모아 시체를 들고 나가 불에 태웠다. 왕 씨가 탄식하며 말했다.

"내가 재물을 탐내는 바람에 강시를 누각 위로 불러들였다. 강시가 재물을 탐낸 탓에 사람에게 불태워졌다. 귀신 또한 탐욕해서는 안 되거늘 하물며 사람임에랴!"

33 말굽은이라고 하며 장례식 또는 성묘 때에 태우는 가짜 '원보元寶'를 이른다.

宋荔裳受惡土地之累

송여상이 악질 토지신과 연루되다

송여상宋荔裳[34]이 산동 안찰사로 부임할 때 문중의 자제 하나가 평소 싹수가 없어 총병 우칠于七[35]과 술을 마시고 도박을 하며 나쁜 짓을 했다. 우칠은 명조 말년 산동의 토비로 청조에 투항했던 사람이다. 비록 총병관總兵官을 맡았지만 악습은 고쳐지지 않았다. 어떤 사람이 조카의 상황을 송여상에게 알리자 그가 화를 내며 말했다.

"이렇게 한다면 틀림없이 우리 가문에 재앙을 가져다줄 것이다."

조카가 돌아온 뒤 송여상은 그를 묶어 사당으로 압송하여 몽둥이

---

34 송완宋琬(1614~1673)은 청초의 저명한 시인이며 팔대시가八代詩家 가운데 한 사람이다. 자가 옥숙玉叔이고 호가 여상이며 산동 내양萊陽 사람이다. 순치 4년(1647)에 진사가 되었으며 절강, 산동, 사천 지방의 안찰사를 역임했다. 주요 저작으로는『안아당집安雅堂集』『이향정사二鄉亭詞』등이 있다. 라이양시萊陽市 중신다제中心大街에 있는 그의 고거는 라이양시박물관으로 개조하여 개방하고 있다.

35 순치 16년(1659)에 정성공鄭成功(1624~1662)이 명조를 회복시키기 위해 군사를 이끌고 청에 반란을 일으켰다. 순치 18년(1661) 가을에 우칠(1609~1702)이 두 번째로 아산牙山에서 봉기하자 등주登州와 내주萊州의 농민들이 이에 호응하여 반청의 열화가 교동膠東에서 타올랐다. 70세 때 방장이 되어 화엄암華嚴庵에서 사망했다. 지금의 화엄사 선화善和의 묘탑墓塔을 중수했고 절 밖에 우칠석조상于七石雕像을 세워주었다.

로 때려죽이려고 했다.

조카는 이 소식을 듣고 덕주로 도망갔다. 밤에 토지묘에서 자다가 꿈속에서 토지신이 그에게 말했다.

"무서워할 필요 없어. 네 몸에 거금이 떨어질 게야. 지금 우칠이 곧 반란을 일으킬 텐데 넌 빨리 경성으로 달려가 제독에게 가서 자수하여라."

또다시 그에게 말했다.

"모처 지하에 은 100냥이 매장되어 있으니 그것을 가지고 여비로 삼아라."

조카가 그곳에 가서 파보니 과연 은을 얻어 무척 기뻤다. 송여상을 증오했기에 그는 제독부에 가서 자수할 때 송여상이 우칠과 공모하여 반란을 일으켰다고 무고했다. 따라서 송여상도 붙잡혀 감옥에 갇혔다.

10일이 되지 않아 우칠이 과연 반란을 일으키자 조카는 자수하며 소식을 알린 공로로 상을 받았다. 연루되어 옥에 갇힌 송여상은 오래지 않아 역시 복권되었다.

陸夫人

육 부인

아무개 포정사의 부인 육陸 씨는 상서 구 문달공의 수양딸이다. 문달공이 세상을 뜨자 부인은 병들어 꿈속에서 큰 가마를 메고 지붕에서 들어오는 모습을 보았다. 앞에 섰던 푸른 옷을 입은 사람이 외쳤다.

"구 대인 명으로 부인을 모시러 왔습니다."

부인이 가마에 앉자 가마는 천천히 하늘로 올라가 구름 속으로 떠났다. 큰 사당에 이르니 사당의 정전이 무척 컸다. 옆의 작은 건물은 정결했다. 구 문달공은 모자를 쓰지 않고 비단 도포를 걸치고는 안에 앉아 있었다. 옆에서는 두 시동이 시중들고 있었다. 책상 위엔 수많은 문서가 쌓여 있었다. 문달공이 부인에게 말했다.

"네가 어째서 병이 났는지 아느냐? 그 병은 전생에 생긴 업보다."

부인은 무릎 꿇고 빌며 말했다.

"수양아버님, 딸이 이를 벗어날 수 있도록 도와주실 수 있으신지요?"

"여기 서쪽 사랑채에 한 여인이 있는데 지금 침상에 누워 있다. 네가 가서 그녀를 부축해 일으켜보아라. 일으킬 수 있으면 네 병은 나을 수 있고, 일으키지 못하면 나로서도 네 목숨을 구할 방법이 없단다."

시동이 부인을 모시고 서쪽 사랑채에 갔더니 과연 방 안에 금박의 침상이 있었다. 침상엔 붉은색의 비단 휘장이 쳐졌고 이불과 요도 화려했으며 중간엔 여자 시체가 놓여 있었다. 나신이었으며 두 눈을 똑바로 뜬 채 한 마디도 하지 않았다. 부인이 앞으로 다가가서 그녀를 일으키고자 온 힘을 썼으나 끝내 일으키지 못했다. 부인이 문달공에게 돌아와 보고하니 문달공이 말했다.

"너의 업보는 풀기가 어려워졌구나. 집에 돌아가 장 천사張天師에게 부탁해 법단을 설치하고 망령을 천도하면 벗어날 수도 있단다. 그러나 천사는 근래에 세심하지 못하니 그의 수명은 길지 못하단다. 모월 모일 그가 소주 사람 고무덕顧懋德 집에서 재문齋文을 지었는데 틀린 글자가 너무 많아서 상제가 무척 화를 냈지. 어찌할 테냐?"

부인은 놀라 잠에서 깨어났다. 마침 경성에 있는 장 천사를 만나 구 문달공이 한 말을 그에게 알려주었다. 장 천사가 고 씨 집에 써준 재문을 검사해보니 원고 중에 과연 틀린 글자가 있었다. 수하의 한 도사가 쓴 것이라서 마음속으로 긴장하고 두려웠다. 오래지 않아 부인이 죽고 장 천사도 세상을 하직했다. 천사의 이름은 존의存義다. 고무덕은 건륭 16년(1751)의 진사로 예부낭중禮部郎中을 역임했다.

牛頭大王

우두 대왕

율양현의 농민 장광유莊光裕가 꿈속에서 괴물을 보았다. 머리에 뿔이 난 괴물이 문을 두드리며 들어와 그에게 말했다.

"나는 우두 대왕牛頭大王이니라. 상제가 내게 명령하여 이곳의 제사를 받게 했으니, 그대가 나의 소상을 만들어 제사를 지내면 내가 반드시 그대를 도울 것이다."

장광유가 깨어나 같은 마을 사람들에게 알렸다. 이때 마을에 전염병이 돌았는데 사람들이 말했다.

"이 일을 사실로 믿어봅시다."

돈 수천 냥을 걷어서 초가집 세 칸을 짓고 머리는 소, 몸은 사람인 좌상을 빚어 모셔두었다. 이후 마을의 전염병 환자는 모두 치유되었다. 사당에 가서 아들을 낳게 해달라고 빌어도 영험이 있었다. 그래서 사당의 향불은 꺼질 날이 없었다.

이렇게 몇 년이 지나갔다. 이 마을의 주만자周蠻子의 아들이 천연두에 걸려 돼지와 양 등 제물을 준비하여 사당에 가서 제사를 지냈다. 그리고 괘를 던져 점쳐보니 대길大吉이란 점괘를 얻게 돼 주만자는 기뻐하여 연회를 베풀어 신에게 감사를 표했다. 며칠 지나지 않아 아들은 도리어 죽어버렸다. 주만자가 크게 화를 내며 말했다.

"아들이 농사지어 나를 봉양했는데, 아들이 죽느니 차라리 내가 죽는 게 낫겠다."

그는 아내를 데리고 괭이와 쇠스랑으로 우두를 치고 몸도 부순 다음 사당도 부숴버렸다. 온 마을 사람은 깜짝 놀라 틀림없이 큰 재앙이 닥칠 것으로 생각했다. 하지만 이후부터 아무런 동정도 보이지 않았으며 우두신도 어느 곳으로 갔는지 모른다.

水定庵牡丹

수정암 모란

강녕 현승江寧縣丞 왕역당汪易堂[36]이 고북구古北口[37]의 친구를 방문하러 가다가 수정암水定庵에서 잠시 휴식했다. 수정암의 모란꽃이 활짝 피었는데 크기가 말斗만 했다. 왕역당이 가까이 다가가 감상하고 있는데 수정암의 스님이 그에게 꽃을 꺾지 말라고 훈계했다. 꽃에는 요괴가 있어서 재앙을 가져다준다는 것이었다. 왕역당은 평소 용감하다고 자부하던 터라 웃으며 말했다.

"저는 본래 꽃을 꺾고 싶은 생각이 없었으나, 기왕 꽃에 요괴가 있다니 한 가지 꺾어서 시험해보고 싶어요."

손을 뻗어 꽃을 좌우로 비틀어 땄으나 꽃은 쇠심줄처럼 질겨 아무리 해도 꺾어지지 않았다. 왕역당이 차고 있는 칼을 꺼내 꽃을 잘랐으나 꽃은 끊어지지 않고 엄지손가락만 베여 피가 그치지 않고 흘

36 왕창림汪蒼霖은 자가 역당이고 전당 사람이다. 건륭 연간에 활동했으며 강녕 현령을 지냈다.

37 베이징시 미윈현密雲縣 경내에 있으며 베이징에서 120킬로미터 떨어져 있다.

렸다. 왕역당은 부끄럽기도 하거니와 화가 나서 도포의 소매를 찢어 상처를 싸매고 아픔을 참으며 아무 말 없이 왼손으로는 꽃을 잡고 오른손으로는 칼로 꽃의 뿌리를 잘랐다. 끝내 한 가지를 잘라 집으로 돌아와 꽃병에 꽂아두고는 사람들에게 자랑하며 말했다.

"내가 오늘 꽃의 요괴를 붙잡아왔지."

그가 약을 사서 손의 상처 부위에 바르려고 풀어보니 아무런 상처도 없었고 베에도 혈흔이 없었다.

烏臺 오대

광동 조경부肇慶府[38]는 고대의 단주端州였으며 포효숙包孝肅[39]이 옛날에 다스렸던 곳이다. 조경부 관아 대청의 난각暖閣[40] 뒤편에 흑정黑井이 있었다. 위엔 철판으로 덮었는데 들어가고 나오는 데 있어 반드시 거치는 곳이다. 전하는 말에 따르면, 포공이 요괴를 이 우물 속에 가둬놓았다고 한다. 민간에 "포수노방성호包收盧放馬成湖"라는 요언謠諺이 있다. 태수 가운데 노 씨 성을 가진 사람이 있으면 요괴가 나오고, 마 씨 성을 가진 사람이면 우물물이 가득 솟아난다는 말이다. 하지만 백년 천년이 지나도 노 씨나 마 씨 성을 가진 사람이 조경의 태수로 부임한 적은 없었다. 아문 동쪽에 높은 누각이 있는데 이를 오대烏臺라 부른다. 속설에 포공이 요괴를 심판할 때 모두 이 누대에서 했다고 전한다. 누대의 사면은 모두 벽돌로 꼭 틀어막아놓았는데 열면 요

38 지금의 광둥성 자오칭시肇慶市 돤저우구端州區에 설치되었던 부로 1912년에 폐지되었다.

39 포증包拯을 가리킨다.

40 난방 설비를 하여 몸을 녹일 수 있게 했던 큰 방에 딸린 작은 방.

괴가 소동을 부렸다. 새로운 태수가 부임할 때마다 반드시 돼지와 양을 준비하여 제사지냈으며 아무도 누각을 열어보려고 하지 않았다.

전임 안安 태수의 주방장이 술에 취해 높은 누각 꼭대기에 올라 기와를 떼어내고 안을 몰래 살펴보았다. 누대 중앙엔 세 개의 흙덩이가 물건 '품品'자 형태로 놓여 있었는데 마치 작은 무덤 같았다. 중간에 작은 나무 한 그루, 푸른 가지, 녹색의 나뭇잎이 있었다. 그 밖에는 아무것도 없었다. 그가 눈을 부릅뜨고 자세히 보니 검은 기운이 위로 솟아올라 그를 누각 꼭대기에서 굴려 땅에 떨어트렸다. 온몸이 부들부들 떨리고 땀으로 흠뻑 젖어 자신이 본 상황을 겨우겨우 말하고서 그날 밤에 미친 듯이 소리를 지르며 죽어갔다. 하루가 지나자 갑자기 안 태수가 미쳐 그의 아내를 때려죽였으며 또 칼로 애첩을 찔러 죽였다. 이 일로 관직을 잃고 유배되었다.

또 두 번 태수가 바뀌었고 내 동생 향정香亭이 조경 태수를 맡았을 때 편지를 써서 집으로 보내 이 일을 알렸다. 나는 이 소식을 듣고 화가 나 답장을 써서 말했다.

"이 일이 황당무계한 얘기라면 그것으로 됐다. 진짜 그런 일이 있다면 누각의 신이 그다지 따지지 않을 것이다. 분명히 포공이 남긴 고적이 아니라면, 동생은 어째서 그것을 부수어 불태워버리지 않는가?"

見娘堡

견랑보

순치 2년(1645) 청나라 병사가 건창建昌을 격파하자 명 익왕益王[41]이 도주했다. 왕부의 속관 유劉 씨는 오 지방 사람인데 산속으로 도망가 행방불명되었다. 유 씨의 아들 요소蓼蕭는 소주에서 시험 치르고 돌아와 아버지를 찾을 뜻을 세웠다. 이때 번부藩府[42]는 이미 황폐되어 무너지고 소식을 들을 방법이 없어 우강盱江 장영공張令公 사당

41 명조가 멸망한 뒤 노왕魯王, 복왕福王, 계왕桂王, 당왕唐王 등 명의 왕족들이 각지에서 할거하며 청군에 저항했는데 익왕도 그중 한 명이다. 당시 익왕은 주자태朱慈炲(?~1646)였다. 주자태朱慈炱로 표기하기도 하는데 호는 황남도인潢南道人이고 익정왕益定王 주유목朱由木(1588~1634)의 장자다. 부친이 1634년에 사망하자, 1636년에 주자태는 익왕을 이어받았다. 명조가 멸망한 뒤 청군에 저항하다가 1645년에 실패한 뒤 광동으로 도망가 이듬해에 광주에서 사망했다.

42 명대의 번부는 일명 담왕부潭王府라고도 불렸다. 옛 장사성長沙城 안에 있었다. 명 태조가 여덟째 아들 주재朱梓(1369~1390)를 담왕潭王으로 책봉하고, 영종英宗이 일곱째 아들 주견준朱見浚(1456~1527)을 길왕吉王으로 책봉했는데 모두 장사에 있었기 때문에 번부라고 불렀다. 청나라 병사가 들어오면서 번부는 무너지고 황폐해졌다. 지금의 창사에 있는 지명 후번부평後藩府坪, 번성제藩城堤, 동패루東牌樓, 서패루西牌樓 등의 명칭은 모두 번부에서 나왔다.

에 가서 기도했다. 이날 저녁에 그는 꿈을 꾸었다. 꿈속에서 신이 '석제石漈'라는 두 글자를 써서 그에게 주었다. 이튿날 깨어나도 갈피를 잡을 수 없었고 석제가 어디에 있는지도 몰랐다. 나중에 비구니를 만나 물어보자 그에게 알려줬다.

"석제는 복건, 광동의 경계 지점에 있어요. 그곳엔 싸움이 벌어져 다니기 어려워요. 다행히 작은 길이 있으니 7일 걸으면 도착할 수 있습니다."

유요소劉蓼蕭는 비구니의 말대로 온갖 고생을 다한 끝에 석제에 도착했다. 그의 부모는 현지 농민 요姚 씨 집에서 살고 있었다. 이때 부친은 이미 죽은지라 모자는 마주 보며 통곡했다. 이에 그는 어머니를 모시고 부친의 관을 운반하여 고향으로 돌아왔다.

그의 부모가 기거한 마을 이름은 견랑보見娘堡인데 그 이름이 특이하다. 더 특이한 것은 요소의 부친이 피난했을 때 몸에 족보를 휴대한 것이었다. (남편이 죽고 아들이 찾으러 오기 전인) 순치 5년(1648) 상자 속에서 부스럭거리는 소리가 나서 그의 모친이 그 안에 쥐가 파고 들어간 것이라 여겨 상자를 열어보니 안에 아무것도 없었다. 하지만 상자를 닫으면 다시 소리가 났다. 어느 날 붉은 옷을 입은 사람 여럿이 천천히 상자 안에서 나왔다. 그녀는 대경실색했는데 몇 시간이 지나자 요소가 찾으러 왔다. 이 일은 강서명姜西溟[43] 문집에 기록되어 있으며, 한담韓菼[44] 상서가 요소의 묘지명을 썼다.

43 강신영姜宸英(1628~1699)은 자가 서명이고 호가 담원湛園이며 절강 자계 사람이다. 강희 36년(1697) 그의 나이 70세 때 진사가 되었고 한림원 편수를 지냈다. 명말, 청초의 저명한 서예가, 사학자이며 주이준, 엄승손嚴繩孫(1623~1702)과 더불어 '강남삼포의江南三布衣'라 불린다. 주요 저작으로는 『위간시집葦間詩集』 『서명문초西溟文鈔』 등이 있다.

44 한담(1637~1704)은 자가 원소元少이고 별호가 모려慕廬이며 소주 사람이다. 강희 12년(1673)에 장원으로 과거에 합격했으며 시강, 시독, 예부시랑, 예부상서 등을 역임했다.

멍청한 귀신

鬼糊塗

건륭 39년(1774) 경성에 한육韓六이라는 무뢰한이 있었는데 자기 부친을 때려 상처를 입혔다. 형부에서는 심문하여 밝힌 후에 그를 감옥에 가두고 참수형을 내리려고 했다. 한 시랑侍郎은 그가 때린 부위가 치명적인 곳이 아니라고 여겨 한 등급을 낮춰 감형해주려고 했다. 그러자 형부상서 진공秦公이 황제에게 상주했다.

"부자의 명분에 관련된 사건이니 마땅히 법대로 처리해야 합니다."

황제는 지시를 내려 상서가 상주한 내용에 따라 처리하라 하고 형부 사옥사司獄司 이회중李懷中을 파견하여 참수형을 감시하게 했다. 3일 뒤 귀신의 혼이 이회중의 몸에 붙어서 다음과 같이 말했다.

"여러 대인께서는 제게 관용을 베풀어주셨는데 그대는 저를 죽이시려는군요. 저는 죽어도 따르지 않겠어요. 그래서 원수 갚으러 온 겁니다."

듣고 있던 사람은 깜짝 놀라며 그 귀신이 멍청하다고 여겼다. 그러나 이회중은 결국 병들어 일어나지 못했다.

鬼勢利

귀신의 권세와 명리

장팔랑張八郞은 미혼 때 한 여종과 사통하고는 결혼한 뒤 그녀를 버렸다. 그 여종은 원한을 품고 병이 들었으며 임종 때 다음과 같이 말했다.

"저는 팔랑을 용서하지 않겠어요."

말을 마치고는 숨이 끊어졌다. 잠시 후 갑자기 눈을 뜨더니 이렇게 말했다.

"팔랑의 기운이 너무 세서 복수할 수 없어요. 팔랑의 부인을 잡아도 그를 잡는 것과 마찬가지입니다."

2년이 안 되어 팔랑의 아내는 결국 난산으로 사망했다.

상사병에 걸린 귀신

鬼相思

악주岳州에 장張 씨 성을 가진 사람이 있는데 별명이 귀삼야鬼三爺다. 그의 항렬이 세 번째이고 그에게 귀신이 붙었기 때문이다. 부친은 부학府學의 수재이며 모친 진陳 씨는 용모가 아름다웠다. 하루는 갑자기 요괴가 나타나 자칭 운양소신鄆陽小神이라 하면서 낮에만 모습을 나타내어 진 씨와 성교했다. 장 수재는 비록 진 씨와 같은 침상을 썼으나 일단 요괴가 나타나면 아무런 이유도 없이 스스로 떠나게 되었는데 손발이 차꼬에 묶인 것 같았다. 장 씨 가족이 도처에서 도사를 불러 부적을 그리며 요괴를 몰아냈지만 효험은 전혀 없었다. 3개월 뒤 진 씨가 임신했고 출산할 때 공중의 수많은 요괴가 소리 지르며 다투어 축하를 표했고 지전이 무수히 뿌려졌다. 장 수재는 매우 화가 나 천사를 찾으러 용호산龍虎山[45]으로 가서 요괴를 잡아달라고 부탁하고자 했다.

---

45 장시성 구이시현貴溪縣에 있는 도교의 성지. 도교의 창시자 장도릉張道陵이 수련했던 곳으로 전해진다.

갑자기 어느 날 요괴가 기우뚱거리며 방 안으로 들어오더니 땀을 비 오듯 흘리며 진 씨에게 말했다.

"나는 큰 재난에 빠졌소. 내가 어젯밤에 당신 이웃 모毛 씨 집에 들어가 그 집의 금 동이를 훔쳤는데 그 집에 걸려 있던 종규상이 칼을 빼고는 쫓아오더군요. 나는 그의 칼에 찔릴까봐 하는 수 없이 재빨리 도망가면서 금 동이를 골목 서쪽의 연못에 던져놓고 이곳으로 도피했어요. 당신 빨리 가서 술을 준비하시오, 내 마음 좀 진정시키게."

이튿날 진 씨는 이 일을 남편에게 알렸다. 장 수재가 모 씨 집으로 가서 알아봤더니 과연 금 동이를 잃어버려 온 집안 사람이 시끄럽게 굴면서 관청에 보고하여 도둑을 잡아달라고 했다. 장 수재가 그들을 저지하며 말했다.

"제가 당신들 대신 금 동이를 찾을 수 있는 법술을 가졌어요. 찾으면 제게 어떻게 보상해줄래요?"

모 씨 가족은 이 말을 듣고 매우 기뻐하며 말했다.

"정말로 금 동이를 찾을 수 있다면 당신이 말하는 대로 하리다."

장 수재는 거짓으로 주문을 외우는 시늉을 했다. 장시간이 흐르자 모 씨 집 가족을 불러 연못으로 가보게 하고는 수영을 잘하는 사람을 시켜 연못에 들어가 건지게 하여 결국 금 동이를 찾았다. 모 씨 가족은 장 수재를 환대하면서 그에게 무슨 사례를 바라는지 물었다. 그러자 장 수재가 말했다.

"저는 공부하는 사람으로 돈을 받지 않습니다. 당신 집에서 소장하는 그림 한두 점을 주면 충분해요."

모 씨 가족은 모든 소장품을 가져왔다. 장 수재는 문징명文徵明[46]이 그린 「부용도芙蓉圖」 한 폭을 골랐다. 모 씨 가족은 사례가 너무 박하다고 여겨 마음속으로 몹시 송구스러웠다. 이에 장 수재가 벽에 걸린 종규상을 가리키며 말했다.

"저 그림 한 폭을 주면 두 폭인 셈이네요. 어때요?"

모 씨 가족은 그렇게 하겠다고 대답했다.

장 수재는 종규상을 집으로 가져와 걸어놓았다. 요괴는 이로부터 두 번 다시 들어올 수 없었다. 다만 정원의 나무 위에서 귀신들이 상심하여 우는 소리만 들렸다. 3일 동안 울자 사람들은 귀신이 상사병을 앓는 것이라고 여겼다.

---

46 문징명(1470~1559)은 명대의 저명한 화가, 서예가, 시인, 문인으로 '사절四絶'로 불린다. 그림에서는 심주沈周(1427~1509), 당백호唐伯虎(1470~1524), 구영仇英(1494~1552)과 더불어 오문사가吳門四家, 시문에서는 축윤명祝允明(1461~1527), 당인唐寅(당백호), 서정경徐禎卿(1479~1511)과 더불어 오중사재자吳中四才子로 불린다.

關神世法

관신세법

강희 계묘년癸卯年(1663)에 거인 강개江闓[47]가 모 현의 현령으로 부임했다가 오래지 않아 초상이 나서 고향으로 돌아왔다. 복상 기간이 끝나갈 때 꿈속에서 한 무사가 다가왔다. 자칭 주창이라 했으며 차려입은 꼴은 지금의 사당에서 빚은 주창과 같았다. 다만 나이가 어려 수염이 없었으며 손에는 명함을 들고 있는데 위에 '치연가제관모돈수배治年家弟關某頓首拜'라고 쓰여 있었다. 그가 놀라 깨어난 뒤 웃음을 참지 못하고 마음속으로 관제가 어떻게 지금 사람이 하는 방법을 따라할 수 있을지 생각했다. 오래지 않아 강개는 관제의 고향 산서 해량현解梁縣 지현으로 임명되었다. 부임한 뒤 관제묘에 절하러 갔는데 관공상 옆에 빚은 주창은 과연 수염이 없는 젊은이로 모습은 꿈

47 자가 진륙辰六, 별호가 장가생牂牁生, 과거 합격자 명단엔 이름이 월개越闓로 표시되어 있다. 귀주성 신귀현新貴縣(지금의 구이양貴陽) 사람으로 강희 2년(1663)에 거인이 되었다. 이후 익양 지현益陽知縣, 균주 지주均州知州, 운양 지부鄖陽知府, 해주 지주解州知州, 평양 지부平陽知府 등을 역임했다. 주요 저작으로는『정재당집政在堂集』『춘무집春蕪集』등이 있다.

속에서 본 것과 같았다. 이에 그는 돈을 내어 관제묘를 새로 수리했다. 이후 그는 임소에서 사망했다. 그는 강우구江于九[48] 태수의 삼촌이다. 이는 강우구가 내게 알려준 이야기다.

---

48 강순江恂(1709~1786)은 자가 우구, 호가 자휴蔗畦이며 광릉廣陵(지금의 장쑤성 이정시儀徵市) 사람이다. 건륭 20년(1755)에 상녕常寧 지현으로 나갔으며 이듬해에 청천현淸泉縣 지현으로 부임했다. 이후 건주 동지乾州同知, 장사 지부長沙知府, 휘주 지부徽州知府를 역임했다. 그는 박학다식하고 역사, 시, 그림, 서예에 정통했는데 주요 저작으로는 『자휴시초蔗畦詩鈔』『묵향거화지墨香居畫識』『화간필어花間筆語』『화전편운畫傳編韻』 등이 있다.

鄕試彌封

향시의 미봉

환강皖江 사람 정숙재程叔才는 이름이 사공思恭[49]이며 학문이 넓고 도타워 진유숭陳維崧[50]의 변려문駢體文에 주석을 달아 세상에 이름이 났다. 그는 평소에 고문을 좋아하고 팔고문을 싫어했기에 그의 스승 당적자唐赤子[51] 한림이 그를 꾸짖으며 말했다.

"거인, 진사에서 더 높은 곳으로 올라가려면 팔고문을 배우지 않으면 안 되느니라. 금년은 시험이 있는 해이니 자네는 팔고문에 신경 쓰길 바라네."

---

49 정사공程師恭(1650~1712)은 자가 숙재, 호가 오촌梧村이고 안휘성 회령현懷寧縣 사람이며 중경부 영천현永川縣 지현을 지냈다. 본문 '사공思恭'의 사思는 '사師'의 오식으로 보인다.

50 진유숭(1625~1682)은 자가 기년其年이고 호가 가릉迦陵이며 강소 의흥宜興 사람이다. 명말, 청초 사단詞壇의 일인자이며 양선사파陽羨詞派의 영수다. 주요 저작으로 『호해루전집湖海樓全集』이 있다.

51 한림학사 당건중唐建中을 말한다. 자가 적자이며 경릉竟陵 사람이다.

그런 뒤 그에게 강제로 김인서金人瑞,[52] 진유숭 등 팔고문 대가들의 작품을 읽게 했다. 정숙재는 입으로만 대답했다. 마음속으로 팔고문을 싫어했기에 『사서체주四書體注』 등의 서적은 시험을 코앞에 두고도 펼쳐보지 않았다.

강희 무술년戊戌年(1718)의 향시에서 강남 시험장의 제목은 「어진 인재를 어떻게 알아보고 고르는가擧賢才曰焉知賢才而擧之」[53]였다. 차제次題는 「위대하도다, 성인의 도는大哉聖人之道」[54]이었다. 정숙재는 세 번의 시험을 끝내고 첫 편에 쓴 내용이 비교적 좋다고 여겼다. 당적자가 그의 원고를 읽어보더니 기뻐하며 말했다.

"앞줄에 붙을 가능성이 있다."

정숙재는 급히 책상머리의 『중용』을 펼쳐보고 한동안 우두커니 있더니 고개를 숙이며 풀이 죽어 말했다.

"소용없어요. 저는 '대재성인지도大哉聖人之道'가 '예의삼백, 위의삼천禮儀三百, 威儀三千'[55] 두 구의 바로 뒤에 나오는 줄 알고 도입 부분領題과 전개 부분出題도 모두 두 구를 이어서 썼지요. 지금 보니 원래 첫 편의 첫째 구인데 이렇게 전편의 문장이 혼란스럽게 되었어요. 합격도 장담할 수 없어요."

---

52 김인서(1608~1661)는 자가 성탄聖嘆이고 강소 소주 사람이다. 청초의 문학비평가이자 시인으로, 『장자莊子』 『이소』 『사기史記』 『두시杜詩』 『수호전水滸傳』 『서상기西廂記』를 천하의 육재자서六才子書로 선정하여 평점을 달았다. 아울러 당시 선집 『당재자서唐才子書』(8권)를 편집했으며 팔고문 모범 답안집 『제의재자서制義才子書』를 편찬했다.

53 『논어』 「자로子路」 편에 나오는 구절이다.

54 『중용』에 나오는 구절이다.

55 『중용』에 나오는 구절이다.

당적자는 그를 애석하게 여기며 탄식했다.

오래지 않아 합격자 발표가 붙었다. 정숙재는 끝내 5등으로 합격했다. 당적자는 정숙재가 어째서 합격되었는지 이해가 되지 않아 시험 감독관을 찾아가 그 이유를 물어보고 싶었다. 시험 감독관은 당적자와 같은 시험에 합격한 진사였다. 두 사람이 만나자마자 시험 감독관이 웃으며 말했다.

"올해 시험장에 우스운 일이 있었는데 자네도 아는가?"

당적자가 무슨 일이냐고 묻자 시험 감독관이 말했다.

"황상께서 비밀리에 지시를 내렸는데 수재들이 문장을 쓸 때 파승破承, 영제領題, 출제出題 세 군데에 힘쓰라 하셨지. 금년 시험지를 채점할 때 이 세 곳을 모두 미봉彌縫했다네. 따라서 정 씨 성을 가진 사람은 문장의 영제와 출제가 모두 틀렸는데도 결국 5등으로 합격했네. 다시 대조한다면 반드시 탄핵 처벌을 받을 텐데 어떻게 하지?"

당적자는 웃으며 대꾸하지 않았다. 후에 당숙재는 과연 이부의 재심사를 거쳐 그가 한번 시험을 볼 수 없도록 처벌했다.

두 명의 왕사횡

兩汪士鋐

순치 연간에 휘주 사람 왕일형汪日衡 선생이 신년 첫날 꿈을 꾸었다. 꿈속에 하늘에서 진사 합격자 명단이 걸렸는데 일등은 왕사횡汪士鋐[56]이었다. 왕일형은 자신의 이름을 왕사횡으로 개명하여 꿈속의 상황과 호응하게 만들어놓았다. 하지만 그는 평생토록 진사에 급제하지 못했다. 강희 어느 해에 이르러 왕퇴곡汪退谷 선생이 1등으로 합격했고 합격자 명단에 쓰인 이름은 바로 사횡이었다. 이는 왕일형이 꿈꾸었을 때로부터 40여 년이 흐른 뒤라 왕일형 선생은 세상을 떠난 지 오래되었다. 그의 손자가 조부의 이름을 기억했다면 더불어 하늘이 사람을 조롱한 일에 탄식했을 것이고, 더욱이 공명 추구가 아무런 의미가 없다고 느꼈을 것이다.

56 왕사횡(1658~1723)은 자가 문승文升, 호가 퇴곡退谷, 추천秋泉이며 장주長洲(지금의 장쑤성 쑤저우) 사람이다. 1679년에 진사과에 합격했다. 글씨를 잘 썼으며 주요 저작으로는 『예학명고瘞鶴銘考』『추천거사집秋泉居士集』『전진예문지全秦禮文志』 등이 있다.

雷擊土地

우레가 토지신을 때리다

강희 연간에 석태石埭 현령 왕이흔汪以忻은 친구 임林 씨와 매우 사이좋게 지냈다. 나중에 임 씨가 세상을 뜨자 석태의 토지신이 되었다. 밤이 되면 왕과 임 두 사람은 비록 하나는 이승에, 하나는 저승에 있었지만 서로 왕래하며 친밀하게 지내 과거와 마찬가지였다. 한번은 토지신이 몰래 왕이흔에게 말했다.

"자네 집에 장차 재난이 닥칠 터라서 자네에게 알리지 않을 수 없네. 자네에게 알린 뒤엔 나는 아마도 하늘의 징벌을 피할 수 없을 것이네."

왕이흔이 두세 번 물어본 뒤에야 토지신이 겨우 대답했다.

"자네 자당께서 벼락을 맞을 것이네."

왕이흔은 깜짝 놀라 울면서 토지신에게 구원해달라고 부탁했다. 그러자 토지신이 말했다.

"전생에 악을 지은 업보일세. 내 관직이 낮으니 어찌 구원할 수 있겠나?"

왕이흔이 끊임없이 울면서 부탁하자 토지신이 말했다.

"구할 수 있는 방법은 단 한 가지야. 자네가 빨리 효도하여 자네 모친이 평소 드시던 음식이나 평소 사용하던 휘장, 옷을 평소보다 열 배 준비해놓고 아끼지 말고 모두 누리시게 하게. 이렇게 하면 누릴 복록을 다 누리시고 죽어서 삶을 편안하게 마칠 수가 있네. 그때 뇌신이 비록 내림해도 쓸모가 없을 거네."

왕이흔이 토지신의 말대로 하니 그의 모친은 과연 몇 년 살지 못하고 돌아가셨다.

다시 3년이 지났다. 하늘에서 비가 내리고 과연 뇌신이 찾아왔다. 우레의 빛이 관을 두르고 번쩍이자, 온 방엔 유황 냄새로 가득 찼으며 최후에는 내리지 않고 지붕만 뚫고 지나갔다. 토지묘의 소상은 부서져 진흙이 되어버렸다.

張光熊

장광웅

직예 사람 장광웅張光熊은 어려서부터 총명하고 영준했다. 지금은 이미 18세가 되었으며 집 안의 서쪽 누각에서 공부했다. 그의 집은 부유하여 계집종과 소첩이 많았지만 부모는 그를 엄격하게 관리했다. 7월 7일 그는 견우직녀의 고사가 생각났다. 이에 별을 바라보며 우울하게 앉아 있었는데 이상하게 망령된 생각이 들었다.

'오늘 밤 계집종이 와서 내가 공부하는 모습을 몰래 볼까?'

막 이렇게 생각하고 있는데 주렴 밖에서 한 미녀가 몸을 구부리고 서 있었다. 장광웅이 그녀를 부르자 그녀는 대답하지 않았다. 잠시 후 서서히 앞으로 다가와 보니 집안의 계집종이 아니었다. 그녀에게 물었다.

"성이 뭐요?"

"왕王 씨입니다."

"어디서 사시오?"

"서방님 서쪽 이웃에 살고 있어요. 저는 서방님께서 조만간 출세할 조짐을 알고 서방님의 용모와 자태를 사랑하여 서방님을 뵙고 싶어서 왔어요."

장광웅은 매우 기뻐서 그녀와 같은 침상을 쓰고 잤다. 이로부터 그녀는 매일 밤마다 왔다.

장광웅에게는 같이 잠을 자는 시동이 있었다. 여자가 장광웅에게 말했다.

"어린 종이 곁에 있으니 불편해요. 그를 좀 멀리 있는 곳으로 보내서 자게 하세요. 부르면 달려올 수 있는 곳으로요."

장광웅이 가동을 옮기게 하자 가동이 나가려 하지 않으며 다음과 같이 말했다.

"저는 매일 밤마다 도련님 침상에서 친밀하게 나누는 정다운 말을 듣곤 하는데 무슨 까닭이 있는 듯해요. 주인님이 제게 명해서 도련님을 보호하라 하시니 멀리 떠날 수 없어요."

장광웅이 어쩔 도리가 없어 가동의 말을 여자에게 알리니 답했다.

"상관없어요. 번거로운 일을 자초했군요."

이날 저녁에 가동이 아직 잠들지도 않았는데 괴물에게 붙잡혀 줄로 묶이고 서원西園의 나무 위에 매달렸다. 가동이 도련님을 부르며 목숨을 살려달라고 애걸하자, 그 여자가 웃으며 말했다.

"네가 정말 죄를 인정하고 이곳에서 멀리 떠나면 풀어줄 거야. 만일 대담하게도 말을 꺼내 주인에게 알린다면 네게 두 배의 고통을 줄 것이다."

가동이 연신 그러겠다고 대답하자 줄이 당장 풀려 가동은 이미 땅 위에 서 있었다.

이렇게 1년이 넘게 지나가자 장광웅은 점차 쇠약해지기 시작했다.

장광웅의 부친이 가동에게 묻자 가동은 서방님이 사는 곳에 아무런 이상이 없다고 말했다. 그러나 안색이 부자연스러웠다. 장의 부친은 더욱 의심이 들어 친히 장광웅의 서재 앞으로 가서 몰래 엿들으니 휘장 안에서 여자 목소리가 들렸다. 그가 창문을 열고 들어가 휘장을 제치고 보니 여자는 없고 단지 베갯머리에 금비녀와 산사화山楂花가 있었다. 장의 부친은 북방엔 산사화가 없음을 생각하고 틀림없이 요괴가 가져온 것이라 여기며 대로하여 장광웅을 때리려고 했다. 장광웅은 어쩔 도리가 없어 사실대로 말했다. 장의 부친은 이름난 스님, 도사를 불러 법단을 세우고 주문을 외웠다. 그 여자가 그날 밤에 와 울면서 장광웅에게 말했다.

"천기가 누설되어 이제 이별해야 해요."

장광웅도 매우 상심하여 헤어질 때 물었다.

"또 만날 날이 있겠지?"

"20년 뒤 화주華州에서 만날 수 있어요."

이로부터 두 번 다시 찾아오지 않았다.

오래지 않아 장광웅은 아내 진陳 씨를 맞이했고 진사과에 급제하여 오강현吳江縣 지현 관직을 받았다. 이후 화주 지주로 승급했으며 이때 진 씨가 세상을 떠났다. 장 씨의 부친은 집에서 장광웅을 위해 왕 아무개의 딸을 후처로 맞이하기 위해 그녀를 화주에 보내 결혼시켰다. 결혼하던 날 저녁에 장광웅이 신부 얼굴을 보니 당시 서재에 와서 같이 잠을 잤던 여자와 완전히 같았다. 그녀의 나이를 물어보니 마침 20세였다. 어떤 사람이 말했다.

"호선狐仙이 장광웅과의 정욕을 잊을 수 없어 사람으로 환생한 것이오."

장광웅이 종전의 일을 물으니 그녀는 전혀 기억하지 못했다.

趙氏再婚成怨偶

조 씨가 재혼한 뒤 원수가 되다

옹정 연간 포정사 정선실鄭禪實의 아내 조趙 씨는 용모가 아름답고 부덕婦德을 갖췄으며 정선실과도 금슬이 좋았다. 조 씨가 나중에 병이 나 죽는데 임종할 때 다음과 같이 맹세하며 말했다.

"환생해서 당신과 부부가 되고 싶어요."

조 씨가 세상을 떠나던 날 기인旗人 유劉 씨가 딸을 낳았는데 낳자마자 말했다.

"저는 정선실의 아내입니다."

그녀의 부모는 그 말을 듣고 깜짝 놀라 괴이하다고 여겼다. 그러나 그 후에 이 아이는 말을 할 줄 모르게 되었다.

8세가 되던 해 유 씨 딸이 친척집에 가던 중 정 씨 집의 노복이 그녀의 수레에 길을 양보하지 않자 화를 내며 말했다.

"네가 정사鄭四지? 어릴 적부터 우리 집에 오곤 했는데, 어째서 나를 보고도 말에서 내리지 않는가?"

정사는 이 말을 들은 뒤 어리둥절하여 유 씨 집을 찾아가 유 씨 부모를 찾아뵈니 그녀의 부모가 유 씨 딸이 출생할 때의 괴이한 일을 자세하게 말해주었다. 유 씨 딸이 집에 돌아와 정사를 보고는 그에게 물었다.

"너의 주인은 편안하더냐?"

또 집안의 모든 친척의 상황과 노비, 전답, 가옥 등의 일을 물으니 하는 말마다 맞아떨어졌다. 그 가운데 노복은 모르지만 유 씨 딸이 상세하게 아는 것도 있었다.

노복이 집으로 돌아와 이 일을 정선실에게 알리자, 정선실도 유 씨 집으로 갔다. 유 씨 딸은 정선실을 보고 눈물을 흘렸으며 두 사람은 오랫동안 많은 얘기를 나눴다.

당시 악서림鄂西林[57] 상공은 전생과 현생의 결혼이며 태평성대의 상서로운 일이라 여겨 정선실에게 유 씨 딸을 첩으로 들이라고 권유했다. 유 씨 딸이 14세 되던 해에 두 사람은 결혼식을 올렸다. 당시 정선실의 나이는 예순이었다. 두발은 온통 백발이었으며 아울러 두 번째 부인의 딸도 있었다. 유 씨 딸은 출가한 지 일 년이 넘어 우울증이 생겨 결국 목을 매달아 자살했다. 원매는 말한다.

"애정이 정점에 이르면 결혼을 생각하고, 결혼생활이 애정으로 가득하면 단절되니 이상한 일이로다."

---

57 악이태鄂爾泰(1677~1745)를 말한다. 서림각라씨西林覺羅氏이며 자는 의암毅庵이고 만주양람기인滿洲洲鑲藍旗人 출신이다.

童其瀾

동기란

소흥 사람 동기란童其瀾은 건륭 원년(1736)의 진사로 호부원외랑을 역임했다. 하루는 동기란이 아문에서 숙직을 서며 밤에 동료 몇 사람과 함께 술을 마셨다. 갑자기 그가 하늘을 올려다보며 소리쳤다.

"천사가 내려온다."

이어서 조정에 나갈 때 입는 관복으로 갈아입고 재배하며 땅에 엎드렸다. 동료들이 그에게 무슨 천사냐고 물으니 동기란이 웃으며 말했다.

"사람에게 두 하늘이 없거늘, 어찌하여 묻는가? 하늘엔 칙서 1권이 있는데 중서각中書閣에서 발급한 임명장처럼 금빛 갑옷을 입은 사람이 하늘에서 내려와 내게 명하여 동편문東便門[58] 밖 화아갑花兒閘의 하신河神이 되라 하시니, 장차 자네들과 헤어질 것이네."

---

58 북경성 외성 동남쪽의 각루角樓 옆에 있는 작은 성문이다. 가정 43년(1564) 몽고 기병의 침략을 방어하고, 북경성의 안정을 지키기 위해 외성을 쌓고 외성의 동쪽 끝에 동편문을 세웠다.

말을 마치고는 눈물을 흘렸다. 동료들은 그가 일시에 정신 착란을 일으켰다고 여기고는 그다지 개의치 않았다.

이튿날 상서 해망海望[59]이 호부에 이르자, 관복을 갖춰 입은 동기란이 읍을 하며 관직을 사직하는 이유를 상세히 설명했다. 해망이 말했다.

"그대는 지식인이자 군자요. 일 처리가 명확하고 효과도 있어요. 병이 있으시면 휴가를 내도 무방합니다. 어째서 신기한 일을 핑계로 삼아 사람을 미혹하십니까?"

동기란은 변명하지 않고 수레를 타고 집으로 돌아와서는 먹지도 마시지도 않은 채 집안일을 모두 처리했다. 3일 후 그는 단정히 앉아 세상을 떠났다.

동편문 밖 주민들은 밤새워 떠들썩한 소리를 듣고는 높은 관리가 지나간다고 여겨 문밖으로 나와 살폈으나 아무도 없었다. 화아갑 하신묘河神廟의 섭葉 도사는 꿈속에서 새로 부임하는 하신을 보았다. 얼굴은 희고 깨끗했으며 몇 올의 수염도 났고 키는 중간치보다 약간 왜소했는데 과연 동기란의 모습이었다.

---

59 해망(?~1755)의 성은 오아씨烏雅氏이고 만주정황기인滿洲正黃旗人이며 호부상서를 역임했다.

鏡山寺僧

경산사 스님

전당 거인 왕정실王鼎實은 건륭 3년(1737)에 나와 함께 거인에 합격했다. 그는 젊고 총명하고 민첩한데 그가 거인에 합격했을 때의 나이는 겨우 16세였다. 하지만 나중에 연속해서 3번이나 진사과에 응시했음에도 급제하지 못했다. 가까운 친척이 경성에서 관직에 있었는데 그를 자기 집에 머무르게 했다. 왕정실은 우연히 작은 병이 나서 밥을 먹지 않고 매일 차가운 물만 몇 잔 마시며 지내다가 그의 친척에게 말했다.

"저의 전생은 경산사鏡山寺 스님 아무개였는데 수십 년간 수련하여 거의 대도를 이루었지요. 평생 동안 저는 급제한 청년들을 보고는 마음속으로 부러워했어요. 또 부귀를 부러워하는 마음도 끊이지 않았어요. 따라서 저는 전생과 이승 양대에서 타락했지요. 지금은 제일세입니다. 오래지 않아 저는 돈 가진 사람 집안에서 환생할 것인데, 바로 순치문順治門[60] 밖 요姚 씨 성을 가진 집입니다. 당신은 저를

---

60 북경 선무문宣武門의 속칭.

머물러 살게 하셔야지, 저를 집으로 돌아가도록 내쫓지 마세요. 생각해보니 전생에 주어진 운명이군요."

친척이 위로하자 그가 말했다.

"사람의 생사는 정해진 운명이 있어 오래 머물 수 없어요. 단지 부모가 낳아 기른 은혜는 대번에 잘라낼 수 없지요."

이에 왕정실이 종이를 달라고 하더니 편지를 써서 부친에게 작별을 고했다. 편지 내용은 대체로 다음과 같다.

"아들은 불행히도 수천 리 밖에서 객사했습니다. 게다가 수명도 짧아서 젊은 아내와 어린 아들을 남겨두어 부모님께 부담만 드리는군요. 그러나 아들은 부모의 진정한 아들이 아니라, 동생이 바로 부모의 진정한 아들입니다. 아버님께서는 모년에 찻집에서 경산사의 아무개 스님하고 함께 차를 마신 일이 있지요? 아들이 그 스님입니다. 당시 아버님과 흡족하게 이야기를 나눠 마음속으로 아버님의 사람됨이 충직하고 근신謹愼하며 후덕하다고 생각했는데, 어째서 조물주는 아버님께 후대를 남겨주지 않았을까요? 이런 생각에 부친의 아들로 환생한 것입니다. 며느리도 유년 시절 저와 좋은 인연을 갖고 있지요. 이것은 모두 거울 속의 꽃, 물속의 달처럼 허황된 인연이니 어찌 오래 지속될 수 있겠습니까? 아버님께서는 저를 진정한 아들로 생각지 마시고, 빨리 저에 대한 사랑의 고리를 끊어버려야만 아들의 죄과를 면할 수가 있습니다."

왕정실의 친척이 언제 요 씨 집에 환생하느냐고 묻자, 왕 씨가 말했다.

"저는 평생 아무 죄도 짓지 않았어요. 여기서 죽으면 저기서 출생하는 것이니, 다시 윤회할 필요가 없지요."

3일이 지나자 왕정실은 세숫대야를 가져오게 하여 양치질을 마친 뒤 책상다리를 하고는 침상에 앉아 친척을 불렀고 두 사람은 예전처럼 즐겁게 얘기했다. 갑자기 그가 물었다.

"오시가 되었느냐?"

"정오입니다."

"시간이 되었군."

두 손을 모으고 고별하더니 숨이 끊어졌다. 그 친척이 요 씨 집에 가서 물어보았더니, 과연 그날 아들이 태어났다. 요 씨 집은 노새나 말을 이용한 운송업을 경영하며 몇만 관貫의 돈을 벌었다.

강 수재가 남긴 말

江秀才寄話

무원婺源 강江 수재의 호는 신수愼修이고 이름은 영永[61]이다. 그는 각종 기괴한 기구를 만들 줄 알았다. 돼지 오줌보 안에 메주콩을 넣고 공기를 가득 불어넣고 입구를 봉하면, 그 콩은 정중앙에 뜨게 된다. 이로부터 그는 대지가 계란과 비슷하다는 견해를 믿게 되었다. 그의 제자가 되길 원하는 사람이 있었다. 그는 먼저 그 학생을 불러 그 오줌보를 마주하고 앉아 7일 동안 살펴보게 하여 싫증을 내지 않으면 가르쳐줄 생각이었다. 강영의 집에서는 밭을 갈 때 모두 목우木牛를 썼다. 성 밖으로 외출할 때는 목려木驢를 탔다. 사료도 먹지 않고 울지도 않아서 사람들은 그것을 요괴라고 여겼다. 강영이 웃으며 말했다.

---

61 강영(1681~1762)은 청대의 저명한 경학가, 음운학가, 천문학가, 수학가, 환파경학皖派經學의 창시자다. 자는 신수, 신재愼齋이며 지금의 장시성 우위안현 사람이다. 주요 저작으로는 『예서강목禮書綱目』『주례의의거요周禮疑義擧要』『율려신론律呂新論』『고운표준古韻標準』『사성절운표四聲切韻表』『근사록집주近思錄集注』『군경보의群經補義』『의례석례儀禮釋例』 등이 있다.

"이것은 제갈량諸葛亮이 전수한 제작법으로 중간에 기관을 설치해 놓은 것에 불과할 뿐 요괴는 아니야."

강영은 또 죽통을 개발했다. 중간에 유리 뚜껑으로 덮고 열쇠로 열게 만들었다. 연 뒤 죽통 안에 몇천 자 정도 말을 한 뒤 그것을 닫으면 천리까지 전할 수 있었다. 사람이 뚜껑을 열고 귀 기울여 들으면 그 소리가 그대로 있어 마치 얼굴을 마주하고 얘기하는 것 같았다. 천리 밖을 벗어나면 그 소리가 점점 흐릿해져 분명히 알 수가 없다.

어느 날 강영이 물속에 뛰어들자 향리 사람들이 깜짝 놀라 그를 구조했다. 그는 반쯤 빠졌다가 다시 솟아나왔다. 그런데 그가 매우 화를 내며 말했다.

"나는 오늘에서야 운명을 피하기 어려움을 알았네. 나의 두 아들이 초楚[62] 지방에서 유람하고 있는데 오늘 미시未時[63] 3각刻에 동정호洞庭湖에 빠져 죽을 것이야. 나는 나 자신의 몸으로 아들의 죽음을 대신하려고 했지. 지금 자네들이 나를 구조했으니 내 두 아들을 구할 사람이 없네."

보름도 안 되어 아들이 죽었다는 소식이 과연 전해졌다. 이 얘기는 모두 강영의 제자 대진戴震[64]이 내게 알려준 말이다.

---

62 고대의 지명으로 지금의 후난성 지역을 가리킨다.

63 오후 1~3시.

64 대진(1724~1777)은 건륭 시대의 고증학자로 훈고, 음운, 역법, 지리 등에 밝았다. 자는 동원東原이고 안후이성 휴녕休寧 사람이다. 량치차오梁啓超(1873~1929)와 후스胡適(1891~1962)는 그를 중국 근대 과학계의 선구자로 여겼는데, 주요 저작으로는 『육서론六書論』 『이아문자고爾雅文字考』 『굴원부주屈原賦注』 『시보전詩補傳』 『맹자자의소증孟子字義疏證』 『성운고聲韻考』 『대씨수경주戴氏水經注』 『구고할원기勾股割圓記』 등이 있다.

청나라 귀신요괴전 1

초판인쇄 2021년 12월 17일
초판발행 2021년 12월 24일

지은이 원매
옮긴이 조성환
펴낸이 강성민
편집장 이은혜
기획 노승현
마케팅 정민호 김도윤
홍보 김희숙 함유지 이소정 이미희
독자모니터링 황치영

펴낸곳 (주)글항아리 | 출판등록 2009년 1월 19일 제406-2009-000002호

주소 10881 경기도 파주시 회동길 210
전자우편 bookpot@hanmail.net
전화번호 031-955-2696(마케팅) 031-955-1936(편집부)
팩스 031-955-2557

ISBN 978-89-6735-981-2 04900
978-89-6735-980-5 04900 (세트)

잘못된 책은 구입하신 서점에서 교환해드립니다.
기타 교환 문의 031-955-2661, 3580

www.geulhangari.com